概率统计卷

吴振奎高等数学解题真经

◎ 吴振奎 编著

哈尔滨工业大学出版社
HARBIN INSTITUTE OF TECHNOLOGY PRESS

考研复习——跋涉艰难
名师大家——仙人指路

内容提要

高等数学是大学理工科及经济管理类专业的重要基础课,是培养学生形象思维、抽象思维、创造性思维的重要园地.

本书具有以下特点:广泛使用表格法,使有关内容、解题方法和技巧一目了然;从浩瀚的题海中归纳、总结出的题型解法,对同学们解题具有很大的指导作用;用系列专题分析对教材的重点、难点进行了诠释,对同学们掌握这方面知识起到事半功倍的效果.

本书是针对考研,参加数学竞赛的同学撰写的,对在读的本科生、专科生及数学教师同仁也具有很高的参考价值.

图书在版编目(CIP)数据

吴振奎高等数学解题真经. 概率统计卷/吴振奎编著. ——哈尔滨:哈尔滨工业大学出版社,2012.1

ISBN 978-7-5603-3363-2

Ⅰ.①吴… Ⅱ.①吴… Ⅲ.①高等数学－高等学校－题解②概率论－高等学校－题解③数理统计－高等学校－题解Ⅳ.① O13-44

中国版本图书馆 CIP 数据核字(2011)第 161884 号

策划编辑	刘培杰　张永芹
责任编辑	刘　瑶　杨万鑫
出版发行	哈尔滨工业大学出版社
社　　址	哈尔滨市南岗区复华四道街 10 号　邮编 150006
传　　真	0451-86414749
网　　址	http://hitpress.hit.edu.cn
印　　刷	哈尔滨市石桥印务有限公司
开　　本	787mm×960mm　1/16　印张 18.5　字数 543 千字
版　　次	2012 年 1 月第 1 版　2012 年 1 月第 1 次印刷
书　　号	ISBN 978-7-5603-3363-2
定　　价	38.00 元

(如因印装质量问题影响阅读,我社负责调换)

前言

怎样解（数学）题？这是一个十分沉重，而又不得不去面对的话题，尤其是对青年学生．

我们熟知：干活不能光凭手巧，还要借助家什；做数学题也不能只凭借聪明，还要注意（掌握运用）方法．数学中的"方法"正如干活的"家什"、过河的"船"和"桥"．

面对浩瀚的题海，不少人（特别是初学者）会觉得茫无所措、叫苦不迭．要学好数学，除了掌握基础知识外，更重要的是做题，可关键是怎样去做．是就题论题、按部就班、多多益善？还是择其典型、分析实质、积累经验、掌握方法？当然应取后者．因为只有掌握了方法，才能做到融会贯通、举一反三；只有掌握了方法，才能学以致用、应付万变．

多年的学习与教学实践使我体会到："方法"对于数学学习的重要，它像天文学中的望远镜，物理学中的实验、观察设备，化学中的试剂、仪器等．应该看到：如果不掌握方法，即使你熟悉解答个别类型问题的手段，纵然你所遇到的是似曾相识的题型，可一旦题目稍稍改动，你也将会一筹莫展——因为你没能了解问题的实质，没有掌握独立解决新问题的本领．

在学习数学的过程中你会发现：看十道题，不如做一道题；而做十道题，不如分析透一道题．只要细心、认真，你在求解任何问题过程中，都会有点滴体会，细微发现．把这些点点滴滴的东西积累起来，去分析、去筛选、去归纳、去总结，你也就得到了方法．

俗话说"熟能生巧"．在熟练掌握了方法的同时，你也就有了技巧．正是：方法源于实践，技巧来自经验．把经验的涓涓细流汇聚起来，便能涌出技巧的小溪——这恰是智慧江河的源头．

笔者几十年来的经历：学数学、练解题、读文章、做数学、教数学……无论成功与失败、经验与教训、顺利与挫折……它们都成了宝贵的财富．

本书奉献给读者的正是这些.

当然,解数学问题绝对没有什么普遍的、万能的模式,但它仍然存在着某些规律、方法和技巧,掌握了它们,至少可以在大的方向上有所选择,这势必会大大加快解题速度,这对学好数学无疑是重要的.但愿这些能给读者带来益处,这正是笔者撰写本书的目的与愿望.

话再讲回来,方法虽然千变万化、五彩缤纷,但解题步骤却大多雷同.下面给出一个解题步骤的框图——其实你在解题过程中正在或已经自觉不自觉地履行它,不是吗?

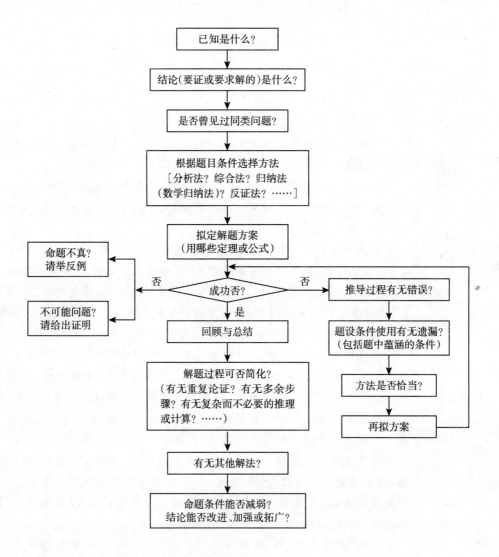

诚挚的批评与指教正是笔者所期待的.

吴振奎

2011 年 5 月于天津

目 录

第 1 章 随机事件和概率

内容提要 ·· (1)
一、随机事件 ·· (1)
二、随机事件的概率 ··· (3)

例题分析 ·· (5)
一、随机事件及其概率问题 ·· (5)
二、古典概率问题 ·· (15)
三、条件概率(乘法定理)问题 ······································· (27)
四、与全概率公式及贝叶斯公式有关的问题 ···················· (28)

习题 ·· (48)

第 2 章 随机变量及其分布

内容提要 ·· (50)
一、一维随机变量 ·· (50)
二、二维随机变量 ·· (52)
三、随机变量的函数分布 ··· (54)

例题分析 ·· (56)
一、随机变量的概率分布问题 ······································· (56)
二、随机变量函数的概率分布 ······································· (67)
三、与分布问题有关的随机变量的概率 ·························· (90)

习题 ·· (102)

第 3 章　随机变量的数字特征

内容提要 ·· (105)

一、随机变量的数字特征 ··· (105)

二、几种重要分布的数字特征 ··· (107)

例题分析 ·· (107)

一、一元随机变量的数学特征 ··· (107)

二、多元随机变量的数学特征 ··· (130)

习题 ·· (165)

第 4 章　大数定律和中心极限定理

内容提要 ·· (169)

一、切比雪夫不等式和大数定律 ······································ (169)

二、中心极限定理 ·· (170)

三、两个常用近似计算公式 ·· (171)

例题分析 ·· (171)

一、切比雪夫不等式和大数定律 ······································ (171)

二、依概率收敛问题 ··· (173)

三、中心极限定理 ·· (176)

习题 ·· (181)

第 5 章　数理统计

内容提要 ·· (182)

一、样本 ·· (182)

二、抽样分布 ·· (183)

三、参数估计 ·· (186)

四、假设检验 ·· (187)

例题分析 ·· (189)

一、统计量的分布与数字特征 ··· (189)

二、参数估计 ·· (195)

三、假设检验 ·· (219)

习题 ·· (223)

专题 1　概率论与数理统计中的填空题解法

一、随机事件和概率 …………………………………………………（228）
二、随机变量及分布 …………………………………………………（235）
三、随机变量的数学特征 ……………………………………………（240）
四、大数定律和中心极限定理 ………………………………………（245）
五、数理统计 …………………………………………………………（246）

专题 2　概率论与数理统计中选择题解法

一、随机事件和概率 …………………………………………………（250）
二、随机变量及其分布 ………………………………………………（255）
三、随机变量的数字特征 ……………………………………………（260）
四、大数定律和中心极限定理 ………………………………………（264）
五、数理统计 …………………………………………………………（265）

专题 3　概率论与数理统计中的反例

一、事件及其概率 ……………………………………………………（268）
二、随机变量的分布 …………………………………………………（271）
三、随机变量的数学特征 ……………………………………………（274）
四、大数定律和中心极限定理 ………………………………………（276）
五、数理统计 …………………………………………………………（277）

编辑手记 ……………………………………………………………（279）

参考文献 ……………………………………………………………（281）

第 1 章 随机事件和概率

概率论起源于博弈(赌博、下棋)问题.概率(曾称或然率)是一个事件发生、一种情况出现可能性大小的数量指标(值介于 0 与 1 之间).

文艺复兴前,概率(或机遇)还是一个非数学概念.

15～16 世纪,意大利的帕里奥西(L. Pacioli)、塔尔塔利亚(Tartaglia)、卡尔丹(G. Cardano)和法国的帕斯卡(B. Pascal)、费马(P. de Fermat)等人皆对赌博问题中的某些现象做过数学分析,且结合**组合方法**讨论(解决)合理分配赌资(赌博提前结束情况下)问题.

1657 年,荷兰数学家惠更斯(C. Huygens)出版了《论赌博中的计算》系"概率论"学科的开山之作.稍后,雅各·伯努利(J. Bernoullis)《猜度术》的出版,奠定了"概率论"这门学科的基础.

尔后,棣莫弗(A. De. Moivre)、蒲丰(L. Buffon)、拉普拉斯(P. Laplace)和高斯(C. F. Gauss)等对该学科做了大量工作.

1812 年出版的拉普拉斯所著《概念的分析理论》一书,已将这门学科系统化,他提出"**事件 A 的概率 $P(A)$** 等于一次试验中有利于事件 A 的可能结果数与该试验中所有可能的结果数之比"的概率古典定义.

内 容 提 要

一、随机事件

1. 随机事件

随机试验　可以在相同条件下重复的试验,且试验所有可能发生的结果是已知的,但每次试验到底是其中哪种结果预先不能确定.

随机事件　在随机试验中可能出现也可能不出现的事件,通常用 $A, B, C, \cdots$ 表示.

必然事件　在每次试验中必须出现的事件,通常用 U 或 Ω 表示.

不可能事件　在每次试验中必然不出现的事件,通常用 $\varnothing$ 表示.

随机事件、必然事件、不可能事件等通称事件.

2. 事件间的关系及运算

事件间的关系见下表.

关　系	定　义	记　号
包　含 （子事件）	若事件A出现必须导致事件B出现,则称B包含A或A含于B,且称A是B的子事件	$A \subset B$ 或 $B \supset A$
相　等 （等　价）	若$A \subset B$(或$A \subseteq B$)且$B \subset A$(或$B \subseteq A$),则称事件A,B相等(等价)	$A = B$

注 关于包含关系规定:对任何事件A,有$\varnothing \subset A, A \subset U$.
事件间的运算见下表.

运　算	定　义	记　号
和事件	事件A,B至少有一个出现的事件叫做A,B的和事件	$A \cup B$
积事件	事件A,B同时出现的事件叫做A,B的积事件	$A \cap B$ 或 AB
差事件	出现事件A而不出现事件B的事件叫做A,B的差事件	$A - B$ 或 $A \backslash B$
余事件 （补、逆事件）	事件A,B满足$A \cup B = U, AB = \varnothing$,则$A,B$互称另一事件的余事件	$B = \overline{A}, A = \overline{B}$

互斥事件与互逆事件见下表.

关　系	定　义	记　号
互斥事件 （互不相容事件）	若事件A,B的积事件为不可能事件,则A,B互为互斥事件	$AB = \varnothing$
互逆（余）事件 （对立事件）	若事件A,B满足$A \cup B = U, AB = \varnothing$,则称$A,B$为互逆事件	$A \cup B = U, AB = \varnothing$

3. 基本空间

由随机事件可能发生的结果组成的集合叫做基本空间,常用U表示.
从集合论角度,还可以重新定义随机事件等.
随机事件 若D是基本空间的一个子集,则称"试验结果属于D"为一个随机事件.
基本事件 基本空间中的单个元素组成的事件.
事件间关系及运算与集合的关系及运算对照见下表.

记　号	集　合	事　件
U, Ω	空间	必然事件、基本空间
$\varnothing$	空集	不可能事件
$a, b, \cdots$	元素	基本事件
$A \subset B$	A是B的子集	A是B的子事件
$A \cup B$	A,B的并集	A,B的和事件
$A \cap B$	A,B的交集	A,B的积事件
$A - B$	A,B的差集	A,B的差事件
$\overline{A}$	A的余集	A的逆（余）事件

事件间运算的算律见下表.

运算	算律	
和	$A \cup B = B \cup A$	（交换律）
	$(A \cup B) \cup C = A \cup (B \cup C)$	（结合律）
积	$A \cap B = B \cap A$	（交换律）
	$(A \cap B) \cap C = A \cap (B \cap C)$	（结合律）
和、积	$A \cap (B \cup C) = (A \cap B) \cup (A \cap C)$	（分配律）
	$A \cup (B \cap C) = (A \cup B) \cap (A \cup C)$	
和、积、余	$\overline{A \cup B} = \overline{A} \cap \overline{B}$	（对偶律）
	$\overline{A \cap B} = \overline{A} \cup \overline{B}$	
和、积	$A \cup (A \cap B) = A$	（吸收律）
	$A \cap (A \cup B) = A$	

二、随机事件的概率

1. 概率的定义

概率的定义见下表.

方式	内容
古典定义	对古典概型所有可能试验结果全体 $U = \{e_1, e_2, \cdots, e_n\}$，事件 $A = \{e_{k_1}, e_{k_2}, \cdots, e_{k_r}\}$ ($k_1, k_2, \cdots, k_r$ 为 $1 \sim n$ 中 r 个不同的数)，事件 A 的概率为 $$P(A) = \frac{r}{n}$$
几何概率	即借助几何上的度量定义的概率 $$P(A) = \frac{\mu(A)}{\mu(U)}$$ 这里 $\mu(A), \mu(U)$ 表示 A, U 的测度(如长度、面积、体积等)
统计定义	随着试验次数 n 的增大，事件 A 出现的频率 r/n 在区间 $[0,1]$ 上某个数字 p 附近摆动，则事件 A 的概率为 $P(A) = p$
公理化定义	设函数 $P(A)$ 的定义域为所有随机事件组成的集合，且满足： (1) 对任一随机事件 A，有 $0 \leqslant P(A) \leqslant 1$； (2) $P(U) = 1, P(\emptyset) = 0$； (3) 对两两互斥的可数多个随机事件 $A_1, A_2, \cdots$ 有 $$P(A_1 \cup A_2 \cup \cdots) = P(A_1) + P(A_2) + \cdots$$ 则称函数 $P(A)$ 为事件 A 的概率

2. 概率的性质

(1) 设随机事件 $A_1, A_2, \cdots, A_n$ 两两互斥，则
$$P(A_1 \cup A_2 \cup \cdots \cup A_n) = P(A_1) + P(A_2) + \cdots + P(A_n)$$

(2) $P(\overline{A}) = 1 - P(A)$；

(3) 若 $A \subset B$，则 $P(B-A) = P(B) - P(A)$；

(4) $P(A \cup B) = P(A) + P(B) - P(AB)$（广义加法定理），且可推广为
$$P(A \cup B \cup C) = P(A) + P(B) + P(C) - P(AB) - P(AC) - P(BC) + P(ABC)$$
一般地
$$P(A_1 \cup A_2 \cup \cdots \cup A_n) = \sum_{i=1}^{n} P(A_n) - \sum_{1 \leqslant i < j \leqslant n} P(A_i A_j) + \sum_{1 \leqslant i < j < k \leqslant n} P(A_i A_j A_k) - \cdots + (-1)^{n-1} P(A_1 A_2 \cdots A_n)$$

3. 条件概率

设 A,B 为两随机事件，且 $P(A) > 0$，则称
$$P(B \mid A) = \frac{P(AB)}{P(A)}$$
为在事件 A 发生的条件下事件 B 发生的条件概率．

于是可有下面两个乘法公式
$$P(AB) = P(A)P(B \mid A), \quad P(A) > 0$$
$$P(AB) = P(B)P(A \mid B), \quad P(B) > 0$$

类似地可推广为：$P(ABC) = P(A)P(B \mid A)P(C \mid AB)$，这里 $P(AB) > 0$．

一般地，$P(A_1 A_2 \cdots A_n) = P(A_1) P(A_2 \mid A_1) P(A_3 \mid A_1 A_2) \cdots P(A_{n-1} \mid A_1 A_2 \cdots A_{n-2}) P(A_n \mid A_1 A_2 \cdots A_{n-1})$，这里 $P(A_1 A_2 \cdots A_{n-1}) > 0$．

4. 几个公式

全概率公式 设事件 $A_1, A_2, \cdots, A_n$ 两两互斥，且事件 B 为事件 $A_1 \cup A_2 \cup \cdots \cup A_n$ 的子事件，则
$$P(B) = \sum_{i=1}^{n} P(A_i) P(B \mid A_i)$$

贝叶斯(Bayes)公式 若事件 $A_1, A_2, \cdots, A_n$ 两两互斥，且事件 B 为事件 $A_1 \cup A_2 \cup \cdots \cup A_n$ 的子事件，又 $P(A_i) > 0 (i=1,2,\cdots,n), P(B) > 0$，则
$$P(A_i \mid B) = \frac{P(A_i) P(B \mid A_i)}{P(B)} = P(A_i) P(B \mid A_i) \Big/ \sum_{i=1}^{n} P(A_i) P(B \mid A_i)$$

5. 事件的独立性

独立事件 若事件 A, B 满足 $P(AB) = P(A)P(B)$，则称 A, B 为独立事件．

若 $A, B; \overline{A}, \overline{B}; \overline{A}, B; A, \overline{B}$ 中有一对是相互独立的，则另外 3 对也相互独立．

又设 n 个事件 $A_1, A_2, \cdots, A_n$，若对任一组 $k_1, k_2, \cdots, k_s (2 \leqslant s \leqslant n$，且 k_i 取不同的值，$i = 1, 2, \cdots, s)$，等式
$$P(A_{k_1} A_{k_2} \cdots A_{k_s}) = P(A_{k_1}) P(A_{k_2}) \cdots P(A_{k_s})$$
总成立，则称 $A_1, A_2, \cdots, A_n$ 总体独立，简称相互独立．

两两独立与相互独立是两个不同的概念．

互斥、互逆及独立事件的比较见下表．

事件	定 义	概率性质
互斥事件	$A \cap B = \varnothing$，则 A,B 为互斥事件	$P(A+B) = P(A) + P(B)$
互逆事件	$A \cup B = U$，且 $A \cap B = \varnothing$，则 A,B 为互逆事件	$P(B) = 1 - P(A)$ （注意到 $B = \overline{A}$）
独立事件	$P(AB) = P(A)P(B)$，则 A,B 为独立事件	① $P(AB) = P(A)P(B)$； ② 事件 $A,B; \overline{A}, \overline{B}; \overline{A}, B; A, \overline{B}$ 每对两两独立

一些基本公式的联系见图1.1.

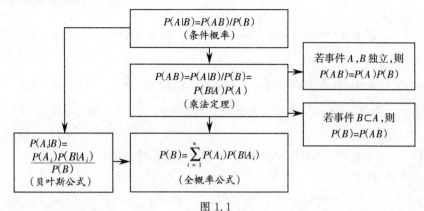

图 1.1

若 $A_1, A_2, \cdots, A_n$ 相互独立,则有

$$P(\bigcap_{k=1}^{n} A_k) = \prod_{k=1}^{n} P(A_k), \quad P(\bigcup_{k=1}^{n} A_k) = 1 - \prod_{k=1}^{n} [1 - P(A_k)]$$

6. 二项概率公式

(1) 独立重复试验

指完全重复,且相互独立的试验.

伯努利(Bernoulli)试验 在相同条件下独立重复的试验中,试验结果只有两个(A 和 $\overline{A}$),则称此试验为伯努利试验(概型).

在一次伯努利试验中,若 $P(A) = p, P(\overline{A}) = q$,其中 $p > 0, q > 0$,有 $p + q = 1$.

(2) 二项概率公式(伯努利定理)

每个试验中,事件 A 出现的概率为 p,则 n 次独立重复试验中 A 出现 k 次的概率(今记 $q = 1 - p$)为

$$P_n(k) = C_n^k p^k (1-p)^{n-k} = C_n^k p^k q^{n-k}, \quad k = 0, 1, 2, \cdots, n$$

例 题 分 析

一、随机事件及其概率问题

下面的例子涉及随机事件性质,包括它们的概率.

1. 随机事件及运算

解随机事件问题首要掌握事件的运算律,由于其过于抽象,有时常用文氏图帮助分析和理解.

例1 若 A, B 为两事件,试证:若 A 与 $\overline{A}B$ 互不相容,则 $A \cup B = A \cup \overline{A}B$.

证1 由 $B\Omega = B$,其中 $\Omega = A \cup \overline{A}$ 及 $A \cup AB = A$,有

$$A \cup B = A \cup B\Omega = A \cup B(A \cup \overline{A}) = A \cup AB \cup \overline{A}B = (A \cup AB) \cup \overline{A}B = A \cup \overline{A}B$$

证2 若任一 $e \in A \cup B$,有 $e \in A$ 或 $e \notin A$,而 $e \in B$,即 $e \in \overline{A}B$,有 $e \in A \cup \overline{A}B$,故 $A \cup B \subset A \cup \overline{A}B$.

反之,任一 $e \in A \cup \overline{A}B$,有 $e \in A$ 或 $e \in \overline{A}B$,无论何种情况均有 $e \in A \cup B$,可见

$$A \cup \overline{A}B \subset A \cup B$$

综上,$A \cup B = A \cup \overline{A}B$.

例 2 证明下列结论或举反例否定之：(1) 若 A,B 相互独立，且 B,C 相互独立，则 A,C 相互独立；(2) 若 A,B 相互独立，且 $C \subset A$ 及 $D \subset B$，则 C,D 相互独立.

证 (1) 不一定. 如盒中有标号分别为 1,2,3,4 的 4 个球，每次从中摸 1 个(有放回)，则摸到每个标号球的概率均为 $\frac{1}{4}$.

令 $A = C = \{$摸到标号是 1 或 2 的球$\}$，$B = \{$摸到标号是 1 或 3 的球$\}$，则 $P(A) = P(B) = P(C) = \frac{1}{2}$. 又 $P(AB) = P(BC) = \frac{1}{4}$，知 A,B 相互独立，B,C 相互独立，但 A,C 相互不独立(因为 $P(AC) \neq P(A)P(C)$).

(2) 不一定. 比如事件 A,B,C 同上，且令 $D = \{$摸到标号是 1 的球$\}$.

由上知 A,B 相互独立，且 $C \subset A, D \subset B$，但 C,D 相互不独立，因为

$$P(CD) = \frac{1}{4}, \quad P(C)P(D) = \frac{1}{2} \cdot \frac{1}{4} = \frac{1}{8}$$

例 3 若事件 A,B,C 相互独立，则 $\overline{A}, \overline{B}, \overline{C}$ 也相互独立.

证 由题设及事件、余事件的关系可知

$$P(\overline{AB}) = P(\overline{A \cup B}) = 1 - P(A \cup B) = 1 - [P(A) + P(B) - P(AB)] =$$
$$1 - P(A) - P(B) + P(A)P(B) = [1 - P(A)][1 - P(B)] = P(\overline{A})P(\overline{B})$$

同理可证

$$P(\overline{BC}) = P(\overline{B})P(\overline{C}), \quad P(\overline{AC}) = P(\overline{A})P(\overline{C})$$

又

$$P(\overline{ABC}) = P(\overline{A \cup B \cup C}) = 1 - P(A \cup B \cup C) =$$
$$1 - [P(A) + P(B) - P(AB) - P(BC) - P(AC) + P(ABC)] =$$
$$1 - [P(A) + P(B) - P(A)P(B) - P(B)P(C) - P(A)P(C) + P(A)P(B)P(C)] =$$
$$[1 - P(A)][1 - P(B)][1 - P(C)] = P(\overline{A})P(\overline{B})P(\overline{C})$$

故事件 $\overline{A}, \overline{B}, \overline{C}$ 相互独立.

例 4 甲、乙、丙、丁 4 人玩扑克牌，甲、丙为一家，乙、丁为一家，假定把 52 张牌随机地分给每人 13 张，且定义事件

$$B_1 = \{\text{甲、丙两人共拿到 3 张 A}\}$$
$$B_2 = \{\text{乙、丁两人共拿到 3 张 A}\}$$
$$C = \{\text{玩牌者有一家(两人)拿到 3 张 A}\}$$

试问：(1) B_1, B_2 是否是互斥事件？(2) B_1, B_2 是否是独立事件？(3) 求概率 $P(C)$ (以组合数表示即可，不必求出最后数值).

解 (1) 一副扑克牌只有 4 张 A，故事件 B_1, B_2 不可能同时产生，即 B_1, B_2 为互斥事件.

(2) 由(1) 知 $P(B_1 \cap B_2) = 0$.

事件 B_1 可以看作是事件：$\{$一家拿 26 张牌得到 3 张 A$\}$，故所有可能得牌的情形共有 C_{52}^{26} 种，而 B_1 发生的有 $C_4^3 C_{52-4}^{26-3} = C_4^3 C_{48}^{23}$ 种. 这样

$$P(B_1) = C_4^3 C_{48}^{23} / C_{52}^{26} = 4 C_{48}^{23} / C_{52}^{26} > 0$$

而 B_2 与 B_1 是对称的，则 $P(B_1) = P(B_2)$，因而 $P(B_1) P(B_2) > 0$，而 $P(B_1 \cap B_2) = 0$.

故 $P(B_1 \cap B_2) \neq P(B_1) P(B_2)$，即 B_1, B_2 不是独立事件.

(3) 由题设有 $C = B_1 \cup B_2$，又 B_1, B_2 互斥，因而

$$P(C) = P(B_1) + P(B_2) = 2 P(B_1) = 8 C_{48}^{23} / C_{52}^{26}$$

应该注意到：随机事件的互斥(积事件为空集，又称不相容)与独立(两件事件发生的概率彼此互不影响)是两个不同的概念，必须善于区分. 再请看：

例 5 试证:若 $P(A)>0$,且 $P(B)>0$,则随机事件 A,B 相互独立与 A,B 互不相容不能同时成立.

证(反证法) 若事件 A,B 相互独立与互不相容同时成立,则有
$$\begin{cases} P(AB) = P(A)P(B) \\ P(AB) = 0 \end{cases}$$
于是由 A,B 的独立性有 $P(A)P(B) = P(AB) = 0$.

这样 $P(A),P(B)$ 中至少有一个为 0,这与题设 $P(A)>0,P(B)>0$ 相抵!

故前设不真,从而命题结论正确.

注 例 4(2) 的问题是本命题的特例.

例 6 设事件 A,B 相互独立,且 $P(A)>0$.试证:事件 $A,B,A \cup B$ 相互独立 $\Leftrightarrow P(A \cup B) = 1$.

证 证明"$\Leftarrow$".若事件 A,B 相互独立,有 $P(A \cap B) = P(A)P(B)$.今若 $P(A \cup B) = 1$,有
$$P[A \cap (A \cup B)] = P(A) = P(A)P(A \cup B)$$
及
$$P[B \cap (A \cup B)] = P(B) = P(B)P(A \cup B)$$
和
$$P[A \cap (A \cup B) \cap B] = P(A \cap B) = P(A)P(B) = P(A)P(A \cup B)P(B)$$
由以上诸式可知事件 $A,B,A \cup B$ 相互独立.

证明"$\Rightarrow$".若事件 $A,B,A \cup B$ 相互独立,则 $P[A \cap (A \cup B)] = P(A)P(A \cup B)$.而 $P[A \cap (A \cup B)] = P(A)$,从而 $P(A)P(A \cup B) = P(A)$,由 $P(A)>0$,故 $P(A \cup B) = 1$.

例 7 若对于事件 A,B,C 有 $P(ABC) = P(A)P(B)P(C)$,能否推出 $P(AB) = P(A)P(B)$?

解 不一定.若 $P(C) = 0$,则对互相不独立的事件 A,B 来讲,也有 $P(ABC) = 0$,从而 $P(ABC) = P(A)P(B)P(C)$,但这时 $P(AB) \neq P(A)P(B)$.

即使 $P(C)>0$,上面关系也不一定成立.来看个反例:

若有一均匀的正八面体,在其第 1,2,3,4 面染上红色(不一定将整个面全染);在第 1,2,3,5 面染上白色;第 1,6,7,8 面染上蓝色.

今设事件
$$A = \{抛 1 次正八面体朝下的面出现红色\}$$
$$B = \{抛 1 次正八面体朝下的面出现白色\}$$
$$C = \{抛 1 次正八面体朝下的面出现蓝色\}$$
显然
$$P(A) = P(B) = P(C) = \frac{4}{8} = \frac{1}{2}$$
又 $P(ABC) = \frac{1}{8}$, $P(A)P(B)P(C) = \frac{1}{2^3} = \frac{1}{8}$,有
$$P(ABC) = P(A)P(B)P(C)$$
但 $P(AB) = \frac{3}{8}$,而 $P(A)P(B) = \frac{1}{4}$,故
$$P(AB) \neq P(A)P(B)$$
从而,若 $P(ABC) = P(A)P(B)P(C)$,则不一定有 $P(AB) = P(A)P(B)$.

注 此命题的"反问题"即:

若 $P(AB) = P(A)P(B)$,且 $P(AC) = P(A)P(C)$,又 $P(BC) = P(B)P(C)$,试问 $P(ABC) = P(A)P(B)P(C)$ 成立否?

答案也是不一定,例如:

若在一个均匀四面体的第1面涂上红色,在第2面涂上蓝色,在第3面涂上白色,在第4面则涂上红、蓝、白3色.

今令
$$A = \{抛1次四面体底面出现红色\}$$
$$B = \{抛1次四面体底面出现蓝色\}$$
$$C = \{抛1次四面体底面出现白色\}$$

则 $P(A) = P(B) = P(C) = \dfrac{2}{4} = \dfrac{1}{2}$,又

$$P(AB) = \dfrac{1}{4} = P(A)P(B)$$

同理
$$P(AC) = P(A)P(C), \quad P(BC) = P(B)P(C)$$

但 $P\{ABC\} = \dfrac{1}{4}$,而 $P(A)P(B)P(C) = \dfrac{1}{8}$. 故 $P(ABC) \neq P(A)P(B)P(C)$.

另一个例子由伯恩斯坦(S. Bernstein)给出:

考虑掷两骰子的试验,设 $A = \{第1颗骰子出现奇数点\}, B = \{第2颗骰子出现奇数点\}, C = \{两颗骰子点数和是奇数\}$,且设样本空间有36个样本点,则

$$P(A) = P(B) = P(C) = \dfrac{1}{2}, \quad P(AB) = P(BC) = P(AC) = \dfrac{1}{4}$$

知 A, B, C 两两独立.

但 $P(ABC) = 0 \neq \dfrac{1}{8} = P(A)P(B)P(C)$,因而事件 A, B, C 不相互独立.

例8 若 $0 < P(A) < 1$,且 $P(B \mid A) = P(B \mid \overline{A})$,试证 A, B 独立.

证1 由题设有事件 $A \neq \Omega$,且 $A \neq \varnothing$,则
$$P(B) = P(B \mid A)P(A) + P(B \mid \overline{A})P(\overline{A}) = P(B \mid A)P(A) + P(B \mid A)P(\overline{A}) =$$
$$P(B \mid A)[P(A) + P(\overline{A})] = P(B \mid A)$$

故由乘法定理有 $P(AB) = P(A)P(B \mid A) = P(A)P(B)$,即 A, B 相互独立.

证2 由题设 $P(B \mid A) = P(B \mid \overline{A})$,有
$$\dfrac{P(AB)}{P(A)} = \dfrac{P(\overline{A}B)}{P(\overline{A})} = \dfrac{P(B) - P(AB)}{1 - P(A)}$$

则
$$P(AB)[1 - P(A)] = P(A)P(B) - P(A)P(AB)$$

注意到 $P(A) > 0$,故 $P(AB) = P(A)P(B)$.

注 上述条件是充要的. 事实上,若 A, B 独立,知 $\overline{A}, B$ 亦独立.

故 $P(B \mid A) = P(B), P(B \mid \overline{A}) = P(B)$,从而 $P(B \mid A) = P(B \mid \overline{A})$.

例9 若知 $P(A), P(B), P(C), P(AB), P(BC), P(ABC)$,求(1) $P(\overline{A}BC)$;(2) $P(\overline{AB}C)$;(3) $P(\overline{ABC})$.

解 (1) 注意到 $\overline{A} = \Omega - A$,又 $\Omega BC = BC$,则
$$P(\overline{A}BC) = P(BC - ABC) = P(BC) - P(ABC)$$

(2) 因为 $C = \Omega - \overline{C}$,故
$$P(\overline{AB}C) = P(\overline{AB} - \overline{ABC}) = P(\overline{AB}) - P(\overline{AB}C) = P(\overline{A \cup B}) - P(\overline{A \cup B \cup C}) =$$
$$[1 - P(A) - P(B) + P(AB)] - [1 - P(A) - P(B) - P(C) + P(AB) +$$
$$P(BC) + P(AC) - P(ABC)] =$$
$$P(C) - P(BC) - P(AC) + P(ABC)$$

(3) 由事件概率运算有
$$P(\overline{ABC}) = P(\overline{A} \cup \overline{B} \cup \overline{C}) = 1 - P(ABC) =$$
$$1 - [P(A) + P(B) + P(C) - P(AB) - P(BC) - P(AC) + P(ABC)] =$$
$$1 - P(A) - P(B) - P(C) + P(AB) + P(BC) + P(AC) - P(ABC)$$

注 由于关系是对称的,还相应地求出 $P(\overline{A}BC), P(A\overline{B}C), P(AB\overline{C}), P(\overline{ABC})$ 等表达式.

对于事件的概率计算或证明,首先要记熟公式,其中比较重要的有:

① 对任意事件 A,总有 $0 \leqslant P(A) \leqslant 1$.

② 对于必然事件 $\Omega, P(\Omega) = 1$.

③ 若 $A \cap B = \varnothing$,则 $P(AB) = P(A)P(B)$.

④ 对任意事件 A, B 总有 $P(A \cup B) = P(A) + P(B) - P(AB)$;若 A,B 互斥,则 $P(AB) = 0$.

⑤ 对任意事件 $A, P(A) = 1 - P(\overline{A})$.

⑥ 对于条件概率而言,若 $P(A) > 0$,则有 $P(B \mid A) = \dfrac{P(AB)}{P(A)}$ 或 $P(A)P(B \mid A) = P(AB)$.

特别地,若 A, B 相互独立,则 $P(AB) = P(A)P(B)$.

⑦ $P(B) = P(AB) + P(\overline{A}B) = P(A)P(B \mid A) + P(\overline{A})P(B \mid \overline{A})$.

若知 $P(B \mid A)$ 或 $P(B \mid \overline{A})$ 要求 $P(B)$,根据 A 发生与否区分 $A, \overline{A}$,则 B 可分成两不相容部分 AB 和 $\overline{A}B$.

$P(B) = P(A)P(B \mid A) + P(\overline{A})P(B \mid \overline{A})$ 的思维模式见图 1.2.

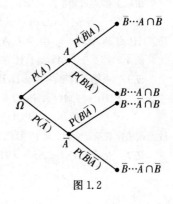

图 1.2

2. 随机事件的概率

现在来看几个涉及随机事件概率问题.

例 1 设 A, B 是两独立事件,又 $P(A) = \dfrac{1}{3}, P(B) = \dfrac{1}{2}$. (1) 若 A, B 互斥,求 $P(A \mid B)$;(2) 若 A, B 相互独立,求 $P(\overline{B} \mid \overline{A})$;(3) 若 $A \subset B$,求 $P(\overline{A}B)$.

解 (1) 设 $AB = \varnothing$,则 $P(AB) = 0$. 故 $P(A \mid B) = \dfrac{P(AB)}{P(B)} = 0$.

(2) 因由题设知 $P(\overline{A}) = 1 - P(A) = \dfrac{2}{3}$,且 $P(\overline{B}) = 1 - P(B) = \dfrac{1}{2}$,又 A, B 互相独立,则 $\overline{A}, \overline{B}$ 亦相互独立. 从而
$$P(\overline{A}\,\overline{B}) = P(\overline{A})P(\overline{B}) = \dfrac{1}{3}$$

故
$$P(\overline{B} \mid \overline{A}) = \dfrac{P(\overline{A}\,\overline{B})}{P(\overline{A})} = \dfrac{1}{2}$$

(3) 由 $A \subset B$,知 $P(AB) = P(A) = \dfrac{1}{3}$,则有 $P(\overline{A}B) = P\{(\Omega - A)B\} = P(B) - P(AB) = \dfrac{1}{6}$.

例 2 若随机事件 A, B 互不相容,且 $P(A) = p, P(B) = q$. 试求以下概率:$P(A \cup B), P(\overline{A} \cup B), P(\overline{A} \cap B)$ 和 $P(\overline{A} \cap \overline{B})$.

解 注意到 A, B 互不相容,再由题设、事件运算及其概率性质可有
$$P(A \cup B) = P(A) + P(B) = p + q$$
又由 A, B 不相容,有 $AB = \varnothing$,知 $B \subset \overline{A}$,有
$$P(\overline{A} \cup B) = P(\overline{A}) = 1 - P(A) = 1 - p$$
由 $AB = \varnothing$ 知 $P(A \cap B) = 0$,且 $P(\overline{A} \cap B) = P(B) = q$. 从而

$$P(\overline{A} \cap \overline{B}) = P(\overline{A \cup B}) = 1 - P(A \cup B) = 1 - (p+q)$$

例3 设事件 A,B 相互独立,且 $P(A) > 0$.试证:事件 $A,B,A \cup B$ 相互独立 $\Leftrightarrow P(A \cup B) = 1$.

证 证明"$\Leftarrow$".若事件 A,B 相互独立,则有 $P(A \cap B) = P(A)P(B)$,今若 $P(A \cup B) = 1$,则有
$$P[A \cap (A \cup B)] = P(A) = P(A)P(A \cup B)$$

及
$$P[B \cap (A \cup B)] = P(B) = P(B)P(A \cup B)$$

和
$$P[A \cap (A \cup B) \cap B] = P(A \cap B) = P(A)P(B) = P(A)P(A \cup B)P(B)$$

由以上诸式可知事件 $A,B,A \cup B$ 相互独立.

证明"$\Rightarrow$".若事件 $A,B,A \cup B$ 相互独立,则 $P[A \cap (A \cup B)] = P(A)P(A \cup B)$.而 $P[A \cap (A \cup B)] = P(A)$,从而 $P(A)P(A \cup B) = P(A)$.由 $P(A) > 0$,故 $P(A \cup B) = 1$.

例4 若 $0 < P(A) < 1$,且 $P(B \mid A) = P(B \mid \overline{A})$.试证:$A,B$ 相互独立.

证1 由题设有事件 $A \neq \Omega$,且 $A \neq \varnothing$,则
$$P(B) = P(B \mid A)P(A) + P(B \mid \overline{A})P(\overline{A}) = P(B \mid A)P(A) + P(B \mid A)P(\overline{A}) = P(B \mid A)[P(A) + P(\overline{A})] = P(B \mid A)$$

故由乘法定理有 $P(AB) = P(A)P(B \mid A) = P(A)P(B)$,即 A,B 相互独立.

证2 由题设 $P(B \mid A) = P(B \mid \overline{A})$,有
$$\frac{P(AB)}{P(A)} = \frac{P(\overline{A}B)}{P(\overline{A})} = \frac{P(B) - P(AB)}{1 - P(A)}$$

则
$$P(AB)[1 - P(A)] = P(A)P(B) - P(A)P(AB)$$

注意到 $P(A) > 0$,故
$$P(AB) = P(A)P(B)$$

注 上述条件是充要的.事实上,若 A,B 独立,知 $\overline{A},B$ 亦独立.故 $P(B \mid A) = P(B), P(B \mid \overline{A}) = P(B)$,从而 $P(B \mid A) = P(B \mid \overline{A})$.

例5 若随机事件 A,B 互不相容,且 $P(A) = p, P(B) = q$.试求以下概率:$P(A \cup B), P(\overline{A} \cup B), P(\overline{A} \cap B)$ 和 $P(\overline{A} \cap \overline{B})$.

解 注意到 A,B 互不相容,再由题设、事件运算及其概率性质可有
$$P(A \cup B) = P(A) + P(B) = p + q$$

又由 A,B 不相容有 $AB = \varnothing$,知 $B \subset \overline{A}$,有
$$P(\overline{A} \cup B) = P(\overline{A}) = 1 - P(A) = 1 - p$$

由 $AB = \varnothing$ 知 $P(A \cap B) = 0$,且 $P(\overline{A} \cap B) = P(B) = q$.从而
$$P(\overline{A} \cap \overline{B}) = P(\overline{A \cup B}) = 1 - P(A \cup B) = 1 - (p+q)$$

例6 若 $P(A \mid B) + P(\overline{A} \mid \overline{B}) = 1$,且 $P(B) \neq 0$,则事件 A,B 独立.

证 由
$$P(B) = P(AB) \cup P(\overline{A}B) = P(B)P(A \mid B) + P(B)P(\overline{A} \mid B)$$

由题设 $P(B) \neq 0$,上式两边同除以 $P(B)$,则有
$$P(A \mid B) + P(\overline{A} \mid B) = 1$$

又由题设式及上式可有 $P(\overline{A} \mid B) = P(\overline{A} \mid \overline{B})$.从而
$$P(\overline{A}) = P(\overline{A}B \cup \overline{A}\overline{B}) = P(B)P(\overline{A} \mid B) + P(\overline{B})P(\overline{A} \mid \overline{B}) = [P(B) + P(\overline{B})]P(\overline{A} \mid B) = P(\overline{A} \mid B)$$

故 $P(\overline{A}) = P(\overline{A} \mid B)$,从而知 $\overline{A},B$ 独立,进而可有 A,B 相互独立.

例7 若事件 A,B 满足 $P(A\mid B) = P(A\mid \overline{B})$,试证 $P(B\mid A) = P(B\mid \overline{A})$.

证 由题设条件概率定义(公式)有
$$\frac{P(AB)}{P(B)} = \frac{P(A\overline{B})}{P(\overline{B})} \Rightarrow P(\overline{B})P(AB) = P(B)P(A\overline{B})$$

代入 $P(A\overline{B}) = P(A) - P(AB), P(\overline{B}) = 1 - P(B)$,得
$$[1 - P(B)]P(AB) = P(B)[P(A) - P(AB)]$$

化简得
$$P(AB) = P(A)P(B)$$

由对称性,上式两边同时减去 $P(A)P(AB)$,有
$$[1 - P(A)]P(AB) = P(A)[P(B) - P(AB)]$$

注意到 $1 - P(A) = P(\overline{A})$ 及 $P(B) = P(AB) + P(\overline{A}B)$,有
$$P(\overline{A})P(AB) = P(A)P(\overline{A}B)$$

即 $\dfrac{P(AB)}{P(A)} = \dfrac{P(\overline{A}B)}{P(\overline{A})}$,从而 $P(B\mid A) = P(B\mid \overline{A})$.

3. 随机事件的概率不等式问题

下面是几则关于概率不等式问题.

例1 设 $P(A) = p$,其中 $0 < p < 1$,又 $P(B) = 1 - \sqrt{p}$.试证 $P(\overline{A} \cap \overline{B}) > 0$.

证 由题设、事件运算及概率性质有
$$P(\overline{A} \cap \overline{B}) = P(\overline{A}) + P(\overline{B}) - P(\overline{A} \cup \overline{B}) = (1-p) + [1-(1-\sqrt{p})] - P(\overline{A} \cup \overline{B}) \geqslant$$
$$1 - p + \sqrt{p} - 1 = \sqrt{p} - p = \sqrt{p}(1 - \sqrt{p}) > 0$$

例2 若 $P(A) > 0$,试证 $P(B\mid A) \geqslant 1 - \dfrac{P(\overline{B})}{P(A)}$.

证 因为 $P(A \cup B) \leqslant 1$,即 $P(A) + P(B) - P(AB) \leqslant 1$,故 $P(A) + P(B) - P(A)P(B\mid A) \leqslant 1$,即
$$P(A)P(B\mid A) \geqslant P(A) - [1 - P(B)] = P(A) - P(\overline{B})$$

又 $P(A) > 0$,故
$$P(B\mid A) \geqslant 1 - \frac{P(\overline{B})}{P(A)}$$

下面是关于补事件交的概率不等式问题.

例3 对于随机事件 A,B,设 $P(A) = p$,其中 $0 < p < 1$,又 $P(B) = 1 - \sqrt{p}$.试证 $P(\overline{A} \cap \overline{B}) > 0$.

证 由题设、事件运算及概率性质有
$$P(\overline{A} \cap \overline{B}) = P(\overline{A}) + P(\overline{B}) - P(\overline{A} \cup \overline{B}) = (1-p) + [1-(1-\sqrt{p})] - P(\overline{A} \cup \overline{B}) \geqslant$$
$$1 - p + \sqrt{p} - 1 = \sqrt{p} - p = \sqrt{p}(1 - \sqrt{p}) > 0$$

例4 若 A,B,C 为3个事件,且 $P(B) = k_1 P(A), P(C) = k_2 P(A)$,其中 $k_1, k_2 > 0$,又 $k_1 + k_2 > 1$,$P(BC) \leqslant P(A)$.证明 $P(A) \leqslant \dfrac{1}{k_1 + k_2 - 1}$.

证 由概率加法公式有
$$P(A \cup B \cup C) = P(A) + P(B) + P(C) - P(AB) - P(AC) - P(BC) + P(ABC) =$$
$$P(A) + P(B) + P(C) - [P(AB) + P(AC) - P(ABC)] - P(BC) =$$
$$P(A) + P(B) + P(C) - P[A(B \cup C)] - P(BC)$$

又 $P(A \cup B \cup C) \leqslant 1$ 及题设 $P(BC) \leqslant P(A)$ 和 $P[A(B \cup C)] \leqslant P(A)$,可有
$$P(B) + P(C) - P(A) \leqslant 1 \Rightarrow (k_1 + k_2 - 1)P(A) \leqslant 1$$

从而 $P(A) \leqslant \dfrac{1}{k_1 + k_2 - 1}$.

例5 设事件 A,B 互相独立,且事件 C 满足 $AB \subset C$,且 $\overline{C} \subset \overline{AB}$,则 $P(A)P(C) \leqslant P(AC)$.

证 由 $\overline{C} \subset \overline{AB}$ 有 $C \subset A \cup B$. 考虑到 $AB \subset C$,则 $AC = AB \cup \overline{B}C, C = (B-B\overline{C}) \cup \overline{B}C$. 注意到 $AB, \overline{B}C$ 互不相等,$B-B\overline{C}, \overline{B}C$ 互不相等,及 $B\overline{C} \subset B$,有

$$P(AC) = P(AB) + P(\overline{B}C) \tag{*}$$

$$P(C) = P(B-B\overline{C}) + P(\overline{B}C) = P(B) - P(B\overline{C}) + P(\overline{B}C) \tag{**}$$

又由 A,B 独立有 $P(AB) = P(A)P(B)$,而 $P(A) \leqslant 1$,从而

$$P(AB) + P(\overline{B}C) \geqslant P(A)P(B) + P(A)[P(\overline{B}C) - P(B\overline{C})] = P(A)[P(B) + P(\overline{B}C) - P(B\overline{C})]$$

从而由式(*)及式(**)有 $P(AC) \geqslant P(A)P(C)$.

例6 (1)若事件 A_1, A_2 与 A 同时发生,试证 $P(A) \geqslant P(A_1) + P(A_2) - 1$;(2)若事件 A_1, A_2, A_3 满足 $A_1A_2A_3 \subset A$,试证 $P(A) \geqslant P(A_1) + P(A_2) + P(A_3) - 2$.

证 (1)由题设知 $A_1A_2 \subset A$,又 $P(A_1 \cup A_2) \leqslant 1$,这样可得

$$P(A) \geqslant P(A_1A_2) = P(A_1) + P(A_2) - P(A_1 \cup A_2) \geqslant P(A_1) + P(A_2) - 1$$

(2)由设 $A_1A_2A_3 \subset A$,由(1)可有

$$P(A) \geqslant P[(A_1A_2)A_3] \geqslant P(A_3) + P(A_1A_2) - 1 \geqslant P(A_3) + [P(A_1) + P(A_2) - 1] - 1 =$$
$$P(A_1) + P(A_2) + P(A_3) - 2$$

例7 对任意事件 A,B 均有 $P(A \cup B)P(AB) \leqslant P(A)P(B)$.

证 由事件及其概率的性质(注意其中画波浪线部分)有

$$P(A \cup B)P(AB) = \underline{P(A-B)P(AB)} + P(B-A)P(AB) + P(AB)P(AB) \leqslant$$
$$\underline{P(A-B)P(B-A) + P(A-B)P(AB)} + P(B-A)P(AB) + P(AB)P(AB) =$$
$$[P(A-B) + P(AB)][P(B-A) + P(AB)] = P(A)P(B)$$

注 这里事件 $A \cup B = (A-B) \cup (B-A) \cup AB$ 及 AB 与 $(B-A) \cup AB$ 的关系可从图1.3中发现,这也是解答本题的关键.

下面是一则稍复杂些的例子.

例8 若事件 $\{A_i\}$ 发生的概率 $p_i = P(A_i), i=1,2,\cdots,n$. 证明有事件 B 且 $P(B) = q$,使

$$\sum_{i=1}^{n} \frac{1}{|q-p_i|} \leqslant 8n\left(1 + \frac{1}{3} + \frac{1}{5} + \cdots + \frac{1}{2n-1}\right)$$

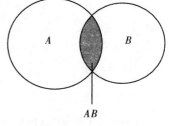

图 1.3

证 由题设知 $0 \leqslant p_i \leqslant 1$,且 $0 \leqslant q \leqslant 1$. 对于 $k=0,1,\cdots,2n-1$,考虑 $2n$ 个开区间

$$I_k = \left(\frac{k}{2n}, \frac{k+1}{2n}\right)$$

其中至少有 n 个 I_k 不包含任何 p_i,用 q_i 表示这类区间的中点. 令 $|q_i - p_i| = d_{ij}$,再令

$$r = 8n\left(1 + \frac{1}{3} + \frac{1}{5} + \cdots + \frac{1}{2n-1}\right)$$

对任何固定的 $i, d_{ij} \geqslant \frac{1}{4n}$ 均成立(区间 I_i 的长度为 $\frac{1}{2n}$,且 q_i 为其中点),而且至多有两个 j 使 $d_{ij} \geqslant \frac{3}{4n}$ 不成立,至多4个 j 使 $d_{ij} \geqslant \frac{5}{4n}$ 不成立等.

于是不难证明 $\sum_{j=1}^{n} \frac{1}{d_{ij}} \leqslant 2\sum_{k=0}^{n-1} \frac{4n}{1+2k} = r$,从而有

$$\sum_{j=1}^{n}\left(\sum_{i=1}^{n} \frac{1}{d_{ij}}\right) = \sum_{i=1}^{n}\left(\sum_{j=1}^{n} \frac{1}{d_{ij}}\right) = nr$$

故必有某个 j 使 $\sum_{i=1}^{n} \frac{1}{d_{ij}} \leqslant r$ 成立,只须令发生概率为 $q_j = q$ 的事件为 B,则 B 即为所求.

4. 稍复杂些的随机事件概率问题

例1 对事件 A,B 来讲,关系式 $(*)\; P^2(AB)+P^2(\overline{A}B)+P^2(A\overline{B})+P^2(\overline{A}\overline{B})=\dfrac{1}{4}$ 成立 $\Leftrightarrow P(A)=P(B)=\dfrac{1}{2}$,且 $P(AB)=\dfrac{1}{4}$.

证 证明"$\Leftarrow$". 由 $P(AB)=\dfrac{1}{4}$ 及 $P(A)=P(B)=\dfrac{1}{2}$ 知,A,B 相互独立,从而 $\overline{A},B;A,\overline{B}$ 和 $\overline{A},\overline{B}$ 皆相互独立,且 $P(\overline{A})=P(\overline{B})=\dfrac{1}{2}$. 从而可有

$$P^2(AB)+P^2(\overline{A}B)+P^2(A\overline{B})+P^2(\overline{A}\overline{B})=$$
$$[P(A)P(B)]^2+[P(\overline{A})P(B)]^2+[P(A)P(\overline{B})]^2+[P(\overline{A})P(\overline{B})]^2=$$
$$4\cdot\left(\dfrac{1}{4}\right)^2=\dfrac{1}{4}$$

证明"$\Rightarrow$". 由 $P(AB)+P(\overline{A}B)+P(A\overline{B})+P(\overline{A}\overline{B})=1$ 两边平方且注意到题设等式 $(*)$ 有

$$P(AB)P(\overline{A}B)+P(AB)P(A\overline{B})+P(AB)P(\overline{A}\overline{B})+$$
$$P(\overline{A}B)P(A\overline{B})+P(\overline{A}B)P(\overline{A}\overline{B})+P(A\overline{B})P(\overline{A}\overline{B})=\dfrac{3}{8} \qquad(**)$$

再利用题设等式 $(*)$ 可有

$$[P(AB)-P(\overline{A}B)]^2+[P(AB)-P(A\overline{B})]^2+[P(AB)-P(\overline{A}\overline{B})]^2+$$
$$[P(\overline{A}B)-P(\overline{A}\overline{B})]^2+[P(A\overline{B})-P(\overline{A}\overline{B})]^2=$$
$$3\text{倍式}(*)\text{左}-2\text{倍式}(**)\text{右}(\text{去括号、合并同类项、化简})=0$$

从而 $P(AB)=P(\overline{A}B)=P(A\overline{B})=P(\overline{A}\overline{B})$,且知它们均为 $\dfrac{1}{4}$. 同时

$$P(A)+P(AB)+P(A\overline{B})=\dfrac{1}{2},\quad P(B)=P(AB)+P(\overline{A}B)=\dfrac{1}{2}$$

例2 有 n 个事件 $A_1,A_2,\cdots,A_n$,其中每个事件发生的概率至少为 $1-a$,这里 $a<\dfrac{1}{4}$. 又当 $|i-j|>1$ 时,A_i 与 A_j 彼此独立,然而 A_i 与 A_{i+1} 可互依(不独立). 设正数 $u_k(k=0,1,2,\cdots)$ 由递推式 $u_{k+1}=u_k-au_{k-1},u_0=1,u_1=1-a$ 所定义. 试问:"所有事件 $A_1,A_2,\cdots,A_n$ 全发生的概率至少是 u_n"的事件成立否?

解 首先当 $n\geqslant 5$ 时,结论不真,除非假设 A_i 与 $A_1,A_2,\cdots,A_{i-1}(n\leqslant i\leqslant 3)$ 是相互整体独立的. 比如当 $n=5$ 时有下面反例:

设 $h=\dfrac{33}{37},k=\dfrac{1}{64+h}$,事件 A_i 发生的情况在下表第1,3行,而 $P(A_i)$ 是下表第2,4行所对应的 A_i 的数字和. 则每个 $P(A_i)$ 是 $49k$,而对于所有的 i,j,其中 $|i-j|>1$,有 $P(A_i\cap A_j)=37k$.

A_i 发生的情况 B	$A_1A_2A_4A_5$	A_4	$A_1A_3A_4A_5$	$A_1A_2A_3A_4A_5$	$A_1A_2A_3A_4$
$P(B)$	$12k$	$3k$	$6k$	$7k$	$12k$

A_i 发生的情况 B	$A_2A_3A_4A_5$	$A_1A_3A_5$	$A_1A_2A_3$	$A_2A_3A_5$	$A_3A_4A_5$
$P(B)$	$6k$	$3k$	$9k$	$3k$	$3k$

由设易验算得 $(49k)^2=37k$,故原先事件无关的假设成立. 又 $P(A_i)=1-a$,这里 $a=k(15+h)<\dfrac{1}{4}$. 然而对任意的 $a\leqslant\dfrac{1}{4}$,有 a 满足 $a\geqslant\dfrac{7}{64}$,使 $k<\dfrac{1}{64}$ 且

$$P(A_1\cap A_2\cap A_3\cap A_4\cap A_5)=7k<\dfrac{7}{64}$$

下面的问题稍难(故在问题上打上 * 号,以后的难题亦如此处理).

例 3* 若 $P(A_n) = 1$,其中 $n = 1, 2, 3, \cdots$. 试证 $P(\bigcap\limits_{n=1}^{\infty} A_n) = 1$.

证 由设 $P(A_n) = 1$ 知 $P(\overline{A_n}) = 0$,其中 $n = 1, 2, 3, \cdots$. 故

$$0 \leqslant P(\overline{\bigcap\limits_{n=1}^{\infty} A_n}) = P(\bigcup\limits_{n=1}^{\infty} \overline{A_n}) \leqslant \sum\limits_{n=1}^{\infty} P(\overline{A_n}) = 0$$

即 $P(\overline{\bigcap\limits_{n=1}^{\infty} A_n}) = 0$,从而 $P(\bigcap\limits_{n=1}^{\infty} A_n) = 1 - P(\overline{\bigcap\limits_{n=1}^{\infty} A_n}) = 1$.

例 4* 设 $P(\bigcup\limits_{k=1}^{\infty} \bigcap\limits_{n=k}^{\infty} A_n) > 0$,试证级数 $\sum\limits_{n=1}^{\infty} P(A_n)$ 发散.

证 由设 $P(\bigcup\limits_{k=1}^{\infty} \bigcap\limits_{n=k}^{\infty} A_n) > 0$ 知

$$\varliminf_{n \to \infty} P(A_n) \geqslant P(\varliminf_{n \to \infty} A_n) = P(\bigcup\limits_{k=1}^{\infty} \bigcap\limits_{n=k}^{\infty} A_n) > 0 \quad (*)$$

即 $\varliminf\limits_{n \to \infty} P(A_n) \neq 0$,故级数 $\sum\limits_{n=1}^{\infty} P(A_n)$ 发散(通项不趋向 0).

例 5* 对于事件 $A_1, A_2, \cdots$,若 $\sum\limits_{n=1}^{\infty} P(A_n) < \infty$,则 $P(\varlimsup\limits_{n \to \infty} A_n) = 0$.

证 由事件运算性质有 $\varlimsup\limits_{n \to \infty} A_n = \bigcap\limits_{k=1}^{\infty} \bigcup\limits_{n=k}^{\infty} A_n$,知

$$0 \leqslant P(\varlimsup_{n \to \infty} A_n) = P(\bigcap\limits_{k=1}^{\infty} \bigcup\limits_{n=k}^{\infty} A_n) \leqslant P(\bigcup\limits_{n=k}^{\infty} A_n) \leqslant \sum\limits_{n=k}^{\infty} P(A_n) \quad (*)$$

又 $\sum\limits_{n=1}^{\infty} P(A_n) < \infty$,即级数收敛,故 $\lim\limits_{k \to \infty} \sum\limits_{n=k}^{\infty} P(A_n) = 0$(级数收敛的柯西条件).

$(*)$ 式两边取 $k \to \infty$,且注意不等式可有 $P(\varlimsup\limits_{n \to \infty} A_n) = 0$.

5. 应用问题

最后来看两个应用问题,它们与电子电路有关,关于这方面例子还将在后文介绍. 先来看例.

例 1 如图 1.4 所示,系统由 3 个元件连接而成,已知每个元件的寿命服从指数分布,概率密度为

$$f(t) = \begin{cases} e^{-t}, & t > 0 \\ 0, & t \leqslant 0 \end{cases}$$

求用下面方式联结的系统寿命大于 T(T 为大于 0 的正值)的概率(假设每个元件的寿命都是相互独立的).

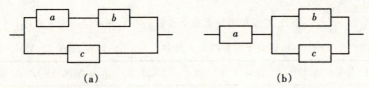

图 1.4

解 设 A, B, C 分别代表元件 a, b, c 寿命大于 T 的事件,则

$$P(A) = P(B) = P(C) = \int_T^{+\infty} e^{-t} dt = -e^{-t} \Big|_T^{+\infty} = e^{-T}$$

又设 D 为系统寿命大于 T 的事件,则

(1) 情形(a)中,$D = AB \cup C$,故

$$P(D) = P(AB) + P(C) - P(ABC) =$$
$$P(A)P(B) + P(C) - P(A)P(B)P(C) = e^{-T} + e^{-2T} - e^{-3T}$$

(2) 情形(b)中, $D = A \cap (B \cup C)$, 故
$$P(D) = P(A)P(B \cup C) = P(A)[P(B) + P(C) - P(BC)] =$$
$$P(A)P(B) + P(A)P(C) - P(A)P(B)P(C) = 2\mathrm{e}^{-2T} - \mathrm{e}^{-3T}$$

例 2 设有电路如图 1.5 所示,其中 a,b,c,d 表示继电器的接点,设每一继电器接点导通的概率均为 1/2, 且各继电器接点导通与否相互独立.

(1) 求 L 至 R 为通路的概率;

(2) 已知 L 至 R 为通路, 求 a 与 b 同时导通的概率.

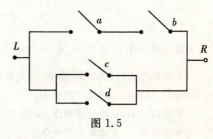

图 1.5

解 (1) 设事件 A,B,C,D 分别表示 a,b,c,d 继电器接点导通, 且设事件 E 表示 L 至 R 为通路, 于是 $E = AB \cup C \cup D$, 故
$$P(E) = P(AB \cup C \cup D) = P(AB) + P(C) + P(D) - P(ABC) - P(ABD) - P(CD) + P(ABCD) =$$
$$P(A)P(B) + P(C) + P(D) - P(A)P(B)P(C) - P(A)P(B)P(D) - P(C)P(D) + P(A)P(B)P(C)P(D) =$$
$$\left(\frac{1}{2}\right)^2 + \frac{1}{2} + \frac{1}{2} - \left(\frac{1}{2}\right)^3 - \left(\frac{1}{2}\right)^3 - \left(\frac{1}{2}\right)^2 + \left(\frac{1}{2}\right)^4 = \frac{13}{16}$$

(2) 依题意, L 至 R 为通路有下面 13 种可能.

① 只有 1 条通路的情形, 即

$(AB)\overline{C}\,\overline{D}$, $(A\overline{B})CD$, $(\overline{A}\,\overline{B})C\overline{D}$, $(A\,\overline{B})C\overline{D}$, $(\overline{A}B)C\overline{D}$, $(A\,\overline{B})\overline{C}D$, $(\overline{A}B)\overline{C}D$

② 同时有 2 条通路的情形, 即

$(AB)C\overline{D}$, $(AB)\overline{C}D$, $(\overline{A}\,\overline{B})CD$, $(\overline{A}B)CD$, $(A\,\overline{B})CD$

③ 同时有 3 条通路的情形, 即

$(AB)CD$

在此 13 条通路中, a 与 b 同时导通的仅有

$(AB)\overline{C}\,\overline{D}$, $(AB)\overline{C}D$, $(AB)C\overline{D}$, $(AB)CD$

4 种情形.

因而, 在 L 至 R 为通路时, a 与 b 同时导通的概率为 $P(AB \mid E) = 4/13$.

注 下面问题是上例的引申:

设有电路如图 1.6, 开关 a,b,c 闭合的概率分别为 $0.8,0.7$ 和 0.5. 求从 L 到 R 为通路的概率.

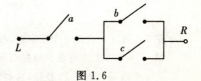

图 1.6

略解 设 A,B,C 为开关 a,b,c 闭合事件, E 为 L 到 R 的通路事件, 则
$$P(E) = P[A(B \cup C)] = P(A)P(B \cup C) = P(A)[P(B) + P(C) - P(B)P(C)] =$$
$$0.8 \times (0.7 + 0.5 - 0.7 \times 0.5) = 0.68$$

二、古典概率问题

1. 与排列组合有关的概率问题

若某随机试验满足 ① 样本空间 Ω 元素仅有有限个; ② 每个元素(基本事件)发生的可能性相同, 则事件 A 发生的概率为

$$P(A) = \frac{A \text{中基本事件数(元素个数)}}{\Omega \text{中总基本事件数(元素个数)}}$$

上述模型可用几何的观点叙述为: 古典概型满足 ① 样本空间有限, 记 $\Omega = \{w_1, w_2, \cdots, w_n\}$; ② 每一基本事件概率相同, 即 $P(w_1) = P(w_2) = \cdots = P(w_n)$, 且

$$1 = P(\Omega) = P\left(\bigcup_{i=1}^{n}\{w_i\}\right) = \sum_{i=1}^{n} P(w_i)$$

由上知

$$P(w_i) = \frac{1}{n}, \quad 1 \leqslant i \leqslant n$$

对任意事件 A,若 $A = \{w_{i1}, w_{i2}, \cdots, w_{im}\} = \bigcup_{j=1}^{m}\{w_{ij}\}$,从而 $P(A) = \sum_{j=1}^{m} P(w_{ij}) = \frac{m}{n}$.

古典概率的问题除几何概率外,大多会与排列、组合问题有联系.一般来讲,事件不可分辨或无序多用组合,可分辨或有序应考虑排列.

顺便讲一句,在涉及排列组合时常用下面两个基本原理:

加法原理 完成某事有 n 类途径(它们彼此互斥,但选其任一类皆可完成此事),每类中有 $m_i(1 \leqslant i \leqslant n)$ 种方法,则完成此事共有 $\sum_{i=1}^{n} m_i$ 种方法.

乘法原理 完成某事须 n 个步骤(它们全部完成才能做完此事),每个步骤有 $m_i(1 \leqslant i \leqslant n)$ 种方法,则完成此事共有 $\prod_{i=1}^{n} m_i$ 种方法.

例1 从 $0, 1, 2, \cdots, 9$ 这 10 个数字中任意选出 3 个不同的数字,试求下列事件的概率:$A_1 = \{3$ 个数字中不含 0 与 $5\}$;$A_2 = \{3$ 个数字中不含 0 或 5(既不含 0,又不含 $5)\}$;$A_3 = \{3$ 个数字含 0,但不含 $5\}$.

解 题设的 10 个数字中任选 3 个不同数字的基本事件总数均为 C_{10}^{3}.

(1) 事件 A_1 中不含 0 和 5,只需从 10 个数字里除 0,5 外余下的 8 个数字中选出 3 个,即有利事件数是 C_8^3.因而 $P(A_1) = \frac{C_8^3}{C_{10}^3} = \frac{7}{15}$.

(2) 为方便计考虑事件 A_2 的逆事件 $\overline{A}_2 = \{3$ 个数字中含 0 或 $5\}$.

这样在 $\overline{A}_2$ 中,由于 0 和 5 必选,其有利事件数是 C_8^1.因而

$$P(A_2) = 1 - P(\overline{A}_2) = 1 - \frac{C_8^1}{C_{10}^3} = \frac{14}{15}$$

(3) 考虑事件 A_3.因其一定含 0,同时不含 5,故只需从余下的 8 个数中选出 2 个.因而

$$P(A_3) = \frac{C_8^2}{C_{10}^3} = \frac{7}{30}$$

例2 在 $1 \sim 9$ 这 9 个数字中,有放回地从中抽出 n 个,求它们的乘积被 10 整除的概率.

解 从 9 个数中有放回抽出 n 个数,共有 9^n 种抽法(基本事件数).

若 n 个数乘积能被 10 整除,这些数中必有尾数含有偶数和 5 者.

上述抽法中:不含 5(还剩 8 个数)的抽法有 8^n 种,不含偶数(还剩 5 个数)的抽法有 5^n 种,不含 5 和偶数(既不含 5,又不含偶数,这时还剩 4 个数)的抽法有 4^n 种.

故不含 5 或偶数的抽法共有 $8^n + 5^n - 4^n$ 种.

从而所求概率 $p = 1 - \frac{8^n + 5^n - 4^n}{9^n} = 1 - \left(\frac{8}{9}\right)^n - \left(\frac{5}{9}\right)^n + \left(\frac{4}{9}\right)^n$.

例3 从数字 $0,1,2,3,4$ 中任取一个数字,假定每个数字以等概率被取中,取后放回,先后取出 3 个数字,试求下列事件的概率:

(1) $A_1 = \{3$ 个数字全不相同$\}$;

(2) $A_2 = \{$某数字恰好出现 2 次$\}$;

(3) $A_3 = \{$取出的 3 个数字,自左向右排列所得的 3 位数是偶数$\}$.

解 由古典概率公式 $P(A) = \frac{A \text{事件出现的次数}}{\text{总事件数}}$,又 5 个数有放回地取 3 个数的事件总数为 5^3,这

第1章 随机事件和概率

样可求得

(1) $P(A_1) = \dfrac{C_5^3}{5^3} = \dfrac{2}{25}$ (3个数字均不同的事件总数 C_5^3);

(2) $P(A_2) = \dfrac{4 \cdot C_3^2}{5^3} = \dfrac{12}{125}$ (比如,3个数字中有两个0的情形有:以00打头的有001,002,003,004四种;以00结尾的有4种;两个0一前一后的又有4种;总共有 $4 \cdot C_3^2$ 种);

(3) $P(A_3) = \dfrac{A_4^2 + 2(A_4^2 - 3)}{A_5^3 - A_4^3} = \dfrac{5}{8}$ (注意这是一个排列问题).

注 这类取数字组成数问题须注意一点:0不能打头.因而计算事件数时,须减去0打头的情形.

例4 假设一个随机数选择器只能从 $1,2,\cdots,9$ 这9个数字中选一个,并且以等概率作这些选择.试确定在 $n(n>1)$ 次选择后,选出的 n 个数的乘积能被10整除的概率.

解 为使选出的 n 个数的乘积能被10整除,其中至少有一次选5,并且至少有一次选择偶数2,4,6,8之一.

设事件 A 表示没有一次选择5,事件 B 表示没有一次选择偶数,约定 $P(E)$ 表示事件 E 的概率,则所求的概率是 $1 - P(A \cup B)$,从而有

$$1 - P(A \cup B) = 1 - P(A) - P(B) + P(A \cap B) = 1 - \left(\dfrac{8}{9}\right)^n - \left(\dfrac{5}{9}\right)^n + \left(\dfrac{4}{9}\right)^n = 1 - \dfrac{8^n + 5^n - 4^n}{9^n}.$$

于是选出的 n 个数的乘积能被10整除的概率为 $1 - \dfrac{8^n + 5^n - 4^n}{9^n}$.

例5 若从任意 10^{99} 的正约数中选取一个,它正好也是 10^{88} 的倍数的概率为 $\dfrac{m}{n}$,其中 m 和 n 互质,求 $m + n$.

解 10^{99} 的约数为 $2^a \cdot 5^b$,其中 a 和 b 满足 $0 \leqslant a \leqslant 99, 0 \leqslant b \leqslant 99$.因此 10^{99} 有 $(99+1)(99+1) = 100 \cdot 100$ 个正约数.

在这些正约数中,要成为 $10^{88} = 2^{88} \cdot 5^{88}$ 的倍数必须满足

$$88 \leqslant a \leqslant 99, 88 \leqslant b \leqslant 99$$

即 a 和 b 各有12种选择.

因此所求的概率为

$$\dfrac{m}{n} = \dfrac{12 \cdot 12}{100 \cdot 100} = \dfrac{9}{625}$$

所以 $m + n = 9 + 625 = 634$.

下面是一则与组合数有关的稍复杂的例子,它还涉及整数的同余概念.

例6 若 k 是一个正整数,假如随机次序写下整数 $1, 2, 3, \cdots, 3k+1$,求在此过程中任何此刻所写整数之和不为3的倍数的概率.

解 随机次序写下 $1 \sim 3k+1$ 的不同方式有 $(3k+1)!$ 种.又将 $1 \sim 3k+1$ 被3除后的余数(或称模3后)分别为

$$1, 2, 0, 1, 2, 0, \cdots, 1, 2, 0, 1 \qquad (*)$$

虽然,若随机写下的数有部分和可被3整除,须从1或2开始,且0的个数并不影响除3后的结果.故可以略去这些0.这样剩下的1和2序列必写为(注意从1或2开始):

(Ⅰ) $1, 1, 2, 1, 2, 1, 2, \cdots$;或(Ⅱ) $2, 2, 1, 2, 1, 2, 1, \cdots$.

序列(Ⅱ)中的2多于1,所求序列应1多于2.这样对数列$(*)$略去0后所求序列是 $1, 1, 2, 1, 2, \cdots$ 中有 $2k+1$ 个数,k 个0除不能在序列首位外,可在任何其他位置.其方法数相当于将 k 个0放到 $2k+1$ 个位置的方式数,它有 C_{3k}^k 种.

又 $3, 6, 9, \cdots, 3k$ 代替 $(*)$ 中的0共有 $k!$ 种方式.

对于数 $2, 5, 8, 11, 14, \cdots$ 代回 $(*)$ 中2;数 $1, 4, 7, 10, \cdots$ 代回 $(*)$ 中1,分别有 $k!$ 和 $(k+1)!$ 种.

这样所求概率为 $\dfrac{C_{3k}^k k!k!(k+1)!}{(3k+1)!} = \dfrac{k+1}{3k+1} \cdot \dfrac{k!k!}{(2k)!} = \dfrac{k+1}{3k+1} \cdot \dfrac{1}{C_{2k}^k}.$

下面是一则摸球问题,其中需要用数学归纳法考虑.

例 7 袋中有红、白、黑球各 a,b,c 个,每次从中抽取一球然后放回,且另加入与该次取出球色相同的 d 个球.如此下去,问第 n 次取到红、白、黑球的概率是多少?

解 设 A_n, B_n, C_n 分别为第 n 次取到红、白、黑球事件 $(n = 1,2,3,\cdots)$.则

$$P(A_n) = \dfrac{a}{a+b+c}, \quad P(B_n) = \dfrac{b}{a+b+c}, \quad P(C_n) = \dfrac{c}{a+b+c}, \quad n = 1,2,3,\cdots$$

今用数学归纳法证之.

(1) 当 $n = 1$ 时,结论显然成立.

(2) 假设 $n = k$ 时结论真,今考虑 $n = k+1$ 的情形.

事实上,当 A_k 发生后,袋中红球个数为 $a+d$ 个,且白球为 b 个,黑球为 c 个,红球比率为 $\dfrac{a+d}{a+b+c+d}.$

当取 k 次球时,由归纳假设知

$$P(A_{k+1} \mid A_k) = \dfrac{a+d}{a+b+c+d}$$

同理

$$P(A_{k+1} \mid B_k) = P(A_{k+1} \mid C_k) = \dfrac{a}{a+b+c+d}$$

从而可有

$$P(A_{k+1}) = P(A_k)P(A_{k+1} \mid A_k) + P(B_k)P(A_{k+1} \mid B_k) + P(C_k)P(A_{k+1} \mid C_k) = \dfrac{a(a+d)+ba+ca}{(a+b+c)(a+b+c+d)} = \dfrac{a}{a+b+c}$$

例 8 将一枚均匀的硬币连抛 5 次,试求正面至少连续出现 3 次的概率.

解 抛 5 次硬币,正(用 1 表示)、反(用 0 表示)面出现顺序共有 2^5 种(总事件数).

其中,从第 1 次抛开始至少连续 3 次出现正面的有 4 种(11100,11101,11110,11111);从第 2 次抛开始至少连续出现正面的有两种(01110,01111);从第 3 次抛开始连续至少出现 3 次正面的有两种(00111,10111).

即在 2^5 种可能结果里至少连续出现 3 次正面共有 $4+2+2 = 8$ 种.故所求概率为

$$p = \dfrac{8}{2^5} = \dfrac{1}{4}$$

例 9 有 5 张 1 角的、3 张 3 角的及 2 张 5 角的戏票,任意取出 3 张戏票,求(1)其中至少有两张是同价格的概率;(2)3 张戏票共值 7 角的概率.

解 (1)将{3 张戏票中至少有两张是同价格}这一事件记为 A,则其对立事件 $\bar{A} = \{3$ 张戏票价格互不相同$\}$.这样

$$P(A) = 1 - P(\bar{A}) = 1 - \dfrac{C_5^1 C_3^1 C_2^1}{C_{10}^3} = \dfrac{3}{4}$$

(2){取出的 3 张戏票共值 7 角}的事件记为 B,其抽取方法有 $C_5^2 C_3^1 + C_3^2 C_5^1 = 35$ 种,故

$$P(B) = \dfrac{35}{C_{10}^3} = \dfrac{7}{24}$$

例 10 设有一个均匀四面体,四面分别涂上红、绿、黄、白色,现将四面体连续掷 3 次.试求:"在 3 次抛掷中都是红色或黄色不着地"这一事件的概率.

解 设 A 为事件"3 次抛掷中都是红色不着地";且 B 为事件"3 次抛掷中都是黄色不着地";又 C 为事件"3 次抛掷中都是红色或黄色不着地".

显然事件 $C = A \cup B$. 又随机试验可视为"从 4 个不同元素中每次取 3 个不同元素的可重复试验",故

$$P(A) = \frac{3^3}{4^3}, \quad P(B) = \frac{3^3}{4^3}, \quad P(AB) = \frac{2^3}{4^3}$$

故

$$P(C) = P(A \cup B) = P(A) + P(B) - P(AB) = \frac{3^3}{4^3} + \frac{3^3}{4^3} - \frac{2^3}{4^3} = \frac{23}{32}$$

注 在 $AB \neq \emptyset$ 时,请注意 $P(A \cup B) = P(A) + P(B) - P(AB)$.

下面的例子与上面的例子是属于同一类型的问题,只是它们的提法不同.

例 11 参加某国际比赛的 16 名选手中有 3 名中国人,1 名日本人. 预赛抽签分 4 组(每组 4 人). 求:(1) 3 名中国选手恰好分在同一组的概率;(2) 3 名中国选手恰好分在两个组的概率;(3) 日本选手所在组中有中国选手的概率.

解 将 16 名选手平均分 4 组,共有 $N = \dfrac{C_{16}^4 C_{12}^4 C_8^4 C_4^4}{4!} = \dfrac{16!}{(4!)^4}$ 种分法(总事件数).

(1) 3 名中国选手分在同一组,共有 $N_1 = \dfrac{C_{13}^1 C_{12}^4 C_8^4 C_4^4}{3!} = \dfrac{13!}{3!(4!)^3}$ 种分法(有利事件数),故其概率为 $p_1 = \dfrac{N_1}{N} = \dfrac{1}{35}$.

(2) 3 名中国选手恰好分在两组,共有 $N_2 = \dfrac{C_3^1 C_{13}^3 C_{10}^2 C_8^4 C_4^4}{2!} = \dfrac{3 \cdot 13!}{3!(2!)^2 (4!)^2}$ 种分法,故其概率为 $p_2 = \dfrac{N_2}{N} = \dfrac{18}{35}$.

(3) 先考虑日本选手所在组中无中国选手的情况,共有 $\overline{N}_3 = \dfrac{C_{12}^3 C_{12}^4 C_8^4 C_4^4}{3!} = \dfrac{(12!)^2}{(3!)^2 (4!)^3 9!}$ 种,故日本选手所在组中有中国选手的概率为 $p_3 = 1 - \dfrac{\overline{N}_3}{N} = \dfrac{47}{91}$.

例 12 有 A, B 两枚硬币,随机地抛一枚,若出现正面,则继续抛此硬币,否则抛另一枚. 今设抛硬币 A 出现正、反面概率各为 $\dfrac{1}{2}$,抛硬币 B 出现正、反面的概率分别为 $\dfrac{1}{4}$ 和 $\dfrac{3}{4}$. 试求(1)第 2 次抛硬币 A 的概率和第 2 次抛 A 仍出现正面的概率;(2)第 n 次抛时使用硬币 A 的概率和该次抛掷时仍出现正面的概率.

解 设第 n 次抛掷时使用 A 硬币的概率为 p_n,仍出现正面的概率为 q_n.

(1) 由 $p_1 = \dfrac{1}{2}$,则所求概率分别为

$$p_2 = \frac{1}{2} p_1 + (1 - p_1) \frac{3}{4} = \frac{5}{8}$$

$$q_2 = \frac{1}{2} p_2 + (1 - p_2) \frac{1}{4} = \frac{13}{32}$$

(2) 注意到 $p_{n+1} = \dfrac{1}{2} p_n + (1 - p_n) \dfrac{3}{4} = \dfrac{3}{4} - \dfrac{1}{4} p_n$,则

$$p_{n+1} - p_n = -\frac{1}{4}(p_n - p_{n-1}) = \left(-\frac{1}{4}\right)^2 (p_{n-1} - p_{n-2}) = \cdots = \left(-\frac{1}{4}\right)^{n-1} (p_2 - p_1)$$

将公式代入上式可有

$$p_n = \frac{4}{5} \left[\frac{3}{4} - \left(-\frac{1}{4}\right)^{n-1} (p_2 - p_1) \right] = \frac{3}{5} + \left(-\frac{1}{4}\right)^n \frac{2}{5}$$

及

$$q_n = p_n \cdot \frac{1}{2} + (1 - p_n) \cdot \frac{1}{4} = \frac{1}{4}(1 + p_n) = \frac{2}{5}\left[1 - \left(-\frac{1}{4}\right)^{n+1}\right]$$

例 13 有 n 双尺码不同的鞋(共 $2n$ 只)混放在一起,现将它们随机地分到 n 个人,每人两只. 试求:(1) 事件 A = {每人分到的鞋都为一双};(2) 事件 B = {每人分到的鞋左、右脚各一只} 的概率.

解 $2n$ 只鞋分给 n 个人共有 $\dfrac{(2n)!}{(2!)^n}=\dfrac{(2n)!}{2^n}$ 种分法.

(1) 事件 A 包含的基本事件数为 $n!$，则
$$P(A)=n!\bigg/\left[\dfrac{(2n)!}{2^n}\right]=\dfrac{2^n\cdot n!}{(2n)!}=\dfrac{1}{(2n-1)!!}$$

(2) 事件 B 包含的基本事件数为 $(n!)^2$，则
$$P(B)=(n!)^2\bigg/\left[\dfrac{(2n)!}{2^n}\right]=\dfrac{2^n(n!)^2}{(2n)!}=\dfrac{n!}{(2n-1)!!}$$

例 14 (1) 某人有 n 把钥匙，其中仅有一把可打开锁，他逐个试开（无放回），证明 k 次才能打开锁的概率 $\dfrac{1}{n}$ 与 k 无关；

(2) n 个人订了 n 张电影票，其中有 k 张是甲票，令 n 个人依次抽取一张，试证每人抽得甲票的概率均为 $\dfrac{k}{n}$.

证 (1) n 把钥匙无放回地抽取 k 把，共有 A_n^k 种取法，其中第 k 次才能把锁打开的取法有 A_{n-1}^{k-1}，故第 k 次才能把锁打开的概率为
$$p=\dfrac{A_{n-1}^{k-1}}{A_n^k}=\dfrac{1}{n},\quad k=1,2,\cdots,n$$

即它与 k 无关.

(2) n 张票 n 个人依次各抽取一张，共有 $n!$ 种抽法，其中第 j 人抽到甲票的抽法有 $k(n-1)!$ 种，故第 j 人抽到甲票的概率为
$$p=\dfrac{k(n-1)!}{n!}=\dfrac{k}{n},\quad j=1,2,\cdots,n$$

即每人抽到甲票的概率均为 $\dfrac{k}{n}$.

注 此类问题属于抓阄模型，但本题不能直接使用，因为它是证明题，即要证明这个结论.

下面的钥匙问题稍难，但其解法与分析与上例类同.

例 15 今有 n 个房间，某人将各房间钥匙混放. 再由 n 个人每人任取一把钥匙试开房门，求至少有一间房门被打开的概率.

解 设 $A=\{$至少有一间房门被打开$\}$，$A_i=\{$第 i 间房门被打开$\}$，其中 $i=1,2,\cdots,n$. 则 $P(A)=P(\bigcup\limits_{i=1}^{n}A_i)$，而 $P(A_i)=\dfrac{(n-1)!}{n!}$，其中 $1\leqslant i\leqslant n$. 且
$$P(A_i\cap A_j)=\dfrac{(n-2)!}{n!},\quad i<j$$
$$P(A_i\cap A_j\cap A_k)=\dfrac{(n-3)!}{n!},\quad i<j<k$$
$$\vdots$$
$$P(\bigcap\limits_{i=1}^{n}A_i)=\dfrac{1}{n!}$$

从而 $\sum\limits_{i=1}^{n}P(A_i)=C_n^1\dfrac{(n-1)!}{n!}=1$，且
$$\sum\limits_{i<j}P(A_i\cap A_j)=C_n^2\dfrac{(n-2)!}{n!}=\dfrac{1}{2!}$$
$$\sum\limits_{i<j<k}P(A_i\cap A_j\cap A_k)=C_n^3\dfrac{(n-3)!}{n!}=\dfrac{1}{3!}$$
$$\vdots$$

$$P(\bigcap_{i=1}^{n} A_i) = \frac{1}{n!}$$

故

$$P(A) = \sum_{j=1}^{n} P(A_i) - \sum_{i<j} P(A_i \cap A_j) + \sum_{i<j<k} P(A_i \cap A_j \cap A_k) - \cdots + (-1)^{n-1} P(\bigcap_{i=1}^{n} A_i) =$$
$$1 - \frac{1}{2!} + \frac{1}{3!} - \frac{1}{4!} + \cdots + (-1)^{n-1} \frac{1}{n!} = \sum_{k=1}^{n} (-1)^{k-1} \frac{1}{k!}$$

例 16 木箱内装有 35 个球,每个球上都标有 1 到 35 的不相同的一个号码,设号码是 n 的球的质量是 $(\frac{n^2}{3} - 5n + 23)$ g,计算:

(1) 如果任意取出一球(不受其质量影响),其质量的数值小于号码数的概率;

(2) 若同时任意取出两球,它们质量相同的概率.

解 (1) 依题意"质量小于号码"即

$$\frac{n^2}{3} - 5n + 23 < n$$

亦即

$$n^2 - 18n + 69 < 0$$

解得 $9 - 2\sqrt{3} < n < 9 + 2\sqrt{3}$,即 $n = 6, 7, 8, 9, 10, 11, 12$.

从而所求概率 $p_1 = \frac{C_7^1}{C_{35}^1} = \frac{1}{5}$.

(2) 设质量相等的球的号码为 $n_1, n_2 (n_1 \neq n_2)$,而 $\frac{n_1^2}{3} - 5n_1 + 23 = \frac{n_2^2}{3} - 5n_2 + 23$,即 $(n_1 - n_2)(\frac{n_1 + n_2}{3} - 5) = 0$,由 $n_1 - n_2 \neq 0$,故 $n_1 + n_2 = 15$.

故 (n_1, n_2) 只能取 $(1,14), (2,13), (3,12), (4,11), (5,10), (6,9), (7,8)$ 这 7 种情形.

从而所求概率 $p_2 = \frac{C_7^1}{C_{35}^1} = \frac{1}{105}$.

下面的例子几乎与上例类同,它们均涉及不等式,只是从不同角度提出问题而已.

例 17 考虑一元二次方程 $x^2 + Bx + C = 0$,其中 B, C 分别是将一枚骰子接连续投两次先后出现的点数,求该方程有实根的概率 p 和有重根的概率 q.

解1 (枚举法)考虑方程的判别式 $\Delta = B^2 - 4C = 4(\frac{B^2}{4} - C)$,题设两种情形的充分必要条件分别是 $\Delta \geq 0$ 和 $\Delta = 0$.

又随机试验:一枚骰子接连续投两次,基本事件总数为 $N = 36$,而 B, C 各有 $1, 2, 3, 4, 5, 6$ 这 6 个可能值,因此有下表:

B(或 C)	1	2	3	4	5	6	Σ
$D = \frac{B^2}{4}$	$\frac{1}{4}$	1	$2\frac{1}{4}$	4	$6\frac{1}{4}$	9	
$\Delta \geq 0$,即 $D \geq C$	0	1	2	4	6	6	19
$\Delta = 0$,即 $D = C$	0	1	0	1	0	0	2

从上表可看出,方程有实数和重根的概率分别为 $p = \frac{19}{36}, q = \frac{2}{36} = \frac{1}{18}$.

解2 (另一种枚举法)一枚骰子掷两次,其基本事件总数为 36. 方程有实根的充分必要条件是

$B^2 \geqslant 4C$. 由下表看到,满足题设的事件数是 19(画"√").

$4C$ \ B^2	1	4	9	16	25	36
4		√	√	√	√	√
8			√	√	√	√
12				√	√	√
16				√	√	√
20					√	√
24					√	√

因此方程有实根的概率为 $p = \dfrac{19}{36}$.

由上表也可看出,满足 $B^2 = 4C$ 的仅有 2 个事件,故方程有重根的概率为 $q = \dfrac{2}{36} = \dfrac{1}{18}$.

2. 几何概率问题

(1) 涉及几何的概率问题

下面的问题涉及几何,但它本身并不属于几何概率问题,几何概型如图 1.7 所示.

例 1 在集合 $\left\{-3, -\dfrac{5}{4}, -\dfrac{1}{2}, 0, \dfrac{1}{3}, 1, \dfrac{4}{5}, 2\right\}$ 中不放回地取两个数,求所取两个数为一对正交直线斜率的概率.

解 两个数为一对正交直线的斜率,即两个数的乘积为 -1. 满足这个条件的数对有:-3 和 $\dfrac{1}{3}$,$-\dfrac{5}{4}$ 和 $\dfrac{4}{5}$,$-\dfrac{1}{2}$ 和 2,共 3 对.

在 8 个数中取两个数,共有 $C_8^2 = \dfrac{8 \cdot 7}{2} = 28$ 种取法,故所求概率为 $p = \dfrac{3}{28}$.

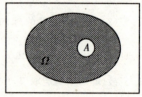

图 1.7

例 2 设一线段 AB 长为 2,中点为 O. 在 $\overline{AB}$ 上随机地取一点 X,设 X 在线段 $\overline{AB}$ 上任一位置的可能性相同. 求 $\overline{AX}, \overline{XB}, \overline{AO}$ 能构成三角形的概率.

解 设样本在空间由 X 构成的闭区间 $[-1, 1]$,其长为 2,依题设 $\overline{AX}, \overline{XB}, \overline{AO}$ 能构成三角形的主要条件是

$$\overline{AX} + \overline{XB} > \overline{AO} \qquad ①$$
$$\overline{AX} + \overline{AO} > \overline{XB} \qquad ②$$
$$\overline{XB} + \overline{AO} > \overline{AX} \qquad ③$$

注意到 $\overline{AO} = 1$,结合图 1.8 分析不难有(这里 x 为 X 的坐标):

① 等价于 $-1 < x < 1$;② 等价于 $(x+1) + 1 > 1 - x$,即 $x > -\dfrac{1}{2}$;③ 等价于 $(1-x) + 1 > x + 1$,即 $x < \dfrac{1}{2}$.

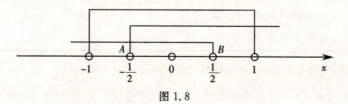

图 1.8

综上，$\overrightarrow{AX},\overrightarrow{XB},\overrightarrow{AO}$ 能构成三角形的充要条件是 $-\dfrac{1}{2}<x<\dfrac{1}{2}$，故所求概率为 $p=\dfrac{1}{2}$.

例 3 如图 1.9，将长方形分割成两个梯形和两个三角形．今随机地向长方形内投 10 个点，求两个三角形各落入 2 个点，两个梯形分别落入 2 个点和 4 个点的概率．

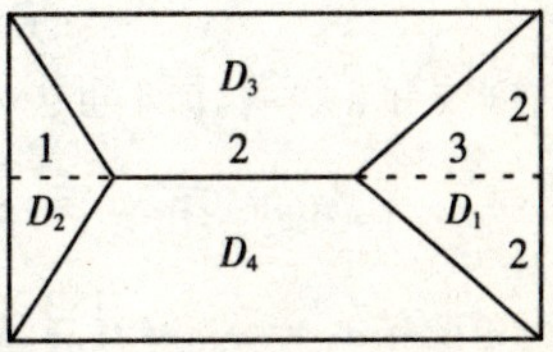

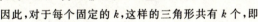

解 如图 1.9，不难算得 4 幅图形面积比为 $D_1:D_2:D_3:D_4=3:1:4:4$.

图 1.9

记 $E_i=\{$点落入 D_i，其中 $i=1,2,3,4\}$，易求得
$$P(E_1)=\frac{1}{4},\quad P(E_2)=\frac{1}{12},\quad P(E_3)=\frac{1}{3},\quad P(E_4)=\frac{1}{3}$$

故所求概率可视为每次皆有上述 4 种结果的 10 次重复独立试验，因而
$$p=P\{E_1\text{ 发生 2 次},E_2\text{ 发生 2 次},E_3\text{ 发生 2 次},E_4\text{ 发生 4 次}\}+$$
$$P\{E_1\text{ 发生 2 次},E_2\text{ 发生 2 次},E_3\text{ 发生 4 次},E_4\text{ 发生 2 次}\}=$$
$$\frac{10!}{2!2!2!4!}P^2(E_1)P^2(E_2)P^2(E_3)P^4(E_4)+\frac{10!}{2!2!4!2!}P^2(E_1)P^2(E_2)P^4(E_3)P^2(E_4)=$$
$$\frac{2\cdot 10!}{2!2!2!4!}\left(\frac{1}{4}\right)^2\left(\frac{1}{12}\right)^2\left(\frac{1}{3}\right)^6=\frac{175}{7776}.$$

例 4 如图 1.10，在一个给定的正 $2n+1$ 边形的顶点中随机地选取 3 个不同的顶点，如果一切这种取法的可能性是相等的．求这个正多边的中心位于随机所取的三点构成的三角形内部的概率．

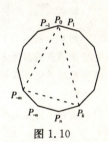

解 先固定三角形的一个顶点，记为 P_0，在 P_0 两侧的顶点依次记为 P_1，$P_2,\cdots,P_n$ 及 $P_{-1},P_{-2},\cdots,P_{-n}$.

图 1.10

要使正多边形的中心在三角形的内部，必需且只需三角形的其余两顶点一为 $P_k(k>0)$，一为 $P_{-m}(m>0)$，且 $k+m>n$.

因此，对于每个固定的 k，这样的三角形共有 k 个，即
$$\triangle P_0P_kP_{-(n-k+1)},\triangle P_0P_kP_{-(n-k+2)},\cdots,\triangle P_0P_kP_{-n}$$

这里 k 取 $1,2,\cdots,n$，则
$$\sum_{k=1}^{n}k=1+2+\cdots+n=\frac{n(n+1)}{2}$$

因为共有 $2n+1$ 个顶点，所以含有正多边形中心的三角形共有
$$\frac{2n+1}{3}\cdot\frac{n(n+1)}{2}=\frac{(2n+1)n(n+1)}{6}$$

而由 $2n+1$ 个顶点组成的所有三角形共有
$$C_{2n+1}^3=\frac{(2n+1)2n(2n-1)}{6}$$

因此，所求的概率为 $p=\dfrac{\dfrac{(2n+1)n(n+1)}{6}}{\dfrac{(2n+1)2n(2n-1)}{6}}=\dfrac{n+1}{2(2n-1)}.$

例 5 设正四面体的 4 个顶点分别是 A,B,C,D，各棱长均为 1 m．有一只小虫从 A 点开始按以下规则爬行前进：在每一个顶点处用同样的概率选择通过这个顶点的 3 条棱之一，并一直爬到这棱的尽头．设它爬了 7 m 以后恰好位于顶点 A 的概率是 $p=\dfrac{n}{729}$．求 n 的值．

解 1 设 a_n 表示小虫走过 n m 后又达到 A 点的概率，其中 $n=0,1,2,\cdots$.

若小虫爬过 $(n-1)$ m 而不在 A 点，则概率是 $1-a_{n-1}$，而从 A 外的一点向 A 爬来的概率是 $\dfrac{1}{3}$，因此

有
$$a_n = \frac{1}{3}(1 - a_{n-1}) \qquad (*)$$

又知 $a_0 = 1$,即小虫从 A 出发,可以逐步由式 $(*)$ 算出

$$a_1 = 0, \quad a_2 = \frac{1}{3}, \quad a_3 = \frac{2}{9}, \quad a_4 = \frac{7}{27}, \quad a_5 = \frac{20}{81}, \quad a_6 = \frac{61}{243}, \quad a_7 = \frac{182}{729}$$

由题设有 $a_7 = \frac{n}{729} = \frac{182}{729}$,故得 $n = 182$.

解2 也可由式 $(*)$ 求出 a_n 的通项公式

$$a_n - \frac{1}{4} = -\frac{1}{3}\left(a_{n-1} - \frac{1}{4}\right)$$

从而有 $a_n - \frac{1}{4} = \left(-\frac{1}{3}\right)^n\left(a_0 - \frac{1}{4}\right)$,即 $a_n - \frac{1}{4} = \frac{3}{4} \cdot \left(-\frac{1}{3}\right)^n$,所以

$$a_n = \frac{3}{4} \cdot \left(-\frac{1}{3}\right)^n + \frac{1}{4}, \quad n = 0, 1, 2, \cdots$$

即 $a_n = \frac{1}{4} + \frac{3}{4}\left(-\frac{1}{3}\right)^n$.

特别地,$a_7 = \frac{182}{729}$,从而 $n = 182$.

例6 如图 1.11,在一个球面上随机地任取 4 点.求球心位于以此 4 点为顶点的四面体内部的概率.(选点的方式理解为:关于球面上的一致分布独立地选取每个点)

解 若 A, B, C, D 不共面,则 E 在其内部,当且仅当 E 关于 A, B, C, D 的重心坐标是正的,即 E 可在 $\{O, x, y, z\}$ 坐标系下唯一地表示为

$$\overrightarrow{OE} = w\overrightarrow{OA} + x\overrightarrow{OB} + y\overrightarrow{OC} + z\overrightarrow{OD}$$

其中,$w + x + y + z = 1$.

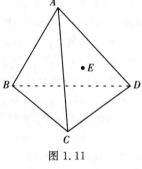

图 1.11

若 E 在 $ABCD$ 四面体内部,当且仅当 $w > 0, x > 0, y > 0, z > 0$,又若 E 是原点,则 E 在 $ABCD$ 内部的充要条件为

$$w\overrightarrow{OA} + x\overrightarrow{OB} + y\overrightarrow{OC} + z\overrightarrow{OD} = \mathbf{0} \qquad (*)$$

有一解 (w, x, y, z).

由于式 $(*)$ 的解空间维数是 1,故对任一个非零解该条件成立,且条件为充要的.

今假设球心位于坐标原点 O,且令第一个选取的点 P 作为北极,其余 3 个点 P_1, P_2, P_3 是随机地选取.

在每个 P_i 选取时分两步:第一步,选一条随机直径 $Q_{i_1}Q_{i_2}$;第二步,在端点 Q_{i_1}, Q_{i_2} 中随机地选一点为 P_j,由于 3 条直径端点共有 $2^3 = 8$ 种可能的选取(且是等可能的),因而 8 个四面体 $PQ_{1j_1}Q_{2j_2}Q_{3j_3}$(这里 $j_i = 1, 2, i = 1, 2, 3$)也是等可能的.退化的情形概率为 0.再不妨设每个四面体顶点不共面.

类似地,也可以假设球心不在四面体表面,令 (w, x, y, z) 是方程

$$w\overrightarrow{OA} + x\overrightarrow{OB} + y\overrightarrow{OC} + z\overrightarrow{OD} = \mathbf{0}$$

的一个非零解,则 $\overrightarrow{OQ_{i_1}} = \overrightarrow{OQ_{i_2}}$,且 8 个方程

$$w\overrightarrow{OP} + x\overrightarrow{OQ_{1j_1}} + y\overrightarrow{OQ_{2j_2}} + z\overrightarrow{OQ_{3j_3}} = \mathbf{0}$$

分别有解

$$(w, x, y, z), (w, x, y, -z), (w, x, -y, z), (w, -x, y, z)$$
$$(w, x, -y, -z), (w, -x, y, -z), (w, -x, -y, z), (w, -x, -y, -z)$$

显然这 8 个方程中,仅有一个的其分量有相同的符号,故这 8 种可解的四面体中仅有一个包含原点.这样,对于 3 条直径所有初始选择,包含球心的只有 1 种,它的概率是 $1/8$,此即为所求.

注 该问题显然是前面例 4 的推广情形,但此处问题变得相对复杂.

(2) 几何概率

再看看关于几何概率方面的例子. 这里的所谓"几何概率"是指用几何方法解决的概率问题,它有别于涉及几何内容的概率问题,几何概型如图 1.12 所示.

几何概率是指:若某随机试验的样本空间 Ω 为欧氏空间中的一个区域,且每个样本点出现均为等可能,则事件 $A \subset \Omega$ 的概率 $P(A) = \dfrac{A \text{ 的度量(或测度)}}{\Omega \text{ 的度量(或测度)}}$,这里的测度为线段长度、区域面积或体积等.

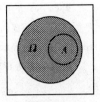

图 1.12

下例亦涉及一元二次方程根的讨论问题.

例 1 设 p 在 $[0,5]$ 上随机地取值,求方程 $x^2 + px + \dfrac{p}{4} + \dfrac{1}{2} = 0$ 有实根的概率.

解 一元二次方程有实数根 $\Leftrightarrow$ 其判别式 $\Delta \geqslant 0$.

而 $\Delta = p^2 - 4\left(\dfrac{p}{4} + \dfrac{1}{2}\right) = p^2 - p - 2 = (p+1)(p-2)$,

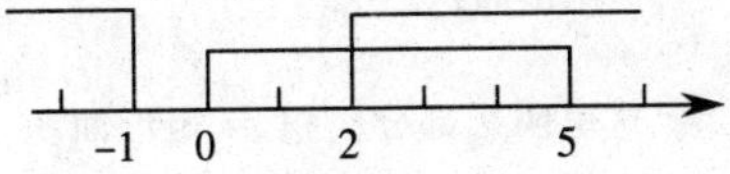

解得 $p \leqslant -1$ 或 $p \geqslant 2$,如图 1.13 所示.

图 1.13

故所求概率为 $p = \dfrac{[0,5] \cap \{(-\infty, -1] \cup [2, +\infty)\} \text{ 的长度}}{[0,5] \text{ 的长度}} = \dfrac{3}{5}$.

顺便讲一句:该问题的另外解法(从随机变量角度)详见后文.

例 2 已知两正数 $\alpha, \beta (\alpha < \beta)$,若在长为 β 的线段上,随机地任取两点,求所取两点间距离不小于 α 的概率.

解 它等价于下面的几何概率问题:

如图 1.14,在以 $(0,0), (\beta, 0), (\beta, \beta), (0, \beta)$ 为顶点的正方形内随机地取点 (x, y),求 $|x - y| > \alpha$ 的概率.

显然,所取之点即为直线 $x - y = \pm \alpha$ 所划分的正方形的两个"角"(图 1.14 中阴影部分),它们的面积和恰为以 $\beta - \alpha$ 为边的正方形面积,又大正方形面积为 β^2,故所求概率为

$$p = \dfrac{(\beta - \alpha)^2}{\beta^2} = \left(1 - \dfrac{\alpha}{\beta}\right)^2$$

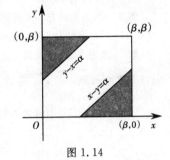

图 1.14

例 3 任取两个正的真分数,求它们乘积不大于 $\dfrac{1}{4}$ 的概率.

解 设 x, y 为所取的真分数,由设有 $0 < x < 1$,且 $0 < y < 1$. 若将 (x, y) 视为笛卡儿坐标系下点的坐标,则它们位于图 1.15 单位正方形内.

又 $xy \leqslant \dfrac{1}{4}$,其对应的点位于图 1.15 中阴影部分区域内. 故所求概率为

$$p = \dfrac{1}{4} + \int_{\frac{1}{4}}^{1} \dfrac{1}{4x} dx = \dfrac{1}{4} + \dfrac{1}{4} \ln 4 \approx 0.597$$

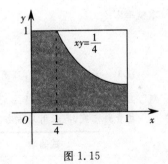

图 1.15

下面是一个应用问题 —— 约会问题.

例 4 甲、乙两人约定在中午 12 时 30 分在某地见面,如果甲来到的时间在 12 时 15 分到 12 时 45 分之间均匀分布,乙独立地到达,而且到达的时间是 12 时到 13 时之间均匀分布. (1)试求先到的人等待另一人到达的时间不超过 5 min 的概率;(2)已知在两人见面的条件之下,甲先到的概率为多少?

解 (1)以 y, x 分别表示甲、乙两人到达的时刻,那么

12 时 15 分 $\leqslant y \leqslant$ 12 时 45 分, 12 时 $\leqslant x \leqslant$ 13 时

即
$$12.25 \leqslant y \leqslant 12.75, \quad 12 \leqslant x \leqslant 13 (换算成小时)$$

若(x,y)表示平面上的点坐标,则所有基本事件可以用这平面上长为2、宽为1的长方形:$12.25 \leqslant y \leqslant 12.75, 12 \leqslant x \leqslant 13$内的所有点表示,如图1.16所示.

若先到者等待时间不超过5 min,两人见面的充要条件是
$$|x-y| \leqslant \frac{5}{60} = \frac{1}{12} (图1.16中阴影所示区域)$$

故所求概率为

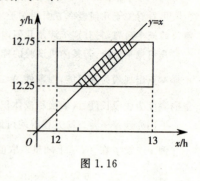

图 1.16

$$p_1 = \frac{阴影部分面积}{矩形面积} = \frac{1 \cdot \frac{1}{2} - \frac{1}{2}\left(\frac{5}{12}\right)^2 - \frac{1}{2^2}\left(\frac{11}{12} + \frac{5}{12}\right)}{1 \cdot \frac{1}{2}} = \frac{23}{144}$$

这里阴影部分面积 = 矩形面积 − 三角形面积(白) − 梯形面积(白).

(2) 已知在两人见面条件下,甲先到的事件可用既在阴影部分中,又满足关系式$y < x$的点表示,这样所求概率为

$$p_2 = \frac{虚线下方阴影部分面积}{矩形面积} = \frac{阴影部分面积 - 虚线上方阴影部分面积}{矩形面积} =$$

$$\left\{\frac{23}{288} - \frac{1}{2}\left[\left(\frac{1}{2}\right)^2 - \left(\frac{1}{2} - \frac{1}{12}\right)^2\right]\right\} \Big/ \left(1 \cdot \frac{1}{2}\right) = \frac{1}{12}$$

投针计算圆周率问题 —— 蒲丰问题是古典几何概率中著名的经典问题. 请看:

例5 平面上画有一系列距离为a的平行线,向其上任投一长为$l(l < a)$的针,求针与平行线之一相交的概率.

解 如图1.17,设针的中点M到其最近的平行线距离为x,针与其所夹角为φ. 则$0 \leqslant x \leqslant \frac{a}{2}, 0 \leqslant \varphi \leqslant \pi$. 这样

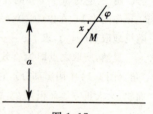

图 1.17

$$针与平行线之一相交 \Longleftrightarrow x \leqslant \frac{l}{2}\sin\varphi$$

如图1.18,建立坐标系$\{O, \varphi, x\}$. 则基本事件可用边长为π及$\frac{a}{2}$的矩形表示,针与直线相交的事件如图1.18中阴影部分. 故所求概率为

$$p = \left(\int_0^\pi \frac{l}{2}\sin\varphi \, d\varphi\right) \Big/ \left(\frac{\pi a}{2}\right) = \frac{2l}{\pi a}$$

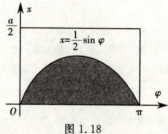

图 1.18

注1 若针长$l = \frac{a}{2}$,可有$\pi \approx \frac{1}{p}$. 这个问题称为"蒲丰问题". 显然由此可算得圆周率π的近似值.

据资料记载,有人用此方法算得一些π值如下表:

试验者	年份	投针次数	π的近似值
沃尔夫(Wolf)	1853	5000	3.1596
史密斯(Smith)	1855	3204	3.1553
福克斯(Fox)	1894	1120	3.1493
拉泽里尼(Lazzarini)	1901	3408	3.1415929

注 2 由此思想引发一种新的数学分支——蒙特卡罗(随机模拟)法.该方法是先将问题建立一个概率模型,使之参数等于问题的解,然后用抽样试验(或计算机模拟)来计算所求参数的统计特征,最后给出解的近似.

三、条件概率(乘法定理)问题

例 1 任取一整数 N,求当 N 的(1)平方;(2)四次方;(3)乘任意整数后,所得数的尾数为 1 的概率.

解 (1)设 $H_1 = \{$取一正整数$\}$;$H_2 = \{$取一负整数$\}$;$A = \{$取一尾数是 1 的平方数$\}$,则 H_1,H_2 互斥,且 $A \subset H_1 \cup H_2$.故
$$P(A) = P(H_1)P(A \mid H_1) + P(H_2)P(A \mid H_2)$$
又 $P(H_1) = P(H_2) = \dfrac{1}{2}$.而 N^2 尾数为 1 者,N 的尾数只能是 1 或 9.

这样有 $P(A \mid H_1) = \dfrac{2}{10} = \dfrac{1}{5}$.同理 $P(A \mid H_2) = \dfrac{1}{5}$.

故 $P(A) = \dfrac{1}{2} \cdot \dfrac{1}{5} + \dfrac{1}{2} \cdot \dfrac{1}{5} = \dfrac{1}{5}$.

(2)注意到平方尾数是 1 的自然数 N 的尾数只能是 1 或 9,而四次方尾数是 1 的自然数 N 的尾数可为 $1,3,7,9$.

令 $B = \{$取一尾数是 1 的四次方数$\}$,仿上分析,则 $P(B \mid H_1) = \dfrac{4}{10} = \dfrac{2}{5}$.同理 $P(B \mid H_2) = \dfrac{2}{5}$.

故 $P(B) = \dfrac{1}{2} \cdot \dfrac{2}{5} + \dfrac{1}{2} \cdot \dfrac{2}{5} = \dfrac{2}{5}$.

(3)令 $C = \{$取整数 N 其乘任意整数后尾数为 $1\}$,则 $C = \varnothing$(此事件不可能发生).

故 $P(C) = P(\varnothing) = 0$.

下面的例子是属于乘法定理的(属于条件概率).

例 2 某医院用自制新药医治某种病毒所导致的流行性感冒,在 400 名流感病人中进行临床试验,有 200 人服用此药,另外 200 人未服,经过 5 天后,有 210 人痊愈,其中 190 人是服此新药的.试用概率方法表示这种新药对医此流行感冒的疗效.

解 设事件 $B = \{$服新药者$\}$,$A = \{$痊愈者$\}$.因而,所求新药对此流感的疗效即为 $P(A \mid B)$.由
$$P(A \mid B) = \frac{P(AB)}{P(B)} = \frac{P(A)P(B \mid A)}{P(B)} = \left(\frac{210}{400} \cdot \frac{190}{210}\right) \bigg/ \left(\frac{200}{400}\right) = 95\%$$

例 3 某人依次进行 4 门课程考试,第一门课程考试及格概率为 p,以后各门课程考试及格的概率依前一门课程考试及格与否分别为 p 和 $\dfrac{p}{2}$,在 4 门考试中如果至少有 3 门课程及格,则此人被录取.求此人被录取的概率.

解 设 A_i 表示事件"第 i 门课程考试及格"$(i = 1,2,3,4)$,又 A 表示"至少有 3 门课程考试及格",则
$$A = A_4 A_3 A_2 A_1 \cup \overline{A}_4 A_3 A_2 A_1 \cup A_4 \overline{A}_3 A_2 A_1 \cup A_4 A_3 \overline{A}_2 A_1 \cup A_4 A_3 A_2 \overline{A}_1$$
故
$$P(A) = P(A_4 A_3 A_2 A_1) + P(\overline{A}_4 A_3 A_2 A_1) + P(A_4 \overline{A}_3 A_2 A_1) + P(A_4 A_3 \overline{A}_2 A_1) + P(A_4 A_3 A_2 \overline{A}_1)$$
若 $p = 0$,则 $P(A) = 0$;若 $p = 1$,则 $P(A) = 1$.今考虑 $0 < p < 1$ 情形.

由题设及概率乘法定理有
$$P(A_4 A_3 A_2 A_1) = P(A_4 \mid A_3 A_2 A_1)P(A_3 \mid A_2 A_1)P(A_2 \mid A_1)P(A_1) = pppp = p^4$$
$$P(\overline{A}_4 A_3 A_2 A_1) = P(\overline{A}_4 \mid A_3 A_2 A_1)P(A_3 \mid A_2 A_1)P(A_2 \mid A_1)P(A_1) = (1-p)ppp = p^3 - p^4$$

$$P(A_4\overline{A}_3A_2A_1) = P(A_4|\overline{A}_3A_2A_1)P(\overline{A}_3|A_2A_1)P(A_2|A_1)P(A_1) = \frac{p}{2}(1-p)pp = \frac{1}{2}(p^3-p^4)$$

$$P(A_4A_3\overline{A}_2A_1) = P(A_4|A_3\overline{A}_2A_1)P(A_3|\overline{A}_2A_1)P(\overline{A}_2|A_1)P(A_1) = p\frac{p}{2}(1-p)p = \frac{1}{2}(p^3-p^4)$$

$$P(A_4A_3A_2\overline{A}_1) = P(A_4|A_3A_2\overline{A}_1)P(A_3|A_2\overline{A}_1)P(A_2|\overline{A}_1)P(\overline{A}_1) = pp\frac{p}{2}(1-p) = \frac{1}{2}(p^3-p^4)$$

故此人被录取的概率为

$$P(A) = p^4 + (p^3-p^4) + \frac{1}{2}(p^3-p^4) + \frac{1}{2}(p^3-p^4) + \frac{1}{2}(p^3-p^4) + \frac{1}{2}(p^3-p^4) = \frac{1}{2}p^3(5-3p)$$

注 这里考虑问题的顺序是 A_4,A_3,A_2,A_1，这是为了乘法定理中便于使用公式和计算.

四、与全概率公式及贝叶斯公式有关的问题

1. 产品合格及不合格问题

下面的例子属于应用型的.它涉及产品合格率问题，也是属于"全概率公式"及"贝叶斯公式"的.

例1 某工厂有甲、乙、丙3个车间，它们生产同一种产品，其产量之比为 $5:3:2$.已知它们生产的产品中正品率分别是 $0.95,0.96$ 和 0.98.求从全厂3个车间产品中任取一种是次品的概率.

解 设事件 $A = \{$从全厂产品中任取一件是次品$\}$，$B_1 = \{$所取产品是甲车间生产的$\}$，$B_2 = \{$所取产品是乙车间生产的$\}$，$B_3 = \{$所取产品是丙车间生产的$\}$.

由题设有 $P(B_1) = \frac{5}{10}, P(B_2) = \frac{3}{10}, P(B_3) = \frac{2}{10}$，且

$$P(A|B_1) = 1 - 0.95 = 0.05, \quad P(A|B_2) = 1 - 0.96 = 0.04, \quad P(A|B_3) = 1 - 0.98 = 0.02$$

由全概率公式有

$$P(A) = \sum_{i=1}^{3} P(B_i)P(A|B_i) = \frac{5}{10} \cdot \frac{5}{100} + \frac{3}{10} \cdot \frac{4}{100} + \frac{2}{10} \cdot \frac{2}{100} = \frac{41}{1000}$$

下面的例子是与上面的例子类似的.

例2 现有一批产品是由3家工厂生产的，已知其中一家的废品率是 $1/5$，另两家的废品率都是 $1/10$，今从这批产品中任取一件（假定这一件来自哪个工厂是等可能的）进行检验，问取到的是废品的概率.

解 设 B_i 为取出的产品是第 i 家工厂生产的事件，其中 $i=1,2,3$；且 A 为取出的产品是废品的事件.

依题意有 $P(B_i) = \frac{1}{3}$，其中 $i=1,2,3$. 又

$$P(A|B_1) = \frac{1}{5}, \quad P(A|B_2) = P(A|B_3) = \frac{1}{10}$$

故由全概率公式有

$$P(A) = \frac{1}{3} \cdot \frac{1}{5} + \frac{1}{3} \cdot \frac{1}{10} + \frac{1}{3} \cdot \frac{1}{10} = \frac{2}{15}$$

例3 有一批产品，其中合格品有 a 件，不合格品有 b 件，已知这 $a+b$ 件中已被取出 k 件，但不知取出的产品中合格品有多少件，求再从剩下的产品中任取一件是合格品的概率.

解 设 B_i 为"已取出 k 件产品中恰有 i 件合格品" $(i=0,1,2,\cdots,k)$ 事件，则

$$P(B_i) = \frac{C_a^i C_b^{k-i}}{C_{a+b}^k}$$

再设 A 为事件"从剩下的产品中任取一件是合格品"，则

$$P(A|B_i) = \frac{a-i}{a+b-k}$$

故由全概率公式，所求概率为

$$P(A) = \sum_{i=0}^{k} P(a \mid B_i) P(B_i) = \sum_{i=0}^{k} \frac{a-i}{a+b-k} \cdot \frac{C_a^i C_b^{k-i}}{C_{a+b}^k}$$

注 下面的诸问题与例类同.

问题 1 一批产品共 100 件(其中有 4 件次品,其余皆正品). 今取出 3 件检验,若发现有次品,则认为该批产品不合格. 但检验时,一件正品被误判为次品的概率为 0.05,而一件次品被判为正品的概率为 0.01. 求该批产品验后认为合格的概率.

解 令 $A = \{该批产品合格\}$,$B_i = \{取出的 3 件产品有 i 件次品, 其中 i=0,1,2,3\}$. 则 B_0, B_1, B_2, B_3,且 $\bigcup_{i=0}^{3} B_i = \Omega$. 由题设知

$$P(B_0) = \frac{C_4^0 C_{96}^3}{C_{100}^3}, \quad P(B_1) = \frac{C_4^1 C_{96}^2}{C_{100}^3}, \quad P(B_2) = \frac{C_4^2 C_{96}^1}{C_{100}^3}, \quad P(B_3) = \frac{C_4^3 C_{96}^0}{C_{100}^3}$$

又

$$P(A \mid B_0) = 0.95^3, \quad P(A \mid B_1) = 0.01 \cdot 0.95^2$$
$$P(A \mid B_2) = 0.01^2 \cdot 0.95, \quad P(A \mid B_3) = 0.01^3$$

由全概率公式有

$$P(A) \sum_{i=0}^{3} P(B_i) P(A \mid B_i) = \frac{1}{C_{100}^3} (0.95^3 C_4^0 C_{96}^3) + 0.01 \times 0.95^2 + 0.01^2 \times 0.95 C_4^2 C_{96}^1 + 0.01^3 C_4^3 C_{96}^0$$

问题 2 假设有两箱同种零件:第一箱内装 50 件,其中 10 件一等品;第二箱内装 30 件,其中 18 件一等品. 现从两箱中随意挑出一箱,然后从该箱中先后随机取两个零件(取出的零件均不放回). 试求:

(1) 先取出的零件是一等品的概率 p;

(2) 在先取出的零件是一等品的条件下,第二次取出的零件仍然是一等品的条件概率 q.

解 设 $A_i = \{第 i 箱被挑出 (i=1,2)\}$,其为完备事件集,且 $P(A_1) = P(A_2) = \frac{1}{2}$.

又设 $B_j = \{第 j 次取出的零件是一等品 (j=1,2)\}$.

(1) 由全概率公式,先取出的零件是一等品的概率是

$$P(B_1) = P(B_1 \mid A_1) P(A_1) + P(B_1 \mid A_2) P(A_2) = \frac{1}{5} \times \frac{1}{2} + \frac{3}{5} \times \frac{1}{2} = \frac{2}{5}$$

(2) 由条件概率的定义和全概率公式,有

$$P(B_2 \mid B_1) = \frac{P(B_1 B_2)}{P(B_1)} = \frac{1}{P(B_1)} [P(B_1 B_2 \mid A_1) P(A_1) + P(B_1 B_2 \mid A_2) P(A_2)] =$$

$$\frac{5}{2} \left(\frac{C_{10}^2}{C_{50}^2} \cdot \frac{1}{2} + \frac{C_{18}^2}{C_{30}^2} \cdot \frac{1}{2} \right) = \frac{1}{4} \left(\frac{9}{49} + \frac{51}{29} \right) \approx 0.486$$

下面的问题虽然与前述问题类同,但这里涉及了随机变量的数字特征问题,关于这方面内容详见后面的章节.

问题 3 已知甲、乙两箱中装有同种产品,其中甲箱中装有 3 件合格品和 3 件次品,乙箱中仅装有 3 件合格品. 从甲箱中任取 3 件放入乙箱后,求:

(1) 乙箱中次品件数的数学期望;

(2) 从乙箱中任取一件产品是次品的概率.

解 (1) X 的可能取值为 0,1,2,3,而 X 的概率分布为

$$P\{X = k\} = \frac{C_3^k C_3^{3-k}}{C_6^3}, \quad k = 0,1,2,3$$

即为

x	0	1	2	3
$P\{X=k\}$	$\frac{1}{20}$	$\frac{9}{20}$	$\frac{9}{20}$	$\frac{1}{20}$

因此 $E(X) = 0 \times \frac{1}{20} + 1 \times \frac{9}{20} + 2 \times \frac{9}{20} + 3 \times \frac{1}{20} = \frac{3}{2}.$

（2）设 A 表示事件"从乙箱中任取一件产品是次品"，由于事件 $\{X=0\}, \{X=1\}, \{X=2\}, \{X=3\}$ 构成完备事件组，因此根据全概率公式，有

$$P(A) = \sum_{k=0}^{3} P\{X=k\} P\{A \mid X=k\} = \sum_{k=0}^{3} P\{X=k\} \cdot \frac{k}{6} = \frac{1}{6} \sum_{k=0}^{3} k P\{X=k\} =$$
$$\frac{1}{6} E(X) = \frac{1}{6} \cdot \frac{3}{2} = \frac{1}{4}.$$

本题是利用数学期望来求随机变量的概率的，此类问题详见后文.

例 4 设有 4 箱产品，其次品率分别为 0.1, 0.2, 0.3 和 0.4，现从任一箱中取一件产品，经检验为合格品，并将此产品放回原箱中.试求仍在该箱中取出一件次品的概率.

解 令 $A = \{$第一次取出的是合格品$\}$，$A_i = \{$第一次是从 i 箱中取出的$\}$；$B = \{$再从该箱取出的是次品$\}$；$B_i = \{$第一次取出的合格品来自第 i 箱$\}$，其中 $i = 1, 2, 3, 4$.

显然，$A_1 \sim A_4$ 互不相容，且 $\bigcup_{i=1}^{4} A_i = \Omega$；$B_1 \sim B_4$ 互不相容，且 $\bigcup_{i=1}^{4} B_i = \Omega$. 又

$$P(A_1) = P(A_2) = P(A_3) = P(A_4) = 0.25$$
$$P(A \mid A_1) = 0.9, \quad P(A \mid A_2) = 0.8, \quad P(A \mid A_3) = 0.7, \quad P(A \mid A_4) = 0.6$$

由全概率公式可有

$$P(A) = \sum_{i=1}^{4} P(A_i) P(A \mid A_i) = 0.25 \times (0.9 + 0.8 + 0.7 + 0.6) = 0.75$$

由贝叶斯公式可有

$$P(B_1) = P(A_1 \mid A) = \frac{P(A_1) P(A \mid A_1)}{P(A)} = \frac{0.25 \cdot 0.9}{0.75} = \frac{9}{30}$$
$$P(B_2) = P(A_2 \mid A) = \frac{P(A_2) P(A \mid A_2)}{P(A)} = \frac{0.25 \cdot 0.8}{0.75} = \frac{8}{30}$$
$$P(B_3) = P(A_3 \mid A) = \frac{P(A_3) P(A \mid A_3)}{P(A)} = \frac{0.25 \cdot 0.7}{0.75} = \frac{7}{30}$$
$$P(B_4) = P(A_4 \mid A) = \frac{P(A_4) P(A \mid A_4)}{P(A)} = \frac{0.25 \cdot 0.6}{0.75} = \frac{6}{30}$$

又

$$P(B \mid B_1) = 0.1, \quad P(B \mid B_2) = 0.2, \quad P(B \mid B_3) = 0.3, \quad P(B \mid B_4) = 0.4$$

故所求的概率为

$$P(B) = \sum_{i=1}^{4} P(B_i) P(B \mid B_i) = \frac{9}{30} \times 0.1 + \frac{8}{30} \times 0.2 + \frac{7}{30} \times 0.3 + \frac{6}{30} \times 0.4 = \frac{7}{30}$$

例 5 商店销售一批收音机，共 10 台，其中 3 台次品，但是已经售出了 2 台，问从剩下的收音机中，任取一台是正品的概率是多少？

解 设 $A = \{$从剩下收音机中任取一台为正品$\}$；$A_k = \{$售出 2 台中恰有 k 台为正品 $(k = 0, 1, 2)\}$. 则

$$P(A_k) = \frac{C_7^k C_3^{2-k}}{C_{10}^2}$$

从而可得

$$P(A_0) = \frac{3}{45}, \quad P(A_1) = \frac{21}{45}, \quad P(A_2) = \frac{21}{45}$$

又

$$P(A \mid A_k) = \frac{7-k}{8}, \quad P(A \mid A_0) = \frac{7}{8}, \quad P(A \mid A_1) = \frac{6}{8}, \quad P(A \mid A_2) = \frac{5}{8}$$

由全概率公式可有
$$P(A) = \sum_{k=0}^{2} P(A\mid A_k)P(A_k) = \frac{21}{360} + \frac{126}{360} + \frac{105}{360} = 0.7$$

例6 有两批产品:第一批20件,其中5件为特等品;第二批12件,其中2件为特等品.今按下面方式抽样:(1)将两批产品混在一起,从中抽取2件;(2)从第一批中任意抽取2件放入第二批中,再从第二批中抽取2件.试求两种抽取方式抽出产品为特等品的概率.

解 (1) 混合后两产品共32件,特等品共7件,故此时概率为
$$p = \frac{C_7^2}{C_{32}^2} = \frac{21}{496} \approx 0.04234$$

(2) 设 $A = \{抽取2件产品为特等品\}$,$B_i = \{从第一批抽取2件中恰有i件特等品\}$,其中 $i = 0,1,2$. 则
$$P(B_0) = \frac{C_{15}^2}{C_{20}^2} = \frac{21}{38}, \quad P(B_1) = \frac{C_{15}^1 C_5^1}{C_{20}^2} = \frac{15}{38}, \quad P(B_2) = \frac{C_5^2}{C_{20}^2} = \frac{1}{19}$$

又
$$P(A\mid B_0) = \frac{C_2^2}{C_{14}^2} = \frac{1}{91}, \quad P(A\mid B_1) = \frac{C_3^2}{C_{14}^2} = \frac{3}{91}, \quad P(A\mid B_2) = \frac{C_4^2}{C_{14}^2} = \frac{6}{91}$$

由全概率公式有
$$P(A) = \sum_{i=0}^{2} P(A\mid B_i)P(B_i) = \frac{1}{91} \times \frac{21}{38} + \frac{3}{91} \times \frac{15}{38} + \frac{6}{91} \times \frac{2}{38} \approx 0.02256$$

下面的问题也是关于产品合格与否的问题,它还涉及贝叶斯公式.

例7 玻璃杯成箱出售,每箱20只,假设各箱含0,1,2只残次品的概率相应为0.8,0.1和0.1.一位顾客欲购一箱玻璃杯,在购买时,售货员随意取一箱,而顾客随机地察看4只:若无残次品,则买下该箱玻璃杯,否则退回.试求:

(1) 顾客买下该箱的概率 α;
(2) 在顾客买下的一箱中,确实没有残次品的概率 β.

解 设 $A_i = \{箱中有 i 件残次品(i = 0,1,2)\}$,则
$$P(A_0) = 0.8, \quad P(A_1) = 0.1, \quad P(A_2) = 0.1$$

由上知 $A_0 \cup A_1 \cup A_2$ 是完备事件集.又设 $B = \{顾客买下该箱\}$,则
$$P(B\mid A_0) = 1, \quad P(B\mid A_1) = \frac{C_{19}^4}{C_{20}^4} = \frac{4}{5}, \quad P(B\mid A_2) = \frac{C_{18}^4}{C_{20}^4} = \frac{12}{19}$$

(1) 故由全概率公式,有
$$\alpha = P(B) = \sum_{i=0}^{2} P(B\mid A_i)P(A_i) = 1 \times 0.8 + \frac{4}{5} \times 0.1 + \frac{12}{19} \times 0.1 \approx 0.943$$

(2) 由贝叶斯公式,有
$$\beta = P(A_0\mid B) = \frac{P(B\mid A_0)P(A_0)}{P(B)} = \frac{1 \times 0.8}{0.943} \approx 0.848$$

下面的问题与前面关于产品问题在本质上无异,只是提法不同而已.

例8 某厂生产50 kg装水泥,40包为一批,现发现某批中混入两包40 kg装的和一包60 kg装的,为减少该批水泥出厂机会,将每批水泥分成20包一堆的两堆,称其一堆.问将混有三包质量不一的那批分成两堆时,求:

(1) 三包质量不一的水泥分在一堆内的概率;
(2) 两包40 kg重的分在一堆,一包60 kg的分在另一堆内的概率;
(3) 一包40 kg重的分在一堆,另一包40 kg重的和一包60 kg重的同分在另一堆的概率.

若按上面办法分堆检查时,未发现问题而运走了一堆,并有人提出该批水泥可能有问题后,又将尚

未运走的一堆分堆再称其一半,结果仍未发现问题而放行. 试问此时放行的水泥有问题的概率有多大.

解 将 40 包水泥分成两堆,每堆 20 包,共有 C_{40}^{20} 种方法.

设 $A=\{$三包质量不一的水泥放在一堆$\}$, $B=\{$两包 40 kg 重的水泥放在一堆,另一包重 60 kg 的分在另一堆$\}$, $C=\{$一包 40 kg 的分在一堆,另一包 40 kg 的和一包 60 kg 重的同分在另一堆$\}$. 则

(1) 事件 A 的概率为

$$P(A)=\frac{2C_{37}^{17}}{C_{40}^{20}}=\frac{9}{39}$$

(2) 事件 B 的概率为

$$P(B)=\frac{2C_{37}^{18}}{C_{40}^{20}}=\frac{10}{39}$$

(3) 事件 C 的概率为

$$P(C)=\frac{2C_2^1 C_{37}^{19}}{C_{40}^{20}}=\frac{20}{39}$$

再设 $H_1=\{$前一堆 20 包中有一包 40 kg、一包 60 kg 的$\}$, $H_2=\{$前一堆 20 包全部合格$\}$, $D=\{$错将有问题的这批水泥放行$\}$.

显然 H_1, H_2 互不相容,则 $D \subset H_1 \cup H_2$, 且

$$P(H_1)=\frac{C_2^1 C_{37}^{18}}{C_{40}^{20}}=\frac{10}{39}, \quad P(D \mid H_1)=\frac{C_{19}^{10}}{C_{20}^{10}}=\frac{1}{2}$$

$$P(H_2)=\frac{C_{37}^{20}}{C_{40}^{20}}=\frac{9}{78}, \quad P(D \mid H_2)=\frac{C_{17}^{10}+C_2^1 C_{17}^8}{C_{17}^8}=\frac{7}{19}$$

故

$$P(D)=P(H_1)P(D \mid H_1)+P(H_2)P(D \mid H_2)=\frac{10}{39} \times \frac{1}{2} + \frac{9}{78} \times \frac{7}{19} = \frac{253}{1482}$$

例 9 对飞机进行两次独立射击,第一次命中率为 0.4,第二次命中率为 0.5;飞机击中一弹而被击落的概率为 0.2,击中两弹而被击落的概率为 0.6. (1) 求射击两次飞机被击中一次的概率;(2) 求射击两次飞机被击中两次的概率;(3) 求射击两次飞机被击落的概率;(4) 求飞机被击落是由于击中一弹的概率.

解 设事件 $B=\{$飞机被击落$\}$, $A_1=\{$射击两次击中一次$\}$, $A_2=\{$射击两次击中两次$\}$, $A_0=\{$射击两次一次未击中$\}$, $C_i=\{$第 i 次射击击中$\}$, 其中 $i=1,2$. 由之可有

(1) 事件 A_1 的概率为

$$P(A_1)=P(C_1 \overline{C_2})+P(\overline{C_1} C_2)=P(C_1)P(\overline{C_2})+P(\overline{C_1})P(C_2)=$$
$$0.4 \times (1-0.5) + (1-0.5) \times 0.4 = 0.5$$

(2) 事件 A_2 的概率为

$$P(A_2)=P(C_1 C_2)=P(C_1)P(C_2)=0.4 \times 0.5 = 0.2$$

(3) 由全概率公式知 $P(B)=\sum_{i=0}^{2} P(B \mid A_i)P(A_i)$, 又

$$P(A_0)=P(\overline{C_1}\overline{C_2})=P(\overline{C_1})P(\overline{C_2})=(1-0.4)(1-0.5)=0.3$$

而 $P(B)=P(B \mid A_0)=0, P(B \mid A_1)=0.2, P(B \mid A_2)=0.6,$ 从而

$$P(B)=P(B \mid A_0)P(A_0)+P(B \mid A_1)P(A_1)+P(B \mid A_2)P(A_2)=$$
$$0.3 \times 0 + 0.5 \times 0.2 + 0.2 \times 0.6 = 0.1 \times 0.12 = 0.22$$

(4) 由贝叶斯公式 $P(A_i \mid B)=\frac{P(A_i)P(B \mid A_i)}{P(B)}$, 故

$$P(A_1 \mid B)=\frac{P(A_1)P(B \mid A_1)}{P(B)}=\frac{0.5 \times 0.2}{0.22}=\frac{5}{11}$$

下面的射击问题是上例的拓展情形,它是将概率问题与级数、极限等概念联系到了一起. 它是一道

十分经典的问题.

例 10 甲、乙两人轮流对一目标射击,先命中者得胜,又两人命中的概率分别为 p_1, p_2,若甲先射击,问两人得胜的概率各为多少?

解 设 $A = \{甲胜\}, B = \{乙胜\}, C = \{甲、乙均未获胜\}$. 又设 $A_i = \{甲在第 i 次射击时命中\}, i = 1, 3, 5, \cdots; B_j = \{乙在第 j 次射击时命中\}, j = 2, 4, 6, \cdots$. 则 $A = A_1 \cup \overline{A_1}\overline{B_2}A_3 \cup \overline{A_1}\overline{B_2}\overline{A_3}\overline{B_4}A_5 \cup \cdots$. 每次射击的又由独立性有

$$P(A) = P(A_1) + P(\overline{A_1}\overline{B_2}A_3) + P(\overline{A_1}\overline{B_2}\overline{A_3}\overline{B_4}A_5) + \cdots = p_1 + q_1q_2p_1 + q_1^2q_2^2p_1 + \cdots = \frac{p_1}{1 - q_1q_2}$$

其中 $q_i = 1 - p_i, i = 1, 2.$ 又

$$P(C) = P(\bigcap_{i=1}^{\infty} \overline{A_i}\overline{B_i}) = \lim_{n\to\infty} P(\bigcap_{i=1}^{n} \overline{A_i}\overline{B_i}) = \lim_{n\to\infty} \prod_{i=1}^{n} P(\overline{A_i}\overline{B_i}) = \lim_{n\to\infty} \prod_{i=1}^{n} P(\overline{A_i})P(\overline{B_i}) =$$

$$\lim_{n\to\infty} (1 - p_1)^n (1 - p_2)^n = 0$$

又 $A \cup B \cup C = \Omega$,且 A, B, C 互不相容,故

$$P(B) = 1 - P(A) - P(C) = 1 - \frac{p_1}{1 - q_1q_2} = \frac{q_1(1 - q_2)}{1 - q_1q_2} = \frac{q_1p_2}{1 - q_1q_2}$$

例 11 设有来自 3 个地区的各 10 名、15 名和 25 名考生的报名表,其中女生报名表分别为 3 份、7 份和 5 份. 随机地取一个地区的报名表,从中先后抽出两份.(1) 求先抽到的一份是女生表的概率 p;(2) 已知后抽到的一份是男生表,求先抽到的一份是女生表的概率 q.

解 设 $A_i = \{取到第 i 地区报名表\}(i = 1, 2, 3)$,显然 $P(A_1) = P(A_2) = P(A_3) = \frac{1}{3}$,知 $A_1 \cup A_2 \cup A_3$ 是完备事件集. 又设 $B_j = \{第 j 次抽到的报名表是女生表\}(j = 1, 2)$.

(1) 由全概率公式有

$$p = P(B_1) = \sum_{i=1}^{3} P(B_1 \mid A_i) P(A_i) = \frac{1}{3}\left(\frac{3}{10} + \frac{7}{15} + \frac{5}{25}\right) = \frac{29}{90}$$

(2) 由条件概率公式有

$$q = P(B_1 \mid \overline{B_2}) = \frac{P(B_1\overline{B_2})}{P(\overline{B_2})} = \frac{P(B_1\overline{B_2})}{P(\overline{B_2})}$$

由题设及全概率公式有

$$P(\overline{B_2} \mid A_1) = \frac{7}{10}, \quad P(\overline{B_2} \mid A_2) = \frac{8}{15}$$

$$P(\overline{B_2} \mid A_3) = \frac{20}{25}, \quad P(B_1\overline{B_2} \mid A_1) = \frac{C_3^1 C_7^1}{C_{10}^2} = \frac{7}{30}$$

$$P(B_1\overline{B_2} \mid A_2) = \frac{C_7^1 C_8^1}{C_{15}^2} = \frac{8}{30}, \quad P(B_1\overline{B_2} \mid A_3) = \frac{C_5^1 C_{20}^1}{C_{25}^2} = \frac{5}{30}$$

且

$$P(\overline{B_2}) = \sum_{i=1}^{3} P(\overline{B_2} \mid A_i) P(A_i) = \frac{1}{3}\left(\frac{7}{10} + \frac{8}{15} + \frac{20}{25}\right) = \frac{61}{90}$$

及

$$P(B_1\overline{B_2}) = \sum_{i=1}^{3} P(B_1\overline{B_2} \mid A_i) P(A_i) = \frac{1}{3}\left(\frac{7}{30} + \frac{8}{30} + \frac{5}{30}\right) = \frac{2}{9}$$

故

$$q = \frac{P(B_1\overline{B_2})}{P(\overline{B_2})} = \frac{2}{9} \cdot \frac{90}{61} = \frac{20}{61}$$

2. 摸球问题

从本质上讲,这类问题与前面产品问题无大异,把摸球问题中"黑球"视为"不合格产品",把"白球"视为"合格产品"(或相反),摸球问题即可化为前述产品质量问题.

例 1 由装有 3 个白球和 2 个黑球的箱中,随机地取出 2 个球,然后放到装有 4 个白球和 4 个黑球的

箱子中.试计算最后从第二只箱子中取出一球是白球的概率.

解 设事件 $B=$｛从第二只箱子取出一球为白球｝，$A_1=$｛从第一只箱子取两球为一白一黑｝，$A_2=$｛从第一只箱子取两球皆为黑球｝，$A_3=$｛从第一只箱子取两球皆为白球｝.则

$$B=B(A_1\cup A_2\cup A_3)=BA_1\cup BA_2\cup BA_3$$

这样

$$P(B)=P(BA_1)+P(BA_2)+P(BA_3)=\sum_{i=1}^{3}P(A_i)P(B\mid A_i)=$$
$$\frac{C_3^1 C_2^1}{C_5^2}\cdot\frac{5}{10}+\frac{1}{C_5^2}\cdot\frac{4}{10}+\frac{C_3^2}{C_5^2}\cdot\frac{6}{10}=\frac{6}{10}\cdot\frac{1}{2}+\frac{1}{10}\cdot\frac{2}{5}+\frac{3}{10}\cdot\frac{3}{5}=\frac{13}{25}$$

例 2 设有黑白球各 4 个.从中任取 4 个放入甲盒,余下的放入乙盒.然后从两盒各取一球,颜色恰好相同.试问放入甲盒的 4 个球中有几只白球的概率最大?它的值是多少?

解 设 $A=$｛从甲、乙两盒各取一球,颜色相同｝,又设 $H_k=$｛甲盒中有 k 个白球｝,$k=0,1,2,3,4$. 显然 H_1,H_2,H_3 互不相容,且 $A\subset H_1\cup H_2\cup H_3$(注意 H_0,H_4 发生时,A 不会发生).而

$$P(H_1)=\frac{C_4^1 C_4^3}{C_8^4}=\frac{8}{35},\quad P(A\mid H_1)=\frac{C_1^1 C_3^1+C_3^1 C_1^1}{C_4^1 C_4^1}=\frac{3}{8}$$

又

$$P(H_2)=\frac{C_4^2 C_4^2}{C_8^4}=\frac{18}{35},\quad P(A\mid H_2)=\frac{C_2^1 C_2^1+C_2^1 C_2^1}{C_4^1 C_4^1}=\frac{4}{8}$$

及

$$P(H_3)=\frac{C_4^3 C_4^1}{C_8^4}=\frac{8}{35},\quad P(A\mid H_3)=\frac{C_3^1 C_1^1+C_1^1 C_3^1}{C_4^1 C_4^1}=\frac{3}{8}$$

故

$$P(A)=\sum_{k=1}^{3}P(H_k)P(A\mid H_k)=\frac{3}{7}$$

从而由 $P(H_k\mid A)=\dfrac{P(H_k)P(A\mid H_k)}{P(A)}(k=1,2,3)$,有

$$P(H_1\mid A)=\frac{1}{5},\quad P(H_2\mid A)=\frac{3}{5},\quad P(H_3\mid A)=\frac{1}{5}$$

此即说甲盒 4 个球中有 2 个白球的概率最大,且为 $\dfrac{3}{5}$.

注 下面的问题是例 2 的推广.

问题 1 两个盒子,第一个装 m_1 个红球和 n_1 个黑球,第二个装 m_2 个红球和 n_2 个黑球.今从两盒各取一球放在一起,再从中取出一球:(1)求该球是红球的概率;(2)若发现该球是红球,求它是从第一个盒子中取出的概率.

解 (1) 令 $A=$｛取一红球｝,$B_1=$｛从第一盒中取一红球｝,$B_2=$｛从第二盒子取一红球｝.则

$$P(B_1 B_2)=\frac{m_1 m_2}{(m_1+n_1)(m_2+n_2)},\quad P(A\mid B_1 B_2)=1$$

$$P(B_1\overline{B_2})=\frac{m_1 n_2}{(m_1+n_1)(m_2+n_2)},\quad P(A\mid B_1\overline{B_2})=\frac{1}{2}$$

$$P(\overline{B_1}B_2)=\frac{n_1 m_2}{(m_1+n_1)(m_2+n_2)},\quad P(A\mid \overline{B_1}B_2)=\frac{1}{2}$$

由全概率公式有

$$P(A)=P(B_1 B_2)P(A\mid B_1 B_2)+P(B_1\overline{B_2})P(A\mid B_1\overline{B_2})+P(\overline{B_1}B_2)P(A\mid \overline{B_1}B_2)=$$
$$\frac{2m_1 m_2+m_1 n_2+n_1 m_2}{2(m_1+n_1)(m_2+n_2)}$$

(2) $$P(\overline{B_1} \mid A) = \frac{P(AB_1)}{P(A)} = \frac{P(AB_1B_2) + P(AB_1\overline{B_2})}{P(A)} =$$
$$\frac{P(B_1B_2)P(A \mid B_1B_2) + P(B_1\overline{B_2})P(A \mid B_1\overline{B_2})}{P(A)} =$$
$$\frac{2m_1m_2 + m_1n_2}{2m_1m_2 + m_1n_2 + n_1m_2}.$$

又下面的问题亦属此类.

问题 2 两个罐中第一个装有 6 个白球、4 个红球和 10 个黑球,第二罐中装有 3 个白球、10 个红球和 7 个黑球. 今从两罐各取一球,结果为一黑一红. 求黑球是从第一罐中取出的概率.

解 设 $A = \{$取出一个黑球一红球$\}$, $B_1 = \{$从第一罐取出一个红球,从第二罐中取出一个黑球$\}$, $B_2 = \{$从第一罐中取出一个黑球,从第二罐中取出一个红球$\}$. 则 $A = H_1 \cup H_2$.

由 $$P(B_1) = \frac{C_4^1 C_7^1}{C_{20}^1 C_{20}^1} = \frac{7}{100}, \quad P(B_2) = \frac{C_{10}^1 C_{10}^1}{C_{20}^1 C_{20}^1} = \frac{25}{100} = \frac{1}{4}$$

且 $P(A \mid B_1) = 1, P(A \mid B_2) = 1$. 由全概率公式有
$$P(A) = P(B_1)P(A \mid B_1) + P(B_2)P(A \mid B_2) = \frac{1}{100} + \frac{1}{4} = \frac{8}{25}$$

从而取出一黑一红球中,黑球取自第一罐的概率为
$$P(B_2 \mid A) = \frac{P(B_2)P(A \mid B_2)}{P(A)} = \left(\frac{1}{4}\right) / \left(\frac{8}{25}\right) = \frac{25}{32}$$

下面的摸球问题稍稍复杂一些(理解上).

例 3 若甲罐有 m 个黑球,乙罐有 m 个白球. 从乙随机地取出一球放入甲中,然后再从甲随机地取出一球称为一次交换. 求经过 m 次交换后,甲罐中有 m 个白球的概率.

解 令 $A = \{$经 m 次交换后,甲中有 m 个白球$\}$, $A_k = \{$第 k 次交换中,从乙取出一白球放入甲中,然后从甲取出一黑球放入乙中$\}, k = 1, 2, \cdots, m$. 则
$$P(A) = P(A_1 A_2 \cdots A_m) = P(A_1)P(A_2 \mid A_1)P(A_3 \mid A_1 A_2) \cdots P(A_m \mid A_1 A_2 \cdots A_{m-1}) =$$
$$\frac{mn}{m(m+1)} \cdot \frac{(m-1)(m-1)}{m(m-1)} \cdot \frac{(m-2)(m-2)}{m(m+1)} \cdot \cdots \cdot \frac{[m-(m-1)][m-(m-1)]}{m(m+1)} =$$
$$\frac{(m!)^2}{m^m(m+1)^m}$$

下面的例子与二项概率公式或伯努利概型有关,虽然看上去它也涉及摸球问题.

所谓的伯努利概型指,若某试验结果仅有两种:A 与 $\overline{A}$,且 $P(A) = p$,此称为伯努利概型;若试验重复 n 次,则 n 次试验中 A 发生 k 次的概率为
$$P_n(k) = C_n^k p^k (1-p)^{n-k}, \quad k = 0, 1, 2, \cdots, n$$

例 4 甲袋中有 1 个黑球和 2 个白球,乙袋中有 3 个白球. 每次从两袋中各任取一球放入对方袋中. 试求 n 次交换后黑球仍在甲袋中的概率.

解 设 X 表示 n 次取球中取到黑球的次数,由题设知 $X \sim \mathscr{B}\left(n, \frac{1}{3}\right)$. 而黑球仍在甲袋的概率即为 X 取偶数(包括 0)的概率,设其为 $\tilde{p}$,则
$$\tilde{p} = C_n^0 p^0 (1-p)^n + C_n^2 p^2 (1-p)^{n-2} + \cdots + C_n^m p^m (1-p)^{n-m}$$

其中 $p = \frac{1}{3}$,且 m 为不超过 n 的最大偶数.

由
$$\sum_{k=0}^{n} C_n^k p^k (1-p)^{n-k} = 1$$

及

$$\sum_{k=0}^{n} C_n^k(-p)^k(1-p)^{n-k} = [-p+(1-p)]^n = (1-2p)^n$$

以两式两边相加且与前式比较有 $2\tilde{p} = 1+(1-2p)^n$,则

$$\tilde{p} = \frac{1}{2}[1+(1-2p)^n] = \frac{1}{2}\left(1+\frac{1}{3^n}\right)$$

3. 掷硬币与投骰子

掷硬币、投骰子是多层古典概率问题,它们也常与组合、排列等有关系.

例1 把一枚质地均匀的硬币抛掷5次,正面朝上恰为一次的可能性不为0,而且与正面朝上恰好两次的概率相同. 令既约分数 $\frac{i}{j}$ 为硬币在5次抛掷中有3次正面朝上的概率,求 $i+j$ 的值.

解 令 r 为掷硬币一次正面朝上的概率,则在 n 次掷硬币中,有 k 次正面朝上的概率为

$$C_n^k r^k (1-r)^{n-k}$$

由题设正面朝上恰为一次的概率与正面朝上恰为两次的概率同,可得方程

$$C_5^1 r(1-r)^4 = C_5^2 r^2 (1-r)^3$$

解得 $r = 0, \frac{1}{3}$ 或 1.

又依题意,事件概率不为0或1,因此 $r = \frac{1}{3}$. 并且5次掷中3次正面朝上的概率为

$$\frac{i}{j} = C_5^3 r^3 (1-r)^2 = 10 \cdot \left(\frac{1}{3}\right)^3 \cdot \left(\frac{2}{3}\right)^2 = \frac{40}{243}$$

所以 $i+j = 40+243 = 283$.

下面的例子涉及质(素)数或数论问题,但其可通过枚举方式解决.

例2 一个均匀的硬币投掷10次,令 $\frac{i}{j}$ 为正面不连续出现的概率,其中 i,j 互质(无公因数),求 $i+j$.

解 投10次硬币,正面不连续出现的可能性有如下几种情况:

① 10次都是反面的可能性有1种;

② 9次是反面、1次是正面的可能性有 C_{10}^1 种;

③ 8次是反面、2次是正面(但不连续出现),则正面不连续出现的可能可视为出现这两次正面的投掷插入8次反面投掷的空当之中,所以有 C_9^2 种可能;

④ 同样,7次反面、3次正面(但不连续)的可能性有 C_8^3 种;

⑤ 6次反面、4次正面(但不连续)的可能性有 C_7^4 种;

⑥ 5次反面、5次正面(但不连续)的可能性有 C_6^5 种.

⑦ 而在出现反面不大于4次的投掷中,不会出现正面都不连续发生的情况.

又因为10次投掷硬币共有 $2^{10} = 1024$ 种可能. 从而

$$p = \frac{i}{j} = \frac{1+C_{10}^1+C_9^2+C_8^3+C_7^4+C_6^5}{1024} = \frac{144}{1024} = \frac{9}{64}$$

于是 $i+j = 9+64 = 73$.

例3 投6次骰子,令第 i 次得到的点数为 a_i,求存在 k 使 $\sum_{i=1}^{k} a_i = 6$ 的概率.

解 分6种情况讨论 k 取不同值的概率:

① 当 $k=1$ 时,仅有出现6的1种情形,故 $p_1 = \frac{1}{6}$;

② 当 $k=2$ 时,有 $5+1,4+2,3+3,2+4,1+5$ 共5种情形,故 $p_2 = 5 \cdot \left(\frac{1}{6}\right)^2$;

③ 当 $k=3$ 时,有 $4+1+1, 3+2+1, 2+2+2$ 共 3 种情形,故 $p_3 = (3+6+1) \cdot \left(\frac{1}{6}\right)^3 = 10 \cdot \left(\frac{1}{6}\right)^3$;

④ 当 $k=4$ 时,有 $3+1+1+1, 2+2+1+1$ 共 2 种情形,故 $p_4 = (4+6) \cdot \left(\frac{1}{6}\right)^4 = 10 \cdot \left(\frac{1}{6}\right)^4$;

⑤ 当 $k=5$ 时,有 $2+1+1+1+1$ 仅 1 种情形,故 $p_5 = 5 \cdot \left(\frac{1}{6}\right)^5$;

⑥ 当 $k=6$ 时,仅有 $1+1+1+1+1+1$ 这 1 种情形,故 $p_6 = \left(\frac{1}{6}\right)^6$.

综上
$$p = \sum_{i=1}^{6} p_i = \frac{7^5}{6^6}$$

一般的骰子是正六面体(或立方体),当把正方六面体推广到正 n 面体(注意它们仅有 5 种:正四、六、八、十二、二十面体),问题也许可能翻出花样. 请看:

例 4 给定 3 个全等(同样)的 n 面骰子,它们的对应面标上同样的任意整数. 证明如果随机投掷它们,那么向上的 3 个面上的数字之和能被 3 整除的概率大于或等于 $\frac{1}{4}$.

证 设 m 面骰子上有 n_0 个面上的整数能被 3 整除,有 n_1 个面上的整数被 3 除余 1,有 n_2 个面上的整数被 3 除余 2,其中 $n_0 \geqslant 0, n_1 \geqslant 0, n_2 \geqslant 0$,有
$$n_0 + n_1 + n_2 = n$$

先考虑掷骰子的一切可能结果.

由于是随机投掷,因此每一个骰子都可使 n 面的任何一个面向上,有 n 种结果,又由于每个骰子都是互相独立的,所以每次掷骰子的一切可能结果的种类数是
$$n \cdot n \cdot n = n^3 = (n_1 + n_2 + n_3)^3$$

再考虑向上 3 面整数之和能被 3 整除的各种可能的种数有下面 n 种情形:

① 3 个数都是 3 的倍数,共有 n_0^3 种;
② 3 个数都是被 3 除余 1 的数,共有 n_1^3 种;
③ 3 个数都是被 3 除余 2 的数,共有 n_2^3 种.

一个数是 3 的倍数(共 n_0 种),一个数是被 3 除余 1 的数(共 n_1 种),一个数是被 3 除余 2 的数(共 n_2 种),并考虑所有不同顺序,则共有 $A_3^3 n_0 n_1 n_2 = 6 n_0 n_1 n_2$ 种.

于是 3 个数之和能被 3 整除的各种情形的总数为
$$n_0^3 + n_1^3 + n_2^3 + 6 n_0 n_1 n_2$$

因此,所求事件的概率是
$$p = \frac{n_0^3 + n_1^3 + n_2^3 + 6 n_0 n_1 n_2}{(n_0 n_1 n_2)^3}$$

下面证明 $p \geqslant \frac{1}{4}$,即证明
$$4(n_0^3 + n_1^3 + n_2^3 + 6 n_0 n_1 n_2) \geqslant (n_0 + n_1 + n_2)^3$$

注意到
$$\begin{aligned}
&4(n_0^3 + n_1^3 + n_2^3 + 6 n_0 n_1 n_2) - (n_0 + n_1 + n_2)^3 = \\
&\quad 3(n_0^3 + n_1^3 + n_2^3 + 6 n_0 n_1 n_2 - n_0 n_1^2 - n_0 n_2^2 - n_1 n_2^2 - n_1 n_0^2 - n_2 n_0^2 - n_2 n_1^2) = \\
&\quad 3[n_0^3 - n_0(n_1 - n_2)^2 + n_1^3 - n_1(n_0 - n_2)^2 + n_2^3 - n_2(n_0 - n_1)^2] = \\
&\quad 3[n_0(n_0 + n_1 - n_2)(n_0 - n_1 + n_2) + n_1(n_1 + n_0 - n_2)(n_1 - n_0 + n_2) + \\
&\quad n_2(n_2 + n_0 - n_1)(n_2 - n_0 + n_1)] \quad\quad (*)
\end{aligned}$$

考虑到 n_0, n_1, n_2 的对称性,不妨设 $n_0 \geqslant n_1 \geqslant n_2$.

当 $n_0 \leqslant n_1 + n_2$ 时,由于式 $(*)$ 中各数 $n_0, n_1, n_2, n_0 + n_1 - n_2, n_0 - n_1 + n_2, n_1 + n_0 - n_2, n_1 - n_0 +$

$n_2, n_2+n_0-n_1, n_2-n_0+n_1$ 均为非负数,所以式(*)非负.

当 $n_0 > n_1+n_2$ 时,由于 n_0, n_1, n_2 是整数,因此 $n_0 \geqslant n_1+n_2+1$. 故由式(*)得

$$4(n_0^3+n_1^3+n_2^3+6n_0n_1n_2)-(n_0+n_1+n_2)^3 \geqslant$$
$$3[(n_1+n_2+1)(n_0+n_1-n_2)(n_0-n_1+n_2)+n_1(n_1+n_0-n_2)(n_1-n_0+n_2)+$$
$$n_2(n_2+n_0-n_2)(n_2-n_0+n_1)] =$$
$$(n_0+n_1-n_2)(n_0-n_1+n_2)+n_1(n_1+n_0-n_2) \cdot 2n_2+n_2(n_0+n_2-n_1) \cdot 2n_1 \geqslant 0$$

所以式(*)非负,因此有 $p \geqslant \dfrac{1}{4}$.

下面的两则问题涉及数列概念(因为掷的次数多,且要记次数 n),它们是伯努利模型的延拓.

例 5 抛掷一个硬币,每次正面出现记得 1 分,反面出现记得 2 分,试证如此规定投掷硬币时恰好得到 n 分的概率是 $\dfrac{1}{3}\left[2+\left(-\dfrac{1}{2}\right)^n\right]$.

证 令 p_n 表示恰好得到 n 分的概率.

不恰好得到 n 分的唯一情况是得到 $n-1$ 分以后再掷出一次反面.

因为"不恰好得到 n 分"的事件的概率是 $1-p_n$,"恰好得到 $n-1$ 分"的概率是 p_{n-1},"掷出第一次反面"的概率是 $\dfrac{1}{2}$,所以有

$$1-p_n = \dfrac{1}{2}p_{n-1}$$

有

$$p_n - \dfrac{2}{3} = \dfrac{1}{2}p_{n-1} + \dfrac{1}{3} = -\dfrac{1}{2}\left(p_{n-1}-\dfrac{2}{3}\right)$$

于是数列 $\left\{p_n-\dfrac{2}{3}\right\}$,其中 $n=1,2,3,\cdots$,是以 $p_1-\dfrac{2}{3}=\dfrac{1}{2}-\dfrac{2}{3}=-\dfrac{1}{6}$ 为首项,以 $-\dfrac{1}{2}$ 为公比的等比数列.从而

$$p_n - \dfrac{2}{3} = -\dfrac{1}{6} \cdot \left(-\dfrac{1}{2}\right)^{n-1}$$

即

$$p_n = \dfrac{1}{3}\left[2+\left(-\dfrac{1}{2}\right)^n\right]$$

例 6 今有 n 枚银币 $c_1, c_2, \cdots, c_n$,对每个 $k(1\leqslant k\leqslant n)$ 银币 C_k(不均匀即有偏)向上抛时,落下时正面朝上的概率为 $\dfrac{1}{2k+1}$. 求此 n 枚银币上抛时,有奇数个正面朝上的概率(表示为 n 的有理数).

解 设 p_k 为第 k 枚银币上抛掷时正面朝上的概率,则 $p_k=\dfrac{1}{2k+1}$,且令 $q_k=1-p_k$,其中 $1\leqslant k \leqslant n$. 又设

$$Q(x) = \prod_{k=1}^{n}(p_kx+q_k) = a_0+a_1x+\cdots+a_nx^n$$

则 m 枚银币正面朝上的概率为 $p_m=a_m$(即 $Q(x)$ 中 x^m 的系数).

故所求概率为

$$p = a_1+a_3+a_5+\cdots$$

注意到

$$Q(1) = \sum_{k=0}^{n}a_k, \quad Q(-1) = \sum_{k=0}^{n}(-1)^ka_k$$

故

$$p = \dfrac{1}{2}[Q(1)-Q(-1)] = \dfrac{1}{2}\left[1-\prod_{k=1}^{n}(1-2p_k)\right] = \dfrac{1}{2}\left[1-\prod_{k=1}^{n}\dfrac{2k-1}{2k+1}\right] =$$
$$\dfrac{1}{2}\left[1-\dfrac{1}{2n+1}\right] = \dfrac{n}{2n+1}$$

例 7 一袋中装有 m 个正品硬币,n 个次品硬币(两面皆印成国徽),在袋中任取一个,已知将它掷 k 次,每次都得到国徽面,问这个硬币是正品的概率是多少?

解 设 $A=\{$在袋中取一个硬币掷 k 次,每次都得到国徽面$\}$,$B=\{$在袋中取一个硬币为正品$\}$,$C=\{$在袋中取一个硬币为次品$\}$.

由题设知 $P(B)P(C) > 0$,又由 $B \cup C = \Omega$(必然事件). 而

$$P(AB) = P(B)P(A \mid B) = \left(\frac{m}{m+n}\right)\left(\frac{1}{2}\right)^k$$

故

$$P(A) = P(AB) + P(AC) = P(B)P(A \mid B) + P(C)P(A \mid C) =$$

$$\frac{m}{m+n} \cdot \left(\frac{1}{2}\right)^k + \frac{n}{m+n} \cdot 1 = \frac{1}{m+n}\left(\frac{m}{2^k} + n\right)$$

从而

$$P(B \mid A) = \frac{P(AB)}{P(A)} = \frac{m}{m + 2^k n}$$

4. 古典概率问题杂例

例 1 一个园丁要把 3 棵枫树、4 棵橡树、5 棵桦树栽成一行,他随机地确定这些树的排列顺序,各种不同的安排都是等概率的. 用 $\frac{m}{n}$ 表示任何两棵桦树都不相邻的概率(其中 m,n 互质,即化成最简分数以后),求 $m+n$.

解 12 棵树的不同排列顺序共有 12! 种.

12 棵树中共有 7 棵非桦树(3 棵枫树和 4 棵橡树),为使任何两棵桦树不相邻,可把 5 棵桦树放在非桦树的空当中,由于 7 棵非桦树共有 8 个空当,所以 5 棵桦树的安排方法有

$$A_8^5 = 8 \cdot 7 \cdot 6 \cdot 5 \cdot 4$$

而 7 棵非桦树的排列方法有 $A_7^7 = 7!$ 种.

因此任两棵桦树不相邻的排法共有 $7! \cdot 8 \cdot 7 \cdot 6 \cdot 5 \cdot 4$ 种.

于是所求的概率是

$$p = \frac{7! \cdot 8 \cdot 7 \cdot 6 \cdot 5 \cdot 4}{12!} = \frac{7}{99}$$

即 $\frac{m}{n} = \frac{7}{99}$,故

$$m + n = 99 + 7 = 106$$

例 2 一张圆桌边有 9 把椅子,4 人随机地就座,问没有两人相邻的概率是多少?

解 第一个人可坐任意位置,其余 3 个总共有 $8 \cdot 7 \cdot 6$ 种围坐方法.

另一方面,若要求没有两人相邻,那么第一个人可坐任意位置,其余 3 人按顺时针间隔落座有 6 种方法,最后多余一把椅子可以有 4 个位置,因此有 $4 \cdot 6 = 24$ 种围坐方法.

所以所求概率为 $p = \dfrac{24}{8 \cdot 7 \cdot 6} = \dfrac{1}{14}$.

例 3 将 $\dfrac{n(n+1)}{2}$ 个不同的数随机地排成如图 1.19 所示的三角形阵.

图 1.19

设 M_k 为第 k 行(从上往下)的最大数,试求 $M_1 < M_2 < \cdots < M_n$ 的概率.

解 记所求概率为 p_n，则 $p_1 = 1$.

对于 $n+1$ 行，最大数 $\dfrac{(n+1)(n+2)}{2}$ 应在第 $n+1$ 行，其概率为

$$\frac{n+1}{\dfrac{(n+1)(n+2)}{2}} = \frac{2}{n+2}$$

接下来可任意地将其他数填满第 $n+1$ 行，此后再将余下的 $\dfrac{n(n+1)}{2}$ 个数填入前 n 行，符合要求的概率为 p_n，故 $p_{n+1} = \dfrac{2}{n+2} p_n$. 所以

$$p_n = \frac{2}{n+1} \cdot \frac{2}{n} \cdot \cdots \cdot \frac{2}{3} p_1 = \frac{2^n}{(n+1)!}$$

例 4 在公历纪年中，年数不被 4 整除的是平年；年数被 4 整除，但不是 100 倍数的是闰年；年数能被 100 整除，但不能被 400 整除的是平年；年数能被 400 整除的是闰年. 平年有 365 天，闰年有 366 天. 证明圣诞节在星期三的概率不是 $\dfrac{1}{7}$.

证 由闰年规定不难算得，连续 400 年中，有 303 个平年，97 个闰年，共

$$303 \cdot 365 + 97 \cdot 366 = 146097(\text{天})$$

而 $7 \mid 146097$，这一点也可由

$$400 \equiv 1 \pmod 7, \quad 365 \equiv 1 \pmod 7, \quad 97 \equiv -1 \pmod 7$$

亦可知.

在 400 年中有 20871 个星期. 因而圣诞节（或其他一天）在星期中轮流出现的日子有 400 次，而 N 年中圣诞节在星期三的概率是 $\dfrac{N}{400}$.

但由于若 N 是整数，知 $7N \neq 400$. 故 $\dfrac{N}{400} \neq \dfrac{1}{7}$.

例 5 对一个由互不相同的实数组成的已知序列 $r_1, r_2, r_3, \cdots, r_n$，进行一次操作是指将其第二项与第一项比较，当且仅当第二项较小时，将它们互换位置；然后比较第二项与第三项，当且仅当第三项较小时互换它们的位置，如此继续下去，直到将最后一项与它新的前一项比较，当且仅当最后一项较小时，将它们互换位置. 例如，图 1.20 显示了序列 1,9,8,7 是如何通过一次操作转换成序列 1,8,7,9 的每步所比较的两数用"＿＿"在它们下面标出.

图 1.20

显然，任一已知序列均可通过一次或多次这样的操作，使最后排成一列递增序列.

现假设 $n = 40$，且 $r_1, r_2, \cdots, r_{40}$ 互不相同，并随机地排列，设 p/q（既约分数）表示通过一次操作将原来第 20 项（r_{20}）换至第 30 项的概率，求 $p+q$ 的值.

解 我们注意这样一个事实：

按题中定义的操作对任一序列 $r_1, r_2, \cdots, r_k$ 施行一次操作后，最后一个数必然是序列中最大的数. 31 个数的总排列方式有 31! 种，第 31 位最大，第 2 位次大的排列方式有 29! 种.

因此，在一个初始序列 $r_1, r_2, \cdots, r_{20}, \cdots, r_{30}, \cdots, r_{40}$ 中，r_{20} 要通过一次操作换到第 30 个位置的充要条件是：在前 31 个数 $r_1, r_2, \cdots, r_{20}, \cdots, r_{30}, r_{31}$ 中，r_{31} 是最大的一个数，r_{30} 是仅小于 r_{31} 的第二个大的数. 31 个数的总排列方式有 31! 种，第 31 位最大，第 30 位次大的排列方式有 29! 种.

故所求概率为 $\dfrac{p}{q} = \dfrac{29!}{31!} = \dfrac{1}{31 \cdot 30} = \dfrac{1}{930}$. 所以 $p + q = 1 + 930 = 931$.

下面的例子是对前面诸例的一种抽象. 显然它具有普适性，换言之，前面诸例多为它的特殊情形.

例6 连续做某种试验,结果或成功或失败,已知当第 k 次成功,第 $k+1$ 次也成功的概率为 $\frac{1}{2}$;当第 k 次失败,第 $k+1$ 次成功的概率为 $\frac{3}{4}$. 若首次试验成功、失败的概率均为 $\frac{1}{2}$,求第 n 次试验成功的概率.

解 令 $A_k = \{$第 k 次试验成功$\}$,且 $P(A_k) = p_k$,其中 $k = 1, 2, \cdots$,则
$$P(A_k) = P(A_{k-1})P(A_k \mid A_{k-1}) + P(\overline{A}_{k-1})P(A_k \mid \overline{A}_{k-1}) = \frac{1}{2}P(A_{k-1}) + \frac{3}{4}P(\overline{A}_{k-1}) =$$
$$\frac{1}{2}P(A_{k-1}) + \frac{3}{4}[1 - P(A_{k-1})] = \frac{3}{4} - \frac{1}{4}P(A_{k-1}), \quad k \geqslant 2$$

即 $p_k = \frac{3}{4} - \frac{1}{4}p_{k-1}, k \geqslant 2$,故有
$$p_n = \frac{3}{4} - \frac{1}{4}p_{k-1}$$
$$\left(-\frac{1}{4}\right)p_{n-1} = \frac{3}{4}\left(-\frac{1}{4}\right) + \left(-\frac{1}{4}\right)^2 p_{n-2}$$
$$\left(-\frac{1}{4}\right)^2 p_{n-2} = \frac{3}{4}\left(-\frac{1}{4}\right)^2 + \left(-\frac{1}{4}\right)^3 p_{n-3}$$
$$\vdots$$
$$\left(-\frac{1}{4}\right)^{n-2} p_2 = \frac{3}{4}\left(-\frac{1}{4}\right)^{n-2} + \left(-\frac{1}{4}\right)^{n-1} p_1$$

上面诸式逐次代入上式可有
$$p_n = \frac{3}{4} + \frac{3}{4}\left(-\frac{1}{4}\right) + \frac{3}{4}\left(-\frac{1}{4}\right)^3 + \cdots + \frac{3}{4}\left(-\frac{1}{4}\right)^{n-2} + \left(-\frac{1}{4}\right)^{n-1} p_1 =$$
$$\frac{3}{4}\sum_{k=0}^{n-2}\left(-\frac{1}{4}\right)^k + \left(-\frac{1}{4}\right)^{n-1} p_1 = \frac{3}{5} - \frac{1}{10}\left(-\frac{1}{4}\right)^{n-1}, \quad n \geqslant 1$$

注意到 $p_1 = \frac{1}{2}$ 的事实.

注 原题还有求首次成功次数的数学期望和方差的问题.

略解 设 ξ 为试验首次成功的试验次数,易求得
$$P\{\xi = 1\} = \frac{1}{2}, \quad P\{\xi = k\} = \frac{3}{8}\left(-\frac{1}{4}\right)^{k-2}, \quad k = 2, 3, \cdots$$

则 $E(\xi) = \frac{5}{3}, D(\xi) = \frac{2}{3}$.

再来看两个例子,它也是属于贝叶斯公式或条件概率的. 它们实质上也是产品质量问题或模球问题的变形而已,但它们涉及二项分布或伯努利分布.

再来看一个由伯努利试验的例子. 这类问题的实质是组合计算,从某种意义上讲,它也是前面某类问题的现象与概括,因而例子也具普适性(可以作为公式).

例7 设有成功概率是 p,失败概率是 q 的伯努利试验,E_n 表示 n 次独立试验中有偶数次成功的事件. 试证 $P(E_n) = \frac{1}{2}[1 + (1-2p)^n]$.

证1 设 ξ 为 n 次独立伯努力试验成功的次数,则
$$P\{\xi = k\} = C_n^k p^k (1-p)^{n-k}, \quad k = 0, 1, 2, \cdots, n$$

(1) 当 n 为奇数时,有
$$P(E_n) = P\{\xi \text{ 为偶数}\} = C_n^0 p^0 (1-p)^n + C_n^2 p^2 (1-p)^{n-2} + \cdots + C_n^{n-1} p^{n-1}(1-p) =$$
$$\frac{1}{2}[p + (1-p)]^n - [p - (1-p)]^n = \frac{1}{2}[1 + (1-2p)^n]$$

(2) 当 n 为偶数时,有

$$P(E_n) = P\{\xi \text{ 为偶数}\} = C_n^0 p^0(1-p)^n + C_n^2 p^2 (1-p)^{n-2} + \cdots + C_n^n p^n (1-p)^0 =$$
$$\frac{1}{2}\{[p+(1-p)]^n - [p-(1-p)]^n\} = \frac{1}{2}[1+(1-2p)^n]$$

综上
$$P(E_n) = \frac{1}{2}[1+(1-2p)^n]$$

证 2 令 $E_n^{(k)}$ 表示 n 次试验中有 k 次成功的事件,且记 $q = 1-p$,则

$$P\{E_n^{(k)}\} = C_n^k p^k q^{n-k}, \quad k = 1, 2, \cdots, n$$

由于
$$P\{E_n\} = \begin{cases} \sum_{k=0}^{n/2} P\{E_n^{(2k)}\}, & n \text{ 为偶数} \\ \sum_{k=0}^{(n-1)/2} P\{E_n^{(2k)}\}, & n \text{ 为奇数} \end{cases}$$

则
$$P\{E_n\} = \begin{cases} \sum_1 = \sum_{k=0}^{n/2} C_n^{2k} p^{2k} q^{n-2k}, & h \text{ 为偶数} \\ \sum_2 = \sum_{k=0}^{(n-1)/2} C_n^{2k} p^{2k} q^{n-2k}, & h \text{ 为奇数} \end{cases}$$

由二项式定理可知

$$1+(1-2p)^n = (p+q)^n + (p-q)^n = \begin{cases} 2\sum_1, & n \text{ 为偶数} \\ 2\sum_2, & n \text{ 为奇数} \end{cases}$$

故无论 n 为奇数或偶数总有

$$P\{E_k\} = \frac{1}{2}[(p+q)^n + (p-q)^n] = \frac{1}{2}[1+(1-2p)^n]$$

证 3 令 $A_k = \{\text{第 } k \text{ 次试验成功}\}$,其中 $k = 1, 2, \cdots, n$. 则 $P(A_k) = p$,又设 $P\{E_k\} = p_k$,则由

$$E_k = E_{k-1}\overline{A}_k \cup \overline{E}_{k-1} A_k, \quad 1 \leqslant k \leqslant n$$

可得

$$P\{E_k\} = P\{E_{k-1}\overline{A}_k\} + P\{\overline{E}_{k-1}A_k\} = P\{E_{k-1}\}P\{\overline{A}_k\} + P\{\overline{E}_{k-1}\}P\{A_k\} = p_{k-1}(1-p) + (1-p_{k-1})p$$

即
$$p_k = p + p_{k-1}(1-2p), \quad 1 \leqslant k \leqslant n$$

其中 $p_0 = 1$. 从而

$$p_k(1-2p)^{-k} = p(1-2p)^{-k} + p_{k-1}(1-2p)^{-k+1}$$

令 $k = 1, 2, \cdots, n$ 将上诸式两边相加(注意左、右两边也相减及 $p_0 = 1$),则有

$$p_n = \sum_{k=0}^{n-1} p(1-2p)^k + (1-2p)^n = \frac{1}{2}[1+(1-2p)^n]$$

下面是几道应用问题,它们均与生物统计有关,当然并非是数理统计. 我们来看例子.

例 8 某生物学家想要计算湖中鱼的数目. 在5月1日,他随机地捞出60条鱼并给它们做了标记,然后放回湖中;在9月1日,他又随机地捉了70条鱼,发现其中有3条有标记. 他假定在5月1日湖中的鱼有25%在9月1日已经不在湖中了(由于死亡和移居),9月1日湖中的鱼的40%在5月1日时不在湖里(由于新出生或刚刚迁入湖中),并且在9月1日捞的鱼能代表整个湖中鱼的情况,问5月1日湖中有多少条鱼?

解 在5月1日做标记的60条鱼中,在9月1日还在湖中的可能有
$$60(1-25\%) = 45(\text{条})$$

在这45条鱼中,捞出3条有标记的鱼,所以捞出有标记的鱼占整个有标记的鱼的 $\frac{3}{45} = \frac{1}{15}$.

这 3 条有标记的鱼是在捞出的 70 条鱼中发现的,而这 70 条鱼中有 60% 的鱼 5 月 1 日在湖里,即 5 月 1 日在湖里的鱼有
$$70(1-40\%) = 42(条)$$
于是,9 月 1 日的湖中有 5 月 1 日的鱼共
$$42 \div \frac{1}{15} = 630(条)$$
而 5 月 1 日的鱼中只有 $(1-25\%)$ 的鱼是 9 月 1 日湖中的鱼,设 5 月 1 日湖中有 x 条鱼,则
$$x(1-25\%) = 630$$
解得 $x = 840$(条),所以 5 月 1 日湖中有 840 条鱼.

例 9 沿山溪游动的鲑鱼必须闯过两道瀑布. 在这个试验中,鲑鱼闯过第一道瀑布的概率是 $p(p > 0)$,闯过第二道瀑布的概率是 $q(q > 0)$. 假定闯过瀑布的试验是独立的,试求:在 n 次试验中鲑鱼在不能闯过两道瀑布的条件下,鲑鱼在 n 次试验中不能闯过第一道瀑布的概率.

解 设 A_n 是鲑鱼在 n 次试验中不能闯过第一道瀑布的事件,B_n 是在 n 次试验中不能闯过两道瀑布的事件. 因为一次试验中不能闯过第一道瀑布的概率是 $1-p$,而且试验是独立的,所以
$$P(A_n) = (1-p)^n \qquad ①$$
事件 B_n 由下列事件组成:鲑鱼在 n 次试验中不能闯过第一道瀑布,或者鲑鱼在第 k 次试验($1 \leqslant k \leqslant n$)中闯过第一道瀑布,但在后 $n-k$ 次试验中没有闯过第二道瀑布. 因此
$$P(B_n) = (1-p)^n + \sum_{k=1}^{n}(1-p)^{k-1}p(1-q)^{n-k} \qquad ②$$
如果 $p = q$,那么式 ② 右边变成
$$P(B_n) = (1-p)^n + \sum_{k=1}^{n}(1-p)^{k-1}p = (1-p)^n + np(1-p)^{n-1} \qquad ③$$
如果 $q = 1$,那么鲑鱼一次试验就闯过第二道瀑布,所以
$$P(B_n) = (1-p)^n + (1-p)^{n-1}p = (1-p)^{n-1} \qquad ④$$
因此,如果鲑鱼在 n 次试验中不能闯过第一道瀑布,或者仅仅在第 n 次试验中闯过第一道瀑布,那么事件 B_n 发生.

但若规定 $0^0 = 1$,式 ④ 可由式 ② 推出.
若 $p \neq q$ 且 $q < 1$,那么运用等比级数求和公式可将式 ② 右边变换为
$$P(B_n) = (1-p)^n + p(1-q)^{n-1}\frac{1-\left(\frac{1-p}{1-q}\right)^n}{1-\left(\frac{1-p}{1-q}\right)} = (1-p)^n + (1-q)^n\frac{p}{p-q}\left[1-\left(\frac{1-p}{1-q}\right)^n\right] =$$
$$(1-p)^n + \frac{p}{p-q}[(1-q)^n - (1-p)^n] = \frac{p(1-q)^n - q(1-p)^n}{p-q}$$
于是在这种情形下,有
$$P(B_n) = \frac{p(1-q)^n - q(1-p)^n}{p-q} \qquad ⑤$$
如果事件 A_n 不发生,那么事件 B_n 更不会发生. 因此 $A_n \cap B_n = A_n$,依据条件概率公式,得
$$P(A_n \mid B_n) = \frac{P(A_n \cap B_n)}{P(B_n)} = \frac{P(A_n)}{P(B_n)} \qquad ⑥$$
当 $n = 1$ 时,由已知条件知 $P(A_n) = 1-p, P(B_n) = 1$. 将它们代入式 ⑥ 得 $P(A_n \mid B_n) = 1-p$. 下面假定 $n \geqslant 2$.

注意到,若 $p \neq q$,则 $P(B_n) \neq 0$. 事实上,如果 $P(B_n) = 0$,那么由式 ⑤ 可得
$$p(1-q)^n = q(1-p)^n$$

因此
$$\frac{p}{q} = \left(\frac{1-p}{1-q}\right)^n \qquad ⑦$$

但若 $p < q$,那么 $1-p > 1-q$,因而等式 ⑦ 不成立.若 $p > q$,同样的道理,等式 ⑦ 也不成立.

如果 $p = q$,且 $P(B_n) = 0$,那么由式 ③ 推知 $p = 1$.因此,当且仅当 $p = q = 1$ 时,条件概率 $P(A_n \mid B_n)$ 不存在.现计算其他情形.

当 $p = q < 1$ 时,由式 ①、③、⑥ 得
$$P(A_n \mid B_n) = \frac{1-p}{1-p+np} = \frac{1-p}{1+(n-1)p}$$

当 $p < q = 1$ 时,由式 ①、④、⑥ 得
$$P(A_n \mid B_n) = 1-p$$

当 $p \neq q < 1$ 时,应用式 ①、⑤、⑥ 求得
$$P(A_n \mid B_n) = \frac{(1-p)^n(p-q)}{p(1-q)^n - q(1-p)^n} = \frac{(p-q)\left(\frac{1-p}{1-q}\right)^n}{p - q\left(\frac{1-p}{1-q}\right)^n}$$

例 10 某养鸡场一天孵出 n 只小鸡的概率为
$$P_n = \begin{cases} ap^n, & n \geq 1 \\ 1 - \dfrac{a-p}{1-p}, & n = 0 \end{cases}$$

其中 $0 < p < 1$,且 $0 < a < \dfrac{1-p}{p}$.若认为孵出一只公鸡和一只母鸡是等可能的.

(1) 求证:一天孵出 k 只母鸡的概率为 $\dfrac{2ap^k}{(2-p)^{k+1}}$;(2) 已知一天已孵出一只母鸡,问还孵出一只公鸡的概率是多少?

证 设 A_k 是一天孵出 k 只母鸡的事件,B_n 是一天孵出 n 只公鸡的事件.

显然 B_i, B_j 互不相容,且事件 $\bigcup_{n=0}^{\infty} B_n$ 为必然事件,又
$$P(B_n) = P_n, \quad P(A_k \mid B_k) = C_n^k \left(\frac{1}{2}\right)^k \left(\frac{1}{2}\right)^{n-k} = C_n^k \left(\frac{1}{2}\right)^n$$

(1) 一天孵出 k 只母鸡的概率为
$$P(A_k) = \sum_{n=k, k \geq 1}^{\infty} P(B_n) P(A_k \mid B_k) = \sum_{n=k}^{\infty} ap^n C_n^k \left(\frac{1}{2}\right)^n = a\left(\frac{p}{2}\right)^k \frac{1}{k!} \sum_{n=k}^{\infty} \frac{n!}{(n-k)!} \left(\frac{p}{2}\right)^{n-k} =$$
$$a\left(\frac{p}{2}\right)^k \frac{1}{k!} \left(\frac{1}{1-x}\right)^{(k)} \bigg|_{x=\frac{p}{2}} = a\left(\frac{p}{2}\right)^k \frac{1}{(1-x)^{k+1}} \bigg|_{x=\frac{p}{2}} = a\left(\frac{p}{2}\right)^k \left[1 \bigg/ \left(1-\frac{p}{2}\right)^{k+1}\right] =$$
$$\frac{2ap^k}{(2-p)^{k+1}}$$

这里利用了逐项微导求级数和,即对和函数求导的方法.

(2) 某天已孵出一只母鸡,即 A_1 发生,在此条件下还孵出一只公鸡,即 B_2 发生.因此所求概率即 A_1 发生条件下 B_2 发生的概率为
$$P(B_2 \mid A_1) = \frac{P(B_2 A_1)}{P(A_1)} = \frac{P(A_1 \mid B_2) P(B_2)}{P(A_1)} = \left[C_2^1 \left(\frac{1}{2}\right)^2 ap^2\right] \bigg/ \left[\frac{2ap}{(2-p)^2}\right] = \frac{1}{4} p(2-p)^2$$

注 利用某些函数的导数、积分或幂级数展开求级数和,在概率中常常使用.

5. 游戏问题的概率

例 1 某人在篮球场上自由地投篮,第 1 个投中了,但第 2 个未投中,并且,此后该人投中下一个球

的概率等于他此前进球的比例. 求该人前 100 次投篮中恰好投中 50 个的概率.

解 令 $1 < i_2 < i_3 < \cdots < i_m$ 为投中的投篮序号,而 $2 < j_2 < j_3 < \cdots < j_n$ 为未投中的序号,则此种事件发生的概率为

$$p_0 = \left(\frac{1}{i_2-1} \cdot \frac{2}{i_3-1} \cdot \frac{3}{i_4-1} \cdots \frac{m-1}{i_m-1}\right)\left(\frac{1}{j_2-1} \cdot \frac{2}{j_3-1} \cdots \frac{n-1}{j_n-1}\right) \xrightarrow{\text{(打开括号)}}$$

$$\frac{(m-1)!(n-1)!}{2 \cdot 3 \cdots (m+n-1)} = \frac{(m-1)!(n-1)!}{(m+n-1)!}$$

注意到 $\{i_2, i_3, \cdots, i_m\} \subset \{3, 4, \cdots, m+n\}$,而这种选择共有 C_{m+2-1}^{m-1} 种,从而所求概率为

$$p = C_{m+2-1}^{m-1} p_0 = \frac{C_{m+2-1}^{m-1}(m-1)!(n-1)!}{(m+n-1)!}$$

例 2 一种单人纸牌游戏,其规则如下:将 6 对不相同的纸牌放入一个书包中,游戏者每次随机地从书包中抽牌并放回,不过当抽到成对的牌时,就将其放到一边. 如果游戏者每次总抽 3 张牌,共抽到的 3 张牌中两两互不成对,游戏就结束,否则抽牌继续进行,直到书包中没有纸牌为止. 设书包空的概率为 $\frac{p}{q}$,这里 p, q 为互质正整数,求 $p+q$.

解 设书包中有 n 对互不相同的牌,其中 $n \geqslant 2$,则前 3 张牌中有 2 张成对的概率为

$$p = \frac{\text{取 3 张中有 2 张成对的取法种数}}{\text{取 3 张牌的取法种数}} = \frac{C_n^1 \cdot C_{2n-2}^1}{C_{2n}^3} = \frac{3}{2n-1}$$

设 $P(n)$ 是当书包中有 n 对互不相同的牌时,按题中规则开始抽牌,使书包空的概率. 显然

$$P(2) = 1, \quad P(n) = \frac{3}{2n-1}P(n-1), \quad n \geqslant 3$$

反复利用这个递推公式可得

$$P(n) = \frac{3}{2n-1} \cdot \frac{3}{2n-3} \cdots \frac{3}{5} \cdot P(2)$$

特别地,令 $n = 6$,得

$$P(6) = \frac{3}{11} \cdot \frac{3}{9} \cdot \frac{3}{7} \cdot \frac{3}{5} \cdot P(2) = \frac{9}{385}$$

即 $\frac{p}{q} = \frac{9}{385}$. 故 $p+q = 9+385 = 394$.

例 3 一副纸牌共有 $2n$ 张,这些牌上分别记以数 $1 \sim 2n$. 考虑下面这种纸牌游戏:先随机地洗牌,再给 A, B 两个游戏者每人分发 n 张. 从 A 开始,两人轮流出牌且报告所出牌上的数. 一旦所有已出牌上的全部数字之和能被 $2n+1$ 整除,则游戏结束,最后一个出牌者胜. 假设 A, B 皆有各自的最优策略,求 A 赢的概率是多少.

解 A 赢的概率为 0,下面证明之.

显然,第一轮 A 不会赢,因为牌中没有 $2n+1$ 的倍数者.

此外,假设某轮又轮到 B 出牌,且此时两人所出牌上的数字之和为 T(它不能被 $2n+1$ 整除),而此时 A, B 手中分别有标号为

$$x_1, x_2, \cdots, x_k; \quad y_1, y_2, \cdots, y_{k+1}$$

的纸牌.

注意到,此时 $T+y_1, T+y_2, \cdots, T+y_{k+1}$ 除以 $2n+1$ 有不同的余数,故至少有一个 y_i 与 $2n+1-x_1$,$2n+1-x_2, \cdots, 2n+1-x_k$ 的关于模 $2n+1$ 不同余,此时 B 可以出标有 y_i 的纸牌,而后 A 再出牌时,就不可能使已出牌标号总和被 $2n+1$ 整除,此时 B 可以据最优策略出牌而获胜.

例 4 在区间 $[1, 2002]$ 中等可能地随机取一整数 n,此数对你是保密的,你的任务是通过奇数次的竞猜将 n 找出;但在每次被告知猜错后,还告诉你所猜的数比 n 大或小. 接下来再猜. 证明:你有一个策略

使你猜中的概率大于 $2/3$.

解 下面的策略可使你猜中的概率大于 $2/3$.

对以 $k=0,1,2,\cdots$ 为序数,或者预先选定的数 n 至多为 $3k$,或者大于 $3k$,但无论如何皆以 $3k+1$ 作为猜测的第 1 次.如果 $3k+1=n$,你便赢了(此时猜测的次数是奇数).

否则,$3k+1$ 将被宣布为太大或太小,若宣布它太小,这时你可猜 $3k+3$.如果它是 n,你已猜中了但却输了(你猜了偶数次);如果又被宣布太大,你可猜 $3k+2$ 即可,此时肯定猜中,而且你胜了.如果仍宣布太小,接下来可化为 $k+1$ 的情形,即猜 $3(k+1)+1$.

对于 $3k+1$ 被宣布为太大的情况仿上讨论即可.

这样,若 $n\equiv 1(\bmod\ 3)$ 或 $n\equiv 2(\bmod\ 3)$,则你获胜.

由于 $2002\equiv 1(\bmod\ 3)$,这样你会对 $2\cdot 667+1=1335$ 个 n 有机会获胜,则此时你获胜的概率为

$$p=\frac{1335}{2002}=\frac{2\cdot 667+1}{3\cdot 667+1}>\frac{2}{3}$$

例 5 设 n 个人中的任一个把 3 个数 $1,2,3$ 随机地写在 $3\times n$ 矩阵的某一列上,n 个人的写法是彼此独立的.设 3 行的和分别为 a,b,c,并且重新排列(若有必要的话)使 $a\leqslant b\leqslant c$,证明对于某个 $n\geqslant 1995$,出现 $b=a+1$ 和 $c=a+2$ 的概率(可能)至少为出现 $a=b=c$ 的情况的 4 倍.

解 对于正整数 n,令 $S(n)$ 表示命题:"出现 $b=a+1$ 及 $c=a+2$ 的情形至少为出现 $a=b=c$ 的情形的 4 倍."

先证明:若命题 $S(n)$ 不为真,则 $S(n+1)$ 成立.特别地,$S(n)$ 对 $n=1995$ 和 $n=1996$ 至少有一个为真.

又令 x_n 表示对任何正整数 n 时形成 $b=a+1$ 和 $c=a+2$ 的矩阵(第 I 类)方式数(其中 a,b,c 为重排后的矩阵每行元素和,且 $a\leqslant b\leqslant c$ 及 $a+b+c=6n$).

再令 y_n 表示形成 $a=b=c$ 的矩阵(第 II 类)的方式数;z_n 表示形成 $a=b$ 和 $c=a+3$ 的矩阵(第 III 类)的方式数.

若 $S(n)$ 假,则有 $4y_n>x_n$.此时若有一个 $n+1$ 列的矩阵,其每行之和相等,则其之前 n 列所形成的矩阵属于第 I 类.相反地,若由以第 I 类矩阵形成的每个矩阵,恰有一种第 II 类 $n+1$ 列矩阵方式与之照应,故有 $y_{n+1}=x_n$.

类似地讨论可知 $z_{n+1}\geqslant x_n$(此时对第 I 类行和分别为 $a,a+1,a+2$ 的矩阵,各自加 $2,1,3$,变为行和是 $a+2,a+2,a+5$ 的矩阵)

$$\begin{pmatrix} * & * & \cdots & * \\ * & * & \cdots & * \\ * & * & \cdots & * \end{pmatrix}\begin{matrix}\text{行和}\\a\\a+1\\a+2\end{matrix}\xrightarrow{\text{加}\ 2,1,3}\begin{pmatrix} * & * & \cdots & * & 2 \\ * & * & \cdots & * & 1 \\ * & * & \cdots & * & 3 \end{pmatrix}\begin{matrix}\text{行和}\\a+2\\a+2\\a+5\end{matrix}$$

且 $x_{n+1}\geqslant 6y_n+2x_n+z_n$,这只需注意到下面变化即可

$$\begin{pmatrix} * & * & \cdots & * \\ * & * & \cdots & * \\ * & * & \cdots & * \end{pmatrix}\begin{matrix}\text{行和}\\a+1\\a+1\\a+1\end{matrix}\xrightarrow{\text{加}\ 1,2,3}\begin{pmatrix} * & * & \cdots & * & 1 \\ * & * & \cdots & * & 2 \\ * & * & \cdots & * & 3 \end{pmatrix}\begin{matrix}\text{行和}\\a+2\\a+3\\a+4\end{matrix}$$

$$\begin{pmatrix} * & * & \cdots & * \\ * & * & \cdots & * \\ * & * & \cdots & * \end{pmatrix}\begin{matrix}\text{行和}\\a\\a+1\\a+2\end{matrix}\xrightarrow{\text{加}\ 2,3,1}\begin{pmatrix} * & * & \cdots & * & 2 \\ * & * & \cdots & * & 3 \\ * & * & \cdots & * & 1 \end{pmatrix}\begin{matrix}\text{行和}\\a+2\\a+4\\a+3\end{matrix}$$

$$\begin{pmatrix} * & * & \cdots & * \\ * & * & \cdots & * \\ * & * & \cdots & * \end{pmatrix} \begin{matrix} a \\ a+1 \\ a+2 \end{matrix} \xrightarrow{\text{加 }3,1,2} \begin{pmatrix} * & * & \cdots & * & 3 \\ * & * & \cdots & * & 1 \\ * & * & \cdots & * & 2 \end{pmatrix} \begin{matrix} a+3 \\ a+2 \\ a+4 \end{matrix}$$

$$\begin{pmatrix} * & * & \cdots & * \\ * & * & \cdots & * \\ * & * & \cdots & * \end{pmatrix} \begin{matrix} a \\ a \\ a+3 \end{matrix} \xrightarrow{\text{加 }2,3,1} \begin{pmatrix} * & * & \cdots & * & 2 \\ * & * & \cdots & * & 3 \\ * & * & \cdots & * & 1 \end{pmatrix} \begin{matrix} a+2 \\ a+3 \\ a+4 \end{matrix}$$

从而可有

$$\frac{x_{n+1}}{y_{n+1}} = \frac{x_{n+1}}{x_n} \geqslant 6\frac{y_n}{x_n} + 2 + 2\frac{z_n}{x_n} \geqslant 6\frac{y_n}{x_n} + 2 + 2\frac{x_{n-1}}{x_n} = 6\frac{y_n}{x_n} + 2 + 2\frac{y_n}{x_n} = 8\frac{y_n}{x_n} + 2$$

又由设 $\frac{y_n}{x_n} > \frac{1}{4}$，故 $\frac{x_{n+1}}{y_{n+1}} \geqslant \frac{8}{4} + 2 = 4$，所以 $4y_{n+1} \leqslant x_{n+1}$.

例 6 父亲、母亲和儿子决定举行某种游戏的家庭比赛，每局由两人参加，没有和局. 因为父亲是最弱手，所以让他选定第一局的两个参加者，每局获胜者与未参加此局比赛的人进行下一局的比赛，在比赛中某人首先获胜两局就算取得锦标. 如果儿子是最强的，那么从直观上看，父亲若决定自己与母亲进行首局比赛，将使他获得锦标的概率最大. 试证这种策略确实是最优的（假定任一选手每局战胜其他选手的概率在整个比赛过程中不变）.

解 设 F, M, S 分别表示父亲、母亲和儿子. 又用记号 $W > L$ 表示某一局 W 战胜 L.

如果 F 与 M 进行首局比赛，那么对于下述 3 种相互独立的情形的任一种，F 总能获得锦标：

(1) $F > M, F > S$；

(2) $F > M, S > F, M > S, F > M$；

(3) $M > F, S > M, F > S, F > M$.

如果 F 与 S 进行首局比赛，与上面的情况类似，F 在下列 3 种情形下的任一种均可以获得锦标：

(4) $F > S, F > M$；

(5) $F > S, M > F, S > M, F > S$；

(6) $S > F, M > S, F > M, F > S$.

如果 M 与 S 进行首局比赛，那么 F 在以下两种情形的任一种均可以获得锦标：

(7) $S > M, F > S, F > M$；

(8) $M > S, F > M, F > S$.

设 $F > M$ 的概率为 $\overline{FM}$，其余类推. 注意到 $\overline{FM} + \overline{MF} = 1$.

如果 F 与 M 进行首局比赛，那么 F 获锦标的概率是

$$p_{FM} = (\overline{FM} \cdot \overline{FS}) + (\overline{FM} \cdot \overline{SF} \cdot \overline{MS} \cdot \overline{FM}) + (\overline{MF} \cdot \overline{SM} \cdot \overline{FS} \cdot \overline{FM})$$

如果 F 与 S 进行首局比赛，那么 F 获得锦标的概率是

$$p_{FS} = (\overline{FS} \cdot \overline{FM}) + (\overline{FS} \cdot \overline{MF} \cdot \overline{SM} \cdot \overline{FS}) + (\overline{SF} \cdot \overline{MS} \cdot \overline{FM} \cdot \overline{FS})$$

如果 M 与 S 进行首局比赛，那么 F 获锦标的概率是

$$p_{MS} = (\overline{SM} \cdot \overline{FS} \cdot \overline{FM}) + (\overline{MS} \cdot \overline{FM} \cdot \overline{FS}) = \overline{FS} \cdot \overline{FM}(\overline{SM} + \overline{MS}) = \overline{FS} \cdot \overline{FM}$$

显然 $p_{MS} < \min\{p_{FM}, p_{FS}\}$.

下面比较 p_{FM} 和 p_{FS}.

$$p_{FM} - p_{FS} = (\overline{FM} \cdot \overline{SF} \cdot \overline{MS} \cdot \overline{FM}) + (\overline{MF} \cdot \overline{SM} \cdot \overline{FS} \cdot \overline{FM}) - (\overline{FS} \cdot \overline{MF} \cdot \overline{SM} \cdot \overline{FS}) - (\overline{SF} \cdot \overline{MS} \cdot \overline{FM} \cdot \overline{FS}) =$$
$$(\overline{FM} - \overline{FS})(\overline{SF} \cdot \overline{MS} \cdot \overline{FM} + \overline{MF} \cdot \overline{SM} \cdot \overline{FS})$$

由于 3 位选手中 S 是最强的，则 $\overline{FM} > \overline{FS}$，所以 $p_{FM} > p_{FS}$.

即 F 与 M 进行首局比赛的策略是最优的.

下面的例子还与函数极限或级数展开有关.

例 7 甲、乙两人各将 n 枚硬币轮流抛投一次,试求甲抛出正面数与乙抛出反面数相等的概率 p,且证明当 n 充分大时, $p \approx \dfrac{1}{\sqrt{n\pi}}$.

解 设 ξ, η 分别表示甲抛出正面数和乙抛出反面数,则

$$P\{\xi=i\}=C_n^i\left(\frac{1}{2}\right)^n, \quad P\{\eta=j\}=C_n^j\left(\frac{1}{2}\right)^n, \quad 1\leqslant i,j\leqslant n$$

注意到 ξ, η 的相互独立,可有

$$P\{\xi=\eta\}=\sum_{k=0}^n P\{\xi=\eta=k\}=\sum_{k=0}^n P\{\xi=k\}P\{\eta=k\}=\sum_{k=0}^n (C_n^k)^2 \left(\frac{1}{2}\right)^{2n}=\left(\frac{1}{2}\right)^n C_{2n}^n=\frac{(2n)!}{2^{2n}(n!)^2}$$

由沃利斯(J. Wallis)关于 π 的级数式

$$\sqrt{\frac{\pi}{2}}=\lim_{n\to\infty}\frac{1}{\sqrt{2n+1}}\cdot\frac{(2n)!!}{(2n-1)!!}$$

故当 n 充分大时,有

$$\sqrt{\frac{\pi}{2}}\approx\frac{(2n)!!}{(2n-1)!!}\cdot\frac{1}{\sqrt{2n+1}}\approx\frac{(2n)!!}{(2n-1)!!}\cdot\frac{1}{\sqrt{2n}}$$

从而可有

$$P\{\xi=\eta\}=\frac{(2n)!}{2^{2n}(n!)^2}=\frac{(2n-1)!!}{(2n)!!}\approx\frac{1}{\sqrt{n\pi}}$$

习 题

1. 一个罐中装有编号 $1,2,\cdots,10$ 的球各一个,它们的外形完全一样.今随机地从罐中摸球,每摸出一个球记下编号后再放入罐中,先后共摸 6 次.求所记下编号中最大号码恰为 6 的概率.

2. 袋中有 6 个红球、4 个白球(它们的外形一样).每次取两球,取后放回,连取 3 次.求(1)至少有一次取到的两个球中有白球的概率;(2)恰好有两次取到的两球中是一红球和一白球的概率.

3. 设一只袋中装有 a 个白球 b 个黑球 $(a\geqslant 3, b\geqslant 3)$.从中连续地取出 3 个球(无放回),试求:
   (1) 3 个球依次为"黑白黑"的概率;
   (2) 3 个球中恰有两个黑球的概率;
   (3) 第 3 个球为黑球的概率.

4. (1) 一盒中盛有大小相同的球 10 个,其中白球 7 个,黑球 3 个,现随机地从中取出两个球放入另一空盒中,然后再从此盒中随机地取出一球,试求它为白球的概率.
   (2) 甲盒中有 5 个白球与 5 个黑球,从中取出 5 个放入空盒乙中,再从乙盒中取出 3 个球放入空盒丙中,最后从丙盒中取出一球是白球,试求第一次从甲盒中取出的 5 个球全是白球的概率.

5. 一个罐子中有 3 个白球,4 个黑球.从罐子中第一次取出 2 个球,如颜色相同则放回后再取第二次;否则不放回.求第二次取出两球颜色不同的概率.

6. 一个袋中有 5 个白球和 5 个黑球,从中任取 3 个球放入另一空袋中;再从第二个袋子中不放回地取两次(每次取一球).若已知第一次取出的是黑球,求第二次取出的是白球的概率.

7. 两批同样产品,第一批 12 件,第二批 8 件,每批中均有一件次品.今从第一批中取一件放入第二批,混合后再从第二批中取一件,求它是次品的概率.

8. 甲、乙、丙 3 组工人加工同样的零件,加工时的次品率分别为 0.01, 0.02 和 0.03;加工量甲组是乙组的 2 倍,丙组是乙组的一半.加工的零件混合后从中任取一件发现是次品,求它不是乙组加工的概率.

9. 甲、乙两炮各自独立地向敌机开火,甲炮命中率为 0.8,乙炮命中率为 0.6,求甲、乙两炮同时向敌机开火击中敌机的概率.

10. 两架飞机 —— 一架主机和一架僚机被派去轰炸某个目标.无线电导航设备只装在主机上,没有导航设备的飞机就不可能到达目标.飞机到达目标前要通过对方高射炮阵地,每架飞机被击中的概率均

为0.2.到达目标后,各机独立进行轰炸,每机命中目标的概率都是0.3,求目标被击中的概率.

11. 对飞机进行两次独立射击,第一次射击的命中率为0.4,第二次射击的命中率为0.5.飞机击中一弹而被击落的概率为0.2,击中两弹而被击落的概率为0.6.求射击两弹而击落飞机的概率.

12. 3个猎人同时射击一只猎物,每人打子弹一发,结果仅有一发子弹打中猎物.如果他们3人的命中率分别是0.4,0.5和0.7.求猎物被第一、第二、第三名猎人打中的概率.

13. 某射击小组共有20名射手,其中一级射手4人,二级射手8人,三级射手7人,四级射手1人.一、二、三、四级射手能通过选拔进入比赛的概率分别为0.9,0.7,0.5,0.2,求任选一名射手能通过选拔进入比赛的概率.

14. 一工人看3台机床,在1 h内中甲、乙、丙3台机床需要工人看管的概率分别是0.9,0.8和0.85.求在1 h中:
(1) 没有1台机床需要照看的概率;
(2) 至少有1台机床不需要照看的概率;
(3) 至多有1台机床需要照看的概率.

15. 已知产品中96%是合格的,现有一种简化的检查方法,它把真正的合格品确认为合格品的概率为0.98,而误认废品为合格品的概率为0.05.求在该简化方法检验下,一件合格产品确认是合格品的概率.

16. 1000个灯泡中出现坏灯泡数从0到5是等可能的.
(1) 求从1000个灯泡中,任意取出100个灯泡都是好灯泡的概率;
(2) 随机地抽取100个都是好的,求此1000个灯泡都是好灯泡的概率.

17. 进行4次独立试验,在每次试验中,事件A出现的概率为0.3,如果事件A出现不少于2次事件B出现的概率为1,如果事件A出现1次事件B出现的概率为0.6,如果A不出现,则B亦不出现.求事件B出现的概率.

18. 某人投6颗匀称的骰子200次,试估计得到k次"六颗骰子的点数各不相同"的概率,其中$k=0,1,2,3,4,5$.

19. 某射手射靶,得10分的概率为0.5,得9分的概率为0.3,得8分的概率为0.1,得7分的概率为0.05,得6分的概率为0.05.现射击100次,求总分大于900分而不大于930分的概率.

20. 设每门高射炮发射炮弹击中敌机的概率都是0.6.今有3门高射炮同时对敌机发射一枚炮弹,(1)求击中敌机的概率;(2)如果一敌机来犯,欲以不低于99%的概率击中它,问至少需要多少门高射炮(对各高射炮同时发射一次而言).(附:$\lg 4=0.6921, \lg 5=0.6990, \lg 6=0.7782$)

21. 在每次试验中,事件A出现的概率为p.求证:在n次试验中,事件A出现奇数次和偶数次的概率分别是:$\frac{1}{2}[1-(q-p)^n]$和$\frac{1}{2}[1+(q-p)^n]$,其中$q=1-p$.

22. 若$P(A)=p, P(B)=1-\varepsilon$,其中$0<\varepsilon<1$.试估计$P(A\mid B)$的上下界.
[答:$\frac{p-\varepsilon}{1-\varepsilon}\leqslant P(A\mid B)\leqslant \frac{p}{1-\varepsilon}$]

23. 对于Ω中的两个事件A,B,总有下列不等式成立:
(1) $P(A\cap B)\leqslant \min\{P(A),P(B)\}\leqslant P(A\cup B)$;
(2) $\max\{P(A),P(B)\}\leqslant P(A\cup B)\leqslant 2\max\{P(A),P(B)\}$;
(3) $|P(AB)-P(A)P(B)|\leqslant \frac{1}{4}$.

24. 若事件A,B互相独立,且$AB\subset C, \overline{A}\overline{B}\subset \overline{C}$,试证$P(A)P(C)\leqslant P(AC)$.

25. (1) 若事件A_1,A_2同时发生必导致事件A发现,则$P(A)\geqslant P(A_1)+P(A_2)-1$.
(2) 若$A_1 A_2 A_3\subset A$,则$P(A)\geqslant P(A_1)+P(A_2)+P(A_3)-2$.

26. 若$P(A)=a, P(B)=2a, P(C)=3a$,又$P(AB)=P(BC)$,试求a的可能最大值.
[答:$a_{\max}=\frac{1}{4}$]

第 2 章
随机变量及其分布

随机变量是随机试验结果量的表示. 在现代概率中如下表述:

概率空间 $(\Omega, \mathscr{F}, P)$ 上随机变量 X 是定义在 Ω 上空值可测函数. 即对任意 $\omega \in \Omega$, $X(\omega)$ 为实数, 且对任意实数 x, 使 $X(\omega) \leqslant x$ 的一切 ω 组成的 Ω 的子集. $\{\omega | X(\omega) \leqslant x\}$ 是事件, 即 $\mathscr{F}$ 中的元素. 事件常简记为 $\{X \leqslant x\}$, 且称函数 $F(x) = P(X \leqslant x)$, 其中 $-\infty < x < +\infty$, 为 X 的分布函数.

在数理统计中, **正态分布**是最重要的一种概率分布.

1730 年前后, 棣莫弗已从二项分布逼近的途径得到了正态密度函数形式. 到了 1780 年, 拉普拉斯给出了**中心极限定理**一般形式, 尔后高斯又提出**正态误差理论**, 使正态分布成为一种概率分布.

1837 年, 泊松(S. D. Poisson)从法庭审判问题出发研究概率问题, 提出了著名的**泊松分布**, 它在工、农、商、医及军事领域皆有应用, 且在某些自然科学分支研究中占有重要地位.

内 容 提 要

一、一维随机变量

1. 随机变量

记随机试验的基本空间为 $U = \{\omega\}$, 又 $X\{\omega\}$ 是定义在 U 上的单值实函数, 若对任一实数 x 来说, "$X\{\omega\} \leqslant x$" 是事件(即 $X\{\omega\} \leqslant x$ 有确定概率), 则称 X(定义在 U 上的)是随机变量.

现可用图 2.1 显示这种关系.

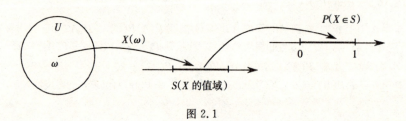

图 2.1

又若 $X_1(\omega), X_2(\omega), \cdots, X_n(\omega)$ 是定义在同一基本空间 U 上的 n 个随机变量,则称 $\boldsymbol{X} = (X_1, X_2, \cdots, X_n)$ 为 n 维随机向量,又称 n 维随机变量.

2. 分布函数

若 X 是一个随机变量,则称 $F(x) = P\{X \leqslant x\}(-\infty < x < +\infty)$ 为 X 的分布函数.

(1) 分布函数性质

① $0 \leqslant F(x) \leqslant 1(-\infty < x < +\infty)$;

② $F(x_1) \leqslant F(x_2)$,当 $x_1 < x_2$ 时 ($F(x)$ 单调不减);

③ $\lim\limits_{x \to -\infty} F(x) = 0$, $\lim\limits_{x \to +\infty} F(x) = 1$;

④ $\lim\limits_{x \to x_0+} F(x) = F(x_0)$, $-\infty < x_0 < +\infty$ ($F(x)$ 右连续);

注 若定义 $F(x) = P\{X < x\}$ 为 X 的分布函数,则 $F(x)$ 是左连续,即 $F(x_0 - 0) = F(x_0)$. 关于分布函数的左或右连续,不同教材会有不同处理,但考研大纲上规定了右连续.

(2) 一个公式(用分布函数计算概率)

若 $F(x)$ 为随机变量 X 的分布函数,则

$$P\{a < X \leqslant b\} = F(b) - F(a)$$

3. 随机变量的概率分布

随机变量的概率分布见下表.

	离散型	连续型
分布律或分布密度	X | x_1 x_2 $\cdots$ x_n $\cdots$ P | p_1 p_2 $\cdots$ p_n $\cdots$	$f(x)$
分布函数	$F(x) = \sum\limits_{x_k \leqslant x} p(x_k)$	$F(x) = \int_{-\infty}^{x} f(x)\mathrm{d}x$
性质	$0 \leqslant p_i \leqslant 1 (i = 1, 2, \cdots)$ $\sum\limits_{-\infty}^{+\infty} p_i = 1$	① $f(x) \geqslant 0 (-\infty < x < +\infty)$ ② $\int_{-\infty}^{+\infty} f(x)\mathrm{d}x = 1$ ③ $P\{a < X \leqslant b\} = \int_{b}^{a} f(x)\mathrm{d}x$ ④ $P\{X = a\} = 0$ (x 为 $f(x)$ 的连续点) ⑤ $F'(x) = f(x)$

注 注意到:从"离散"到"连续"的演进,公式中只是把"$\sum$"变成"$\int$"而已.

4. 几种重要的分布

几种重要的分布见下表.

分　布		分布律或概率密度	注　记
离散型	0-1 分布	$P\{X=1\}=p,$ $P\{X=0\}=1-p$	两点分布的特例
	两点分布	$P\{X=a\}=p,$ $P\{X=b\}=1-p$	
	均匀分布	$P\{X=a_i\}=\dfrac{1}{N}(i=1,2,\cdots n)$	
	二项分布	$P\{X=k\}=C_n^k p^k(1-p)^{n-k}$ $(k=0,1,\cdots,n)$	简记 $\mathscr{B}(n,p)$（有放回）；n 较大，p 较小 $\sim \mathscr{B}(\lambda),\lambda=np$（无放回）
	超几何分布	$P\{X=k\}=\dfrac{C_M^k C_{N-M}^{n-k}}{C_N^n}$ $(k=0,1,2,\cdots,n)$	简记 $H(N,M,n)$
	几何分布	$P\{X=k\}=pq^{k-1}$ $(k=0,1,2,\cdots)$	简记 $G(p)$
	泊松分布	$P\{X=k\}=\dfrac{\lambda^k}{k!}e^{-\lambda},\lambda>0$ $(k=1,2,\cdots)$	简记 $\mathscr{P}(\lambda)$ 或 $\pi(\lambda)$
连续型	均匀分布	$f(x)=\begin{cases}1/(b-a),x\in[a,b]\\0,\quad x\overline{\in}[a,b]\end{cases}$	简记 $U[a,b]$
	正态分布	$f(x)=\dfrac{1}{\sqrt{2\pi}\sigma}e^{-\frac{(x-a)^2}{2\sigma^2}}$ $(-\infty<x<+\infty)$	简记 $N(a,\sigma^2)$
	标准正态分布	$f(x)=\dfrac{1}{\sqrt{2\pi}}e^{-\frac{x^2}{2}}$ $(-\infty<x<+\infty)$	简记 $N(0,1)$
	指数分布	$f(x)=\begin{cases}ke^{-kx},x\geqslant 0\\0,\quad\text{其他}\end{cases}(k>0)$	简记 $E(\lambda)$

二、二维随机变量

1. 分布函数

二维随机变量 (X,Y) 的分布函数为 $F(x,y)=P\{X\leqslant x,Y\leqslant y\}$，其中 x,y 为任意实数.

2. 概率密度

分离散及连续两种情况，请见下表.

3. 边缘分布

随机变量 (X,η) 的两个边缘分布函数为

$$F_X(x)=P\{X\leqslant x,\eta<+\infty\}=F(x,+\infty)$$
$$F_Y(y)=P\{X<+\infty,Y\leqslant y\}=F(+\infty,y)$$

概率分布密度、函数性质见下表.

	离 散 型	连 续 性
分布密度（性质）	$P\{X=a_i, Y=b_j\}=p_{ij}$ ① $0 \leqslant p_{ij} \leqslant 1$ ② $\sum_{i,j} p_{ij} = 1$	$f(x,y)$ ① $f(x,y) \geqslant 0$ ② $\int_{-\infty}^{+\infty}\int_{-\infty}^{+\infty} f(x,y)\mathrm{d}x\mathrm{d}y = 1$ ③ $P\{(X,Y) \in D\} = \iint_D f(x,y)\mathrm{d}x\mathrm{d}y$ ④ $f(x,y) = \dfrac{\partial^2 F(x,y)}{\partial x \partial y}$，若 $f(x,y)$ 在 (x,y) 连续
分布函数（性质）	$F(x,y) = \sum_{\substack{x_i \leqslant x \\ y_j \leqslant y}} p_{ij}$	$F(x,y) = \int_{-\infty}^{x}\int_{-\infty}^{y} f(x,y)\mathrm{d}x\mathrm{d}y$ ① $0 \leqslant F(x,y) \leqslant 1$ ② $F(x,y)$ 是 x 或 y 的不减函数 若 y 固定 $F(-\infty,y)=0$，若 x 固定 $F(x,-\infty)=0$. $F(-\infty,-\infty)=0, F(+\infty,+\infty)=1$ ③ $P\{a<X \leqslant b, c<Y \leqslant d\} = F(b,d) - F(b,c) - F(a,d) + F(a,c)$
边缘分布函数	$F_X(x) = \sum_{x_i \leqslant x} \sum_{j=1}^{\infty} p_{ij}$ $F_Y(y) = \sum_{y_j \leqslant y} \sum_{i=1}^{\infty} p_{ij}$	$F_X(x) = \int_{-\infty}^{x}\left[\int_{-\infty}^{+\infty} f(x,y)\mathrm{d}y\right]\mathrm{d}x$ $F_Y(y) = \int_{-\infty}^{y}\left[\int_{-\infty}^{+\infty} f(x,y)\mathrm{d}x\right]\mathrm{d}y$
边缘分布密度	$p_{i\cdot} = \sum_i p_{ij} \, (i=1,2,\cdots)$ $p_{\cdot j} = \sum_i p_{ij} \, (i=1,2,\cdots)$	$\varphi_X(x) = \int_{-\infty}^{+\infty} f(x,y)\mathrm{d}y$ $\eta_Y(y) = \int_{-\infty}^{+\infty} f(x,y)\mathrm{d}x$

二元随机变量的概率分布、边缘分布及概率密度关系可以从图 2.2 中清楚地看出，此图对加深以上诸概念的理解甚有帮助.

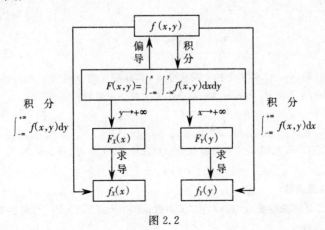

图 2.2

4. 条件分布

条件分布见下表.

离　散　型	连　续　型
若 $P\{Y=y_j\}>0$, 称 $P\{X=x_i\mid Y=y_j\}=\dfrac{p_{ij}}{p_{\cdot j}}$ 为在 $Y=y_j$ 下 X 的条件分布;	若 $f_Y(y)>0$, 则 $f(x\mid y)=\dfrac{f(x,y)}{f_Y(y)}$ 为当 $Y=y$ 时 X 的条件分布密度;
若 $P\{X=x_i\}>0$, 称 $P\{Y=y_j\mid X=x_i\}=\dfrac{p_{ij}}{p_{i\cdot}}$ 为在 $X=x_i$ 下 η 的条件分布.	若 $f_X(x)>0$, 则 $f(y\mid x)=\dfrac{f(x,y)}{f_X(x)}$ 为当 $X=x$ 时 Y 的条件分布密度.

5. 随机变量的独立性

随机变量独立　随机变量 X,Y 相互独立是指当下述关系成立时

$$P\{X\leqslant x,\eta\leqslant y\}=P\{X\leqslant x\}\cdot P\{Y\leqslant y\}$$

即 $F(x,y)=F_X(x)\cdot F_Y(y)$, 这里 x,y 为任意实数.

随机变量 X,Y 相互独立的充要条件

二维离散型随机变量 X,Y 相互独立 $\Leftrightarrow p_{ij}=f_{i\cdot}\cdot f_{\cdot j}(i,j=1,2,\cdots)$.

二维连续型随机变量 X,Y 相互独立 $\Leftrightarrow f(x,y)=f_X(x)\cdot f_Y(y)$.

注　相互独立性概念可推广至多个随机变量上去:

n 个随机变量 $X_1,X_2,\cdots,X_n$ 相互独立是指: 对实数轴上给定的 n 个集合 $S_1,S_2,\cdots,S_n$, 以下诸事件

$$\{X_1\in S_1\},\{X_2\in S_2\},\cdots,\{X_n\in S_n\}$$

相互独立.

三、随机变量的函数分布

1. 随机变量的函数

(1) 一维随机变量函数

设 X 为一维随机变量, $g(x)$ 为一元函数, 则 $Y=g(X)$ 也是随机变量, 且称之为随机变量 X 的函数. 这样 $P\{Y\leqslant y\}=P\{g(X)\leqslant y\}=P\{X\in S\}$, 其中 S 为由所有使 $g(x)<y$ 的 x 值组成的集合.

两个重要命题

命题 1　对任意存在(单值)反函数的连续型随机变量 X, 若其分布函数为 $F(x)$, 则随机变量 $Y=F(X)$ 的分布函数为

$$G(y)=\begin{cases}0, & y<0\\ y, & 0\leqslant y<1\\ 1, & y\geqslant 1\end{cases}$$

命题 2　若 $X_1,X_2,\cdots,X_n$ 是 n 个独立随机变量, 其分布函数分别为 $F_1(x),F_2(x),\cdots,F_n(x)$. 则 $Y_1=\max\{X_1,X_2,\cdots,X_n\}$ 和 $Y_2=\min\{X_1,X_2,\cdots,X_n\}$ 的分布函数分别为

$$F_{Y_1}=\prod_{k=1}^{n}F_k(x),\quad F_{Y_2}=1-\prod_{k=1}^{n}[1-F_k(x)]$$

特别地, 当 $X_1,X_2,\cdots,X_n$ 为独立同分布且分布函数皆为 $F(x)$ 时, 有

$$F_{Y_1}=[F(x)]^n,\quad F_{Y_2}=1-[1-F(x)]^n$$

(2) 二维随机变量函数

设 $P(X,Y)$ 为二维随机变量, $g(x,y)$ 为二元函数, 则 $Z=g(X,Y)$ 是一维随机变量, 且称其为二维随机变量 (X,Y) 的函数.

2. 随机变量的函数分布

随机变量的函数分布见下表.

	离 散 型	连 续 型
一维随机变量	X 的分布律为 $P\{X=x_i\}=p_i(i=1,2,\cdots)$ $Y=g(X)$ 的分布律为 $P\{Y=g(x_i)\}=p_i(i=1,2,\cdots)$	若 Y 的分布密度为：$f(x)$. 又 $y=g(x)$ 严格单调，其反函数 $g^{-1}(y)$ 有连续导数： 当 $f(x)$ 单增时，有 $$y_Y(y)=f[g^{-1}(y)][g^{-1}(y)]'$$ 当 $f(x)$ 单减时，有 $$y_Y(y)=-f[g^{-1}(y)][g^{-1}(y)]'$$ 或将上两式合并写为 $$y_Y(y)=f[g^{-1}(y)]\|[g^{-1}(y)]'\|$$
二维随机变量	—	若 (X,Y) 的密度为 $f(x,y)$，又 $Z=g(X,Y)$，则 Z 的分布函数为 $$F(z)=P\{Z\leqslant z\}=\iint_D f(x,y)\mathrm{d}x\mathrm{d}y$$ 其中，$D=\{(x,y)\mid g(x,y)\leqslant z\}$

(1) $Z=X+Y$ 的分布

若随机变量 (X,Y) 的分布密度为 $f(x,y)$，又 $Z=X+Y$ 的分布函数为 $F_Z(z)$，则

$$F_Z(z)=\int_{-\infty}^{z}\left[\int_{-\infty}^{+\infty}f(x,v-x)\mathrm{d}x\right]\mathrm{d}v=\int_{-\infty}^{z}\left[\int_{-\infty}^{+\infty}f(u-y,y)\mathrm{d}y\right]\mathrm{d}u$$

且 $Z=X+Y$ 的分布密度 $f_Z(z)$ 为

$$f_Z(z)=\int_{-\infty}^{+\infty}f(x,z-x)\mathrm{d}x=\int_{-\infty}^{+\infty}f(z-y,y)\mathrm{d}y$$

显然，若 X,Y 相互独立时，有

$$F_Z(z)=\int_{-\infty}^{z}\left[\int_{-\infty}^{+\infty}f_X(x)f_Y(v-x)\mathrm{d}x\right]\mathrm{d}v=\int_{-\infty}^{z}\left[\int_{-\infty}^{+\infty}f_X(u-y)\cdot f_Y(y)\mathrm{d}y\right]\mathrm{d}u$$

$$f_Z(z)=\int_{-\infty}^{+\infty}f_X(x)f_Y(z-x)\mathrm{d}x=\int_{-\infty}^{+\infty}f_X(z-y)\cdot f_Y(y)\mathrm{d}y$$

(2) 二维均匀分布

若 $(X,Y)\sim U(D)$，则

$$f(x,y)=\begin{cases}\dfrac{1}{S(D)}, & (x,y)=D\\ 0, & \text{其他}\end{cases}$$

其中，$S(D)$ 表示区域 D 的几何度量（测度）.

(3) 二维正态分布

若随机变量 (ξ,η) 有概率密度

$$f(x,y)=\exp\left\{-\frac{1}{2(1-\rho^2)}\left[\frac{(x-\mu_1)^2}{\sigma_2^2}-2\rho\frac{(x-\mu_1)(y-\mu_2)}{\sigma_1\sigma_2}-\frac{(y-\mu_2)^2}{\sigma_2^2}\right]\right\}\Big/2\pi\sigma_1\sigma_2\sqrt{1-\rho^2},$$
$$(-\infty<x<+\infty,-\infty<y<+\infty)$$

其中，$\mu_1,\mu_2;\sigma_1,\sigma_2;\rho$ 均为常数，且 $\mu_1>0,\mu_2>0,|\rho|<1$，则称 (ξ,η) 服从二维正态分布.

若随机变量 (ξ,η) 服从二维正态分布，则 $\xi\sim N(\mu_1,\sigma_1^2),\eta\sim N(\mu_2,\sigma_2^2)$.

又随机变量 ξ,η 相互独立 $\Leftrightarrow \rho = 0$.

若随机变量 ξ,η 相互独立,则 $\xi+\eta \sim N(\mu_1+\mu_2,\sigma_1{}^2+\sigma_2{}^2)$,进而
$$c_1\xi+c_2\eta \sim N(c_1\mu_1+c_2\mu_2,c_1^2\sigma_1^2+c_2^2\sigma_2^2+2c_1c_2\rho\sigma_1\sigma_2)$$

ξ 关于 $\eta = y$ 的条件分布为 $N\left(\mu_1+\rho\dfrac{\sigma_1}{\sigma_2}(y-\mu_2),\sigma_2(1-\rho^2)\right)$;$\eta$ 关于 $\xi = x$ 的条件分布为 $N\left(\mu_2+\rho\dfrac{\sigma_2}{\sigma_1}(x-\mu_1),\sigma_2^2(1-\rho^2)\right)$.

(4) 二维泊松分布

若随机变量 ξ,η 相互独立,且 $\xi \sim \mathscr{P}(\lambda_1)$,又 $\eta \sim \mathscr{P}(\lambda_2)$,则 $\xi+\eta \sim \mathscr{P}(\lambda_1+\lambda_2)$.

(5) $\xi = \max\{X_1,X_2\}, \eta = \min\{X_1,X_2\}$ **的分布**

见上面的定理或命题内容.

例 题 分 析

一、随机变量的概率分布问题

(一) 一元(维) 随机变量的概率分布

我们来看一些关于随机变量的分布问题. 先来看离散型的, 从本质上讲, 它们只是计算事件概率问题的延伸, 主要是利用分布函数的定义、性质以及某些常见的一维分布模型去解题.

随机变量分布问题一般要区分离散型或连续型. 对于后者这方面问题不多见(它多在一元随机变量函数中出现). 先来看离散型一元随机变量的概率分布问题.

1. 离散型问题

例1 在 n 个零件中, 有 $k(k<n)$ 个次品, 若每次取出次品不放回, 试求在取得正品之前, 已取出次品数的分布律(概率分布).

解 设随机变量 ξ 为取得正品前已取出次品的数目, 则
$$P\{\xi=m\} = \dfrac{k}{n} \cdot \dfrac{k-1}{n-1} \cdot \dfrac{k-2}{n-2} \cdot \cdots \cdot \dfrac{k-(m-1)}{n-(m-1)} \cdot \dfrac{k-m}{n-m}, \quad m=1,2,\cdots,k$$

故 ξ 的分布律见下表:

ξ	0	1	2	$\cdots$	k
$P\{\xi=m\}$	$\dfrac{n-k}{n}$	$\dfrac{k}{n} \cdot \dfrac{n-k}{n-1}$	$\dfrac{k}{n} \cdot \dfrac{k-1}{n-1} \cdot \dfrac{n-k}{n-2}$	$\cdots$	$\dfrac{k!}{A_n^k} \cdot \dfrac{n-k}{n-k}$

例2 一个袋子里有 6 个一样的球, 其中 3 个球各标有一个点, 两个球各标有 2 个点, 一个球上标有 3 个点. 从袋子里取出 3 个球, 3 个球上点数之和以 X 表示①.

(1) 求 X 的概率分布;(2) 求 X 的数学期望;(3) 求 X 的方差;(4) 若任取 10 次, 求 8 次出现 $X=6$ 的概率;(5) 设 $Y=2X$, 求 Y 的概率分布.

解 (1) 由计算不难得到 X 的分布律为

---

① 本书中有时亦用 $X,Y,\cdots$ 表示随机变量, 一般用 $\xi,\eta,\cdots$ 表示.

x	3	4	5	6	7
$P\{X=x\}$	$\dfrac{C_3^3}{C_6^3}=\dfrac{1}{20}$	$\dfrac{C_3^2C_2^1}{C_6^3}=\dfrac{6}{20}$	$\dfrac{C_3^2C_1^1C_3^2}{C_6^3}=\dfrac{6}{20}$	$\dfrac{C_3^1C_2^2C_1^1}{C_6^3}=\dfrac{6}{20}$	$\dfrac{C_2^2C_1^1}{C_6^3}=\dfrac{7}{20}$

(2) X 的数学期望为

$$E(X)=\sum_{i=3}^{7}a_ip_i=3\cdot\dfrac{1}{20}+4\cdot\dfrac{6}{20}+5\cdot\dfrac{6}{20}+6\cdot\dfrac{6}{20}+7\cdot\dfrac{1}{20}=5$$

(3) X 的方差为

$$D(X)=E(X^2)-[E(X)]^2=3^2\cdot\dfrac{1}{20}+4^2\cdot\dfrac{6}{20}+5^2\cdot\dfrac{6}{20}+6^2\cdot\dfrac{6}{20}+7^2\cdot\dfrac{6}{20}-25=26-25=1$$

(4) 设每次取后放回,此时因 $P\{X=6\}=\dfrac{6}{20}=p$,则任取 10 次出现 $X=k$ 的概率为

$$P_{10}(k)=C_{10}^kp^k(1-p)^{10-k}$$

故取 10 次出现 8 次 $X=6$ 的概率为

$$P_{10}(8)=C_{10}^6\left(\dfrac{6}{20}\right)^6\left(1-\dfrac{6}{20}\right)^2=1.446\times10^6$$

(5) $Y=2X$ 的概率分布见下表:

x	3	4	5	6	7
y	6	8	10	12	14
$P\{Y=y\}$	$\dfrac{1}{20}$	$\dfrac{6}{20}$	$\dfrac{6}{20}$	$\dfrac{6}{20}$	$\dfrac{1}{20}$

例 3 盒内装有分别标上号码 0,1,1,2 的 4 个球,今从盒中有放回地取出 2 球,其上号码积记为 X,求 X 的分布.

解 设 ξ,η 分别表示所取两球上的号码,则 $X=\xi\eta$,知 X 只能取 0,1,2,4.

$P\{X=0\}=P\{\xi=0\text{ 或 }\eta=0\}=P\{\xi=0\}+P\{\eta=0\}-P\{\xi=0,\eta=0\}=$

$P\{\xi=0\}+P\{\eta=0\}-P\{\xi=0\}P\{\eta=0\}=\dfrac{1}{4}+\dfrac{1}{4}-\dfrac{1}{4}\cdot\dfrac{1}{4}=\dfrac{7}{16}$

$P\{X=1\}=P\{\xi=1,\eta=1\}=P\{\xi=1\}P\{\eta=1\}=\dfrac{1}{2}\cdot\dfrac{1}{2}=\dfrac{1}{4}$

$P\{X=2\}=P\{\xi=1,\eta=2\}+P\{\xi=2,\eta=1\}=P\{\xi=1\}P\{\eta=2\}+P\{\xi=2\}P\{\eta=1\}=$

$\dfrac{2}{4}\cdot\dfrac{1}{4}+\dfrac{1}{4}\cdot\dfrac{2}{4}=\dfrac{1}{4}$

$P\{X=4\}=P\{\xi=2,\eta=2\}=P\{\xi=2\}P\{\eta=2\}=\dfrac{1}{16}$

综上知,X 的分布率见下表:

x	0	1	2	4
$P\{X=x\}$	$\dfrac{7}{16}$	$\dfrac{1}{4}$	$\dfrac{1}{4}$	$\dfrac{1}{16}$

例 4 有 3 个盒,第 1 盒装 4 个红球和 1 个黑球;第 2 盒装 3 个红球和 2 个黑球;第 3 盒装 2 个红球和 3 个黑球,今任取一盒,从中任取 3 个球,若 ξ 表示红球个数,求 ξ 的概率分布.

解 令 $A_k=\{$任取一盒取到 k 盒$\}$,其中 $k=1,2,3$.则 $P(A_k)=\dfrac{1}{3}$,其中 $k=1,2,3$,且 ξ 可能有值为 0,1,2,3.

$$P\{\xi=0\}=P\{\xi=0\mid A_3\}P\{A_3\}=\dfrac{1}{3}\cdot\dfrac{1}{C_5^3}=\dfrac{1}{30}$$

$$P\{\xi=1\} = P\{\xi=1\mid A_2\}P\{A_2\} + P\{\xi=1\mid A_3\}P\{A_3\} = \frac{1}{3}\frac{C_3^1}{C_5^3} + \frac{1}{3}\frac{C_2^1 C_3^2}{C_5^3} = \frac{9}{30} = \frac{3}{10}$$

$$P\{\xi=2\} = \sum_{k=1}^{3} P\{\xi=2\mid A_k\}P\{A_k\} = \frac{1}{3}\frac{C_4^2}{C_5^3} + \frac{1}{3}\frac{C_3^2 C_2^1}{C_5^3} + \frac{1}{3}\frac{C_3^1}{C_5^3} = \frac{15}{30} = \frac{1}{2}$$

$$P\{\xi=3\} = P\{\xi=3\mid A_1\}P\{A_1\} + P\{\xi=3\mid A_2\}P\{A_2\} = \frac{1}{3}\frac{C_4^2}{C_5^3} + \frac{1}{3}\frac{1}{C_5^3} = \frac{5}{30} = \frac{1}{6}$$

综上 ξ 的分布率见下表:

ξ	0	1	2	3
p	$\frac{1}{30}$	$\frac{3}{10}$	$\frac{1}{2}$	$\frac{1}{16}$

由以上诸例可以看出:离散型随机变量的概率分布为该随机变量的统计规律提供了一目了然的描述.

例 5 袋中有 N 个球,分别编为 $1,2,\cdots,N$ 号,今从中任取 n 个$(0<n<N)$,若以 ξ 表示在被取出的球中,其编号比所有未取出球编号都大的球的个数,试求 ξ 的概率分布.

解 由设 ξ 的可能值为 $k=1,2,\cdots,n$,又设事件 $A_k=\{\xi=k\}=\{$在取出球中有编号 $N,N-1,\cdots,N-(k-1)$ 的球,其余 $n-k$ 个球是从编号为 $1,2,\cdots,N-(k+1)$ 中取出$\}$. 则

$$P(A_k) = P\{\xi=k\} = \frac{C_{N-k-1}^{n-1}}{C_N^n}, \quad k=0,1,2,\cdots,n$$

例 6 设随机变量的分布律为

$$P\{X=k\} = a\frac{\lambda^k}{k!}$$

其中,$k=0,1,2,\cdots;\lambda>0$(常数).

(1)试确定常数 a;(2)k 取何值时,$P\{X=k\}$ 为最大.

解 (1)因为若 $P\{X=x_k\}=p_k(k=1,2,\cdots)$,则 $\sum_{k=0}^{\infty} p_k = 1$. 故

$$\sum_{k=1}^{\infty} P\{X=k\} = \sum_{k=0}^{\infty} a\frac{\lambda^k}{k!} = a\sum_{k=0}^{\infty}\frac{\lambda^k}{k!} = ae^\lambda = 1$$

从而 $a = e^{-\lambda}$.

(2)注意到 $\dfrac{P\{X=k\}}{P\{X=k-1\}} = \left(\dfrac{\lambda^k e^{-\lambda}}{k!}\right) \Big/ \left[\dfrac{\lambda^{k-1}e^{-\lambda}}{(k-1)!}\right] = \dfrac{\lambda}{k}$.

若 $k<\lambda$,则 $\dfrac{\lambda}{k}>1$;若 $k=\lambda$,则 $\dfrac{\lambda}{k}=1$;若 $k>\lambda$,则 $\dfrac{\lambda}{k}<1$.

故若 λ 为整数,则当 $k=\lambda,k=\lambda-1$ 时,$P\{X=k\}$ 取最大值;若 λ 非整数,则当 $k=[\lambda]$ 时,$P\{X=k\}$ 取最大值,这里$[\lambda]$表示不超过 λ 的最大整数.

(二) 多元(维)随机变量的概率分布

同一维随机变量一样,多维随机变量要区分离散型或连续型.而解这类问题的关键是要记住它们的(联合)分布函数及密度函数(概率密度、边缘密度)的性质及它们之间的关系.

1. 离散型问题

接下来讨论二维随机变量问题,先来看离散型的例子.

例 1 甲、乙两人独立地各进行两次射击,假设甲的命中率为 0.2,乙的命中率为 0.5,以 X 和 Y 分别表示甲和乙的命中次数.试求 X 和 Y 的联合概率分布.

解 依题意,$X\sim\mathcal{B}(2,0.2),Y\sim\mathcal{B}(2,0.5)$ 据公式 $P\{X=k\}=C_n^k p^k q^{n-k}$,可算得 X 和 Y 的概率分布如下表:

X的概率分布表					Y的概率分布表			
x	0	1	2		y	0	1	2
$P\{X=x\}$	0.64	0.32	0.04		$P\{Y=y\}$	0.25	0.5	0.25

由 X 和 Y 的独立性知 X 和 Y 的联合概率分布可知：

Y \ X	0	1	2
0	0.16	0.08	0.01
1	0.32	0.16	0.02
2	0.16	0.08	0.01

例2 袋中有1个红球、2个黑球与3个白球，现有放回地从袋中取两次，每次取一个球. 以 X,Y,Z 分别表示两次取球所取得的红球、黑球与白球的个数.
(1) 求 $P\{X=1\mid Z=0\}$；
(2) 求二维随机变量 (X,Y) 的概率分布：

解 (1) 考虑公式 $P(X=1\mid X=0)=\dfrac{P\{X=1,Z=0\}}{P\{Z=0\}}$，又因为是有放回地取球，所以基本事件总数为 6^2. 这样

$$P\{X=1\mid Z=0\}=\frac{P\{X=1,Z=0\}}{P\{Z=0\}}=\frac{2\dfrac{C_1^1 C_2^1}{6^2}\cdot\dfrac{2}{6}}{\dfrac{C_3^1 C_3^1}{6^2}}=\frac{4}{9}$$

(2) 先确定 X,Y 的可能取值，然后逐个计算 X,Y 取每一对值的概率. X,Y 的可能取值均为 $0,1,2$，且

$$P\{X=0,Y=0\}=\frac{C_3^1\cdot C_3^1}{6^2}=\frac{9}{36}, \quad P\{X=0,Y=1\}=\frac{2C_2^1\cdot C_3^1}{6^2}=\frac{12}{36}$$

$$P\{X=0,Y=2\}=\frac{C_2^1\cdot C_2^1}{6^2}=\frac{4}{36}, \quad P\{X=1,Y=0\}=\frac{2C_1^1\cdot C_3^1}{6^2}=\frac{6}{36}$$

$$P\{X=1,Y=1\}=\frac{2C_1^1\cdot C_2^1}{6^2}=\frac{4}{36}, \quad P\{X=1,Y=2\}=0$$

$$P\{X=2,Y=0\}=\frac{C_1^1\cdot C_1^1}{6^2}=\frac{1}{36}, \quad P\{X=2,Y=1\}=0, \quad P\{X=2,Y=2\}=0$$

所以二维随机变量 $f(x,y)$ 的概率分布为

X \ Y	0	1	2
0	$\dfrac{1}{4}$	$\dfrac{1}{3}$	$\dfrac{1}{9}$
1	$\dfrac{1}{6}$	$\dfrac{1}{9}$	0
2	$\dfrac{1}{36}$	0	0

例3 设随机变量 X 和 Y 相互独立，下表列出三维随机变量 (X,Y) 联合分布律及关于 X 和关于 Y 的边缘分布律中的部分数值，试将其余数值填入表中的空白处.

X \ Y	y_1	y_2	y_3	$P\{X=x_i\}=p_i.$
x_1		$\frac{1}{8}$		
x_2	$\frac{1}{8}$			
$P\{Y=y_j\}=p_{\cdot j}$	$\frac{1}{6}$			1

解 反复利用下列公式,用可以将表中空白处填满(从表中有两个数据的行或列开始),注意到 X 和 Y 的独立性.

$$P\{X=x_i\}=\sum_{j=1}^{3}P\{X=x_i,Y=y_j\}, \quad i=1,2$$

$$P\{Y=y_j\}=\sum_{i=1}^{2}P\{X=x_i,Y=y_j\}, \quad j=1,2,3$$

$$P\{X=x_i,Y=y_j\}=P\{X=x_i\}P\{Y=y_j\}, \quad i=1,2;j=1,2,3$$

这样首先可有下表:

X \ Y	y_1	y_2	y_3	$P\{X=x_i\}=p_i.$
x_1	p_{11}	$\frac{1}{8}$	p_{13}	$\frac{1}{4}$
x_2	$\frac{1}{8}$	p_{22}	p_{23}	$\frac{3}{4}$
$P\{Y=y_j\}=p_{\cdot j}$	$\frac{1}{6}$	$\frac{1}{2}$	$\frac{1}{3}$	1

具体计算如下:由 $p_{11}+\frac{1}{8}=\frac{1}{6}$,有 $p_{11}=\frac{1}{6}-\frac{1}{8}=\frac{1}{24}$.这样可有以下两表:

x	x_1	x_2
$P\{X=x\}$	$\frac{1}{24}+\frac{1}{8}+p_{13}$	$\frac{1}{8}+p_{22}+p_{23}$

y	y_1	y_2	y_3
$P\{Y=y\}$	$\frac{1}{6}$	$\frac{1}{8}+p_{22}$	$p_{13}+p_{23}$

又 X 和 Y 互相独立,有 $P_X(x_1)P_Y(y_1)=p_{11}=\frac{1}{24}$,即

$$\left(\frac{1}{24}+\frac{1}{8}+p_{13}\right)\cdot\frac{1}{6}=\frac{1}{24}$$

有 $p_{13}=\frac{1}{12}$.

由 $P_X(x_1)P_Y(y_2)=p_{12}=\frac{1}{8}$,即

$$\left(\frac{1}{24}+\frac{1}{8}+\frac{1}{12}\right)\cdot\left(\frac{1}{8}+p_{22}\right)=\frac{1}{8}$$

得 $p_{22}=\frac{1}{8}$.又 $p_{13}+p_{23}=\frac{1}{3}$,有 $p_{23}=\frac{1}{3}-p_{13}=\frac{1}{3}-\frac{1}{12}=\frac{1}{4}$.

这样最后可有表

X\Y	y_1	y_2	y_3	$P\{X=x_i\}=p_{i\cdot}$
x_1	$\frac{1}{24}$	$\frac{1}{8}$	$\frac{1}{12}$	$\frac{1}{4}$
x_2	$\frac{1}{8}$	$\frac{3}{8}$	$\frac{1}{4}$	$\frac{3}{4}$
$P\{Y=y_j\}=p_{\cdot j}$	$\frac{1}{6}$	$\frac{1}{2}$	$\frac{1}{3}$	1

下表圆圈中数字表示计算时先后顺序：

X\Y	y_1	y_2	y_3	$P\{X=x_i\}=p_{i\cdot}$
x_1	①	*	⑦	②
x_2	*	⑥	⑧	③
$P\{Y=y_j\}=p_{\cdot j}$	*	④	⑤	*

例 4 已知二维随机变量 (ξ,η) 的分布密度为

(ξ,η)	(1,2)	(1,2)	(1,3)	(2,1)	(2,2)	(2,3)
p	$\frac{1}{6}$	$\frac{1}{9}$	$\frac{1}{18}$	$\frac{1}{3}$	α	β

问当 α,β 为何值时，随机变量 ξ,η 是相互独立的？

解 由题设 (ξ,η) 的分布律可改写为：

ξ\\η	1	2	3
1	1/6	1/9	1/18
2	1/3	α	β

这样，关于 ξ,η 的边缘分布分别为：

ξ 的边缘分布

ξ	1	2
$p_{i\cdot}$	$\frac{1}{3}$	$\frac{1}{3}+\alpha+\beta$

η 的边缘分布

η	1	2	3
$p_{\cdot j}$	$\frac{1}{2}$	$\frac{1}{9}+\alpha$	$\frac{1}{18}+\beta$

问题要求 ξ,η 相互独立，而 ξ,η 相互独立 $\Leftrightarrow p_{ij}=p_{i\cdot}\cdot p_{\cdot j}$，其中 $i,j=1,2,\cdots$.

由 $P\{\xi=1,\eta=2\}=P\{\xi=1\}P\{\eta=2\}$，有 $\frac{1}{9}=\frac{1}{3}\left(\frac{1}{9}+\alpha\right)$，得 $\alpha=\frac{2}{9}$.

又由 $P\{\xi=1,\eta=3\}=P\{\xi=1\}P\{\eta=3\}$，有 $\frac{1}{18}=\frac{1}{3}\left(\frac{1}{18}+\beta\right)$，得 $\beta=\frac{1}{9}$.

经验算可知：当 $\alpha=\frac{2}{9},\beta=\frac{1}{9}$ 时，随机变量 ξ,η 相互独立.

例 5 已知随机变量 X_1 和 X_2 的概率分布分别为

$$X_1 \sim \begin{pmatrix} -1 & 0 & 1 \\ \frac{1}{4} & \frac{1}{2} & \frac{1}{4} \end{pmatrix}, \quad X_2 \sim \begin{pmatrix} 0 & 1 \\ \frac{1}{2} & \frac{1}{2} \end{pmatrix}$$

而且 $P\{X_1X_2=0\}=1$,求:(1)X_1,X_2 的联合分布;(2)X_1 和 X_2 是否独立?为什么?

解1 (1) 由 $P\{X_1X_2=0\}=1$,可知
$$P\{X_1=-1,X_2=1\}=P\{X_1=1,X_2=1\}=0$$

于是 $P\{X_1=-1,X_2=0\}=P\{X_1=-1\}=\dfrac{1}{4}$,且 $P\{X_1=0,X_2=1\}=P\{X_2=1\}=\dfrac{1}{2}$.

又 $P\{X_1=1,X_2=0\}=P\{X_1=1\}=\dfrac{1}{4}$,及 $P\{X_1=0,X_2=0\}=1-\left(\dfrac{1}{4}+\dfrac{1}{2}+\dfrac{1}{4}\right)=0$.

故 X_1 与 X_2 联合分布见下表:

X_2 \ X_1	-1	0	1	Σ
0	$\dfrac{1}{4}$	0	$\dfrac{1}{4}$	$\dfrac{1}{2}$
1	0	$\dfrac{1}{2}$	0	$\dfrac{1}{2}$
Σ	$\dfrac{1}{4}$	$\dfrac{1}{2}$	$\dfrac{1}{4}$	1

(2) 由上表可看出 $P\{X_1=0,X_2=0\}=0$.

又由题设有 $P\{X_1=0\}P\{X_2=0\}=\dfrac{1}{2}\cdot\dfrac{1}{2}=\dfrac{1}{4}$,故随机变量 X_1 和 X_2 不独立.

解2 由题设 $P\{X_1X_2=0\}=1$ 知 $X_1X_2=0$ 是必然事件.换言之,X_1 和 X_2 同时取非零值是不可能事件.因此
$$P\{X_1=-1,X_2=1\}=0,\quad P\{X_1=1,X_2=1\}=0$$

至此,在所求的 X_1 和 X_2 联合分布的 6 个未知数中已经求出了两个.结合题设,此时 X_1 和 X_2 的联合分布见下表:

X_2 \ X_1	-1	0	1	Σ
0	p_{11}	p_{21}	p_{13}	$\dfrac{1}{2}$
1	0	p_{22}	0	$\dfrac{1}{2}$
Σ	$\dfrac{1}{4}$	$\dfrac{1}{2}$	$\dfrac{1}{4}$	1

仿照前面例题的解法,再利用边缘分布的已知数据,可以依次求出
$$p_{11}=\dfrac{1}{4},\quad p_{31}=\dfrac{1}{4},\quad p_{22}=\dfrac{1}{2},\quad p_{21}=\dfrac{1}{2}-p_{11}-p_{31}=0$$

如此最后得到 X_1 和 X_2 的联合分布为:

X_2 \ X_1	-1	0	1	Σ
0	$\dfrac{1}{4}$	0	$\dfrac{1}{4}$	$\dfrac{1}{2}$
1	0	$\dfrac{1}{2}$	0	$\dfrac{1}{2}$
Σ	$\dfrac{1}{4}$	$\dfrac{1}{2}$	$\dfrac{1}{4}$	1

(2) 由上表可见 $P\{X_1=0,X_2=0\}=0\neq\dfrac{1}{4}=P\{X_1=0\}P\{X_2=0\}$.

于是可推知:X_1 和 X_2 不独立.

下面来看两个关于二元随机变量条件分布的问题.

例6 连续掷5次均匀硬币,令 ξ 表示出现正面的次数,η 表示连续出现3次正面的次数.求 ξ,η 及 (ξ,η) 的概率分布.

解 由设不难有 $P\{\xi=k\}=C_5^k/2^5(k=0,1,2,3,4,5)$,故 ξ 的概率分布为:

k	0	1	2	3	4	5
$P\{\xi=k\}$	$\frac{1}{32}$	$\frac{5}{32}$	$\frac{10}{32}$	$\frac{10}{32}$	$\frac{5}{32}$	$\frac{1}{32}$

连续出现3次正面的情形只有第1,2,3次、第2,3,4次、第3,4,5次3种,故

$$P\{\eta=0\}=\frac{29}{32},\quad P\{\eta=1\}=\frac{3}{32}$$

因而 η 的概率分布为

m	0	1
$P\{\eta=m\}$	29/32	3/32

又 $P\{\xi=k,\eta=m\}=P\{\xi=k\}P\{\eta=m\mid\xi=k\}(k=0,1,2,3,4,5;m=0,1)$,则 (ξ,η) 的概率分布为:

$\eta\backslash\xi$	0	1	2	3	4	5
0	1/32	5/32	10/32	7/32	5/32	1/32
1	0	0	0	3/32	0	0

例7 若随机变量 X_1 和 X_2 相互独立,且具有共同的几何分布,即

$$P\{X_i=k\}=pq^{k-1},\quad k=1,2,\cdots;i=1,2$$

试证 $P\{X_1=k\mid X_1+X_2=n\}=\frac{1}{n-1},k=1,2,\cdots,n.$

证 由题设及条件概率公式且注意到 X_1,X_2 相互独立,则有

$$P\{X_1=k\mid X_1+X_2=n\}=\frac{P\{X_1=k,X_1+X_2=n\}}{P\{X_1+X_2=n\}}=\frac{P\{X_1=k,X_2=n-k\}}{P\{X_1+X_2=n\}}=$$
$$\frac{P\{X_1=k\}P\{X_2=n-k\}}{P\{X_1+X_2=n\}}$$

由题设 $P\{X_1=k\}=pq^{k-1},P\{X_2=n-k\}=pq^{n-k-1}$,有

$$P\{X_1+X_2=n\}=\sum_{k=1}^{n-1}P\{X_1=k,X_2=n-k\}=\sum_{k=1}^{n-1}P\{X_1=k\}P\{X_2=n-k\}=$$
$$\sum_{k=1}^{n-1}pq^{k-1}\cdot pq^{n-k-1}=\sum_{k=1}^{n-1}p^2q^{n-2}=(n-1)p^2q^{n-2}$$

故 $P\{X_1=k\mid X_1+X_2=n\}=\frac{pq^{k-1}pq^{n-k-1}}{(n-1)p^2q^{n-2}}=\frac{1}{n-1}.$

注 若在 $P\{X_1=k\mid X_1+X_2=n\}$ 中允许 $k\geq 0$,则此时条件分布的分布规律为

$$P\{X_1=k\mid X_1+X_2\leq n\}=\begin{cases}\frac{1}{n+1},&1<k\leq n\\0,&k>n\end{cases}$$

因为此时

$$P\{X_1 + X_2 = n\} = \sum_{k=0}^{n} P\{X_1 = k\}P\{X_2 = n-k\} = \sum_{k=0}^{n}(pq^k \cdot pq^{n-k}) = (n+1)p^2q^n$$

再来看一个涉及随机变量独立性的例子,其实它也属于随机事件的概率分布问题.

例 8 若随机变量 ξ 以概率 1 取常数 c,证明 ξ 与任一随机变量相互独立.

证 易证若 $P(A) = 0$ 或 1,则对任一事件 B,知 A,B 相互独立.

若 $x < c$,则 $P\{\xi \leqslant x\} = 0$,于是可有

$$F(x,y) = P\{\xi \leqslant x, \eta \leqslant y\} = P\{\xi \leqslant x\}P\{\eta \leqslant y\} = F_\xi(x)F_\eta(y)$$

若 $x \geqslant c$,则 $P\{\xi \leqslant x\} = 1$,于是可有

$$F(x,y) = P\{\xi \leqslant x, \eta \leqslant y\} = P\{\xi \leqslant x\}P\{\eta \leqslant y\} = F_\xi(x)F_\eta(y)$$

故对任意 x,y 均有 $F(x,y) = F_\xi(x)F_\eta(y)$,即 ξ 与 η 相互独立.

注 下面问题与例类同.

命题 设随机变量 X 满足 $P\{X = 0\} = 1$,又 Y 是任意的随机变量.证明 X 与 Y 相互独立.

证 令事件 $A = \{X \leqslant x\}, B = \{Y \leqslant y\}$,则

$$P(A) = P\{X \leqslant x\} = F_X(x), \quad P(B) = P\{Y \leqslant y\} = F_Y(Y)$$

由

$$P\{X = 0\} = 1 \Rightarrow P(A) = F_X(x) = \begin{cases} 0, & x < 0 \\ 1, & x \geqslant 0 \end{cases}$$

若 $x < 0$,则 $P(A) = F_X(x) = 0 \Rightarrow F(x,y) = P(A,B) \leqslant P(A) = 0$,即

$$F(x,y) = 0 \cdot F_Y(y) = F_X(x)F_Y(y)$$

若 $x \geqslant 0$,则 $P(A) = F_X(x) = 1 \Rightarrow P(\overline{A}) = 0$.于是

$$F(x,y) = P(AB) = P(B) - P(\overline{A}B) = P(B) = 1 \cdot F_Y(x) = F_X(x)F_Y(y)$$

可见,对任意 x,y 有 $F(x,y) = F_X(x) \cdot F_Y(y)$,即 X,Y 相互独立.

下面的命题很新巧,请注意问题的核心之处与其内涵.

例 9 设 $\{\xi_1, \xi_2, \cdots, \xi_n, \cdots\}$ 是一串独立同分布随机变量,对任意的 n 有 $P\{\xi_n = j\} = \dfrac{1}{10}, j = 0, 1, 2, \cdots, 9$.试求随机变量 $\eta = \sum_{i=1}^{\infty} \dfrac{\xi_i}{10^i}$ 的分布.

解 当 $0 \leqslant x \leqslant 1$ 时,设 $x = 0.j_1 j_2 j_3 \cdots$,其中 $j_k = 0, 1, 2, \cdots, 9; k = 1, 2, \cdots$,又由题设 ξ_i 相互独立且同分布于 $P\{\xi_n = j\} = \dfrac{1}{10}, j = 0, 1, \cdots, 9$,故

$$F_\eta(x) = P\{\eta < x\} = P\left\{\sum_{i=1}^{\infty} \frac{\xi_i}{10^i} < 0.j_1 j_2 j_3 \cdots\right\} = P\left\{\sum_{i=1}^{\infty} \frac{\xi_i}{10^i} < \sum_{i=1}^{\infty} \frac{j_i}{10^i}\right\} =$$

$$\sum_{i=1}^{\infty} P\{\xi_1 = j_1, \xi_2 = j_2, \cdots, \xi_i = j_i, \xi_{i+1} < j_{i+1}\} = \sum_{i=0}^{\infty} \frac{1}{10^2} \cdot \frac{j_{i+1}}{10^{i+1}} = \sum_{i=1}^{\infty} \frac{j_i}{10^i} = x$$

又由 $0 \leqslant \eta \leqslant 1$ 可知:当 $x < 0$ 时,$F_\eta(x) = 0$;当 $x > 1$ 时,$F_\eta(x) = 1$.故

$$F_\eta(x) = \begin{cases} 0, & x < 0 \\ x, & 0 \leqslant x \leqslant 1 \\ 1, & x > 1 \end{cases}$$

即 η 服从 $[0,1]$ 上的均匀分布.

2. 连续型问题

与一维随机变量类同,二维离散型随机变量的概率分布以其直观、醒目地反映它们的统计规律.而对于(多元)连续型随机变量而言,一是其点的个数无法一一列举;二是它取特定值的概率是 0.这样希望能够找到它取值落在任何区间(域)上的概率描述.

连续型随机变量的分布函数或概率密度可以实现此目的.

下面来看关于二维连续型随机变量分布问题的例子.

例1 如图2.3,设随机变量(X,Y)在矩形域$D:a\leqslant x\leqslant b,c\leqslant y\leqslant d$上服从均匀分布(即分布密度$f(x,y)$在此区域上为常数).(1)求联合分布密度;(2)检验随机变量X,Y是否独立;(3)求(X,Y)的联合分布函数.

解 (1)设(X,Y)的分布密度函数为$f(x,y)$,由题设

$$f(x,y)=\begin{cases}\varphi, & a\leqslant x\leqslant b,c\leqslant y\leqslant d\\ 0, & \text{其他}\end{cases}$$

这里φ待定.又$\int_{-\infty}^{+\infty}\int_{-\infty}^{+\infty}f(x,y)\mathrm{d}x\mathrm{d}y=1$,有

$$\int_a^b\int_c^d\varphi\mathrm{d}x\mathrm{d}y=1$$

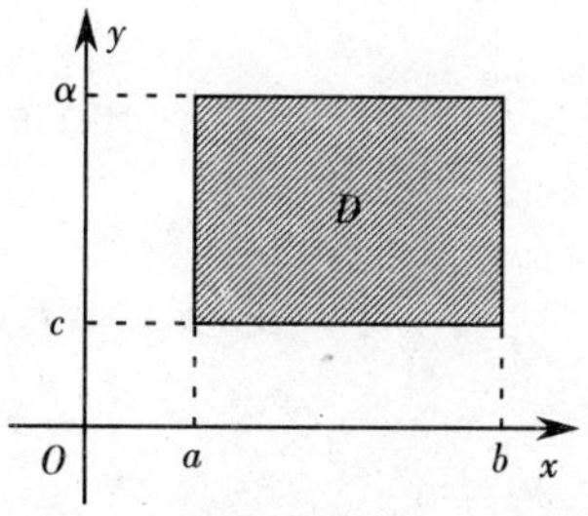

即$\varphi(b-a)(d-c)=1$,得$\varphi=1/[(b-a)(c-d)]$.

故

$$f(x,y)=\begin{cases}\dfrac{1}{(b-a)(c-d)}, & a\leqslant x\leqslant b,c\leqslant y\leqslant d\\ 0, & \text{其他}\end{cases}$$

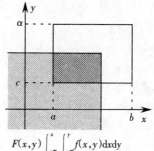

图 2.3

(2)显然X,Y的边缘分布密度$f_X(x),f_Y(y)$为

$$f_X(x)=\int_{-\infty}^{+\infty}f(x,y)\mathrm{d}y=\begin{cases}\int_c^d\dfrac{\mathrm{d}y}{(b-a)(d-c)}=\dfrac{1}{b-a}, & a\leqslant x\leqslant b\\ 0, & \text{其他}\end{cases}$$

$$f_Y(y)=\int_{-\infty}^{+\infty}f(x,y)\mathrm{d}x=\begin{cases}\int_a^b\dfrac{\mathrm{d}x}{(b-a)(d-c)}=\dfrac{1}{d-c}, & c\leqslant y\leqslant d\\ 0, & \text{其他}\end{cases}$$

$F(x,y)\int_{-\infty}^x\int_{-\infty}^y f(x,y)\mathrm{d}x\mathrm{d}y$

图 2.4

由$f_X(x)\cdot f_Y(y)=f(x,y)$,知$X,Y$互相独立.

(3)由题设(X,Y)的分布函数为

$$F(x,y)=\int_{-\infty}^x\int_{-\infty}^y f(x,y)\mathrm{d}x\mathrm{d}y=\begin{cases}0,\\ \int_a^x\int_c^y\dfrac{\mathrm{d}x\mathrm{d}y}{(b-a)(d-c)}\\ \int_a^x\int_c^d\dfrac{\mathrm{d}x\mathrm{d}y}{(b-a)(d-c)}\\ \int_a^b\int_c^y\dfrac{\mathrm{d}x\mathrm{d}y}{(b-a)(d-c)}\\ 1,\end{cases}=\begin{cases}0, & x\leqslant a\text{ 或 }y\leqslant c\\ \dfrac{(x-a)(y-c)}{(b-a)(d-c)}, & a\leqslant x\leqslant b,c\leqslant y\leqslant d\\ \dfrac{x-a}{b-a}, & a\leqslant x\leqslant b,y\geqslant d\\ \dfrac{y-c}{d-c}, & x\geqslant b,c\leqslant y\leqslant d\\ 1, & x\geqslant b,y\geqslant d\end{cases}$$

例2 设随机变量X的区间$(0,1)$上服从均匀分布,在$X=x(0<x<1)$的条件下,随机变量Y在区间$(0,x)$上服从均匀分布,求:(1)随机变量X和Y的联合概率密度;(2)Y的概率密度;(3)概率$P\{X+Y>1\}$.

解 (1)X的概率密度为

$$f_X(x)=\begin{cases}1, & 0<x<1\\ 0, & \text{其他}\end{cases}$$

在$X=x(0<x<1)$条件下,Y的条件密度为

$$f_{Y|X}(y|x)=\begin{cases}\dfrac{1}{x}, & 0<y<x\\ 0, & \text{其他}\end{cases}$$

当 $0 < y < x < 1$ 时,随机变量 X 和 Y 的联合概率密度为
$$f(x,y) = f_X(x) f_{Y|X}(y \mid x) = \frac{1}{x}$$
在其他点 (x,y) 处,有 $f(x,y) = 0$,即
$$f(x,y) = \begin{cases} \dfrac{1}{x}, & 0 < y < x < 1 \\ 0, & 其他 \end{cases}$$

(2) 当 $0 < y < 1$ 时,Y 的概率密度为
$$f_Y(y) = \int_{-\infty}^{+\infty} f(x,y)\,\mathrm{d}x = \int_y^1 \frac{1}{x}\mathrm{d}x = k\ln y$$
当 $y \leqslant 0$ 或 $y \geqslant 1$ 时, $f_Y(y) = 0$. 因此
$$f_Y(y) = \begin{cases} -\ln y, & 0 < y < 1 \\ 0, & 其他 \end{cases}$$

(3) 所求概率为
$$P\{X+Y > 1\} = \iint_{x+y>1} f(x,y)\,\mathrm{d}x\mathrm{d}y = \int_{\frac{1}{2}}^1 \mathrm{d}x \int_{1-x}^x \frac{1}{x}\mathrm{d}y = \int_{\frac{1}{2}}^1 \left(2 - \frac{1}{x}\right)\mathrm{d}x = 1 - \ln 2$$

例 3 已知随机变量 X 和 Y 的联合密度为
$$\psi(x,y) = \begin{cases} 4xy, & 0 \leqslant x \leqslant 1, 0 \leqslant y \leqslant 1 \\ 0, & 其他 \end{cases}$$
求 X 和 Y 的联合分布函数 $F(x,y)$.

解 由题设结合图 2.5 分段讨论如下:

(1) 当 $x < 0$ 或 $y < 0$ 时,$F(x,y) = P\{X \leqslant x, Y \leqslant y\} = 0$.

(2) 当 $0 \leqslant x \leqslant 1, 0 \leqslant y \leqslant 1$ 时,$F(x,y) = 4\int_0^x \int_0^y xy\,\mathrm{d}x\mathrm{d}y = x^2 y^2$.

(3) 当 $x > 1, y > 1$ 时,$F(x,y) = 1$.

(4) 当 $x > 1, 0 \leqslant y \leqslant 1$ 时,$F(x,y) = P\{X \leqslant 1, Y \leqslant y\} = \int_0^1 \mathrm{d}x \int_0^y 4xy\,\mathrm{d}y = y^2$.

(5) 当 $0 \leqslant x \leqslant 1, y > 1$ 时,$F(x,y) = \int_0^x 2x \int_0^1 2y\,\mathrm{d}y = x^2$.

故 X 和 Y 的联合分布函数为
$$F(x,y) = \begin{cases} 0, & x < 0 \text{ 或 } y < 0 \\ x^2 y^2, & 0 \leqslant x \leqslant 1, 0 \leqslant y \leqslant 1 \\ x^2, & 0 \leqslant x \leqslant 1, y > 1 \\ y^2, & x > 1, 0 \leqslant y \leqslant 1 \\ 1, & x > 1, y > 1 \end{cases}$$

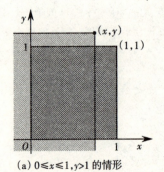

(a) $0 \leqslant x \leqslant 1, y > 1$ 的情形

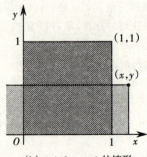

(b) $x > 1, 0 \leqslant y \leqslant 1$ 的情形

图 2.5

下面的例子是关于概率分布中密度函数性质问题的.

例 4 (1) 试问 $P(X=n) = \frac{1}{n(n-1)}(n \geqslant 2$ 的自然数) 是随机变量 X 的一种概率分布吗？为什么？

(2) 设 f, g 和 h 是 3 个密度函数，对于 $\alpha \geqslant 0; \beta \geqslant 0; \gamma \geqslant 0$，要使 $\alpha f + \beta g + \gamma h$ 是密度函数，α, β, γ 应满足什么条件？

解 (1) 由 $P\{X=n\} = \frac{1}{n(n-1)} \geqslant 0 (n=2,3,\cdots)$，又

$$\sum_{n=2}^{\infty} P\{X=n\} = \sum_{n=2}^{\infty} \frac{1}{n(n-1)} = \sum_{n=2}^{\infty} \left(\frac{1}{n-1} - \frac{1}{n}\right) = \lim_{n \to +\infty}\left(1 - \frac{1}{n}\right) = 1$$

故 $P\{X=n\} = \frac{1}{n(n-1)}(n \geqslant 2)$ 是随机变量 X 的概率分布.

(2) 因为 f, g, h 为概率密度函数，故 $f \geqslant 0, g \geqslant 0, h \geqslant 0$，且

$$\int_{-\infty}^{+\infty} f \mathrm{d}x = \int_{-\infty}^{+\infty} g \mathrm{d}x = \int_{-\infty}^{+\infty} h \mathrm{d}x = 1$$

由于 $\alpha \geqslant 0, \beta \geqslant 0, \gamma \geqslant 0$，故 $\alpha f + \beta g + \gamma h \geqslant 0$.

又 $\alpha f + \beta g + \gamma h$ 为密度函数，必须 $\int_{-\infty}^{+\infty}(\alpha f + \beta g + \gamma h)\mathrm{d}x = 1$. 即

$$\alpha \int_{-\infty}^{+\infty} f \mathrm{d}x + \beta \int_{-\infty}^{+\infty} g \mathrm{d}x + \gamma \int_{-\infty}^{+\infty} h \mathrm{d}x = 1$$

亦即 $\alpha + \beta + \gamma = 1$.

上例的后一问题，为连续型随机变量问题. 下面再来看几个例子.

二、随机变量函数的概率分布

(一) 一元(维) 的情形

对于离散型随机变量函数的分布问题，一般用**定义法**. 对于连续型问题常用：

① **公式法**. 若 $X \sim \varphi_X(x), Y = g(x), y = g(x)$ 严格单调，且其反函数有一阶连续导数，则

$$\varphi_Y(y) = \begin{cases} \varphi_X(h(y) \mid h(y)), & y \in g(x) \text{ 值域} \\ 0, & \text{其他} \end{cases}$$

② **定义法**. 先求 $F_Y(y) = P\{Y \leqslant y\} = P\{g(x) \leqslant y\} = \int_{g(x) \leqslant y} \varphi_X(x) \mathrm{d}x$，于是 $\varphi_Y(y) = F_Y'(y)$.

1. 求分布函数

下面是关于随机变量的函数分布问题.

例 1 设随机变量 ξ 的概率密度函数为

$$\varphi_\xi(x) = \begin{cases} \frac{x^2}{81}, & -3 < x < 6 \\ 0, & \text{其他} \end{cases}$$

求随机变量 $\eta = \frac{1}{3}(12 - \xi)$ 的概率密度函数.

解 因函数 $y = \frac{1}{3}(12 - x)$ 的反函数为 $x = 12 - 3y$，且当 $-3 < x < 6$ 时，有 $2 < y < 5$，因而连续型随机变量 η 的分布函数为

$$F(y) = P\{\eta < y\} = P\left\{\frac{1}{3}(12 - \xi) < y\right\} = P\{\xi > 12 - 3y\} =$$

$$1 - P\{\xi \leqslant 12 - 3y\} = 1 - \int_{-3}^{12-3y} \frac{x^2}{81} \mathrm{d}x, \quad 2 < y < 5$$

故随机变量 η 的概率密度函数为

$$\varphi_\eta(y) = F'(y) = -\frac{1}{81}(12-3y)^2(-3) = \frac{1}{3}(4-y)^2,\ 2 < y < 5$$

当 $y < 2$ 和 $y < 5$ 时,$\varphi_\eta(y) = 0$,综上有

$$\varphi_\eta(y) = \begin{cases} \dfrac{1}{3}(4-y)^2, & 2 < y < 5 \\ 0, & \text{其他} \end{cases}$$

例 2　设随机变量 ξ 的密度函数为

$$f(x) = \begin{cases} C\,|\cos x|, & 0 \leqslant x \leqslant 2\pi \\ 0, & \text{其他} \end{cases}$$

(1) 求常数 C;(2) 写出 ξ 的分布函数.

解　(1) 由概率密度函数及余弦函数性质有

$$1 = \int_{-\infty}^{+\infty} f(x)\mathrm{d}x = \int_0^{2\pi} C\,|\cos x|\,\mathrm{d}x = 4C\int_0^{\frac{\pi}{2}}\cos x\,\mathrm{d}x = 4C$$

故 $C = \dfrac{1}{4}$.

(2) 由 $F(x) = \int_{-\infty}^{x} f(t)\mathrm{d}t$,考虑到余弦函数性质分段讨论之:

当 $0 < x \leqslant \dfrac{\pi}{2}$ 时,有

$$\int_{-\infty}^{x} f(t)\mathrm{d}t = \frac{1}{4}\int_0^x \cos t\,\mathrm{d}x = \frac{1}{4}\sin x$$

当 $\dfrac{\pi}{2} < x \leqslant \dfrac{3\pi}{2}$ 时,有

$$\int_{-\infty}^{x} f(t)\mathrm{d}t = \frac{1}{4}\int_0^{\frac{\pi}{2}}\cos t\,\mathrm{d}t + \frac{1}{4}\int_{\frac{\pi}{2}}^{x}(-\cos t)\mathrm{d}t = \frac{1}{2} - \frac{1}{4}\sin x$$

当 $\dfrac{3\pi}{2} < x \leqslant 2\pi$ 时,有

$$\int_{-\infty}^{x} f(t)\mathrm{d}t = \frac{1}{4}\int_0^{\frac{\pi}{2}}\cos t\,\mathrm{d}t + \frac{1}{4}\int_{\frac{\pi}{2}}^{\frac{3\pi}{2}}(-\cos t)\mathrm{d}t + \frac{1}{4}\int_{\frac{3\pi}{2}}^{x}\cos t\,\mathrm{d}t = 1 + \frac{1}{4}\sin x$$

综上有

$$F(x) = \begin{cases} 0, & x \leqslant 0 \\ \dfrac{1}{4}\sin x, & 0 < x \leqslant \dfrac{\pi}{2} \\ \dfrac{1}{2} - \dfrac{1}{4}\sin x, & \dfrac{\pi}{2} < x \leqslant \dfrac{3\pi}{2} \\ 1 + \dfrac{1}{4}\sin x, & \dfrac{3\pi}{2} < x \leqslant 2\pi \\ 1, & x > 2\pi \end{cases}$$

例 3　设随机变量 X 的概率密度为

$$f(x) = \begin{cases} \dfrac{1}{3\sqrt[3]{x^2}}, & x \in [1,8] \\ 0, & \text{其他} \end{cases}$$

若 $F(x)$ 是 X 的分布函数.求随机变量 $Y = F(X)$ 的分布函数.

解　易见,当 $x < 1$ 时,$F(x) = 0$;当 $x > 8$ 时,$F(x) = 1$.对于 $x \in [1,8]$ 有

$$F(x) = \int_1^x \frac{1}{3\sqrt[3]{t^2}}\mathrm{d}t = \sqrt[3]{x} - 1$$

设 $G(y)$ 是随机变量 $Y = F(X)$ 的分布函数.

显然, 当 $y < 0$ 时, $G(y) = 0$; 当 $y \geqslant 1$ 时, $G(y) = 1$. 对于 $y \in [0,1]$, 有

$$G(y) = P\{Y \leqslant y\} = P\{F(X) \leqslant y\} = P\{\sqrt[3]{X} - 1 \leqslant y\} = P\{X \leqslant (y+1)^3\} = F[(y+1)^3] = y$$

于是 $Y = F(X)$ 的分布函数为

$$G(y) = \begin{cases} 0, & y < 0 \\ y, & 0 \leqslant y < 1 \\ 1, & y \geqslant 1 \end{cases}$$

注 若对 $G(y)$ 换个角度思考, 注意到 $f(x)$ 单调性, 当 $0 < y < 1$ 时, 有

$$G(y) = P\{Y \leqslant y\} = P\{F(X) \leqslant y\} = P\{X \leqslant F^{-1}(y)\} = F[F^{-1}(y)] = y$$

可以看出 Y 的分布函数 $G(y)$ 与 X 的密度函数无关, 故有一般形式的结论:

命题 对于随机变量 X, 若其分布函数为存在反函数的连续函数 $F(x)$, 则随机变量 $Y = F(X)$ 的分布函数为

$$G(y) = \begin{cases} 0, & y < 0 \\ y, & 0 \leqslant y < 1 \\ 1, & y \geqslant 1 \end{cases}$$

接下来看一个证明问题, 其实它不过是上例注中命题的特例或变形.

例 4 假设随机变量 X 服从参数为 2 的指数分布, 证明: $Y = 1 - e^{-2X}$ 在区间 $(0,1)$ 上服从均匀分布.

证 由题设知 X 的概率密度函数为

$$f(x) = \begin{cases} 2e^{-2x}, & x \geqslant 0 \\ 0, & x < 0 \end{cases}$$

设 $y = g(x) = 1 - e^{-2x}$, 其反函数为

$$x = h(y) = -\frac{1}{2}\ln(1-y), \quad h'(y) = \frac{-1}{2(1-y)}$$

于是 Y 的密度函数为

$$\varphi(y) = \begin{cases} f[h(y)] \, |h'(y)|, & 0 < y < 1 \\ 0, & \text{其他} \end{cases} = \begin{cases} 1, & 0 < y < 1 \\ 0, & \text{其他} \end{cases}$$

故 $Y = 1 - e^{-2X}$ 服从 $(0,1)$ 上的均匀分布.

注 如前所言, 此问题亦有一般性. 换言之, 结论可以推广. 此外, 问题还可解如:

证 若 $G(y)$ 是 Y 的分布函数, 则

$$G(y) = P\{Y \leqslant y\} = P\{1 - e^{-2X} \leqslant y\} = \begin{cases} 0, & y \leqslant 0 \\ P\{X \leqslant -\frac{1}{2}\ln(1-y)\}, & 0 < y < 1 \\ 1, & y \geqslant 1 \end{cases} = \begin{cases} 0, & y \leqslant 0 \\ y, & 0 < y < 1 \\ 1, & y \geqslant 1 \end{cases}$$

故知 Y 在 $(0,1)$ 上服从均匀分布.

例 5 如图 2.6, 设随机变量 ξ 在 $\left[-\frac{1}{2}, \frac{1}{2}\right]$ 上服从均匀分布, 又函数

$$g(x) = \begin{cases} 0, & x \leqslant 0 \\ \ln x, & x > 0 \end{cases}$$

求 $g(\xi)$ 的分布函数.

解 由题设知, ξ 的密度函数为

$$f_\xi(x) = \begin{cases} 1, & x \in \left[-\frac{1}{2}, \frac{1}{2}\right] \\ 0, & \text{其他} \end{cases}$$

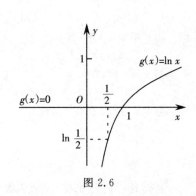

图 2.6

故
$$F_{g(\xi)}(y) = P\{g(\xi) < y\} = \int_{g(x)<y} f_\xi(x)dx = \int_{\substack{g(x)<y \\ |x|\leqslant \frac{1}{2}}} dx$$

当 $y \leqslant \ln\frac{1}{2}$ 时,$F_{g(\xi)}(y) = \int_0^{e^y} dx = e^y$;

当 $\ln\frac{1}{2} < y \leqslant 0$ 时,$F_{g(\xi)}(y) = \int_0^{\frac{1}{2}} dx = \frac{1}{2}$;

当 $y > 0$ 时,$F_{g(\xi)}(y) = \int_{-\frac{1}{2}}^{\frac{1}{2}} dx = 1$.

故 $g(\xi)$ 的分布函数为

$$F_{g(\xi)}(y) = \begin{cases} e^y, & y \leqslant \ln\frac{1}{2} \\ \frac{1}{2}, & \ln\frac{1}{2} < y \leqslant 0 \\ 1, & y > 0 \end{cases}$$

注 若命题中还要求 $g(\xi)$ 的数学期望和方差 $E[g(\xi)]$ 和 $D[g(\xi)]$,也不难求得

$$E[g(\xi)] = -\frac{1}{2}(1+\ln 2), \quad D[g(\xi)] = \frac{1}{4}\ln^2 2 + \frac{3}{4}$$

例 6 设随机变量 X 的概率密度为

$$f(x) = \begin{cases} 2x, & 0 < x < 1 \\ 0, & \text{其他} \end{cases}$$

现对 X 进行 n 次独立重复观测,以 V_n 表示观测值不大于 0.1 的次数.试求随机变量 V_n 的概率分布.

解 由题设有事件"观测值不大于 0.1"的概率为

$$p = P\{X \leqslant 0.1\} = \int_{-\infty}^{0.1} f(x)dx = \int_0^{0.1} 2xdx = 0.01$$

V_n 服从参数为 (n,p) 的二项分布 $\mathcal{B}(n,p)$,故有

$$P\{V_n = m\} = C_n^m (0.01)^m (0.09)^{n-m}, \quad m = 1, 2, \cdots, n$$

下面是一个十分重要的命题,它不仅耐人寻味,而且有用.

例 7 设 X 是有连续分布函数 $F(x)$ 的随机变量,令 $Y = F(x)$,求 Y 的分布函数和概率密度函数.

解 由题设 $F(x)$ 是分布函数,知 $F(x)$ 单调不减,且 $0 \leqslant F(x) \leqslant 1$.

定义函数 $F^{-1}(y) = \inf\{x \mid F(x) > y\}, 0 \leqslant y \leqslant 1$.(这里 inf 表示"下确界",即使 $F(x) > y$ 最大的 x,或使之成立的最大的下界)

当 $y < 0$ 时,有

$$F_Y(y) = P\{Y \leqslant y\} = P\{F(X) \leqslant y\} = 0$$

当 $0 \leqslant y < 1$ 时,有

$$F_Y(y) = P\{Y \leqslant y\} = P\{F(X) \leqslant y\} = P\{X \leqslant F^{-1}(y)\} = F\{F^{-1}(y)\} = y$$

当 $y \geqslant 1$ 时,有

$$F_Y(y) = P\{Y \leqslant y\} = P\{F(x) \leqslant y\} = 1$$

故 $Y = F(x)$ 的分布函数为

$$F_Y(y) = \begin{cases} 0, & y < 0 \\ y, & 0 \leqslant y \leqslant 1 \\ 1, & y > 1 \end{cases}$$

从而 $Y = F(x)$ 的概率密度函数为

$$f_Y(y) = \begin{cases} 1, & 0 \leqslant y \leqslant 1 \\ 0, & \text{其他} \end{cases}$$

注 这个结论揭示的有趣事实是重要的,且可作为命题用.

下面是两则应用题,它与所谓机器故障有关.

例8 假设一设备开机后无故障工作的时间 X 服从指数分布,平均无故障工作的时间 $E(X)$ 为 $5\,\text{h}$. 设备定时开机,出现故障时自动关机,而在无故障的情况下工作 $2\,\text{h}$ 便关机. 试求该设备每次开机无故障工作的时间 Y 的分布函数 $F(y)$.

解1 参数为 λ 的指数分布均值(期望)为 $\dfrac{1}{\lambda}$,故题设的分布参数 $\lambda = \dfrac{1}{E(X)} = \dfrac{1}{5}$.

依题意 $Y = \min\{X, 2\}$. 显然,对于 $y < 0, F(y) = 0$;对于 $y \geqslant 2, F(y) = 1$.

当 $0 \leqslant y < 2$ 时,有

$$F(y) = P\{Y \leqslant y\} = P\{\min\{X, 2\} \leqslant y\} = P\{X \leqslant y\} = 1 - e^{-\frac{y}{5}}$$

故

$$F(y) = \begin{cases} 0, & y < 0 \\ 1 - e^{-\frac{y}{5}}, & 0 \leqslant y < 2 \\ 1, & y \geqslant 2 \end{cases}$$

解2 同解1知 $\lambda = \dfrac{1}{5}$,且 $Y = \min\{X, 2\}$,因为

$$F(y) = P\{Y \leqslant y\} = P\{\min\{X, 2\} \leqslant y\} = 1 - P\{\min\{X, 2\} > y\} =$$
$$1 - P\{X > y, 2 > Y\} = 1 - P\{X > y\}P\{Y < 2\}$$

当 $y \geqslant 2$ 时,$P\{Y < 2\} = 0$,则 $F(y) = 1$;当 $y < 2$ 时,$P\{Y < 2\} = 1$,则

$$F(y) = 1 - P\{X > y\} = P\{X \leqslant y\} = \begin{cases} 1 - e^{-\frac{y}{5}}, & y \geqslant 0 \\ 0, & y < 0 \end{cases}$$

故

$$F(y) = \begin{cases} 0, & y < 0 \\ 1 - e^{-\frac{y}{5}}, & 0 \leqslant y < 2 \\ 1, & y \geqslant 2 \end{cases}$$

例9 假设一电路装有 3 个同种电气元件,其工作状态相互独立,且无故障工作时间都服从参数为 $\lambda > 0$ 的指数分布. 当 3 个元件都无故障时,电路正常工作,否则整个电路不能正常工作. 试求电路正常工作的时间 T 的概率分布.

解1 设 $T_i(i=1,2,3)$ 表示第 i 个元件无故障时间,则 T_1, T_2, T_3 相互独立同分布,其分布函数为

$$G(t) = \begin{cases} 1 - e^{-\lambda t}, & t \geqslant 0 \\ 0, & t < 0 \end{cases}$$

依题意 $T = \min\{T_1, T_2, T_3\}$. 设其分布函数为 $F(t)$,则当 $t \leqslant 0$ 时,$F(t) = 0$.

当 $t > 0$ 时,有

$$F(t) = P\{T \leqslant t\} = 1 - P\{T > t\} = 1 - P\{T_1 > t, T_2 > t, T_3 > t\} =$$
$$1 - P\{T_1 > t\} \cdot P\{T_2 > t\} \cdot P\{T_3 > t\} = 1 - [1 - G(t)]^3 = 1 - e^{-3\lambda t}$$

故 T 服从参数为 3λ 的指数分布.

注 显然,这个问题类似于前面曾介绍过的例子,其实质是求随机变量 $Y = \min\{X_1, X_2, \cdots, X_n\}$ 分布函数的变形或特例而已,详见前面的例与注.

解2 依题意,一个元件无故障工作时间 T_1 的概率密度函数为

$$f(t) = \begin{cases} \lambda e^{-\lambda t}, & t \geqslant 0 \\ 0, & t < 0 \end{cases}$$

设所求分布函数为 $F(t)$，显然当 $t \leqslant 0$ 时，$F(t)=0$. 今考虑 $t>0$ 的情形.

设 $A = \{$在 t 时间内一个元件无故障$\}$，则事件 A = 事件 $\{T_1 > t\}$.

又设 $X = \{$在 t 时间内 3 个元件中无故障的个数$\}$，则 $X \sim \mathscr{B}(3,p)$，其中

$$p = P(A) = P\{T_1 > t\} = \int_t^{+\infty} \lambda e^{-\lambda t} dt = e^{-\lambda t}$$

由事件 $\{T > t\}$ 和 $\{X = 0\}$ 都表示在 t 时间内 3 个元件无故障，故它们是等价的. 于是

$$F(t) = P\{T \leqslant t\} = 1 - P\{T > t\} = 1 - P\{X = 0\} = 1 - (e^{-\lambda t})^3 = 1 - e^{-3\lambda t}$$

因而 T 服从参数为 3λ 的指数分布.

2. 求概率密度

下面是一些求随机变量函数的概率密度问题.

例1 设随机变量 X 的概率密度为 $f_X(x) = \begin{cases} e^{-x}, & x \geqslant 0 \\ 0, & x < 0 \end{cases}$. 求随机变量 $Y = e^X$ 的概率密度 $f_Y(y)$.

解1（直接法） Y 的分布函数为 $F_Y(y) = P\{X \leqslant y\} = P\{e^X \leqslant y\}$.

当 $y < 1$ 时，由 $e^x \leqslant y$ 知 $X < 0$，因此

$$F_Y(y) = P\{e^x \leqslant y\} = P\{X < 0\} = 0$$

当 $y \geqslant 1$ 时，有

$$F_Y(y) = P\{e^x \leqslant y\} = P\{X \leqslant \ln y\} = \int_0^{\ln y} e^{-x} dx = 1 - \frac{1}{y}$$

综上

$$F_Y(y) = \frac{d}{dy} F_Y(y) = \begin{cases} 0, & y < 1 \\ \dfrac{1}{y^2}, & y \geqslant 1 \end{cases}$$

解2（公式法） 设 $y = g(x) = e^x$. 仅考虑 X 的密度函数取正值的区间 $x > 0$. 此时可有 $y > 1$，则 $g(x)$ 的反函数是 $x = h(y) \ln y$. 于是

$$F_Y(y) = \begin{cases} f_X[h(y)] |h'(y)|, & y > 1 \\ 0, & y \leqslant 1 \end{cases} = \begin{cases} \dfrac{1}{y^2}, & y \geqslant 1 \\ 0, & y < 1 \end{cases}$$

注 下面的命题与例类同.

命题 设随机变量 $X \sim N(\mu, \sigma^2)$，试求 $Y = e^x$ 的分布函数 $F_Y(y)$ 及概率密度.

解 由设及随机变量分布函数公式有

$$F_Y(y) = P\{Y < y\} = P\{e^x < y\}$$

当 $y \leqslant 0$ 时，$P\{e^x < y\} = 0$；

当 $y > 0$ 时，$P\{e^x < y\} = P\{x < \ln y\} = \int_{-\infty}^{\ln y} \frac{1}{\sqrt{2\pi}\sigma} e^{-\frac{(x-\mu)^2}{2\sigma^2}} dx$.

故

$$f_Y(y) = F_Y'(y) = \begin{cases} 0, & y \leqslant 0 \\ \dfrac{1}{\sqrt{2\pi}\sigma y} e^{-\frac{(\ln y - \mu)^2}{2\sigma_2^2}}, & y > 0 \end{cases}$$

例2 设随机变量 X 的概率密度函数为 $f_X(x) = \dfrac{1}{\pi(1+x^2)}$，求随机变量 $Y = 1 - \sqrt[3]{X}$ 的概率密度函数 $F_Y(y)$.

解1（直接计算法） 对于任意 $y \in (-\infty, +\infty)$，Y 的分布函数为

$$F_Y(y) = P\{Y \leqslant y\} = P\{1 - \sqrt[3]{X} \leqslant y\} = P\{X \geqslant (1-y^3)\} = \int_{(1-y)^3}^{+\infty} \frac{dx}{\pi(1+x^2)}$$

因此

$$F_Y(y) = \frac{\mathrm{d}}{\mathrm{d}y}F_Y(y) = \frac{3(1-y)^2}{\pi[1+(1-y)^6]}$$

解 2(反函数公式法) 设 $y = g(x) = 1 - \sqrt[3]{x}$,则其反函数为 $x = h(y) = (1-y)^3$, $h'(y) = -3(1-y)^2$,其中 $y \in (-\infty, +\infty)$. 于是

$$F_Y(y) = f_X[h(y)]\,|\,h'(y)\,| = \frac{3(1-y)^3}{\pi[1+(1-y)^6]}$$

上面的问题与前例无异.

例 3 假设随机变量 X 在区间 $(1,2)$ 上服从均匀分布,试求随机变量 $Y = \mathrm{e}^{2X}$ 的概率密度 $f(y)$.

解 1(直接计算法) X 的密度函数为

$$p(x) = \begin{cases} 1, & 1 < x < 2 \\ 0, & \text{其他} \end{cases}$$

当 $1 < x < 2$ 时,$y = \mathrm{e}^{2x}$ 的取值范围是 $\mathrm{e}^2 < y < \mathrm{e}^4$. 于是 Y 的分布函数为

$$F(y) = P\{Y \leqslant y\} = P\{\mathrm{e}^{2X} \leqslant y\} = \begin{cases} 0, & y \leqslant \mathrm{e}^2 \\ \int_1^{\frac{1}{2}\ln y} \mathrm{d}x, & \mathrm{e}^2 < y < \mathrm{e}^4 \\ 1, & y \geqslant \mathrm{e}^4 \end{cases}$$

上式求导得

$$f(y) = F'(y) = \begin{cases} 0, & y < \mathrm{e}^2 \\ \dfrac{1}{2y}, & \mathrm{e}^2 < y < \mathrm{e}^4 \\ 0, & y > \mathrm{e}^4 \end{cases}$$

再令 $f(\mathrm{e}^2) = 0, f(\mathrm{e}^4) = 0$,得

$$f(y) = \begin{cases} \dfrac{1}{2y}, & \mathrm{e}^2 < y < \mathrm{e}^4 \\ 0, & \text{其他} \end{cases}$$

解 2(反函数公式法) X 的密度函数为

$$p(x) = \begin{cases} 1, & 0 < x < 2 \\ 0, & \text{其他} \end{cases}$$

设 $y = g(x) = \mathrm{e}^{2x}$,其反函数 $x = h(y) = \dfrac{1}{2}\ln y$,且 $h'(y) = \dfrac{1}{2y}$.

再令 $\alpha = \min\{g(1), g(2)\} = \mathrm{e}^2$,$\beta = \max\{g(1), g(2)\} = \mathrm{e}^4$.
于是

$$f(y) = \begin{cases} p[h(y)]\{h'(y)\}, & \alpha < y < \beta \\ 0, & \text{其他} \end{cases} = \begin{cases} \dfrac{1}{2y}, & \mathrm{e}^2 < y < \mathrm{e}^4 \\ 0, & \text{其他} \end{cases}$$

(二) 多元(维)的情形

多元随机变量函数问题常见的是二维问题,说到底还是要先求出它们的分布,再依所给函数去求解它的分布.

对于连续型随机变量函数问题,若知 (X,Y) 的联合密度为 $\varphi(x,y)$,则 $Z = g(X,Y)$ 的密度可先从其分布函数入手

$$F_Z(z) = P\{Z \leqslant z\} = P\{g(X,Y) \leqslant z\} = \iint_{g(x,y) \leqslant z} \varphi(x,y)\mathrm{d}x\mathrm{d}y$$

则 $Z = g(X,Y)$ 的概率密度 $\varphi_Z(z) = F_Z'(z)$.

1. 多元离散型随机变量函数的分布

例 1 设随机变量 X 与 Y 相互独立,其中 X 的概率分布为

$$X \sim \begin{pmatrix} 1 & 2 \\ 0.3 & 0.7 \end{pmatrix}$$

而 Y 的概率密度为 $f(y)$,求随机变量 $U = X + Y$ 的概率密度 $g(u)$.

解 设 $F(y)$ 是 Y 的分布函数,则由全概率公式知 $U = X + Y$ 的分布函数为

$$G(u) = P\{X + Y \leqslant u\} = 0.3 P\{X + Y \leqslant u \mid X = 1\} + 0.7 P\{X + Y \leqslant u \mid X = 2\} =$$
$$0.3 P\{Y \leqslant u - 1 \mid X = 1\} + 0.7 P\{Y \leqslant u - 2 \mid X = 2\}$$

由题设随机变量 X 和 Y 相互独立,有

$$G(u) = 0.3 P\{Y \leqslant u - 1\} + 0.7 P\{Y \leqslant u - 2\} = 0.3 F(u-1) + 0.7 F(u-2)$$

由此得随机变量 $U = X + Y$ 的概率密度

$$g(u) = G'(u) = 0.3 F'(u-1) + 0.7 F'(u-2) = 0.3 f(u-1) + 0.7 f(u-2)$$

由于行列式 $\begin{vmatrix} x_1 & x_2 \\ x_3 & x_4 \end{vmatrix} = x_1 x_4 - x_2 x_3$ 无非是变元 $x_1 \sim x_4$ 的一种函数形式,因而涉及这类问题,无非是求 $x_1 x_4 - x_2 x_3$ 的相应问题而已,请看下题.

例 2 假设随机变量 X_1, X_2, X_3, X_4 相互独立,且同分布 $P\{X_i = 0\} = 0.6, P\{X_i = 1\} = 0.4$ ($i = 1, 2, 3, 4$). 求行列式 $X = \begin{vmatrix} X_1 & X_2 \\ X_3 & X_4 \end{vmatrix}$ 的概率分布.

解 1 由题设知 $X = X_1 X_4 - X_2 X_3$, 令 $Y_1 = X_1 X_4, Y_2 = X_2 X_3$, 则 $X = Y_1 - Y_2$, 随机变量 Y_1 和 Y_2 独立同分布. 又由题设及 X_i 的独立性有

$$P\{Y_1 = 1\} = P\{Y_2 = 1\} = P\{X_2 = 1, X_3 = 1\} = P\{X_2 = 1\} P\{X_3 = 1\} = 0.16$$

及

$$P\{Y_1 = 0\} = P\{Y_2 = 0\} = 1 - 0.16 = 0.84$$

随机变量 $X = Y_1 - Y_2$ 只有 3 个可能值 $-1, 0, 1$. 这样

$$P\{X = -1\} = P\{Y_1 = 0, Y_2 = 1\} = 0.84 \cdot 0.16 = 0.1344$$
$$P\{X = 1\} = P\{Y_1 = 1, Y_2 = 0\} = 0.16 \cdot 0.84 = 0.1344$$
$$P\{X = 0\} = 1 - 2 \cdot 0.1344 = 0.7312$$

于是, X 的概率分布为下表所示.

x	-1	0	1
$P\{X = x\}$	0.1344	0.7312	0.1344

解 2 记 $Y_1 = X_1 X_4, Y_2 = X_2 X_3$, 则 $X = Y_1 - Y_2$ 且 Y_1 与 Y_2 独立同分布

$$P\{Y_1 = 1\} = P\{Y_2 = 1\} = P\{X_2 = 1, X_3 = 1\} = 0.16$$
$$P\{Y_1 = 0\} = P\{Y_2 = 0\} = 1 - 0.16 = 0.84$$

于是可得 (Y_1, Y_2) 的联合分布和 X 取值概率表:

$Y_2 \backslash Y_1$	0	1
0	0.84^2	$0.16 \cdot 0.84$
1	$0.84 \cdot 0.16$	0.16^2

$Y_2 \backslash Y_1$	0	1
0	0.7056	0.1344
1	0.1344	0.0256

由此可有下表：

p_{ij}	(Y_1, Y_2)	$X = Y_1 - Y_2$
0.7056	(0,0)	0
0.1344	(0,1)	-1
0.1344	(1,0)	1
0.0256	(1,1)	0

故行列式 X 的概率分布为：

x	-1	0	1
$P\{X = x\}$	0.1344	0.7312	0.1344

这是一则连续、离散混合的随机变量问题. 它还遵循：离散型用求和，连续型用积分.

例3 设随机变量 X 与 Y 相互独立，X 的概率分布为 $P\{X = i\} = \dfrac{1}{3}$，其中 $i = -1, 0, 1. Y$ 的概率密度为

$$f_Y(y) = \begin{cases} 1, & 0 \leqslant y < 1 \\ 0, & \text{其他} \end{cases}$$

记 $Z = X + Y$，(1) 求 $P\left\{Z \leqslant \dfrac{1}{2} \mid X = 0\right\}$；(2) 求 Z 的概率密度 $f_z(z)$.

解 (1) 求题设及条件概率公式有

$$P\left\{Z \leqslant \dfrac{1}{2} \mid X = 0\right\} = \dfrac{P\left\{Z \leqslant \dfrac{1}{2}, X = 0\right\}}{P\{X = 0\}} = \dfrac{P\left\{Y \leqslant \dfrac{1}{2}\right\} P\{X = 0\}}{P\{X = 0\}} = \int_0^{\frac{1}{2}} dy = \dfrac{1}{2}$$

(2) 设 Z 的分布函数为 $F(z)$，则其值域非零时 z 的区间为 $[-1, 2]$，考虑分段：
当 $z < -1$ 时，$F(z) = 0$；当 $z > 2$ 时，$F(z) = 1$；当 $-1 \leqslant z < 2$ 时，有
$$F(z) = P\{Z < z\} = P\{X + Y < z\} = P\{X + Y < z \mid X = -1\} P\{X = -1\} +$$
$$P\{X + Y < z \mid X = 0\} P\{X = 0\} + P\{X + Y < z \mid X = 1\} P\{X = 1\} =$$
$$\dfrac{1}{3}[P\{Y < z + 1\} + P\{Y < z\} + P\{Y < z - 1\}] = \dfrac{1}{3}[F_Y(z+1) + F_Y(z) + F_Y(z-1)]$$

所以，Z 的分布密度函数为

$$f(z) = F'(z) = \dfrac{1}{3}[f_Y(z+1) + f_Y(z) + f_Y(z-1)] = \begin{cases} \dfrac{1}{3}, & -1 \leqslant z < 2 \\ 0, & \text{其他} \end{cases}$$

2. 多元连续型随机变量函数的分布

(1) 一般分布形式的概率密度或分布

先来看两个一般随机变量和的分布问题，例题中，概率密度是一个抽象函数，至于具体函数的此类问题不过是该问题的特例罢了.

例1 设 (X, Y) 的概率密度为 $f(x, y)$，又 $Z = X + Y$. 试求：(1) Z 的分布函数(写出两种形式)；(2) Z 的概率密度(即卷积公式，写出两种形式)；(3) 若 X, Y 相互独立，且概率密度分别为

$$f_X(x) = \begin{cases} x e^{-x}, & x > 0; \quad x > 0 \\ 0, & x \leqslant 0 \end{cases}$$

$$f_Y(x) = \begin{cases} y e^{-y}, & x > 0; \quad y > 0 \\ 0, & y \leqslant 0 \end{cases}$$

试求 $Z = X + Y$ 的概率密度.

解 (1) 设 Z 的分布函数为 $F(z)$,则

$$F(Z) = P\{Z \leqslant z\} = \iint_{x+y \leqslant z} f(x,y)\mathrm{d}x\mathrm{d}y = \int_{-\infty}^{+\infty}\left[\int_{-\infty}^{z-x}f(x,y)\mathrm{d}y\right]\mathrm{d}x$$

类似地可有

$$F(z) = \int_{-\infty}^{+\infty}\left[\int_{-\infty}^{z-y}f(x,y)\mathrm{d}x\right]\mathrm{d}y$$

(2) 由题设若 X,Y 相互独立,则有 $f(x,y) = f_X(x)f_Y(y)$,故

$$F(z) = \int_{-\infty}^{+\infty}\mathrm{d}y\int_{-\infty}^{z-y}f_X(x)f_Y(y)\mathrm{d}x = \int_{-\infty}^{z}\int_{-\infty}^{+\infty}f_X(u-y)f_Y(y)\mathrm{d}u$$

从而

$$f_Z(z) = F'(z) = \int_{-\infty}^{+\infty}f_X(u-y)f_Y(y)\mathrm{d}y$$

类似地可有

$$f_Z(z) = \int_{-\infty}^{+\infty}f_X(x)f_Y(z-x)\mathrm{d}x$$

(3) 由前面的结论可知:当 $z > 0$ 时,有

$$f_Z(z) = \int_{-\infty}^{+\infty}f_X(x)f_Y(z-x)\mathrm{d}x = \int_{0}^{z}xe^{-x}(z-x)e^{-(z-x)}\mathrm{d}x = e^{-z}\int_{0}^{z}(zx - x^2)\mathrm{d}x = \frac{1}{6}z^3 e^{-z}$$

当 $z \leqslant 0$ 时,$f_Z(z) = 0$.

综上

$$f_Z(z) = \begin{cases} \dfrac{1}{6}z^3 e^{-z} & z > 0 \\ 0, & z \leqslant 0 \end{cases}$$

注 类似的问题如:

问题 设随机变量 ξ,η 相互独立,且都服从概率密度为

$$f(x) = \begin{cases} e^{-x}, & x > 0 \\ 0, & x \leqslant 0 \end{cases}$$

的分布.(1) 求 $\xi + \eta$ 的分布密度;(2) 求 $E(\xi\eta)$.

略解 (1) 的解可仿例得到:由 ξ,η 的独立性知 $f(x,y) = f_\xi(x)f_\eta(y)$,则

$$f_Z(z) = \int_{-\infty}^{+\infty}f(x,z-x)\mathrm{d}x = \begin{cases} \int_{0}^{z}e^{-x}\mathrm{d}x = ze^{-z}, & z > 0 \\ 0, & z \leqslant 0 \end{cases}$$

(2) 只需注意到

$$E(\xi\eta) = E(\xi) \cdot E(\eta) = \int_{0}^{+\infty}xf_\xi(x)\mathrm{d}x \cdot \int_{0}^{+\infty}yf_\eta(y)\mathrm{d}y = \int_{0}^{+\infty}xe^{-x}\mathrm{d}x \cdot \int_{0}^{+\infty}ye^{-y}\mathrm{d}y =$$

$$\left(\int_{0}^{+\infty}xe^{-x}\mathrm{d}x\right)^2 = \left(-xe^{-x}\Big|_{0}^{+\infty} + \int_{0}^{+\infty}e^{-x}\mathrm{d}x\right)^2 = 1$$

例 2 设二维随机变量 (ξ,η) 的联合分布函数为

$$F(x,y) = A\left(B + \arctan\frac{x}{2}\right)\left(C + \arctan\frac{y}{3}\right)$$

其中 $A \neq 0$.(1) 求 A,B,C;(2) 试问 ξ 与 η 是否独立?

解 (1) 由联合分布函数性质知

$$1 = F(-\infty, +\infty) = A\left(B + \frac{\pi}{2}\right)\left(C + \frac{\pi}{2}\right) \qquad ①$$

$$0 = F(-\infty, y) = A\left(B - \frac{\pi}{2}\right)\left(C + \arctan\frac{y}{3}\right) \qquad ②$$

$$0 = F(x,-\infty) = A\left(B+\arctan\frac{x}{2}\right)\left(C-\frac{\pi}{2}\right) \qquad ③$$

因 $A \neq 0$,由式 ② 和式 ③ 可解得 $B = C = \frac{\pi}{2}$,代入式 ① 可得 $A = \frac{1}{\pi^2}$.

故 $F(x,y) = \frac{1}{\pi^2}\left(\frac{\pi}{2}+\arctan\frac{x}{2}\right)\left(\frac{\pi}{2}+\arctan\frac{y}{3}\right)$.

(2) 由上可知 ξ,η 的边缘分布函数分别为

$$F_\xi(x) = F(x,+\infty) = \frac{1}{\pi}\left(\frac{\pi}{2}+\arctan\frac{x}{2}\right)$$

$$F_\eta(y) = F(+\infty,y) = \frac{1}{\pi}\left(\frac{\pi}{2}+\arctan\frac{y}{3}\right)$$

则 $F(x,y) = F_\xi(x)F_\eta(y)$,知 ξ,η 相互独立.

下面是一则应用题,它与通信线路以及电子电路设计有关(两者当属同一类问题,只不过提法不同).

例3 若某信息经3条信道独立地自 A 传输到 B,又这3条信道传输时间的概率密度分别为 $f_1(t)$, $f_2(t),f_3(t)(0 \leqslant t < +\infty)$,求信息最先到达 B 的概率密度函数.

解 若第 i 信道到达 B 的时间为 $\xi_i(i=1,2,3)$,又最先到达 B 的时间为 ξ,则对于 $x \geqslant 0$ 有

$$F_\xi(x) = P\{\xi < x\} = 1 - P\{\xi \geqslant x\} = 1 - P\{\xi_1 \geqslant x\}P\{\xi_2 \geqslant x\}P\{\xi_3 \geqslant x\} =$$
$$1 - [1-F_{\xi_1}(x)][1-F_{\xi_2}(x)][1-F_{\xi_3}(x)]$$

故 ξ 的概率密度为 $f_\xi(x) = F'_\xi(x)$,即

$$f_\xi(x) = f_1(x)\int_x^\infty f_2(t)\mathrm{d}t\int_x^\infty f_3(t)\mathrm{d}t + f_2(x)\int_x^\infty f_1(t)\mathrm{d}t\int_x^\infty f_3(t)\mathrm{d}t +$$
$$f_3(x)\int_x^\infty f_1(t)\mathrm{d}t\int_x^\infty f_2(t)\mathrm{d}t, \quad 0 \leqslant t < +\infty$$

(2) 均匀分布形式

例1 如图 2.7,设随机事件 X 和 Y 的联合分布是正方形 $G = \{(x,y) \mid 1 \leqslant x \leqslant 3, 1 \leqslant y \leqslant 3\}$ 上的均匀分布,试求随机变量 $U = |X-Y|$ 的概率密度 $p(u)$.

解 由题设,二维随机变量 (X,Y) 的概率密度为

$$f(x,y) = \begin{cases} \frac{1}{4}, & 1 \leqslant x \leqslant 3, 1 \leqslant y \leqslant y \\ 0, & 其他 \end{cases}$$

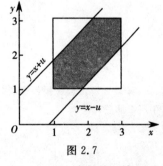

图 2.7

设 $F(u) = P\{U \leqslant u\}$ 为 U 的分布函数,则当 $u \leqslant 0$ 时, $F(u) = 0$;当 $u \geqslant 2$ 时, $F(u) = 1$;当 $0 < u < 2$ 时,事件 $\{U \leqslant u\} = \{|X-Y| \leqslant u\}$ 在直角坐标系下的图象是正方形区域 G 中介于直线 $y = x - u$ 和 $y = x + u$ 之间的区域.因此

$$F(u) = \iint_{|x-y| \leqslant u} \frac{1}{4}\mathrm{d}x\mathrm{d}y = \frac{1}{4}[4-(2-u)^2] = 1 - \frac{1}{4}(2-u)^2$$

故

$$p(u) = F'(u) = \begin{cases} \frac{1}{2}(2-u), & 0 < u < 2 \\ 0, & 其他 \end{cases}$$

例2 设二维随机变量 (X,Y) 的概率密度为

$$f(x,y) = \begin{cases} 1, & 0 < x < 1, 0 < y < 2x \\ 0, & 其他 \end{cases}$$

(1) 求 (X,Y) 的边缘概率密度 $f_X(x), f_Y(y)$;

(2) 求 $Z = 2X - Y$ 的概率密度 $f_Z(z)$；

(3) 求 $P\left\{Y \leqslant \dfrac{1}{2} \mid X \leqslant \dfrac{1}{2}\right\}$.

解 1 (1) 关于 X 的边缘概率密度为

$$f_X(x) = \int_{-\infty}^{+\infty} f(x,y)\mathrm{d}y = \begin{cases} \int_0^{2x}\mathrm{d}y, & 0 < x < 1 \\ 0, & \text{其他} \end{cases} = \begin{cases} 2x, & 0 < x < 1 \\ 0, & \text{其他} \end{cases}$$

关于 Y 的边缘概率密度为

$$f_Y(y) = \int_{-\infty}^{+\infty} f(x,y)\mathrm{d}x = \begin{cases} \int_{\frac{y}{2}}^{1}\mathrm{d}x, & 0 < y < 2 \\ 0, & \text{其他} \end{cases} = \begin{cases} 1 - \dfrac{y}{2}, & 0 < y < 2 \\ 0, & \text{其他} \end{cases}$$

(2) 令 $F_Z(z) = P\{Z \leqslant z\} = P\{2X - Y \leqslant z\}$. 如图 2.8，分 3 种情况讨论(可从图形面积考虑)：

① 当 $z < 0$ 时，$F_Z(z) = P\{2X - Y \leqslant z\} = 0$；

② 当 $0 \leqslant z < 2$ 时，$F_Z(z) = P\{2X - Y \leqslant z\} = z - \dfrac{1}{4}z^2$；

③ 当 $z \geqslant 2$ 时，$F_Z(z) = P\{2X - Y \leqslant z\} = 1$.

即 Z 的分布函数为

$$F_Z(z) = \begin{cases} 0, & z < 0 \\ z - \dfrac{1}{4}z^2, & 0 \leqslant z < 2 \\ 1, & z \geqslant 2 \end{cases}$$

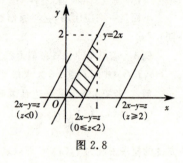

图 2.8

故所求 Z 的概率密度为

$$F_Z'(z) = \begin{cases} 1 - \dfrac{1}{2}z, & 0 < z < 2 \\ 0, & \text{其他} \end{cases}$$

(3) $P\left\{Y \leqslant \dfrac{1}{2} \mid X \leqslant \dfrac{1}{2}\right\} = \dfrac{P\left\{X \leqslant \dfrac{1}{2}, Y \leqslant \dfrac{1}{2}\right\}}{P\left\{X \leqslant \dfrac{1}{2}\right\}} = \dfrac{\frac{3}{16}}{\frac{1}{4}} = \dfrac{3}{4}$.

解 2 (1) 由边缘概率密度公式注意到 $f(x,y)$ 在 xOy 平面上分布如图 2.9 中阴影部分，故

$$f_X(x) = \int_{-\infty}^{+\infty} f(x,y)\mathrm{d}y = \begin{cases} \int_0^{2x}\mathrm{d}y \\ 0 \end{cases} = \begin{cases} 2x, & 0 < x < 1 \\ 0, & \text{其他} \end{cases}$$

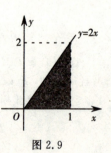

图 2.9

同样

$$f_Y(x) = \int_{-\infty}^{+\infty} f(x,y)\mathrm{d}y = \begin{cases} \int_{\frac{y}{2}}^{1}\mathrm{d}x \\ 0 \end{cases} = \begin{cases} 1 - \dfrac{y}{2}, & 0 < y < 2 \\ 0, & \text{其他} \end{cases}$$

(2) 记 Z 的分布函数为 $F_Z(z)$，则

$$F_Z(z) = P\{Z \leqslant z\} = P\{2X - Y \leqslant z\} = \iint_{2x-y \leqslant z} f(x,y)\mathrm{d}x\mathrm{d}y = \begin{cases} \iint_D \mathrm{d}x\mathrm{d}y \\ 0 \\ 1 \end{cases} = \begin{cases} 0, & z \leqslant 0 \\ z - \dfrac{z^2}{4}, & 0 < z < 2 \\ 1, & z \geqslant 2 \end{cases}$$

其中，D 是图 2.10 中的阴影部分. 所以

$$f_Z(z) = \frac{\mathrm{d}F_Z(z)}{\mathrm{d}z} = \begin{cases} 1 - \dfrac{z}{2}, & 0 < z < 2 \\ 0, & \text{其他} \end{cases}$$

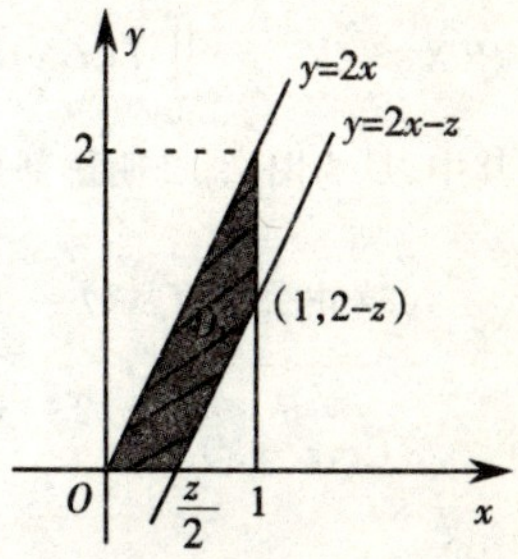

(3) $P\left\{y \leqslant \dfrac{1}{2} \,\Big|\, x \leqslant \dfrac{1}{2}\right\} = \dfrac{P\{x \leqslant \frac{1}{2}, y \leqslant \frac{1}{2}\}}{P\{X \leqslant \frac{1}{2}\}} =$

$$\dfrac{\iint\limits_{x \leqslant \frac{1}{2}, y \leqslant \frac{1}{2}} f(x,y) \mathrm{d}x \mathrm{d}y}{\int_{-\infty}^{\frac{1}{2}} f_X(x) \mathrm{d}x} \qquad ①$$

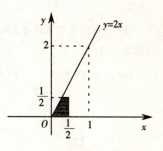

图 2.10

其中 $\displaystyle\iint\limits_{x \leqslant \frac{1}{2}, y \leqslant \frac{1}{2}} f(x,y) \mathrm{d}\sigma = \iint\limits_{D_1} \mathrm{d}\sigma = S_{D_1} = \dfrac{1}{2} \cdot \dfrac{1}{2} \cdot \left(\dfrac{1}{2} + \dfrac{1}{4}\right) = \dfrac{3}{16}$ ②

$$\int_{-\infty}^{\frac{1}{2}} f_X(x) \mathrm{d}x = \int_0^{\frac{1}{2}} 2x \mathrm{d}x = \dfrac{1}{4} \qquad ③$$

其中，D_1 是图 2.11 中带阴影的梯形，且 S_{D_1} 表示 D_1 的面积.

将式②、式③代入式①得

$$P\left\{Y \leqslant \dfrac{1}{2} \,\Big|\, X \leqslant \dfrac{1}{2}\right\} = \dfrac{\frac{3}{16}}{\frac{1}{4}} = \dfrac{3}{4}$$

注 计算边缘概率密度 $f_X(x) = \displaystyle\int_{-\infty}^{+\infty} f(x,y) \mathrm{d}y$ 时，应注意积分是在 xOy 平面上的过点 $(x,0)$ 且与 Oy 轴平行的直线上进行，对 $f_Y(y) = \displaystyle\int_{-\infty}^{+\infty} f(x,y) \mathrm{d}x$ 亦然.

图 2.11

又设 X, Y 都是连续型随机变量，$z = \varphi(x)$（或 $z = \varphi(x,y)$）是已知连续函数，则计算 $Z = \varphi(X)$（或 $Z = \varphi(X,Y)$）的概率密度为 $f_Z(z)$ 时，一般先计算 Z 的分布函数 $F_Z(z)$，然后求导得到 $f_Z(z) = \dfrac{\mathrm{d}F_Z(z)}{\mathrm{d}z}$. 但有两种特殊情形可由公式直接计算：

(1) 设 X 的概率密度为 $f_X(x)$，函数 $\varphi(x)$ 可导且恒有 $\varphi'(x) > 0$（或 $\varphi'(x) < 0$），则 $Z = \varphi(X)$.

$$f_Z(z) = \begin{cases} f_X[h(z)] \, |\, h'(z) \,|, & \alpha < z < \beta \\ 0, & \text{其他} \end{cases}$$

其中，$\alpha = \min\{\varphi(-\infty), \varphi(+\infty)\}$，$\beta = \max\{\varphi(-\infty), \varphi(+\infty)\}$，$x = h(z)$ 是 $z = \varphi(x)$ 的反函数.

(2) 设 X, Y 相互独立，它们的概率密度分别为 $f_X(x)$ 与 $f_Y(y)$，则 $Z = X + Y$ 的概率密度为

$$f_Z(z) = \int_{-\infty}^{+\infty} f_X(x) f_Y(z-x) \mathrm{d}x$$

$$f_Z(z) = \int_{-\infty}^{+\infty} f_X(z-y) f_Y(y) \mathrm{d}y$$

例 3 设二维随机变量 (X, Y) 的概率密度为

$$f(x,y) = \begin{cases} 2 - x - y, & 0 < x < 1, 0 < y < 1 \\ 0, & \text{其他} \end{cases}$$

(1) 求 $P\{X > 2Y\}$；(2) 求 $Z = X + Y$ 的概率密度 $f_Z(z)$.

解 (1) 由题设及随机事件概率公式有

$$P\{X>2Y\}=\iint_{x>2y}f(x,y)dxdy=\iint_D(z-x-y)d\sigma=\int_0^1dx\int_0^{\frac{x}{2}}(2-x-y)dy=\frac{1}{4}\int_0^1(4x-\frac{5}{2}x^2)dx=\frac{7}{24}$$

其中,D 为图 2.12 阴影部分区域.

(2) 由公式 $f_Z(z)=\int_{-\infty}^{+\infty}f(x,z-x)dx$,其中

$$f(x,z-x)=\begin{cases}2-x-(x-x),&0<x<1,0<z-2<1\\0,&\text{其他}\end{cases}=$$

$$\begin{cases}2-z,&0<x<1,0<z-x<1\\0,&\text{其他}\end{cases}$$

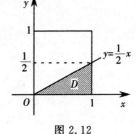

图 2.12

它的函数值的分布如图 2.13 所示,即除阴影部分取值为 $2-z$ 外,在其他部分取值都为 0,所以

$$f_Z(z)=\begin{cases}\int_0^z(2-z)dx\\\int_{z-1}^1(2-z)dx\\0\end{cases}=\begin{cases}z(2-z),&0\leqslant z<1\\(2-z)^2,&1\leqslant z\leqslant 2\\0,&\text{其他}\end{cases}$$

注 $f_Z(z)$ 也可先计算 Z 的分布函数 $F_Z(z)$,再对它求导得 $f_Z(z)$:
对任意 z,有

$$F_Z(z)=P\{Z<z\}=P\{X+Y\leqslant z\}=\iint_{x+y\leqslant z}f(x,y)d\sigma=$$

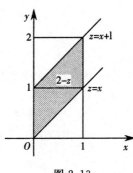

图 2.13

$$\begin{cases}0,&z<0\\\iint_{D_1}(2-x-y)d\sigma,&0\leqslant z<1\\\iint_{D_1+D_1}(2-x-y)d\sigma,&1\leqslant z\leqslant 2\\1,&z>2\end{cases}$$

其中,D_1,D_2 如图 2.14 所示. 由于

$$\iint_{D_1}(2-x-y)d\sigma=\int_0^zdx\int_0^{z-x}(2-x-y)dy=$$

$$\frac{1}{2}\int_0^z[(2-z)^2-(2-x)^2]dx=$$

$$\frac{1}{2}z(2-z)^2-\frac{1}{2}\int_0^z(2-x)^2dx$$

$$\iint_{D_1+D_2}(2-x-y)d\sigma=\iint_{\text{正方形}OA_1HD_1}(2-x-y)d\sigma-\iint_{\triangle B_1HC_1}(2-x-y)d\sigma=$$

$$1-\int_{z-1}^1dx\int_{z-x}^1(2-x-y)dy=$$

$$1-\frac{1}{2}\int_{z-1}^1[(2-z)^2-(1-x)^2]dx=$$

$$1-\frac{1}{2}(2-z)^3+\frac{1}{2}\int_{z-1}^1(1-x)^2dx$$

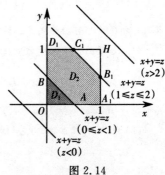

图 2.14

这里正方形 OA_1HD_1,$\triangle B_1HC_1$ 如图 2.14 所示.
故

80

$$f_Z(z) = \frac{dF_Z(z)}{dz} = \begin{cases} z(2-z), & 0 \leqslant z < 1 \\ (2-z)^2, & 1 \leqslant z \leqslant 2 \\ 0, & 其他 \end{cases}$$

例 4 设二维随机变量 (X,Y) 在矩形 $G = \{(x,y) \mid 0 \leqslant x \leqslant 2, 0 \leqslant y \leqslant 1\}$ 上服从均匀分布,试求边长为 X 和 Y 的矩形面积 S 的概率密度 $f(s)$.

解 由题设,二维随机变量 (X,Y) 的概率密度为

$$\psi(x,y) = \begin{cases} \dfrac{1}{2}, & (x,y) \in G \\ 0, & (x,y) \overline{\in} G \end{cases}$$

设 $F(s) = P\{S \leqslant s\}$ 为 S 的分布函数,则当 $s \leqslant 0$ 时,$F(s) = 0$;当 $s \geqslant 2$ 时,$F(s) = 1$;当 $0 < s < 2$ 时,如图 2.15 所示,曲线 $xy = s$ 把 G 分为上下两个区域. 这时需要计算的是 (X,Y) 在下面区域(即 $xy < s$)上取值的概率,即

$$F(s) = P\{S \leqslant s\} = P\{XY \leqslant s\} =$$
$$\int_0^s dx \int_0^1 \frac{1}{2} dy + \int_s^2 dx \int_0^{\frac{s}{x}} \frac{1}{2} dy = \frac{s}{2}(1 + \ln 2 - \ln s)$$

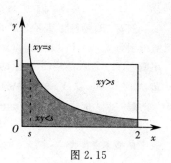

图 2.15

故 $f(s) = F'(s) = \begin{cases} \dfrac{1}{2}(\ln 2 - \ln s), & 0 < s < 2 \\ 0, & s \leqslant 0 \text{ 或 } s \geqslant 2 \end{cases}$

注 其实 $F(s)$ 亦可如下法计算

$$F(s) = P\{S \leqslant s\} = P\{XY \leqslant s\} = 1 - P\{XY > s\} = 1 - \iint\limits_{xy > s} \frac{1}{2} dx dy =$$
$$1 - \frac{1}{2} \int_s^2 dx \int_{\frac{s}{x}}^1 dy = \frac{s}{2}(1 + \ln 2 - \ln s).$$

例 5 设 ξ, η 为两独立的随机变量,服从均匀分布且都取值于 $(-1,1)$,又它们的分布函数同为

$$F(x) = P\{\xi \leqslant x\} = \begin{cases} 0, & x \leqslant -1 \\ \dfrac{1}{2}(x+1), & -1 < x \leqslant 1 \\ 0, & x > 1 \end{cases}$$

求 (ξ, η) 及 $\xi + \eta$ 的分布函数.

解 由题设 ξ, η 相互独立,同分布,知 (ξ, η) 的分布函数

$$F_{\xi,\eta}(x,y) = F(x)F(y) = \begin{cases} 0, & -1 < x \leqslant 1, y \leqslant -1 \\ \dfrac{1}{4}(x+1)(y+1), & -1 < x \leqslant 1, -1 < y \leqslant 1 \\ \dfrac{1}{2}(x+1), & -1 < x \leqslant 1, y > 1 \\ \dfrac{1}{2}(y+1), & x > 1, -1 < y \leqslant 1 \\ 0, & 其他 \end{cases}$$

则 (ξ, η) 的联合密度为

$$f(x,y) = \begin{cases} \dfrac{1}{4}, & -1 < x < 1, -1 < y < 1 \\ 0, & 其他 \end{cases}$$

这样 $\xi+\eta$ 的分布函数为
$$F_{\xi+\eta}(z) = P\{\xi+\eta \leqslant z\} = \iint_{x+y\leqslant z} f(x,y)\mathrm{d}x\mathrm{d}y$$

考虑图 2.16,利用积分性质可有

$$F_{\xi+\eta}(z) = \begin{cases} 0, & z \leqslant -2 \\ \dfrac{1}{8}(z+2)^2, & -2 < z \leqslant 0 \\ 1-\dfrac{1}{8}(z-2)^2, & 0 < z \leqslant 2 \\ 1, & z > 0 \end{cases}$$

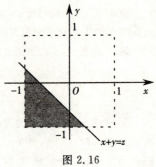

图 2.16

例 6 设随机变量 X 与 Y 相互独立,它们的概率密度和分布函数分别为 $f_X(x), F_X(x)$ 和 $f_Y(y), F_Y(y)$.(1) 求 $Z = \min\{X,Y\}$ 的概率密度;(2) 若 X 服从 $(0,1)$ 上的均匀分布,Y 服从 $(0,2)$ 上的均匀分布,求 $Z = \min\{X,Y\}$ 的概率密度.

解 (1) 依题设及 $Z = \min\{X,Y\}$ 分布函数公式,有
$$F_Z(Z) = 1 - [1-F_X(z)][1-F_Y(z)]$$

故 Z 的概率密度为
$$f_Z(z) = F_Z'(z) = \{1-[1-F_X(z)][1-F_Y(z)]\}' = F_X'(z)[1-F_Y(z)] + F_Y'(z)[1-F_X(z)] = f_X(z)[1-F_Y(z)] + f_Y(z)[1-F_X(z)]$$

(2) 依题设 X,Y 的概率密度分别为
$$f_X(x) = \begin{cases} 1, & 0 < x < 1 \\ 0, & \text{其他} \end{cases}$$

$$f_Y(x) = \begin{cases} \dfrac{1}{2}, & 0 < y < 2 \\ 0, & \text{其他} \end{cases}$$

则它们的分布函数分别为
$$F_X(x) = \begin{cases} 1, & 0 < x \\ x, & 0 \leqslant x < 1 \\ 1, & x \geqslant 1 \end{cases}$$

$$F_Y(x) = \begin{cases} 0, & y < 0 \\ \dfrac{1}{2}y, & 0 \leqslant y < 2 \\ 1, & y \geqslant 2 \end{cases}$$

于是 $Z = \min\{X,Y\}$ 的概率密度为
$$f_Z(z) = \begin{cases} 1 \cdot \left(1-\dfrac{1}{2}z\right) + \dfrac{1}{2}(1-z), & 0 < z < 1 \\ 0 \cdot \left(1-\dfrac{1}{2}z\right) + \dfrac{1}{2}(1-1), & 1 \leqslant z < 2 \\ 0, & \text{其他} \end{cases} = \begin{cases} \dfrac{3}{2} - z, & 0 < z < 1 \\ 0, & \text{其他} \end{cases}$$

注 关于求 max 或 min 的问题很多(可见后文),其实并不难,只需记住公式即可.下面的命题与例类同.

命题 若 ξ_1, ξ_2 独立同分布于 $(0,1)$ 内的均匀分布,记 $\eta_1 = \min\{\xi_1, \xi_2\}, \eta_2 = \max\{\xi_1, \xi_2\}$,试求 (η_1, η_2) 的概率密度.

解 由题设知 ξ_1, ξ_2 的分布密度及分布函数分别为

$$f_{\xi_1}(x) = f_{\xi_2} = p(x) = \begin{cases} 1, & 0 < x < 1 \\ 0, & \text{其他} \end{cases}$$

$$F_{\xi_1}(x) = F_{\xi_2} = F(x) = \begin{cases} 0, & x < 0 \\ x, & 0 \leqslant x < 1 \\ 1, & x \geqslant 1 \end{cases}$$

故 η_1, η_2 的分布函数及分布密度分别为

$$F_{\eta_1}(x) = 1 - [1 - F(x)]^2 = \begin{cases} 0, & x < 0 \\ 1-(1-x)^2, & 0 \leqslant x < 1 \\ 1, & x \geqslant 1 \end{cases}$$

且

$$f_{\eta_1}(x) = \begin{cases} 2-(1-x), & 0 \leqslant x < 1 \\ 0, & \text{其他} \end{cases}$$

又

$$F_{\eta_2}(x) = F^2(x) = \begin{cases} 0, & x < 0 \\ x^2, & 0 \leqslant x < 1 \\ 1, & x \geqslant 1 \end{cases}$$

故

$$f_{\eta_2}(x) = \begin{cases} 2x, & 0 < x < 1 \\ 0, & \text{其他} \end{cases}$$

则 (η_1, η_2) 的分布函数可求如:

① 当 $y \leqslant x$ 时,有

$$P\{\eta_1 < x, \eta_2 < y\} = P\{\min(\xi_1,\xi_2) < x, \max(\xi_1,\xi_2) < y\} = P\{\max(\xi_1,\xi_2) < y\} =$$
$$P\{\xi_1 < y_2, \xi_2 < y_2\} = F^2(y)$$

② 当 $x < y$ 时,有

$$P\{\eta_1 < x, \eta_2 < y\} = P\{\min(\xi_1,\xi_2) < x, \max(\xi_1,\xi_2) < y\} =$$
$$2[P\{\xi_1 < x, \xi_2 < x\} + P\{\xi_1 < x, x \leqslant \xi_2 < y\}] =$$
$$2\{F^2(x) + F(x)[F(y) - F(x)]\} = 2F(x)F(y)$$

故 (η_1, η_2) 的分布函数为

$$F(x,y) = \begin{cases} 2F(x)F(y), & x < y \\ F^2(y), & x \geqslant y \end{cases}$$

从而 (η_1, η_2) 的概率密度函数为

$$f(x,y) = \begin{cases} 2f(x)f(y), & x < y \\ 0, & x \geqslant y \end{cases} = \begin{cases} 2, & 0 < x < y < 1 \\ 0, & \text{其他} \end{cases}$$

例7 设随机变量 X 的概率密度为

$$f_X(x) = \begin{cases} \dfrac{1}{2}, & -1 < x < 0 \\ \dfrac{1}{4}, & 0 \leqslant x < 2 \\ 0, & \text{其他} \end{cases}$$

令 $Y = X^2$, $F(x,y)$ 为二维随机变量 (X,Y) 的分布函数,求(1) Y 的概率密度 $f_Y(y)$;(2) $F\left(-\dfrac{1}{2}, 4\right)$.

解 对于问题(1)可先求 Y 的分布函数 $F_Y(y)$,然后求导得 $f_Y(y)$. 问题(2)按定义计算 $F(-\frac{1}{2}, 4)$.

(1) 令记 Y 的分布函数为 $F_Y(y)$,则 $F_Y(y) = P\{Y \leq y\} = P\{X^2 \leq y\}$. 于是当 $x < 0$ 时,$P\{X^2 \leq y\} = P\{\varnothing\} = 0$;当 $y \geq 0$ 时,有

$$P\{X^2 \leq y\} = P\{-\sqrt{y} \leq X \leq \sqrt{y}\} = \int_{-\sqrt{y}}^{\sqrt{y}} f_X(x) dx =$$

$$\begin{cases} \int_{-\sqrt{y}}^{0} \frac{1}{2} dx + \int_{0}^{\sqrt{y}} \frac{1}{4} dx \\ \int_{-1}^{0} \frac{1}{2} dx + \int_{0}^{\sqrt{y}} \frac{1}{4} dx \\ \int_{-1}^{0} \frac{1}{2} dx + \int_{0}^{2} \frac{1}{4} dx \end{cases} \begin{cases} \frac{3}{4}\sqrt{y}, & 0 \leq y < 1 \\ \frac{1}{2} + \frac{1}{4}\sqrt{y}, & 1 \leq y \leq 4 \\ 1, & y > 4 \end{cases}$$

$$F_Y(y) = \begin{cases} 0, & y \leq 0 \\ \frac{3}{4}\sqrt{y}, & 0 < y < 1 \\ \frac{1}{2} + \frac{1}{4}\sqrt{y}, & 1 \leq y \leq 4 \\ 1, & y > 4 \end{cases} = \begin{cases} 0, & y \leq 0 \\ \frac{3}{4}\sqrt{y}, & 0 < y < 1 \\ \frac{1}{2} + \frac{1}{4}\sqrt{y}, & 1 \leq y \leq 4 \\ 1, & y > 4 \end{cases}$$

故

$$f_Y(y) = \frac{dF_Y(y)}{dy} \begin{cases} \frac{3}{8\sqrt{y}}, & 0 < y < 1 \\ \frac{1}{8\sqrt{y}}, & 1 \leq y \leq 4 \\ 0, & 其他 \end{cases}$$

(2) 由上及 $F(x,y)$ 计算公式有

$$F(-\frac{1}{2}, 4) = P\{X \leq -\frac{1}{2}, Y \leq 4\} = P\{X \leq -\frac{1}{2}, X^2 \leq 4\} = P\{X \leq -\frac{1}{2}, -2 \leq X \leq 2\} =$$

$$P\{-2 \leq X \leq -\frac{1}{2}\} = \int_{-2}^{-\frac{1}{2}} f_X(x) dx = \int_{-1}^{-\frac{1}{2}} \frac{1}{2} dx = \frac{1}{4}$$

(3) 指数分布形式

例1 设二维随机变量 (X,Y) 的概率密度为

$$f(x,y) = \begin{cases} 2e^{-(x+2y)}, & x > 0, y > 0 \\ 0, & 其他 \end{cases}$$

求随机变量 $Z = X + 2Y$ 的分布函数.

解 由 $F_Z(z) = P\{Z \leq z\} = P\{X + 2Y \leq z\} =$

$$\iint\limits_{x+2y \leq z} f(x,y) dx dy$$

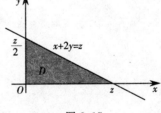

图 2.17

当 $X \leq 0$ 时,$P\{Z \leq z\} = 0$;当 $X > 0$ 时,有

$$P\{Z \leq z\} = \iint\limits_{x+2y \leq z} 2e^{-(x+2y)} dx dy = \int_{0}^{z} e^{-x} dx \int_{0}^{\frac{z-x}{2}} 2e^{-2y} dy = \int_{0}^{z} (e^{-x} - e^{-z}) dx = 1 - e^{-z} - ze^{-z}$$

故 $Z = X + 2Y$ 的分布函数为

$$F_Z(z) = \begin{cases} 0, & z \leq 0 \\ 1 - e^{-z} - ze^{-z}, & z > 0 \end{cases}$$

例2 设二维随机变量 (X,Y) 的概率密度为

$$f(x,y) = \begin{cases} e^{-y}, & 0 < x < y \\ 0, & 其他 \end{cases}$$

(1) 求 X 的密度 $f_X(x)$；(2) 求概率 $P\{X+Y \leqslant 1\}$.

解 (1) 当 $x \leqslant 0$ 时，$f(x,y) = 0$，因此 $F_X(x) = 0$.

当 $x > 0$ 时，y 的变化范围是 $(x, +\infty)$，因此

$$f_X(x) = \int_{-\infty}^{+\infty} f(x,y)\mathrm{d}y = \int_{x}^{+\infty} e^{-y}\mathrm{d}y = e^{-x}$$

(2) 由 $P\{X+Y \leqslant 1\} = \iint\limits_{x+y \leqslant 1} f(x,y)\mathrm{d}x\mathrm{d}y$，其中二重积分区域 G 是由直线 $x+y=1, y=x$ 和 Oy 轴所围成的三角形(图 2.18). 因此

$$P\{X+Y \leqslant 1\} = \int_{0}^{\frac{1}{2}} \mathrm{d}x \int_{x}^{1-x} e^{-y}\mathrm{d}y = -\int_{0}^{\frac{1}{2}} [e^{-(1-x)} - e^{-x}]\mathrm{d}x = 1 + e^{-1} - 2e^{-\frac{1}{2}}$$

例 3 设随机变量 X, Y 相互独立，其概率密度函数分别为

$$f_X(x) = \begin{cases} 1, & 0 \leqslant x \leqslant 1 \\ 0, & 其他 \end{cases}, \quad f_Y(y) = \begin{cases} e^{-y}, & y > 0 \\ 0, & y \leqslant 0 \end{cases}$$

求随机变量 $Z = 2X + Y$ 的概率密度函数.

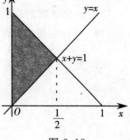

图 2.18

解 由于 X 与 Y 相互独立，所以 (X,Y) 的概率密度函数为

$$f(x,y) = f_X(x) \cdot f_Y(y) = \begin{cases} e^{-y}, & 0 \leqslant x \leqslant 1, y > 0 \\ 0, & 其他 \end{cases}$$

使 $f(x,y) > 0$ 的区域 G 如图 2.19 中带阴影的部分. 这时 Z 的分布函数为

$$F_Z(z) = P\{2X+Y \leqslant z\} = \iint\limits_{2x+y \leqslant z} f(x,y)\mathrm{d}x\mathrm{d}y$$

使 $F_Z(z) > 0$ 的积分区域是区域 G 与半平面 $2x+y \leqslant z$ 的交(记为 G_Z). 这有 3 种情况：

(1) 当 $z \leqslant 0$ 时，G_Z 是空集，因此 $F_Z(z) = 0$.

(2) 当 $0 < \frac{z}{2} \leqslant 1$ 时，G_Z 是三角形域(图 2.19)，因此

$$F_Z(z) = \int_{0}^{\frac{z}{2}} \mathrm{d}x \int_{0}^{z-2x} e^{-y}\mathrm{d}y = \frac{z}{2} - \frac{1}{2}(1 - e^{-z})$$

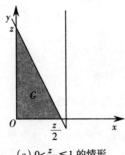

(a) $0 < \frac{z}{2} \leqslant 1$ 的情形

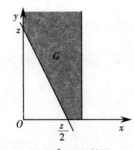

(b) $\frac{z}{2} > 1$ 的情形

图 2.19

(3) 当 $\frac{z}{2} > 1$ 时，G_Z 是一个梯形区域，因此

$$F_Z(z) = \int_{0}^{1} \mathrm{d}x \int_{0}^{z-2x} e^{-y}\mathrm{d}y = 1 - \frac{1}{2}(e^2 - 1)e^{-z}$$

故所求密度函数

$$f_Z(z) = F'_Z(z) = \begin{cases} 0, & z \leqslant 0 \\ \dfrac{1}{2}(1-e^{-z}), & 0 < z \leqslant 2 \\ \dfrac{1}{2}(e^2-1)e^{-z}, & z > 2 \end{cases}$$

例 4 设随机变量 (X,Y) 的概率密度为
$$f(x,y) = \begin{cases} ke^{-(3x+4y)}, & x>0, y>0 \\ 0, & 其他 \end{cases}$$
(1) 确定常数 k；(2) 求 (X,Y) 的分布函数；(3) 求概率 $P\{0 < X \leqslant 1, 0 < Y \leqslant 2\}$.

解 (1) 由题设可有
$$\int_{-\infty}^{+\infty}\int_{-\infty}^{+\infty} ke^{-(3x+4y)}dxdy = \int_0^{+\infty}\int_0^{+\infty} ke^{-(3x+4y)}dxdy = 1$$

而
$$\int_0^{+\infty}\int_0^{+\infty} ke^{-(3x+4y)}dxdy = k\int_0^{+\infty}e^{-3x}dx\int_0^{+\infty}e^{-4y}dy = \frac{k}{12} = 1$$

故 $k = 12$.

(2) 由(1)及二元分布函数公式可有 (X,Y) 的分布函数为
$$F(x,y) = 12\int_0^y dy\int_0^x e^{-(3x+4y)}dx = (1-e^{-3x})(1-e^{-4y})$$

(3) 由上及二元随机变量概率计算公式有
$$P\{0 < x \leqslant 1, 0 < y \leqslant 2\} = F(1,2) - F(1,0) - F(0,1) + F(0,0) = (1-e^{-3})(1-e^{-8})$$

例 5 设二维随机变量 (X,Y) 的概率密度为
$$f(x,y) = \begin{cases} e^{-x}, & 0 < y < x \\ 0, & 其他 \end{cases}$$
(1) 求条件概率密度 $f_{Y|X}(y|x)$；(2) 求条件概率 $P\{X \leqslant 1 | Y \leqslant 1\}$.

解 (1) 由题设及公式 $f_{Y|X}(y|x) = \dfrac{f(x,y)}{f_X(x)}$，可有随机变量 X 的概率密度为
$$f_X(x) = \int_{-\infty}^{+\infty} f(x,y)dy = \begin{cases} \int_0^x e^{-x}dy \\ 0 \end{cases} = \begin{cases} xe^{-x}, & x>0 \\ 0, & x \leqslant 0 \end{cases}$$

当 $x > 0$ 时，Y 的条件概率密度为
$$F_{Y|X}(y|x) = \frac{f(x,y)}{f_X(x)} = \begin{cases} \dfrac{1}{x}, & 0 < y < x \\ 0, & 其他 \end{cases}$$

(2) 用公式 $P\{X \leqslant 1 | Y \leqslant 1\} = \dfrac{P\{X \leqslant 1, Y \leqslant 1\}}{P\{Y \leqslant 1\}}$，则 Y 的概率密度为
$$f_Y(y) = \int_{-\infty}^{+\infty} f(x,y)dx = \begin{cases} \int_y^{+\infty} e^{-x}dx, & y>0 \\ 0, & y<0 \end{cases} = \begin{cases} e^{-y}, & y>0 \\ 0, & y \leqslant 0 \end{cases}$$

$$P\{X \leqslant 1 | Y \leqslant 1\} = \frac{P\{X \leqslant 1, Y \leqslant 1\}}{P\{Y \leqslant 1\}} = \frac{\int_{-\infty}^1\int_{-\infty}^1 f(x,y)dxdy}{\int_0^1 e^{-y}dy} = \frac{\int_0^1 dx\int_0^x e^{-x}dy}{1 - e^{-1}} = \frac{e-2}{e-1}$$

例 6 设二维随机变量 (X,Y) 的概率密度为
$$f(x,y) = Ae^{-2x^2+2xy-y^2}, \quad -\infty < x < +\infty, -\infty < y < +\infty$$
求常数 A 及条件概率密度 $f_{Y|X}(y|x)$.

解 由二维随机变量分布密度函数的性质可有

$$1 = \int_{-\infty}^{+\infty}\int_{-\infty}^{+\infty} f(x,y)\mathrm{d}x\mathrm{d}y = A\int_{-\infty}^{+\infty} e^{-x^2}\mathrm{d}x\int_{-\infty}^{+\infty} e^{-(y-x)^2}\mathrm{d}y = A\int_{-\infty}^{+\infty} e^{-x^2}\mathrm{d}x\int_{-\infty}^{+\infty} e^{-u^2}\mathrm{d}u = A\int_0^{2\pi}\mathrm{d}\theta\int_0^1 e^{-\rho^2}\rho\mathrm{d}\rho = A\pi$$

所以 $A = \dfrac{1}{\pi}$. 于是概率密度函数为

$$f(x,y) = \frac{1}{\pi} e^{-2x^2+2xy-y^2}, \quad -\infty < x < +\infty, -\infty < y < +\infty$$

又 X 的边缘概率密度为

$$f_X(x) = \int_{-\infty}^{+\infty} \frac{1}{\pi} e^{-2x^2+2xy-y^2}\mathrm{d}y = \frac{1}{\pi} e^{-x^2}\int_{-\infty}^{+\infty} e^{-(y-x)^2}\mathrm{d}y = \frac{1}{\sqrt{\pi}} e^{-x^2}, \quad -\infty < x < +\infty$$

于是当 $-\infty < x < +\infty$ 时,条件概率密度为

$$f_{Y|X}(y \mid x) = \frac{f(x,y)}{f_X(x)} = \frac{e^{-2x^2+2xy-y^2}/\pi}{e^{-x^2}/\sqrt{\pi}} = \frac{1}{\sqrt{\pi}} e^{-x^2+2xy-y^2}, \quad -\infty < y < +\infty$$

例 7 随机变量 $X_1, X_2, \cdots, X_n$ 独立同分布,其密度函数为

$$f(x) = \begin{cases} 2e^{-2(x-a)}, & x > a \\ 0, & x \leqslant a \end{cases}$$

其中,a 为常数. 试求 $Y = \min\limits_{1 \leqslant i \leqslant n}\{X_i\}$ 的概率密度.

解 由题设 $X_1, X_2, \cdots, X_n$ 的分布函数均为

$$F(x) = \int_{-\infty}^{x} f(t)\mathrm{d}t = \begin{cases} 1 - e^{-2(x-a)}, & x > a \\ 0, & x \leqslant a \end{cases}$$

从而 Y 的分布函数为

$$F_Y(y) = P\{Y \leqslant y\} = P\{\min_{1 \leqslant i \leqslant n}\{X_i\} \leqslant y\} = 1 - P\{\min_{1 \leqslant i \leqslant n}\{X_i\} > y\} =$$
$$1 - P\{X_1 > y, X_2 > y, \cdots, X_n > y\} =$$
$$1 - P\{X_1 > y\} \cdot P\{X_2 > y\} \cdot \cdots \cdot P\{X_n > y\} =$$
$$1 - [1 - F(y)]^n = \begin{cases} 1 - e^{-2n(x-a)}, & y > a \\ 0, & y \leqslant a \end{cases}$$

Y 的概率密度为

$$f_Y(y) = F_Y'(y) = \begin{cases} 2n e^{-2n(y-a)}, & y > a \\ 0, & y \leqslant a \end{cases}$$

注 1 Y 的数学期望 $E(Y) = \int_{-\infty}^{+\infty} y f_Y(y)\mathrm{d}y = \int_a^{+\infty} 2ny e^{-2n(y-a)}\mathrm{d}y = \dfrac{1}{2n} + a$.

注 2 例的方法和结论又推广至一般情形.

命题 若 $X_1, X_2, \cdots, X_n$ 是 n 个独立随机变量,其分布函数分别为 $F_1(x), F_2(x), \cdots, F_n(x)$. 则 $Y_1 = \max\{X_1, X_2, \cdots, X_n\}$ 和 $Y_2 = \min\{X_1, X_2, \cdots, X_n\}$ 的分布函数分别为

$$F_{Y_1} = \prod_{k=1}^{n} F_k(x), \quad F_{Y_2} = 1 - \prod_{k=1}^{n}[1 - F_k(x)]$$

特别地,当 $X_1, X_2, \cdots, X_n$ 为独立同分布且分布函数皆为 $F(x)$ 时,有

$$F_{Y_1} = [F(x)]^n, \quad F_{Y_2} = 1 - [F(x)]^n$$

这是一个重要的命题,它的解法可参见下例,请记住结论,因为它很有用.

例 8 求 $\xi_1, \xi_2, \cdots, \xi_n$ 相互独立,且分别服从参数为 $\lambda_1, \lambda_2, \cdots, \lambda_n$ 的指数分布,试求 $\eta = \max\{\xi_1, \xi_2, \cdots, \xi_n\}$ 的分布.

解 由题设知 $\xi_i(i=1,2,\cdots,n)$ 的密度函数与分布函数分别为

$$f_i(x) = \begin{cases} \lambda_i e^{-\lambda_i x}, & x \geq 0 \\ 0, & x < 0 \end{cases}$$

$$F_i(x) = \begin{cases} 1 - e^{-\lambda_i x}, & x \geq 0 \\ 0, & x < 0 \end{cases}$$

由 ξ_i 的相互独立性知,$\eta = \max\{\xi_1, \xi_2, \cdots, \xi_n\}$ 的分布函数为

$$F_\eta(x) = P\{\eta \leq x\} = P\{\max(\xi_1, \xi_2, \cdots, \xi_n) \leq x\} = P\{\xi_1 \leq x, \xi_2 \leq x, \cdots, \xi_n \leq x\} = \prod_{i=1}^n P\{\xi_i \leq x\} = \prod_{i=1}^n F_i(x)$$

当 $x < 0$ 时,$F_\eta(x) = 0$;当 $x \geq 0$ 时,$F_\eta(x) = \prod_{i=1}^n (1 - e^{-\lambda_i x})$.

综上
$$F_\eta(x) = \begin{cases} \prod_{i=1}^n (1 - e^{-\lambda_i x}), & x \geq 0 \\ 0, & x < 0 \end{cases}$$

下面是一则有名的威尔分布问题. 威尔(C. H. H. Weyl)是德国著名数学家,他在积分方程、微分几何等诸多领域皆有贡献.

例 9 设 $X_1, X_2, \cdots, X_n$ 为 n 个相互独立的随机变量,且均服从威尔分布(参数为 β, η),即分布密度函数为

$$f_i(x) = f(x) = \begin{cases} \dfrac{\beta}{\eta}\left(\dfrac{x}{\eta}\right)^{\beta-1} e^{-\left(\frac{x}{\eta}\right)^\beta}, & x > 0 \\ 0, & 其他 \end{cases}$$

其中,$i = 1, 2, \cdots, n$. 证明 $\min\{X_1, X_2, \cdots, X_n\}$ 仍服从威尔分布.

证 设 X_i 的分布函数为 $F_i(x) = F(x)$,记 $Y = \min\{X_1, X_2, \cdots, X_n\}$,且其分布函数 $G(y)$. 则

$$G(y) = P\{Y \leq y\} = 1 - P\{Y > y\} = 1 - P\{X_1 > y, X_2 > y, \cdots, X_n > y\} = 1 - \prod_{i=1}^n P\{X_i > y\} = 1 - \prod_{i=1}^n [1 - P\{X_i \leq y\}] = 1 - [1 - F(y)]^n$$

而当 $y > 0$ 时,有

$$F(y) = \int_{-\infty}^y f(x) dx = \int_0^y \frac{\beta}{\eta}\left(\frac{x}{\eta}\right)^{\beta-1} e^{-\left(\frac{x}{\eta}\right)^\beta} dx = \int_0^{\frac{y}{\eta}} e^{-t^\beta} d(t^\beta) = 1 - e^{-\left(\frac{y}{\eta}\right)^\beta}$$

故 $G(y) = 1 - [1 - (1 - e^{-\left(\frac{y}{\eta}\right)^\beta})]^n = 1 - [e^{-n\left(\frac{y}{\eta}\right)^\beta}]^n = 1 - \exp\left\{-\left[y \Big/ \left(\dfrac{\eta}{n^{\frac{1}{\beta}}}\right)\right]^\beta\right\}$

即 Y 服从参数为 $\beta, \eta/n^{\frac{1}{\beta}}$ 的威尔分布.

注 应用前文介绍过的求 $\min\{X_1, X_2, \cdots, X_n\}$ 分布函数的公式,亦可直接求得结论.

(4) 正态分布形式

下面涉及正态分布的概率密度问题,与随机变量的数字特征有关. 这里把此概念稍稍提前,该内容详见后文.

例 1 设随机变量 X 与 Y 独立,且 X 且均值为 1,标准差(均方差)为 $\sqrt{2}$ 的正态分布,而 Y 服从标准正态分布. 试求随机变量 $Z = 2X - Y + 3$ 的概率密度.

解 由 X 和 Y 的独立性知,Z 仍然是正态分布. 由期望与方差性质有

$$E(Z) = 2E(X) - E(Y) + 3 = 5, \quad D(Z) = 2^2 D(X) + D(Y) = 9$$

故 $Z \sim N(5, 3^2)$. 从而 Z 的概率密度函数为

$$f_Z(z) = \frac{1}{3\sqrt{2\pi}} e^{-\frac{(z-5)^2}{18}}, \quad -\infty < x < +\infty$$

例2 设随机变量 X 与 Y 独立，X 服从正态分布 $N(\mu,\sigma^2)$，Y 服从 $[-\pi,\pi]$ 上的均匀分布，求 $Z=X+Y$ 的概率分布密度（计算结果用标准正态分布函数 $\Phi(x)$ 表示，其中 $\Phi(x)=\dfrac{1}{\sqrt{2\pi}}\int_{-\infty}^{x}\mathrm{e}^{-\frac{t^2}{2}}\mathrm{d}t$）.

解 由题设 X 和 Y 的概率密度分别为

$$f_X(x)=\frac{1}{\sqrt{2\pi}\sigma}\mathrm{e}^{-\frac{(x-\mu)^2}{2\sigma^2}},\quad -\infty<x<+\infty$$

$$f_Y(y)=\begin{cases}\dfrac{1}{2\pi},& -\pi\leqslant y\leqslant\pi\\ 0,& \text{其他}\end{cases}$$

又 X 与 Y 相互独立，则其联合分布概率密度为

$$f(x,y)=f_X(x)f_Y(y)=\begin{cases}\dfrac{1}{2\sqrt{2}\pi^2\sigma}\mathrm{e}^{-\frac{(x-\mu)^2}{2\sigma^2}},& -\infty<x<+\infty,-\pi\leqslant y\leqslant\pi\\ 0,& \text{其他}\end{cases}$$

这样可有 Z 的分布函数为

$$F_Z(z)=P\{Z\leqslant z\}=P\{X+Y\leqslant z\}=\iint\limits_{x+y\leqslant z}f(x,y)\mathrm{d}x\mathrm{d}y=\int_{-\pi}^{\pi}\mathrm{d}y\int_{-\infty}^{z-y}f(x,y)\mathrm{d}x$$

Z 的概率密度函数为

$$f_Z(z)=F'_Z(z)=\int_{-\pi}^{\pi}f(z-y,y)\mathrm{d}y=\frac{1}{2\pi}\int_{-\pi}^{\pi}\frac{1}{\sqrt{2\pi}\sigma}\mathrm{e}^{-\frac{(z-y-\mu)^2}{2\sigma^2}}\mathrm{d}y$$

令 $t=\dfrac{1}{\sigma}(z-y-\mu)$，则 $\mathrm{d}t=-\dfrac{1}{\sigma}\mathrm{d}y$.

当 $y=-\pi$ 时，$t=\dfrac{1}{\sigma}(z+\pi-\mu)$；当 $y=\pi$ 时，$t=\dfrac{1}{\sigma}(z-\pi-\mu)$. 于是

$$f_Z(z)=\frac{1}{2\pi}\int_{(z-\pi-\mu)/\sigma}^{(z+\pi-\mu)/\sigma}\frac{1}{\sqrt{2\pi}}\mathrm{e}^{-\frac{t^2}{2}}\mathrm{d}t=\frac{1}{\sqrt{2\pi}}\left[\Phi\left(\frac{z-\pi-\mu}{\sigma}\right)-\Phi\left(\frac{z-\pi-\mu}{\sigma}\right)\right]$$

例3 设 (X,Y) 的概率密度服从二维正态分布为

$$\varphi=(x,y)=\frac{1}{2\pi}\mathrm{e}^{-\frac{x^2+y^2}{2}},\quad -\infty<x<+\infty,-\infty<y<+\infty$$

求 $Z=\sqrt{X^2+Y^2}$ 的分布函数.

解 设 Z 的分布函数为 $F(z)$，则显然：

当 $z\leqslant 0$ 时，有

$$F(z)=P\{Z\leqslant z\}=0$$

当 $z>0$ 时，有

$$F(z)=P\{Z\leqslant z\}=P\{X^2+Y^2\leqslant z^2\}=\iint\limits_{x^2+y^2\leqslant z^2}\frac{1}{2\pi}\mathrm{e}^{-\frac{x^2+y^2}{2}}\mathrm{d}x\mathrm{d}y=\frac{1}{2\pi}\int_0^{2\pi}\mathrm{d}\theta\int_0^z\mathrm{e}^{-\frac{r^2}{2}}r\mathrm{d}r=\int_0^z r\mathrm{e}^{-\frac{r^2}{2}}\mathrm{d}r$$

注意这里的积分利用了极坐标变换.

故 Z 的分布密度为

$$f(z)=\frac{\mathrm{d}F}{\mathrm{d}z}=\begin{cases}0,& z\leqslant 0\\ z\mathrm{e}^{-\frac{z^2}{2}},& z>0\end{cases}$$

注 由于题中没有要求给出 z 的分布函数，而只需求分布密度，故积分 $\int_0^z r\mathrm{e}^{-\frac{r^2}{2}}\mathrm{d}r$ 不必积出，这样将它求导时将是方便、显见的，否则将会舍近取远.

例4 设随机变量 $\xi_i(1\leqslant i\leqslant n)$ 相互独立且服从相同的正态分布 $N(\mu,\sigma^2)$，试求 $X=\sum\limits_{i=1}^m\xi_i,Y=$

$\sum_{k=1}^{n} \xi_k$ 的二维联合分布,这里 $m < n$.

证 首先注意到下面的结论:若不全为 0 的实数 λ_1, λ_2,则

$$\lambda_1 X + \lambda_2 Y = \lambda_1 \sum_{i=1}^{m} \xi_i + \lambda_2 \sum_{k=1}^{n} \xi_k = (\lambda_1 + \lambda_2) \sum_{k=1}^{m} \xi_k + \lambda_2 \sum_{k=m+1}^{n} \xi_k$$

亦服从正态分布,从而 (X, Y) 服从二维正态分布. 其数学期望为 $(\mu_1, \mu_2) = (E(X), E(Y))$,协方差为

$$\begin{pmatrix} \sigma_1^2 & \rho\sigma_1\sigma_2 \\ \rho\sigma_1\sigma_2 & \sigma_2^2 \end{pmatrix} = \begin{pmatrix} D(X) & \mathrm{Cov}(X, Y) \\ \mathrm{Cov}(X, Y) & D(Y) \end{pmatrix}$$

下求 ρ 和 σ_1, σ_2. 注意到 $E(X) = m\mu, E(Y) = n\mu, D(X) = m\sigma^2, D(Y) = n\sigma^2$.

$$E(XY) = E\left[\left(\sum_{i=1}^{m}\xi_i\right)\left(\sum_{j=1}^{n}\xi_j\right)\right] = E\left(\sum_{i=1}^{m}\sum_{j=1}^{n}\xi_i\xi_j\right) = \sum_{i=1}^{m}\sum_{j=1}^{n}E(\xi_i\xi_j) =$$

$$\sum_{i=1}^{m}\sum_{j=1}^{m}E(\xi_i\xi_j) + \sum_{i=1}^{m}\sum_{j=m+1}^{n}E(\xi_i\xi_j) =$$

$$\sum_{i=1}^{m}E(\xi_i^2) + \sum_{\substack{i,j=1 \\ i \neq j}}^{m}E(\xi_i)E(\xi_j) + \sum_{i=1}^{m}\sum_{j=m+1}^{n}E(\xi_i)E(\xi_j) =$$

$$m(\mu^2 + \sigma^2) + m(m-1)\mu^2 + m(n-m)\mu^2 = mn\mu^2 + m\sigma^2$$

$$\mathrm{Cov}(X, Y) = \mathrm{Cov}(XY) = E(X, Y) - E(X)E(Y) = m\sigma^2$$

故 $\mu_1 = m\mu, \mu_2 = n\mu, \sigma_1 = \sqrt{m}\sigma, \sigma_2 = \sqrt{n}\sigma$. 从而

$$\rho = \frac{\mathrm{Cov}(X, Y)}{\sigma_1 \sigma_2} = \frac{m\sigma^2}{\sqrt{m}\sigma\sqrt{n}\sigma} = \sqrt{\frac{m}{n}}$$

故 (X, Y) 的二维联合分布密度为

$$f(x, y) = \frac{1}{2\pi\sqrt{m(n-m)}\sigma^2} \exp\left\{\frac{-1}{2(1-m/n)}\left[\frac{(x-m\mu)^2}{m\sigma^2} - 2\frac{(x-m\mu)(y-n\mu)}{n\sigma^2} + \frac{(y-n\mu)^2}{n\sigma^2}\right]\right\}$$

注 一般地,若二维随机变量 $\xi(\xi, \eta)$ 服从二维正态分布,则 ξ, η 必定都服从一维正态分布,但反之不然.

命题 随机变量 $\xi_i(i=1,2,\cdots,n)$ 服从 n 维正态分布 $\Longleftrightarrow$ 它的任一非平凡线性组合 $\eta = \sum_{i=1}^{n}\lambda_i\xi_i$ 服从一维正态分布.

三、与分布问题有关的随机变量的概率

下面的问题均是一些求随机变量的概率问题,但它们多与分布问题有关,请看例子.

(一)一元随机变量函数问题

1. 某些简单问题

例 1 设随机变量 X 在 $[2,5]$ 上服从均匀分布. 现对 X 进行 3 次独立观测,求至少有两次观测值大于 3 的概率.

解 由题设知随机变量 X 的分布密度(函数)为

$$f(x) = \begin{cases} \dfrac{1}{3}, & x \in [2, 5] \\ 0, & 其他 \end{cases}$$

令 $A = \{对 X 的观测值大于 3\}$,则

$$P(A) = P\{X > 3\} = \int_{3}^{5}\frac{1}{3}\mathrm{d}x = \frac{2}{3}$$

又设 $\xi = \{$进行 3 次独立观测中观测值大于 3 的次数$\}$,则 $\xi \sim \mathscr{B}\left(3, \frac{2}{3}\right)$. 故所求概率为

$$P\{\xi \geqslant 2\} = C_3^2 \left(\frac{2}{3}\right)^2 \left(1 - \frac{2}{3}\right) + C_3^3 \left(\frac{2}{3}\right)^3 \left(1 - \frac{2}{3}\right)^0 = 3 \cdot \frac{4}{9} \cdot \frac{1}{3} + \frac{8}{27} = \frac{20}{27}.$$

例 2 设随机变量 X 的概率密度为

$$f(x) = \begin{cases} 2x, & 0 < x < 1 \\ 0, & \text{其他} \end{cases}$$

现对 X 进行 n 次独立重复观测,以 V_n 表示观测值不大于 0.1 的次数. 试求随机变量 V_n 的概率分布.

解 由题设有事件"观测值不大于 0.1"的概率为

$$p = P\{X \leqslant 0.1\} = \int_{-\infty}^{0.1} f(x) \mathrm{d}x = \int_0^{0.1} 2x \mathrm{d}x = 0.01.$$

V_n 服从参数为 (n,p) 的二项分布 $\mathscr{B}(n,p)$,故有

$$P\{V_n = m\} = C_n^m (0.01)^m (0.09)^{n-m}, \quad m = 1, 2, \cdots, n.$$

例 3 假设随机变量 X 的绝对值不大于 1,且 $P\{X = -1\} = \frac{1}{8}, P\{X = 1\} = \frac{1}{4}$;在事件 $\{-1 < X < 1\}$ 出现的条件下,X 在 $(-1,1)$ 内的任一子区间上取值的条件概率与该子区间长度成正比,试求:(1)X 的分布函数 $F(x) = P\{X \leqslant x\}$;(2)$X$ 取负值的概率 p.

解 (1) 由题设有当 $x < -1$ 时,$F(x) = 0$;当 $x \geqslant 1$ 时,$F(x) = 1$.
以下考虑当 $-1 \leqslant x < 1$ 时的情形. 由

$$1 = P\{|X| \leqslant 1\} = P\{X = -1\} + P\{-1 < X < 1\} + P\{X = 1\}$$

则由上级题设有 $P\{-1 < X < 1\} = 1 - \frac{1}{8} - \frac{1}{4} = \frac{5}{8}$.

又据题设 $P\{-1 < X \leqslant x \mid -1 < X < 1\} = a(x+1)$,其中 a 为比例系数.
在上式中令 $x \to 1$,式左趋向于 1(必然事件的概率),由此得 $a = \frac{1}{2}$.
注意到 $-1 < x < 1$,则区间 $(-1, x] \subset (-1, 1)$,因此有

$$P\{-1 < X \leqslant x\} = P\{-1 < X \leqslant x, -1 < X < 1\} =$$
$$P\{-1 < X < 1\} \cdot P\{-1 < X \leqslant x \mid -1 < X < 1\} =$$
$$\frac{5}{8} \cdot \frac{1}{2}(x+1) = \frac{5}{16}(x+1)$$

又

$$F(x) = P\{X \leqslant -1\} + P\{-1 < X \leqslant x\} = \frac{1}{8} + \frac{5}{16}(x+1) = \frac{1}{16}(5x+7)$$

综上

$$F(x) = \begin{cases} 0, & x < -1 \\ (5x+7)/16, & -1 \leqslant x < 1 \\ 1, & x \geqslant 1 \end{cases}$$

(2) 由上 X 取负值的概率为 $p = P\{X < 0\} = P\{X \leqslant 0\} - P\{X = 0\} = F(0) = \frac{7}{16}$.

2. 应用问题

这类问题前文曾有述及,下面再来看几个例子.

(1) 与电子电路有关的元件使用问题

例 1 某仪器装有 3 只独立工作的同型号电子元件,其寿命(单位:h)都服从同一指数分布,分布密度为

$$f(x) = \begin{cases} \dfrac{1}{600} e^{-\frac{x}{600}}, & x > 0 \\ 0, & x \leqslant 0 \end{cases}$$

试求在仪器使用的最初 200 h 内,至少有一只电子元件损坏的概率 α.

解 设 $A = \{$在仪器使用的最初 200 h 内电子元件损坏$\}$,而 X 表示在 200 h 内电子元件损坏的只数,记 $p = P(A)$,则 $X \sim \mathcal{B}(3, p)$. 这样在 200 h 内元件损坏的概率为

$$p = P(A) = P\{X \leqslant 200\} = \int_0^{200} \frac{1}{600} e^{-\frac{x}{600}} \mathrm{d}x = 1 - e^{-\frac{1}{3}}$$

从而,在最初 200 h 内电子元件完好的概率为 $q = 1 - p = e^{-\frac{1}{3}}$.

故所求概率为 $\alpha = P\{X \geqslant 1\} = 1 - P\{X = 0\} = 1 - (e^{-\frac{1}{3}})^3 = 1 - e^{-1}$.

例 2 一电子仪器由两个部件构成,以 X 和 Y 分别表示两个部件的寿命(单位:h),已知 X 和 Y 的联合分布函数为

$$F(x, y) = \begin{cases} 1 - e^{-0.5x} - e^{-0.5y} + e^{-0.5(x+y)}, & x \geqslant 0, y \geqslant 0 \\ 0, & \text{其他} \end{cases}$$

(1) 问 X 和 Y 是否独立?(2) 求两个部件的寿命都超过了 100 h 的概率 α.

解 (1) 由题设知 X 和 Y 的分布函数分别为

$$F_X(x) = F(x, +\infty) = \begin{cases} 1 - e^{-0.5x}, & x \geqslant 0 \\ 0, & x < 0 \end{cases}$$

$$F_Y(y) = F(+\infty, y) = \begin{cases} 1 - e^{-0.5y}, & y \geqslant 0 \\ 0, & y < 0 \end{cases}$$

由于 $F(x, y) = F_X(x) \cdot F_Y(y)$,故知 X 和 Y 独立.

(2) 由上及题设知,两部件寿命均超过 100 h 的概率为

$$\alpha = P\{x > 0.1, Y > 0.1\} = P\{X > 0.1\} \cdot P\{Y > 0.1\} = [1 - F_X(0.1)] \cdot [1 - F_Y(0.1)] = e^{-0.05} \cdot e^{-0.05} = e^{-0.1}$$

例 3 假设一大型设备在任何长为 t 的时间内发生故障的次数 $N(t)$ 服从参数为 λ 的泊松分布.

(1) 求相继两次故障之间时间间隔 T 的概率分布;

(2) 求在设备已无故障工作 8 h 的情形下,再无故障运行 8 h 的概率 p.

解 (1) 由于 T 是非负随机变量,当 $t < 0$ 时,$F(t) = P\{T \leqslant t\} = 0$.

当 $t \geqslant 0$ 时,由于事件 $\{T > t\}$ 与事件 $\{N(t) = 0\}$ 等价,则

$$F(t) = P\{T \leqslant t\} = 1 - P\{T > t\} = 1 - P\{N(t) = 0\} = 1 - e^{-\lambda t}$$

即 T 服从参数为 λ 的指数分布.

(2) 由上可知所求无故障运行 8 h 的概率为

$$p = P\{T \geqslant 16 \mid T \geqslant 8\} = \frac{P\{T \geqslant 16, T \geqslant 8\}}{P\{T \geqslant 8\}} = \frac{P\{T \geqslant 16\}}{P\{T \geqslant 8\}} = \frac{e^{-16\lambda}}{e^{-8\lambda}} = e^{-8\lambda}$$

下面的问题与本例无异,只是题设分布函数不同罢了.

例 4 某种无线电元件的使用寿命(单位:h)X 服从如下分布

$$f(x) = \begin{cases} \dfrac{100}{x^2}, & x \geqslant 100 \\ 0, & x < 100 \end{cases}$$

一架收音机内装有 3 个此种元件,试问:(1) 在使用最初 150 h 内,没有一个元件烧坏的概率是多少?

(2) 在使用最初 150 h 内,只有一个元件烧坏的概率是多少?

解 设随机变量 X_1, X_2, X_3 分别为收音机内的 3 个元件的使用寿命,由设知它们均服从同一分布,

且互相独立.

这样,在使用 150 h 内,没有一个元件烧坏的概率为

$$p_1 = P\{X_1 > 150, X_2 > 150, X_3 > 150\} = P\{X_1 > 150\} \cdot P\{X_2 > 150\} \cdot P\{X_3 > 150\} =$$
$$\left[\int_{150}^{+\infty} f(x) dx\right]^3 = \left(\int_{150}^{+\infty} \frac{100}{x^2} dx\right)^3 = \left(\frac{2}{3}\right)^3 = \frac{8}{27}$$

(2) 在使用最初 150 h 内,只有一个元件烧坏的事件是指其中任一个元件烧坏,而其余两只完好,故由互斥事件的加法公式知所求概率

$$p_2 = P\{X_1 \leq 150, X_2 > 150, X_3 > 150\} + P\{X_1 > 150, X_2 \leq 150, X_3 > 150\} +$$
$$P\{X_1 > 150, X_2 > 150, X_3 \leq 150\} =$$
$$3\left[\int_{100}^{150} f(x) dx\right]\left[\int_{150}^{+\infty} f(x) dx\right]^2 =$$
$$3\left[\int_{100}^{150} \frac{100}{x^2} dx\right]\left[\int_{150}^{+\infty} \frac{100}{x^2} dx\right]^2 = \frac{4}{9}$$

(2) 产品合格问题

例 1 假设一厂家生产的每台仪器,以概率 0.70 可以直接出厂;以概率 0.30 需进一步调试.经调试后以概率 0.80 可以出厂;以概率 0.20 定为不合格品不能出厂.现该厂生产了 $n(n \geq 2)$ 台仪器(假设各台仪器的生产过程相互独立).求(只列式子不算得数)

(1) 全部能出厂的概率 α;

(2) 其中恰好有两件不能出厂的概率 β;

(3) 其中至少有两件不能出厂的概率 γ.

解 设 $A = \{仪器需进一步调试\}, B = \{仪器可以出厂\}$,则任一仪器可出厂概率为

$$P(B) = P(B \mid A)P(A) + P(B \mid \overline{A})P(\overline{A}) = 0.3 \cdot 0.8 + 0.7 \cdot 1 = 0.94$$

设 $X = \{仪器可以出厂的台数\}$,则 $X \sim \mathcal{B}(n, 0.94)$.于是所求诸概率分别为

(1) $\alpha = P\{X = n\} = 0.94^n$;

(2) $\beta = P\{X = n-2\} = C_n^2 (0.94)^{n-2} (0.06)^2$;

(3) $\gamma = P\{X \leq n-2\} = 1 - P\{X = n-1\} - P\{X = n\} = 1 - n \cdot (0.94)^{n-1} (0.06) - 0.94^n$.

下面的产品合格问题看上去更为复杂,但其方法与上例类同.

例 2 (1) 一批产品次品率为 p,检验方法如下:如果任取 k 件,若全部合格,则通过验收.如果未完全合格,则再继续抽取 $2k$ 件产品,若它们全部合格,则通过验收;否则退回产品.求检验通过和退回的概率 P_1, P_2.

(2) 若产品次品率 p 随不同批次不完全相同,任抽一批产品时,次品率 p 亦随机变化,设其概率密度为 $f(p), 0 \leq p \leq 1$,此时设界 p_0,若 $p \leq p_0$ 为合格,则 $p > p_0$ 为不合格.求

① 任取一批产品是合格品,但验后被退回的概率;

② 任取一批产品为不合格品,但却通过验收的概率;

③ 在合格批次中用此检验方法被退回的概率;

④ 在不合格批次中用此检验方法被通过的概率.

以上每次抽取时,抽得次品的概率均为 p.

解 (1) 由题设 k 件产品全部合格的概率为 $(1-p)^k$,因而

$$P_1 = (1-p)^k + [1-(1-p)^k](1-p)^{2k}$$
$$P_2 = [1-(1-p)^k][1-(1-p)^{2k}]$$

(2) 考虑下面诸情形:

① 因任取一批产品次品率为 p,且验后被退回的概率为 $P_2 f(p) dp$.这样合格被退回的概率(合格批

次要求 $p \leqslant p_0$) 为

$$a' = \int_0^{p_0} P_2 f(p) \mathrm{d}p$$

② 不合格被通过的概率为

$$b' = \int_{p_0}^1 P_1 f(p) \mathrm{d}p$$

③ 因任取一批产品为合格批次的概率为 $\int_0^{p_0} f(p) \mathrm{d}p$, 因而用此检验方法被退回的概率为

$$a = \int_0^{p_0} P_2 f(p) \mathrm{d}p \Big/ \int_0^{p_0} f(p) \mathrm{d}p$$

④ 不合格批次用此检验方法被通过的概率为

$$b = \int_{p_0}^1 P_1 f(p) \mathrm{d}p \Big/ \int_{p_0}^1 f(p) \mathrm{d}p$$

下面的问题从本质上讲与上例无异, 只是从不同角度提出问题而已.

例 3 设某班车起点站乘客人数 X 服从参数为 $\lambda(\lambda>0)$ 的泊松分布, 每位乘客在中途下车的概率为 $p(0<p<1)$, 且中途下车与否相互独立. 以 Y 表示在中途下车的人数. 求: (1) 在发车时有 n 个乘客的条件下, 中途有 m 人下车的概率; (2) 二维随机变量 (X,Y) 的概率分布.

解 依题意知 $X \sim \mathcal{P}(\lambda)$, 即 $P\{X=n\} = \dfrac{\lambda^n}{n!} \mathrm{e}^{-\lambda}$; 在 $X=n$ 的条件下, Y 是在 n 次独立试验(n 个乘客)中事件(乘客下车)发生的次数, 故 $Y \sim \mathcal{B}(n,p)$.

(1) 故在发车时有 n 个乘客中途有 m 人下车的概率为

$$P\{Y=m \mid X=n\} = = C_n^m p^m (1-p)^{n-m}, \quad 0 \leqslant m \leqslant n; n=0,1,2,\cdots$$

(2) 二级随机变量 (X,Y) 的概率分布为

$$P\{X=n, Y=m\} = P\{Y=m \mid X=n\} \cdot P\{X=n\} = C_n^m p^m (1-p)^{n-m} \dfrac{\mathrm{e}^{-\lambda}}{n!} \lambda^n,$$

$$0 \leqslant m \leqslant n; n=0,1,2,\cdots$$

3. 杂例

首先来看一个测量问题, 它也是一则应用题.

例 1 测量某一目标的距离时, 测量误差服从 $\mu=-50, \sigma=100$ 的正态分布(单位:m). 试求测量距离的误差按其绝对值不超过 150 m 的概率.

附表 表示正态分布表 $\Phi(z) = \displaystyle\int_{-\infty}^z \dfrac{1}{\sqrt{2\pi}} \mathrm{e}^{-\frac{u^2}{2}} \mathrm{d}u.$

z	0	1	2
0.8	0.7881	0.7910	0.7939
1.0	0.8413	0.8438	0.8461
1.5	0.9332	0.9345	0.9357
2.0	0.9772	0.9778	0.9783
2.5	0.9938	0.9940	0.9941

解 设 X 为测量距离的误差, 于是 X 的概率密度为

$$f(x) = \dfrac{1}{100\sqrt{2\pi}} \mathrm{e}^{-\frac{(x+50)^2}{20000}}$$

测量距离的误差按其绝对值不超过 150 m 的概率为

$$P\{|X|<150\} = P\{-150<X<150\} = \Phi\left(\frac{150+50}{100}\right) - \Phi\left(\frac{-150+50}{-100}\right) =$$

$$\Phi(2) - \Phi(-1) = \Phi(2) + \Phi(1) - 1 = 0.9772 + 0.8413 - 1 = 0.8185$$

下面的例子前文(第 1 章)已有介绍,不过那里用的是几何概率,这里则考虑用概率去求解.

例 2 若随机变量 ξ 服从 $[0,5]$ 上的均匀分布,求方程 $x^2 + \xi x + 1 = 0$ 有实根的概率.

解 由题设 ξ 的密度函数为

$$f(x) = \begin{cases} \dfrac{1}{5}, & 0 \leqslant x \leqslant 5 \\ 0, & \text{其他} \end{cases}$$

若方程有实根,则其判别式 $\Delta = \xi^2 - 4 \geqslant 0$,即 $\xi \leqslant -2$ 或 $\xi \geqslant 2$.
从而方程有实根的概率为

$$P\{\xi \leqslant -2\} + P\{\xi \geqslant 2\} = \int_{-\infty}^{-2} f(x) \mathrm{d}x + \int_{2}^{+\infty} f(x) \mathrm{d}x = \int_{2}^{5} \frac{1}{5} \mathrm{d}x = \frac{3}{5}$$

下面是二维随机变量的综合问题,它随机变量函数的概率.

例 3 设二维随机变量 (X,Y) 的分布为:

Y \ X	-1	0	1
-1	a	0	0.2
0	0.1	b	0.2
1	0	0.1	c

其中 a,b,c 为常数,且 X 的数学期望 $E(X) = -0.2$,$P\{Y \leqslant 0 \mid X \leqslant 0\} = 0.5$,记 $Z = X + Y$,求(1)a,b,c 的值;(2)Z 的概率分布;(3)$P\{X = Z\}$.

解 (1)根据概率分布的性质及题设条件建立关于 a,b,c 的方程组,解此方程组求得 a,b,c.
由概率分布的性质得 $a+0+0.2+0.1+b+0.2+0+0.1+c=1$,即

$$a+b+c = 0.4 \qquad ①$$

由于 X 的概率分布为:

X	-1	0	1
p	0.2+a	0.3+b	0.1+c

所以由 $E(X) = -0.2$ 得 $(-1) \cdot (0.2+a) + 0 \cdot (0.3+b) + 1 \cdot (0.1+c) = -0.2$,即

$$a - c = 0.1 \qquad ②$$

由 $P\{Y \leqslant 0 \mid X \leqslant 0\} = 0.5$,即 $\dfrac{P\{X \leqslant 0, Y \leqslant 0\}}{P\{X \leqslant 0\}} = 0.5$,得

$$P\{X \leqslant 0, Y \leqslant 0\} = 0.5 P\{X \leqslant 0\} \qquad ③$$

其中

$$P\{X \leqslant 0, Y \leqslant 0\} = P\{X=-1, Y=-1\} + P\{X=-1, Y=0\} + P\{X=0, Y=-1\} +$$
$$P\{X=0, Y=0\} = a + 0 + 0.1 + b = a + b + 0.1$$
$$P\{X \leqslant 0\} = P\{X=-1\} + P\{X=0\} = (0.2+a) + (0.3+b) = a+b+0.5$$

将它们代入式 ③ 得 $a+b+0.1 = 0.5 \cdot (a+b+0.5)$,即 $a+b = 0.3$. ④

解由式 ①、②、④ 组成的方程组得 $a = 0.2, b = 0.1, c = 0.1$.
于是 (X,Y) 的概率分布见下表:

X \ Y	−1	0	1
−1	0.2	0	0.2
0	0.1	0.1	0.2
1	0	0.1	0.1

(2) 由题设及上知 $Z=X+Y$ 可能取的值为 $-2,-1,0,1,2$，并且

$$P\{Z=-2\}=P\{X+Y=-2\}=P\{X=-1,Y=-1\}=0.2$$
$$P\{Z=-1\}=P\{X+Y=-1\}=P\{X=-1,Y=0\}+P\{X=0,Y=-1\}=0.1$$
$$P\{Z=0\}=P\{X+Y=0\}=P\{X=-1,Y=1\}+P\{X=0,Y=0\}+P\{X=1,Y=-1\}=0.3$$
$$P\{Z=1\}=P\{X+Y=1\}=P\{X=0,Y=1\}+P\{X=1,Y=0\}=0.3$$
$$P\{Z=2\}=P\{X+Y=2\}=P\{X=1,Y=1\}=0.1$$

所以，Z 的概率分布见下表：

Z	−2	−1	0	1	2
p	0.2	0.1	0.3	0.3	0.1

(3) 由(1)得 Y 的概率分布见下表：

Y	−1	0	1
p	0.3	0.2	0.5

于是 $P\{X=Z\}=P\{X=X+Y\}=P\{Y=0\}=0.2$.

例 4 设 $\Phi(x)$ 和 $\varphi(x)$ 分别为 $N(0,1)$ 的分布函数和分布密度. 试证当 $x \to +\infty$ 时，$1-\Phi(x) \sim \dfrac{1}{x}\varphi(x)$.

证 由设 $\varphi(x)=\dfrac{1}{\sqrt{2\pi}}e^{-\frac{x^2}{2}}$，故 $\varphi'(x)=-\varphi(x)x$.

令 $f(x)=1-\Phi(x)-\varphi(x)x\left(\dfrac{1}{x}-\dfrac{1}{x^3}\right), x>0$. 则

$$f'(x)=-\varphi(x)+\varphi(x)x\left(\dfrac{1}{x}-\dfrac{1}{x^3}\right)+\varphi(x)\left(\dfrac{1}{x^2}-\dfrac{3}{x^4}\right)=-\dfrac{3}{x^4}\varphi(x)<0,\quad x>0$$

则知 $f(x)$ 单减(严格). 又 $\lim\limits_{x \to +\infty}f(x)=0$，知当 $x>0$ 时，$f(x)>0$. 从而可有

$$1-\Phi(x)>\left(\dfrac{1}{x}-\dfrac{1}{x^3}\right)\varphi(x),\quad x>0 \qquad (*)$$

再令 $g(x)=1-\Phi(x)-\dfrac{1}{x}\varphi(x), x>0$，仿上可证当 $x>0$ 时，$g(x)<0$. 从而又有

$$1-\Phi(x)<\dfrac{1}{x}\varphi(x),\quad x>0 \qquad (**)$$

综上由式(*)及式(**)有

$$1-\dfrac{1}{x^2}<\dfrac{1-\Phi(x)}{\dfrac{1}{x}\varphi(x)}<1,\quad x>0$$

令当 $x \to +\infty$ 时，则有 $1-\Phi(x) \sim \dfrac{1}{x}\varphi(x)$

（二）多元随机变量函数问题

下面的例子是关于独立连续型二维随机变量的，它又与一元二次方程有否实根相联系（涉及判别式）．这类问题前文已有述及，只是问题条件不同而已．

例 1 设随机变量 X 有概率密度函数为

$$f_X(x) = \begin{cases} 2x, & 0 < x < 1 \\ 0, & \text{其他} \end{cases}$$

随机变量 Y 有概率密度函数为

$$f_Y(y) = \begin{cases} e^{-y}, & y > 0 \\ 0, & \text{其他} \end{cases}$$

又设 X,Y 相互独立．问 u 的二次方程 $u^2 - 2Xu + Y = 0$ 具有实根的概率是多少？

解 设二维随机变量 (X,Y) 的密度函数为 $f(x,y)$，由题设 X,Y 独立，故有

$$f(x,y) = f_X(x) \cdot f_Y(y)$$

又设事件 $Z = \{u^2 - 2Xu + Y = 0 \text{ 有实根}\}$，因 $u^2 - 2Xu + Y = 0$ 有实根，则有 $\Delta = 4X^2 - 4Y \geqslant 0$，亦即 $X^2 - Y \geqslant 0$．从而事件 $Z = \{X^2 - Y \geqslant 0\}$．故

$$P(Z) = P\{X^2 - Y \geqslant 0\} = \iint\limits_{y < x^2} f(x,y)\mathrm{d}x\mathrm{d}y = \int_0^1 \mathrm{d}x \int_0^{x^2} 2x e^{-y}\mathrm{d}y = e^{-1}$$

注 1 若题设改为："X,Y 在 $[0,1]$ 上皆为均匀分布，则方程 $u^2 + Xu + Y = 0$ 有实根的概率"可求如：

由设 (x,y) 的联合分布密度为

$$p(\xi,\eta) = \begin{cases} 1, & 0 \leqslant \xi, \eta \leqslant 1 \\ 0, & \text{其他} \end{cases}$$

由 $u^2 - 2Xu + Y = 0$ 有实根 $\Longleftrightarrow \Delta = X^2 - 4Y \geqslant 0$，即

$$Y \leqslant \frac{X^2}{4} \Longleftrightarrow (X,Y)$$

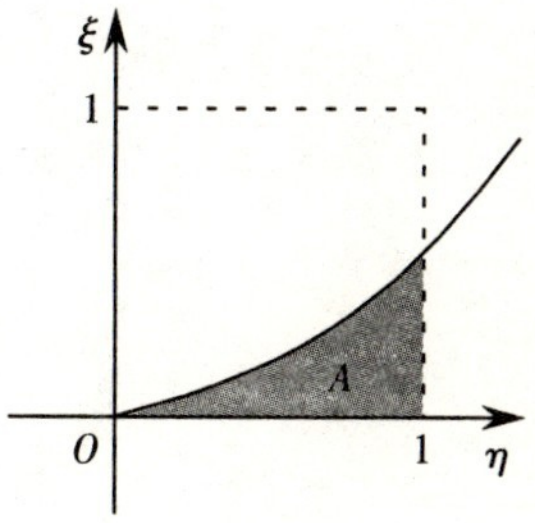

图 2.20

取值于图 2.20 中阴影部分．

从而 $p = \iint\limits_A p(\xi,\eta) \mathrm{d}\xi \mathrm{d}\eta = \int_0^1 \mathrm{d}\xi \int_0^{\frac{\xi^2}{4}} \mathrm{d}\eta = \frac{1}{12}$．

注 2 更一般地，"若 X,Y 在 $[-a,a]$ 上皆服从均匀分布，则方程 $u^2 + Xu + Y = 0$ 有实根的概率"问题可解如

$$p(\xi,\eta) = \begin{cases} \dfrac{1}{4a^2}, & |\xi| \leqslant a, |\eta| \leqslant a \\ 0, & \text{其他} \end{cases}$$

从而 $\displaystyle P\{X^2 \geqslant 4Y\} = \iint\limits_{\xi^2 \geqslant 4\eta} p(\xi,\eta)\mathrm{d}\xi\mathrm{d}\eta = \iint\limits_{\substack{\xi^2 \geqslant 4\eta \\ |\xi| \leqslant a, |\eta| \leqslant a}} \frac{1}{4a^2}\mathrm{d}\xi\mathrm{d}\eta$

注意到参数 a 取值，因而分两种情形讨论（图 2.21）：

(1) 当 $0 \leqslant a \leqslant 4$ 时，$\displaystyle P\{X^2 \geqslant 4Y\} = 2\int_0^a \mathrm{d}\xi \int_{-a}^{\frac{\xi^2}{4}} \frac{1}{4a^2}\mathrm{d}\eta = \frac{a}{24} + \frac{1}{2}$．

(2) 当 $a > 4$ 时，$\displaystyle P\{X^2 \geqslant 4Y\} = 1 - 2\int_0^a \mathrm{d}\eta \int_0^{2\sqrt{\eta}} \frac{1}{4a^2}\mathrm{d}\xi = 1 - \frac{2}{3\sqrt{a}}$．

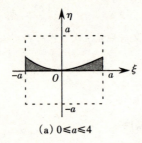
(a) $0 \leqslant a \leqslant 4$

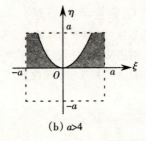
(b) $a > 4$

图 2.21

例 2 设 ξ, η 相互独立且同于 $(0,1)$ 内均匀分布的随机变量,求直线 $l: \xi x + \eta y = 0$ 与抛物线 $m: y = ax^2 + c$ 相交的概率,这里 a, c 为常数.

解 由题设直线 l 与 m 相交 $\Longleftrightarrow \begin{cases} y = ax^2 + c \\ y = -\dfrac{\xi}{\eta} x \end{cases}$ 有解,即一元二次方程

$$ax^2 + \frac{\xi}{\eta} x + C = 0 \qquad ①$$

有解.

(1) 当 $ac = 0$ 时,式 ① 显然有解,则 l, m 相交的概率 $p = 1$.

(2) 当 $ac \neq 0$ 时,式 ① 有解 $\Longleftrightarrow \left(\dfrac{\xi}{\eta}\right)^2 - 4ac \geqslant 0.$ ②

① 若 $ac < 0$,则式 ① 必有解,此时 l, m 相交的概率 $p = 1$;

② 若 $ac > 0$,不等式 ② 成立 $\Longleftrightarrow \eta < \dfrac{\xi}{2\sqrt{ac}}$,此时 l, m 相交的概率为 $p = P\left\{\eta < \dfrac{\xi}{2\sqrt{ac}}\right\}$. 考虑图 2.22.

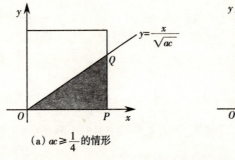
(a) $ac \geqslant \dfrac{1}{4}$ 的情形

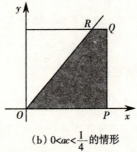
(b) $0 < ac < \dfrac{1}{4}$ 的情形

图 2.22

若 $ac \geqslant \dfrac{1}{4}$,则 $p = S_{\triangle OPQ} = \dfrac{1}{4\sqrt{ac}}$;若 $0 < ac < \dfrac{1}{4}$,则 $p = S_{\text{梯形} OPQR} = 1 - \sqrt{ac}$.

综上

$$p = \begin{cases} 1, & ac \leqslant 0 \\ 1 - \sqrt{ac}, & 0 < ac < \dfrac{1}{4} \\ \dfrac{1}{4\sqrt{ac}}, & ac \geqslant \dfrac{1}{4} \end{cases}$$

例 3 已知二维随机变量 (ξ, η) 的分布密度为

$$f(x,y) = \begin{cases} \dfrac{1}{4}, & (x,y) \in \{(x,y) \mid 0 \leqslant x \leqslant 2, 0 \leqslant y \leqslant 2\} \\ 0, & \text{其他} \end{cases}$$

又 $D = \{(x,y) \mid 0 \leqslant x \leqslant 2, 0 \leqslant y \leqslant 2, x+y = k, -\infty < k < +\infty\}$. 求 $P\{(\xi,\eta) \in D\}$.

解 显然,$P\{(\xi,\eta) \in D\} = \iint\limits_{D} f(x,y)\mathrm{d}x\mathrm{d}y$. 因 k 取值不同,D 亦不同,故须就 k 的情况进行讨论,如图 2.23 所示.

(1) 当 $k < 0$ 时,$D = \varnothing$,$P\{(\xi,\eta) \in D\} = 0$;

(2) 当 $0 \leqslant k \leqslant 2$ 时,$P\{(\xi,\eta) \in D\} = \int_0^k \frac{1}{4}\mathrm{d}x\int_0^{k-x}\mathrm{d}y = \frac{k^2}{8}$;

(3) 当 $2 < k \leqslant 4$ 时,有

$$P\{(\xi,\eta) \in D\} = \int_0^{k-2} \frac{1}{4}\mathrm{d}x\int_0^2 \mathrm{d}y + \int_{k-2}^2 \frac{1}{4}\mathrm{d}x\int_0^{k-x}\mathrm{d}y = \frac{k}{4}\left(2-\frac{k}{2}\right) + \frac{k}{2} - 1 = -\frac{1}{8}k^2 + k - 1$$

(4) 当 $k > 4$ 时,$P\{(\xi,\eta) \in D\} = 1$.

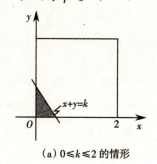
(a) $0 \leqslant k \leqslant 2$ 的情形

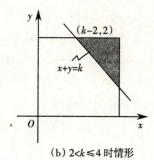
(b) $2 < k \leqslant 4$ 时情形

图 2.23

综上可有

$$P\{(\xi,\eta) \in D\} = \begin{cases} 0, & k < 0 \\ \dfrac{k^2}{8}, & 0 \leqslant k \leqslant 2 \\ -\dfrac{1}{8}k^2 + k - 1, & 2 < k \leqslant 4 \\ 1, & k > 4 \end{cases}$$

例 4 设随机变量 (ξ,η) 服从二维正态分布,其密度函数为

$$f(x,y) = \frac{1}{2\pi ab}\exp\{-\frac{1}{2}(\frac{x^2}{a^2}+\frac{y^2}{b^2})\}$$

求 (ξ,η) 取值于椭圆 $\dfrac{x^2}{a^2} = \dfrac{y^2}{b^2} = R^2$ 内的概率.

解 所求概率为

$$p = \frac{1}{2\pi ab}\iint\limits_{\frac{x^2}{a^2}+\frac{y^2}{b^2}\leqslant R^2} \mathrm{e}^{-\frac{1}{2}(\frac{x^2}{a^2}+\frac{y^2}{b^2})}\mathrm{d}x\mathrm{d}y = \frac{1}{2\pi ab}\int_0^{2\pi}\mathrm{d}\theta\int_0^R abr\mathrm{e}^{-\frac{1}{2}r^2}\mathrm{d}r = 1 - \mathrm{e}^{-\frac{1}{2}R^2}$$

这里运用坐标变换 $x = ar\cos\theta, y = br\sin\theta (0 \leqslant \theta \leqslant 2\pi, 0 \leqslant r \leqslant R)$,且注意到变换的雅各比行列式

$$J = \begin{vmatrix} x_r' & x_\theta' \\ y_r' & y_\theta' \end{vmatrix} = abr$$

例 5 设二维随机变量 (X,Y) 的概率密度函数为

$$f(x,y) = \begin{cases} \dfrac{1}{4}, & -1 \leqslant x < 1, 0 \leqslant y \leqslant 2 \\ 0, & \text{其他} \end{cases}$$

求二次曲面 $f = x^2 + 2x_2^2 + Yx_3^2 + 2x_1x_2 + 2Xx_2x_3 = 0$ 为椭球面的概率.

解 题设二次曲面 f 的相应系数矩阵为

$$A = \begin{pmatrix} 1 & 1 & X \\ 1 & 2 & 0 \\ X & 0 & Y \end{pmatrix}$$

若 f 为椭球面,则 A 的特征值均恒正或均恒负,即 A 正定或负定.

注意到 A 的顺序余子式: $A_{11} = 1 > 0$, $A_{12} = \begin{vmatrix} 1 & 1 \\ 1 & 2 \end{vmatrix} = 1 > 0$, 故 A 只能正定.

从而 $\det A = \begin{vmatrix} 1 & 1 & X \\ 1 & 2 & 0 \\ X & 0 & Y \end{vmatrix} = Y - 2X^2 > 0$, 故 $f = 0$ 为椭圆的概率为

$$P\{Y - 2X^2 > 0\} = \int_{-1}^{1} dx \int_{2x^2}^{2} \frac{1}{4} dy = \frac{2}{3}$$

例 6 设 $X_i (i = 1, 2, \cdots, 13)$ 是相互独立且概率密度均为 $f(x)(-\infty < x < +\infty)$ 的随机变量,求 $\min\{X_{11}, X_{12}, X_{13}\} > \max\{X_1, X_2, \cdots, X_{10}\}$ 的概率.

解 1 令 $\xi = \min\{X_{11}, X_{12}, X_{13}\}$, $\eta = \max\{X_1, X_2, \cdots, X_{10}\}$.

又由设 X_i 的分布函数为 $F(x) = \int_{-\infty}^{x} f(x) dx$, 易知 ξ, η 相互独立,且它们的分布函数分别为

$$F_\xi(u) = 1 - [1 - F(u)]^3, \quad F_\eta(v) = [F(v)]^{10}$$

故概率密度分别为

$$f_\xi(u) = 3[1 - F(u)]^2 f(u) = 3f(u) - 6F(u)f(u) + 3F^2(u)f(u)$$
$$f_\eta(v) = 10 F^9(v) f(v)$$

故所求概率为

$$P(\xi > \eta) = \int_{-\infty}^{+\infty} du \int_{-\infty}^{u} f_\xi(u) f_\eta(v) dv =$$
$$3 \int_{-\infty}^{+\infty} F^{10}(u) f(u) du - 6 \int_{-\infty}^{+\infty} F^{11}(u) f(u) du + 3 \int_{-\infty}^{+\infty} F^{12}(u) f(u) du =$$
$$\frac{3}{11} - \frac{1}{2} + \frac{3}{13} = \frac{1}{286}$$

这里用到了结论:若随机变量 $X_1, X_2, \cdots, X_n$ 独立同分布,分布函数为 $F(x)$, 且令

$$Y_1 = \max\{X_1, X_2, \cdots, X_n\}, Y_2 = \min\{X_1, X_2, \cdots, X_n\}$$

则 Y_1, Y_2 的分布函数分别为

$$F_{Y_1} = F^n(x), \quad F_{Y_2} = 1 - F^n(x)$$

解 2 令 $F(x) = \int_{-\infty}^{x} f(t) dt, -\infty < x < +\infty$. 则

$$P\{x_j > x_i\} = \iint_{x < y} f(x) f(y) dx dy = \int_{-\infty}^{+\infty} f(x) \left[\int_{x}^{+\infty} f(y) dy \right] dx = \int_{-\infty}^{+\infty} f(x) [1 - F(x)] dx =$$
$$1 - \int_{-\infty}^{+\infty} F(x) dF(x) = 1 - \frac{1}{2} = \frac{1}{2}$$

故

$$P\{\min(x_{11}, x_{12}, x_{13}) > \min(x_1, x_2, \cdots, x_{10})\} = P\{x_{11} \bigcap x_{12} \bigcap x_{13} > x_1 \bigcap x_2 \bigcap \cdots \wedge x_{10}\}$$

接下去略.

这是一则一般函数分布的概率问题,乍看上去似乎很难,其实它用到的知识不过是无穷限积分而已.

例 7 设有分布密度的连续型随机变量 X, Y, 它们相互独立且服从同一分布(图 2.24),试证 $P\{X \leqslant Y\} = \frac{1}{2}$.

证 设 X,Y 的密度函数(它们服从同一分布)为 $f(x), f(y)$,且 (X,Y) 联合分布的密度函数为 $f(x,y)$.

由于 X,Y 相互独立,有 $f(x,y) = f(x) \cdot f(y)$,又

$$P\{X \leqslant Y\} = \iint_{x \leqslant y} f(x)f(y) \mathrm{d}x \mathrm{d}y =$$

$$\int_{-\infty}^{+\infty} [f(x) \int_{-\infty}^{x} f(y) \mathrm{d}y] \mathrm{d}x =$$

$$\int_{-\infty}^{+\infty} f(x) F(x) \mathrm{d}x = \int_{-\infty}^{+\infty} F(x) \mathrm{d}F(x) =$$

$$\frac{1}{2} F^2(x) \Big|_{-\infty}^{+\infty} =$$

$$\frac{1}{2} [F^2(+\infty) - F^2(-\infty)] = \frac{1}{2}$$

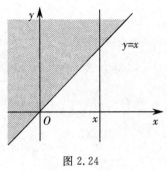

图 2.24

这里 $F(x) = \int_{-\infty}^{x} f(x) \mathrm{d}x, F(y) = \int_{-\infty}^{y} f(x) \mathrm{d}x$ 为 X,Y 的分布函数,注意到 $F(+\infty) = 1, F(-\infty) = 0$. 又上述积分还可解如

$$\int_{-\infty}^{+\infty} f(x) \mathrm{d}x \int_{x}^{+\infty} f(y) \mathrm{d}y = \int_{-\infty}^{+\infty} F(x)[1 - F(x)] \mathrm{d}x =$$

$$\int_{-\infty}^{+\infty} f(x) \mathrm{d}x - \int_{-\infty}^{+\infty} f(x) F(x) \mathrm{d}x =$$

$$1 - \frac{1}{2} F^2(x) \Big|_{-\infty}^{+\infty} = 1 - \frac{1}{2} = \frac{1}{2}$$

例 8 设两人随机地分布在长 l km 的公路上(图 2.25),求两人距离不小于 d 的概率 $(0 \leqslant d \leqslant l)$.

解 令 ξ_i 表示第 i 人 $(i = 1,2)$ 在马路上的位置坐标,由于他们随机地分布在 $[0, l]$ 上,故 ξ_1, ξ_2 独立同分布于

$$f(x) = \begin{cases} \dfrac{1}{l}, & 0 \leqslant x \leqslant l \\ 0, & \text{其他} \end{cases}$$

令 $\eta_1 = \min\{\xi_1, \xi_2\}, \eta_2 = \max\{\xi_1, \xi_2\}$,则 (η_1, η_2) 的联合密度为

$$f(x,y) = \begin{cases} \dfrac{1}{l^2}, & 0 \leqslant x \leqslant y \leqslant l \\ 0, & \text{其他} \end{cases}$$

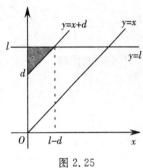

图 2.25

故所求的概率为

$$P\{\eta_2 - \eta_1 \geqslant d\} = \iint_{y-x \geqslant d} f(x,y) \mathrm{d}x \mathrm{d}y = \int_0^{l-d} \mathrm{d}x \int_{x+d}^{l} \frac{2}{l^2} \mathrm{d}y =$$

$$\frac{2}{l^2} \int_0^{l-d} (l - x - d) \mathrm{d}x = \frac{1}{l} (l-d)^2$$

最后看一则涉及概率不等式问题.

例 9 设随机变量 $X_i (i = 1,2)$ 的密度函数为

$$f_i(t) = \begin{cases} \lambda_i \mathrm{e}^{-\lambda_i t}, & t \geqslant 0 \\ 0, & t < 0 \end{cases}$$

这里 $\lambda_i > 0 (i = 1,2)$. 又若 X_1, X_2 相互独立. 试证对任意实数 q 皆有 $P\{X_2 - X_1 < q \mid X_2 \geqslant X_1\} = P\{X_2 < q\}$.

证 由题设可有

$$P\{0 \leqslant X_2 - X_1 < q\} = \iint\limits_{0 \leqslant y-x < q} f_1(x)f_2(y)\mathrm{d}x\mathrm{d}y = \int_0^{+\infty} \lambda_1 e^{-\lambda_1 x}\left(\int_x^{q+x} \lambda_2 e^{-\lambda_2 y}\mathrm{d}y\right)\mathrm{d}y =$$
$$\int_0^{+\infty} \lambda_1 e^{-(\lambda_1+\lambda_2)x}(1+e^{-\lambda_2 q})\mathrm{d}x = \frac{\lambda_1}{\lambda_1+\lambda_2}(1-e^{-\lambda_2 q})$$

再由题设同时可有

$$P\{X_2 \geqslant X_1\} = \iint\limits_{x \leqslant y} f_1(x)f_2(y)\mathrm{d}x\mathrm{d}y = \int_0^{+\infty} \lambda_1 e^{-\lambda_1 x} \int_x^{+\infty} \lambda_2 e^{-\lambda_2 y}\mathrm{d}y\mathrm{d}x = \int_0^{+\infty} \lambda_1 e^{-(\lambda_1+\lambda_2)x}\mathrm{d}x = \frac{\lambda_1}{\lambda_1+\lambda_2}$$

又 $P\{X_2 < q\} = \int_{-\infty}^q f_2(y)\mathrm{d}y = \int_0^q \lambda e^{-\lambda_2 y}\mathrm{d}y = 1-e^{-\lambda_2 q}$,故

$$P\{X_2 - X_1 < q \mid X_2 \geqslant x_1\} = \frac{P\{0 \leqslant X_2 - X_1 < q\}}{P\{x_2 \geqslant x_1\}} = 1-e^{-\lambda q} = P\{X_2 < q\}$$

习　　题

1. 一袋中有 3 个白球和 3 个黑球,连续单个无放回地从袋中取球,直到取得 2 个白球为止,求这时取完球总数 X 的概率分布.

2. 随机变量 ξ 所有可解的取值为 1,2,3,4,5,且 $P\{\xi=k\}$ 与 k 成正比,即 $P\{\xi=k\}=ck, k=1,2,3,4,5$.(1)求常数 c;(2)求 ξ 的分布律及分布函数.

[提示:(1)$\sum_{k=1}^{5} ck = c\sum_{k=1}^{5} k = 15c = 1, c = \frac{1}{15}$;(2)$\xi$ 的分布律为:

ξ	1	2	3	4	5
p	$\frac{1}{15}$	$\frac{2}{15}$	$\frac{3}{15}$	$\frac{4}{15}$	$\frac{5}{15}$

其分布函数

$$F(x) = P\{\xi \leqslant x\} = \begin{cases} 0, & x < 1 \\ \sum_{i=1}^{1} p_i, & 1 \leqslant x < 2 \\ \sum_{i=1}^{2} p_i, & 2 \leqslant x < 3 \\ \vdots \\ \sum_{i=1}^{5} p_i, & x \geqslant 5 \end{cases}$$

显然它是一个分段函数]

3. 该连续型随机变量 ξ 的分布函数为

$$\begin{cases} 0, & x<0 \\ Ax^2, & 0 \leqslant x \leqslant 1 \\ 1, & x>1 \end{cases}$$

求:(1)A 的值;(2)ξ 在 $\left[-\frac{1}{2}, \frac{1}{2}\right)$ 的概率;(3)ξ 的概率密度函数.

[答:(1)$A=1$;(2)$P\left\{-\frac{1}{2} \leqslant \xi < \frac{1}{2}\right\} = F\left(\frac{1}{2}\right) - F\left(-\frac{1}{2}\right) = \frac{1}{4}$;(3)$f(x) = \begin{cases} 2x, & 0 \leqslant x < 2 \\ 0, & \text{其他} \end{cases}$]

4. 如图 2.26,自点 $(0,a)$ 作直线和 Oy 轴成角 φ,如 φ 在区间 $\left(0, \frac{\pi}{2}\right)$ 上均匀分布,试求此直线与 Ox

轴交点横坐标的分布函数,这里 $a>0$.

5. 设 a 是常数,θ 是在 $(0,2\pi)$ 区间服从均匀分布的随机变量. 试求:
(1) $X=a\sin\theta$ 的分布密度函数;
(2) $Y=a\cos\theta+a\sin\theta$ 的分布密度函数.

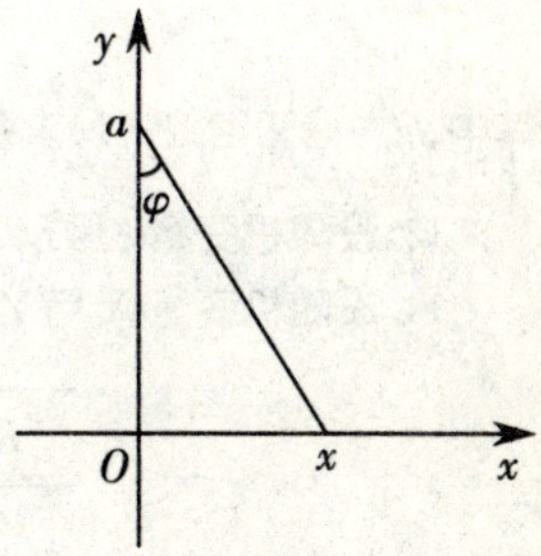

6. 若随机变量 ξ 的概率密度函数为

$$f(x)=\begin{cases} \dfrac{2x}{\pi^2}, & 0<x<\pi \\ 0, & 其他 \end{cases}$$

试求随机变量 $\eta=\sin\xi$ 的概率密度.

7. 设随机变量 ξ 的分布密度为 $f(x)=\dfrac{A}{1+x^2}$.(1)求 A;(2)求 ξ 落在区间 $(-1,1)$ 内的概率.

[答:(1) $A=\dfrac{1}{\pi}$;(2) $P\{-1<\xi<1\}=\int_{-1}^{1}\dfrac{\mathrm{d}x}{\pi(1+x^2)}=\dfrac{1}{2}$]

图 2.26

8. 设函数

$$f(x)=\begin{cases} \dfrac{x}{a}\mathrm{e}^{-\frac{x^2}{2a}}, & x>0 \\ 0, & 其他 \end{cases}$$

这里,$a>0$.(1)证明 $f(x)$ 可以是某个连续型随机变量 ξ 的密度函数;(2)求 ξ 的分布函数;(3)求 $P\{0\leqslant\xi\leqslant1\}$.

[**提示**:(1)证明 $\int_{-\infty}^{+\infty}f(x)\mathrm{d}x=1$ 即可.(2)由题设可有

$$F(x)=\begin{cases} 1-\mathrm{e}^{-\frac{x^2}{2a}}, & x>0 \\ 0, & 其他 \end{cases}$$

(3) $P\{0\leqslant\xi\leqslant1\}=F(1)-F(0)=1-\mathrm{e}^{-\frac{1}{2a}}$]

9. 设随机变量 X 的密度函数

$$f(x)=\begin{cases} A\arctan x, & 0<x<1 \\ 0, & 其他 \end{cases}$$

试求函数 A.

[**提示**:由 $\int_{-\infty}^{+\infty}f(x)\mathrm{d}x=\int_{0}^{1}A\arctan x\mathrm{d}x=1$,得 $A=\dfrac{4}{\pi-\ln 4}$]

10. 随机变量 ξ 的概率密度为

$$f(x)=\begin{cases} A\cos x, & |x|\leqslant\dfrac{\pi}{2} \\ 0, & |x|>\dfrac{\pi}{2} \end{cases}$$

试求:(1)系数 A;(2)ξ 的分布函数 $F(x)$;(3)ξ 落入 $\left(0,\dfrac{\pi}{4}\right)$ 的概率.

11. 设随机变量 ξ 具有密度函数

$$f(x)=\begin{cases} A\mathrm{e}^{-|x|}, & x\geqslant0 \\ 0, & x<0 \end{cases}$$

(1)求系数 A;(2)求 ξ 的分布函数 $F(x)$;(3)计算 $P\{x\leqslant2\}$ 和 $P\{x>3\}$.

12. 随机变量 ξ 的密度函数为

$$f(x)=\begin{cases} Ax^2 e^{-kx}, & x\geqslant 0 \\ 0, & x<0 \end{cases}$$

其中,k 为已知常数.(1)求系数 A;(2)求 ξ 的分布函数 $F(x)$;(3)计算 $P\left\{0\leqslant\xi<\dfrac{1}{k}\right\}$.

13. 设随机变量 ξ 服从 $(0,5)$ 上的均匀分布,求方程 $4x^2+4\xi x+\xi+2=0$ 有实根的概率.

14. 设随机变量 X 与 Y 的概率分布分别为:

X	0	1
p	$\dfrac{1}{3}$	$\dfrac{2}{3}$

Y	-1	0	1
p	$\dfrac{1}{3}$	$\dfrac{1}{3}$	$\dfrac{1}{3}$

且 $p\{X^2=Y^2\}=1$.

(1)求二维随机变量 (X,Y) 的概率分布;
(2)求 $Z=XY$ 的概率分布;
(3)求 X 与 Y 的相关系数 ρ_{XY}.

15. 设相互独立的随机变量 X 和 Y 分别在 $(-a,0)$ 和 $(0,a)$ 上服从均匀分布,求 $Z=X+Y$ 的分布函数.

[提示: (X,Y) 的密度函数为

$$f(x,y)=\begin{cases} \dfrac{1}{a^2}, & -a<x<0, 0<y<a \\ 0, & \text{其他} \end{cases}$$

则其分布函数为

$$F(z)=\iint\limits_{x+y<z}f(x,y)\mathrm{d}x\mathrm{d}y=\begin{cases} 0, & z\leqslant -a \\ \dfrac{1}{2}+\dfrac{z}{a}+\dfrac{z^2}{2a^2}, & -a<z\leqslant 0 \\ \dfrac{1}{2}+\dfrac{z}{a}-\dfrac{z^2}{2a^2}, & 0<z\leqslant a \\ 1, & z>a \end{cases}$$

从而求得 $Z=X+Y$ 的分布函数]

16. 若随机向量 (X,Y) 的密度函数为

$$f(x,y)=\begin{cases} Ae^{-(2x-y)}, & x>0, y>0 \\ 0, & \text{其他} \end{cases}$$

试求:(1)常数 A;(2)概率 $P\{X<2,Y<1\}$;(3)X 的边缘分布;(4)概率 $P\{X+Y<2\}$;(5)条件概率 $P\{X|Y\}$;(6)条件概率 $P\{X<2|Y<1\}$.

17. 设随机变量 X,Y 相互独立,其密度函数分别为

$$f_X(x)=\begin{cases} 5, & 0<x<0.2 \\ 0, & \text{其他} \end{cases}, \quad f_Y(y)=\begin{cases} 5e^{-5y}, & y\geqslant 0 \\ 0, & y<0 \end{cases}$$

求:(1)X,Y 的联合密度函数;(2)$P\{X<Y\}$;(3)$D(X+Y)$.

第 3 章
随机变量的数字特征

在许多实际问题中,尽管随机变量的统计规律可由概率分布来描述,但仍令人感到不便.人们希望用一些数学指标——**数字特征**来反映随机变量统计规律的某些层面.数学期望便是其中之一.

数学期望是随机变量按其概率的加权平均,表征其概率分布的中心位置.

1657 年,荷兰数学家惠更斯(Huygens)从赌博问题:

"某人在 $u+v$ 个等概率场合中有 u 个场合可赢得 α,有 v 个等概率场合可赢得 β,则他的期望收益用 $(u\alpha+v\beta)/(u+v)$ 来估计",这便是数学期望概念的出现或产生.

方差是反映随机变量偏离其中心——数学期望的平均偏离程度.

内 容 提 要

一、随机变量的数字特征

1. 随机变量的数字特征

随机变量是按一定规律(即分布)来取值的.我们常用一个或一些(几个)数字去描述这个规律的侧面,而这些数字随分布而定,且它们部分地描述了该分布的性态,则称这种数字为随机变量的**数字特征**.

2. 数学期望和方差

随机变量的数字特征见下表.

3. 协方差和相关系数

协方差 对随机变量 ξ,η 来讲,$E\{[\xi-E(\xi)][\eta-E(\eta)]\}$ 称为随机变量 ξ,η 的协方差,且记作 $\text{Cov}(\xi,\eta)$ 或 $\text{Cov}(\xi,\eta)$. 关于它有公式

$$\text{Cov}(\xi,\eta) \text{ 或 } \text{Cov}(\xi,\eta)=E(\xi\eta)-E(\xi)E(\eta)$$

相关系数 对随机变量 ξ,η 讲,$\rho(\xi,\eta)=\dfrac{\text{Cov}(\xi,\eta)}{\sqrt{D(\xi)}\sqrt{D(\eta)}}$ 称为 ξ,η 的相关系数.

当 $\rho(\xi,\eta)=0$ 时,称随机变量 ξ,η 互不相关.

关于随机变量的协方差及相关系数性质见下表:

		定 义	性 质
数学期望 $E(\xi)$	离散型	$E(\xi) = \sum_{k=1}^{\infty} x_k p_k$（要求级数绝对收敛） 随机变量函数 $g(\xi)$ $E[g(\xi)] = \sum_{k=1}^{\infty} g(x_k) p_k$ （要求级数绝对收敛）	① $E(c) = c$； ② $E(c\xi) = cE(\xi)$； ③ $E(\xi + \eta) = E(\xi) + E(\eta)$； ④ $E(E(\xi)) = E(\xi)$； ⑤ 若 ξ, η 相互独立，则 　 $E(\xi\eta) = E(\xi)E(\eta)$； ⑥ $[E(\xi\eta)]^2 \leq E(\xi^2)E(\eta^2)$
	连续型	$E(\xi) = \int_{-\infty}^{+\infty} f(x) Dx$（要求积分绝对收敛） 随机变量函数 $g(\xi)$ $E[g(\xi)] = \int_{-\infty}^{+\infty} g(x) f(x) Dx$（要求积分绝对收敛）	
方差 $D(\xi)$	离散型	$D(\xi) = \sum_k [x_k - E(\xi)]^2 p_k$ $D(\xi) = E(\xi^2) - [E(\xi)]^2$	① $D(c) = 0$； ② $D(c\xi) = c^2 D(\xi)$； ③ 若 ξ, η 相互独立，则 　 $D(\xi + \eta) = D(\xi) + D(\eta)$； ④ 一般的，$D(\xi + \eta) = D(\xi) +$ 　 $D(\eta) \pm 2\mathrm{Cov}(\xi, \eta) = D(\xi) +$ 　 $D(\eta) \pm 2\rho \sqrt{D(\xi)} \sqrt{D(\eta)}$； ⑤ $D(\xi) = 0 \Leftrightarrow P\{\xi = C\} = 1$； ⑥ 若 $c \neq E(\xi)$，则 　 $D(\xi) < E(\xi - c)^2$
	连续型	$D(\xi) = \int_{-\infty}^{+\infty} [x - E(\xi)]^2 f(x) Dx$ $D(\xi) = E(\xi^2) - [E(\xi)]^2$	

数字特征	公 式	性 质
协方差	$\mathrm{Cov}(\xi, \eta) = E(\xi\eta) - E(\xi)E(\eta)$	① $\mathrm{Cov}(\xi, \eta) = 0 \Leftrightarrow \xi, \eta$ 不相关 $\Leftrightarrow E(\xi\eta) = E(\xi)E(\eta)$； ② $D(\xi \pm \eta) = D(\xi) + D(\eta) \pm 2\mathrm{Cov}(\xi, \eta)$
相关系数	$\rho(\xi, \eta) = \dfrac{\mathrm{Cov}(\xi, \eta)}{\sqrt{D(\xi)} \sqrt{D(\eta)}}$	① $\|\rho\| \leq 1$，且 $\|\rho\| = 1 \Leftrightarrow P\{\eta = a\xi + b\} = 1$ $(a, b$ 是常数$)$； ② 若 ξ, η 相互独立，则 ξ, η 定互不相关，反之不然； ③ (ξ, η) 服从二维正态分布时，ξ, η 相互独立 $\Leftrightarrow \xi, \eta$ 不相关； ④ 以 $\rho(\xi, \eta) \sqrt{\dfrac{D(\xi)}{D(\eta)}} [\xi - E(\xi)] + E(\eta)$ 近似表示 η 时，$E[\eta - (a\xi + b)]^2$ 最小值为 $D(\eta)[1 - \rho^2(\xi, \eta)]$

4. 几个充要条件

$$e(\xi, \eta) = 0 \Leftrightarrow \mathrm{Cov}(\xi, \eta) = 0 \Leftrightarrow E(\xi\eta) = E(\xi)E(\eta) \Leftrightarrow D(\xi \pm \eta) = D(\xi) \pm D(\eta)$$

二、几种重要分布的数字特征

下表给出常用重要分布的数字特征.

分布名称	记 号	分布率或概率密度	数学期望	方 差	注 记
二项分布	$\mathscr{B}(n,p)$	$P\{X=k\}=C_n^k p^k q^{n-k}$ $(k=0,1,2,\cdots,n)$	np	npq	$0<p<1$ $q=1-p$ $n=1,k=0,1$ 时为 0-1 分布
泊松分布	$\mathscr{P}(\lambda)$ 或 $\pi(\lambda)$	$P\{X=k\}=\dfrac{\lambda^k}{k!}e^{-\lambda}$ $(k=0,1,2,\cdots)$	λ	λ	$\lambda>0$
均匀分布	$U[a,b]$	$f(x)=\begin{cases}1/(b-a), & x\in[a,b]\\ 0, & \text{其他}\end{cases}$	$\dfrac{a+b}{2}$	$\dfrac{(b-a)^2}{12}$	$b>a$
正态分布	$N(\mu,\sigma^2)$	$\varphi(x)=\dfrac{1}{\sqrt{2\pi}\sigma}\exp\left\{-\dfrac{(x-u)^2}{2\sigma^2}\right\}$ $(-\infty<x<+\infty)$	μ	σ^2	$\sigma>0$
指数分布	$E(\lambda)$	$\varphi(x)=\begin{cases}\lambda e^{-\lambda x}, & x>0\\ 0, & x\leqslant 0\end{cases}$	$\dfrac{1}{\lambda}$	$\dfrac{1}{\lambda^2}$	$\lambda>0$
几何分布	$G(p)$	$P\{x=k\}=pq^{k-1}$ $(k=0,1,2,\cdots)$	$\dfrac{1}{p}$	$\dfrac{1-p}{p^2}$	$q=1-p$, $0<p<1$
超几何分布	$H(N,M,n)$	$P\{x=k\}=C_M^k C_{N-M}^{n-k}/C_N^n$ $(k=0,1,2,\cdots,\min\{n,M\})$	$\dfrac{nM}{N}$	—	—

例 题 分 析

一、一元随机变量的数学特征

(一) 一元随机变量数学期望和方差

1. 离散型问题

这类问题最常见的是摸球问题,请看.

例 1 袋中 10 个分别标有 1~10 的外形相同的球,4 个人无放回地依次摸出,ξ 表示 4 人一次摸球的标号总和,求 ξ 的数学期望 $E(\xi)$.

解 4 人依次摸球设 $A_i=\{$某甲在 4 人摸球的第 i 次摸到标号为 1 的球$\}$,则

$$P(A_i)=\dfrac{A_9^3\cdot 3!}{A_{10}^4\cdot 3!}=\dfrac{1}{10},\quad i=1,2,3,4$$

换言之,他在每个次序上摸到标号为 1 的球的概率均为 $\dfrac{1}{10}$(即与他摸球的次序无关),其他人以及摸其他

号码球的情况亦然.

又设某一次摸球,第 i 人摸到球的标号为 $\xi_i (i=1,2,3,4)$,则 $\xi = \sum_{i=1}^{4} \xi_i$. 又 $\xi_i (i=1,2,3,4)$ 的分布率如下表:

ξ_i	1	2	3	4	$\cdots$	9	10
p	$\frac{1}{10}$	$\frac{1}{10}$	$\frac{1}{10}$	$\frac{1}{10}$	$\cdots$	$\frac{1}{10}$	$\frac{1}{10}$

故 $E(\xi_i) = \frac{1}{10} \sum_{k=1}^{10} k = 5.5 (i=1,2,3,4)$,从而 $E(\xi) = \sum_{i=1}^{4} E(\xi_i) = 4 \times 5.5 = 22$.

注 4 人摸球,在彼此互不张扬(亮底之前秘而不宣)的情况下,每人摸到某个特定球的概率与他在摸球时的次序无关,了解这一点本例的答案几乎显然. 否则将会是另外一种情形(条件概率).

例 2 甲、乙两袋分别装有外形一样的球,甲袋装 3 个白球、3 个红球,乙球装有 3 个红球. 从甲袋任取 3 球放入乙袋后,求(1)乙袋白球的概率分布和数学期望;(2)从乙袋任取一球为白球的概率.

解 (1)设 ξ 为乙袋白球数,则 ξ 可能取 $0,1,2,3$,且其概率分布为
$$P(\xi = k) = \frac{C_3^k C_3^{3-k}}{C_6^3}, \quad k = 0,1,2,3$$

或如下表所示:

ξ	0	1	2	3
$P(\xi)$	$\frac{1}{20}$	$\frac{9}{20}$	$\frac{9}{20}$	$\frac{1}{20}$

则
$$E(\xi) = 0 \cdot \frac{1}{20} + 1 \cdot \frac{9}{20} + 2 \cdot \frac{9}{20} + 3 \cdot \frac{1}{20} = \frac{3}{2}$$

(2)设 $A = \{$从乙袋取一白球$\}$,由题设及(1)有
$$P(A) = \sum_{k=0}^{3} P\{\xi = k\} P\{A \mid \xi = k\} = \sum_{k=0}^{3} \frac{k}{6} P\{\xi = k\} = \frac{1}{6} \sum_{k=0}^{3} k P\{\xi = k\} = \frac{1}{6} E(\xi) = \frac{1}{4}$$

注 这类利用数学期望求事件概率的例,前文曾介绍过.

下面的例子与伯努利模型有关.

例 3 10 个人随机地进入 15 个房间(每个房间容纳的人数不限),若 ξ 表示有人的房间数,求 ξ 的数学期望 $E(\xi)$.

解 为叙述方便计引入随机变量
$$\xi_i = \begin{cases} 1, & \text{第 } i \text{ 个房间有人进入} \\ 0, & \text{第 } i \text{ 个房间无人进入} \end{cases}$$

其中 $i = 1,2,\cdots,15$. 则 $\xi = \sum_{i=1}^{15} \xi_i$. 从而 $E(\xi) = E\left(\sum_{i=1}^{15} \xi_i\right) = \sum_{i=1}^{15} E(\xi_i)$. 若 ξ_i 服从 0-1 分布,故
$$E(\xi_i) = 1 \cdot P\{\xi_i = 1\} = 1 - \left(1 - \frac{1}{15}\right)^{10} = 1 - \left(\frac{14}{15}\right)^{10}, \quad i = 1,2,\cdots,15$$

因而
$$E(\xi) = \sum_{i=1}^{15} \left[1 - \left(\frac{14}{15}\right)^{10}\right] = 15\left[1 - \left(\frac{14}{15}\right)^{10}\right] = 15(1 - 0.484) = 7.74$$

例 4 对一目标接连射击,单发命中率为 p. 求第一次命中目标时,射击次数 X 的数学期望.

解 因 $P\{x = n\} = p(1-p)^{n-1}$,其中 $n = 1,2,3,\cdots$,则

$$E(x) = \sum_{n=1}^{\infty} np\{x=n\} = \sum_{n=1}^{\infty} np(1-p)^{n-1} = p\sum_{n=1}^{\infty} n(1-p)^{n-1} = p\sum_{n=1}^{\infty}[(1-p^n)]' =$$
$$p\Big[\sum_{n=1}^{\infty}(1-p)^n\Big]' = p\Big[1-\frac{1}{1-(1-p)}\Big]' = \frac{1}{p}$$

例 5 两名棋手相互独立对弈. 每局 1 h, 且结果无和局. 双方每局取胜的概率皆为 $\frac{1}{2}$. 试求对弈中一方连胜两局的平均时间.

解 设 ξ 为一方连胜两局所需时间, 则
$$P\{\xi=n\} = 2\cdot\left(\frac{1}{2}\right)^n = \left(\frac{1}{2}\right)^{n-1}, \quad n=2,3,\cdots$$
故 $E(\xi) = \sum_{n=2}^{\infty} n\left(\frac{1}{2}\right)^{n-1}$, 这样
$$2E(\xi) - E(\xi) = \sum_{n=2}^{\infty} n\left(\frac{1}{2}\right)^{n-2} - \sum_{n=2}^{\infty} n\left(\frac{1}{2}\right)^{n-1} = 2 + \sum_{k=1}^{\infty}\left(\frac{1}{2}\right)^k = 3$$

例 6 设随机变量 X 服从两点分布:

X	0	1
p_k	p	$q=1-p$

$X_1, X_2, \cdots, X_n$ 是 X 的一个样本. 求 $E(\overline{X}), D(\overline{X}), E(S^2)$.

解 由题设 $E(X) = p, E(X^2) = p, D(X) = pq$. 则
$$E(\overline{X}) = E\Big(\frac{1}{n}\sum_{i=1}^{n} X_i\Big) = \frac{1}{n}E\Big(\sum_{i=1}^{n} X_i\Big) = \frac{1}{n}\sum_{i=1}^{n} E(X_i) = E(X) = p$$
$$D(\overline{X}) = D\Big(\frac{1}{n}\sum_{i=1}^{n} X_i\Big) = \frac{1}{n^2}\sum_{i=1}^{n} D(X_i) = \frac{1}{n}D(X) = \frac{pq}{n}$$
$$E(S^2) = \frac{1}{n}\sum_{i=1}^{n}(X_i - \overline{X})^2 = \frac{1}{n}\sum_{i=1}^{n}[E(X_i^2) - 2E(X_i\overline{X}) + E(\overline{X}^2)] =$$
$$\frac{1}{n}\sum_{i=1}^{n}\left\{p - \frac{2}{n}[p + (n-1)p^2] + \frac{1}{n}(pq + p^2)\right\} = \left(1 - \frac{1}{n}\right)pq$$

例 7 设 μ 是事件 A 在 n 次独立试验中出现的次数, 且每次试验 $P(A) = p$, 再设 η 视 μ 为偶数或奇数而取 0 或 1, 求 $E(\eta)$.

解 由设有
$$P\{\mu=k\} = C_n^k p^k (1-p)^{n-k}, \quad k=0,1,2,\cdots,n$$
又
$$\eta = \begin{cases} 0, & \mu \text{ 为偶数时} \\ 1, & \mu \text{ 为奇数时} \end{cases}$$
则有 η 的数学期望为
$$E(\eta) = P\{\eta=1\} = P\{\mu\text{ 为奇数}\} = \sum_{k=0}^{\frac{n-1}{2}} P\{\mu=2k+1\} = \sum_{k=0}^{\frac{n-1}{2}} C_n^{2k+1} p^{2k+1}(1-p)^{n-2k-1}$$
令
$$x = \sum_{k=0}^{\frac{n}{2}} C_n^{2k} p^{2k}(1-p)^{n-2k}, \quad y = \sum_{k=0}^{\frac{n-1}{2}} C_n^{2k+1} p^{2k+1}(1-p)^{n-2k-1}.$$
则

$$\begin{cases} x+y = \sum_{k=0}^{n} C_n^k p^k (1-p)^{n-k} = 1 \\ x-y = \sum_{k=0}^{n} C_n^k (-p)^k (1-p)^{n-k} = [(1-p)-p]^n = (1-2p)^n \end{cases}$$

得
$$x = \frac{1}{2}[1+(1-2p)^n], \quad y = \frac{1}{2}[1-(1-2p)^n]$$

故
$$E(\eta) = y = \frac{1}{2}[1-(1-2p)^n]$$

注 类似地可求得 $D(\eta) = \frac{1}{4}[1-(1-2p)^{2n}]$. 又 $P\{\eta=1\}$ 还可计算如

$$P\{\eta=1\} = \frac{1}{2}\left\{\sum_{k=0}^{n}[P\{\xi=k\}+(-1)^k P\{\xi=k\}]\right\} =$$

$$\frac{1}{2}\left[\sum_{k=0}^{n} C_n^k p^k (1-p)^{n-k} - \sum_{k=0}^{n} C_n^k (-p)^k (1-p)^{n-k}\right] =$$

$$\frac{1}{2}\{[p+(1-p)]^n - [(1-p)-p]^n\} =$$

$$\frac{1}{2}[1-(1-2p)^n]$$

例8 已知离散型随机变量 X 的概率分布为
$$P\{X=1\}=0.2, P\{X=2\}=0.3, P\{X=3\}=0.5$$
(1)写出 X 的分布函数 $F(x)$；(2)求 X 的数学期望和方差.

解 (1)由题设知 X 的分布函数为
$$F(x) = P\{X \leqslant x\} = \begin{cases} 0, & x<1 \\ 0.2, & 1 \leqslant x < 2 \\ 0.5, & 2 \leqslant x < 3 \\ 1, & x \geqslant 3 \end{cases}$$

(2)由上及设知 X 的数学期望和方差分别为
$$E(X) = 1 \cdot 0.2 + 2 \cdot 0.3 + 3 \cdot 0.5 = 2.3$$
$$D(X) = E(X^2) - [E(X)]^2 = 1 \cdot 0.2 + 4 \cdot 0.3 + 9 \cdot 0.5 - 2.3^2 = 0.61$$

以下几例与卡片、纸牌、硬币等问题有关.

例9 设盒中有 n 张卡片，它们分别编号为 $1,2,\cdots,n$，从中不放回地抽出 k 张，求所抽得 k 张卡片号码之和的数学期望.

解 设 $X=\{$抽得 k 张卡片号码之和$\}$，$X_i=\{$第 i 次抽得的卡片号码$\}$，则
$$X = \sum_{i=1}^{n} X_i$$

又
$$P\{X_i=j\} = \frac{A_{n-1}^{i-1}}{A_n^i} = \frac{(n-1)(n-2)\cdots(n-i+1)}{n(n-1)(n-2)\cdots(n-i+1)} = \frac{1}{n}, \quad j=1,2,3,\cdots,n$$

故
$$E(X_i) = \sum_{j=1}^{n} j \cdot \frac{1}{n} = \frac{n(n+1)}{2} \cdot \frac{1}{n} = \frac{n+1}{2}$$

从而

$$E(X) = \sum_{i=1}^{k} E(X_i) = \sum_{i=1}^{k} \frac{n+1}{2} = \frac{n+1}{2} \cdot k = \frac{k(n+1)}{2}$$

例10 将一均匀的硬币抛 n 次,用 H,T 分布表示出现正、负面的次数. 求 $|H-T|$ 的期望值,结果可用仅含二项式系数、n 和 2^n 的有理函数及 Guass 函数 $[x]$ 一个单一项的级数表示.

解 由题设及随机变量的数学期望公式有

$$E\{|H-T|\} = \frac{1}{2^{n-1}} \sum_{k<\frac{n}{2}} (n-2k) C_n^k = \frac{1}{2^{n-1}} \sum_{k<\frac{n}{2}} [(n-k) C_n^k - k C_n^k] =$$

$$\frac{1}{2^{n-1}} \sum_{k<\frac{n}{2}} [n C_{n-1}^k - n C_{n-1}^{k-1}] = \frac{n}{2^{n-1}} \sum_{k<\frac{n}{2}} [C_{n-1}^k - C_{n-1}^{k-1}] = \frac{n}{2^{n-1}} C_{n-1}^{[\frac{n-1}{2}]}$$

这里,$[x]$ 表示不超 x 的最大整数,即 Guass 函数.

例11 一副张牌共有 N 张,其中有 3 张 A,现随机地洗牌(假定纸牌可能的分布都有相等的机会),然后从顶上开始一张接一张地翻牌,直到翻到第 2 张 A 出现为止. 求证:翻过的纸牌数的数学期望(平均)值是 $\frac{N+1}{2}$.

证 设 x_1, x_2, x_3 表示 3 张 A 在任一分发中由上数起的位置,即 3 张 A 依次是 x_1 张、第 x_2 张和第 x_3 张.

那么这种分发的逆分发,即从最后一张牌发起,那么第 2 张 A 在序列中的位置是

$$x'_1 = N + 1 - x_2$$

于是不管 N 是奇数还是偶数,平均位置是

$$\frac{x_2 + (N+1-x_2)}{2} = \frac{N+1}{2}$$

显然这就是所求的翻过的纸牌数的数学期望值.

这是一则看上去似乎很难的问题,但是利用某些特殊随机变量的数学特征及性质,问题变得相对简洁.

例12 假定事件 A 在每次试验中发生的概率为 p,今进行独立重复试验,直至 A 出现两次才停止. 求两次出现 A 之间所需试验次数的数学期望.

解 设 ξ 为事件 A 第一次出现后到 A 第二次出现时的试验次数,则 ξ 服从参数为 p 的几何分布,故

$$E(\xi) = \frac{1}{p}$$

因为两次出现 A 之间所进行试验次数为 $\eta = \xi - 1$,故所求数学期望为

$$E(\eta) = E(\xi - 1) = E(\xi) - 1 = \frac{1}{p} - 1 = \frac{1-p}{p}$$

对于一些概率分布为序列的随机变量来讲,它们的数学期望往往与级数求和问题有关联,换言之,有时要用到级数求和技巧.

例13 若随机变量 X 的概率分布列为

$$P\{x=k\} = \frac{a^k}{(1+a)^{k+1}}, \quad a>0, k=0,1,2,\cdots$$

试求随机变量 X 的数学期望 $E(X)$ 和方差 $D(X)$.

解 由题设 X 的数学期望为

$$E(X) = \sum_{k=0}^{\infty} (k P\{x=k\}) = \sum_{k=0}^{\infty} \frac{k a^k}{(1+a)^{k+1}} = \frac{a}{(1+a)^2} \sum_{k=1}^{\infty} k \left(\frac{a}{1+a}\right)^{k-1}$$

注意到

$$\sum_{k=1}^{\infty} k x^{k-1} = \left(\sum_{k=1}^{\infty} x^k\right)' = \left(\frac{x}{1-x}\right)' = \frac{1}{(1-x)^2}$$

则 X 的数学期望为

$$E(X) = \frac{a}{(1+a)^2} \cdot \frac{1}{\left(1-\frac{a}{1+a}\right)^2} = a$$

类似地可求得

$$E(X^2) = \sum_{k=0}^{\infty} k^2 \cdot \frac{a^k}{(1+a)^{k+1}} = \frac{a}{(1+a)^2} \sum_{k=1}^{\infty} k^2 \left(\frac{a}{1+a}\right)^{k-1} = \frac{a}{(1+a)^2} \cdot \frac{1+\frac{a}{1+a}}{\left(1-\frac{a}{1+a}\right)^3} = a(1+2a)$$

这里注意到

$$\sum_{k=1}^{\infty} k^2 x^{k-1} = \left(\sum_{k=1}^{\infty} k x^k\right)' = \left(x \sum_{k=1}^{\infty} k x^{k-1}\right)' = \left[\frac{x}{(1-x)^2}\right]' = \frac{1+x}{(1-x)^3}$$

故

$$D(X) = E(X^2) - [E(X)]^2 = a(1+2a) - a^2 = a(1+a)$$

注 这里显然是在运用级数求和技巧. 下面类似的问题则要考虑组合性质.

问题 1 若随机变量 X 服从超几何分布 $P\{X=k\} = \frac{C_M^k C_{N-M}^{n-k}}{C_N^n}$. 求 X 的数学期望和方差 $E(X)$ 和 $D(X)$.

答案 $E(X) = \frac{Mn}{N}$, $D(X) = \frac{nM(N-M)(N-n)}{N^2(N-1)}$.

这只需注意到 $\sum_{k=0}^{n} C_M^k C_{N-M}^{n-k} = C_N^n$ 即可(它可通过对等式 $(1+x)^M (1+x)^{N-M} = (1+x)^N$ 两边展开比较系数而得).

显然它是几何分布 $P\{X=k\} = (1-p)^{k-1} p, k=1,2,3,\cdots; 0<p<1$ 的推广.

几何分布中 $E(X) = \frac{1}{p}$, $D(X) = \frac{1-p}{p^2}$.

具体的可见下面问题求解:

问题 2 设随机变量 X 的分布律为 $P\{X=k\} = pq^{k-1}(k=0,1,2,\cdots)$, 其中 $0<p<1, q=1-p$(几何分布), 求 $E(X), D(X)$.

略解 由题设

$$E(X) = \sum_{k=1}^{\infty} kpq^{k-1} = p \sum_{k=1}^{\infty} k q^{k-1} = \frac{p}{(1-q)^2} = \frac{1}{p}$$

又

$$E(X^2) = \sum_{k=1}^{\infty} k^2 p q^{k-1} = p \sum_{k=1}^{\infty} k^2 q^{k-1} = \frac{p(1+q)}{(1-q)^3} = \frac{1+q}{p^2}$$

故

$$D(X) = E(X^2) - [E(X)]^2 = \frac{1+q}{p^2} - \frac{1}{p^2} = \frac{q}{p^2}$$

对于连续随机变量来讲, 数学特征中的积分运算, 其实是将 $\sum$ 换为 $\int$ 即可, 比如:

再来看一个证明题, 题中随机变量仅取非负整数.

例 14 若 X 是仅取非负整数的随机变量, 且 $E(\xi^2)$ 有限(界). 试证:(1) $E(X) = \sum_{m=1}^{\infty} P\{X \geq m\}$;

(2) $D(X) = 2\sum_{m=1}^{\infty} mP\{X \geq m\} - E(X)[E(X)+1]$.

证 由题设 $E(X^2)$ 有界, 由 Cauchy-Schwaz 不等式有 $[E(X)]^2 < E(X^2)$, 故知 $D(X)$ 有界.

(1)考虑数学期望性质有

$$E(X) = \sum_{k=0}^{\infty} kP\{X=k\} = \sum_{k=1}^{\infty} kP\{X=k\} = \sum_{k=1}^{\infty} \sum_{m=1}^{k} P\{X=k\} =$$
$$\sum_{m=1}^{\infty} \sum_{k=m}^{\infty} P\{X=k\} = \sum_{m=1}^{\infty} P\{X \geqslant m\}$$

(2) 由公式 $D(X) = E(X^2) - [E(X)]^2$，先考虑 $E(X^2)$．
$$E(X^2) = \sum_{k=0}^{\infty} k^2 P\{X=k\} = \sum_{k=1}^{\infty} k^2 P\{X=k\} = 2\sum_{k=1}^{\infty} \frac{1}{2}k(k+1)P\{X=k\} - \sum_{k=1}^{\infty} kP\{X=k\} =$$
$$2\sum_{k=1}^{\infty} \sum_{m=1}^{k} mP\{X=k\} - E(X) = 2\sum_{m=1}^{\infty} m\sum_{k=m}^{\infty} P\{X=k\} - E(X) =$$
$$2\sum_{m=1}^{\infty} mP\{X \geqslant m\} - E(X)$$

故
$$D(X) = 2\sum_{m=1}^{\infty} mP\{X \geqslant m\} - E(X)[E(x) + 1]$$

2. 连续的情形

再来看几个连续型随机变量的数字特征问题．上文曾强调：当变量由离散向连续演变时，说穿了只是将求得号 $\sum$ 转化为积分号 $\int$ 而已．由此看来，随机变量的数学特征问题只是微积分中的级数与积分概念的应用而已．

再来看几个涉及一元随机变量函数的数字特征问题的例子．

例 1 设随机变量 X 的密度函数为
$$f(x) = \begin{cases} c(1-x^2), & -1 < x < 1 \\ 0, & \text{其他} \end{cases}$$

(1) 确定常数 c；(2) 求 X 的数学期望 $E(X)$ 和方差 $D(X)$．

解 (1) 由题设 $f(x)$ 为密度函数，则有
$$\int_{-\infty}^{+\infty} f(x) Dx = \int_{-1}^{1} c(1-x^2) dx = 1 \Rightarrow c = \frac{3}{4}$$

(2) 由随机变量的数学期望和方差的公式有
$$E(X) = \int_{-\infty}^{+\infty} x f(x) Dx = \int_{-\infty}^{+\infty} \frac{3}{4} x(1-x^2) dx = 0$$

注意到 $f(x)$ 是偶函数，知 $xf(x)$ 是奇函数，则
$$D(X) = E(X^2) - [E(X)]^2 = E(X^2) = \int_{-\infty}^{+\infty} x^2 f(x) dx = \frac{3}{4} \int_{-1}^{1} x^2(1-x^2) dx = \frac{1}{5}$$

例 2 若 X 服从指数分布，其概率密度为
$$f(x) = \begin{cases} \lambda e^{-\lambda x}, & x > 0 \\ 0, & x \leqslant 0 \end{cases}$$

其中 $\lambda > 0$．求 $E(X), D(X)$．

解 由题设及数学期望公式
$$E(X) = \int_0^{+\infty} x\lambda e^{-\lambda x} dx = \frac{1}{\lambda}$$

又
$$E(X^2) = \int_0^{+\infty} x^2 \lambda e^{\lambda x} dx = \frac{2}{\lambda^2}$$

故

$$D(X)=E(X^2)-[E(X)]^2=\frac{2}{\lambda^2}-\frac{1}{\lambda^2}=\frac{1}{\lambda^2}$$

例 3 若 X 的概率密度为

$$f(x)=\begin{cases}\dfrac{x}{\sigma^2}e^{-\frac{x^2}{2\sigma^2}}, & x>0 \\ 0, & x\leqslant 0\end{cases}\quad\text{(此时称为瑞利分布)}$$

其中 $\sigma>0$. 求 $E(X)$ 和 $D(X)$.

解 仿上解法可求得

$$E(x)=\sqrt{\frac{\pi}{2}}\sigma,\quad D(x)=\left(2-\frac{1}{2}\pi\right)\sigma^2$$

这里注意到公式 $\int_0^{+\infty}e^{-a^2x^2}Dx=\dfrac{\sqrt{\pi}}{2a}$ 即可.

例 4 设随机变量 ξ 具有密度函数 $f(x)=\dfrac{1}{2\lambda}e^{-\frac{|x|}{\lambda}}(-\infty<x<+\infty)$, 其中 $\lambda(\lambda>0)$ 为常数, 求 ξ 的数学期望和方差.

解 由题设随机变量的数学期望和方差性质有

$$E(\xi)=\int_{-\infty}^{+\infty}xf(x)\mathrm{d}x=\frac{1}{2\lambda}\int_{-\infty}^{0}xe^{\frac{x}{\lambda}}\mathrm{d}x+\frac{1}{2\lambda}\int_{0}^{+\infty}xe^{-\frac{x}{\lambda}}Dx=$$

$$\frac{1}{2\lambda}\left[(\lambda x-\lambda^2)e^{\frac{x}{\lambda}}\right]_{-\infty}^{0}+\frac{1}{2\lambda}\left[(-\lambda x-\lambda^2)e^{-\frac{x}{\lambda}}\right]_{0}^{+\infty}=\frac{1}{2\lambda}(-\lambda^2)+\frac{1}{2\lambda}(\lambda^2)=0$$

$$D(\xi)=E[\xi-E(\xi)]^2=E(\xi)^2=\int_{-\infty}^{+\infty}x^2f(x)Dx=\frac{1}{2\lambda}\int_{-\infty}^{0}x^2e^{\frac{x}{\lambda}}Dx+\frac{1}{2\lambda}\int_{0}^{+\infty}x^2e^{-\frac{x}{\lambda}}\mathrm{d}x=$$

$$\frac{1}{2\lambda}\left[(\lambda x^2-2\lambda^2 x+2\lambda^3)e^{\frac{x}{\lambda}}\right]_{-\infty}^{0}+\frac{1}{2\lambda}\left[(-\lambda x^2-2\lambda^2 x-2\lambda^3)e^{-\frac{x}{\lambda}}\right]_{0}^{+\infty}=$$

$$\frac{1}{2\lambda}(2\lambda^3)+\frac{1}{2\lambda}(2\lambda^3)=2\lambda^2$$

其实注意到 $xf(x)$ 为奇函数, 则可断定 $\int_{-\infty}^{+\infty}xf(x)\mathrm{d}x=0$, 而无须繁琐计算. 下面再来看一个此类例子.

例 5 设随机变量是 ξ 的概率密度为 $f(x)=x^2e^{-\frac{x^2}{2}}/\sqrt{2}\pi(-\infty<x<+\infty)$, 求 $E(\xi)$ 和 $D(\xi)$.

解 由题设知 $xf(x)$ 是奇函数, 且积分 $\int_{-\infty}^{+\infty}xf(x)\mathrm{d}x$ 收敛, 故

$$E(\xi)=\int_{-\infty}^{+\infty}xf(x)\mathrm{d}x=\frac{1}{\sqrt{2\pi}}\int_{-\infty}^{+\infty}x^3e^{-\frac{x^2}{2}}\mathrm{d}x=0$$

又由分部积分及 $\int_{-\infty}^{+\infty}f(x)\mathrm{d}x=1$ 可有

$$E(\xi^2)=\int_{-\infty}^{+\infty}x^2f(x)\mathrm{d}x=\frac{1}{\sqrt{2\pi}}\int_{-\infty}^{+\infty}x^4e^{-\frac{x^2}{2}}\mathrm{d}x=\frac{1}{\sqrt{2\pi}}\int_{-\infty}^{+\infty}x^3\mathrm{d}(-e^{-\frac{x^2}{2}})=$$

$$\frac{1}{\sqrt{2\pi}}\left[\left(-x^3e^{-\frac{x^2}{2}}\right)\Big|_{-\infty}^{+\infty}+3\int_{-\infty}^{+\infty}x^2e^{-\frac{x^2}{2}}\mathrm{d}x\right]=3$$

故

$$D(\xi)=E(\xi^2)-[E(\xi)]^2=3$$

例 6 设随机变量 X 的分布密度为: $p(x)=Ae^{-k|x|}$, 其中 $-\infty<x<+\infty; k$ 为已知常数. 求(1)系数 A;(2)X 落入 $(0,1)$ 内的概率;(3)X 的数学期望 $E(X)$;(4)X 的方差 $D(X)$.

解 这首先是一个待定常数 A 的问题, 故首先要确定它.

(1)由题设有 $\int_{-\infty}^{+\infty}Ae^{-k|x|}\mathrm{d}x=1$, 又 $\int_{-\infty}^{+\infty}Ae^{-k|x|}\mathrm{d}x=2A\int_{0}^{+\infty}e^{-kx}\mathrm{d}x=\dfrac{2A}{k}$. 故得 $A=\dfrac{k}{2}$, 从而

$$p(x)=\frac{k}{2}e^{-k|x|}$$

(2) X 落在 $(0,1)$ 内的概率为

$$P\{0<X<1\}=\int_0^1 p(x)\mathrm{d}x=\frac{k}{2}\int_0^1 e^{-kx}\mathrm{d}x=\frac{k}{2}\left(-\frac{1}{k}e^{-kx}\right)\bigg|_0^1=\frac{1}{2}(1-e^{-k})$$

(3) X 的数学期望为

$$E(X)=\int_{-\infty}^{+\infty}xp(x)\mathrm{d}x=\frac{k}{2}\int_{-\infty}^{+\infty}xe^{-k|x|}\mathrm{d}x=0 \quad (\text{注意被积函数是奇函数})$$

(4) X 的方差为

$$D(X)=E(X^2)-[E(X)]^2=\int_{-\infty}^{+\infty}x^2 p(x)\mathrm{d}x=\frac{k}{2}\int_{-\infty}^{+\infty}x^2 e^{-k|x|}\mathrm{d}x=k\int_0^{+\infty}x^2 e^{-kx}\mathrm{d}x=$$

$$\frac{1}{2}\int_0^{+\infty}x^2\mathrm{d}(-e^{-kx})=-x^2 e^{-kx}\bigg|_0^{+\infty}+\int_0^{+\infty}2x e^{-kx}\mathrm{d}x=2\int_0^{+\infty}x e^{-kx}\mathrm{d}x=$$

$$-\frac{2}{k}\int_0^{+\infty}x\mathrm{d}(e^{-kx})=-\frac{2}{k}x e^{-kx}\bigg|_0^{+\infty}+\frac{2}{k}\int_0^{+\infty}e^{-kx}\mathrm{d}x=-\frac{2}{k^2}e^{-kx}\bigg|_0^{+\infty}=\frac{2}{k^2}$$

接下来看一个稍难一点的问题,它被称为拉普拉斯分布问题.

例 7 设随机变量 X 的概率密度函数为 $f(x)=\frac{1}{2}e^{-|x-\mu|}$,其中 $-\infty<x<+\infty$,μ 为参数.求 $E(X)$ 和 $D(X)$.

解 由题设及数学期望和方差定义有

$$E(X)=\int_{-\infty}^{+\infty}x\cdot\frac{1}{2}e^{-|x-\mu|}\mathrm{d}x=\frac{1}{2}\int_{-\infty}^{+\infty}(x-\mu)e^{-|x-\mu|}\mathrm{d}x+\frac{\mu}{2}\int_{-\infty}^{+\infty}e^{-|x-\mu|}\mathrm{d}x=$$

$$\frac{1}{2}\int_{-\infty}^{+\infty}t e^{-|t|}\mathrm{d}t+\mu\int_{-\infty}^{+\infty}\frac{1}{2}e^{-|x-\mu|}\mathrm{d}x \quad (*)$$

由于 $t e^{-|t|}$ 在 $(-\infty,+\infty)$ 上为奇函数,又 $\frac{1}{2}e^{-|x-\mu|}$ 是密度函数,从而

$$\int_{-\infty}^{+\infty}t e^{-|t|}\mathrm{d}t=0,\quad \int_{-\infty}^{+\infty}\frac{1}{2}e^{-|x-\mu|}\mathrm{d}x=1$$

再由前式(*)故知 $E(X)=\mu$.这样可有

$$D(X)=E[X-E(X)]^2=\int_{-\infty}^{+\infty}(x-\mu)^2\cdot\frac{1}{2}e^{-|x-\mu|}\mathrm{d}x=\frac{1}{2}\int_{-\infty}^{+\infty}t^2 e^{-|t|}\mathrm{d}t=$$

$$\int_0^{+\infty}t^2 e^{-t}\mathrm{d}t=\int_0^{+\infty}-t^2\mathrm{d}(e^{-t})= \quad (\text{由分部积分})$$

$$-t^2 e^{-t}\bigg|_0^{+\infty}+2\int_0^{+\infty}t e^{-t}\mathrm{d}t=-2\int_0^{+\infty}t\mathrm{d}(e^{-t})= \quad (\text{再由分部积分})$$

$$-2e^{-t}\bigg|_0^{+\infty}+2\int_0^{+\infty}e^{-t}\mathrm{d}t=2$$

下面给出随机变量数学期望存在的一个充要条件.

例 8 若随机变量 $X\geqslant 0$,则其数学期望 $E(X)$ 存在 $\Longleftrightarrow \int_0^{+\infty}[1-F(x)]\mathrm{d}x<+\infty$(收敛),且 $E(X)=\int_0^{+\infty}[1-F(x)]\mathrm{d}x$,这里 $F(x)$ 为 X 的分布函数.

证 证明"$\Rightarrow$".由设 $E(x)=\int_0^{+\infty}x\mathrm{d}F(x)$,由 $X\geqslant 0$ 及 $E(X)$ 存在,知 $\int_0^{+\infty}x\mathrm{d}F(x)<+\infty$.故有

$$\lim_{x\to+\infty}\{x[1-F(x)]\}=\lim_{x\to+\infty}x\int_x^{+\infty}\mathrm{d}F(t)\leqslant\lim_{x\to+\infty}\int_x^{+\infty}t\mathrm{d}F(x)=0$$

故

$$E(X) = \int_0^{+\infty} x dF(x) = -\int_0^{+\infty} x d[1-F(x)] = -x[1-F(x)]\Big|_0^{+\infty} + \int_0^{+\infty} [1-F(x)]dx = \int_0^{+\infty} [1-F(x)]dx < +\infty$$

证明 "⇐". 若 $T > 0$, 有 $T[1-F(T)] \geqslant 0$. 故

$$\int_0^T x dF(x) \leqslant T[1-F(T)] + \int_0^T x dF(x) = x[1-F(x)]\Big|_0^T + \int_0^T x dF(x) = \int_0^T [1-F(x)]dx$$

从而

$$E(X) = \int_0^{+\infty} x dF(x) \leqslant \int_0^{+\infty} [1-F(x)]dx < +\infty$$

注 若随机变量 X 任意,且 $E(X)$ 存在,则有

$$E(X) = \int_0^{+\infty} [1-F(x)]dx - \int_{-\infty}^0 F(x)dx$$

显然, 当 $X \geqslant 0$ 时, $\int_{-\infty}^0 F(x)dx = 0$.

下面的例子前文介绍过,在那里是求概率,下面的例子是求数字特征的.

例 9 长为 l 的线段上任取两点,求该两点距离的数学期望和方差.

解 1 如图 3.1,若将两点记为 X, Y,它们的坐标为 x, y 则有 $0 \leqslant x \leqslant l, 0 \leqslant y \leqslant l$.

令 ξ 代表该两点的距离,则 $\xi = |X-Y|$. 而 ξ 的分布函数为

$$F(z) = P\{\xi < z\} = P\{|X-Y| < z\}$$

当 $z \leqslant 0$ 时, $F(z) = 0$; 当 $z > l$ 时, $F(z) = 1$.

当 $0 < z \leqslant l$ 时,若将 (x, y) 视为 xOy 平面上点的坐标,由几何概率定义有

$$P\{|X-Y| < z\} = \frac{S_{阴影}}{S_{正方形}} = \frac{l - (l-z)^2}{l^2} = 1 - \left(1 - \frac{z}{l}\right)^2$$

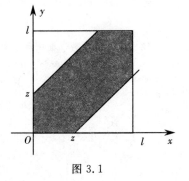

图 3.1

从而 ξ 的分布函数为

$$F(z) = \begin{cases} 0, & z \leqslant 0 \\ 1 - \left(1 - \dfrac{z}{l}\right)^2, & 0 < z \leqslant l \\ 1, & z > 1 \end{cases}$$

这样可得 ξ 的概率密度为

$$f(z) = F'(z) = \begin{cases} \dfrac{2}{l}\left(1 - \dfrac{z}{l}\right), & 0 < z \leqslant l \\ 0, & z \leqslant 0 \text{ 或 } z > l \end{cases}$$

从而

$$E(\xi) = \frac{2}{l}\int_0^l z\left(1 - \frac{z}{l}\right)dz = \frac{l}{3}$$

且

$$D(\xi) = E(\xi^2) - [E(\xi)]^2 = \frac{2}{l}\int_0^l z^2\left(1 - \frac{z}{l}\right)dz - \left(\frac{l}{3}\right)^2 = \frac{l^2}{18}$$

解 2 今设线段与 Ox 轴区间 $[0, l]$ 重合,则所取两点 X, Y 分别视为 $[0, l]$ 上互相独立的均匀分布随机变量,其坐标分别为 x, y, 且

$$f_{XY}(x, y) = \begin{cases} \dfrac{1}{l^2}, & 0 \leqslant x, y \leqslant l \\ 0, & \text{其他} \end{cases}$$

这样它们的距离 $\xi=|x-y|$. 这样可有

$$E(\xi)=E(|X-Y|)=\int_0^l\int_0^l \frac{1}{l^2}|x-y|dxdy=\int_0^l dx\int_0^x \frac{1}{l^2}(x-y)dy+\int_0^l dx\int_x^l (y-x)dy=$$
$$\frac{1}{l^2}\int_0^l \left(x^2-\frac{1}{2}x^2\right)dx+\frac{1}{l^2}\int_0^l \frac{1}{2}[(l^2-x^2)-(l-x)x]dx=\frac{l}{6}+\frac{l}{6}=\frac{l}{3}$$

而

$$E(\xi^2)=\int_0^l\int_0^l \frac{1}{l^2}(x-y)^2 dxdy=\frac{1}{3l^2}\int_0^l [(l-y)^3+y^3]dy=\frac{l^2}{6}$$

故

$$D(\xi)=E(\xi^2)-[E(\xi)]^2=\frac{l^2}{18}$$

再来看一个例子,它涉及平均数概率.

例 10 如图 3.2,向一个正方形内均匀地掷 N 个点,掷投点数 N 服从参数为 λ 的泊松分布.今将正方形均分割为 n^2 个小正方形.试求落在某指定小正方形 S_1 内点的平均数.

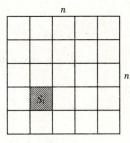

图 3.2

解 设 $\xi_i=\begin{cases}1,&第 i 次投在 S_1\\ 0,&第 i 次未投在 S_1\end{cases}$,则投在 S_1 的点数为 $X_N=\sum_{i=1}^n \xi_i$.

因 $P\{\xi_i=1\}=\frac{1}{n^2}$,$P\{\xi_i=0\}=\frac{n^2-1}{n^2}$.且 $E(\xi_i)=\frac{1}{n^2}$.

当 $N=l$ 时,$E(x_l)=\sum_{i=1}^l E(\xi_i)=\frac{l}{n^2}$,又 $\{\xi_i\}$ 与 N 相互独立,从而

$$P\{x_N=k\}=\sum_{l=k}^\infty P\{N=l\}P\{x_N=k\mid N=l\}=\sum_{l=k}^\infty P\{N=l\}P\{\sum_{i=1}^l \xi_i=k\}$$

故有

$$E(x_N)=\sum_{k=0}^\infty kP\{x_N=k\}=\sum_{k=1}^\infty k\sum_{l=k}^\infty P\{N=l\}P\{\sum_{k=i}^l \xi_i=k\}=\sum_{l=1}^\infty P\{N=l\}E(x_l)=$$
$$\sum_{l=1}^\infty P\{N=l\}\frac{l}{n^2}=\frac{E(N)}{n^2}=\frac{\lambda}{n^2}$$

(二)一元随机变量函数的数字特征问题

下面是一些随机变量函数的数字特征问题,这里的问题仅系一元(维)的情形.

例 1 设随机变量 X 的概率密度为 $f(x)=\begin{cases}\frac{1}{2}\cos\frac{x}{2},&0\leqslant x\leqslant\pi\\ 0,&其他\end{cases}$,对 X 独立地重复观察 4 次,用 Y 表示观测值大于 $\frac{\pi}{3}$ 的次数.求 Y^2 的数学期望.

解 由题设知 Y 是一个 4 重独立重复试验,故 Y 服从 $\mathcal{B}(4,p)$ 分布.则

$$p=P\{x>\frac{\pi}{3}\}=\int_{\frac{\pi}{3}}^\pi \frac{1}{2}\cos\frac{x}{2}dx=\frac{1}{2}$$

故

$$E(Y^2)=D(Y)+[E(Y)]^2=4p(1-p)+(4p)^2=4\cdot\frac{1}{2}\left(1-\frac{1}{2}\right)+\left(4\cdot\frac{1}{2}\right)^2=5$$

注 这里求 $E(Y^2)$ 使用公式 $D(Y)=E(Y^2)-[E(Y)]^2$ 的变形是方便的.后文还将会遇到这种例子,特别是涉及求 $E(X^2)$ 的问题中知道 $X\sim\mathcal{B}(n,p)$ 的情形.

再来看几个涉及一元随机变量函数的数学特征问题的例子.

例 2 设随机变量 X 的分布密度 $p(x)$,如图 3.3 线段 OM 所示.

(1) 写出 X 的分布密度 $p(x)$;
(2) 写出 X 的分布函数 $F(x)$;
(3) 求 X 的数学期望 $E(X)$ 和方差 $D(X)$.

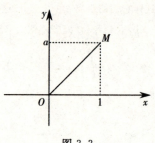

图 3.3

解 (1) 由图 3.3 易见 X 的分布密度为

$$p(x)=\begin{cases}0, & x\leqslant 0\\ ax, & 0<x<1\\ 0, & x\geqslant 1\end{cases}$$

由 $\int_{-\infty}^{+\infty}p(x)\mathrm{d}x=1$,即 $\int_0^1 ax\mathrm{d}x=1$,得 $a=2$,从而可有 X 的分布(概率)密度为

$$p(x)=\begin{cases}0, & x\leqslant 0\\ 2x, & 0<x<1\\ 0, & x\geqslant 1\end{cases}$$

(2) 依公式 X 的分布函数为

$$F(X)=\int_{-\infty}^x p(x)\mathrm{d}x=\begin{cases}0, & x\leqslant 0\\ x^2, & 0<x<1\\ 1, & x\geqslant 1\end{cases}$$

(3) X 的数学期望和方差分别为

$$E(X)=\int_{-\infty}^{+\infty}xp(x)\mathrm{d}x=\int_0^1 2x^2\mathrm{d}x=\frac{2}{3}$$

$$D(X)=\int_{-\infty}^{+\infty}[x-E(X)]^2 p(x)\mathrm{d}x=\int_0^1\left(x-\frac{2}{3}\right)^2 2x\mathrm{d}x=\frac{1}{18}$$

例 3 如图 3.4,过半径为 R 的圆周上一点 C 任意作圆的弦 CA,CA 与直径 CB 的夹角 θ 服从均匀分布.

(1) 求弦长 AB 的概率分布密度;
(2) 求所有弦长的平均长度;
(3) 求弦长 AB 的方差.

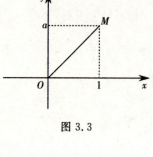

图 3.4

解 如图 3.4,设弦 CA 与直径 CB 夹角为 θ,AB 的弦长为 L,则

$$L=2R|\sin\theta|, \quad -\frac{\pi}{2}\leqslant\theta\leqslant\frac{\pi}{2}$$

而 θ 的概率分布密度为

$$f(\theta)=\begin{cases}\dfrac{1}{\pi}, & \theta\in\left(-\dfrac{\pi}{2},\dfrac{\pi}{2}\right)\\ 0, & \text{其他}\end{cases}$$

(1) 由题设可求得 $L=\begin{cases}-2R\sin\theta, & -\dfrac{\pi}{2}\leqslant\theta<0\\ 2R\sin\theta, & 0\leqslant\theta<\dfrac{\pi}{2}\end{cases}$. 下面分情况讨论.

① 当 $0\leqslant\theta\leqslant\dfrac{\pi}{2}$ 时,$L'_\theta=2R\cos\theta<0$,有 $\theta'_L=\dfrac{-1}{\sqrt{4R^2-L^2}}$. 故

$$f_1(L)=\begin{cases}\dfrac{1}{\pi}\dfrac{1}{\sqrt{4R^2-L^2}}, & 0\leqslant L<2R\\ 0, & \text{其他}\end{cases}$$

②当 $-\frac{\pi}{2}<\theta<0$ 时,$L'_\theta=2R\cos\theta<0$,有 $\theta'_L=\frac{-1}{\sqrt{4R^2-L^2}}$.故

$$f_2(L)=\begin{cases}\dfrac{1}{\pi\sqrt{4R^2-L^2}},&0\leqslant L<2R\\0,&\text{其他}\end{cases}$$

从而弦长的概率密度为

$$f(L)=f_1(L)+f_2(L)=\begin{cases}\dfrac{2}{\pi\sqrt{4R^2-L^2}},&0\leqslant L<2R\\0,&\text{其他}\end{cases}$$

(2)由上知平均弦长即为弦长的数学期望为

$$E(L)=\int_{-\frac{\pi}{2}}^{\frac{\pi}{2}}Lf(\theta)\mathrm{d}\theta=\int_{-\frac{\pi}{2}}^{\frac{\pi}{2}}2R|\sin\theta|\cdot\frac{1}{\pi}\mathrm{d}\theta=\frac{2R}{\pi}\left[\int_{-\frac{\pi}{2}}^{0}(-\sin\theta)\mathrm{d}\theta+\int_{0}^{\frac{\pi}{2}}\sin\theta\mathrm{d}\theta\right]=\frac{4R}{\pi}$$

(3)弦长的方差可由公式 $D(L)=E(L^2)-[E(L)]^2$ 求得.

由

$$E(L^2)=\int_{-\frac{\pi}{2}}^{\frac{\pi}{2}}L^2f(\theta)\mathrm{d}\theta=\frac{1}{\pi}\int_{-\frac{\pi}{2}}^{\frac{\pi}{2}}4R^2\sin^2\theta\mathrm{d}\theta=2R^2$$

故

$$D(L)=2R^2-\left(\frac{4R}{\pi}\right)^2=\frac{2(\pi^2-8)R}{\pi^2}=\frac{2}{\pi^2}(\pi^2-8)R$$

注 显然下面的命题只是本例的特殊情形.

问题 设 ξ 在 $[0,\pi]$ 上服从均匀分布.求 $\eta=\sin\xi$ 的分布函数 $F_\eta(y)$ 及密度函数 $f_\eta(y)$.

解 由设 ξ 在 $[0,\pi]$ 上服从均匀分布.当 $\xi\in[0,\pi]$ 时,$\eta=\sin\xi\in[0,1]$.

对任意 $\eta\in[0,1]$,由图 3.5 知

$F_\eta(y)=P\{\eta\leqslant y\}=P\{\sin\xi\leqslant y\}=$
$P\{0\leqslant\xi\leqslant\arcsin y\}+P\{\pi-\sin y\leqslant\xi\leqslant\pi\}=$
$\dfrac{2}{\pi}\arcsin y$

因此 η 的分布函数为

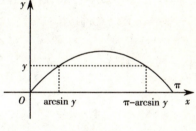

图 3.5

$$F_\eta(y)=\begin{cases}0,&y\leqslant 0\\\dfrac{2}{\pi}\arcsin y,&0\leqslant y\leqslant 1\\1,&y>1\end{cases}$$

故 η 的密度函数为

$$f_\eta(y)=F'_\eta(y)$$

即

$$f_\eta(y)=\begin{cases}\dfrac{2}{\pi\sqrt{1-y^2}},&0\leqslant y<1\\0,&\text{其他}\end{cases}$$

例的解法利用了随机变量函数的概率密度公式,这里是直接利用分布函数的概念,先计算出分布函数,再求出概率密度(利用求导).

下面的问题亦与圆的测量有关.

例 4 设圆半径 X 在 $[a,b]$ 上服从均匀分布,求圆面积的数学期望.

解 由题设 X 的概率密度为

$$f(x) = \begin{cases} \dfrac{1}{b-a}, & a \leqslant x \leqslant b \\ 0, & \text{其他} \end{cases}$$

又圆面积 $Y = g(X) = \pi X^2$，故 $X = g^{-1}(Y) = \sqrt{\dfrac{Y}{\pi}}$，则 Y 的概率密度为

$$f_Y(y) = f[g^{-1}(y)] \cdot |[g^{-1}(y)]'| = f\left(\sqrt{\dfrac{y}{\pi}}\right)\sqrt{\dfrac{1}{\pi}} \cdot \dfrac{1}{2} y^{-\frac{1}{2}} = \begin{cases} \dfrac{1}{2(b-a)\sqrt{\pi y}}, & \pi a^2 \leqslant y \leqslant \pi b^2 \\ 0, & \text{其他} \end{cases}$$

故

$$E(y) = \int_{-\infty}^{+\infty} y f_Y(y) \mathrm{d}y = \dfrac{1}{2(b-a)\sqrt{\pi}} \int_{\pi a^2}^{\pi b^2} \dfrac{y}{\sqrt{y}} \mathrm{d}y = \dfrac{1}{(b-a)\sqrt{\pi}} \cdot \dfrac{2}{3} y^{\frac{3}{2}} \bigg|_{\pi a^2}^{\pi b^2} = \dfrac{\pi}{3}(a^2 + ab + b^2)$$

注 它的另外解法见后文. 类似地可将结论推广至空间球体积的情形.

令 $Y = g(X) = \dfrac{4}{3}\pi x^3$，则半径为 X 的球体积 Y 的数学期望为

$$E(y) = E[g(x)] = \int_a^b \pi x^3 \cdot \dfrac{1}{b-a} \mathrm{d}x = \dfrac{\pi x^4}{3(b-a)} \bigg|_a^b = \dfrac{\pi}{3}(b+a)(b^2 + a^2)$$

例5 若半径 ξ 均匀分布于区间 $[a,b]$ 上，又 η 为圆的周长，求 η 的分布密度及 ξ, η 的数学期望.

解 由题设 ξ 的概率密度为

$$f_\xi(x) = \begin{cases} \dfrac{1}{b-a}, & a < x < b \\ 0, & \text{其他} \end{cases}$$

又 $\eta = \pi \xi$，知 $y = \pi x, x \in (a,b)$，则 $y \in (a\pi, b\pi)$.

当 $y = a\pi$，即 $x < a$ 时，有

$$F_\eta(y) = P\{\eta < y\} = 0$$

当 $a\pi < y < b\pi$ 时，有

$$F_\eta(y) = P\{\eta < y\} = P\left\{\xi < \dfrac{y}{\pi}\right\} = \int_{-\infty}^{\frac{y}{\pi}} f_\xi(x) \mathrm{d}x = \int_a^{\frac{y}{\pi}} \dfrac{1}{b-a} \mathrm{d}x$$

则

$$f_\eta(y) = \dfrac{1}{b\pi}\left(\dfrac{y}{\pi}\right)' = \dfrac{1}{\pi(b-a)}$$

当 $y \geqslant b\pi$ 时，$F_\eta(y) = 1$. 综上

$$f_\eta(y) = \begin{cases} \dfrac{1}{\pi(b-a)}, & a\pi < y < b\pi \\ 0, & \text{其他} \end{cases}$$

且

$$E(\xi) = \dfrac{1}{2}(a+b), \quad E(\eta) = E(\pi\xi) = \dfrac{1}{2}(a+b)\pi$$

例6 设对圆的半径进行测量，测得的近似值用 ξ 表示. 如果 ξ 服从 $N(a, \sigma^2)$ 分布，求圆面积的近似值 η 的数学期望 $E(\eta)$. (**注**：已知积分 $\int_0^{+\infty} e^{-\frac{t^2}{2}} \mathrm{d}t = \sqrt{\dfrac{\pi}{2}}$).

解 由设知 ξ 的概率密度为 $f(x) = \dfrac{1}{\sqrt{2\pi}\sigma} e^{-\frac{(x-a)^2}{2\sigma^2}}$，又 $\eta = \pi \xi^2$，故

$$E(\eta) = \int_{-\infty}^{+\infty} \pi x^2 f(x) dx = \int_{-\infty}^{+\infty} \frac{\pi x^2}{\sqrt{2\pi}\sigma} e^{-\frac{(x-a)^2}{2\sigma^2}} dx \quad \left(\diamondsuit\; t = \frac{x-a}{\sigma}\right) = \int_{-\infty}^{+\infty} \frac{\pi(\sigma t + a)^2}{\sqrt{2\pi}} e^{-\frac{t^2}{2}} dt =$$

$$\sqrt{\frac{\pi}{2}} \int_{-\infty}^{+\infty} (\sigma^2 t^2 + 2a\sigma t + a^2) e^{-\frac{t^2}{2}} dt = \sqrt{2\pi}\left[\sigma^2\left(-t e^{-\frac{t^2}{2}}\Big|_0^{+\infty} + \int_0^{+\infty} e^{-\frac{t^2}{2}} dt\right) + a^2 \int_0^{+\infty} e^{-\frac{t^2}{2}} dt\right] =$$

$$\sqrt{2\pi}\left(\sigma^2 \sqrt{\frac{\pi}{2}} + a^2 \sqrt{\frac{\pi}{2}}\right) = \pi(\sigma^2 + a^2)$$

注 1 注意奇函数在对称区间上的积分为 0.

注 2 若命题中的半径 ξ "均匀分布于区间 $[a,b]$ 时",问题可解如:

略解 ξ 的概率密度为

$$f(x) = \begin{cases} \dfrac{1}{b-a}, & a < x < b \\ 0, & 其他 \end{cases}$$

故

$$E(\eta) = \int_{-\infty}^{+\infty} g(x) f(x) dx = \int_a^b \frac{\pi x^2}{b-a} dx = \frac{\pi}{b-a} \left(\frac{x^3}{3}\right)\Big|_a^b = \frac{\pi}{3}(a^2 + ab + b^2)$$

下面的例子涉及对数函数,对数的真数应该大于 0,这一点务必要当心.

例 7 设随机变量 ξ 的分布函数为 $F(x)$,试确定 $\eta = -2\ln F(\xi)$ 的分布函数,且求 $E(\eta)$ 和 $D(\eta)$.

解 因 $F(x)$ 是 ξ 的分布函数,故 $0 \leqslant F(x) \leqslant 1$,从而 $0 \leqslant F(\xi) \leqslant 1$. 则 η 的分布函数为

$$F_\eta(x) = P\{\eta < x\} = P\{-2\ln F(\xi) < x\} = P\{F(\xi) > e^{-\frac{x}{2}}\}$$

故当 $x \leqslant 0$ 时,$F_\eta(x) = 0$;而当 $x > 0$ 时,有

$$F_\eta(x) = P\{F(\xi) > e^{-\frac{x}{2}}\} = \int_{F(t) > e^{-\frac{x}{2}}} = 1 - e^{-\frac{x}{2}}$$

综上

$$F_\eta(x) = \begin{cases} 1 - e^{-\frac{x}{2}}, & x > 0 \\ 0, & x \leqslant 0 \end{cases}$$

此即说 η 服从参数为 $\lambda = \dfrac{1}{2}$ 的指数分布,故

$$E(\eta) = \frac{1}{\lambda} = 2, \quad D(\eta) = \frac{1}{\lambda^2} = 4$$

例 8 若随机变量 X 服从正态分布 $N(a, \sigma^2)$,求 $E(|x-a|)$.

解 由题设及数学期望公式有

$$E(|X-a|) = \int_{-\infty}^{+\infty} |x-a| \frac{1}{\sqrt{2\pi}\sigma} e^{-\frac{(x-a)^2}{2\sigma^2}} dx = \frac{\sigma}{\sqrt{2\pi}} \int_{-\infty}^{+\infty} |t| e^{-\frac{t^2}{2}} dt =$$

$$\frac{2\sigma}{\sqrt{2\pi}} \int_0^{+\infty} t e^{-\frac{t^2}{2}} dt = -\frac{2\sigma}{\sqrt{2\pi}} e^{-\frac{t^2}{2}}\Big|_0^{+\infty} = \sqrt{\frac{2}{\pi}} \sigma$$

这里 $t = \dfrac{x-a}{\sigma}$.

下面的例子涉及 max 或 min 问题,这是一类特殊函数,关于它们的问题后文还将述及.

例 9 设随机变量 X 的概率密度为

$$f(x) = \frac{1}{\pi(1+x^2)}, \quad x \in (-\infty, +\infty)$$

求 $E(\min\{|x|, 1\})$.

解 由题设及数学期望公式有

$$E(\min\{|x|,1\}) = \int_{-\infty}^{+\infty} \min\{|x|,1\} f(x) dx = \int_{|x|<1} |x| f(x) dx + \int_{|x|\geq 1} f(x) dx =$$

$$2\int_0^1 \frac{x}{\pi(1+x^2)} dx + 2\int_1^{+\infty} \frac{1}{\pi(1+x^2)} dx =$$

$$\frac{1}{\pi} \ln(1+x^2) \Big|_0^1 + \frac{2}{\pi} \arctan x \Big|_1^{+\infty} =$$

$$\frac{1}{\pi} \ln 2 + \frac{2}{\pi} \left(\frac{\pi}{2} - \frac{\pi}{4} \right) = \frac{1}{\pi} \ln 2 + \frac{1}{2}$$

注 更一般地可有,若随机变量 ξ, η 独立同分布,且

$$f_\xi(x) = f_\eta(y) = \begin{cases} \dfrac{1}{\sigma} \sqrt{\dfrac{2}{\pi}} e^{-\frac{x^2}{2\sigma^2}}, & x > 0 \\ 0, & x \leqslant 0 \end{cases}$$

则

$$E(\max\{\xi, \eta\}) = \frac{1}{\sqrt{\pi}} (2\sqrt{2} - 1) \sigma$$

(三)应用问题

下面是一元随机变量数字特征的应用问题,均是离散型随机变量问题.其实上面诸如测量、摸卡片、几何问题等也可视为应用,这里所谓应用似乎现实意义更大些.先来看一个掷硬币问题.

例 1 某人掷不均匀硬币,出现反面的概率为 $p(0<p<1)$.求在两次出现反面之间出现正面次数的数学期望.

解 设 $A = \{$掷硬币出现反面$\}$;则 $P(A) = p$,且 $P(\bar{A}) = 1 - p = q$.

又设 ξ 为两次出现反面之间出现正面次数,则

$$P\{\xi = k\} = P\{A \underbrace{\bar{A} \cdots \bar{A}}_{k\text{个}} A \mid A\} = \frac{P\{A \bar{A} \cdots \bar{A} A\}}{P(A)} = \frac{P(A) P(\bar{A}) \cdots P(\bar{A}) P(A)}{P(A)} = q^k p, \quad k = 0, 1, 2, \cdots$$

由之可有

$$E(\xi) = \sum_{k=0}^{\infty} k q^k p = p \sum_{k=1}^{\infty} k q^k = \frac{pq}{(1-q)^2} = \frac{pq}{p^2} = \frac{q}{p}$$

例 2 假设有 10 只同种电器元件,其中有两只废品.装配仪器时,从这批元件中任取一只,如是废品则扔掉重新任取 1 只;如仍是废品,则扔掉再取 1 只.试求在取到正品之前,已取出的废品只数的分布、数学期望和方差.

解 用 X 表示在取到正品之前已取出的废品数,X 只可能取 3 个值:0,1,2.

这样 $\{X=0\}$ 表示第 1 次取到的是正品,其概率为 $\dfrac{8}{10} = \dfrac{4}{5}$;

且 $\{X=1\}$ 表示第 1 次取到废品,而第 2 次取到的是正品,其概率为 $\dfrac{2}{10} \cdot \dfrac{8}{9} = \dfrac{8}{45}$;

又 $\{X=2\}$ 表示前 2 次取到废品,而第 3 次取到正品,其概率为 $\dfrac{2}{10} \cdot \dfrac{1}{9} \cdot \dfrac{8}{8} = \dfrac{1}{45}$.

因此可得 X 的概率分布为:

x	0	1	2
$P\{X=x\}$	$\dfrac{4}{5}$	$\dfrac{8}{45}$	$\dfrac{1}{45}$

则 X 的数学期望为

$$E(X) = 0 \cdot \frac{4}{5} + 1 \cdot \frac{8}{45} + 2 \cdot \frac{1}{45} = \frac{10}{45} = \frac{2}{9}$$

且 X 的方差为

$$D(X) = E(X^2) - [E(X)]^2 = 0^2 \cdot \frac{4}{5} + 1^2 \cdot \frac{8}{45} + 2^2 \cdot \frac{1}{45} - \left(\frac{2}{9}\right)^2 = \frac{88}{405}$$

例 3 一汽车沿一街道行驶,需要通过 3 个均设有红绿信号灯的路口,每个信号灯为红或绿与其他信号灯为红或绿相互独立,且红、绿两种信号显示的时间相等.以 X 表示该汽车首次遇到红灯前已通过的路口的个数.(1)求 X 的概率分布;(2)求 $E\left(\frac{1}{1+X}\right)$.

解 (1)令 $A_i(i=1,2,3)$ 表示事件{汽车在第 i 个路口遇到红灯},由题设 X 的可取值为 0,1,2,3. 则由 A_1,A_2,A_3 相互独立,且 $P(A_i)=P(\overline{A}_i)=\frac{1}{2}, i=1,2,3.$ 有

$$P\{X=0\}=P(A_1)=\frac{1}{2}, \quad P\{X=1\}=P(\overline{A}_1 A_2)=\frac{1}{2^2}$$

$$P\{X=2\}=P(\overline{A}_1 \overline{A}_2 A_3)=\frac{1}{2^3}, \quad P\{X=3\}=P(\overline{A}_1 \overline{A}_2 \overline{A}_3)=\frac{1}{2^3}$$

这样 X 的概率分布如下表:

x	0	1	2	3
$P\{X=x\}$	$\frac{1}{2}$	$\frac{1}{2^2}$	$\frac{1}{2^3}$	$\frac{1}{2^3}$

(2)由上可得

$$E\left(\frac{1}{1+X}\right) = 1 \cdot \frac{1}{2} + \frac{1}{2} \cdot \frac{1}{4} + \frac{1}{3} \cdot \frac{1}{8} + \frac{1}{4} \cdot \frac{1}{8} = \frac{67}{96}$$

下面的问题与上例类同,且亦为交通信号问题.

例 4 从学校乘汽车到火车站的途中有 3 个交通岗,假设在各个交通岗遇到红灯的事件是相互独立的,并且概率都是 $\frac{2}{5}$. 设 X 为途中遇到红灯的次数,求随机变量 X 的分布律、分布函数和数学期望.

解 设 $A=${途中遇到红灯},由题设 $p=P(A)=\frac{2}{5}$. 由独立性知,$X \sim \mathcal{B}\left(3, \frac{2}{5}\right)$. 其各种取值的概率为

$$P\{X=0\}=C_3^0 \left(\frac{2}{5}\right)^0 \left(1-\frac{2}{5}\right)^3 = \frac{27}{125}, \quad P\{X=1\}=C_3^1 \left(\frac{2}{5}\right) \left(1-\frac{2}{5}\right)^2 = \frac{54}{125}$$

$$P\{X=2\}=C_3^2 \left(\frac{2}{5}\right)^2 \left(1-\frac{2}{5}\right) = \frac{36}{125}, \quad P\{X=3\}=C_3^3 \left(\frac{2}{5}\right)^3 \left(1-\frac{2}{5}\right)^0 = \frac{8}{125}$$

即 X 的分布律为:

x	0	1	2	3
$P\{X=x\}$	$\frac{27}{125}$	$\frac{54}{125}$	$\frac{36}{125}$	$\frac{8}{125}$

由上可得 X 的分布函数为

$$F(x) = P\{X \leqslant x\} = \begin{cases} 0, & x<0 \\ \frac{27}{125}, & 0 \leqslant x<1 \\ \frac{81}{125}, & 1 \leqslant x<2 \\ \frac{117}{125}, & 2 \leqslant x<3 \\ 1, & x \geqslant 3 \end{cases}$$

由 $X \sim \mathscr{B}\left(3, \dfrac{2}{5}\right)$，故 X 的数学期望为

$$E(X) = np = 3 \cdot \dfrac{2}{5} = \dfrac{6}{5}$$

例5 游客乘电梯从底层到电视塔顶层观光，电梯于每个整点的第 5 min、25 min 和 55 min 从底层起行. 假设一游客在早八点的第 X min 到达底层电梯处，且 X 在 $[0,60]$ 上均匀分布，求该游客等候时间的数学期望.

解 由设 X 在区间 $[0,60]$ 上服从均匀分布，于是其概率分布密度为

$$f(x) = \begin{cases} \dfrac{1}{60}, & 0 \leqslant x \leqslant 60 \\ 0, & \text{其他} \end{cases}$$

设 Y 为游客等候电梯时间（单位：min），则它是 X 的函数，且

$$Y = g(X) = \begin{cases} 5 - X, & 0 < X \leqslant 5 \\ 25 - X, & 5 < X \leqslant 25 \\ 55 - X, & 25 < X \leqslant 55 \\ 60 - X + 5, & 55 < X \leqslant 60 \end{cases}$$

由上可求得 Y 的数学期望为

$$E(Y) = E[g(X)] = \int_{-\infty}^{+\infty} g(x)f(x)\mathrm{d}x = \dfrac{1}{60}\int_0^{60} g(x)\mathrm{d}x =$$

$$\dfrac{1}{60}\left[\int_0^5 (5-x)\mathrm{d}x + \int_5^{25}(25-x)\mathrm{d}x + \int_{25}^{55}(55-x)\mathrm{d}x + \int_{55}^{60}(65-x)\mathrm{d}x\right] =$$

$$\dfrac{1}{60}(12.5 + 200 + 450 + 37.5) = 11.67$$

下面是几则所谓机器故障问题，其实它们与所谓交通红绿灯问题无异，只是问题提法不同而已.

例6 一台设备由 3 大部件构成，在设备运转中各部件需要调整的概率相应为 0.10, 0.20 和 0.30. 假设各部件的状态相互独立，以 X 表示同时需要调整的部件数，试求 X 的概率分布、数学期望 $E(X)$ 和方差 $D(X)$.

解1 设 A_i 表示 $\{$第 i 部件需要调整$\}$ 的事件. 由题设

$$P(A_1) = 0.10, \ P(A_2) = 0.20, P(A_3) = 0.30$$

又 X 可能取值 0,1,2,3，且由于 A_1, A_2, A_3 相互独立，则

$$P\{X=0\} = P(\overline{A_1}\overline{A_2}\overline{A_3}) = 0.9 \cdot 0.8 \cdot 0.7 = 0.504$$

$$P\{X=1\} = P(A_1\overline{A_2}\overline{A_3}) + P(\overline{A_1}A_2\overline{A_3}) + P(\overline{A_1}\overline{A_2}A_3) =$$

$$0.1 \cdot 0.8 \cdot 0.7 + 0.9 \cdot 0.2 \cdot 0.7 + 0.9 \cdot 0.8 \cdot 0.3 = 0.398$$

$$P\{X=2\} = P(A_1A_2\overline{A_3}) + P(A_1\overline{A_2}A_3) + P(\overline{A_1}A_2A_3) =$$

$$0.1 \cdot 0.2 \cdot 0.7 + 0.1 \cdot 0.8 \cdot 0.3 + 0.9 \cdot 0.2 \cdot 0.3 = 0.092$$

$$P\{X=3\} = P(A_1A_2A_3) = 0.1 \cdot 0.2 \cdot 0.3 = 0.006$$

这样，X 的分布如下表：

x	0	1	2	3
概率 $P\{X=x\}$	0.504	0.398	0.092	0.006

则

$$E(X) = 1 \cdot 0.398 + 2 \cdot 0.092 + 3 \cdot 0.006 = 0.6$$

又

$$E(X^2) = 1 \cdot 0.398 + 4 \cdot 0.092 + 9 \cdot 0.006 = 0.82$$

故
$$D(X)=E(X^2)-[E(X)]^2=0.82-0.36=0.46$$

解 2 引进随机变量 $X_i=\begin{cases}1, & \text{若 } A_i \text{ 出现}\\ 0, & \text{若 } A_i \text{ 不出现}\end{cases}$,其中 $i=1,2,3$,则有
$$E(X_i)=P(A_i),\quad D(X_i)=P(A_i)[1-P(A_i)]$$
又 $X=X_1+X_2+X_3$,由于 X_1,X_2,X_3 互相独立,故由期望、方差及 0-1 分布性质有
$$E(X)=0.1+0.2+0.3=0.6$$
$$D(X)=0.1 \cdot 0.9+0.2 \cdot 0.8+0.3 \cdot 0.7=0.46$$
注意到 $D(X)=D(X_1)+D(X_2)+D(X_3)$,且 $D(X_i)=p_i(1-p_i)(i=1,2,3)$ 即可.

例 7 假设一部机器在一天内发生故障的概率为 0.2,机器发生故障时全天停止工作,若一周 5 个工作日里无故障,可获利润 10 万元;发生一次故障仍可获利 5 万元;发生二次故障所获利润 0 元;发生 3 次或 3 次以上故障就要亏损 2 万元,求一周内期望利润是多少?

解 以 X 表示一周 5 天内机器发生故障的天数,则 $X \sim \mathscr{B}(5,0.2)$,故
$$P\{X=k\}=C_5^k(0.2)^k(0.8)^{5-k},\quad k=0,1,2,3,4,5$$
从而 $X=0,1,2$,以及 $X\geqslant 3$ 的概率分别为
$$P\{X=0\}=0.8^5=0.328$$
$$P\{X=1\}=C_5^1(0.2)^1(0.8)^4=0.410$$
$$P\{X=2\}=C_5^2(0.2)^2(0.8)^3=0.205$$
$$P\{X\geqslant 3\}=1-P\{X=0\}-P\{X=1\}-P\{X=2\}=0.057$$
又设 Y 表示所获利润,则 Y 的概率分布为

y	10	5	0	-2
概率 $P\{Y=y\}$	0.328	0.410	0.025	0.057

故
$$E(Y)/万元=10 \cdot 0.328+5 \cdot 0.410+0 \cdot 0.205-2 \cdot 0.057=5.216$$

例 8 两台同样自动记录仪,每台无故障工作的时间服从参数为 5 的指数分布,首先开动其中一台,当其发生故障时停用而另一台自动开动.试求两台记录仪无故障工作的总时间 T 的概率密度 $f(t)$、数学期望和方差.

解 设 X 和 Y 表示先后开动的记录仪无故障工作的时间,则 $T=X+Y$.
由题设,X 和 Y 的概率密度分别为
$$f_X(x)=\begin{cases}5e^{-5x}, & x\geqslant 0\\ 0, & x<0\end{cases}$$
$$f_Y(x)=\begin{cases}5e^{-5y}, & y\geqslant 0\\ 0, & y<0\end{cases}$$
又 X 和 Y 相互独立,据两独立随机变量和的密度公式可得,当 $t>0$ 时,T 的密度为
$$f_T(t)=\int_{-\infty}^{+\infty}f_X(x)f_Y(t-x)\mathrm{d}x=25\int_0^t e^{-5x}e^{-5(t-x)}\mathrm{d}x=25te^{-5t}$$
当 $t\leqslant 0$ 时,显然 $f_T(t)=0$.因此,T 的密度为
$$f(t)=\begin{cases}25te^{-5t}, & t>0\\ 0, & t\leqslant 0\end{cases}$$
由于 X 和 Y 都服从参数为 $\lambda=5$ 的指数分布,可知
$$E(X)=E(Y)=\frac{1}{5},\quad D(X)=D(Y)=\frac{1}{25}$$

故
$$E(T) = E(X+Y) = E(X) + E(Y) = \frac{2}{5}$$
且
$$D(T) = D(X+Y) = D(X) + D(Y) = \frac{2}{25}$$

下面是一则产品抽样问题,这类问题其实与摸球、抽卡片、机器故障等并无本质上区别或差异.请看下题:

例 9 一堆产品共 $m+n$ 个,其中 m 个次品和 n 个正品.今不放回地抽取,且令随机变量
$$X_k = \begin{cases} 1, & \text{当第 } k \text{ 次抽到次品} \\ 0, & \text{当第 } k \text{ 次抽到正品} \end{cases}$$
其中 $k=1,2,\cdots,m+n$. 又令 ξ 是初次抽到次品时,已经抽到的正品数. 求:(1) ξ 的分布律;(2)条件概率 $P\{X_1|X_2=1\}$;(3)求 $E(X_k)$,其中 $k=1,2,\cdots,\min\{m,n\}$.

解 设 B_i 为第 i 次 $(i=1,2,\cdots,m+n)$ 抽到次品.

(1) ξ 的可能取值为 $0,1,2,\cdots,n$,故 ξ 的分布列为
$$P\{\xi=k\} = P\{\overline{B}_1\overline{B}_2\cdots\overline{B}_{k-1}B_k B_{k+1}\} = P(\overline{B}_1)P(\overline{B}_2|\overline{B}_1)\cdots P(\overline{B}_k|\overline{B}_1\overline{B}_2\cdots\overline{B}_{k-1})P(B_{k+1}|\overline{B}_1\overline{B}_2\cdots\overline{B}_k) =$$
$$\frac{n}{m+n} \cdot \frac{n-1}{m+n-1} \cdot \cdots \cdot \frac{n-k+1}{m+n-k+1} \cdot \frac{m}{m+n-k} = \frac{m\mathrm{A}_n^k}{\mathrm{A}_{m+n}^{k+1}}, \quad k=0,1,2,\cdots,n$$

(2)由上及题设有
$$P\{X_1=1|X_2=1\} = P\{B_1|B_2\} = \frac{P(B_1 B_2)}{P(B_2)}$$
而 $P(B_1 B_2) = \frac{m(m-1)}{(m+n)(m+n-1)}$, $P(B_2) = \frac{m}{m+n}$, 故
$$P\{X_1|X_2=1\} = \frac{m-1}{m+n-1}$$

(3)由 $P(X_k=1) = P(B_k) = \frac{m}{m+n}$, 知
$$E(X_k) = \frac{m}{m+n}, k=1,2,\cdots,\min\{m,n\}$$

下面的例子涉及产品质量问题,但它也是与重复独立试验(又称伯努利试验)有关的问题. 如前所述,这类问题常用二项概率公式,但当 n 较大、p 较小时,若将问题视为服从 $\mathcal{B}(n,p)$ 的分布,常可使问题解答化简(这个问题将在第 5 章详述). 我们看一个例子.

例 10 有一批产品共 1000 只,其中 2% 是次品,如果从中随机地取出 50 只进行检验,记次品数为 ξ,求 ξ 的数学期望 $E(\xi)$.

解 1 在次品率为 p 的一大批产品中任取 n 件产品,取得次品件数 ξ 近似地服从二项分布 $\mathcal{B}(n,p)$,而其数学期望 $E(\xi) = np$.

今产品总数为 $N=1000$,次品率 $P=0.02, n=50$. 因此可把次品件数若看成服从二项分布 $\mathcal{B}(50,0.02)$.

由二项分布性质,知 $E(\xi) = np = 50 \cdot 0.02 = 1$.

解 2 设事件 A_i 表示 $\{50$ 件产品中有 i 件次品$\}(i=0,1,2,\cdots,19,20)$.

由 $P(A_i) = \mathrm{C}_{50}^i (0.02)^i (1-0.02)^{50-i}, i=0,1,2,\cdots,20$. 又 ξ 为 50 件中取得的次品数,则
$$E(\xi) = \sum_{i=0}^{20} i \mathrm{C}_{50}^i (0.02)^i (0.98)^{50-i} = 1$$

或由
$$P(A_0) = \frac{\mathrm{C}_{980}^{50}}{\mathrm{C}_{1000}^{50}}, \quad P(A_1) = \frac{\mathrm{C}_{20}^1 \mathrm{C}_{980}^{49}}{\mathrm{C}_{1000}^{50}}, \quad P(A_2) = \frac{\mathrm{C}_{20}^2 \mathrm{C}_{980}^{48}}{\mathrm{C}_{1000}^{50}}, \cdots$$

一般的

$$P(A_i) = \frac{C_{20}^i C_{980}^{50-i}}{C_{1000}^{50}}, \quad i=1,2,3,\cdots,20$$

故

$$E(\xi) = \sum_{i=0}^{20} [iP(A_i)] = \sum_{i=0}^{20} \left[i \frac{C_{20}^i C_{980}^{50-i}}{C_{1000}^{50}} \right] = 1$$

解 3 设 $X_i = \begin{cases} 1, & \text{第 } i \text{ 次取到的是次品} \\ 0, & \text{第 } i \text{ 次取到的是正品} \end{cases}$,其中 $i=1,2,\cdots,49,50$,它是 0-1 分布.

由题设 $P\{X_i=1\}=0.02, P\{X_i=0\}=0.98$,且 $E(X_i)=0.02$,其中 $i=1,2,\cdots,49,50$.

又设 ξ 表示 50 件中的次品数,则 $\xi = \sum_{i=1}^{50} X_i$. 从而 $E(\xi) = E(\sum_{i=1}^{50} X_i) = 0.02 \cdot 50 = 1$.

当然亦可直接从 0-1 分布性质知:$E(\xi)=np$,其中 $p=0.02, n=50$.

下面是两则利润问题,它们与数学期望有关. 这个问题我们前文已有述及,再请看:

例 11 假设由自动线加工的某种零件的内径 X(mm)服从正态分布 $N(\mu,1)$,内径小于 10 或大于 12 为不合格品,其余为合格品. 销售每件合格品获利,销售每件不合格品亏损,已知销售利润 T(单位:元)与销售零件的内径 X 有如下关系

$$T = \begin{cases} -1, & X<10 \\ 20, & 10 \leqslant X \leqslant 12 \\ -5, & X>12 \end{cases}$$

问平均内径 μ 取何值时,销售一个零件的平均利润最大?

解 我们先来建立 $E(T)$ 与 μ 之间的函数关系,为此先要求出 T 的分布律.

设 $\Phi(x)$ 和 $\varphi(x)$ 分别为标准正态分布函数和标准正态密度函数,于是有

$$P\{X<10\} = \Phi(10-\mu)$$
$$P\{10 \leqslant X \leqslant 12\} = \Phi(12-\mu) - \Phi(10-\mu)$$
$$P\{X>12\} = 1 - \Phi(12-\mu)$$

这样 T 的概率分布为:

T	-1	20	-5
概率 $P\{T=t\}$	$\Phi(10-\mu)$	$\Phi(12-\mu)-\Phi(10-\mu)$	$1-\Phi(12-\mu)$

由此得

$$E(T) = 25\Phi(12-\mu) - 21\Phi(10-\mu) - 5$$

令

$$\frac{d}{d\mu}E(T) = -25\varphi(12-\mu) + 21\varphi(10-\mu) = 0$$

即

$$\frac{-25}{\sqrt{2\pi}} e^{-\frac{(12-\mu)^2}{2}} + \frac{21}{\sqrt{2\pi}} e^{-\frac{(10-\mu)^2}{2}} = 0$$

解此方程得 $\mu = 11 - \frac{1}{2}\ln\frac{25}{21} \approx 10.9$.

由此知当 $\mu \approx 10.9$ mm 时,销售一个零件的平均利润最大.

例 12 设某种商品每周的需求量 X 是服从区间[10,30]上均匀分布的随机变量,而经销商店进货数量为区间[10,30]中的某一整数,商店每销售一单位商品可获利 500 元;若供大于求,则削价处理,每处理 1 单位商品亏损 100 元;若供不应求,则可从外部调剂供应,此时每 1 单位商品仅获利 300 元,为使

商店所获利润期望值不少于9280元,试确定最少进货量.

解 设进货数量为 t, 利润为 $L=L(t)$. 则

$$L = \begin{cases} 500X - 100(t-X), & 10 \leq X \leq t \\ 500X + 300(X-t), & t < X \leq 30 \end{cases} = \begin{cases} 600X - 100t, & 10 \leq X \leq t \\ 300x + 200, & t < X \leq 30 \end{cases}$$

这样

$$E(L) = \int_{10}^{t} \frac{1}{20}(600x - 100t)dx + \int_{t}^{30} \frac{1}{20}(300x + 200t)dx = -\frac{15}{2}t^2 + 350t + 5250$$

依题意有

$$E(L) = -\frac{15}{2}t^2 + 350t + 5250 \geq 9280$$

解上面一元二次不等式得 $20\frac{2}{3} \leq t \leq 26$.

故利润期望值不少于9280元的最少进货量为21单位.

以下诸例皆有一个共同特点:一定要决出胜负或一定要击中目标或一定要找出正(或)品等.这个过程有可能是无穷的,这样它往往会涉及无穷级数求和(如果随机变量离散)、广义积分(如果随机变量连续)等,特别是数学期望而言.

例13 甲、乙、丙3球队按下面规则进行比赛:由3队中两队先比赛,胜者再与另一队比赛,继续下去一直到连胜两场为止,则该队获冠军.设每场比赛中两队获胜的概率相同,且总有一队胜,今规定开始由甲、乙两队比赛,求3个队获冠军的概率及赛出冠军时的平均比赛场次.

解 设 A_i, B_i, C_i 分别表示甲、乙、丙3队在第 i 场比赛时获胜,则甲获冠军的概率为

$$p_甲 = [P(A_1A_2) + P(A_1C_2B_3A_4A_5) + P(A_1C_2B_3A_4C_5B_6A_7A_8) + \cdots] + [P(B_1C_2A_3A_4) +$$
$$P(B_1C_2A_3B_4C_5A_6A_7) + \cdots] =$$
$$[P(A_1)P(A_2) + P(A_1)P(C_2)P(B_3)P(A_4)P(A_5) +$$
$$P(A_1)P(C_2)P(B_3)P(A_4)P(C_5)P(B_6)P(A_7)P(A_8) + \cdots] +$$
$$[P(B_1)P(C_2)P(A_3)P(A_4) + P(B_1)P(C_2)P(A_3)P(B_4)P(C_5)P(A_6)P(A_7) + \cdots] =$$
$$\left(\frac{1}{2^2} + \frac{1}{2^5} + \frac{1}{2^8} + \cdots\right) + \left(\frac{1}{2^4} + \frac{1}{2^7} + \frac{1}{2^{10}} + \cdots\right) = \sum_{k=0}^{\infty} \frac{1}{2^{3k+2}} + \sum_{k=0}^{\infty} \frac{1}{2^{3k+4}} = \frac{2}{7} + \frac{1}{14} = \frac{5}{14}$$

同理可得乙队获冠军的概率 $p_乙 = \frac{5}{14}$.

故丙队获冠军的概率为 $p_丙 = 1 - p_甲 - p_乙 = \frac{4}{14} = \frac{2}{7}$.

设赛出冠军时比赛的场次为 ξ, 则 $\xi = 2, 3, 4, \cdots$, 则

$$P(\xi = 2) = P(A_1A_2) + P(B_1B_2) = \frac{1}{4} + \frac{1}{4} = \frac{1}{2}$$

$$P(\xi = 3) = P(A_1C_2C_3) + P(B_1C_2C_3) = \frac{1}{8} + \frac{1}{8} = \frac{1}{4} = \frac{1}{2^2}$$

$$P(\xi = 4) = P(A_1C_2B_3B_4) + P(B_1C_2A_3A_4) = \frac{1}{16} + \frac{1}{16} = \frac{1}{8} = \frac{1}{2^3}$$

......

仿上分析下去可得 ξ 的分布律为

$$P(\xi = k) = \frac{1}{2^{k-1}}, \quad k = 2, 3, 4, \cdots$$

故 ξ 的数学期望(即平均比赛场次)为

$$E(\xi) = \sum_{k=2}^{\infty} k \cdot \frac{1}{2^{k-1}} = 4$$

例 14 某流水生产线上每个产品不合格的概率为 $p(0<p<1)$，各产品合格与否相互独立，当出现一个不合格产品时即停机检修. 设开机后每一次停机时已生产了的产品个数为 X，求 X 的数学期望 $E(X)$ 和方差 $D(X)$.

解 设 $A=\{$产品不合格$\}$，由题设 $P(A)=p$，则 $X\sim G(p)$（参数为 p 的几何分布），其概率分布为
$$P\{X=n\}=p(1-p)^{n-1}, \quad n=1,2,3,\cdots$$

为下面计算 X 的数学期望和方差，需要考虑如下两个无穷级数的和（这个问题前文已述及，后文还会遇到）
$$S_1=\sum_{n=1}^{\infty}nq^{n-1}, \quad S_2=\sum_{n=1}^{\infty}n^2q^{n-1}, \quad q=1-p$$

为此将 $\sum_{n=0}^{\infty}q^n=\dfrac{1}{1-q}$ 两边对 q 求导，得
$$\sum_{n=1}^{\infty}nq^{n-1}=\dfrac{1}{(1-q)^2}$$

上式两边乘 q 后再对 q 求导得
$$\left(\sum_{n=1}^{\infty}nq^n\right)'=\sum_{n=1}^{\infty}n^2q^{n-1}=\left[\dfrac{q}{(1-q)^2}\right]'=\dfrac{1+q}{(1-q)^3}$$

这样可求得随机变量 X 的数学期望为
$$E(X)=\sum_{n=1}^{\infty}npq^{n-1}=p\sum_{n=1}^{\infty}nq^{n-1}=\dfrac{p}{(1-q)^2}=\dfrac{1}{p}$$

方差为
$$D(X)=E(X^2)-[E(X)]^2=p\sum_{n=1}^{\infty}n^2q^{n-1}-\dfrac{1}{p^2}=\dfrac{p(1+q)}{(1-q)^3}-\dfrac{1}{p^2}=\dfrac{1-p}{p^2}$$

例 15 某射手对某一目标进行独立射击，每次射击命中率为 p，如果击中目标就停止射击，试求：(1) 射击次数的分布律和分布函数；(2) 射击次数的数学期望和方差.

解 (1) 射击次数 X 可取一切自然数，如果 $Z=k(k=1,2,3,\cdots)$，则表示前 $k-1$ 次均未击中目标，而第 k 次击中，故
$$P\{X=k\}=(1-p)^{k-1}p, \quad k=1,2,3,\cdots$$

为 X 的分布律. 从而 X 的分布函数为
$$F(x)=P\{X\leqslant x\}=\begin{cases} 0, & x<1 \\ \sum_{i=1}^{k}(1-p)^{i-1}p, & k\leqslant x\leqslant k+1 \end{cases}$$

其中 $k=1,2,3,\cdots$.

(2) 由上及题设可知 X 的数学期望为
$$E(X)=\sum_{k=1}^{\infty}kp_i=p\sum_{k=1}^{\infty}k(1-p)^{k-1}=p\sum_{k=1}^{\infty}(x^k)'\Big|_{x=1-p}=$$
$$p\left(\sum_{k=1}^{\infty}x^k\right)'\Big|_{x=1-p}=p\cdot\left(\dfrac{1}{1-x}\right)'\Big|_{x=1-p}=\dfrac{p}{(1-x)^2}\Big|_{x=1-p}=\dfrac{1}{p}$$

又由方差公式 $D(X)=E(X^2)-[E(X)]^2$，注意到

$$E(X^2) = \sum_{k=1}^{\infty} k^2 p_k = p\sum_{k=1}^{\infty} k^2(1-p)^{k-1} = p\sum_{k=1}^{\infty}[k(k-1)(1-p)^{k-1} + k(1-p)^{k-1}] =$$
$$p\left[(1-p)\sum_{k=2}^{\infty} k(k-1)(1-p)^{k-2} + \sum_{k=1}^{\infty} k(1-p)^{k-1}\right] =$$
$$p\left\{\frac{2(1-p)}{[1-(1-p)]^3} + \frac{1}{[1-(1-p)]^2}\right\} = \frac{2-p}{p^2}$$

故
$$D(X) = \frac{2-p}{p^2} - \frac{1}{p^2} = \frac{1-p}{p^2}$$

二、多元随机变量的数学特征

(一)多元随机变量的数学期望和方差问题

多元随机变量数学特征问题常见的是二元随机变量及其函数的数学特征问题,重要的是求其数学期望,至于方差、协方差均可转化为期望问题,比如求 $Z=g(X,Y)$ 的数学期望可由以下公式求出.

离散型问题
$$E(Z) = \sum_{j}\sum_{i} g(x_i, y_j) p_{ij}$$

其中 $p_{ij} = P\{X=x_i, Y=y_j\}$.

连续型问题
$$E(Z) = \int_{-\infty}^{+\infty}\int_{-\infty}^{+\infty} g(x,y) f(x,y) \mathrm{d}x\mathrm{d}y$$

其中 $f(x,y)$ 为 (X,Y) 的联合密度函数.

此处还要记住公式
$$D(X) = E(X^2) - [E(X)]^2$$

以及
$$\mathrm{Cov}(X,Y) = E(XY) - E(X)E(Y), \rho_{XY} = \frac{\mathrm{Cov}(X,Y)}{\sqrt{D(X)}\sqrt{D(Y)}}$$

等.

1. 离散的情形

先来看离散的情形.其实这类问题多与分布有关,因而问题往往以先求概率分布,再求数字特征.请看:

例 1 假设随机变量 U 在区间 $[-2,2]$ 上服从均匀分布,随机变量
$$X = \begin{cases} -1, & U \leqslant -1 \\ 1, & U > -1 \end{cases}, Y = \begin{cases} -1, & U \leqslant 1 \\ 1, & U > 1 \end{cases}$$

试求:(1) X 和 Y 的联合概率分布;(2) $D(X+Y)$.

解 (1)随机向量 (X,Y) 有 4 个可能值:$(-1,-1),(-1,1),(1,-1),(1,1)$.

$P\{X=-1, Y=-1\} = P\{U \leqslant -1, U \leqslant 1\} = \frac{1}{4}$, $P\{X=-1, Y=1\} = P\{U \leqslant -1, U > 1\} = 0$

$P\{X=1, Y=-1\} = P\{U > -1, U \leqslant 1\} = \frac{1}{2}$, $P\{X=1, Y=1\} = P\{U > -1, U > 1\} = \frac{1}{4}$

故所求联合概率分布为

$$(X,Y) \sim \begin{pmatrix} (-1,-1) & (-1,1) & (1,-1) & (1,1) \\ \dfrac{1}{4} & 0 & \dfrac{1}{2} & \dfrac{1}{4} \end{pmatrix}$$

(2)由(1)可知,$X+Y$ 和 $(X+Y)^2$ 的概率分布分别是

$$X+Y \sim \begin{pmatrix} -2 & 0 & 2 \\ \frac{1}{4} & \frac{1}{2} & \frac{1}{2} \end{pmatrix}, (X+Y)^2 \sim \begin{pmatrix} 0 & 4 \\ \frac{1}{2} & \frac{1}{2} \end{pmatrix}$$

故 $E(X+Y) = -\frac{2}{4} + \frac{2}{4} = 0$,且 $D(X+Y) = E(X+Y)^2 - [E(X+Y)]^2 = 2$.

例 2 设 ξ, η 是相互独立且服从同一分布的两个随机变量,已知 ξ 的分布律为 $P\{\xi = i\} = \frac{1}{3}, i = 1, 2, 3$. 又设 $X = \max(\xi, \eta), Y = \min(\xi, \eta)$.

(1)求出二维随机变量 (X, Y) 的分布律.
(2)求随机变量 X 的数学期望 $E(X)$.

解 1 由题设可有

$$P\{X=1, Y=1\} = P\{\max(\xi,\eta)=1, \min(\xi,\eta)=1\} = P\{\xi=1, \eta=1\} = \frac{1}{9}$$

且
$$P\{X=1, Y=2\} = 0, \quad P\{X=1, Y=3\} = 0$$

类似地还可有

$$P\{X=2, Y=1\} = P\{\max(\xi,\eta)=2, \min(\xi,\eta)=1\} = \frac{2}{9}$$

同理

$$P\{X=2, Y=2\} = \frac{1}{9}, \quad P\{X=2, Y=3\} = 0$$

及

$$P\{X=3, Y=1\} = \frac{2}{9}, \quad P\{X=3, Y=2\} = \frac{2}{9}, \quad P\{X=3, Y=3\} = \frac{1}{9}$$

这样,二维随机变量 (X, Y) 的分布律为:

Y \ X	1	2	3
1	1/9	2/9	2/9
2	0	1/9	2/9
3	0	0	1/9

(2) X 的分布律为:

x	1	2	3
$P\{X=x\}$	1/9	3/9	5/9

因而随机变量 X 的数学期望为

$$E(X) = 1 \cdot \frac{1}{9} + 2 \cdot \frac{3}{9} + 3 \cdot \frac{5}{9} = \frac{22}{9}$$

解 2 例中(1)还可解如:由 ξ 和 η 的独立性知

$$P\{\xi=i, \eta=j\} = P\{\xi=i\}P\{\eta=j\} = \frac{1}{3} \cdot \frac{1}{3} = \frac{1}{9}, \quad i=1,2,3$$

①当 $i < j$ 时,即当 $(X, Y) = (1,2), (1,3), (2,3)$ 时,因为由题设 X, Y 的含义,当 $Y \leqslant X$ 时,有

$$P\{X=i, Y=j\} = 0$$

②当 $i = j$ 时,即当 $(X, Y) = (1,1), (2,2), (3,3)$ 时,有

$$P\{X=i, Y=i\} = P\{\xi=i, \eta=i\} = \frac{1}{9}$$

③当 $i>j$ 时,即当 $(X,Y)=(2,1),(3,1),(3,2)$ 时,有

$$P\{X=i,Y=j\}=P\{\xi=i,\eta=j\}+P\{\xi=j,\eta=i\}=\frac{1}{9}+\frac{1}{9}=\frac{2}{9}$$

综上可得 X 的分布律为:

Y \ X	1	2	3
1	1/9	2/9	2/9
2	0	1/9	2/9
3	0	0	1/9

例 3 假设随机变量 Y 服从参数为 $\lambda=1$ 的指数分布,随机变量

$$X_k=\begin{cases}0, & Y\leqslant k\\ 1, & X>k\end{cases}$$

其中 $k=1,2$.

(1)求 X_1 和 X_2 的联合概率分布;(2)求 $E(X_1+X_2)$.

解 (1)由设 Y 的分布函数为 $F(y)=\begin{cases}1-\mathrm{e}^{-y}, & y>0\\ 0, & y\leqslant 0\end{cases}$,又 (X_1,X_2) 的可取值为 $(0,0),(0,1)$,$(1,0),(1,1)$.则由题设可有

$$P\{X_1=0,X_2=0\}=P\{Y\leqslant 1,Y\leqslant 2\}=P\{Y\leqslant 1\}=1-\mathrm{e}^{-1}$$
$$P\{X_1=0,X_2=1\}=P\{Y\leqslant 1,Y>2\}=0$$
$$P\{X_1=1,X_2=0\}=P\{Y>1,Y\leqslant 2\}=P\{1<Y\leqslant 2\}=\mathrm{e}^{-1}-\mathrm{e}^{-2}$$
$$P\{X_1=1,X_2=1\}=P\{Y>1,Y>2\}=P\{Y>2\}=\mathrm{e}^{-2}$$

即 X_1 和 X_2 的联合分布律为:

X_2 \ X_1	0	1
0	$1-\mathrm{e}^{-1}$	$\mathrm{e}^{-1}-\mathrm{e}^{-2}$
1	0	e^{-2}

(2)由上知 X_1,X_2 的分布律分别为:

x_1	0	1
$P\{X_1=x\}$	$1-\mathrm{e}^{-1}$	e^{-1}

x_2	0	1
$P\{X_2=x\}$	$1-\mathrm{e}^{-2}$	e^{-2}

这样可求得 X_1+X_2 的数字期望为

$$E(X_1+X_2)=E(X_1)+E(X_2)=0\cdot(1-\mathrm{e}^{-1})+1\cdot\mathrm{e}^{-1}+0\cdot(1-\mathrm{e}^{-2})+1\cdot\mathrm{e}^{-1}=\mathrm{e}^{-1}-\mathrm{e}^{-2}$$

例 4 假设随机变量 Y 服从参数为 $\lambda=1$ 的指数分布,随机变量

$$X_k=\begin{cases}0, & Y\leqslant k\\ 1, & Y>k\end{cases}$$

其中 $k=1,2$.(1)求 X_1 和 X_2 的联合概率分布;(2)求 $E(X_1+X_2)$.

解 (1)依题意,随机变量 Y 的分布函数为

$$F(y)=\begin{cases}1-\mathrm{e}^{-y}, & y>0\\ 0, & y\leqslant 0\end{cases}$$

又 X_1 和 X_2 的取值分别为

$$X_1 = \begin{cases} 0, & Y \leqslant 1 \\ 1, & Y > 1 \end{cases}, \quad X_2 = \begin{cases} 0, & Y \leqslant 2 \\ 1, & Y > 2 \end{cases}$$

二维随机变量 (X_1, X_2) 所有可能取值为：$(0,0),(0,1),(1,0),(1,1)$，且其概率分别为

$$P\{X_1 = 0, X_2 = 0\} = P\{Y \leqslant 1, Y \leqslant 2\} = P\{Y \leqslant 1\} = F(1) = 1 - e^{-1}$$

$$P\{X_1 = 0, X_2 = 1\} = P\{Y \leqslant 1, Y > 2\} = 0$$

$$P\{X_1 = 1, X_2 = 0\} = P\{Y > 1, Y \leqslant 2\} = P\{1 < Y \leqslant 2\} = F(2) - F(1) = e^{-1} - e^{-2}$$

$$P\{X_1 = 1, X_2 = 1\} = P\{Y > 1, Y > 2\} = P\{Y > 2\} = 1 - P\{Y \leqslant 2\} = 1 - F(2) = e^{-2}$$

故随机变量 (X_1, X_2) 的联合分布律为：

X_2 \ X_1	0	1
0	$1 - e^{-1}$	$e^{-1} - e^{-2}$
1	0	e^{-2}

(2) 由 (X_1, X_2) 的联合分布律可得 X_1 和 X_2 的分布律依次为：

X_1	0	1
p_i	$1 - e^{-1}$	e^{-1}

X_2	0	1
p_i	$1 - e^{-2}$	e^{-2}

因此

$$E(X_1) = 0 \cdot (1 - e^{-1}) + 1 \cdot e^{-1} = e^{-1}$$

且

$$E(X_2) = 0 \cdot (1 - e^{-2}) + 1 \cdot e^{-2} = e^{-2}$$

故

$$E(X_1 + X_2) = E(X_1) + E(X_2) = e^{-1} + e^{-2}$$

下面的例子涉及离散型随机变量函数的数字特征问题.

例 5 已知随机变量 X 和 Y 的联合概率分布为：

(x, y)	$(0,0)$	$(0,1)$	$(1,0)$	$(1,1)$	$(2,0)$	$(2,1)$
$P\{X = x, Y = y\}$	0.10	0.15	0.25	0.20	0.15	0.15

试求：(1) X 的概率分布；(2) $X + Y$ 的概率分布；(3) $Z = \sin \dfrac{\pi(X+Y)}{2}$ 的数学期望.

解 (1) 由题设有

$$P\{X = 0\} = P\{X = 0, Y = 0\} + P\{X = 0, Y = 1\} = 0.25$$

$$P\{X = 1\} = P\{X = 1, Y = 0\} + P\{X = 1, Y = 1\} = 0.45$$

$$P\{X = 2\} = P\{X = 2, Y = 0\} + P\{X = 2, Y = 1\} = 0.30$$

则 X 的概率分布如下表：

x	0	1	2
$P\{X = x\}$	0.25	0.45	0.30

(2) 将题设数表改写为：

$P\{X = x, Y = y\}$	0.10	0.15	0.25	0.20	0.15	0.15
(x, y)	$(0,0)$	$(0,1)$	$(1,0)$	$(1,1)$	$(2,0)$	$(2,1)$
$x + y$	0	1	1	2	2	3

由上表可得随机变量 $U=X+Y$ 的概率分布为：

u	0	1	2	3
$P\{X+Y=u\}$	0.10	0.40	0.35	0.15

(3) 由(2)的结论可得 Z 的数学期望

$$E(Z)=E\left[\sin\frac{\pi(X+Y)}{2}\right]=0.10\cdot\sin 0+0.4\cdot\sin\frac{\pi}{2}+0.35\cdot\sin\pi-0.15\cdot\sin\frac{3\pi}{2}=0.4-0.15=0.25$$

例 6 设随机变量 X 与 Y 相互独立，Y 服从于 $(0,1)$ 上的均匀分布，X 服从二项分布 $P\{X=k\}=C_n^k p^k(1-p)^{n-k}$，其中 $k=0,1,2,\cdots,n$，记 $Z=X+Y$. 试求 Z 的分布密度函数、数学期望 $E(Z)$ 和方差 $D(Z)$.

解 由题设可有

$$P\{Z<x\}=P\{X+Y<x\}=\sum_{k=0}^n P\{X=k, X+Y<x\}=\sum_{k=0}^n P\{X=k, Y<x-k\}=$$

$$\sum_{k=0}^n P\{X=k\}P\{Y>x-k\}=\sum_{k=0}^n C_n^k p^k(1-p)^{n-k}P\{Y<x-k\}$$

故知 Z 的分布函数为

$$F_Z(x)=\begin{cases} 0, & x\leqslant 0 \\ \sum_{i=0}^{k-1} C_n^i p^i(1-p)^{n-i}+C_n^k p^k(1-p)^{n-k}(x-k), & k<x\leqslant k+1, k=0,1,\cdots,n \\ 1, & x>n+1 \end{cases}$$

从而 Z 的密度函数为

$$F_Z(x)=\begin{cases} C_n^k p^k(1-p)^{n-k}, & k<x\leqslant k+1, k=0,1,\cdots,n \\ 0, & \text{其他} \end{cases}$$

又因 X,Y 相互独立，且

$$E(X)=np, \quad E(Y)=\frac{1}{2}, \quad D(X)=np(1-p), \quad D(Y)=\frac{1}{12}$$

故

$$E(Z)=E(X)+E(Y)=np+\frac{1}{2}$$

且

$$D(Z)=D(X)+D(Y)=np(1-p)+\frac{1}{12}$$

再来看一个几何分布的例子，它涉及无穷级数求和问题.

例 7 设随机变量 X,Y 相互独立，且都服从几何分布 $P\{X=k\}=P\{Y=k\}=pq^{k-1}$，这里 $k=1,2,\cdots;0<p<1,q=rp$. 试证 $E[\max(X,Y)]=\frac{1+2q}{1-q^2}$.

证 由 $\max(X,Y)=\frac{1}{2}(X+Y+|X-Y|)$，故

$$E[\max(X,Y)]=\frac{1}{2}[E(X)+E(Y)+E(|X-Y|)]$$

而

$$E(X)=\sum_{k=1}^\infty kP\{X=k\}=\sum_{k=1}^\infty kpq^{k-1}=p\left(\sum_{k=1}^\infty q^k\right)'_q=P\left(\frac{q}{1-q}\right)'=\frac{p}{(1-q)^2}=\frac{1}{p}$$

由 X,Y 分布，故 $E(Y)=\frac{1}{p}$. 又由 X,Y 独立同分布有

$$P\{|X-Y|=k\} = P\{X-Y=k\} + P\{Y-X=k\} = 2P\{X-Y=k\} =$$
$$2\sum_{i=k+1}^{\infty} P\{X=i, Y=i-k\} = 2\sum_{i=k+1}^{\infty} P\{X=i\}P\{Y=i-k\} =$$
$$2p^2 \sum_{i=k+1}^{\infty} q^{2i-k-2} = 2p^2 \sum_{i=1}^{\infty} q^{2i+k} = \frac{2pq^k}{1+q}, \quad k=1,2,\cdots$$

又

$$P\{|X-Y|=0\} = \sum_{i=1}^{\infty} P\{X=i, Y=i\} = P^2 \sum_{i=1}^{\infty} q^{2i-2} = \frac{p}{1+q}$$

故

$$E(|X-Y|) = \sum_{k=0}^{\infty} kP\{|X-Y|=k\} = \sum_{k=1}^{\infty} \frac{2kpq^k}{1+q} =$$
$$\frac{2pq}{1+q} \sum_{k=1}^{\infty} kq^{k-1} = \frac{2pq}{1+q} \left(\frac{q}{1-q}\right)'_q = \frac{2q}{1-q^2}$$

综上

$$E[\max(X,Y)] = \frac{1}{2}\left(\frac{1}{p} + \frac{1}{p} + \frac{2q}{1-q^2}\right) = \frac{1+2q}{1-q^2}$$

注 例的结论还可推广为:

命题 若非负值连续型随机变量 X 的概率密度为 $f(x)$ 且分布函数 $F(x)$ 可导,又 $E(X^2) < +\infty$,则

(1) $E(X) = \int_0^1 [1-F(x)]\mathrm{d}x$;(2) $D(X) = 2\int_0^{+\infty} x[1-F(x)]\mathrm{d}x - [E(X)]^2$.

如前文所讲,这里由"离散"推广到"连续",只是将问题中的求和号"$\sum$"换为积分号"$\int$"而已.

2. 连续的情形

下面是一些连续型随机变量的数字特征问题. 如上文所述,离散与连续对于求和运算来讲,不过是将求和号"$\sum$"换成积分号"$\int$"而已,不难从下面诸例中发现这一点.

例 1 设随机变量 X 和 Y 同分布,X 的分布密度为

$$f_X(x) = \begin{cases} \frac{3}{8}x^2, & 0<x<2 \\ 0, & 其他 \end{cases}$$

(1) 已知事件 $A=\{X>a\}$ 和 $B=\{Y>a\}$ 独立,且 $P(A\cup B) = \frac{3}{4}$,求常数 a;

(2) 求 $\frac{1}{X^2}$ 的数学期望.

解 1 (1) 由题设可知 $P(A) = P(B)$;又事件 A,B 独立,则 $P(AB) = P(A)P(B)$,从而

$$P(A\cup B) = P(A) + P(B) - P(AB) = 2P(A) - [P(A)]^2 = \frac{3}{4}$$

则由上式可解得 $P(A) = \frac{1}{2}$. 又

$$P(A) = P\{X>a\} = \int_a^{+\infty} f(x)\mathrm{d}x = \frac{3}{8}\int_a^2 x^2 \mathrm{d}x = \frac{1}{8}x^3\Big|_a^2 = \frac{1}{8}(8-a^3)$$

从而 $\frac{1}{8}(8-a^3) = \frac{1}{2}$,解得 $a = \sqrt[3]{4}$.

(2) 故 X 的数学期望为

$$E\left(\frac{1}{X^2}\right) = \int_{-\infty}^{+\infty} \frac{1}{x^2} f(x)\mathrm{d}x = \int_0^2 \frac{1}{x^2} \cdot \frac{3}{8}x^2 \mathrm{d}x = \frac{3}{8}\int_0^2 \mathrm{d}x = \frac{3}{4}$$

解2 (1)由题设有 $\frac{3}{4} = P(A \cup B) = 1 - P(\overline{A \cup B}) = 1 - P(\overline{A})P(\overline{B})$. 又

$$P(\overline{A}) = P(\overline{B}) = P\{X \leqslant a\} = \int_{-\infty}^{a} f(x)\mathrm{d}x = \int_{0}^{a} \frac{3}{8}x^2 \mathrm{d}x = \frac{a^3}{8}$$

故 $\frac{3}{4} = 1 - \left(\frac{a^3}{8}\right)^2$,由此解得 $a = \sqrt[3]{4}$.

(2)仿解1亦有 $E\left(\frac{1}{X^2}\right) = \int_{-\infty}^{+\infty} \frac{1}{x^2} f(x)\mathrm{d}x = \int_{0}^{2} \frac{1}{x^2} \cdot \frac{3}{8}x^2 \mathrm{d}x = \frac{3}{4}$.

例2 设随机变量 X 的概率密度为 $f(x) = \begin{cases} \frac{1}{2}\cos\frac{x}{2}, & 0 \leqslant x \leqslant \pi \\ 0, & \text{其他} \end{cases}$,对 X 独立地重复观察4次,用 Y 表示观察值大 $\frac{\pi}{3}$ 的次数,求 Y^2 的数学期望.

解 因为 $P(Y) = P\{X > \frac{\pi}{3}\} = \int_{\frac{\pi}{3}}^{\pi} \frac{1}{2}\cos\frac{x}{2}\mathrm{d}x = \frac{1}{2}$,所以 $Y \sim \mathscr{B}\left(4, \frac{1}{2}\right)$. 于是·

$$E(Y) = 4 \cdot \frac{1}{2} = 2, \quad D(Y) = 4 \cdot \frac{1}{2} \cdot \left(1 - \frac{1}{2}\right) = 1$$

故

$$E(Y^2) = D(Y) + [E(Y)]^2 = 1 + 2^2 = 5$$

注 这种用 $D(Y) + [E(Y)]^2$ 求 $E(Y^2)$ 的例子前文已有述,这是公式 $D(Y) = E(Y^2) - [E(Y)]^2$ 的反用.

例3 设随机变量 X 和相互独立,且都在区间 $[1,3]$ 上服从均匀分布.今引进事件 $A = \{X \leqslant a\}, B = \{Y > a\}$.

(1)若已知 $P(A \cup B) = \frac{7}{9}$,求常数 a;(2)求 $\frac{1}{X}$ 的数学期望.

解 (1)由题设,X 和 Y 的概率密度函数为

$$f(x) = \begin{cases} \frac{1}{2}, & 1 \leqslant x \leqslant 3 \\ 0, & \text{其他} \end{cases}$$

又

$$\frac{7}{9} = P(A \cup B) = 1 - P(\overline{A \cup B}) = 1 - P(\overline{A} \cap \overline{B}) = 1 - P(\overline{A})P(\overline{B})$$

及

$$P(\overline{A}) = P\{X > a\} = \int_{a}^{3} \frac{1}{2}\mathrm{d}x = \frac{1}{2}(a-1), \quad P(\overline{B}) = P\{Y \leqslant a\} = \frac{1}{2}(3-a)$$

故 $\frac{7}{9} = 1 - \frac{1}{4}(a-1)(3-a)$,即 $9a^2 - 36a + 35 = 0$. 由前方程解得 $a_1 = \frac{5}{3}, a_2 = \frac{7}{3}$.

(2)依公式可得 $\frac{1}{X}$ 的数学期望为

$$E\left(\frac{1}{X}\right) = \int_{-\infty}^{+\infty} \frac{1}{x} f(x) \mathrm{d}x = \frac{1}{2}\int_{1}^{3} \frac{1}{x}\mathrm{d}x = \frac{1}{2}\ln 3$$

例4 已知随机变量 Y 的概率密度为 $f(y) = \begin{cases} \frac{y}{a^2}\mathrm{e}^{-\frac{y^2}{2a^2}}, & y > 0 \\ 0, & y \leqslant 0 \end{cases}$,求随机变量 $Z = \frac{1}{Y}$ 的数学期望 $E(Z)$.

解 由题设及数学期望公式有

$$E(Z) = E\left(\frac{1}{Y}\right) = \int_{-\infty}^{+\infty} \frac{1}{y} f(y) \mathrm{d}y = \frac{1}{a^2} \int_0^{+\infty} \mathrm{e}^{-\frac{y^2}{2a^2}} \mathrm{d}y = \frac{1}{2a^2} \int_{-\infty}^{\infty} \mathrm{e}^{-\frac{y^2}{2a^2}} \mathrm{d}y =$$

$$\frac{\sqrt{2}}{2a} \cdot \frac{1}{\sqrt{2\pi} a} \int_{-\infty}^{\infty} \mathrm{e}^{-\frac{y^2}{2a^2}} \mathrm{d}y = \frac{\sqrt{2\pi}}{2a}$$

这里注意到 $\frac{1}{\sqrt{2\pi} a} \int_{-\infty}^{\infty} \mathrm{e}^{-\frac{y^2}{2a^2}} \mathrm{d}y = 1$ 的事实.

例 5 已知随机变量 X 和 Y 的联合密度为

$$f(x,y) = \begin{cases} \mathrm{e}^{-(x+y)}, & 0 < x < +\infty, 0 < y < +\infty \\ 0, & \text{其他} \end{cases}$$

试求:(1)概率 $P\{X<Y\}$;(2)XY 的数学期望 $E(XY)$.

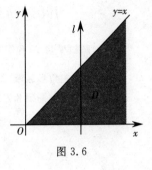

图 3.6

解 (1)由设及公式和图 3.6 可有

$$P\{X<Y\} = \iint_D \mathrm{e}^{-(x+y)} \mathrm{d}x\mathrm{d}y = \int_0^{+\infty} \mathrm{e}^{-x} \mathrm{d}x \int_x^{+\infty} \mathrm{e}^{-y} \mathrm{d}y = \int_0^{+\infty} \mathrm{e}^{-x} (-\mathrm{e}^{-y}) \Big|_x^0 \mathrm{d}x =$$

$$\int_0^{+\infty} \mathrm{e}^{-x}(1-\mathrm{e}^{-x}) \mathrm{d}x = \left(-\mathrm{e}^{-x} + \frac{1}{2}\mathrm{e}^{-2x}\right)\Big|_0^{+\infty} = \frac{1}{2}$$

(2)由题设及数学期望公式可有

$$E(XY) = \int_{-\infty}^{+\infty} \int_{-\infty}^{+\infty} xy f(x,y) \mathrm{d}x\mathrm{d}y = \int_0^{+\infty} \int_0^{+\infty} xy \mathrm{e}^{-(x+y)} \mathrm{d}x\mathrm{d}y =$$

$$\int_0^{+\infty} x\mathrm{e}^{-x} \mathrm{d}x \int_0^{+\infty} y\mathrm{e}^{-y} \mathrm{d}y = \left(\int_0^{+\infty} x\mathrm{e}^{-x} \mathrm{d}x\right)^2 = 1$$

例 6 设随机变量 X 和 Y 的联合分布在以点 $(0,1),(1,0),(1,1)$ 为顶点的三角形区域上,且服从均匀分布,试求随机变量 $U=X+Y$ 的方差.

解 1 令三角形区域为 D,其面积 $S_D = \frac{1}{2}$(图 3.7),则 (X,Y) 的联合概率密度为

$$f(x,y) = \begin{cases} 2, & (x,y) \in D \\ 0, & \text{其他} \end{cases}$$

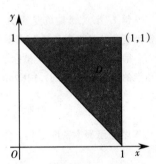

图 3.7

且

$$f_X(x) = \int_{-\infty}^{+\infty} f(x,y) \mathrm{d}y = \begin{cases} \int_{1-x}^1 2\mathrm{d}y, & 0 < x < 1 \\ 0, & \text{其他} \end{cases} = \begin{cases} 2x, & 0 < x < 1 \\ 0, & \text{其他} \end{cases}$$

由上可求得 X 的数学期望为

$$E(X) = \int_{-\infty}^{+\infty} x f_X \mathrm{d}x = \int_0^1 x \cdot 2x \mathrm{d}x = \frac{2}{3}$$

又

$$E(X^2) = \int_{-\infty}^{+\infty} x^2 f_X(x) \mathrm{d}x = \int_0^1 2x^3 \mathrm{d}x = \frac{1}{2}$$

则 X 的方差为

$$D(X) = E(X^2) - [E(X)]^2 = \frac{1}{2} - \frac{4}{9} = \frac{1}{18}$$

同理

$$E(Y) = \frac{2}{3}, \quad D(Y) = \frac{1}{18}$$

又

$$E(XY) = \iint_D xy f(x,y) \mathrm{d}x\mathrm{d}y = 2\int_0^1 x\mathrm{d}x \int_{1-x}^1 y\mathrm{d}y = \frac{5}{12}$$

及

$$\mathrm{Cov}(X,Y) = E(XY) - E(X)E(Y) = \frac{5}{12} - \frac{2}{3} \cdot \frac{2}{3} = -\frac{1}{36}$$

故

$$D(U) = D(X+Y) = D(X) + D(Y) + 2\mathrm{Cov}(X,Y) = \frac{1}{18} + \frac{1}{18} - \frac{2}{36} = \frac{1}{18}$$

解2 随机变量 X 和 Y 的联合密度为 $f(x,y) = \begin{cases} 2, & (x,y) \in G \\ 0, & (x,y) \bar\in G \end{cases}$,其中 D 是以点 $(0,1),(1,0),(1,1)$ 为顶点的三角形区域(图 3.7).

于是,所求数学期望和方差转化为计算两个二重积分.

又因区域 D 关于 $y=x$ 对称,故 $\iint_G x\mathrm{d}x\mathrm{d}y = \iint_G y\mathrm{d}x\mathrm{d}y$,这样可有

$$E(X+Y) = \iint_G (x+y) f(x,y) \mathrm{d}x\mathrm{d}y = 4\iint_G x\mathrm{d}x\mathrm{d}y = 4\int_0^1 \mathrm{d}x \int_{1-x}^1 x\mathrm{d}y = \frac{4}{3}$$

$$[E(X+Y)]^2 = \iint_G (x+y)^2 f(x,y) \mathrm{d}x\mathrm{d}y = 2\iint_G (x^2 + 2xy + y^2) \mathrm{d}x\mathrm{d}y =$$

$$4\iint_G x^2 \mathrm{d}x\mathrm{d}y + 4\iint_G xy\mathrm{d}x\mathrm{d}y = 4\int_0^1 x^2\mathrm{d}x \int_{1-x}^1 \mathrm{d}y + 4\int_0^1 x\mathrm{d}x \int_{1-x}^1 y\mathrm{d}y = 1 + \frac{5}{6} = \frac{11}{6}$$

故

$$D(U) = D(X+Y) = [E(X+Y)]^2 - [E(X+Y)]^2 = \frac{11}{6} - \frac{16}{9} = \frac{1}{18}$$

例7 设二维随机变量 (X,Y) 在区域 $D:0<x<1,|y|<x$ 内服从均匀分布,求关于 X 的边缘概率密度函数及随机变量 $Z=2X+1$ 的方差 $D(Z)$.

解 区域 D 是 xOy 坐标平面上以 $O(0,0)$,$A(1,1)$ 和 $B(1,-1)$ 为顶点的三角形(图 3.8).这样 (X,Y) 的联合概率密度函数是

$$f(x,y) = \begin{cases} 1, & 0<x<1, |y|<x \\ 0, & \text{其他} \end{cases}$$

又 X 的边缘概率密度是

$$f_X(x) = \int_{-\infty}^{+\infty} f(x,y) \mathrm{d}y = \begin{cases} 2x, & 0<x<1 \\ 0, & \text{其他} \end{cases}$$

故可依公式及题设求得 X 的数学期望为

$$E(X) = \int_{-\infty}^{+\infty} x f_X(x) \mathrm{d}x = \int_0^1 x \cdot 2x \mathrm{d}x = \frac{2}{3} x^3 \Big|_0^1 = \frac{2}{3}$$

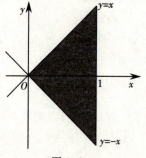

图 3.8

又

$$E(X^2) = \int_{-\infty}^{+\infty} x^2 f_X(x) \mathrm{d}x = \int_0^1 x^2 \cdot 2x \mathrm{d}x = \frac{1}{2} x^4 \Big|_0^1 = \frac{1}{2}$$

故

$$D(X) = E(X^2) - [E(X)]^2 = \frac{1}{2} - \frac{4}{9} = \frac{1}{18}$$

由上及方差性质有

$$D(Z) = D(2X+1) = D(2X) = 2^2 \cdot D(X) = \frac{2}{9}$$

例 8 设两个随机变量 X,Y 相互独立,且都服从均值为 0,方差为 $\dfrac{1}{2}$ 的正态分布,求随机变量 $|X-Y|$ 的方差.

解 由设 $X\sim N\left(0,\dfrac{1}{2}\right),Y\sim N\left(0,\dfrac{1}{2}\right)$,又由 X,Y 独立知 $Z=X-Y\sim N(0,1)$.

因为
$$D(|X-Y|)=D(|Z|)=E(|Z|^2)-[E(|Z|)]^2=E(Z^2)-[E(|Z|)]^2$$

其中 $E(Z^2)=D(Z)+[E(Z)]^2=1+0^2=1$,而

$$E(|Z|)=\int_{-\infty}^{+\infty}|z|\dfrac{1}{\sqrt{2\pi}}e^{-\frac{z^2}{2}}dz=\dfrac{2}{\sqrt{2\pi}}\int_{0}^{+\infty}ze^{-\frac{z^2}{2}}dz=\sqrt{\dfrac{2}{\pi}}$$

所以
$$D(|X-Y|)=E(z^2)-[E(|z|)]^2=1-\dfrac{2}{\pi}$$

下面的例子与之类同,但它涉及的不是取绝对值,而是取 max 或 min,类似的例子前文已遇到过. 请看:

例 9 设 ξ,η 为独立的服从正态分布 $N(a,\sigma)$ 的随机变量,求 $\max\{\xi,\eta\}$ 和 $\min\{\xi,\eta\}$ 的数学期望.

解 令 $X=\dfrac{\xi-a}{\sigma},Y=\dfrac{\eta-a}{\sigma}$,由题设则 X,Y 为服从标准正态分布的随机变量,且 $\max\{\xi,\eta\}=a+\sigma\max\{X,Y\}$(注意到 $\sigma>0$,且 a 为常数).

由 (X,Y) 的联合密度为 $f(x,y)=\dfrac{1}{2\pi}e^{-\frac{1}{2}(x^2+y^2)}$,从而可有

$$E(\max\{X,Y\})=\int_{-\infty}^{+\infty}\int_{-\infty}^{+\infty}\max\{x,y\}\dfrac{1}{2\pi}e^{-\frac{1}{2}(x^2+y^2)}dxdy=$$
$$\iint_{x-y\leqslant 0}yf(x,y)dxdy+\iint_{x-y>0}xf(x,y)dxdy=$$
$$\dfrac{1}{2}\left(\int_{-\infty}^{+\infty}dx\int_{x}^{+\infty}\dfrac{y}{\pi}e^{-\frac{1}{2}x^2}e^{-\frac{1}{2}y^2}dy+\int_{-\infty}^{+\infty}dy\int_{y}^{+\infty}\dfrac{x}{\pi}e^{-\frac{1}{2}x^2}e^{-\frac{1}{2}y^2}dx\right)=$$
$$\dfrac{1}{2\pi}\left[\int_{-\infty}^{+\infty}e^{-\frac{1}{2}x^2}\left(-e^{-\frac{1}{2}y^2}\Big|_{y=x}^{+\infty}\right)dx+\int_{-\infty}^{+\infty}e^{-\frac{1}{2}y^2}\left(-e^{-\frac{1}{2}x^2}\Big|_{x=y}^{+\infty}\right)dy\right]=$$
$$\dfrac{1}{\pi}\int_{-\infty}^{+\infty}e^{-x^2}dx=\dfrac{1}{\sqrt{\pi}}$$

从而
$$E(\max\{\xi,\eta\})=a+\sigma\min\{X,Y\}=a+\dfrac{\sigma}{\sqrt{\pi}}$$

类似的 $\min\{\xi,\eta\}=a+\sigma\min\{X,Y\}$,故可有
$$E(\min\{X,Y\})=\int_{-\infty}^{+\infty}\int_{-\infty}^{+\infty}\min\{x,y\}f(x,y)dxdy=\iint_{x-y\leqslant 0}xf(x,y)dxdy+\iint_{x-y>0}yf(x,y)dxdy=$$
$$\int_{-\infty}^{+\infty}dy\int_{-\infty}^{y}\dfrac{x}{2\pi}e^{-\frac{1}{2}x^2}e^{-\frac{1}{2}y^2}dx+\int_{-\infty}^{+\infty}dx\int_{-\infty}^{x}\dfrac{y}{2\pi}e^{-\frac{1}{2}x^2}e^{-\frac{1}{2}y^2}dy=-\dfrac{1}{\pi}\int_{-\infty}^{+\infty}e^{-y^2}dy=-\dfrac{1}{\sqrt{\pi}}$$

从而
$$E(\min\{\xi,\eta\})=a+\sigma\min\{X,Y\}=a-\dfrac{\sigma}{\sqrt{\pi}}$$

注 这类求 $\max\{x,y\}$ 和 $\min\{x,y\}$ 的运算,对函数本身来说是分段运算,对求积分而言就是分区域考虑.

类似的问题前文曾有介绍,后文也还会遇到.

例 10 设随机变量 ξ,η 相互独立,求证 $D(\xi\eta)=D(\xi)D(\eta)+[E(\xi)]^2D(\eta)+[E(\eta)]^2D(\xi)$.

证 1 由设 ξ,η 相互独立,则 $E(\xi\eta)=E(\xi)E(\eta)$. 因而
$$\begin{aligned}D(\xi\eta)&=E[\xi\eta-E(\xi\eta)]^2=E[\xi\eta-\xi E(\eta)+\xi E(\eta)-E(\xi)E(\eta)]^2=\\&E\{\xi[\eta-E(\eta)]+E(\eta)[\xi-E(\xi)]\}^2=\\&E\{[\xi-E(\xi)+E(\xi)][\eta-E(\eta)]+E(\eta)[\xi-E(\xi)]\}^2=\\&E\{[\xi-E(\xi)][\eta-E(\eta)]+E(\xi)[\eta-E(\eta)]+E(\eta)[\xi-E(\xi)]\}^2=\\&E\{[\xi-E(\xi)]^2[\eta-E(\eta)]^2+[E(\xi)]^2[\eta-E(\eta)]^2+[E(\eta)]^2[\xi-E(\xi)]^2+\\&2E(\xi)[\xi-E(\xi)][\eta-E(\eta)]^2+2E(\eta)[\xi-E(\xi)]^2[\eta-E(\eta)]+\\&2E(\xi)E(\eta)[\eta-E(\eta)][\xi-E(\xi)]\}=E\{[\xi-E(\xi)]^2[\eta-E(\eta)]^2\}+\\&[E(\xi)]^2E[\eta-E(\eta)]^2+[E(\eta)]^2E[\xi-E(\xi)]^2=\\&D(\xi)D(\eta)+[E(\xi)]^2D(\eta)+[E(\eta)]^2D(\xi)\end{aligned}$$

证 2 由题设 ξ,η 相互独立及方差性质有
$$D(\xi\eta)=E[(\xi\eta)^2]-[E(\xi\eta)]^2=E(\xi^2\eta^2)-[E(\xi)E(\eta)]^2=E(\xi^2\eta^2)-[E(\xi)]^2[E(\eta)]^2$$
又
$$E(\xi^2\eta^2)=\int_{-\infty}^{+\infty}\int_{-\infty}^{+\infty}x^2y^2\cdot f(xy)\mathrm{d}x\mathrm{d}y=\int_{-\infty}^{+\infty}x^2f_x(x)\mathrm{d}x\int_{-\infty}^{+\infty}y^2f_y(y)\mathrm{d}y=$$
$$[E(\xi)]^2[E(\eta)]^2(\text{注意到}\xi,\eta\text{相互独立})$$

反复运用公式 $D(X)=E(X^2)-[E(X)]^2$,则有
$$\begin{aligned}D(\xi\eta)&=E(\xi^2)E(\eta^2)-[E(\xi)]^2[E(\eta)]^2=\\&\{E(\xi^2)-[E(\xi)]^2\}E(\eta^2)+[E(\xi)]^2E(\eta^2)-[E(\xi)]^2[E(\eta)]^2=\\&D(\xi)E(\eta^2)+[E(\xi)]^2\{E(\eta^2)-[E(\eta)]^2\}=\\&D(\xi)\{E(\eta^2)-[E(\eta)]^2\}+D(\xi)[E(\eta)]^2+[E(\xi)]^2D(\eta)=\\&D(\xi)D(\eta)+[E(\xi)]^2D(\eta)+[E(\eta)]^2D(\eta)\end{aligned}$$

下面是几则多元($n\geqslant 3$)随机变量函数的数学特征问题,其实这方面问题与随机变量的简单样本概念有关,请详见后文"数理统计"一章的内容.

例 11 已知:ξ_1,ξ_2,ξ_3,ξ_4 是独立同分布随机变量,其分布密度函数分别为
$$f_i(x)=\begin{cases}1,&0\leqslant x\leqslant 1\\0,&x<0\text{ 或 }x>1\end{cases}$$
其中 $i=1,2,3,4$. 求它们的线性组合 $\eta=\dfrac{1}{\sqrt{5}}\sum_{k=1}^4 k\xi_k$ 的方差 $D(\eta)$.

解 由设
$$E(\xi_i)=\int_{-\infty}^{+\infty}xf_i(x)\mathrm{d}x=\int_0^1 x\mathrm{d}x=\frac{1}{2},\quad i=1,2,3,4$$
$$D(\xi_i)=\int_{-\infty}^{+\infty}[x-E(\xi_i)]^2f_i(x)\mathrm{d}x=\int_0^1\left(x-\frac{1}{2}\right)^2\mathrm{d}x=\frac{1}{12},\quad i=1,2,3,4$$

则 η 的方差为
$$D(\eta)=D\left(\frac{1}{\sqrt{5}}\sum_{k=1}^4 k\xi_k\right)=\frac{1}{5}D(\xi_1+2\xi_2+3\xi_3+4\xi_4)=\frac{1}{5}[D(\xi_1)+D(2\xi_2)+D(3\xi_3)+D(4\xi_4)]=$$
$$\frac{1}{5}\cdot(1+2^2+3^2+4^2)\cdot\frac{1}{12}=\frac{1}{2}$$

再来看一个更一般的情况. 这类问题在第 5 章还要介绍.

例 12 设 $\xi_1,\xi_2,\cdots,\xi_n$ 是独立同分布的随机变量,共同服从 $N(a,\sigma^2)$ 分布. 又设 $k_1,k_2,\cdots,k_n$ 为不等于零的常数,$S_n=k_1\xi_1+k_2\xi_2+\cdots+k_n\xi_n$. 求 S_n 的数学期望和方差.

解 由设 $\xi_i(i=1,2,\cdots,n)$ 独立同分布,且均服从 $N(a,\sigma^2)$,故 $E(\xi_i)=a$,$D(\xi_i)=\sigma^2(i=1,2,\cdots,n)$
则
$$E(S_n) = E(\sum_{i=1}^n k_i\xi_i) = \sum_{i=1}^n E(k_i\xi_i) = \sum_{i=1}^n k_i E(\xi_i) = \sum_{i=1}^n k_i a = a\sum_{i=1}^n k_i$$
且
$$D(S_n) = D(\sum_{i=1}^n k_i\xi_i) = \sum_{i=1}^n D(k_i\xi_i) = \sum_{i=1}^n k_i^2 D(\xi_i) = \sigma\sum_{i=1}^n k_i^2$$

例 13 设随机变量 $X_1,X_2,\cdots,X_n$ 独立同分布且仅取正值,其密度函数为均为 $f(x)$,试证 $E\left(\dfrac{X_1+X_2+\cdots+X_k}{X_1+X_2+\cdots+X_n}\right) = \dfrac{k}{n}(k=1,2,\cdots,n).$

证 由题设知 $x_i(i=1,2,\cdots,n)$ 均取正值,知
$$E\left(\frac{X_i}{X_1+X_2+\cdots+X_n}\right) = \int_0^{+\infty}\int_0^{+\infty}\cdots\int_0^{+\infty} x_i\frac{f(x_1)f(x_2)\cdots f(x_n)}{x_1+x_2+\cdots+x_n}dx_1 dx_2\cdots dx_n \leqslant$$
$$\int_0^{+\infty}\int_0^{+\infty}\cdots\int_0^{+\infty} f(x_1)f(x_2)\cdots f(x_n)dx_1 dx_2\cdots dx_n = 1$$

又题设 X_i 取正值有 $E\left(\dfrac{X_i}{X_1+X_2+\cdots+X_n}\right)\geqslant 0$ $(i=1,2,\cdots,n)$,知其均存在.由上述积分中被积函数的对称性知,对任意 $i\neq j$ 有
$$E\left(\frac{X_i}{X_1+X_2+\cdots+X_n}\right) = \int_0^{+\infty}\int_0^{+\infty}\cdots\int_0^{+\infty} x_i\frac{f(x_1)f(x_2)\cdots f(x_n)}{x_1+x_2+\cdots+x_n}dx_1 dx_2\cdots dx_n =$$
$$\int_0^{+\infty}\int_0^{+\infty}\cdots\int_0^{+\infty} x_j\frac{f(x_1)f(x_2)\cdots f(x_n)}{x_1+x_2+\cdots+x_n}dx_1 dx_2\cdots dx_n =$$
$$E\left(\frac{X_j}{X_1+X_2+\cdots+X_n}\right)$$

又
$$\sum_{i=1}^n E\left(\frac{X_i}{X_1+X_2+\cdots+X_n}\right) = E\left[\sum_{i=1}^n\left(\frac{X_i}{X_1+X_2+\cdots+X_n}\right)\right] = E(1) = 1$$
则
$$E\left(\frac{X_i}{X_1+X_2+\cdots+X_n}\right) = \frac{1}{n}, \quad i=1,2,\cdots,n$$
故
$$E\left(\frac{X_1+X_2+\cdots+X_k}{X_1+X_2+\cdots+X_n}\right) = \sum_{i=1}^k E\left(\frac{X_i}{X_1+x_2+\cdots+X_n}\right) = \frac{k}{n}$$

下面的例子似乎也有些"应用"的味道,它属于几何问题.类似的例子前文曾有过介绍.

例 14 在线段 $[0,1]$ 上任取 n 个点,求其中最远两点距离的数学期望.

解 设 $x_1,x_2,\cdots,x_n$ 为 $[0,1]$ 上任取 n 个点 $X_1,X_2,\cdots,X_n$ 的坐标,则 $\{X_i\}$ 独立同分布,其公共分布函数为
$$F(x) = \begin{cases} 0, & x\leqslant 0 \\ x, & 0<x\leqslant 1 \\ 1, & x>1 \end{cases}$$

令 $\xi=\min\{X_1,X_2,\cdots,X_n\}$,且 $\eta=\max\{X_1,X_2,\cdots,X_n\}$.

记 $X=\xi-\eta$,则 $E(X)=E(\xi)-E(\eta)$.

由随机变量取大、取小的性质(这一点详见前文)有
$$F_\xi(x) = F^n(x) = \begin{cases} 0, & x\leqslant 0 \\ x^n, & 0<x\leqslant 1 \\ 1, & x>1 \end{cases}$$

及

$$F_\eta(x) = 1 - [1-F(x)]^n = \begin{cases} 0, & x \leq 0 \\ 1-(1-x)^n, & 0 < x \leq 1 \\ 1, & x > 1 \end{cases}$$

从而 ξ, η 的概率密度分别为

$$f_\xi(x) = [F^n(x)]' = \begin{cases} nx^{n-1}, & 0 < x < 1 \\ 0, & \text{其他} \end{cases}$$

$$f_\eta(x) = \{1 - [1-F(x)]^n\}' = \begin{cases} n(1-x)^{n-1}, & 0 < x < 1 \\ 0, & \text{其他} \end{cases}$$

于是

$$E(\xi) = \int_{-\infty}^{+\infty} x f_\xi(x) \,\mathrm{d}x = \int_0^1 nx^n \,\mathrm{d}x = \frac{n}{n+1}$$

$$E(\eta) = \int_{-\infty}^{+\infty} x f_\eta(x) \,\mathrm{d}x = \int_0^1 nx(1-x)^{n-1} \,\mathrm{d}x = \frac{1}{n+1}$$

故 $[0,1]$ 中最远两点的数学期望为

$$E(X) = E(\xi) - E(\eta) = \frac{n-1}{n+1}$$

注1 前文已说:若 n 个独立的随机变量 $X_1, X_2, \cdots, X_n$ 的分布函数分别为 $F_1(x), F_2(x), \cdots, F_n(x)$,又 $\xi = \max\{X_1, X_2, \cdots, X_n\}, \eta = \min\{X_1, X_2, \cdots, X_n\}$,则有 ξ, η 的分布函数分别为

$$F_\xi(x) = \prod_{k=1}^n F_k(x), \quad F_\eta(x) = 1 - \prod_{k=1}^n [1 - F_k(x)]$$

特别地,若 $X_1, X_2, \cdots, X_n$ 独立同分布,其分布函数为 $F(x)$,则

$$F_\xi(x) = F^n(x), \quad F_\eta(x) = 1 - [1-F(x)]^n$$

这一点前文已有介绍,这里再重申一遍.

注2 这类问题中稍难些的命题还可见后文关于"随机变量"数字特征的不等式问题中的例.

(二)随机变量的相关系数及独立性问题

1. 离散型随机变量问题

先来看离散变量的情形.

例1 设随机变量 X 与 Y 独立同分布,且 X 的概率分布如下:

X	1	2
p	$\frac{2}{3}$	$\frac{1}{3}$

记 $U = \max\{X, Y\}, V = \min\{X, Y\}$.
(1)求 (U, V) 的概率分布;(2)求 U 与 V 的协方差 $\mathrm{Cov}(U, V)$;(3)求 U, V 的相关系数.

解 (1)由于 (U, V) 可能取的值为 $(1,1), (1,2), (2,1), (2,2)$,并且

$$P\{U=1, V=1\} = P\{\max\{X,Y\}=1, \min\{X,Y\}=1\} = P\{X=1, Y=1\} = P\{X=1\}P\{Y=1\} = \frac{4}{9}$$

$$P\{U=1, V=2\} = P\{\varnothing\} = 0$$

$$P\{U=2, V=1\} = P\{\max\{X,Y\}=2, \min\{X,Y\}=1\} = P\{X=2, Y=1\} + P\{X=1, Y=2\} =$$

$$P\{X=2\}P\{Y=1\} + P\{X=1\}P\{Y=2\} = \frac{1}{3} \cdot \frac{2}{3} + \frac{2}{3} \cdot \frac{1}{3} = \frac{4}{9}$$

$$P\{U=2, V=2\} = 1 - P\{U=1, V=1\} - P\{U=1, V=2\} - P\{U=2, V=1\} = 1 - \frac{4}{9} - 0 - \frac{4}{9} = \frac{1}{9}$$

综上,(U,V)的概率分布为

U \ V	1	2
1	$\frac{4}{9}$	0
2	$\frac{4}{9}$	$\frac{1}{9}$

(2)由(1)及上表知U,V的概率分布分别为

U	1	2
P	$\frac{4}{9}$	$\frac{5}{9}$

V	1	2
P	$\frac{8}{9}$	$\frac{1}{9}$

则
$$E(U)=1\cdot\frac{4}{9}+2\cdot\frac{5}{9}=\frac{14}{9}, \quad E(V)=1\cdot\frac{8}{9}+2\cdot\frac{1}{9}=\frac{10}{9},$$

又
$$E(UV)=1\cdot 1\cdot\frac{4}{9}+1\cdot 2\cdot 0+2\cdot 1\cdot\frac{4}{9}+2\cdot 2\cdot\frac{1}{9}=\frac{16}{9}.$$

故
$$\text{Cov}(U,V)=E(UV)-E(U)E(V)=\frac{16}{9}-\frac{14}{9}\cdot\frac{10}{9}=\frac{4}{81}.$$

(3)因为
$$D(U)=E(U^2)-[E(U)]^2=\left(1^2\cdot\frac{4}{9}+2^2\cdot\frac{5}{9}\right)-\left(\frac{14}{9}\right)^2=\frac{20}{81},$$
$$D(V)=E(V^2)-[E(V)]^2=\left(1^2\cdot\frac{8}{9}+2^2\cdot\frac{1}{9}\right)-\left(\frac{10}{9}\right)^2=\frac{8}{81}.$$

所以
$$\rho=\frac{\text{Cov}(U,V)}{\sqrt{D(U)D(V)}}=\frac{\frac{4}{81}}{\sqrt{\frac{20}{81}\cdot\frac{8}{81}}}=\frac{1}{\sqrt{10}}.$$

例2 某箱装有100件产品,其中一、二和三等品分别为80件,10件和10件,现在从中随机抽取一件,记

$$X_i=\begin{cases}1, & \text{若抽到}i\text{等品}\\ 0, & \text{其他}\end{cases}$$

其中$i=1,2,3$.试求:(1)随机变量X_1与X_2的联合分布;(2)随机变量X_1与X_2的相关系数ρ.

解 (1)设事件A_i="抽到i等品"$(i=1,2,3)$.依题意知A_1,A_2,A_3两两互不相容.故有$P(A_1)=0.8,P(A_2)=P(A_3)=0.1$,这样
$$P\{X_1=0,X_2=0\}=P(A_3)=0.1, \quad P\{X_1=0,X_2=1\}=P(A_2)=0.1$$
$$P\{X_1=1,X_2=0\}=P(A_1)=0.8, \quad P\{X_1=1,X_2=1\}=P(\varnothing)=0$$

这样可有X_1,X_2的联合分布为:

X_2 \ X_1	0	1
0	0.1	0.8
1	0.1	0

(2)由(1)及上表可有 X_1, X_2 的概率分布为：

x_1	0	1
$P\{X_1 = x\}$	0.2	0.8

x_2	0	1
$P\{X_2 = x\}$	0.9	0.1

从而可有

$$E(X_1) = 0.8, \quad E(X_2) = 0.1$$

且

$$D(X_1) = 0.8 \cdot 0.2 = 0.16, \quad D(X_2) = 0.1 \cdot 0.9 = 0.09$$

又

$$E(X_1 X_2) = 0 \cdot 0 \cdot 0.1 + 0 \cdot 1 \cdot 0.1 + 1 \cdot 0 \cdot 0.8 + 1 \cdot 1 \cdot 0 = 0$$

及

$$\text{Cov}(X_1, X_2) = E(X_1 X_2) - E(X_1) E(X_2) = 0 - 0.8 \cdot 0.1 = -0.08$$

故

$$\rho = \frac{\text{Cov}(X_1, X_2)}{\sqrt{D(X_1) D(X_2)}} = \frac{-0.08}{\sqrt{0.16 \cdot 0.09}} = -\frac{2}{3}$$

例 3 箱中装有 6 个球，其中红、白、黑球的个数分别为 1,2,3 个，现从箱中随机地取出 2 个球，记 X 为取出的红球个数，Y 为取出的白球个数.(1)求随机变量 (X,Y) 的概率分布；(2)求 $\text{Cov}(X,Y)$.

解 (1)写出 (X,Y) 的可能值，然后计算相应的概率即得 (X,Y) 的概率分布.

X 的可能值为 0,1；Y 的可能值为 0,1,2，于是

$$P\{X=0, Y=0\} = \frac{C_3^2}{C_6^2} = \frac{3}{15}, \quad P\{X=1, Y=0\} = \frac{C_3^1}{C_6^2} = \frac{3}{15}$$

$$P\{X=0, Y=1\} = \frac{C_2^1 C_3^1}{C_6^2} = \frac{6}{15}, \quad P\{X=1, Y=1\} = \frac{C_2^1}{C_6^2} = \frac{2}{15}$$

$$P\{X=0, Y=2\} = \frac{C_2^2}{C_6^2} = \frac{1}{15}, \quad P\{X=1, Y=2\} = 0$$

随机变量 (X,Y) 的概率分布为：

X \ Y	0	1	2
0	$\frac{3}{15}$	$\frac{6}{15}$	$\frac{1}{15}$
1	$\frac{3}{15}$	$\frac{2}{15}$	0

(2)由上可知 X 的概率分布和 Y 的概率分布分别为：

X	0	1
P	$\frac{2}{3}$	$\frac{1}{3}$

Y	0	1	2
P	$\frac{6}{15}$	$\frac{8}{15}$	$\frac{1}{15}$

利用公式 $\mathrm{Cov}(X,Y)=E(XY)-E(X)E(Y)$,由 $E(X)=\frac{1}{3}$, $E(Y)=\frac{2}{3}$. 又 $E(XY)=\frac{2}{15}$,故

$$\mathrm{Cov}(X,Y)=E(XY)-E(X)E(Y)=\frac{2}{15}-\frac{1}{3}\cdot\frac{2}{3}=-\frac{4}{45}$$

来看一个求协方差的例子. 对于离散的情形,这类问题的实质是关于组合公式的性质与计算.

例 4 将一颗均匀的骰子独立地掷 n 次,分别以 X 和 Y 记在 n 次投掷中出现 1 点和 6 点的次数,求 $\mathrm{Cov}(X,Y)$.

解 1 显然 $X\sim\mathcal{B}\left(n,\frac{1}{6}\right)$, $Y\sim\mathcal{B}\left(n,\frac{1}{6}\right)$, $E(X)=E(Y)=\frac{n}{6}$. 又由

$$P\{X=i,Y=j\}=P\{X=i\}P\{Y=j\mid X=i\},\quad i,j=0,1,\cdots,n$$

故当 $0\leqslant i+j\leqslant n$ 时,有

$$P\{X=i,Y=j\}=\mathrm{C}_n^i\left(\frac{1}{6}\right)^i\left(\frac{5}{6}\right)^{n-i}\cdot\mathrm{C}_{n-i}^j\left(\frac{1}{5}\right)^j\left(\frac{4}{5}\right)^{n-i-j}=\frac{n!}{i!(n-i)!}\cdot\frac{(n-i)!}{j!(n-i-j)!}\cdot\frac{5^{n-i}}{6^n}\cdot\frac{4^{n-i-j}}{5^{n-i}}$$

当 $i+j>n$ 时,$P\{X=i,Y=j\}=0$,故

$$E(XY)=\sum_{0\leqslant i+j\leqslant n}ijP\{X=i,Y=j\}=\sum_{i=1}^n\sum_{j=1}^{n-i}ij\frac{n!}{i!j!(n-i-j)!}\left(\frac{1}{6}\right)^i\left(\frac{1}{6}\right)^j\left(\frac{4}{6}\right)^{n-i-j}=$$

$$\sum_{i=1}^n\frac{n(n-1)\cdots(n-i)}{(i-1)!}\left(\frac{1}{6}\right)^{i+1}\sum_{j=1}^{n-i}\frac{(n-i-j)!}{(j-1)![(n-i-1)-(j-1)!]!}\left(\frac{1}{6}\right)^{j-1}\left(\frac{4}{6}\right)^{n-i-j}=$$

$$\sum_{j=1}^n\frac{n(n-1)\cdots(n-i)}{(i-1)!}\left(\frac{1}{6}\right)^{i+1}\sum_{k=0}^{n-i-1}\mathrm{C}_{n-i-1}^k\left(\frac{1}{6}\right)^k\left(\frac{4}{6}\right)^{n-i-1-k}=$$

$$\sum_{i=1}^{n-1}\frac{n(n-1)\cdots(n-i)}{(i-1)!}\left(\frac{1}{6}\right)^{i+1}\left(\frac{5}{6}\right)^{n-i-1}=$$

$$\sum_{m=0}^{n-2}\frac{n(n-1)\cdots(n-m-1)}{m!}\left(\frac{1}{6}\right)^{m+2}\left(\frac{5}{6}\right)^{n-m-2}=$$

$$n(n-1)\left(\frac{1}{6}\right)^2\sum_{m=0}^{n-2}\mathrm{C}_{n-2}^m\left(\frac{1}{6}\right)^m\left(\frac{5}{6}\right)^{n-2-m}=n(n-1)\left(\frac{1}{6}\right)^2=\frac{1}{36}n(n-1)$$

故

$$\mathrm{Cov}(X,Y)=E(XY)-E(X)E(Y)=\frac{1}{36}n(n-1)-\frac{n^2}{36}=-\frac{n}{36}$$

解 2 令 $X_i=\begin{cases}1, & \text{第 }i\text{ 次出现 1 点}\\ 0, & \text{第 }i\text{ 次未出现 1 点}\end{cases}$, $Y_i=\begin{cases}1, & \text{第 }i\text{ 次出现 6 点}\\ 0, & \text{第 }i\text{ 次未出现 6 点}\end{cases}$. 其中 $i=1,2,\cdots,n$.

则 X_i, Y_i ($i=1,2,\cdots,n$) 的概率分布为

$$P\{X_i=0\}=\frac{5}{6},\quad P\{X_i=1\}=\frac{1}{6}$$

$$P\{Y_i=0\}=\frac{5}{6},\quad P\{Y_i=1\}=\frac{1}{6}$$

且

$$\{X_i=0,Y_i=0\}=\frac{4}{6},\quad P\{X_i=1,Y_i=0\}=P\{X_i=0,Y_i=1\}=\frac{1}{6}$$

故

$$E(X_i)=E(Y_i)=\frac{1}{6},\quad E(X_iY_i)=0,\quad i=1,2,\cdots,n$$

$$E(X_iY_j) = E(X_i)E(Y_j) = \frac{1}{36}, \quad i = j, 1 \leqslant i,j \leqslant n$$

又 $X = \sum_{i=1}^{n} X_i, Y = \sum_{i=1}^{n} r_i$，这样可有

$$E(X) = \sum_{i=1}^{n} E(X_i) = \frac{n}{6}$$

同理 $E(Y) = \frac{n}{6}$，且

$$E(XY) = \sum_{\substack{i,j=1 \\ i \neq j}}^{n} E(X_iY_j) = \sum_{\substack{i,j=1 \\ i \neq j}}^{n} E(X_i)E(Y_j) = E(X)E(Y) - \sum_{j=1}^{n} E(X_i)E(Y_i) = \frac{1}{36}(n^2 - n)$$

从而

$$\text{Cov}(X,Y) = E(XY) - E(X)E(Y) = -\frac{n}{36}$$

例 5 设 A, B 是二随机事件；又随机变量

$$X = \begin{cases} 1, & A \text{ 出现} \\ -1, & A \text{ 不出现} \end{cases} \quad Y = \begin{cases} 1, & B \text{ 出现} \\ -1, & B \text{ 不出现} \end{cases}$$

试证：随机变量 X 和 Y 不相关的充分必要条件是 A 与 B 相互独立.

证 显然只需证明：$\text{Cov}(X,Y) = 0$，接下来可推导出 $P(AB) = P(A)P(B)$.

令记 $P(A) = p_1, P(B) = p_2, P(AB) = p_{12}$. 又

$$E(X) = 1 \cdot P(A) + (-1) \cdot P(\overline{A}) = 2p_1 - 1$$

同理 $E(Y) = 2p_2 - 1$.

由于 XY 只有两个可能值 1 和 -1，故知

$$P\{XY = 1\} = P(AB) + P(\overline{A}\overline{B}) = P(AB) + P(\overline{A \cup B}) = P(AB) + 1 - P(A \cup B) =$$
$$P(AB) + 1 - P(A) - P(B) + P(AB) = 2p_{12} - p_1 - p_2 + 1$$

且

$$P\{XY = -1\} = 1 - P\{XY = 1\} = p_1 + p_2 - 2p_{12}$$

则

$$E(XY) = 1 \cdot P\{XY = 1\} + (-1) \cdot P\{XY = -1\} = 4p_{12} - 2p_1 - 2p_2 + 1$$

及

$$\text{Cov}(X,Y) = E(XY) - E(X)E(Y) = 4p_{12} - 4p_1p_2 = 4(p_{12} - p_1p_2)$$

故 $\text{Cov}(X,Y) = 0$，当且仅当 $p_{12} = p_1 p_2$，即 X 与 Y 不相关当且仅当事件 A 和 B 相互独立.

例 6 设 A, B 为两个随机事件，且 $P(A) = \frac{1}{4}, P(B|A) = \frac{1}{3}, P(A|B) = \frac{1}{2}$，令

$$X = \begin{cases} 1, & A \text{ 发生} \\ 0, & A \text{ 不发生} \end{cases} \quad Y = \begin{cases} 1, & B \text{ 发生} \\ 0, & B \text{ 不发生} \end{cases}$$

(1)求二维随机变量 (X,Y) 的概率分布；(2)求 X 与 Y 的相关系数 ρ_{XY}；(3)求 $Z = X^2 + Y^2$ 的概率分布.

解 (1)由题设有 $P(AB) = P(A)P(B|A) = \frac{1}{12}, P(B) = \frac{P(AB)}{P(A|B)} = \frac{1}{6}$. 则

$$P\{X=1, Y=1\} = P(AB) = \frac{1}{12}$$

$$P\{X=1, Y=0\} = P(A\overline{B}) = P(A\overline{B}) - P(AB) = \frac{1}{6}$$

$$P\{X=0, Y=1\} = P(\overline{A}B) = P(B) - P(AB) = \frac{1}{12}$$

$$P\{X=0, Y=0\} = P(\overline{A}\overline{B}) = 1 - P(A \cup B) = 1 - [P(A) + P(B) - P(AB)] = \frac{2}{3}$$

(最后一式亦可由 $P\{X=0,Y=0\}=1-\frac{1}{12}-\frac{1}{6}-\frac{1}{12}=\frac{2}{3}$ 计算)

这样可有随机变量(X,Y)的概率分布为:

Y \ X	0	1
0	$\frac{2}{3}$	$\frac{1}{12}$
1	$\frac{1}{6}$	$\frac{1}{12}$

(2)注意到 X,Y 为 0-1 分布有

$$E(X)=P(A)=\frac{1}{4}, \quad E(Y)=P(B)=\frac{1}{6}, \quad E(XY)=\frac{1}{12}$$

则

$$\text{Cov}(X,Y)=E(XY)-E(X)E(Y)=\frac{1}{24}$$

又

$$E(X^2)=P(A)=\frac{1}{4}, \quad E(Y^2)=P(B)=\frac{1}{6}$$

则

$$D(X)=E(X^2)-[E(X)]^2=\frac{3}{16}, \quad D(Y)=E(Y^2)-[E(Y)]^2=\frac{5}{36}$$

且

$$\rho_{XY}=\frac{\text{Cov}(X,Y)}{\sqrt{D(X)}\cdot\sqrt{D(Y)}}=\frac{1}{\sqrt{15}}$$

(3)由设 Z 的可能取值为 $0,1,2$,且

$$P\{Z=0\}=P\{X=0,Y=0\}=\frac{2}{3}$$

$$P\{Z=1\}=P\{X=0,Y=1\}+P\{X=1,Y=0\}=\frac{1}{4}$$

$$P\{Z=2\}=P\{X=1,Y=1\}=\frac{1}{12}$$

故 Z 的概率分布为:

z	0	1	2
$P\{Z=z\}$	$\frac{2}{3}$	$\frac{1}{4}$	$\frac{1}{12}$

注 问题(2)的前半部分还可解如:由设 X,Y 的概率分布分别为:

x	0	1		y	0	1
$P\{X=x\}$	$\frac{3}{4}$	$\frac{1}{4}$		$P\{Y=y\}$	$\frac{5}{6}$	$\frac{1}{6}$

则 $E(X)=\frac{1}{4},E(Y)=\frac{1}{6}$,而 $E(XY)=\frac{1}{12}$,故 $\text{Cov}(X,Y)=E(XY)-E(X)E(Y)=\frac{1}{24}$.

例7 设随机变量(X,Y)服从两点分布,且协方差为 0,试证 X,Y 相互独立.

证 由设(X,Y)为两点分布,设其可能取值为(a_1,b_1)和(a_2,b_2),显然这里$(a_1,b_1)\neq(a_2,b_2)$.

再设 $P\{X=a_1,Y=b_1\}=p$, $P\{X=a_2,Y=b_2\}=q$, 其中 $p+q=1$, $pq\neq 0$.

由 $(a_1,b_1)\neq (a_2,b_2)$, 先假设 $a_1\neq a_2$, 且 $b_1\neq b_2$.

由设知 $P\{X=a_i,Y=b_j\}=0(i\neq j;i,j=1,2)$, 否则与题设 $P\{X=a_1,Y=b_1\}+P\{X=a_2,Y=b_2\}=1$ 矛盾.

从而 $P\{X=a_1\}=P\{X=a_1,Y=b_1\}+P\{X=a_1,Y=b_2\}=p$. 且同理 $P\{Y=a_2\}=q$, $P\{X=b_1\}=p$, $P\{Y=b_2\}=q$. 故

$$\mathrm{Cov}(X,Y)=E(XY)-E(X)E(Y)=a_1b_1p+a_2b_2q-(a_1p+a_2q)(b_1p+b_2q)=$$
$$(a_1b_1+a_2b_2-a_1b_2-a_2b_1)pq=(a_1-a_2)(b_1-b_2)pq$$

又由设 $\mathrm{Cov}(X,Y)=0$, 即 $(a_1-a_2)(b_1-b_2)pq=0$, 又 $a_1\neq a_2, b_1\neq b_2$, 故 $pq=0$, 与前设 $pq\neq 0$ 矛盾.

从而 $a_1\neq a_2, b_1\neq b_2$ 不能同时成立. 即或 $a_1=a_2,b_1\neq b_2$ 或 $a_1\neq a_2,b_1=b_2$.

这样, 若 $a_1=a_2=a, b_1\neq b_2$, 则有

$$P\{X=a\}=P\{X=a,Y=b_1\}+P\{X=a,Y=b_2\}=p+q=1$$

此即说 X 服从一点分布, 它与任一随机变量皆相互独立, 故 X,Y 相互独立.

对于 $a_1\neq a_2, b_1=b_2$ 的情形同上.

综上, 若 (X,Y) 服从两点分布, 且 $\mathrm{Cov}(X,Y)=0$, 则 X,Y 互相独立.

注 下面的问题为本例的特殊情形:

问题 若 A,B 是随机试验的两个事件, 且 $P(A)>0, P(B)>0$, 又随机变量 X,Y 为

$$X=\begin{cases} 0, & A\text{ 发生} \\ 1, & A\text{ 不发生} \end{cases}, \quad Y=\begin{cases} 0, & B\text{ 发生} \\ 1, & B\text{ 不发生} \end{cases}$$

证明: 若 $\rho_{XY}=0$, 则 X,Y 必定相互独立.

略解 随机变量 X,Y 的联合分布及其边缘分布可见下表:

Y \ X	0	1	$p_2(y_i)$
0	a_{11}	a_{12}	$1-P(B)$
1	a_{21}	a_{22}	$P(B)$
$p_1(y_i)$	$1-P(A)$	$P(A)$	1

则由上表可有

$$E(X)=0\cdot[1-P(A)]+1\cdot P(A)=P(A)$$

同理 $P(Y)=P(B)$. 又由上表有

$$\begin{cases} a_{11}+a_{21}=1-P(A) & (1) \\ a_{12}+a_{22}=P(A) & (2) \\ a_{11}+a_{12}=1-P(B) & (3) \\ a_{21}+a_{22}=P(B) & (4) \end{cases}$$

此外 $E(XY)=0+1\cdot a_{22}=a_{22}$. 又由 $\rho_{XY}=0$ 知 X,Y 不相关, 从而 $E(XY)=E(X)E(Y)=P(A)P(B)$, 故

$$a_{22}=P(A)P(B)$$

将上式代入式(2)有

$$a_{12}=P(A)-P(A)P(B)=P(A)[1-P(B)]$$

将上式代入式(4)有

$$a_{21}=P(B)[1-P(A)]$$

又由式(1)有

$$a_{11}=1-P(A)-P(B)[1-P(A)]=[1-P(A)][1-P(B)]$$

故 $p(x_i, y_j) = p_1(x_i) p_2(y_j)$，即 X, Y 相互独立．

2. 连续型随机变量问题

例1 假设二维随机变量 (X, Y) 在矩形 $G = \{(x, y) | 0 \leqslant x \leqslant 2, 0 \leqslant y \leqslant 1\}$ 上服从均匀分布．记
$$U = \begin{cases} 0, & X \leqslant Y \\ 1, & X > Y \end{cases}, \quad V = \begin{cases} 0, & X \leqslant 2Y \\ 1, & X > 2Y \end{cases}$$

(1) 求 U 和 V 的联合分布；(2) 求 U 和 V 的相关系数 ρ_{UV}．

解 (1) 图 3.9 所示，设二维随机变量 (X, Y) 在区域 A, B, C 中取值这些事件依次记为 A, B, C．依几何概率（计算相应面积）显然有

$$P(A) = \frac{1}{4}, \quad P(B) = \frac{1}{4}, \quad P(C) = \frac{1}{2}$$

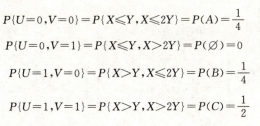

图 3.9

这样可有 U, V 的分布律为

$$P\{U = 0, V = 0\} = P\{X \leqslant Y, X \leqslant 2Y\} = P(A) = \frac{1}{4}$$
$$P\{U = 0, V = 1\} = P\{X \leqslant Y, X > 2Y\} = P(\emptyset) = 0$$
$$P\{U = 1, V = 0\} = P\{X > Y, X \leqslant 2Y\} = P(B) = \frac{1}{4}$$
$$P\{U = 1, V = 1\} = P\{X > Y, X > 2Y\} = P(C) = \frac{1}{2}$$

(2) 这样 U, V 的联合分布如下表：

V \ U	0	1
0	1/4	1/4
1	0	1/2

且其边缘分可见下表：

u	0	1
$P\{U = u\}$	$\frac{1}{4}$	$\frac{3}{4}$

v	0	1
$P\{V = v\}$	$\frac{1}{2}$	$\frac{1}{2}$

因为 U 和 V 都是 0-1 分布，所以有

$$E(U) = \frac{3}{4}, \quad D(U) = \frac{3}{16}, \quad E(V) = \frac{1}{2}, \quad D(V) = \frac{1}{4}$$

$$E(UV) = 0 \cdot 0 \cdot \frac{1}{4} + 0 \cdot 1 \cdot \frac{1}{4} + 1 \cdot 0 \cdot 0 + 1 \cdot 1 \cdot \frac{1}{2} = \frac{1}{2}$$

故

$$\rho_{UV} = \frac{\text{Cov}(U, V)}{\sqrt{D(U) D(V)}} = \frac{E(UV) - E(U) E(V)}{\sqrt{D(U) D(V)}} = \frac{1}{\sqrt{3}}$$

例2 设随机变量 X 的密度为

$$f_X(x) = \begin{cases} \frac{1}{2}, & -1 < x < 0 \\ \frac{1}{4}, & 0 \leqslant x < 2 \\ 0, & \text{其他} \end{cases}$$

令 $Y = X^2$, $F(x, y)$ 为二维随机变量 (X, Y) 的分布函数，求 (1) Y 的概率密度 $f_Y(y)$; (2) $\text{Cov}(X, Y)$;

(3) $F(-\frac{1}{2}, 4)$.

解 (1)记 Y 的分布函数为 $F_Y(y)$，则 $F_Y(y) = P\{Y \leqslant y\} = P\{X^2 \leqslant y\}$，于是当 $y < 0$ 时，$P\{X^2 \leqslant y\} = P\{\varnothing\} = 0$；当 $y \geqslant 0$ 时，有

$$P\{X^2 \leqslant y\} = P\{-\sqrt{y} \leqslant x \leqslant \sqrt{y}\} = \int_{-\sqrt{y}}^{\sqrt{y}} f_X(x) dx =$$

$$\begin{cases} \int_{-\sqrt{y}}^{0} \frac{1}{2} dx + \int_{0}^{\sqrt{y}} \frac{1}{4} dx \\ \int_{-1}^{0} \frac{1}{2} dx + \int_{0}^{\sqrt{y}} \frac{1}{4} dx \\ \int_{-1}^{0} \frac{1}{2} dx + \int_{0}^{2} \frac{1}{4} dx \end{cases} = \begin{cases} \frac{3}{4}\sqrt{y}, & 0 \leqslant y \leqslant 1 \\ \frac{1}{2} + \frac{1}{4}\sqrt{y}, & 1 < y \leqslant 4 \\ 1, & y > 4 \end{cases}$$

即

$$F_Y(y) = \begin{cases} 0, & y \leqslant 0 \\ \frac{3}{4}\sqrt{y}, & 0 < y < 1 \\ \frac{1}{2} + \frac{1}{4}\sqrt{y}, & 1 \leqslant y \leqslant 4 \\ 1, & y > 4 \end{cases} = \begin{cases} 0, & y \leqslant 0 \\ \frac{3}{4}\sqrt{y}, & 0 < y < 1 \\ \frac{1}{2} + \frac{1}{4}\sqrt{y}, & 1 \leqslant y \leqslant 4 \\ 1, & y > 4 \end{cases}$$

由此得到

$$f_Y(y) = \frac{dF_Y(y)}{dy} = \begin{cases} \frac{3}{8\sqrt{y}}, & 0 < y < 1 \\ \frac{1}{8\sqrt{y}}, & 1 \leqslant y \leqslant 4 \\ 0, & 其他 \end{cases}$$

(2) 由题设及协方差性质有

$$\text{Cov}(X, Y) = E(XY) - E(X) \cdot E(Y) = E(X^3) - E(X) \cdot E(X^2) \quad ①$$

其中

$$E(X) \int_{+\infty}^{-\infty} x f_X(x) dx = \int_{-1}^{0} \frac{1}{2} x dx + \int_{0}^{2} \frac{1}{4} x dx = \frac{1}{4} \quad ②$$

$$E(X^2) = \int_{+\infty}^{-\infty} x^2 f_X(x) dx = \int_{-1}^{0} \frac{1}{2} x^2 dx + \int_{0}^{2} \frac{1}{4} x^2 dx = \frac{5}{6} \quad ③$$

$$E(X^3) = \int_{+\infty}^{-\infty} x^3 f_X(x) dx = \int_{-1}^{0} \frac{1}{2} x^3 dx + \int_{0}^{2} \frac{1}{4} x^3 dx = \frac{7}{8} \quad ④$$

将式②、③、④代入式①得

$$\text{Cov}(X, Y) = \frac{7}{8} - \frac{1}{4} \cdot \frac{5}{6} = \frac{2}{3}$$

(3) 由题设及上可知

$$F(-\frac{1}{2}, 4) = P\{X \leqslant -\frac{1}{2}, Y \leqslant 4\} = P\{X \leqslant -\frac{1}{2}, X^2 \leqslant 4\} = P\{X \leqslant -\frac{1}{2}, -2 \leqslant X \leqslant 2\} =$$

$$P\{-2 \leqslant X \leqslant -\frac{1}{2}\} = \int_{-2}^{-\frac{1}{2}} f_X(x) dx = \int_{-1}^{-\frac{1}{2}} \frac{1}{2} dx = \frac{1}{4}$$

下面的例子看上去似乎是一元随机变量问题，但请注意除了随机变量 X 外，还涉及了 $|X|$，它亦当属二元问题.

例 3 设随机变量 X 的概率分布密度为 $f(x) = \frac{1}{2} e^{-|x|}$，其中 $-\infty < x < +\infty$.

(1) 求 X 的数学期望 $E(X)$ 和方差 $D(X)$；
(2) 求 X 与 $|X|$ 的协方差，并问 X 与 $|X|$ 是否不相关？
(3) 问 X 与 $|X|$ 是否相互独立？为什么？

解 (1) 由题设及公式可求得 $E(X) = \frac{1}{2}\int_{-\infty}^{+\infty} x e^{-|x|} dx = 0$，且

$$D(X) = E(X^2) - [E(X)]^2 = \frac{1}{2}\int_{-\infty}^{+\infty} x^2 e^{-|x|} dx = \int_{0}^{+\infty} x^2 e^{-x} dx = 2$$

(2) 依公式 X 与 $|X|$ 的协方差为

$$\text{Cov}(X, |X|) = E(X|X|) - E(X)E(|X|) = E(X|X|) = \int_{-\infty}^{+\infty} x|x| f(x) dx = 0$$

因 $\text{Cov}(X, |X|) = 0$，知 X 与 $|X|$ 互不相关.

(3) 设 $Y = |X|$，即 Y 的分布函数为 $F_Y(y) = P\{Y \leqslant y\}$，而 X 的分布函数为 $F_X(x) = P\{X \leqslant x\}$. 注意到，对于 $x \in (0, +\infty)$，又因为事件 $\{|X| \leqslant x\} \subset \{X \leqslant x\}$，所以

$$0 < P\{|X| \leqslant x\} \leqslant P\{X \leqslant x\} < 1$$

即

$$0 < F_X(x) < 1$$

设 (X, Y) 的联合分布函数为 $F(x, y)$，则

$$F(x, y) = P\{X \leqslant x, |X| \leqslant x\} = P\{|X| \leqslant x\} = P\{Y = y\} = F_Y(y) \neq F_X(x) \cdot F_Y(y)$$

上式表明，有一般情况下，$F(x, y) \neq F_X(x) \cdot F_Y(y)$，故 X 和 $|X|$ 不独立.

注 其实 $P\{X > a, |X| < a\} \neq P\{X < a\} \cdot P\{|X| < a\}$ 已说明随机变量 X 与 $|X|$ 不独立. 下面的例子涉及 x 与 $|x|$ 相关性问题. 它其实是上面例子的推广或引申.

例 4 若随机变量 X 的密度函数 $f(x)$ 是偶函数，且 $E(X^2)$ 存在. 试证 $|X|$ 与 X 不相关，且不相互独立.

证 由设 $f(x)$ 是偶函数，则 $xf(x)$ 和 $|x|xf(x)$ 是奇函数. 故知

$$E(X) = \int_{-\infty}^{+\infty} xf(x) dx = 0$$

$$E(X|X|) = \int_{-\infty}^{+\infty} |x| xf(x) dx = 0$$

从而

$$\text{Cov}(X, |X|) = E(X|X|) - E(X)E(|X|) = 0$$

因此可知 X 与 $|X|$ 不相关.

另外，由题设知存在 $a > 0$，使 $0 < \int_{-a}^{a} f(x) dx < 1$. 即 $0 < P\{|X| < a\} < 1$，注意到 $f(x)$ 是偶函数，故 $0 < P\{X < a\} < 1$. 从而可有

$$P\{|X| < a, X < a\} = P\{|X| < a\} > P\{|X| < a\} P\{X < a\}$$

从而 X 与 $|X|$ 不相互独立.

例 5 已知随机变量 (X, Y) 服从二维正态分布，且 X 和 Y 分别服从正态分布 $N(1, 3^2)$ 和 $N(0, 4^2)$，又 X 与 Y 的相关系数 $\rho_{XY} = -\frac{1}{2}$，若设 $Z = \frac{X}{3} + \frac{Y}{2}$.

(1) 求 Z 的数学期望 $E(Z)$ 和方差 $D(Z)$；
(2) 求 X 与 Z 的相关系数 ρ_{XZ}；
(3) X 与 Z 是否相互独立？为什么？

解 (1) 由题设及据数学期望的性质有

$$E(Z) = \frac{1}{3}E(X) + \frac{1}{2}E(Y) = \frac{1}{3}$$

又据方差和协方差的性质有 $D(X)=9, D(Y)=16$,则
$$\text{Cov}(X,Y)=\rho_{XY}\sqrt{D(X)}\sqrt{D(Y)}=\left(-\frac{1}{2}\right)\cdot 3\cdot 4=-6$$

及
$$D(Z)=D\left(\frac{1}{3}X+\frac{1}{2}Y\right)=\frac{1}{3^2}D(X)+\frac{1}{2^2}D(Y)+2\cdot\frac{1}{3}\cdot\frac{1}{2}\text{Cov}(X,Y)=3$$

(2)由协方差性质及题设有
$$\text{Cov}(X,Z)=\text{Cov}\left(X,\frac{X}{3}\right)+\text{Cov}\left(X,\frac{Y}{2}\right)=\frac{1}{3}\text{Cov}(X,X)+\frac{1}{2}\text{Cov}(X,Y)=\frac{1}{3}D(X)+\frac{1}{2}\cdot(-6)=0$$

故
$$\rho_{XZ}=\frac{\text{Cov}(X,Z)}{\sqrt{D(X)}\sqrt{D(Z)}}=0$$

(3)因为 Z 是正态随机变量 X 与 Y 的线性组合,故 Z 也是正态随机变量.

又因为 (X,Z) 作为二维正态分布,X 与 Z 的相关系数等于 0 的充要条件是 X 与 Z 相互独立,所以 X 与 Z 相互独立.

例 6 设二维随机变量 (X,Y) 的密度函数为 $f(x,y)=\frac{1}{2}[\varphi_1(x,y)+\varphi_2(x,y)]$,其中 $\varphi_1(x,y)$ 和 $\varphi_2(x,y)$ 都是二维正态密度函数,且它们对应的二维随机变量的相关系数分别 $\frac{1}{3}$ 和 $-\frac{1}{3}$. 它们的边缘密度函数所对应的随机变量的数学期望都是 0,方差都是 1.

(1)求随机变量 X 和 Y 的密度函数 $f_1(x)$ 和 $f_2(y)$ 及 X 与 Y 的相关系数 ρ_{XY}(可直接利用二维正态密度的性质).

(2) X 与 Y 是否独立? 为什么?

解 (1)由于二维正态密度函数的两个边缘密度都是正态密度函数,因此 $\varphi_1(x,y)$ 和 $\varphi_2(x,y)$ 的两个边缘密度为标准正态密度函数,故

$$f_1(x)=\int_{-\infty}^{+\infty}f(x,y)dy=\frac{1}{2}\left[\int_{-\infty}^{+\infty}\varphi_1(x,y)dy+\int_{-\infty}^{+\infty}\varphi_2(x,y)dy\right]=\frac{1}{2}\left(\frac{1}{\sqrt{2\pi}}e^{-\frac{x^2}{2}}+\frac{1}{\sqrt{2\pi}}e^{-\frac{x^2}{2}}\right)=\frac{1}{\sqrt{2\pi}}e^{-\frac{x^2}{2}}$$

同理 $f_2(y)=\frac{1}{\sqrt{2\pi}}e^{-\frac{y^2}{2}}$.

由 $X\sim N(0,1), Y\sim N(0,1)$,有
$$E(X)=E(Y)=0,\quad D(X)=D(Y)=1$$

这样,随机变量 X 和 Y 的相关系数为
$$\rho_{XY}=\frac{\text{Cov}(X,Y)}{\sqrt{D(X)}\sqrt{D(Y)}}=\text{Cov}(X,Y)=\int_{-\infty}^{+\infty}\int_{-\infty}^{+\infty}xyf(x,y)dxdy=$$
$$\frac{1}{2}\left[\int_{-\infty}^{+\infty}\int_{-\infty}^{+\infty}xy\varphi_1(x,y)dxdy+\int_{-\infty}^{+\infty}\int_{-\infty}^{+\infty}xy\varphi_2(x,y)dxdy\right]=\frac{1}{2}\left(\frac{1}{3}-\frac{1}{3}\right)=0$$

(2)由题设及上面计算有(注意到二维正态分布的联合密度公式)
$$f(x,y)=\frac{3}{8\pi\sqrt{2}}\left\{\exp\left[-\frac{9}{16}\left(x^2-\frac{2}{3}xy+y^2\right)\right]+\exp\left[-\frac{9}{16}\left(x^2+\frac{2}{3}xy+y^2\right)\right]\right\}$$

且
$$f_1(x)\cdot f_2(y)=\frac{1}{2\pi}e^{-\frac{x^2}{2}}e^{-\frac{y^2}{2}}=\frac{1}{2\pi}e^{-\frac{x^2+y^2}{2}}$$

即 $f(x,y)\neq f_1(x)\cdot f_2(x)$,故 X 与 Y 不独立.

例 7 假设随机变量 X 和 Y 在圆域 $x^2+y^2\leq r^2$ 上服从联合均匀分布.

(1)求 X 和 Y 的相关系数 ρ_{XY}；(2)问 X 和 Y 是否独立？

解 (1)由题设知 X 和 Y 的联合密度为

$$f(x,y) = \begin{cases} \dfrac{1}{\pi r^2}, & x^2 + y^2 \leqslant r^2 \\ 0, & \text{其他} \end{cases}$$

则 X 的联合密度为

$$f_X(x) = \begin{cases} \dfrac{1}{\pi r^2} \int_{-\sqrt{r^2-x^2}}^{\sqrt{r^2-x^2}} \mathrm{d}y = \dfrac{2}{\pi r^2}\sqrt{r^2 - x^2}, & -r \leqslant x \leqslant r \\ 0, & \text{其他} \end{cases}$$

且 Y 的联合密度为

$$f_Y(y) = \begin{cases} \dfrac{1}{\pi r^2} \int_{-\sqrt{r^2-y^2}}^{\sqrt{r^2-y^2}} \mathrm{d}x = \dfrac{1}{\pi r^2}\sqrt{r^2 - y^2}, & -r \leqslant y \leqslant r \\ 0, & \text{其他} \end{cases}$$

则

$$E(X) = \int_{-r}^{r} x \cdot \dfrac{2}{\pi r^2}\sqrt{r^2 - x^2}\,\mathrm{d}x = 0, \quad E(Y) = \int_{-r}^{r} y \cdot \dfrac{2}{\pi}\sqrt{r^2 - y^2}\,\mathrm{d}y = 0$$

故

$$\mathrm{Cov}(X,Y) = E(XY) - E(X)E(Y) = \iint_{x^2+y^2 \leqslant r^2} xy \cdot \dfrac{2}{\pi r^2}\mathrm{d}x\mathrm{d}y = 0$$

于是 X 和 Y 的相关系数 $\rho_{XY} = 0$（知 X, Y 不相关）.

(2)由上所求边缘分布知 $f(x,y) \neq f_X(x) \cdot f_Y(y)$，因此 X 与 Y 不独立.

例8 设 $X_1, X_2, \cdots, X_n (n > 2)$ 为来自总体 $N(0,1)$ 的简单随机样本，$\overline{X}$ 为样本均值，记 $Y_i = X_i - \overline{X}$，$i = 1, 2, \cdots, n$. 求：(1) Y_i 的方差 $D(Y_i), i = 1, 2, \cdots, n$；(2) Y_1 与 Y_n 的协方差 $\mathrm{Cov}(Y_1, Y_n)$；(3)求 $P\{Y_1 + Y_n \leqslant 0\}$；(4)如若随机变量总体为 $N(0, \sigma)$，且 $c(Y_1 + Y_n)^2$ 是 σ^2 的无偏估计量，求常数 c.

解 由题设知 $X_1, X_2, \cdots, X_n (n > 2)$ 相互独立，且

$$E(X_i) = 0, \quad D(X_i) = 1 (i = 1, 2, \cdots, n), \quad E(\overline{X}) = 0$$

(1)由随机变量方差的性质有

$$D(Y_i) = D(X_i - \overline{X}) = D\left[\left(1 - \dfrac{1}{n}\right)X_i - \dfrac{1}{n}\sum_{\substack{j=1 \\ j \neq i}}^{n} X_j\right] =$$

$$\left(1 - \dfrac{1}{n}\right)^2 D(X_i) + \dfrac{1}{n^2}\sum_{\substack{j=1 \\ j \neq i}}^{n} D(X_j) =$$

$$\dfrac{(n-1)^2}{n^2} + \dfrac{1}{n^2} \cdot (n-1) = \dfrac{n-1}{n}$$

(2)由随机向量协方差性质有

$$\mathrm{Cov}(Y_1, Y_n) = E\{[Y_1 - E(Y_1)][Y_n - E(Y_n)]\} = E(Y_1 Y_n) = E[(X_1 - \overline{X})(X_n - \overline{X})] =$$

$$E(X_1 X_n - X_1 \overline{X} - \overline{X} X_n + \overline{X}^2) = E(X_1 X_n) - E(X_1 \overline{X}) - E(\overline{X} X_n) + E(\overline{X}^2) =$$

$$0 - \dfrac{1}{n}E\left[X_1^2 + \sum_{j \neq 2}(X_1 X_j)\right] - \dfrac{1}{n}E\left[X_n^2 + \sum_{j \neq n}(X_1 X_j)\right] + D(\overline{X}) + [E(\overline{X})]^2 =$$

$$-\dfrac{1}{n} - \dfrac{1}{n} + \dfrac{1}{n} = -\dfrac{1}{n}$$

(3)由题设注意下面式子变形

$$Y_1 + Y_n = X_1 - \overline{X} + X_n - \overline{X} = \dfrac{n-2}{n}X_1 - \dfrac{2}{n}\sum_{i=2}^{n-1} X_i + \dfrac{n-2}{n}X_n$$

上式是相互独立的正态随机变量的线性组合,所以 Y_1+Y_n 服从正态分布. 由于 $E(Y_1+Y_n)=0$, 故
$$P\{Y_1+Y_n\leqslant 0\}=\frac{1}{2}$$

(4) 由题设及数学期望和方差性质有
$$D(Y_i)=\frac{n-1}{n}\sigma^2,\quad \mathrm{Cov}(Y_i,Y_n)=\frac{\sigma^2}{n}$$
$$E[c(Y_1+Y_n)^2]=cD(Y_1+Y_n)=c[D(Y_1)+D(Y_2)+2\mathrm{Cov}(Y_1,Y_n)]=$$
$$c\left(\frac{n-1}{n}+\frac{n-1}{n}-\frac{2}{n}\right)\sigma^2=\frac{2(n-2)}{n}c\sigma^2=\sigma^2$$

故 $c=\dfrac{n}{2(n-2)}$.

注 这是一则从总体中抽取的简单随机样本性质问题,其中含有数理统计思想,这里涉及样本的数字特征问题.

一般的,设 $X_1,X_2,\cdots,X_n$ 是来自总体 X 的简单随机样本,则 $X_1,X_2,\cdots,X_n$ 相互独立,且都与 X 有相同的分布. 记 $E(X)=\mu,D(X)=\sigma^2$, 则这个样本的均值 $\overline{X}=\dfrac{1}{n}\sum\limits_{i=1}^{n}X_i$ 有 $E(\overline{X})=\mu$ 和 $D(\overline{X})=\dfrac{1}{n}\sigma^2$; 样本方差 $S^2=\dfrac{1}{n-1}\sum\limits_{i=1}^{n}(X_i-\overline{X})^2$ 有 $E(S^2)=\sigma^2$.

此外,关于方差与协方差的计算公式
$$D(X)=E(X^2)-[E(X)]^2$$
由此可得
$$E(X^2)=D(X)+[E(X)]^2$$
$$\mathrm{Cov}(X,Y)=E(XY)-E(X)\cdot E(Y)$$
由此可得
$$E(XY)=\mathrm{Cov}(X,Y)+E(X)\cdot E(Y)$$

又若 $X_i\sim N(\mu_i,\sigma_i^2),i=1,2,\cdots,n$, 则又给定常数 $c_i(1\leqslant i\leqslant n)$ 有 $\sum\limits_{i=1}^{n}c_iX_i\sim N\left(\sum\limits_{i=1}^{n}c_i\mu_i,\sum\limits_{i=1}^{n}c_i^2\sigma_i^2\right)$.

下面是两则涉及协方差和相关系数的例子,这类问题大多等独立同分布随机变量的函数类型,这种假设大大降低了问题的困难程度.

例9 设随机变量 X,Y 独立同分布于 $N(a,\sigma^2)$. 令 $\xi=bX+cY,\eta=bX-cY$. 求 (ξ,η) 的协方差阵.

解 由题设 $E(X)=E(Y)=a,D(X)=D(Y)=\sigma^2$. 又
$$E(\xi)=E(bX+cY)=bE(X)+cE(Y)=(b+c)a$$
$$D(\xi)=D(bX+cY)=b^2D(X)+c^2D(Y)=(b^2+c^2)\sigma^2$$

同理 $E(\eta)=(b-c)a,D(\eta)=(b^2+c^2)\sigma^2$. 故
$$E(\xi\eta)=E[(bX+cY)(bX-cY)]=E(b^2X^2-c^2Y^2)=b^2E(X^2)-c^2E(Y^2)=$$
$$b^2\{D(X)+[E(X)]^2\}-c^2\{D(Y)+[E(Y)]^2\}=$$
$$b^2(\sigma^2+a^2)-c^2(\sigma^2+a^2)=(b^2-c^2)(\sigma^2+a^2)$$
$$\mathrm{Cov}(\xi,\eta)=E(\xi\eta)-E(\xi)E(\eta)=(b^2-c^2)\sigma^2$$

从而
$$c_{11}=(b^2+c^2)\sigma^2,\quad c_{12}=c_{21}=(b^2-c^2)\sigma^2,\quad c_{22}=(b^2+c^2)\sigma^2$$

故协方差阵为
$$C=\begin{pmatrix}(b^2+c^2)\sigma^2 & (b^2-c^2)\sigma^2 \\ (b^2-c^2)\sigma^2 & (b^2+c^2)\sigma^2\end{pmatrix}$$

例 10 若随机变量 X,Y 独立同分布于 $N(a,\sigma^2)$,设 $\xi=pX+qY,\eta=uX+vY$. 求 ξ,η 的相关系数 $\rho_{\xi\eta}$.

解 仿上例可求得
$$E(\xi)=(p+q)a, \quad E(\eta)=(u+v)a$$

及
$$D(\xi)=(p^2+q^2)\sigma^2, \quad D(\eta)=(u^2+v^2)\sigma^2$$

又
$$\begin{aligned}E(\xi\eta)&=E[(pX+qY)(uX+vY)]=E[puX^2+(pv+qu)XY+qvY^2]=\\&puE(X^2)+(pv+qu)E(XY)+qvE(Y^2)=\\&pu\{D(X)+[E(X)]^2\}+(pv+qu)E(X)E(Y)+qv\{D(Y)+[E(Y)]^2\}=\\&(pu+qv)\sigma^2+(p+q)(u+v)a^2\end{aligned}$$

则
$$\operatorname{Cov}(\xi,\eta)=E(\xi\eta)-E(\xi)E(\eta)=(pu+qv)\sigma^2$$

故
$$\rho_{\xi\eta}=\frac{\operatorname{Cov}(\xi,\eta)}{\sqrt{E(\xi)}\sqrt{E(\eta)}}=\frac{pu+qv}{\sqrt{p^2+q^2}\sqrt{u^2+v^2}}$$

例 11 若随机变量 X,Y 相互独立,且均服从正态分布 $N(0,\sigma^2)$. 试证 $\xi=X^2+Y^2,\eta=\dfrac{X}{Y}$ 也相互独立.

证 对任意实数 u,v,当 $u\leqslant 0$ 时,由于事件 $\{\xi<u\}=\varnothing$,故 $P\{\xi<u,\eta<v\}=0$. 今考虑 $u\geqslant 0$ 的情形. 由设知 X,Y 的联合密度为
$$f(x,y)=\frac{1}{2\pi\sigma^2}\mathrm{e}^{-\frac{x^2+y^2}{2\sigma^2}}$$

令 $x^2+y^2=s,x/y=t$,因其反函数不唯一,则可按 $y\leqslant 0$ 和 $y>0$ 两部分区域考虑下面积分. 从而可有(注意变换 Jacobi 行列式 $|J^{-1}|=2(t^2+1)$ 的事实)
$$P\{\xi<u,\eta<v\}=\iint_{\substack{x^2+y^2<u\\x/y<v}}f(x,y)\mathrm{d}x\mathrm{d}y=\left[\iint_{\substack{x^2+y^2<u\\x/y<v,y\geqslant 0}}+\iint_{\substack{x^2+y^2<u\\x/y<v,y<0}}\right]f(x,y)\mathrm{d}x\mathrm{d}y=$$
$$\int_0^u\frac{1}{2\sigma^2}\mathrm{e}^{-\frac{s}{2\sigma^2}}\mathrm{d}s\int_{-\infty}^v\frac{1}{\pi(1+t^2)}\mathrm{d}t$$

又
$$P\{\xi<u\}=\lim_{v\to+\infty}P\{\xi<u,\eta<v\}=\int_0^u\frac{1}{2\sigma^2}\mathrm{e}^{-\frac{s}{2\sigma^2}}\mathrm{d}s$$

且
$$P\{\eta<v\}=\lim_{u\to+\infty}P\{\xi<u,\eta< 0\}=\int_{-\infty}^v\frac{1}{\pi(1+t^2)}\mathrm{d}t$$

从而
$$P\{\xi<u,\eta<v\}=P\{\xi<u\}P\{\eta<v\}$$

例 12 设 $X_1,X_2,\cdots,X_{n+m}(n>m)$ 相互独立且同分布,同时它们有有限方差,试求 $Y=\sum_{k=1}^n X_k$ 与 $Z=\sum_{k=1}^n X_{m+k}$ 的相关系数.

解 1 设 $E(X_i)=\mu,D(X_i)=\sigma^2$,其中 $i=1,2,\cdots,n+m$. 则

$$D(Y) = D\Big(\sum_{k=1}^{n} X_i\Big) = n\sigma^2, \quad D(Z) = n\sigma^2$$

$$\mathrm{Cov}(Y,Z) = E\{[Y - E(Y)][Z - E(Z)]\} =$$

$$E\Big\{\Big[\sum_{k=1}^{n} X_k - \sum_{k=1}^{n} E(X_k)\Big]\Big[\sum_{k=1}^{n} X_{m+k} - \sum_{k=1}^{n} E(X_{m+k})\Big]\Big\} =$$

$$E\Big\{\Big[\sum_{k=1}^{n}(X_k - \mu)\Big]\Big[\sum_{k=1}^{n}(X_{m+k} - \mu)\Big]\Big\} =$$

$$E\{[(X_1 - \mu) + (X_2 - \mu) + \cdots + (X_m - \mu) + (X_{m+1} - \mu) + (X_{m+2} - \mu) + \cdots + (X_n - \mu)] \cdot$$

$$[(X_{m+1} - \mu) + (X_{m+2} - \mu) + \cdots + (X_n - \mu) + (X_{n+1} - \mu) + \cdots + (X_{n+m} - \mu)]\} =$$

$$E\{[(X_{m+1} - \mu) + \cdots + (X_n - \mu)]^2\} \quad (\text{由 } E(X^2) = D(X) + [E(X)]^2) =$$

$$D[(X_{m+1} - \mu) + \cdots + (X_n - \mu)] + [0]^2 = (n-m)\sigma^2$$

故

$$\rho_{YZ} = \frac{\mathrm{Cov}(Y,Z)}{\sqrt{D(Y)}\sqrt{D(Z)}} = \frac{n-m}{n} = 1 - \frac{m}{n}$$

若令 $X = \sum_{i=m+1}^{n}(X_i - \mu), Y = \sum_{i=1}^{m}(X_i - \mu), Z = \sum_{i=n+1}^{m+k}(X_i - \mu)$，则

$$E[(X+Y)(X+Z)] = E(X^2) + E(XY) + E(XZ) + E(YZ)$$

又 $E(XY) = E(X)E(Y)$，而 $E(X_i - \mu) = E(X_i) - \mu = 0$，故类似地有

$$E(XY) = E(XZ) = E(YZ) = 0$$

解2 由题设 $X_1, X_2, \cdots, X_{n+m}$ 独立同分布，不妨设

$$E(X_k) = a, D(X_k) = \sigma^2, \quad k = 1, 2, \cdots, m+n$$

则有

$$E(Y) = E\Big(\sum_{i=1}^{n} X_i\Big) = \sum_{i=1}^{n} E(X_i) = na$$

$$E(Z) = E\Big(\sum_{i=1}^{n} X_{m+i}\Big) = \sum_{i=1}^{n} E(X_{m+i}) = na$$

$$D(Y) = D\Big(\sum_{i=1}^{n} X_i\Big) = \sum_{i=1}^{n} D(X_i) = n\sigma^2$$

$$D(Z) = D\Big(\sum_{i=1}^{n} X_{m+i}\Big) = \sum_{i=1}^{n} D(X_{m+i}) = n\sigma^2$$

由 $E(X_k^2) = D(X_k) + [E(X_k)]^2 = \sigma^2 + a^2$，故

$$E(YZ) = E\Big[\sum_{i=1}^{n}(X_i)\Big(\sum_{i=1}^{n} X_{m+i}\Big)\Big] = E\Big(\sum_{i=m+1}^{n} X_i^2 + \sum_{\substack{1 \leq i \leq n \\ m+1 \leq j \leq m+n \\ i \neq j}} X_i X_j\Big) =$$

$$(n-m)E(X_i^2) + [n^2 - (n-m)]E(X_i)E(X_j) =$$

$$(n-m)(\sigma^2 + a^2) + [n^2 - (n-m)]a^2 = n^2 a^2 + (n-m)\sigma^2$$

故

$$\mathrm{Cov}(Y,Z) = E(YZ) - E(Y)E(Z) = n^2 a^2 + (n-m)\sigma^2 - n^2 a^2 = (n-m)\sigma^2$$

从而

$$\rho_{YZ} = \frac{\mathrm{Cov}(Y,Z)}{\sqrt{D(Y)}\sqrt{D(Z)}} = \frac{(n-m)\sigma^2}{n\sigma^2} = \frac{n-m}{n} = 1 - \frac{m}{n}$$

例13 设随机变量 θ 在 $[0, 2\pi]$ 上服从均匀分布，$\xi = \cos\theta, \eta = \sin\theta$. 试证：(1) ξ 与 η 不相关；(2) ξ 与 η 不相互独立．

证 由题设知 θ 的密度函数为

$$f(x)=\begin{cases}\dfrac{1}{2\pi}, & 0\leqslant x\leqslant 2\pi \\ 0, & \text{其他}\end{cases}$$

(1) 由题设及数学期望性质有

$$E(\xi)=E(\cos\theta)=\int_{-\infty}^{+\infty}\cos x\cdot f(x)\mathrm{d}x=\frac{1}{2\pi}\int_0^{2\pi}\cos x\mathrm{d}x=0$$

同理 $E(\eta)=0$. 又

$$E(\xi^2)=E(\cos^2\theta)=\int_{-\infty}^{+\infty}\cos^2 x\cdot f(x)\mathrm{d}x=\frac{1}{2\pi}\int_0^{2\pi}\cos^2 x\mathrm{d}x=\frac{1}{2}$$

同理 $E(\eta^2)=\dfrac{1}{2}$. 则 $D(\xi)=E(\xi^2)-[E(\xi)]^2=\dfrac{1}{2}$,同理 $D(\eta)=\dfrac{1}{2}$. 再

$$E(\xi\eta)=\mathrm{E}(\cos\theta\sin\theta)=\int_{-\infty}^{+\infty}\cos x\sin xf(x)\mathrm{d}x=\frac{1}{2}\cdot\frac{1}{2\pi}\int_0^{2\pi}\sin 2x\mathrm{d}x=0$$

则 $\mathrm{Cov}(\xi,\eta)=E(\xi\eta)-E(\xi)E(\eta)=0$,由 $\rho_{\xi\eta}=\dfrac{\mathrm{Cov}(\xi,\eta)}{\sqrt{D(\xi)D(\eta)}}=0$,知 ξ,η 不相关.

(2) 反证法. 若 ξ,η 相互独立,则 ξ^2 与 η^2 也相互独立.
故由 $\xi^2+\eta^2=\cos^2\theta+\sin^2\theta=1$,可知 $D(\xi^2+\eta^2)=D(\xi^2)+D(\eta^2)=0$,从而 $D(\xi^2)=0,D(\eta^2)=0$,故有

$$P\{\xi^2=E(\xi^2)\}=1\Rightarrow P\left\{\xi^2=\frac{1}{2}\right\}=1 \qquad ①$$

$$P\{\eta^2=E(\xi^2)\}=1\Rightarrow P\left\{\eta^2=\frac{1}{2}\right\}=1 \qquad ②$$

但

$$P\left\{\xi^2=\frac{1}{2}\right\}=P\left\{\cos^2\theta=\frac{1}{2}\right\}=P\left\{\theta=\frac{\pi}{4}\right\}+P\left\{\theta=\frac{3\pi}{4}\right\}+P\left\{\theta=\frac{5\pi}{4}\right\}+P\left\{\theta=\frac{7\pi}{4}\right\}=0$$

且

$$P\left\{\eta^2=\frac{1}{2}\right\}=P\left\{\sin^2\theta=\frac{1}{2}\right\}=P\left\{\theta=\frac{\pi}{4}\right\}+P\left\{\theta=\frac{3\pi}{4}\right\}+P\left\{\theta=\frac{5\pi}{4}\right\}+P\left\{\theta=\frac{7\pi}{4}\right\}=0$$

这与式①和式②矛盾,故 ξ,η 不相互独立.

注 其实从 $\xi^2+\eta^2=1$ 已经可以得到 ξ,η 不相互独立. 介于 $|\rho_{\xi\eta}|=1$ 和 $\rho_{\xi\eta}=0$ 两个极端情形之间的是 $|\rho_{\xi\eta}|<1$,此时,ξ,η 间既非准确的线性函数关系,也非没有任何线性联系,比如它们之间满足 $\eta=a\xi+b+\varepsilon$,其中 $a\neq 0,\varepsilon$ 是与 ξ 独立的零均值的随机变量,因 η 的取值不能由 ξ 取值确定,它们之间不是线性函数关系;又给定 ξ 值时,η 取值可部分地由 ξ 的线性函数 $a\xi+b$ 给出,但其还受 ε 影响. 此时 $0<|\rho_{\xi\eta}|<1$.

由上可看出:相关系数在某种意义下度量了两个随机变量之间线性联系程度,$|\rho_{\xi\eta}|$ 由 0 变到 1 时,这种线性联系程度越来越高.

又若 $E(\varepsilon)=0$,则

$$E(\eta|\xi)=E(a\xi+b+\varepsilon|\xi)=E(a\xi|\xi)+E(b|\xi)+E(\varepsilon|X|)=ax+b$$

例14 设二维随机变量 (ξ_n,η_n) 的联合分布密度为

$$f(x,y)=\frac{n}{2\pi}\mathrm{e}^{-\frac{1}{4}[(x+y)^2+n^2(x-y)^2]}$$

求(1)$E(\xi_n)$;(2)$D(\xi_n)$;(3)ξ_n 与 η_n 的相关系数;(4)$E(\xi_n|\eta_n=y_0)$;(5)试证 $\xi_n-\eta_n\xrightarrow{P}0$.

解 (1) 由设知 ξ_n 的概率密度为

$$f_{\xi_n}(x)=\int_{-\infty}^{+\infty}\frac{n}{2\pi}\mathrm{e}^{-\frac{1}{4}[(x+y)^2+n^2(x-y)^2]}\mathrm{d}y=\frac{n}{\sqrt{(n^2+1)}\pi}\mathrm{e}^{-\frac{n^2}{n^2+1}x^2}$$

注意到 $xf_{\xi_n}(x)$ 为奇函数,从而
$$E(\xi_n) = \int_{-\infty}^{+\infty} xf_{\xi_n}(x) = 0$$

(2) 由 $E(\xi_n)=0$,从而
$$D(\xi_n) = E(\xi_n^2) = \int_{-\infty}^{+\infty} x^2 f_{\xi_n}(x) = \int_{-\infty}^{+\infty} \frac{nx^2}{\sqrt{(n^2+1)\pi}} e^{-\frac{n^2}{n^2+1}x^2} dx = \frac{1}{2}\left(1 + \frac{1}{n^2}\right)$$

(3) 注意到 $E(\xi_n)=0$,因而
$$\text{Cov}(\xi_n, \eta_n) = E(\xi_n, \eta_n) = \int_{-\infty}^{+\infty}\int_{-\infty}^{+\infty} xy f(x,y) dx dy = \frac{1}{2}\left(1 - \frac{1}{n^2}\right)$$

又由随机变量联合分布函数的对称性知
$$D(\eta_n) = D(\xi_n) = \frac{1}{2}\left(1 + \frac{1}{n^2}\right)$$

从而 ξ_n 和 η_n 的相关系数为
$$\rho_n = \frac{\text{Cov}(\xi_n, \eta_n)}{\sqrt{D(\xi_n)D(\eta_n)}} = \frac{\frac{1}{2}\left(1-\frac{1}{n^2}\right)}{\frac{1}{2}\left(1+\frac{1}{n^2}\right)} = \frac{n^2-1}{n^2+1}$$

(4) 仿(1)可求得 $f_{\eta_n}(y) = \frac{n}{\sqrt{(n^2+1)\pi}} e^{-\frac{n^2}{n^2+1}y^2}$,故在 $\eta_n = y_0$ 的条件下,ξ_n 的条件概率密度为
$$f_n(x|y) = \frac{f(x,y_0)}{f_{\eta_n}(y_0)} = \frac{\sqrt{n^2+1}}{2\sqrt{\pi}} e^{-\frac{n^2+1}{4}\left(x - \frac{n^2-1}{n^2+1}y_0\right)^2}$$

(5) 任给 $\varepsilon > 0$,注意到 $E(\xi_n - \eta_n) = 0$,由切比雪夫不等式可有
$$P\{|\xi_n - \eta_n| \geq q\} \leq \frac{D(\xi_n - \eta_n)}{q^2} = \frac{D(\xi_n) + D(\eta_n) - 2\text{Cov}(\xi_n, \eta_n)}{\varepsilon^2} = \frac{1}{n^2 \varepsilon^2} \xrightarrow{n\to\infty} 0$$

从而 $\xi_n - \eta_n \xrightarrow{P} 0$.

下面是关于相关问题的"反问题",知道随机变量的相关系数,反求其数学期望.

例15 二维随机变量 ξ_1, ξ_2 的均值(期望)为 0,方差为 1,相关系数为 ρ.求 $\max\{\xi_1, \xi_2\}$ 的数学期望.

解 由题设 $E(\xi_1) = E(\xi_2) = 0$ 及数学期望性质有
$$E(\max\{\xi_1, \xi_2\}) = E\left\{\frac{1}{2}[(\xi_1 + \xi_2) + |\xi_1 - \xi_2|]\right\} = \frac{1}{2}E(|\xi_1 - \xi_2|)$$

又 $E(\xi_1 - \xi_2) = E(\xi_1) - E(\xi_2) = 0$,而
$$D(\xi_1 - \xi_2) = D(\xi_1) + D(\xi_2) - 2E\{[\xi_1 - E(\xi_1)][\xi_2 - E(\xi_2)]\} =$$
$$D(\xi_1) + D(\xi_2) - 2\rho\sqrt{D(\xi_1)}\sqrt{D(\xi_2)} = 1 + 1 - 2\rho = 2(1-\rho)$$

故 $\xi_1 - \xi_2 \sim N(0, 2(1-\rho))$,从而
$$E(|\xi_1 - \xi_2|) = \frac{1}{\sqrt{2\pi}\sqrt{2(1-\rho)}}\int_{-\infty}^{+\infty} |x| e^{-\frac{x^2}{4(1-\rho)}} dx = \frac{1}{\sqrt{\pi(1-\rho)}}\int_0^{+\infty} x e^{-\frac{x^2}{4(1-\rho)}} dx = 2\sqrt{\frac{1-\rho}{\pi}}$$

故
$$E(\max\{\xi_1, \xi_2\}) = \frac{1}{2}E(|\xi_1 - \xi_2|) = \sqrt{\frac{1-\rho}{\pi}}$$

(三)涉及数字特征的不等式

1. 一元的情形

下面的例子是关于随机变量的数字特征的一些不等式性质的.先来看一个离散型问题.

例1 设 X 为离散型随机变量,其可能取值为 $1, 2, 3, \cdots$,若 $P\{X=n\}$ 对 $n=1, 2, 3, \cdots$ 是不增的.试

证 $P\{X=n\} \leqslant \dfrac{2}{n^2} E(X)$.

证 由题设知 $P\{X=1\} \geqslant P\{X=2\} \geqslant P\{X=3\} \geqslant \cdots$,又对任意自然数 n 有
$$\sum_{k=1}^{n} k = \frac{n(n+1)}{2} > \frac{n^2}{2}, \quad n=1,2,3,\cdots$$
故
$$2E(X) = 2\sum_{k=1}^{\infty} kP\{X=k\} \geqslant 2\sum_{k=1}^{n} kP\{X=n\} = 2P\{X=n\} \cdot \sum_{k=1}^{n} k \geqslant P\{X=n\} \cdot n^2 = n^2 P\{X=n\}$$
即 $P\{X=n\} \leqslant \dfrac{2}{n^2} E(X)$.

例 2 试证任一事件在一次试验中发生的次数 X 的方差不大于 $\dfrac{1}{4}$.

证 设该事件在一次试验中发生的概率为 p,知 X 服从 $0-1$ 分布:

X	0	1
p_k	$1-p$	p

则
$$E(X) = 0 \cdot (1-p) + 1 \cdot p = p$$
且
$$E(X^2) = 0^2 \cdot (1-p) + 1^2 \cdot p = p$$
从而
$$D(X) = E(X^2) - [E(X)]^2 = p - p^2 = \frac{1}{4} - \left(p - \frac{1}{2}\right)^2 \leqslant \frac{1}{4}$$

这是一则关于随机变量数学期望与方差关系的不等式.

例 3 若 X 是随机变量,c 是常数,试证 $D(X) \leqslant E[(X-c)^2]$.

证 由随机变量数学期望性质有
$$E[(X-c)^2] = E(X^2 - 2cX + c^2) = E(X^2) - 2cE(X) + c^2 = [c-E(X)]^2 + E(X^2) - [E(X)]^2 = [c-E(X)]^2 + D(X)$$
从而 $D(X) \leqslant E[(X-c)^2]$,且当 $c \neq E(X)$ 时,$D(X) < E[(X-c)^2]$.

例 4 求证取值于区间 (a,b) 内的随机变量 X,恒成立不等式:(1) $a \leqslant E(X) \leqslant b$;(2) $D(X) \leqslant \left(\dfrac{b-a}{2}\right)^2$.

证 1 (1)设 X 的分布函数为 $F(x)$,由于 X 取值于区间 (a,b),故有
$$\int_{-\infty}^{+\infty} dF(x) = \int_{a}^{b} dF(x) = 1$$
按定义 $E(X) = \displaystyle\int_{a}^{b} x \, dF(x)$. 又由积分性质可有
$$a\int_{a}^{b} x \, dF(x) \leqslant \int_{a}^{b} x \, dF(x) = E(X) \leqslant b\int_{a}^{b} x \, dF(x)$$
即有 $a \leqslant E(X) \leqslant b$.

(2)再令 $f(x) = E(X-x)^2 = x^2 - 2xE(X) + E(X^2)$,这里 x 为实数,则 $f(x)$ 是 x 的二次函数.
又 $x = E(X)$ 时,$f(x)$ 取最小值 $D(X)$,即对任意 x 均有 $D(X) = f[E(X)] \leqslant f(x)$.
当 $x = \dfrac{a+b}{2}$ 时,可有
$$D(X) \leqslant f\left(\frac{a+b}{2}\right) = E\left(X - \frac{a+b}{2}\right)^2 \leqslant E\left(b - \frac{a+b}{2}\right)^2 = \left(\frac{a+b}{2}\right)^2$$

或由不等式
$$E\left(X-\frac{a+b}{2}\right)^2 = \int_a^b \left(x-\frac{a+b}{2}\right)^2 f(x)\mathrm{d}x \leqslant \int_a^b \left(b-\frac{a+b}{2}\right)^2 f(x)\mathrm{d}x = \left(\frac{b-a}{2}\right)^2$$

亦可证得 $D(x) \leqslant \left(\frac{b-a}{2}\right)^2$.

证2 (1) 设 ξ 的分布函数为 $F(x)$,由设当 $x \leqslant a$ 时 $F(X)=0$,且当 $x>b$ 时,$F(x)=1$. 则
$$E(\xi) = \int_{-\infty}^{+\infty} x\mathrm{d}F(x) = \int_{-\infty}^a x\mathrm{d}F(x) + \int_a^b x\mathrm{d}F(x) + \int_b^{+\infty} x\mathrm{d}F(x) = \int_a^b x\mathrm{d}F(x) + b[F(b+0)-F(b)]$$

故
$$E(\xi) \leqslant \int_a^b b\mathrm{d}F(x) + b[F(b+0)-F(b)] = b[F(b+0)-F(a)] = b$$

且
$$E(\xi) \geqslant \int_b^a a\mathrm{d}F(x) + a[F(b+0)-F(b)] = a[F(b+0)-F(a)] = a$$

(2) $D(\xi) \leqslant \int_{-\infty}^{+\infty} \left(x-\frac{a+b}{2}\right)^2 \mathrm{d}F(x) = \left(\int_{-\infty}^a + \int_a^b + \int_b^{+\infty}\right)\left(x-\frac{a+b}{2}\right)^2 \mathrm{d}F(x) =$

$\int_b^a \left(x-\frac{a+b}{2}\right)^2 \mathrm{d}F(x) + \left(\frac{b-a}{2}\right)^2 [F(b+0)-F(b)] \leqslant$

$\int_a^b \left(b-\frac{a+b}{2}\right)^2 \mathrm{d}F(x) + \left(\frac{b-a}{2}\right)^2 [F(b+0)-F(b)] =$

$\left(\frac{b-a}{2}\right)^2 [F(b)-F(a)] + \left(\frac{b-a}{2}\right)^2 [F(b+0)-F(b)] =$

$\left(\frac{b-a}{2}\right)^2 [F(b+0)-F(a)] \leqslant \left(\frac{b-a}{2}\right)^2$

注 关于 $E(X-x)^2$,当 $x=E(X)$ 时取最小值 $D(X)$,可由下面的式子配方变形后直接证得
$$E(X-x)^2 = E\{[X-E(X)]+[E(X)-x]\}^2$$

或由下面式子配方变形后直接证得(亦可见前面的例)
$$E(X-x)^2 = E(X^2-2xX+x^2) = E(X^2)-2xE(X)+x^2 =$$
$$[x-E(X)]^2 + E(X^2)-[E(X)]^2 =$$
$$[x-E(X)]^2 + D(X) \geqslant D(X)$$

下面的例子涉及积分不等式问题,很巧.

例5 设 $g(x)$ 为正值单增函数,X 为随机变量,且 $E[g(X)]$ 存在. 证明
$$P\{X \geqslant a\} \leqslant \frac{E[g(X)]}{g(a)}$$

证 设随机变量 X 的概率密度为 $f(x)$,由题设 $g(x)$ 单增,故
$$P\{X \geqslant a\} = P\{g(X) \geqslant g(a)\} = \int_{g(x) \geqslant g(a)} f(x)\mathrm{d}x \leqslant \int_{g(x) \geqslant g(a)} \frac{g(x)}{g(a)} f(x)\mathrm{d}x \leqslant$$
$$\int_{-\infty}^{+\infty} \frac{g(x)}{g(a)} f(x)\mathrm{d}x = \frac{1}{g(a)} E[g(X)]$$

注意到由 $g(x)$ 正值、单调有
$$x \geqslant a \Leftrightarrow g(x) \geqslant g(a)$$

注 显然下面问题是上面例子的特殊情形.

问题 设 X 为非负随机变量,且 $E(e^{aX}) < +\infty (a>0)$,则对任意的 $b>0$ 均有 $P\{X \geqslant b\} \leqslant e^{-ab} E(e^{aX})$.

证 设 X 的概率密度为 $f(x)$,则
$$P\{X \geqslant b\} = \int_{x \geqslant b} f(x)\mathrm{d}x \leqslant \int_{x \geqslant b} \frac{e^{ax}}{e^{ab}} f(x)\mathrm{d}x \leqslant \frac{1}{e^{ab}} \int_{-\infty}^{+\infty} e^{ax} f(x)\mathrm{d}x = e^{-ab} E(e^{ax})$$

也可利用例的结论直接去证,这里 $g(x)=\mathrm{e}^{ax}$.

例6 设 X 为连续型随机变量,其密度函数为 $p(x)$,又 $E(|X|^r)<+\infty$,其中 $r>0$ 为常数.证明:对任意 $\varepsilon>0$,关系式

$$P\{|X|\geqslant \varepsilon\}\leqslant \frac{E(|X|^r)}{\varepsilon^r}$$

总成立.

证 由设 X 的概率密度为 $p(x)$,则

$$E(|X|^r)=\int_{-\infty}^{+\infty}|x|^r p(x)\mathrm{d}x=\int_{|x|<\varepsilon}|x|^r p(x)\mathrm{d}x+\int_{|x|\geqslant \varepsilon}|x|^r p(x)\mathrm{d}x\geqslant$$
$$\int_{|x|\geqslant \varepsilon}|x|^r p(x)\mathrm{d}x\geqslant \varepsilon^r\int_{|x|\geqslant \varepsilon}p(x)\mathrm{d}x=\varepsilon^r P\{|x|\geqslant \varepsilon\}$$

故

$$P\{|X|\geqslant \varepsilon\}\leqslant \frac{E(|X|^r)}{\varepsilon^r}$$

2. 多元的情形

例1 若数学期望均为 0,方差均为 1 的随机变量 X_1,X_2,其相关系数为 ρ.求证 $E(\max\{X_1^2,X_2^2\})\leqslant 1+\sqrt{1-\rho^2}$.

证 注意到 $\max\{a,b\}=\frac{1}{2}[(a+b)+|a-b|]$ 的事实,可有

$$E(\max\{X_1^2,X_2^2\})=E\left\{\frac{1}{2}[(X_1^2+X_2^2)+(|X_1^2-X_2^2|)]\right\}=1+\frac{1}{2}E(|X_1^2-X_2^2|)=$$
$$1+\frac{1}{2}E(|X_1+X_2||X_1-X_2|)\leqslant 1+\frac{1}{2}\sqrt{E(|X_1+X_2|^2)\cdot E(|X_1-X_2|^2)}=$$
$$1+\frac{1}{2}\sqrt{E(X_1^2+X_2^2+2X_1X_2)\cdot E(X_1^2+X_2^2-2X_1X_2)}=$$
$$1+\frac{1}{2}\sqrt{2[1+E(X_1X_2)]\cdot 2[1-E(X_1X_2)]}=$$
$$1+\sqrt{1-E(X_1X_2)^2}=1+\sqrt{1-\rho^2}$$

注意到 $E(X_i^2)=D(X_i)+[E(X_i)]^2=1(i=1,2)$ 的事实.

注1 这里首先运用 $\max\{a,b\}=\frac{1}{2}[(a+b)+|a-b|]$ 的事实,其次还运用了算术-几何平均值不等式 $2\sqrt{ab}\leqslant a+b$,其中 $a\geqslant 0,b\geqslant 0$.

注2 若 $\xi_1,\xi_2\sim N(0,1)$,且相关系数为 ρ,则

$$E(\max\{\xi_1,\xi_2\})=\frac{1}{2}E\{|\xi_1,\xi_2|\}=\sqrt{\frac{1-\rho}{\pi}}$$

注3 在上面题设条件下还有

$$E(\min\{\xi,\eta\})\geqslant 1-\sqrt{1-\rho^2}$$

下例与上例是同一问题,只是形式与证法稍异.

例2 设二维随机变量 (ξ,η) 满足

$$E(\xi)=E(\eta),\quad D(\xi)=D(\eta)=1,\quad \mathrm{Cov}(\xi,\eta)=c$$

试证 $E(\min\{\xi^2,\eta^2\})\geqslant 1-\sqrt{1-c^2}$.

证 由数学期望性质及题设有

$$E(\min\{\xi^2,\eta^2\})=E\left\{\frac{1}{2}[(\xi^2+\eta^2)-|\xi^2-\eta^2|]\right\}=\frac{1}{2}[E(\xi^2)+E(\eta^2)-E|\xi^2-\eta^2|]$$

由题设及 $D(X)=E(X^2)-[E(X)]^2$ 有
$$E(\xi^2)=D(\xi)=1,\quad E(\eta^2)=D(\eta)=1$$
又
$$E(|\xi^2-\eta^2|)=E(|\xi+\eta||\xi-\eta|)\leqslant\sqrt{E[(\xi+\eta)^2]E[(\xi-\eta)^2]}$$
则
$$E(\min\{\xi^2-\eta^2\})\geqslant\frac{1}{2}(2-2\sqrt{1-c^2})=1-\sqrt{1-c^2}$$

注 与协方差或相关系数的不等式还有如:

若 $\rho_{12},\rho_{23},\rho_{31}$ 分别是随机变量 X_1,X_2,X_n 两两相关系数,则 $\rho_{12}^2+\rho_{23}^2+\rho_{31}^2\leqslant 1+2\rho_{12}\rho_{23}\rho_{31}$。

例3 若随机变量 X 存在数学期望和方差,且它们均为有限值,若给定 $\alpha\in\mathbf{R}$,且 $Y=\min\{X,\alpha\}$,试证 $E[Y-E(Y)]^2\leqslant E[X-E(X)]^2$.

证 令 $F_X(x)=P\{X<x\},F_Y(x)=P\{Y<x\}=P\{\min\{X,\alpha\}<x\}$. 则
$$F_Y(x)=\begin{cases}P\{X<x\}=F_X(x),&x\leqslant\alpha\\1,&x>\alpha\end{cases}$$

若 $\alpha<E(X)$,则有
$$E[Y-E(Y)]^2\leqslant E(Y-\alpha)^2=\int_{-\infty}^{\alpha}(x-\alpha)^2\mathrm{d}F_Y(x)+\int_{\alpha}^{+\infty}(x-\alpha)^2\mathrm{d}F_Y(x)=$$
$$\int_{-\infty}^{\alpha}(x-\alpha)^2\mathrm{d}F_X(x)+\int_{\alpha}^{+\infty}(x-\alpha)^2\mathrm{d}F_Y(x)=\int_{-\infty}^{\alpha}(x-\alpha)^2\mathrm{d}F_X(x)\leqslant$$
$$\int_{-\infty}^{\alpha}[x-E(X)]^2\mathrm{d}F_X(x)+\int_{\alpha}^{+\infty}[x-E(X)]^2\mathrm{d}F_Y(x)=E[X-E(X)]^2$$

若 $\alpha\geqslant E(X)$,则有
$$E[Y-E(Y)]^2\leqslant E[Y-E(X)]^2=\int_{-\infty}^{\alpha}[x-E(X)]^2\mathrm{d}F_Y(x)+\int_{\alpha}^{+\infty}[x-E(X)]^2\mathrm{d}F_Y(x)=$$
$$\int_{-\infty}^{\alpha}[x-E(X)]^2\mathrm{d}F_X(x)+\int_{\alpha}^{+\infty}[x-E(X)]^2\mathrm{d}F_Y(x)=$$
$$\int_{-\infty}^{\alpha}[x-E(X)]^2\mathrm{d}F_X(x)+[\alpha-E(X)]^2[1-F_X(\alpha)]\leqslant$$
$$\int_{-\infty}^{\alpha}[x-E(X)]^2\mathrm{d}F_X(x)+\int_{\alpha}^{+\infty}[x-E(X)]^2\mathrm{d}F_X(x)=$$
$$E[X-E(X)]^2$$

(四) 应用问题

下面来看一下多元随机变量数字特征的应用题。先来看一则与商店订货有关的获利问题(前文曾见过类似的例子),只要经济意义清晰,问题解答不是很困难。

例1 一商店经销某种商品,每周进货数量 X 与顾客对该种商品的需求量 Y 是相互独立的随机变量,且都服从区间 $[10,20]$ 上的均匀分布。商店每售出一单位商品可得利润 1000 元;若需求量超过了进货量,商店可以从其他商店调剂供应,这时每单位商品获利润 500 元. 试计算此商店经销该种商品每周所得利润的期望值.

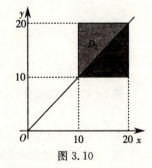

图 3.10

解 如图 3.10,由题设有
$$f_X(x)=\begin{cases}\frac{1}{10},10\leqslant x\leqslant 20\\0,\text{其他}\end{cases},\quad f_Y(y)=\begin{cases}\frac{1}{10},10\leqslant y\leqslant 20\\0,\text{其他}\end{cases}$$

设 Z 表示商店每周所得的利润,则

$$Z = \begin{cases} 1000Y, & Y \leqslant X \\ 1000X + 500(Y-X) = 500(X+Y), & Y > X \end{cases}$$

由于 X 与 Y 相互独立,所以 X, Y 的联合概率密度为

$$f(x, y) = \begin{cases} \dfrac{1}{100}, & 10 \leqslant x \leqslant 20, 10 \leqslant y \leqslant 20 \\ 0, & \text{其他} \end{cases}$$

因而 Z 的数学期望值为

$$E(Z)/\text{元} = \iint_{D_1} 1000y \cdot \frac{1}{100} dxdy + \iint_{D_2} 500(x+y) \cdot \frac{1}{100} dxdy =$$

$$10\int_{10}^{20} dx \int_{10}^{x} y dy + 5\int_{10}^{20} dy \int_{10}^{y} (x+y) dx =$$

$$10\int_{10}^{20} \frac{1}{2}(x^2 - 100) dx + 5\int_{10}^{20} \left(\frac{3}{2}y^2 - 10y - 50\right) dy =$$

$$\frac{1}{3} \cdot 20000 + 5 \cdot 1500 \approx 14166.67$$

下面的问题与电路有关,它也属于二维连续型随机变量的问题.

例2 设系统 I 由元件 A, B 并联而成(图 3.11),A, B 的寿命分别为 ξ, η,又 ξ, η 均服从参数为 λ 的指数分布

$$f(x) = \begin{cases} 0, & x \leqslant 0 \\ \lambda e^{-\lambda x}, & x > 0 \end{cases}$$

若 A, B 互不影响,求 I 的寿命 ξ 的分布函数及分布密度.

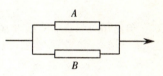

图 3.11

解 先求出 ξ, η 的分布函数为

$$F_i(z) = P\{\xi \leqslant z\} = \int_{-\infty}^{z} f(x) dx = \int_{0}^{z} \lambda e^{-\lambda x} dx = 1 - e^{-\lambda z}, \quad z > 0$$

故 $F_\xi(z) = \begin{cases} 1 - e^{-\lambda z}, & z > 0 \\ 0, & z \leqslant 0 \end{cases}$,同理 $F_\eta(z) = \begin{cases} 1 - e^{-\lambda z}, & z > 0 \\ 0, & z \leqslant 0 \end{cases}$.

于是 $\xi = \max\{\xi, \eta\}$ 的分布函数为

$$F_\xi(z) = P\{\xi \leqslant z\} = P\{\xi \leqslant z, \eta \leqslant z\} = P\{\xi \leqslant z\} \cdot P\{\eta \leqslant z\} = F_\xi(Z) F_\eta(z)$$

这样

$$F_\xi(z) = \begin{cases} (1 - e^{-\lambda z})^2, & z > 0 \\ 0, & z \leqslant 0 \end{cases}$$

注意到 $[(1 - e^{-\lambda z})^2]' = 2\lambda e^{-\lambda z}(1 - e^{-\lambda z})$. 故 ξ 的分布密度为

$$f_\xi(z) = \begin{cases} 2\lambda e^{-\lambda z}(1 - e^{-\lambda z}), & z > 0 \\ 0, & z \leqslant 0 \end{cases}$$

注 本命题中两元件为"并联",故系统寿命为 $\xi = \max\{\xi, \eta\}$;若两元件为"串联"时,则系统寿命为 $\xi = \min\{\xi, \eta\}$.

再来看一个稍复杂的例子,它也与电子电路有关.

例3 设一系统由 n 个电子器件 $D_1, D_2, \cdots, D_n$ 组成,使用情况如下:若 D_1 损坏,D_2 立即启用;若 D_2 又损坏,D_3 立即启用,等等.设器件 $D_k(k=1, 2, \cdots, n)$ 的寿命服从参数为 β 的指数分布的随机变量,求该系统寿命的数学期望和方差.

解 首先求全系统 L 寿命的概率密度.先考虑只有两个电子器件 D_1, D_2 的系统 L_1 的概率密度.

设 $D_i(i=1, 2, \cdots, n)$ 的概率密度为 $f(x_i)$,当 $z_1 > 0$ 时,有

$$f_{Z_1}(z_1) = \int_{-\infty}^{+\infty} f(z_1 - z_2) f(x_2) dx_2 = \int_{0}^{z_1} \beta e^{-\beta(z_1 - x_2)} \beta e^{-\beta x_2} dx_2 = \beta^2 z_1 e^{-\beta z_1}$$

又当 $z_1 \leqslant 0$ 时，$f_{Z_1}(z_1) = 0$。故
$$f_{Z_1}(z_1) = \begin{cases} \beta^2 z_1 e^{-\beta z_1}, & z_1 > 0 \\ 0, & z_1 \leqslant 0 \end{cases}$$

归纳地，若由 L_{k-1} 和 $D_{k+1}(k+1 < n)$ 构成的系统 L_k 的概率密度为
$$f_{Z_k}(z_k) = \begin{cases} \dfrac{\beta^{k+1}}{k!} z_k^k e^{-\beta z_k}, & z_{k+1} > 0 \\ 0, & z_k \leqslant 0 \end{cases}$$

则由 L_k 和 D_{k+2} 构成的系统 L_{k+2} 的概率密度为
$$f_{Z_{k+1}}(z_{k+1}) = \begin{cases} \displaystyle\int_{-\infty}^{+\infty} f_{Z_k}(z_k) f(z_{k+1} - z_k) dz_k, & z_{k+1} > 0 \\ 0, & z_{k+1} \leqslant 0 \end{cases} =$$
$$\begin{cases} \displaystyle\int_0^{z_{k+1}} \dfrac{\beta^{k+1}}{k!} z_k^k e^{-\beta z_k} \beta e^{-(\beta z_{k+1} - z_k)} dz_k, & z_{k+1} > 0 \\ 0, & z_{k+1} \leqslant 0 \end{cases} =$$
$$\begin{cases} \dfrac{\beta^{k+2}}{(k+1)!} z_{k+1}^{k+1} e^{-\beta z_{k+1}}, & z_{k+1} > 0 \\ 0, & z_{k+1} \leqslant 0 \end{cases}$$

因此，由 $D_1, D_2, \cdots, D_n$ 构成的全系统 L 的概率密度为
$$f_L(x) = \begin{cases} \dfrac{\beta^n}{(n-1)!} x^{n-1} e^{-\beta x}, & x > 0 \\ 0, & x \leqslant 0 \end{cases}$$

而全系统 L 的数学期望为
$$E(L) = \int_{-\infty}^{+\infty} x f_z(x) dx = \int_0^{+\infty} x \dfrac{\beta^n}{(n-1)!} x^{n-1} e^{-\beta x} dx = \dfrac{n}{\beta}$$

且全系统 L 的方差为
$$D(L) = \int_{-\infty}^{+\infty} \left(x - \dfrac{n}{\beta}\right)^2 f_z(x) dx = \int_0^{+\infty} \dfrac{\beta^n}{(n-1)!} \left(x - \dfrac{n}{\beta}\right)^2 x^{n-1} e^{-\beta x} dx =$$
$$\dfrac{\beta^n}{(n-1)!} \left(\int_0^{+\infty} x^{n+1} e^{-\beta x} dx - \dfrac{2n}{\beta} \int_0^{+\infty} x^n e^{-\beta x} dx + \dfrac{n^2}{\beta^2} \int_0^{+\infty} x^{n-1} e^{-\beta x} dx\right) =$$
$$\dfrac{\beta^n}{(n-1)!} \left[\dfrac{(n+1)!}{\beta^{n+1}} - \dfrac{2n}{\beta} \cdot \dfrac{n!}{\beta^{n+1}} + \dfrac{n^2}{\beta^2} \cdot \dfrac{(n+1)!}{\beta^n}\right] = \dfrac{n}{\beta^2}$$

极值问题，说到底也不是不等式问题，不过极值是在小邻域，是局部概念，而最值才是整个定义域内的问题. 下面的最值问题涉及了数学期望的概念.

例 4 某艘外国渔船未经允许在该国领海上捕鱼，每撒一次网将使该国的捕鱼量蒙受一个价值相同的损失. 在每次撒网期间渔船被海岸巡逻队拘留的概率等于 $1/k$，这里 k 是（涉及某个国家的）自然数，假定在每次撒网期间由渔船被拘留或不被拘留所组成的事件是与其捕鱼过程无关的. 若渔船被外国海岸巡逻队拘留，则原先捕获的鱼全部没收，并且今后不能再来捕鱼，船长打算捕完第 n 网后离开外国领海，因为决不能排除渔船被外国海岸巡逻队拘留的可能性，所以捕鱼所得收益是一个随机变量. 求数 n 使捕鱼收益的期望值达到最大.

解 渔船第一次撒网时没被拘留的概率等于 $1 - \dfrac{1}{k}$，因为每次撒网期间被拘留或未被拘留的事件是独立的，所以撒了 n 次网而未被拘留的概率等于 $\left(1 - \dfrac{1}{k}\right)^n$，因此，撒 n 次网收益期望值等于
$$f(n) = \omega n \left(1 - \dfrac{1}{k}\right)^n \tag{$*$}$$

这里 ω 是撒一次网的收益.

问题归结为确定使 $f(n)$ 达到最大值的自然数 n.

由 $f(n)$ 的表达式(*)知

$$f(n+1)=\omega(n+1)\left(1-\frac{1}{k}\right)^{n+1}=\omega n\left(1-\frac{1}{k}\right)^n\left(1-\frac{1}{k}\right)\left(\frac{n+1}{n}\right)=$$
$$f(n)\left(1-\frac{1}{k}\right)\left(1+\frac{1}{n}\right)=f(n)\left[1+\frac{(k-1)-n}{kn}\right]$$

因为 $1+\frac{(k-1)-n}{kn}\geqslant 1$ 等价于 $k-1-n\geqslant 0$ 或 $n\leqslant k-1$,因此

$$f(n+1)>f(n),\quad n=1,2,\cdots,k-2$$
$$f(n+1)=f(n),\quad n=k-1$$
$$f(n+1)<f(n),\quad n=k,k+1,\cdots$$

因此,当 $n=k-1$ 时,$f(n)$ 达到最大值.

习 题

(这里练习中包含了随机变量的分布问题等,有些则是那里问题的延伸)

1. 随机变量 X 取非负整数值,且 $P\{X=k\}=\dfrac{a^k}{(1+a)^{k+1}}(a>0)$,其中 $k=1,2,\cdots$. 求该随机变量的均值(数学期望).

2. 一只袋中装有 6 个球,其中 3 个球上标有 1 点,2 个球上标有 2 点,1 个球上标有 3 点. 今从中任取 3 球,以 X 表示 3 球上点数总和. 求:(1) X 的概率分布;(2) X 的数学期望 $E(X)$;(3) X 的方差 $D(X)$;(4) 取 10 次球有 8 次出现 $X=6$ 的概率;(5) 设 $Y=2X$,求 Y 的概率分布.

3. 一批产品总数为 n,其中混入一件次品. 为找出次品,每次随机地从中取一件,验后不放回. 求为找出次品所需检验次数的均值和方差.

4. 甲、乙两人各自独立地向一目标射击一次,他们命中的概率分别是 p_1,p_2,以 X 表示命中目标的次数. 求(1) X 的概率分布;(2) X 的均值 $E(X)$;(3) X 的方差 $D(X)$.

5. 质点 M 随机地均匀地落在以 O 为圆心,R 为半径的圆内. 求质点 M 与圆心 O 间距离的数学期望.

6. 设随机变量 ξ 服从 $(0,5)$ 上的均匀分布,求方程 $4x^2+4\xi x+\xi+2=0$ 有实根的概率.

7. (1) 随机变量 ξ 的分布密度为

$$f(x)=\begin{cases}\dfrac{1}{\theta}, & 0<x\leqslant\theta\\ 0, & 其他\end{cases}$$

求 ξ 的数学期望 $E(\xi)$ 和方差 $D(\xi)$.

(2) 设随机变量 ξ 的分布密度函数为 $f(x)=1-|x|$,其中 $|x|<1$,求 ξ 的方差 $D(\xi)$.

8. 若随机变量 ξ 的分布密度函数为

$$f(x)=\begin{cases}6x(1-x), & 0\leqslant x\leqslant 1\\ 0, & 其他\end{cases}$$

试求:(1) ξ 的数学期望 $E(\xi)$ 和方差 $D(\xi)$;(2) $P\{|\xi-E(\xi)|<2\sqrt{D(\xi)}\}$.

注 第(2)小问是属于切比雪夫不等式问题的.

9. 设随机变量若的概率密度函数为

$$f(x)=\begin{cases} Ax^2, & 0\leqslant x\leqslant 1 \\ 0, & 其他 \end{cases}$$

试求:(1)系数 A;(2)ξ 落在$(0.1,0.7)$内的概率;(3)ξ的分布函数;(4)ξ的数学期望和方差.

10. 若随机变量 ξ 的概率密度函数是 $f(x)=\dfrac{k}{1+(x-a)^2}$,其中 k,a 均为常数,k 称为系数,a 称为参数.(1)求系数 k;(2)求 ξ 的数学期望 $E(\xi)$;(3)计算 $P\{a-1\leqslant\xi<a+1\}$.

11. 设随机变量具有密度函数 $f(x)=Ae^{-|x|}(-\infty<x<+\infty)$. 求(1)系数 A;(2)ξ 的数学期望;(3)ξ 的方差.

12. 设随机变量 ξ 具有密度函数

$$f(x)=\begin{cases} Ae^{-|x|}, & x\geqslant 0 \\ 0, & x<0 \end{cases}$$

(1)求系数 A;(2)求 ξ 的分布函数 $F(x)$;(3)计算 $P\{x\leqslant 2\}$ 和 $P\{x>3\}$;(4)求 $E(\xi)$ 和 $D(\xi)$.

13. 随机变量 ξ 的密度函数为

$$f(x)=\begin{cases} Ax^2 e^{-kx}, & x\geqslant 0 \\ 0, & x<0 \end{cases}$$

其中 k 为已知常数.(1)求系数 A;(2)求 ξ 的分布函数 $F(x)$;(3)计算 $P\left\{0\leqslant\xi<\dfrac{1}{k}\right\}$;(4)求 $E(\xi)$和 $D(\xi)$.

14. 设随机变量 ξ 的分布密度为 $f(x)=Ae^{-\frac{|x|}{2}}(-\infty<x<+\infty)$. 求(1)系数 A;(2)ξ 落入$(0,1)$的概率;(3)ξ 的分布函数 $F(x)$;(4)ξ 的数学期望 $E(\xi)$;(5)ξ 的方差 $D(\xi)$.

15. 若随机变量 ξ 的概率密度为

$$\varphi(x)=\begin{cases} 0, & x<0 \\ \dfrac{x^m}{m!}e^{-x}, & x\geqslant 0 \end{cases}$$

试求 ξ 的数学期望和方差.

16. 随机变量 ξ 的概率密度为

$$f(x)=\begin{cases} A\cos x, & |x|\leqslant\dfrac{\pi}{2} \\ 0, & |x|>\dfrac{\pi}{2} \end{cases}$$

试求:(1)系数 A;(2)ξ 的分布函数 $F(x)$;(3)ξ 落入 $\left(0,\dfrac{\pi}{4}\right)$ 的概率;(4)求 $E(\xi)$ 和 $D(\xi)$.

17. 已知随机变量 ξ 的分布函数为

$$F(x)=\begin{cases} 0, & x<0 \\ kx, & 0\leqslant x<1 \\ 1, & x\geqslant 1 \end{cases}$$

(1)试求系数 ξ 及 ξ 的概率密度函数 $f(x)$;(2)计算 $P\left\{\xi=\dfrac{1}{2}\right\}$ 和 $P\left\{|x|<\dfrac{1}{2}\right\}$;(3)求 ξ 的数学期望.

18. 如图 3.13,自点$(0,a)$作直线和 Oy 轴成角 φ,如 φ 在区间 $\left(0,\dfrac{\pi}{2}\right)$ 上均匀分布,试求此直线与 Ox 轴交点横坐标的分布函数和数学期望,这里 $a>0$.

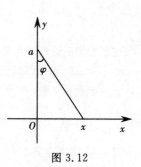

图 3.12

19. 设 a 是常数,θ 是在$(0,2\pi)$区间服从均匀分布的随机变量,试求:

(1)$X=a\sin\theta$ 的分布密度函数；

(2)$Y=a\cos\theta+a\sin\theta$ 的分布密度函数；

(3)$E(X),E(Y);D(X),D(Y)$.

20. 若随机变量 ξ 的概率密度函数为

$$f(x)=\begin{cases}\dfrac{2x}{\pi^2}, & 0<x<\pi\\ 0, & \text{其他}\end{cases}$$

试求随机变量 $\eta=\sin\xi$ 的概率密度、数学期望和方差.

21. (1)若随机变量 ξ 服从 $N(a,\sigma^2)$ 分布，又随机变量函数 $\eta=e^\xi$，求 $E(\eta)$ 及 $D(\eta)$.

(2)若随机变量 ξ 服从 $N(\mu,\sigma^2)$，求(1)$P\{\xi>\mu\}$；(2)$E(\xi^2)$.

22. 二维随机(X,Y)在圆形区域 $x^2+y^2\leqslant r^2$ 上服从均匀分布.

(1)求(X,Y)的联合分布密度；

(2)检验随机变量 X,Y 是否独立；

(3)求(X,Y)的边缘分布密度；

(4)求 $E(X+Y)$ 和 $D(X+Y)$.

23. 若随机变量(X,Y)的分布密度函数为

$$f(x,y)=\begin{cases}8xy, & 0\leqslant x\leqslant y, 0\leqslant y\leqslant 1\\ 0, & \text{其他}\end{cases}$$

试检验 X,Y 是否相互独立？

又若分布密度函数是

$$f(x,y)=\begin{cases}4xy, & 0\leqslant x\leqslant 1, 0\leqslant y\leqslant 1\\ 0, & \text{其他}\end{cases}$$

试检验 X,Y 是否相互独立？

24. 设(X,Y)具有联合密度函数

$$f(x,y)=\begin{cases}2, & 0<x<y, 0<y<1\\ 0, & \text{其他}\end{cases}$$

(1)X 和 Y 是否独立？为什么？(2)计算 $P\left\{Y<\dfrac{1}{2}\bigg|X<\dfrac{1}{2}\right\}$.

25. 设随机变量(X,Y)的概率密度函数为

$$f(x,y)=\begin{cases}Axy, & 0\leqslant x\leqslant y, 0\leqslant y\leqslant x\\ 0, & \text{其他}\end{cases}$$

其中 A 为待定常数. 求(1)常数 A；(2)X 和 Y 的边缘密度函数；(3)判断 X,Y 是否独立.

26. 设(ξ,η)的分布密度函数为

$$f(x,y)=\dfrac{c}{(1+x^2)(1+y^2)}$$

试求：(1)系数 c；(2)(ξ,η)落在$(0,0),(0,1),(1,0),(1,1)$为顶点的正方形内的概率，(3)ξ 与 η 是否相互独立？为什么？

27. 设连续型随机向量的分布函数为

$$F(x,y)=\dfrac{2}{\pi^2}\left(B+\arctan\dfrac{x}{2}\right)\left(C+\arctan\dfrac{y}{3}\right)$$

(1)求系数 B,C；(2)检验 X,Y 是否相互独立.

28. 若随机向量(X,Y)的密度函数为

$$f(x,y)=\begin{cases} Ae^{-(2x-y)}, & x>0, y>0 \\ 0, & \text{其他} \end{cases}$$

试求:(1)常数 A;(2)概率 $P\{X<2, Y<1\}$;(3)X 的边缘分布;(4)概率 $P\{X+Y<2\}$;(5)条件概率 $P\{X|Y\}$;(6)条件概率 $P\{X<2|Y<1\}$;(7)求 $E(X+Y)$ 和 $P(X+Y)$.

29. 设随机变量(X,Y)的分布密度为

$$f(x,y)=\begin{cases} 3x, & 0<x<1, 0<y<x \\ 0, & \text{其他} \end{cases}$$

试求:(1)关于 X,Y 的边缘分布密度;(2)条件分布密度;(3)判断 X,Y 是否相互独立;(4)求 $Z=X-Y$ 的分布密度;(5)求 $E(Z)$ 和 $D(Z)$.

30. 设二维随机变量(X,Y)的分布密度函数

$$f(x,y)=\begin{cases} e^{-(x+y)}, & x>0, y>0 \\ 0, & \text{其他} \end{cases}$$

求 $Z=\dfrac{X+Y}{2}$ 的概率密度、数学期望和方差.

31. 随机变量(X,Y)服从二维正态分布,其概率密度为

$$f(x,y)=\frac{1}{2\pi}e^{-\frac{x^2+y^2}{2}}, \quad -\infty<x<+\infty, -\infty<y<+\infty$$

若记 $Z=\sqrt{X^2+Y^2}$.(1)求 Z 的密度函数;(2)求 $P\{Z<E(Z)\}$;(3)求方差 $D(Z)$.

32. 设随机变量(X,Y)服从参数为 $a_1, a_2, \sigma_1^2, \sigma_2^2; \rho$ 的二维正态分布.又 Z 是具有有限方差的随机变量,且(X,Y)与 Z 相互独立,求随机变量 $U=Y-ZX$ 的方差.

33. 设 X,Y 都是只取在区间$[0,2]$上的值的随机变量,且当 $0\leqslant x\leqslant 2, 0\leqslant y\leqslant 2$ 时,(X,Y)的分布函数为 $F(x,y)=\dfrac{1}{16}xy(x+y)$.(1)求边缘分布函数;(2)判断 X,Y 是否相互独立;(3)求(X,Y)的分布密度.

34. 设二维随机变量(ξ,η)的概率密度为

$$f(x,y)=\begin{cases} \dfrac{1+xy}{4}, & |x|<1, |y|<1 \\ 0, & \text{其他} \end{cases}$$

试证:ξ, η 不互相独立,但 ξ^2 和 η^2 互相独立.

35. 若二维随机变(ξ,η)的联合密度函数为

$$f(x,y)=\frac{1}{\pi^2(x^2+y^2+x^2y^2+1)}$$

求其边缘密度函数,且证明 ξ, η 相互独立.

36. 若 $\rho_{12}, \rho_{13}, \rho_{23}$ 分别为随机变量 X_1, X_2, X_3 的两两相关系数,且 $E(X_i)=0$,又 $D(X_i)=\sigma^2(i=1,2,3)$,若记 $Y_1=X_1+X_2, Y_2=X_2+X_3, Y_3=X_3+X_1$,证明:$Y_1, Y_2, Y_3$ 两两不相关的充要条件是 $\rho_{12}+\rho_{13}+\rho_{23}=-1$.

第 4 章
大数定律和中心极限定理

1730 年至 1780 年前后,棣莫弗、拉普拉斯等人给出了**中心极限定理**.尔后,经高斯对正态分布理论的完善使正态分布成为一种概率分布.

19 世纪初,概率论的巨大进展是与拉普拉斯分不开的.他的《概率的分析理论》影响着高斯、泊松等数学家.高斯奠定了**最小二乘法和误差理论**;泊松推广了大数定律,且引入了泊松分布这一重要概念.

随着数学分析的发展,极限理论成为概率论研究的中心课题,俄国数学家切比雪夫在这方面作出重要、杰出的贡献.

1866 年,切比雪夫建立了独立随机变量序列的**大数定律**(讨论随机变量序列的算术平均值向常数收敛的定律),使伯努利定理和泊松大数定律皆成为该定律的特例.同时,他还将棣莫弗—拉普拉斯极限定理推广为一般的中心极限定理(随机变量序列部分和的分布渐近于正态分布).转年,他证明了**切比雪夫不等式**,即

$$P\{|X-E(X)|\geqslant \varepsilon\}\leqslant \frac{D(X)}{\varepsilon^2}$$

从 20 世纪 20 年代开始,苏联数学家柯尔莫哥洛夫(А. Н. Колмогоров)在测度论和实变函数基础上,通过集合论探讨整个概率理论的严格表述.将**概率公理化**(将集合测度与事件概率类比积分与数学期望类比、函数正交性与随机事件独立性类比等),从此标志着**现代概率论**的诞生.

内 容 提 要

一、切比雪夫不等式和大数定律

1. 切比雪夫不等式

对任意随机变量 X,总有

$$P\{|X-E(X)|\geqslant k\sqrt{D(X)}\}\leqslant \frac{1}{k^2}$$

这里 $k>0$ 为任一常数.

上式还可以改写为

$$P\{|X-E(X)|\geqslant \varepsilon\}\leqslant \frac{D(X)}{\varepsilon}$$

这里 ε 为任意正数.

2. 大数定律

设 $X_1, X_2, \cdots, X_n \cdots$ 是随机变量序列,$Y_n = \dfrac{1}{n}\sum_{i=1}^{n} X_i$. 若存在一个常数列 $a_1, a_2, \cdots, a_n, \cdots$,使任意 $\varepsilon > 0$,恒有

$$\lim_{n\to\infty} P\{|Y_n - a_n| < \varepsilon\} = 1$$

则称 $\{X_n\}$ 序列服从大数定律.

几个大数定值见下表.

大数定律	叙 述
切比雪夫 大数定律	设 $\{X_n\}$ 是相互独立的随机变量序列,且 $D(X_i) \leqslant M(i=1,2,\cdots)$,对任意 $\varepsilon > 0$ 有 $$\lim_{n\to\infty}\{|\dfrac{1}{n}\sum_{i=1}^{n}X_i - \dfrac{1}{n}\sum_{i=1}^{n}E(X_i)| < \varepsilon\} = 1$$ 特别地,若 X_i 具有同方差 σ^2 和同数学期望 $a(i=1,2,\cdots)$,则 $$\lim_{n\to\infty} P\{|\dfrac{1}{n}\sum_{i=1}^{n}X_i - a| < \varepsilon\} = 1$$
伯努利 大数定律	设在 n 次独立重复试验中,事件 A 出现的概率为 p,若 Y_n 表示试验中 A 出现的次数,则对任意 $\varepsilon > 0$,有 $$\lim_{n\to\infty} P\{|\dfrac{Y_n}{n} - p| < \varepsilon\} = 1$$
辛 钦 大数定律	设 $X_1, X_2, \cdots, X_n, \cdots$ 为独立同分布随机变量序列,且数学期望 $E(X_i) = \mu$ 存在,则对任意 $\varepsilon > 0$,有 $$\lim_{n\to\infty} P\left\{\left|\dfrac{1}{n}\sum_{i=1}^{n}X_i - \mu\right| < \varepsilon\right\} = 1$$

二、中心极限定理

1. 中心极限定理

列维—林德伯格(Levy-Lindberg)中心极限定理(有时亦称"林德伯格—列维中心极限定理") 设随机变量 $\{X_i\}(i=1,2,\cdots)$ 独立同分布,且具有相同的数学期望和方差:$E(X_i) = a, D(X_i) = \sigma^2 \neq 0 (i=1,2,\cdots)$,则随机变量

$$Y_n = \dfrac{\sum_{i=1}^{n} X_i - na}{\sqrt{n}\sigma}$$

的分布函数 $F_n(x)$ 对任意实数 x 满足

$$\lim_{n\to\infty} F_n(x) = \lim_{n\to\infty} P\{Y_n < x\} = \dfrac{1}{\sqrt{2\pi}} \int_{-\infty}^{+\infty} e^{-\frac{t^2}{2}} dt$$

棣莫弗—拉普拉斯中心极限定理 设随机变量 Y_n 服从二项分布 $\mathscr{B}(n,p)(n=1,2,\cdots;$ 且 $p < 1)$,则对任意实数 x 有

$$\lim_{n\to\infty} P\left\{\dfrac{Y_n - np}{\sqrt{np(1-p)}} < x\right\} = \dfrac{1}{\sqrt{2\pi}} \int_{-\infty}^{+\infty} e^{-\frac{t^2}{2}} dt$$

注 棣莫弗－拉普拉斯中心极限定理是说：

当 n 足够大时，由服从 $\mathscr{B}(n,p)$ 的随机变量 Y_n 作出的随机变量 $\dfrac{Y_n-np}{\sqrt{np(1-p)}}$ 的分布函数，与服从标准正态分布 $N(0,1)$ 的随机变量的分布函数是相互近似的.

这可使服从 $\mathscr{B}(n,p)$ 的随机变量的问题近似地转化为服从 $N(0,1)$ 的随机变量问题处理，它为这解计算提供了可能和方便(后者常有数表好查).

三、两个常用近似计算公式

(1) 若 $n\geqslant 1$，又 $p\leqslant 1$，二项概率有公式
$$P_n(k)=C_n^k(1-p)^{n-k}\approx \frac{\lambda^k}{k!}e^{-\lambda},\quad \lambda=np$$

(2) 若 $X_1,X_2,\cdots,X_n$ 满足中心极限定理，又 $E(X_k)=\mu,E(X_u)=\sigma^2(k=1,2,\cdots,n)$，则
$$P\left\{a\leqslant \frac{\sum\limits_{i=1}^{n}X_i}{\sqrt{n}\sigma}\leqslant b\right\}\approx \Phi(b)-\Phi(a)$$

例 题 分 析

一、切比雪夫不等式和大数定律

先来看与切比雪夫不等式有关的概率问题.解决这类问题一定要记住、理解和会使用该不等式.

例1 随机地掷 6 颗骰子.利用切比雪夫不等式估计 6 个骰子出现点数在 15 到 27 之间的概率.

解 设 ξ 为 6 颗骰子掷后的点数总和，ξ_i 为第 i 颗骰子出现的点数 $(i=1,2,3,4,5,6)$，则 $\xi=\sum\limits_{i=1}^{6}\xi_i$.由数学期望和方差的性质，且注意到 ξ_i 互相独立且
$$E(\xi_1)=E(\xi_2)=\cdots=E(\xi_6),\quad D(\xi_1)=D(\xi_2)=\cdots=D(\xi_6)$$
有
$$E(\xi)=E\left(\sum_{i=1}^{6}\xi_i\right)=\sum_{i=1}^{6}E(\xi_i)=6\left(\frac{1}{6}\sum_{k=1}^{6}k\right)=21$$
又
$$D(\xi)=D\left(\sum_{i=1}^{6}\xi_i\right)=\sum_{i=1}^{6}D(\xi_i)=6D(\xi_j)=6\sum_{i=1}^{6}[\xi_{j_i}-E(\xi_j)]^2 p_i\text{（其中 }1\leqslant j\leqslant 6\text{）}=$$
$$6\cdot\left[\left(1-\frac{21}{6}\right)^2\cdot\frac{1}{6}+\left(2-\frac{21}{6}\right)^2\cdot\frac{1}{6}+\cdots+\left(6-\frac{21}{6}\right)^2\cdot\frac{1}{6}\right]=\frac{35}{2}=17\frac{1}{2}$$
故
$$P\{15<\xi<27\}=P\{|\xi-21|<6\}\geqslant 1-\frac{D(\xi)}{\varepsilon^2}=1-\frac{1}{6^2}\cdot\frac{35}{2}=\frac{37}{72}$$

例2 设随机变量 X 的数学期望及方差分别为 $E(X)=a,D(X)=b^2$，试估计 X 落在 $(a-3b,a+3b)$ 内的概率.

解 任给 $\varepsilon>0$，由切比雪夫不等式有
$$P\{|X-a|<\varepsilon\}\geqslant 1-\frac{b^2}{\varepsilon^2}$$
取 $\varepsilon=3b$，则有

$$P\{|X-a|<3b\}\geqslant 1-\frac{b^2}{9b^2}=\frac{8}{9}$$

即
$$P\{a-3b<X<a+3b\}\geqslant \frac{8}{9}$$

例 3 (1) 若 $\{\xi_n\}(n=1,2,3,\cdots)$ 独立同分布,且有有限方差 $\sigma^2(\sigma>0)$. 令 $\eta_n=\frac{1}{\sigma\sqrt{n}}\sum_{i=1}^{n}(\xi_i-m)$,其中 $m=E(\xi_i)$,则 η_n 的极限分布为 $N(0,1)$. (2) 某人独立射击,每次击中目标的概率为 $\frac{1}{10}$. 试求此人在 500 次射击中,击中目标次数在 $[49,55]$ 之间的概率近似值(只写算式).

解 设 $F_n(x)=F(x)$ 为 ξ_n 的分布函数,其中 $n=1,2,3,\cdots$.

令 $b_n=\sqrt{\sum_{i=1}^{n}D(\xi_i)}=\sigma\sqrt{n}$,则对任意 $\varepsilon<0$,有

$$\frac{1}{b_n^2}\sum_{k=1}^{n}\int_{|x-E(\xi_k)|>\varepsilon b_n}[x-E(\xi_k)]^2 dF_k(x)=\frac{1}{b_n^2}\sum_{k=1}^{n}\int_{|x-E(\xi_k)|>\varepsilon b_n}[x-E(\xi_1)]^2 dF_1(x)=$$
$$\frac{n}{\sigma^2 n}\int_{|x-E(\xi_1)|>\varepsilon b_n}[x-E(\xi_1)]^2 dF_1(x)$$

由设 ξ_n 的方差 σ^2 有 pq,故上式式右 $n\to+\infty$ 时,趋向于 0.

由林德维格中心极限定理知:$\{\xi_n\}$ 服从中心极限定理,即
$$P\{\xi_n<X\}\to N(0,1),\quad n\to+\infty$$

(2) 令 $X=\{$击中目标数$\}$,则
$$P\{X=m\}=C_{500}^{m}\frac{1}{10^m}(\frac{9}{10})^{500-m}$$

由结论(1)知
$$P\{49\leqslant X\leqslant 55\}=P\left\{\frac{49-500\times 0.1}{\sqrt{500\times 0.1\times 0.9}}\leqslant \frac{x-500\times 0.1}{\sqrt{500\times 0.1\times 0.9}}\leqslant \frac{55-500\times 0.1}{\sqrt{500\times 0.1\times 0.9}}\right\}=$$
$$\Phi\left(\frac{49-500\times 0.1}{\sqrt{500\times 0.1\times 0.9}}\right)-\Phi\left(\frac{55-500\times 0.1}{\sqrt{500\times 0.1\times 0.9}}\right)=\Phi\left(\frac{\sqrt{5}}{3}\right)-\Phi\left(1-\frac{1}{3\sqrt{5}}\right)$$

这里 $\Phi(x)=\int_{-\infty}^{x}\frac{1}{\sqrt{2\pi}}e^{-\frac{t^2}{2}}dt$.

例 4 设随机变量 X 的密度为 $p(x)=\frac{x^n}{n!}e^{-x}(x\geqslant 0)$. 试证:$P\{0<X<2(n+1)\}\geqslant \frac{n}{n+1}$.

解 依题设及公式先计算 X 的数学期望及方差
$$E(X)=\int_{0}^{+\infty}xp(x)dx=\int_{0}^{+\infty}\frac{x^{n+1}}{n!}e^{-x}dx=\frac{1}{n!}\int_{0}^{+\infty}x^{(n+2)-1}e^{-x}dx=\frac{\Gamma(n+2)}{n!}=\frac{(n+1)!}{n!}=n+1$$

这里 $\Gamma(x)$ 为 Γ-函数.
$$D(X)=E(X^2)-[E(X)]^2=\int_{0}^{+\infty}x^2\cdot\frac{x^n}{n!}e^{-x}dx-(n+1)^2=\frac{\Gamma(n+3)}{n!}-(n+1)^2=$$
$$(n+2)(n+1)-(n+1)^2=n+1$$

由切比雪夫不等式 $P\{|X-E(X)|>\varepsilon\}\leqslant \frac{D(X)}{\varepsilon^2}$,取 $\varepsilon=n+1$,且注意到 X 只取正值有
$$P\{|X-(n+1)|>n+1\}=P\{X>2(n+1)\}\leqslant \frac{n+1}{(n+1)^2}=\frac{1}{n+1}$$

故

$$P\{0<X<2(n+1)\}=P\{0<X\leqslant 2(n+1)\}=1-P\{X>2(n+1)\}\geqslant 1-\frac{1}{n+1}=\frac{n}{n+1}$$

注 请注意 Γ 一函数的性质：当 n 为正整数时，$\Gamma(n)=(n-1)!$

例 5 若随机变量 ξ 的数学期望 $E(\xi)=0$，求证 $P\{\xi=E(\xi)\}=1$.

证 由题设可有

$$P\{\xi\neq E(\xi)\}=P\{|\xi-E(\xi)|>0\}\leqslant\sum_{n=1}^{\infty}P\{|\xi-E(\xi)|\geqslant\frac{1}{n}\} \quad (*)$$

由设 $D(\xi)=0$，故对任一固定的 $n\geqslant 1$，由切比雪夫不等式知

$$0\leqslant P\left\{|\xi-E(\xi)|\geqslant\frac{1}{n}\right\}\leqslant\frac{D(\xi)}{1/n^2}=0$$

从而对任意 $n\geqslant 1$ 有 $P\left\{|\xi-E(\xi)|\geqslant\frac{1}{n}\right\}=0$.

再由式 $(*)$ 有 $P\{\xi\neq E(\xi)\}=0$，从而 $P\{\xi=E(\xi)\}=1$.

例 6 设 ξ 是非负随机变量，且 $E(\xi)$ 存在. 试证 $P\{\xi\geqslant n\}\leqslant\frac{1}{n}E(\xi)$，其中 $n>0$. 由此推出切比雪夫不等式.

证 由设 ξ 非负，且其分布函数为 $F(x)$，则

$$P\{\xi\geqslant n\}=\int_{x\geqslant n}\mathrm{d}F_{\xi}(x)\leqslant\int_{x\geqslant n}\frac{x}{n}\mathrm{d}F_{\xi}(x)\leqslant\frac{1}{n}\int_{-\infty}^{+\infty}x\mathrm{d}F_{\xi}(x)=\frac{1}{n}E(\xi)$$

当 $D(\xi)$ 存在时，$|\xi-E(\xi)|^2$ 是非负随机变量，由上式对任意 $\varepsilon>0$ 有

$$P\{|\xi-E(\xi)|\geqslant\varepsilon\}=P\{|\xi-E(\xi)|^2\geqslant\varepsilon^2\}\leqslant\frac{1}{\varepsilon^2}E[\xi-E(\xi)]^2=\frac{1}{\varepsilon^2}D(\xi)$$

从而切比雪夫不等式得证.

二、依概率收敛问题

下面的问题是依概率收敛或与其有关.

例 1 若随机变量序列 $\{X_n\}$ 以概率收敛到 X，又随机变量序列 $\{Y_n\}$ 依概率收敛到 Y. 试证 $P\{X=Y\}=1$.

证 由题设 $\{X_n\}\xrightarrow{P}X$，$\{Y_n\}\xrightarrow{P}Y$（这里 $\xrightarrow{P}$ 表示依概率收敛），对任意 $\varepsilon>0$，则

$$P\{|X-Y|\geqslant\varepsilon\}\leqslant P\{|X-X_n|\geqslant\frac{\varepsilon}{2}\}+P\{|Y-Y_n|\geqslant\frac{\varepsilon}{2}\}\to 0,\quad n\to\infty$$

即

$$P\{|X-Y|\geqslant\varepsilon\}=0$$

从而

$$P\{X\neq Y\}=P\left\{\bigcup_{k=1}^{\infty}|X-Y|\geqslant\frac{1}{k}\right\}\leqslant\sum_{k=1}^{\infty}P\{|X-Y|\geqslant\frac{1}{k}\}=0$$

故

$$P\{X=Y\}=1$$

例 2 若随机变量 ξ 的方差 $D(\xi)=0$，试证 $P\{\xi=E(\xi)\}=1$.

证 由

$$P\{\xi\neq E(\xi)\}=P\{|\xi-E(\xi)|\geqslant 0\}\leqslant\sum_{n=1}^{\infty}P\left\{|\xi-E(\xi)|\geqslant\frac{1}{n}\right\}$$

因 $D(\xi)=0$，对于固定的 $n\geqslant 1$，由切比雪夫不等式知

$$0\leqslant P\left\{|\xi-E(\xi)|\geqslant\frac{1}{n}\right\}\leqslant\frac{D(\xi)}{\frac{1}{n^2}}=0$$

从而 $P\{|\xi - E(\xi)| \geqslant \frac{1}{n}\} = 0$,进而 $\sum_{n=1}^{\infty} P\{|\xi - E(\xi)| \geqslant \frac{1}{n}\} = 0$.

由上知 $P\{\xi \neq E(\xi)\} = 0$,故 $P\{\xi = E(\xi)\} = 1$.

例3 设 $\{\xi_n\}$ 为一致有界的随机变量序列,又若 $\lim_{n\to\infty}\left[\frac{1}{n^2}D\left(\sum_{k=1}^{n}\xi_k\right)\right] = 0$,则 $\{\xi_n\}$ 服从大数定律.

证 由切比雪夫不等式有

$$P\left\{\left|\frac{1}{n}\sum_{k=1}^{n}\xi_k - \frac{1}{n}\sum_{k=1}^{n}E(\xi_k)\right| \geqslant \varepsilon\right\} \leqslant \frac{1}{\varepsilon^2}D\left(\frac{1}{n}\sum_{k=1}^{n}\xi_k\right) = \frac{1}{\varepsilon^2}\frac{1}{n^2}D\left(\sum_{k=1}^{n}\xi_k\right) \to 0, \quad n \to \infty$$

上式即说明 $\{\xi_n\}$ 服从大数定律.

以下几例系依概率收敛问题,它们主要依据切比雪夫不等式以及函数极限定义和计算等.

例4 设 $X_1, X_2, \cdots, X_n, \cdots$ 独立同分布,且 $E(X_k) = \mu, D(X_k) = \sigma^2$,其中 $k = 1, 2, \cdots$. 令 $Y_n = \frac{2}{n(n+1)}\sum_{k=1}^{n}kX_k$,证明 $\{Y_n\}$ 依概率收敛于 μ.

证 由题设及数学期望与方差性质有

$$E(Y_n) = E\left[\frac{2}{n(n+1)}\sum_{k=1}^{n}kX_k\right] = \frac{2}{n(n+1)}E\left(\sum_{k=1}^{n}kX_k\right) =$$

$$\frac{2}{n(n+1)}\sum_{k=1}^{n}[kE(X_k)] = \frac{2}{n(n+1)}\sum_{k=1}^{n}(k\mu) = \mu$$

$$D(Y_n) = D\left[\frac{2}{n(n+1)}\sum_{k=1}^{n}kX_k\right] = \left[\frac{2}{n(n+1)}\right]^2 D\left(\sum_{k=1}^{n}kX_k\right) =$$

$$\left[\frac{2}{n(n+1)}\right]^2 \sum_{k=1}^{n}[D(kX_k)] = \frac{4(2n+1)}{6n(n+1)}\sigma^2$$

这里注意到

$$\sum_{k=1}^{n} k = \frac{n(n+1)}{2}, \quad \sum_{k=1}^{n} k^2 = \frac{n(n+1)(2n+1)}{6}$$

由切比雪夫不等式有

$$P\{|Y_n - \mu| \geqslant \varepsilon\} \leqslant \frac{D(Y_n)}{\varepsilon^2} = \frac{6(2n+1)\sigma^2}{6n(n+1)\varepsilon^2}$$

当 $n \to \infty$ 时,上式 $\to 0$,从而 $\{Y_n\} \xrightarrow{P} \mu$.

例5 设 $X_1, X_2, \cdots, X_n, \cdots$ 是独立同分布随机变量序列,且服从 $[0,1]$ 上的均匀分布. 令 $Y_n = \left(\prod_{k=1}^{n} X_k\right)^{\frac{1}{n}}$,试证 $\{Y_n\}$ 依概率收敛于 e^{-1}.

证 设 $Z_k = \ln X_k$,则

$$\ln Y_n = \ln\left[\left(\prod_{k=1}^{n} X_k\right)^{\frac{1}{n}}\right] = \frac{1}{n}\sum_{k=1}^{n}\ln X_k = \frac{1}{n}\sum_{k=1}^{n}Z_k$$

由 X_k 独立同分布,知 $Z_k = \ln X_k$ 亦独立同分布($k = 1, 2, \cdots$),且

$$E(Z_k) = E(\ln X_k) = \int_0^1 \ln x\, dx = (x\ln x - x)\Big|_0^1 = -1$$

由辛钦大数定理知,对任给正数 ε 可有

$$\lim_{n\to\infty} P\left\{\left|\frac{1}{n}\sum_{k=1}^{n}Z_k - (-1)\right| < \varepsilon\right\} = 1$$

即

$$\lim_{n\to\infty} P\left\{\left|\frac{1}{n}\sum_{k=1}^{n}(\ln X_k) - (-1)\right| < \varepsilon\right\} = \lim_{n\to\infty} P\{|\ln Y_n - (-1)| < \varepsilon\} = 1$$

从而 $\lim\limits_{n\to\infty} P\{|Y_n - e^{-1}| < \varepsilon\} = 1$,即 $\{Y_n\} \xrightarrow{P} e^{-1}$.

例6 设 $\{X_n\}$ 为彼此互不相关的随机变量序列,且 $E(X_n) = \mu_n, D(X_n) = \sigma_n^2$,其中 $n = 1, 2, 3, \cdots$.

若当 $n \to \infty$ 时,$\sum_{i=1}^n \sigma_i^2 \to \infty$,则当 $n \to \infty$ 时,$Y_n = \dfrac{\sum_{i=1}^n (X_i - \mu_i)}{\sum_{i=1}^n \sigma_i^2}$ 依概率收敛到 0.

证 由设易算得 $E(Y_n) = 0$,又知 $\{X_n\}$ 互不相关,从而

$$D(Y_n) = E(Y_n^2) - [E(Y_n)]^2 = E(Y_n^2) = \frac{\sum_{i,j=1}^n E[(X_i - \mu_i)(X_j - \mu_j)]}{\left(\sum_{i=1}^n \sigma_i^2\right)^2} =$$

$$\frac{\sum_{i=1}^n D(X_i) + 2\sum_{1\leqslant i<j\leqslant n} E[(X_i - \mu_i)(X_j - \mu_j)]}{\left(\sum_{i=1}^n \sigma_i^2\right)^2} = \frac{\sum_{i=1}^n \sigma_i^2}{\left(\sum_{i=1}^n \sigma_i^2\right)^2} = \frac{1}{\sum_{i=1}^n \sigma_i^2}$$

由题设及切比雪夫不等式可知,对任意 $\varepsilon > 0$ 有

$$P\{|Y_n - E(Y_n)| \geqslant \varepsilon\} \leqslant \frac{D(Y_n)}{\varepsilon^2} = \frac{1}{\varepsilon^2 \sum_{i=1}^n \sigma_i^2} \to 0, \quad n \to \infty$$

即当 $n \to \infty$ 时,Y_n 依概率收敛于 0.

下面是一则应用问题.

例7 将编号 $1 \sim n$ 的 n 个球,随机地放入编号为 $1 \sim n$ 的 n 个盒子中,每个盒子只能放一球.设 X 为球号与盒子号一致的个数.试证:$\dfrac{1}{n}[X - E(X)]$,当 $n \to \infty$ 时依概率收敛于 0.

证 设 $X_k = \begin{cases} 1, & k \text{ 号球入 } k \text{ 号盒子} \\ 0, & \text{其他} \end{cases}$,其中 $k = 1, 2, \cdots, n$. 从而 $X = \sum_{k=1}^\infty X_k$. 又

$$P\{X_i = 1\} = \frac{1}{n}, \quad P\{X_i = 1, X_j = 1\} = \frac{1}{n(n-1)}$$

故

$$E(X_i) = 1 \cdot \frac{1}{n} + 0 \cdot P\{X_i = 1\} = \frac{1}{n}$$

且

$$D(X_i) = E(X_i^2) - [E(X_i)]^2 = \frac{1}{n} - \left(\frac{1}{n}\right)^2 = \frac{n-1}{n^2}$$

同时

$$\text{Cov}(X_i, X_j) = E(X_i X_j) - E(X_i)E(X_j) = \frac{1}{n(n-1)} - \frac{1}{n^2} = \frac{1}{(n-1)n^2}$$

其中 $i \neq j$;且 $i, j = 1, 2, \cdots, n$.

由上面结论及切比雪夫不等式有

$$P\left\{\left|\frac{X - E(X)}{n}\right| \geqslant \varepsilon\right\} = P\{|X - E(X)| \geqslant n\varepsilon\} \leqslant \frac{D(X)}{n^2\varepsilon^2} = \frac{D\left(\sum_{i=1}^n X_i\right)}{n^2\varepsilon^2} =$$

$$\frac{\sum_{i=1}^n D(X_i) + 2\sum_{1\leqslant i<j\leqslant n} \text{Cov}(X_i, X_j)}{n^2\varepsilon^2} =$$

$$\frac{n \cdot \frac{n-1}{n^2} + 2 \cdot \frac{n(n-1)}{2} \cdot \frac{1}{n^2(n-1)}}{n^2 \varepsilon^2} = \frac{1}{n^2 \varepsilon^2} \to 0, \quad n \to \infty$$

注意到上式中 $\sum_{1 \leqslant i < j \leqslant n} \mathrm{Cov}(X_i, X_j)$ 有 $C_n^2 = \frac{n(n-1)}{2}$ 项.

故随机变量 $\frac{1}{n}[X - E(X)]$ 当 $n \to \infty$ 时依概率收敛到 0.

三、中心极限定理

这类问题通常有两类：一是直接给出独立同分布随机变量序列；二是由实际问题间接给出. 解此类问题常用步骤如下.

① 先选恰当的独立同分布随机变量序列 $\{X_i\}$；再将 $\sum_{i=1}^{n} X_i$ 标准化

$$\overline{X}\Big[\sum_{i=1}^{n} X_i - n E(X_i)\Big] \Big/ \sqrt{n D(X_i)}$$

② 接下来利用 $\lim_{n \to \infty} P\{\overline{X} \leqslant \varepsilon\} = \int_{-\infty}^{x} \frac{\mathrm{e}^{-\frac{t^2}{2}}}{\sqrt{2\pi}} \mathrm{d}t$ 求解.

③ 具体的近似计算可用下面公式

$$P\Big\{a \leqslant \sum_{i=1}^{n} X_i \leqslant b\Big\} \approx \Phi\Big(\frac{b - n E(X_i)}{\sqrt{n D(X_i)}}\Big) - \Phi\Big(\frac{a - n E(X_i)}{\sqrt{n D(X_i)}}\Big)$$

这类问题下一章还将介绍，这里仅举几例.

例 1 用概率方法求 $\lim_{n \to \infty} \Big(\mathrm{e}^{-n} \sum_{k=1}^{n} \frac{n^k}{k!}\Big)$.

解 令 $\xi \sim \mathscr{T}(n)$，即 $P\{\xi = k\} = \frac{n^k}{k!} \mathrm{e}^{-n}$，其中 $k = 0, 1, 2, \cdots$，则

$$P\{\xi \leqslant n\} = \sum_{k=0}^{n} \frac{n^k}{k!} \mathrm{e}^{-n} = \mathrm{e}^{-n} \sum_{k=0}^{n} \frac{n^k}{k!}$$

设 $\xi_i \sim \mathscr{T}(1), i = 1, 2, 3, \cdots$，且相互独立，又 $\xi = \sum_{i=1}^{n} \xi_i$，有 $E(\xi_i) = 1, D(\xi_i) = 1$，其中 $i = 1, 2, 3, \cdots$.

依列维－林德伯格中心极限定理有

$$\mathrm{e}^{-n} \sum_{k=0}^{n} \frac{n^k}{k!} = P\{\xi \leqslant n\} = P\Big\{\sum_{i=1}^{n} \xi_i \leqslant n\Big\} =$$

$$P\Big\{\frac{1}{1 \cdot \sqrt{n}} \sum_{i=1}^{n} (\xi_i - 1) \leqslant 0\Big\} \xrightarrow{n \to \infty} \frac{1}{\sqrt{2\pi}} \int_{-\infty}^{0} \mathrm{e}^{-\frac{t^2}{2}} \mathrm{d}t = \frac{1}{2}$$

故 $\lim_{n \to \infty} \Big(\mathrm{e}^{-n} \sum_{k=0}^{n} \frac{n^k}{k!}\Big) = \frac{1}{2}$，从而 $\lim_{n \to \infty} \Big(\mathrm{e}^{-n} \sum_{k=1}^{n} \frac{n^k}{k!}\Big) = \frac{1}{2}$.

下面的例子上文曾有介绍，这里再给出一个解法.

例 2 利用中心极限定理证明 $\lim_{n \to \infty} \Big(\mathrm{e}^{-n} \sum_{k=1}^{n} \frac{n^k}{k!}\Big) = \frac{1}{2}$.

证 设 $\{X_k\}$ 是独立同分布于参数为 $\lambda = 1$ 的泊松分布的随机变量序列，设

$$Y_n = \sum_{k=1}^{n} X_k, \quad n = 1, 2, \cdots$$

则知 Y_n 服从参数 $\lambda = \sum_{k=1}^{n} 1 = n$ 的泊松分布，即 $P(Y_n) = D\{Y_n\} = n$，由中心极限定理

$$\lim_{n\to\infty}P\left\{\frac{Y_n-n}{\sqrt{n}}\leqslant 0\right\}=\lim_{n\to\infty}P\left\{\frac{Y_n-E(Y_n)}{\sqrt{D(Y_n)}}\leqslant 0\right\}=\Phi(0)=\frac{1}{2}$$

又

$$\lim_{n\to\infty}P\left\{\frac{Y_n-n}{\sqrt{n}}\leqslant 0\right\}=\lim_{n\to\infty}\{Y_n\leqslant n\}=\lim_{n\to\infty}\left(\sum_{k=1}^{n}\frac{n^k}{k!}\mathrm{e}^{-n}\right)=\lim_{n\to\infty}\left(\mathrm{e}^{-n}\sum_{k=0}^{n}\frac{n^k}{k!}\right)$$

故

$$\lim_{n\to\infty}\left(\mathrm{e}^{-n}\sum_{k=0}^{n}\frac{n^k}{k!}\right)=\frac{1}{2}$$

例 3 设 $\{X_k\}$ 是独立同分布随机变量序列，且 $E(X_k)=\mu, D(X_k)=\sigma^2>0(k=1,2,\cdots)$. 试比较大数定律与中心极限定理的区别与精确性.

解 由设有 $E\left(\frac{1}{n}\sum_{k=1}^{n}X_k\right)=\frac{1}{n}\sum_{k=1}^{n}E(X_k)=\mu$，且

$$D\left(\frac{1}{n}\sum_{k=1}^{n}X_k\right)=\frac{1}{n^2}\sum_{k=1}^{n}D(X_k)=\frac{1}{n^2}\cdot n\sigma^2=\frac{\sigma^2}{n}$$

由切比雪夫不等式可有

$$P\left\{\left|\frac{1}{n}\sum_{k=1}^{n}X_k-\mu\right|<\varepsilon\right\}\geqslant 1-\frac{D\left(\frac{1}{n}\sum_{k=1}^{n}X_k\right)}{\varepsilon^2}=1-\frac{\sigma^2}{n\varepsilon^2}$$

故

$$\lim_{n\to\infty}P\left\{\left|\frac{1}{n}\sum_{k=1}^{n}X_k-\mu\right|<\varepsilon\right\}=1$$

而由中心极限定理，当 n 充分大时，有

$$P\left\{\left|\frac{1}{n}\sum_{k=1}^{n}X_k-\mu\right|\leqslant\varepsilon\right\}=P\left\{\left|\frac{1}{n}\sum_{k=1}^{n}X_k-\mu\right|\bigg/\frac{\sigma}{\sqrt{n}}\leqslant\varepsilon\bigg/\frac{\sigma}{\sqrt{n}}\right\}\approx$$

$$\Phi\left(\frac{\sqrt{n}\varepsilon}{\sigma}\right)-\Phi\left(-\frac{\sqrt{n}\varepsilon}{\sigma}\right)=2\Phi\left(\frac{\sqrt{n}\varepsilon}{\sigma}\right)-1$$

可见在题设条件下，中心极限定理比大数定律更精确.

例 4 若随机变量 X 服从二项分布 $\mathscr{B}(n,p)$. 试分别用切比雪夫不等式和中心极限定理估计 $P\left\{\left|\frac{X}{n}-p\right|<\frac{\sqrt{D(X)}}{3}\right\}\geqslant 0.99$ 的 n 值.

解 由 $X\sim\mathscr{B}(n,p)$，则 $E(X)=np$. 设 $Y=\frac{X}{n}$，则

$$E(Y)=\frac{1}{n}E(X)=p,\quad D(Y)=\frac{1}{n^2}D(X)$$

从而

$$\sqrt{D(Y)}=\frac{\sqrt{D(X)}}{n}$$

由切比雪夫不等式有

$$P\left\{\left|\frac{X}{n}-p\right|<\frac{\sqrt{D(X)}}{3}\right\}=P\left\{|Y-E(Y)|<\frac{\sqrt{D(X)}}{3}\right\}\geqslant 1-\frac{D(Y)}{\left(\frac{\sqrt{D(X)}}{3}\right)^2}=1-\frac{9D(X)}{n^2 D(X)}=1-\frac{9}{n^2}$$

由 $1-\frac{9}{n^2}\geqslant 0.99$，得 $n^2\geqslant 900$，即 $n\geqslant 30$.

由中心极限定理知 $\frac{Y-E(Y)}{\sqrt{D(X)}}\sim N(0,1)$，则

$$P\left\{\left|\frac{X}{n}-p\right|<\frac{\sqrt{D(X)}}{3}\right\}=P\left\{\frac{Y-E(Y)}{\sqrt{D(Y)}}<\frac{D(X)}{3\sqrt{D(Y)}}\right\}\approx\Phi\left(\frac{D(X)}{3\sqrt{D(Y)}}\right)-\Phi\left(-\frac{D(X)}{3\sqrt{D(Y)}}\right)=$$
$$\Phi\left(\frac{n}{3}\right)-\Phi\left(-\frac{n}{3}\right)=2\Phi\left(\frac{n}{3}\right)-1$$

由 $2\Phi\left(\frac{n}{3}\right)-1\geqslant 0.99$，得 $\Phi\left(\frac{n}{3}\right)\geqslant 0.995$，查表得 $\frac{n}{3}\geqslant 2.58$，知 $n\geqslant 7.74$，从而 $n\geqslant 8$.

例 5 假设 $X_1,X_2,\cdots,X_n$ 是来自总体 X 的简单随机样本，已知 $E(X^k)=\alpha_k(k=1,2,3,4)$. 证明当 n 充分大时，随机变量 $Z_N=\frac{1}{n}\sum_{i=1}^{n}X_i^2$ 近似服从正态分布，并指出其分布参数.

证 依题意 $X_1,X_2,\cdots,X_n$ 独立同分布，可知 $X_1^2,X_2^2,\cdots,X_n^2$ 也独立同分布，且有
$$E(X_i^2)=\alpha_2,\quad D(X_i^2)=E(X_i^4)-[E(X_i^2)]^2=\alpha_4-\alpha_2^2$$

据列维—林德伯格中心极限定理且注意下面的式子变形知
$$Y_n=\frac{\sum_{i=1}^{n}X_i^2-n\alpha_2}{\sqrt{n(\alpha_4-\alpha_2^2)}}=\frac{\frac{1}{n}\sum_{i=1}^{n}X_i^2-\alpha_2}{\sqrt{(\alpha_4-\alpha_2^2)/n}}=\frac{Z_n-\alpha_2}{\sqrt{(\alpha_4-\alpha_2^2)/n}}$$

的极限分布是标准正态分布，因此当 n 充分大时，Y_n 近似服从标准正态分布.

从而 $Z_n=\sqrt{\frac{(\alpha_4-\alpha_2^2)}{n}}Y_n+\alpha_2$ 也近似服从正态分布. 其数学期望和方差分别为
$$\mu=E(Z_n)=\alpha_2,\quad \sigma^2=D(Z_n)=\frac{1}{n}(\alpha_4-\alpha_2^2)$$

例 6 某保险公司多年的统计资料表明，在索赔户中被盗索赔户占 20%，以 X 表示在随意抽查的 100 个索赔户中因被盗向保险公司索赔的户数. 下表中的 $\Phi(x)$ 是标准正态分布函数.

(1)写出 X 的概率分布；(2)利用棣莫弗—拉普拉斯定理，求被盗索赔户不少于 14 户且不多于 30 户的概率的近似值.

x	0	0.5	1.0	1.5	2.0	2.5	3.0
$\Phi(x)$	0.500	0.692	0.841	0.933	0.977	0.994	0.999

解 (1)设 $A=\{$抽查到被盗索赔户$\}$，则 $p=P(A)=0.2$.
依题意 $X\sim\mathcal{B}(n,p)=\mathcal{B}(100,0.2)$，因此分布律为
$$P\{X=k\}=C_{100}^{k}\cdot 0.2^k\cdot 0.8^{100-k},\quad k=0,1,\cdots,100$$

(2)由设知 $E(X)=np=20,D(X)=np(1-p)=16$. 根据棣莫弗—拉普拉斯定理有
$$P\{14\leqslant X\leqslant 30\}=P\left\{\frac{14-20}{4}\leqslant\frac{X-20}{4}\leqslant\frac{30-20}{4}\right\}=P\left\{-1.5\leqslant\frac{X-20}{4}\leqslant 2.5\right\}\approx$$
$$\Phi(2.5)-\Phi(-1.5)=\Phi(2.5)-[1-\Phi(1.5)]=$$
$$0.944-1+0.933=0.927$$

例 7 某地抽样调查结果表明，考生的外语成绩（百分制）近似服从正态分布，平均成绩为 72 分，96 分以上的占考生总数的 2.3%，试求考生的外语成绩在 60 分至 84 分之间的概率. 下表中的 $\Phi(x)$ 是标准正态分布函数.

x	0	0.5	1.0	1.5	2.0	2.5	3.0
$\Phi(x)$	0.500	0.629	0.841	0.933	0.977	0.994	0.999

解 设 X 为考生的外语成绩，依题意设 $X\sim N(72,\sigma^2)$. 又由题设有

$$0.023 = P\{X \geqslant 96\} = P\left\{\frac{X-\mu}{\sigma} \geqslant \frac{96-72}{\sigma}\right\} = 1 - \Phi\left(\frac{24}{\sigma}\right)$$

从而 $\Phi\left(\frac{24}{\sigma}\right) = 0.977$. 由 $\Phi(x)$ 的数值表查得 $\frac{24}{\sigma} = 2$, 因此 $\sigma = 12$.

于是 $X \sim N(72, 12^2)$, 故所求概率为

$$P\{60 \leqslant X \leqslant 84\} = P\left\{\frac{60-72}{12} \leqslant \frac{X-\mu}{\sigma} \leqslant \frac{84-72}{12}\right\} = P\left\{-1 \leqslant \frac{X-\mu}{\sigma} \leqslant 1\right\} =$$
$$\Phi(1) - \Phi(-1) = 2\Phi(1) - 1 = 2 \cdot 0.841 - 1 = 0.682$$

例 8 在电源电压不超过 200 V、在 200～240 V 和超过 240 V 3 种情况下,某种电子元件损坏的概率分别为 0.1, 0.001 和 0.2. 假设电源电压 X 服从正态分布 $N(220, 25^2)$. 下表中的 $\Phi(x)$ 是标准正态分布函数. 试求: (1) 该电子元件损坏的概率 α; (2) 该电子元件损坏时,电源电压在 200～240 V 的概率 β.

x	0.10	0.20	0.40	0.60	0.80	1.00	1.20	1.40
$\Phi(x)$	0.530	0.579	0.655	0.726	0.788	0.841	0.885	0.919

解 设 $A_1 = \{$电压不超过 200 V$\}$, $A_2 = \{$电压在 200～240 V$\}$, $A_3 = \{$电压超过 240 V$\}$, 这是完备事件集. 又设 $B = \{$电子元件损坏$\}$. 由于 $X \sim N(220, 25^2)$, 因此

$$P(A_1) = P\{X \leqslant 200\} = P\left\{\frac{X-220}{25} \leqslant \frac{200-220}{25}\right\} = \Phi(-0.8) = 0.212$$

$$P(A_2) = P\{200 \leqslant X \leqslant 240\} = P\left\{\frac{200-220}{25} \leqslant \frac{X-220}{25} \leqslant \frac{240-220}{25}\right\} = \Phi(0.8) - \Phi(-0.8) = 0.576$$

$$P(A_3) = P\{X > 240\} = P\left\{\frac{X-220}{25} > \frac{240-220}{25}\right\} = 1 - \Phi(0.8) = 1 - 0.788 = 0.212$$

由题设知 $P\{B|A_1\} = 0.1, P\{B|A_2\} = 0.001, P\{B|A_3\} = 0.2$.

(1) 由全概率公式有

$$\alpha = P(B) = \sum_{i=1}^{3} P(A_i)P(B|A_i) = 0.0642$$

(2) 由贝叶斯公式有

$$\beta = P(A_2|B) = \frac{P(A_2)P(B|A_2)}{P(B)} \approx 0.009$$

例 9 假设由自动线加工的某种零件的内径 X(mm) 服从正态分布 $N(\mu, 1)$, 内径小于 10 或大于 12 为不合格品, 其余为合格品. 销售每件合格品获利, 销售不合格品亏损. 已知销售利润 T(单位:元) 与销售零件的内径 X 有如下关系

$$T = \begin{cases} -1, & X < 10 \\ 20, & 10 \leqslant x \leqslant 12 \\ -5, & X > 12 \end{cases}$$

问平均内径 μ 取何值时, 销售一个零件的平均利润最大?

解 由题设知零件的平均利润(数学期望)为

$$E(T) = 20P\{10 \leqslant X \leqslant 12\} - P\{X < 10\} - 5P\{X > 12\} =$$
$$20[\Phi(12-\mu) - \Phi(10-\mu)] - \Phi(10-\mu) - 5[1 - \Phi(12-\mu)] =$$
$$25\Phi(12-\mu) - 21\Phi(10-\mu) = 5$$

其中 $\Phi(x)$ 是标准正态分布的分布函数. 又设 $\varphi(x)$ 为其分布密度, 则

$$\frac{\mathrm{d}E(T)}{\mathrm{d}\mu} = -25\varphi(12-\mu) + 21\varphi(10-\mu)$$

令 $\frac{\mathrm{d}E(T)}{\mathrm{d}\mu} = 0$, 有

$$-\frac{25}{\sqrt{2\pi}}e^{-\frac{(10-\mu)^2}{2}}+\frac{21}{\sqrt{2\pi}}e^{-\frac{(10-\mu)^2}{2}}=0$$

即 $25e^{-\frac{(12-\mu)^2}{2}}=21e^{-\frac{(10-\mu)^2}{2}}$,得 $\mu_0=11-\frac{1}{2}\ln\frac{25}{21}\approx 10.9$.

由题意可知,当 $\mu=\mu_0\approx 10.9$ mm 时,销售一个零件的平均利润最大.

例 10 一生产线生产的产品成箱包装,每箱的质量是随机的.假设每箱平均重 50 kg,标准差为 5 kg.若用最大载重量为 5 t 的汽车承运,试利用中心极限定理说明每辆车最多可以装多少箱,才能保障不超载的概率大于 0.977.

注 $\Phi(2)=0.977$,其中 $\Phi(x)$ 是标准正态分布函数.

解 设 n 为所求的箱数,且设 X_i 为第 $i(i=1,2,\cdots,n)$ 的质量.

依题设知 $E(X_i)=50$,$\sqrt{D(X_i)}=5$.且将 $X_1,X_2,\cdots,X_n$ 视为独立同分布随机变量.

又 n 箱的质量为 $Y_n=\sum_{i=1}^{n}X_i$,易算得 $E(Y_n)=50n$,$\sqrt{D(Y_n)}=5\sqrt{n}$.

据列维—林德伯格中心极限定理,Y_n 近似服从正态分布 $N(50n,25n)$.

依题意 n 须满足 $P\{Y_n\leqslant 500\}>0.977$,变形以能使用定理结论即有

$$P\{Y_n\leqslant 500\}=P\left\{\frac{Y_n-50n}{5\sqrt{n}}\leqslant\frac{500-50n}{5\sqrt{n}}\right\}\approx\Phi\left(\frac{100-10n}{\sqrt{n}}\right)>0.977=\Phi(2)$$

由此得知 $\frac{1000-10n}{\sqrt{n}}>2$,即 $10n-\sqrt{2}n-1000<0$.

设 $\sqrt{n}=x$,则有 $10x^2-2x-1000<0$,解得 $x<9.9$(舍去负的下界).

因此 $n=x^2<98.01$,即最多可以装 98 箱可保障不超载的概率大于 0.977.

例 11 对敌人阵地的 100 次独立轰炸,每次命中目标的炮弹数是一个期望为 2、方差为 1.69 的随机变量,求在 100 次轰炸中有 180~220 颗炸弹命中目标的概率.(已知 $\frac{1}{\sqrt{2\pi}}\int_{-\infty}^{\frac{20}{13}}e^{-\frac{t^2}{2}}dt=0.93822$)

解 设第 k 次轰炸命中目标的炮弹数为 ξ_k,其中 $k=1,2,\cdots$,由题设

$$E(\xi_k)=2,\quad D(\xi_k)=1.69=(1.3)^2,\quad k=1,2,\cdots$$

又 $\xi_1,\xi_2,\cdots$ 独立同分布,且 100 次轰炸命中目标的炮弹为 $\sum_{k=1}^{100}\xi_k$.

由列维—林德柏格中心极限定理知

$$P\left\{180\leqslant\sum_{k=1}^{100}\xi_x\leqslant 220\right\}=P\left\{\frac{180-200}{1.3\sqrt{100}}\leqslant\frac{1}{1.3\sqrt{100}}\sum_{k=1}^{100}(\xi_k-2)\leqslant\frac{220-200}{1.3\sqrt{100}}\right\}=$$

$$P\left\{-\frac{20}{13}\leqslant\frac{1}{1.3\sqrt{100}}\sum_{k=1}^{100}(\xi_k-2)\leqslant\frac{20}{13}\right\}\approx\Phi\left(\frac{20}{13}\right)-\Phi\left(-\frac{20}{13}\right)=$$

$$2\Phi\left(\frac{20}{13}\right)-1=2\times 0.93822-1=0.87644$$

例 12 假设测量的随机误差 $X\sim N(0,10^2)$,试求在 100 次独立重复测量中,至少有 3 次测量误差的绝对值大于 19.6 的概率 α,并利用泊松分布求出 α 的近似值.下表为某些 $e^{-\lambda}$ 的值.(要求小数点后取两位有效数字)

λ	1	2	3	4	5	6	7	$\cdots$
$e^{-\lambda}$	0.368	0.135	0.050	0.018	0.007	0.002	0.001	$\cdots$

解 因为 $X\sim N(0,10^2)$,所以每次测量误差的绝对值大于 19.6 的概率

$$p = P\{|X| > 19.6\} = P\left\{\frac{|X|}{10} > 1.96\right\} = 0.05$$

设 Y 是事件 $\{|X| > 19.6\}$ 出现的次数,则 $Y \sim \mathscr{B}(100, 0.05)$. 因此所求概率

$$\alpha = P\{Y \geqslant 3\} = 1 - P\{Y < 3\} = 1 - P\{Y = 0\} - P\{Y = 1\} - P\{Y = 2\} =$$

$$1 - (0.95)^{100} - 100 \cdot 0.05 \cdot 0.95^{99} - \frac{100 \cdot 99}{2} \cdot 0.05^2 \cdot 0.95^{98}$$

由泊松定理,Y 近似服从参数为 $\lambda = np = 100 \cdot 0.05 = 5$ 的泊松分布 $\pi(5)$,从而

$$\alpha \approx \left[1 - \mathrm{e}^{-\lambda} - \lambda \mathrm{e}^{-\lambda} - \frac{\lambda^2}{2} \mathrm{e}^{-\lambda}\right]_{\lambda=5} = \left[1 - \mathrm{e}^{-\lambda}\left(1 + \lambda + \frac{\lambda^2}{2}\right)\right]_{\lambda=5} = 1 - 0.007 \cdot (1 + 5 + 12.5) \approx 0.87$$

习 题

1. 若随机变量序列 $\{X_k\}$ 独立同分布,且 X_k 的概率分布为 $P\{X_k = 2^{n-2\ln n}\} = 2^{-n}(n=1,2,3,\cdots)$. 试证 $\{X_k\}$ 服从大数定律.

[提示 证明 $E(X_k) = \sum_{n=1}^{\infty} \frac{1}{n \ln 4} < \infty, k = 1, 2, 3, \cdots, m$]

2. 设随机变量 ξ 的数学期望和方差分别为 $E(\xi) = 0, D(\xi) = \sigma^2$. 又 $F(x)$ 为 ξ 的分布函数. 证明:当 $x < 0$ 时,$F(x) \leqslant \frac{\sigma^2}{\sigma^2 + x^2}$;当 $x \geqslant 0$ 时,$F(x) \geqslant \frac{x^2}{\sigma^2 + x^2}$.

3. 若随机变量 X 满足 $|X| \leqslant 1$,则对 $\varepsilon > 0$ 有 $P\{|X| \geqslant \varepsilon\} \geqslant E(X^2) - \varepsilon^2$.

[提示 $E(X^2) = \int_{-\infty}^{+\infty} x^2 \mathrm{d}F(x) = \int_{|x| \geqslant \varepsilon} x^2 \mathrm{d}F(x) + \int_{|x| < \varepsilon} x^2 \mathrm{d}F(x) \leqslant \int_{|x| \geqslant \varepsilon} \mathrm{d}F(x) + \int_{|x| < \varepsilon} \varepsilon^2 \mathrm{d}F(x) \leqslant P\{|x| \geqslant \varepsilon\} + \varepsilon^2$]

(其余习题可见下章习题)

第 5 章

数理统计

数理统计是研究大量随机现象统计规律的数学学科. 其核心是从总体中随机抽取样本所获得的信息来推断总体的性质.

历史上最早出现统计推断是英国统计学家格兰特(J. Grant)于1662年组织调查伦敦市死亡人数情况,且发表《从自然和政治方面观察死亡情况统计表》.

1710年,英国统计学家阿巴斯诺特(J. Arbuthnot)的《从两性出生的永恒规律论天命》中,从伦敦地区出生男、女婴儿生死情况统计验证了格兰特的定律.

1749年,德国数学家阿亨瓦尔(G. Achenwall)第一次用"统计"来表示对某种状态各种特性的综合描述.

1761年,英国人沙斯米尔赫(J. P. Süssmilen)开创了人口统计学研究.

19世纪初,高斯和勒让德(A. M. Legendre)最先把最小二乘法用于天文观测中的误差.

1889年,英国生物学家高尔顿(S. E. Galton)出版了《自然的遗传》一书,书中引入回归直线、相关系数等概念,此外还提出中位数、四分位数、四分偏差等.

1900年,英国数学家皮尔逊(K. Pearson)将数理统计应用于生物遗传等领域,得到生物统计学和社会统计学的一些基本法则,并进一步发展了回归和相关理论. 他于同年提出检验拟合程度的 χ 统计量,且证明其极限是 χ **分布**.

1930年前后,美国学者皮尔逊(C. S. Peirce)对假设检验进行了深入而系统地研究,并且建立了**置信区间估计理论**.

英国学者费希尔(R. A. Fisher)的《理论统计的数学基础》是现代数理统计的奠基之作.

1930年,英国人尤尔(G. U. Yule)引进**自回归**和**序列相关**概念,奠定了时间序列分析的基础.

1946年,瑞典数学家克拉默尔(H. Cramér)出版了堪称经典的《统计学中的数学方法》.

1950年,美国学者瓦尔德(A. Wald)创立了**统计决策理论**.

内 容 提 要

一、样本

1. 总体

被观察(研究)对象的全体称为总体(或母体). 在数理统计中,通常是观察被研究对象的某一特定指标,故应视总体为随机变量,并用 X, Y 等字母表示.

2. 个体

组成总体的每一个基本单元(或元素)称为个体.

3. 样本

从总体中抽出部分个体组成的集合称为来自总体的样本. 如果以 X 表示总体, 则样本可表示为 X_1, $X_2, \cdots, X_n$, 其中样本所含个体数量 n 称为样本容量. 每次具体抽独的样本观测值称为样本值, 以 x_1, $x_2, \cdots, x_n$ 表示.

4. 简单随机样本

若来自总体 X 的样本 $X_1, X_2, \cdots, X_n$ 满足: (1) X_i 与 X 有相同的分布($i=1,2,\cdots,n$); (2) X_1, $X_2, \cdots, X_n$ 相互独立(简称独立同分布), 则称 $X_1, X_2, \cdots, X_n$ 为来自总体的简单随机样本.

5. 统计量

设 $X_1, X_2, \cdots, X_n$ 为来自总体 X 的一个样本, 又 $g = g(X_1, X_2, \cdots, X_n)$ 为该样本的函数, 若 g 不依赖于任何未知参数, 则称 g 为总体 X 的统计量. 常用统计量见下表.

样 本 均 值	$\overline{X} = \dfrac{1}{n} \sum\limits_{i=1}^{n} X_i$
样 本 方 差	$S^2 = \dfrac{1}{n-1} \sum\limits_{i=1}^{n} (X_i - \overline{X})^2$
样 本 平 均 偏 差	$\overline{M} = \dfrac{1}{n} \sum\limits_{i=1}^{n} |X_i - \overline{X}|$
样 本 极 差	$R_n = X_{(n)} - X_{(1)} = \max\limits_{1 \leqslant i,j \leqslant n} |X_i - X_j|$
样本 k 阶原点矩	$A_k = \dfrac{1}{n} \sum\limits_{i=1}^{n} X_i^k$
样本 k 阶中心矩	$B_k = \dfrac{1}{n} \sum\limits_{i=1}^{n} (X_i - \overline{X})^k$

二、抽样分布

1. 抽样分布

称统计量的概率分布为抽样分布.

2. 正态总体常用抽样分布

(1) χ^2 **分布** 设 $X_1, X_2, \cdots, X_n$ 相互独立且均服从标准正态分布, 则称 $X^2 = X_1^2 + X_2^2 + \cdots + X_n^2 = \sum\limits_{i=1}^{n} X_i^2$ 为服从自由度为 n 的 χ^2 分布, 记作 $X^2 \sim \chi^2(n)$.

(2) t **分布** 设随机变量 X, Y 相互独立, 且 $X \sim N(0,1)$, $Y \sim \chi^2(n)$, 则称 $t = \dfrac{X}{\sqrt{Y/n}}$ 为服从自由度 n 的 t 分布(学生氏分布), 记作 $t \sim t(n)$.

(3) F **分布** 设随机变量 U, V 相互独立, 且 $U \sim \chi^2(n_1)$, $V \sim \chi^2(n_2)$, 则称随机变量 $F = \dfrac{U}{n_1} \Big/ \dfrac{V}{n_2}$ 为服从第一自由度为 n_1、第二自由度为 n_2 的 F 分布, 记作 $F \sim F(n_1, n_2)$.

3 种抽样分布的密度函数及其图形见下表.

抽样分布	密度函数	图形
χ^2 分布	$f(x) = \begin{cases} \dfrac{1}{2^{\frac{n}{2}}\Gamma\left(\dfrac{n}{2}\right)} x^{\frac{n}{2}-1} e^{-\frac{x}{2}}, & x > 0 \\ 0, & x \leqslant 0 \end{cases}$	
t 分布	$h(t) = \dfrac{\Gamma\left(\dfrac{n+1}{2}\right)}{\sqrt{n\pi}\,\Gamma\left(\dfrac{n}{2}\right)} \left(1 + \dfrac{t^2}{n}\right)^{-\frac{1}{2}(n+1)}, \quad -t < t < \infty$	
F 分布	$g(h) = \begin{cases} \dfrac{\Gamma\left(\dfrac{n_1+n_2}{2}\right)\left(\dfrac{n_1}{n_2}\right)^{\frac{n_1}{2}} y^{\frac{n_1}{2}-1}}{\Gamma\left(\dfrac{n_1}{2}\right)\Gamma\left(\dfrac{n_2}{2}\right)\left(1+\dfrac{n_1 y}{n_2}\right)^{\frac{n_1+n_2}{2}}}, & y > 0 \\ 0, & y \leqslant 0 \end{cases}$	

3. 抽样分布的基本性质

(1) χ^2 分布的基本性质

若 $X \sim \chi^2(n), Y \sim \chi^2(m)$，且 X, Y 相互独立，则 $X + Y \sim \chi^2(n+m)$.

(2) t 分布的基本性质

当 $n \to \infty$ 时，标准正态分布为 t 分布的极限分布. 实际应用中，当 $n \geqslant 30$ 时，即可用标准正态分布逼近 t 分布.

4. 分位数

(1) 称满足 $P(U > u_\alpha) = \alpha$ 的点 u_α 为标准正态分布的上 α 分位数.

(2) 称满足 $P\{X > \chi_\alpha^2(n)\} = \displaystyle\int_{\chi_\alpha^2(n)}^{+\infty} f(x) \mathrm{d}x = \alpha$ 的点 $\chi_\alpha^2(n)$ 为 $\chi^2(n)$ 分布的上 α 分位数.

(3) 称满足 $P\{t > t_\alpha(n)\} = \displaystyle\int_{t_\alpha(n)}^{+\infty} h(t) \mathrm{d}t = \alpha$ 的点 $t_\alpha(n)$ 为 $t(n)$ 分布的上 α 分位数，且有 $t_{1-\alpha}(n) = -t_\alpha(n)$.

(4) 称满足 $P\{F > F_\alpha(n_1, n_2)\} = \displaystyle\int_{F_\alpha(n_1,n_2)}^{+\infty} g(x) \mathrm{d}x = \alpha$ 的点 $F_\alpha(n_1, n_2)$ 为 $F(n_1, n_2)$ 分布的上 α 分位数.

上分位数的几何表示见下表.

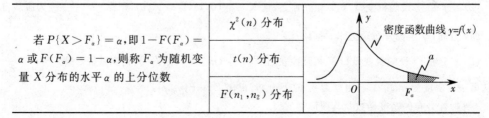

若 $P\{X > F_\alpha\} = \alpha$，即 $1 - F(F_\alpha) = \alpha$ 或 $F(F_\alpha) = 1 - \alpha$，则称 F_α 为随机变量 X 分布的水平 α 的上分位数	$\chi^2(n)$ 分布	
	$t(n)$ 分布	
	$F(n_1, n_2)$ 分布	

5.3 种常用抽样分布性质

3种抽样分布的性质如下表所示.

分 布	性 质
χ^2 分布	(1) 若 $X \sim \chi^2(n), Y \sim \chi^2(m)$，则 $X+Y \sim \chi^2(m+n)$； (2) 若 $\chi^2 \sim \chi^2(n)$，则 $E(\chi^2) = n, D(\chi^2) = 2n$
t 分布	(1) 密度函数关于 Oy 轴对称； (2) 其极限分布为标准正态分布； (3) 若 $T \sim t(n)$，则 $E(T) = 0, D(T) = \dfrac{n}{n-2}(n>2)$； (4) 若 T 的 p 分位数记作 $t_p(n)$，则 $t_p(n) = -t_{1-p}(n)$
F 分布	(1) 若 $F \sim F(m,n)$，则 $\dfrac{1}{F} \sim F(n,m)$； (2) 若 F 的 p 分位数记作 $F_p(m,n)$，则 $F_p(m,n) = \dfrac{1}{F_{1-p}(n,m)}$
注 记	若 $U \sim N(0,1)$，又 U_p 为其 p 分位数，则 $u_p = -u_{1-p}$. 对任意总体 X 均有 $E(\overline{X}) = E(X), \quad E(S^2) = D(X), \quad D(\overline{X}) = \dfrac{D(X)}{n}$

6. 与正态总体有关的抽样分布 —— 正态总体下常用统计量的性质

(1) 设 $X_1, X_2, \cdots, X_n \sim X \sim N(\mu, \sigma^2)$，则

$$\overline{X} \sim N\left(\mu, \frac{\sigma^2}{n}\right), \quad \frac{\overline{X} - \mu}{\sigma/\sqrt{n}} \sim N(0,1)$$

(2) 设 $X_1, X_2, \cdots, X_n \sim X \sim N(\mu, \sigma^2)$，且 $\overline{X}$ 与 S^2 相互独立，则

$$\frac{(n-1)S^2}{\sigma^2} = \frac{1}{\sigma^2}\sum_{i=1}^{n}(X_i - \overline{X})^2 \sim \chi^2(n-1)$$

且

$$\frac{1}{\sigma^2}\sum_{i=1}^{n}(X_i - \mu)^2 \sim \chi^2(n)$$

(3) 设 $X_1, X_2, \cdots, X_n \sim X \sim N(\mu, \sigma^2)$，则

$$\frac{\overline{X} - \mu}{S/\sqrt{n}} \sim t(n-1)$$

(4) 设 $X_1, X_2, \cdots, X_{n_1} \sim X \sim N(\mu_1, \sigma^2)$；$Y_1, \cdots, Y_{n_2} \sim Y \sim N(\mu_2, \sigma^2)$，且 X_i, Y_j 相独立 ($i=1,2,\cdots,n_1$, $j=1,2,\cdots,n_2$)，则

$$\frac{\overline{X} - \overline{Y} - (\mu_1 - \mu_2)}{S_0\sqrt{\dfrac{1}{n_1} + \dfrac{1}{n_2}}} \sim t(n_1 + n_2 - 2)$$

其中 $S_0 = [(n_1-1)S_1^2 + (n_2-1)S_2^2]/(n_1+n_2-2)$.

(5) 设 $X_1, X_2, \cdots, X_{n_1} \sim X \sim N(\mu_1, \sigma_1^2)$；$Y_1, Y_2, \cdots, Y_{n_2} \sim Y \sim N(\mu_2, \sigma_2^2)$，且 X_i, Y_j 相互独立 ($i=1$,

$2,\cdots,n_1,j=1,2,\cdots,n_2)$，则

$$\frac{S_1^2/\sigma_1^2}{S_2^2/\sigma_2^2} \sim F(n_1-1, n_2-1)$$

其中，S_1^2 和 S_2^2 分别是总体 X 与 Y 的样本方差.

(6) 两个重要定理

定理 1 设 $X_1, X_2, \cdots, X_n$ 为来自总体 $N(\mu, \sigma^2)$ 的一个样本，则 $\overline{X}$ 与 S^2 相互独立.

定理 2 设 $X_1, X_2, \cdots, X_n$ 为来自 $N(0,1)$ 的一个样本，而 $Q_i = \sum_{j=1}^{n_i} X_j^2$，$i=1,2,\cdots,k$，其中 Q_i 为秩等于 $n_i(i=1,2,\cdots,k)$ 的半正定二次型，则 $Q_i(i=1,2,\cdots,k)$ 相互独立且分别服从 $\chi^2(n_i)$ 分布的充要条件是 $\sum_{i=1}^{k} n_i = n$.

三、参数估计

1. 总体参数的点估计

设总体 X 为服从某种分布的随机变量，它具有参数 θ，从总体中抽取容量为 n 的简单随机样本 $X_1, X_2, \cdots, X_n$，用样本的某种适当函数算得 $\hat{\theta}$，并用之作为总体参数 θ 的估值，这种方法叫做参数的点估计.

注 一般称 $\hat{\theta}(X_1, X_2, \cdots, X_n)$ 为总体参数 θ 的估计量，而称其观测值 $\hat{\theta}(x_1, x_2, \cdots, x_n)$ 为估计值.

(1) **矩法**

就是以样本矩（某一取值）作为总体相应矩的估计量（估计值），以样本矩的函数（某一取值）作为总体相应矩的同样函数的估计量（估计值）.

注 1 用样本均值 $\overline{X} = \frac{1}{n}\sum_{i=1}^{n} X_i$ 作为总体期望 $E(X)$ 的一个估计量；用 $\overline{X}$ 的某一观测值 $\overline{x} = \frac{1}{n}\sum_{i=1}^{n} x_i$ 作为 $E(X)$ 的一个估计值.

注 2 用样本二阶中心矩 $B_2 = \frac{1}{n}\sum_{i=1}^{n}(X_i - \overline{X})^2$ 作为总体方差 $D(X)$ 的一个估计量；用 B_2 的某一观测值 $b_2 = \frac{1}{n}\sum_{i=1}^{n}(x_i - \overline{x})^2$ 作为 $D(X)$ 的一个估计值.

(2) **最大似然法**

似然函数 若 X 为离散型随机变量，其分布为 $P\{X=x\} = p(x; \theta)$，$X_1, X_2, \cdots, X_n \sim X$，则 $P\{X_1 = x_1, \cdots, X_n = x_n\} = \prod_{i=1}^{n} p(x_i; \theta)$ 为 $(X_1, \cdots, X_n)$ 的联合分布，记 $L(\theta) = L(x_1, x_2, \cdots, x_n; \theta) = \prod_{i=1}^{n} p(x_i; \theta)$，并称之为样本的似然函数.

若 X 为连续型随机变量，其密度函数为 $f(x, \theta)$，则称 $L(\theta) = L(x_1, \cdots, x_n; \theta) = \prod_{i=1}^{n} f(x_i; \theta)$ 为样本的似然函数.

最大似然估计 若似然函数 $L(x_1, x_2, \cdots, x_n; \theta)$ 在 $\hat{\theta}$ 处达到最大值，则称 $\hat{\theta}(x_1, x_2, \cdots, x_n)$ 为 θ 的最大似然估计值，而称 $\hat{\theta}(X_1, X_2, \cdots, X_n)$ 为 θ 的最大似然估计量.

(3) **估计量的评选标准**

无偏性 设 θ 为总体 X 的待估参数，$\hat{\theta}(X_1, X_2, \cdots, X_n)$ 为 θ 的某个估计量，若对任意 n 均有 $E(\hat{\theta}) = \theta$，则称 $\hat{\theta}$ 是 θ 的无偏估计量.

有效性 设 $\hat{\theta}_1(X_1,X_2,\cdots,X_n)$ 与 $\hat{\theta}_2(X_1,X_2,\cdots,X_n)$ 均是总体 X 的无偏估计量,若对任意 n 都有 $D(\hat{\theta}_1)<D(\hat{\theta}_2)$,则称 $\hat{\theta}_1$ 较 $\hat{\theta}_2$ 有效.

一致性 设 θ 为总体 X 的某一参数,$\hat{\theta}_n$(n 为样本容量)为 θ 的估计量,若对任意 $\varepsilon>0$ 有 $\lim\limits_{n\to\infty}P\{|\hat{\theta}_n-\theta|<\varepsilon\}=1$,则称 $\hat{\theta}_n$ 为 θ 的一致估计量.

2. 参数的区间估计

设 θ 为总体 X 的一个待估参数,若存在样本统计量 $\hat{\theta}_1=\hat{\theta}_1(X_1,X_2,\cdots,X_n)$ 和 $\hat{\theta}_2=\hat{\theta}_2(X_1,X_2,\cdots,X_n)$,使得随机区间 $(\hat{\theta}_1,\hat{\theta}_2)$ 包含待估参数 θ 的概率为 $1-\alpha\,(0<\alpha<1)$,即

$$P\{\hat{\theta}_1<\theta<\hat{\theta}_2\}=1-\alpha$$

则称随机区间 $(\hat{\theta}_1,\hat{\theta}_2)$ 为 θ 的置信区间,其中 α 为置信水平,$1-\alpha$ 为置信度.

(1) 一个正态总体的双侧区间估计 ($X\sim N(\mu,\sigma^2)$)

总体期望 μ 的区间估计见下表.

	依 据	$[\hat{\theta}_1,\hat{\theta}_2]$
已知 σ^2	$P\{|U=\dfrac{\overline{X}-\mu}{\sigma/\sqrt{n}}|\leqslant u_{\frac{\alpha}{2}}\}=1-\alpha$	$[\overline{X}-\dfrac{\sigma}{\sqrt{n}}u_{\frac{\alpha}{2}},\overline{X}+\dfrac{\sigma}{\sqrt{n}}u_{\frac{\alpha}{2}}]$
未知 σ^2	$P\{|T=\dfrac{\overline{X}-\mu}{s/\sqrt{n}}|\leqslant t_{\frac{\alpha}{2}}(n-1)\}=1-\alpha$	$[\overline{X}-\dfrac{s}{\sqrt{n}}t_{\frac{\alpha}{2}}(n-1),\overline{X}+\dfrac{s}{\sqrt{n}}t_{\frac{\alpha}{2}}(n-1)]$

总体方差 σ^2 的区间估计见下表.

	依 据	$[\hat{\theta}_1,\hat{\theta}_2]$
	$P\{\chi^2_{1-\frac{\alpha}{2}}(n-1)\leqslant\chi^2=\dfrac{(n-1)S^2}{\sigma^2}\leqslant\chi^2_{\frac{\alpha}{2}}(n-1)\}=1-\alpha$	$\left[\dfrac{(n-1)s^2}{\chi^2_{\frac{\alpha}{2}}(n-1)},\dfrac{(n-1)s^2}{\chi^2_{1-\frac{\alpha}{2}}(n-1)}\right]$

(2) 一个正态总体的单侧区间估计

未知 σ^2,μ 的单侧区间估计见下表.

依 据	$P\{T\leqslant t_\alpha(n-1)\}=P\{T\geqslant-t_\alpha(n-1)\}=1-\alpha$
置信区间	$[\overline{X}-\dfrac{S}{\sqrt{n}}t_\alpha(n-1),+\infty)$ 或 $(-\infty,\overline{X}+\dfrac{S}{\sqrt{n}}t_\alpha(n-1)]$

σ^2 的单侧区间估计见下表.

依 据	$P\{\chi^2\geqslant\chi^2_{1-\alpha}(n-1)\}=1-\alpha$
置信上限	$\dfrac{(n-1)S^2}{\chi^2_{1-\alpha}(n-1)}$

四、假设检验

1. 一个(单)正态总体的假设检验

一个(单)正态总体的假设检验见下表.

(1) 已知方程 σ^2, $H_0:\mu=\mu_0$ 的检验程序	(2) 未知方差 σ^2, $H_0:\mu=\mu_0$ 的检验程序
① 提出待检验的假设 $H_0:\mu=\mu_0$; ② 确定样本统计量 $U=\dfrac{\overline{X}-\mu_0}{\sigma/\sqrt{n}}\sim N(0,1)$; ③ $P\{|U|>U_{\frac{\alpha}{2}}\}=\alpha$; ④ 计算统计量 U 的观测值; ⑤ 得出结论	① 提出待检验的假设 $:\mu=\mu_0$; ② 确定样本统计量 $T=\dfrac{\overline{X}-\mu_0}{s/\sqrt{n}}\sim t(n-1)$; ③ $P\{|T|>t_{\frac{\alpha}{2}}\}=\alpha$; ④ 计算统计量 T 的观测值; ⑤ 得出结论
(3) 未知 μ, $H_0:\sigma^2=\sigma_0^2$ 的检验程序	(4) 未知 μ, $H_0:\sigma^2\leqslant\sigma_0^2$ 的检验程序
① 提出待检验的假设 $:\sigma^2=\sigma_0^2$; ② 确定样本统计量 $\chi^2=\dfrac{(n-1)S^2}{\sigma_0^2}\sim\chi^2(n-1)$; ③ $P\{\chi^2<\chi^2_{1-\frac{\alpha}{2}}\}=\dfrac{\alpha}{2}$, $P\{\chi^2>\chi^2_{\frac{\alpha}{2}}\}=\dfrac{\alpha}{2}$; ④ 计算统计量 χ^2 的观测值; ⑤ 得出结论	① 提出待检验的假设 $H_0:\sigma^2\leqslant\sigma_0^2$; ② 确定样本统计量 $W=\sum\limits_{i=1}^{n}\dfrac{(X_i-\overline{X})^2}{\sigma_0^2}$; ③ $P(\chi^2>\chi_\alpha^2)=\alpha$; ④ 计算统计量 W 的观测值; ⑤ 提出结论

2. 两个(双)正态总体的假设检验

设 $X\sim N(\mu_1,\sigma_1^2)$, $Y\sim N(\mu_2,\sigma_2^2)$.

(1) 未知 σ_1^2,σ_2^2, 但已知 $\sigma_1^2=\sigma_2^2$. $H_0:\mu_1=\mu_2$ 的检验程序	(2) 未知 μ_1,μ_2, $H_0:\sigma_1^2=\sigma_2^2$ 的检验程序
① 提出待检验的假设 $H_0:\mu_1=\mu_2$; ② 确定样本统计量 $T=(\overline{X}-\overline{Y})\Big/\sqrt{\dfrac{(n_1-1)S_1^2+(n_2-1)S_2^2}{n_1+n_2-2}\left(\dfrac{1}{n_1}+\dfrac{1}{n_2}\right)}$ $\sim t(n_1+n_2-2)$ ③ $P\{|T|>t_{\frac{\alpha}{2}}\}=\alpha$; ④ 计算统计量 T 的观测值; ⑤ 得出结论	① 提出待检验的假设 $H_0:\sigma_1^2=\sigma_2^2$; ② 确定样本统计量 $F=\dfrac{S_1^2}{S_2^2}$ (或 $\dfrac{S_2^2}{S_1^2}$) (使分式的分子大于分母) $\sim F(n_1-1,n_2-1)$ (或 $F(n_2-1,n_1-1)$); ③ $P\{F>F_{\frac{\alpha}{2}}\}=\dfrac{\alpha}{2}$; ④ 计算统计量 F 的观测值; ⑤ 得出结论
(3) 未知 μ_1,μ_2, $H_0:\sigma_1^2\leqslant\sigma_2^2$ 的检验程序	
① 提出待检验的假设 $:H_0:\sigma_1^2\leqslant\sigma_2^2$; ② 确定样本统计量 $F=\dfrac{s_1^2}{s_2^2}\sim F(n_1-1,n_2-1)$; ③ $P\{F>F_\alpha\}=\alpha$; ④ 计算统计量 F 的观测值; ⑤ 得出结论	

例 题 分 析

一、统计量的分布与数字特征

1. 统计量的分布问题

统计量也是随机变量,因而它也会涉及概率分布、数学期望、方差等问题.
先来看一些关于统计量的分布问题,它们有时会涉及一些特殊函数如 Γ 函数等.

例 1 若随机变量 $X \sim N(0,1)$,则 $X^2 \sim \chi^2(1)$.

证 令 $Y = X^2$,由题设知若 $y \leqslant 0$,则 $P\{Y \geqslant y\} = 0$. 若 $y > 0$,则

$$P\{Y \leqslant y\} = P\{X^2 \leqslant y\} = P\{-\sqrt{y} \leqslant X \leqslant \sqrt{y}\} = \frac{1}{\sqrt{2\pi}} \int_{-\sqrt{y}}^{\sqrt{y}} e^{-\frac{x^2}{2}} dx = \frac{2}{\sqrt{2\pi}} \int_{0}^{\sqrt{y}} e^{-\frac{x^2}{2}} dx$$

将 $x = \sqrt{t}$ 代入上式右积分中,有

$$P\{Y \leqslant y\} \leqslant \frac{1}{\sqrt{2\pi}} \int_{0}^{y} \frac{1}{\sqrt{t}} e^{-\frac{t}{2}}$$

当 $y \leqslant 0$ 时,$f(y) = 0$. 而当 $n = 1$ 时,有

$$\varphi(y) = \begin{cases} e^{-\frac{y}{2}} / \left[\sqrt{2y}\, \Gamma\left(\frac{1}{2}\right)\right], & y > 0 \\ 0, & y \leqslant 0 \end{cases}$$

其中 $\Gamma\left(\frac{1}{2}\right) = \int_{0}^{+\infty} t^{-\frac{1}{2}} e^{-t} dt$. 又由 Γ 函数性质

$$\Gamma(p)\Gamma(1-p) = \frac{\pi}{\sin p\pi}$$

取 $p = \frac{1}{2}$,得 $\Gamma\left(\frac{1}{2}\right) = \sqrt{\pi}$(此式可作为公式直接作用),则

$$\varphi(y) = \begin{cases} e^{-\frac{y}{2}} / \sqrt{2\pi y}, & y > 0 \\ 0, & y \leqslant 0 \end{cases}$$

即 $X^2 \sim \chi^2(1)$.

例 2 若随机变量 $X \sim t(n)$,则 $X^2 \sim F(1,n)$.

证 由题设且注意到

$$F_{X^2}(y) = P\{X^2 < y\} = \int_{-\sqrt{y}}^{\sqrt{y}} \frac{\Gamma\left(\frac{n+1}{2}\right)}{\sqrt{n\pi}\,\Gamma\left(\frac{n+1}{2}\right)} \left(1 + \frac{t^2}{n}\right)^{-\frac{n+1}{2}} dt = P\{X < \sqrt{y}\}$$

则

$$f_{X^2}(y) = \frac{\Gamma\left(\frac{n+1}{2}\right)}{\sqrt{n\pi}\,\Gamma\left(\frac{n+1}{2}\right)} \left(1 + \frac{y}{n}\right)^{-\frac{n+1}{2}} \frac{1}{\sqrt{y}}, \quad 0 < y < +\infty$$

知 $f_{X^2}(y)$ 即为 $n_1 = 1, n_2 = n$ 时 F 分布的密度函数,即 $X^2 \sim F(1,n)$.

例 3 设 $X_1, X_2, \cdots, X_n, X_{n+1}$ 为来自总体 $N(\mu, \sigma^2)$ 的一个简单随机样本. 记

$$\overline{X} = \frac{1}{n} \sum_{i=1}^{n} X_i, \quad S^2 = \frac{1}{n-1} \sum_{i=1}^{n} (X_i - \overline{X})^2$$

求 $T = \sqrt{\dfrac{n}{n+1}} \dfrac{X_{n+1} - \overline{X}}{S}$ 的分布.

解 由于 $X_i(i=1,2,\cdots,n+1)$ 相互独立且均服从 $N(\mu,\sigma^2)$，因而 $\overline{X} \sim N\left(\mu, \dfrac{\sigma^2}{n}\right)$，又 $X_{n+1} \sim N(\mu,\sigma^2)$，并且 $\overline{X}$ 与 X_{n+1} 相互独立. 从而 $(X_{n+1} - \overline{X}) \sim N\left(0, \dfrac{n+1}{n}\sigma^2\right)$，故

$$(X_{n+1} - \overline{X}) \Big/ \sqrt{\dfrac{n+1}{n}} \sigma \sim N(0,1)$$

又 $\dfrac{(n-1)S^2}{\sigma^2} \sim \chi^2(n-1)$，且 $X_{n+1}, \overline{X}, S^2$ 相互独立，易知 $X_{n+1} - \overline{X}$ 与 S^2 也相互独立. 从而

$$\dfrac{X_{n+1} - \overline{X}}{\sqrt{\dfrac{n+1}{n}}\sigma} \Bigg/ \sqrt{\dfrac{(n-1)S^2}{(n-1)\sigma^2}} = \dfrac{\sqrt{n}}{\sqrt{n+1}} \cdot \dfrac{X_{n+1} - \overline{X}}{S} \sim t(n-1)$$

注 判断一个统计量的分布，通常总是从已知的分布着手分析，譬如 χ^2 分布、t 分布、F 分布等定义均是大家熟知的，所需要的即是由已给的条件转化（通过式子变形）成以上几种分布之一.

例4 假设 $X_1, X_2, \cdots, X_n$ 是来自总体 X 的简单随机样本，已知 $E(X^k) = \alpha_k(k=1,2,3,4)$. 证明：当 n 充分大时，随机变量 $Z_N = \dfrac{1}{n} \sum_{i=1}^{n} X_i^2$ 近似服从正态分布，并指出其分布参数.

证 依题意 $X_1, X_2, \cdots, X_n$ 独立同分布，可知 $X_1^2, X_2^2, \cdots, X_n^2$ 也独立同分布，且有

$$E(X_i^2) = \alpha_2, \quad D(X_i^2) = E(X_i^4) - [E(X_i^2)]^2 = \alpha_4 - \alpha_2^2$$

据列维—林德伯格中心极限定理且注意下面的式子变形知

$$Y_n = \dfrac{\sum_{i=1}^{n} X_i^2 - n\alpha_2}{\sqrt{n(\alpha_4 - \alpha_2^2)}} = \dfrac{\dfrac{1}{n}\sum_{i=1}^{n} X_i^2 - \alpha_2}{\sqrt{(\alpha_4 - \alpha_2^2)/n}} = \dfrac{Z_n - \alpha_2}{\sqrt{(\alpha_4 - \alpha_2^2)/n}}$$

的极限分布是标准正态分布，因此当 n 充分大时，Y_n 近似服从标准正态分布.

从而 $Z_n = \sqrt{\dfrac{\alpha_4 - \alpha_2^2}{n}} Y_n + \alpha_2$ 也近似服从正态分布. 其数学期望和方差分别为

$$\mu = E(Z_n) = \alpha_2, \quad \sigma^2 = D(Z_n) = \dfrac{1}{n}(\alpha_4 - \alpha_2^2)$$

例5 设 $X_1, X_2, \cdots, X_9$ 是来自正态总体 X 的简单随机样本，且

$$Y_1 = \dfrac{1}{6}(X_1 + \cdots + X_6), \quad Y_2 = \dfrac{1}{3}(X_7 + X_8 + X_9)$$

$$S^2 = \dfrac{1}{2}\sum_{i=7}^{9}(X_i - Y_2)^2, \quad Z = \dfrac{\sqrt{2}(Y_1 - Y_2)}{S}$$

证明：统计量 Z 服从自由度为 2 的 t 分布.

证 由题设 $X \sim N(\mu, \sigma^2)$，则

$$E(Y_1) = E(Y_2) = \mu, \quad D(Y_1) = \dfrac{\sigma^2}{6}, \quad D(Y_2) = \dfrac{\sigma^2}{3}$$

由于 Y_1 和 Y_2 独立，可得

$$E(Y_1 - Y_2) = 0, \quad D(Y_1 - Y_2) = \dfrac{\sigma^2}{6} + \dfrac{\sigma^2}{3} = \dfrac{\sigma^2}{2}$$

因此 $U = \dfrac{Y_1 - Y_2}{\sqrt{2}/\sigma} \sim N(0,1)$. 由 χ^2 分布的性质知 $K = \dfrac{2S^2}{\sigma^2} \sim \chi^2(2)$.

由于 Y_1 与 Y_2 独立，以及 Y_1 与 S^2, Y_2 与 S^2 独立，可有 $Y_1 - Y_2$ 与 S^2 独立.

于是据 t 分布的定义有

$$Z = \frac{\sqrt{2}(Y_1 - Y_2)}{S} = \frac{U}{\sqrt{K/2}} \sim t(2)$$

例6 设 $X \sim N(0, 3^2), Y \sim N(0, 3^2), X, Y$ 相互独立. $X_1, X_2, \cdots, X_9$ 和 $Y_1, Y_2, \cdots, Y_9$ 是分别来自总体 X 与 Y 的简单随机样本(以下将简称为样本),求统计量 $V = (X_1 + X_2 + \cdots + X_9) \big/ \sqrt{Y_1^2 + Y_2^2 + \cdots + Y_9^2}$ 的分布.

解 由题意有 $X_1 + X_2 + \cdots + X_9 \sim N(0, 9^2)$,令 $Z = \dfrac{X}{\sqrt{9^2}} = \dfrac{X}{9} \sim N(0, 1)$,即 $X = 9Z$.

又令 $W_i = \dfrac{Y_i}{3} \sim N(0, 1)$,即 $Y_i = 3W_i$,从而

$$\sqrt{Y_1^2 + Y_2^2 + \cdots + Y_9^2} = \sqrt{(3W_1)^2 + (3W_2)^2 + \cdots + (3W_9)^2} = 3\sqrt{W_1^2 + W_2^2 + \cdots + W_9^2}$$

于是

$$V = \frac{9Z}{3\sqrt{W_1^2 + W_2^2 + \cdots + W_9^2}} = \frac{Z}{\sqrt{(W_1^2 + W_2^2 + \cdots + W_9^2)/9}} \sim t(9)$$

即 V 服从自由度为 9 的 t 分布.

例7 设 $X \sim N(0, 2^2), X_1, X_2, \cdots, X_{15}$ 为来自 X 的样本.求

$$Y = \frac{X_1^2 + X_2^2 + \cdots + X_{10}^2}{2(X_{11}^2 + X_{12}^2 + \cdots + X_{15}^2)}$$

的分布.

解 令 $Y_i = \dfrac{X_i}{2}(i = 1, 2, \cdots, 15)$,从而 $Y_i \sim N(0, 1), X_i = 2Y_i$. 于是

$$Y = \frac{4(Y_1^2 + Y_2^2 + \cdots + Y_{10}^2)}{2 \cdot 4(Y_{11}^2 + Y_{12}^2 + \cdots + Y_{15}^2)} = \frac{(Y_1^2 + Y_2^2 + \cdots + Y_{10}^2)/10}{(Y_{11}^2 + Y_{12}^2 + \cdots + Y_{15}^2)/5} \sim F(10, 5)$$

即 Y 服从自由度 $(10, 5)$ 的 F 分布.

注 从 Y 的形式上看,分式上、下均为平方和,容易想到会与 F 分布有关,类似的思维方式对解决这一类问题是很有用的.

例8 设 X_1, X_2, X_3, X_4 为来自总体 $N(0, 2^2)$ 的一个简单样本,$X = a(X_1 + 2X_2)^2 + b(3X_3 + 4X_4)^2$,试问当 a, b 取何值时可使 X 服从 χ^2 分布,并求其自由度.

解 令 $Y_1 = X_1 + 2X_2, Y_2 = 3X_3 + 4X_4, Y = aY_1^2 + bY_2^2$,由 χ^2 分布的定义,应使 $\sqrt{a}Y_1 \sim N(0, 1)$, $\sqrt{b}Y_2 \sim N(0, 1)$,从而有

$$D(\sqrt{a}Y_1) = D[\sqrt{a}(X_1 + 2X_2)] = (a + 4a)D(X_1) = 5a \cdot 2^2 = 1$$

由上解得 $a = \dfrac{1}{20}$. 同理

$$D(\sqrt{b}Y_2) = D[\sqrt{b}(3X_3 + 4X_4)] = (9b + 16b)D(X_1) = 25b \cdot 2^2 = 1$$

由上解得 $b = \dfrac{1}{100}$. 此时 $X \sim \chi^2(2)$,即其自由度为 2.

例9 设 $X_1, X_2, \cdots, X_9$ 为来自总体 $N(\mu, \sigma^2)$ 的样本,有

$$Y_1 = \frac{1}{6}(X_1 + X_2 + \cdots + X_6), \quad Y_2 = \frac{1}{3}(X_7 + X_8 + X_9)$$

$$S^2 = \frac{1}{2}\sum_{i=7}^{9}(X_i - Y_2)^2, \quad Z = \sqrt{2}(Y_1 - Y_2)/S$$

试证 Z 服从自由度为 2 的 t 分布.

证 将 Z 化为 $U \big/ \sqrt{\dfrac{\chi^2(2)}{2}}$ 的形式,其中 $U \sim N(0, 1)$. 由题设条件知

$$E(Y_1)=E(Y_2)=\mu, \quad D(Y_1)=\frac{\sigma^2}{6}, \quad D(Y_2)=\frac{\sigma^2}{3}$$

于是

$$E(Y_1-Y_2)=0, \quad D(Y_1-Y_2)=\frac{\sigma^2}{6}+\frac{\sigma^2}{3}=\frac{\sigma^2}{2}$$

再令 $Y=Y_1-Y_2$，从而

$$U=\frac{Y-E(Y)}{\sqrt{D(Y)}}=\frac{Y_1-Y_2}{\sigma/\sqrt{2}}\sim N(0,1)$$

又 $\dfrac{2S^2}{\sigma^2}\sim\chi^2(2)$，而 $Y_1,Y_2;Y_1,S^2;Y_2,S^2$ 均相互独立，从而 Y_1-Y_2 与 S^2 亦相互独立. 于是据 t 分布定义可有

$$X=\frac{\sqrt{2}(Y_1-Y_2)}{S}=\frac{Y_1-Y_2}{\sigma/\sqrt{2}}\Big/\sqrt{\frac{2S^2}{\sigma^2}/2}\sim t(2)$$

例 10 设总体 $X\sim N(0,1)$，$X_1,X_2,\cdots,X_6$ 为来自 X 的样本. 令 $Y=(X_1+X_2+X_3)^2+(X_4+X_5+X_6)^2$，试确定常数 c 使 cY 服从 χ^2 分布.

解 由 $X_1+X_2+X_3\sim N(0,3)$，故 $(X_1+X_2+X_3)/\sqrt{3}\sim N(0,1)$，即

$$\left(\frac{X_1+X_2+X_3}{\sqrt{3}}\right)^2\sim\chi^2(1)$$

同理有

$$\left(\frac{X_4+X_5+X_6}{\sqrt{3}}\right)^2\sim\chi^2(1)$$

由 χ^2 分布的可加性得

$$\frac{1}{3}Y=\left(\frac{X_1+X_2+X_3}{\sqrt{3}}\right)^2+\left(\frac{X_4+X_5+X_6}{\sqrt{3}}\right)^2\sim\chi^2(2)$$

故应有 $c=\dfrac{1}{3}$.

例 11 设总体 $X\sim N(0,\sigma^2)$，X_1,X_2 为来自 X 的一个样本，试求 $Y=\left(\dfrac{X_1+X_2}{X_1-X_2}\right)^2$ 的分布.

解 由设

$$Y=\frac{(X_1+X_2)^2}{(X_1-X_2)^2}=\left(\frac{X_1+X_2}{\sqrt{2}\sigma}\right)^2\Big/\left(\frac{X_1-X_2}{\sqrt{2}\sigma}\right)^2$$

而

$$X_1+X_2\sim N(0,2\sigma^2), \quad X_1-X_2\sim N(0,2\sigma^2)$$

故

$$\left(\frac{X_1+X_2}{\sqrt{2}\sigma}\right)^2\sim\chi^2(1), \quad \left(\frac{X_1-X_2}{\sqrt{2}\sigma}\right)^2\sim\chi^2(1)$$

所以

$$Y=\left(\frac{X_1+X_2}{X_1-X_2}\right)^2\sim F(1,1)$$

再来看一道证明题.

例 12 设 $X\sim N(\mu,\sigma^2)$，$\overline{X}$ 和 S_n^2 分别为总体 X 样本 $X_1,X_2,\cdots,X_n$ 的均值和方差. 又设 $X_{n+1}\sim N(\mu,\sigma^2)$ 且与 $X_1,X_2,\cdots,X_n$ 独立，试求统计量

$$Z=\sqrt{\frac{n-1}{n+1}}\frac{X_{n+1}-\overline{X}}{S_n}$$

的分布.

解 由设 $X \sim N(\mu, \sigma^2)$, $X_{n+1} \sim N(\mu, \sigma^2)$, 知 $\overline{X} \sim N\left(\mu, \dfrac{\sigma^2}{n}\right)$, 故

$$X_{n+1} - \overline{X} \sim N\left(0, \dfrac{\sigma^2}{n} + \sigma^2\right) = N\left(0, \dfrac{n+1}{n}\sigma^2\right)$$

则

$$Y = (X_{n+1} - \overline{X}) \Big/ \left(\sqrt{\dfrac{n+1}{n}}\sigma\right) \sim N(0,1)$$

而

$$Z = \dfrac{\sqrt{n-1}}{S_n} \dfrac{\sigma}{\sqrt{n}} = Y \Big/ \sqrt{\dfrac{nS_n^2}{(n-1)\sigma^2}}$$

又因 $\dfrac{nS_n^2}{\sigma^2} \sim \chi^2(n-1)$, 且 S_n^2 与 $X_{n+1} - \overline{X}$ 相互独立.

由 t 分布定义有 $Z \sim t(n-1)$.

例 13 设 $X \sim N(\mu_1, \sigma^2)$, $Y \sim N(\mu_2, \sigma^2)$, 又 $X_1, X_2, \cdots, X_m$ 和 $Y_1, Y_2, \cdots, Y_n$ 分别为两总体 X, Y 的样本, 又它们互相独立, 则

$$T = \sqrt{\dfrac{mn(m+n-2)}{m+n}} \dfrac{(\overline{X} - \overline{Y}) - (\mu_1 - \mu_2)}{\sqrt{mS_1^2 + nS_2^2}} \sim t(m+n-2)$$

这里 $\overline{X}, \overline{Y}$ 分别为两样本均值; S_1^2, S_2^2 为两样本方差.

证 由题设知 $\overline{X} \sim N\left(\mu_1, \dfrac{\sigma^2}{m}\right)$, $\overline{Y} \sim N\left(\mu_2, \dfrac{\sigma^2}{n}\right)$, 且

$$\dfrac{mS_1^2}{\sigma^2} \sim \chi^2(m-1), \quad \dfrac{nS_2^2}{\sigma^2} \sim \chi^2(n-1)$$

由 X_i, Y_j 的独立性知 $\overline{X}, \overline{Y}$ 相互独立, S_1^2, S_2^2 相互独立, 故

$$\overline{X} - \overline{Y} \sim N\left(\mu_1 - \mu_2, \dfrac{(m+n)\sigma^2}{mn}\right)$$

故

$$Z = [\overline{X} - \overline{Y} - (\mu_1 - \mu_2)] \Big/ \left(\sqrt{\dfrac{m+n}{mn}}\sigma\right) \sim N(0,1)$$

又

$$T = \dfrac{\sqrt{m+n-2}\,\sigma}{\sqrt{mS_1^2 + nS_2^2}} Z = Z \Big/ \sqrt{\dfrac{mS_1^2 + nS_2^2}{\sigma^2(m+n-2)}}$$

令 $W = \dfrac{mS_1^2}{\sigma^2} + \dfrac{nS_2^2}{\sigma^2}$, 则 $W \sim \chi^2(m+n-2)$. 由 $\overline{X}, \overline{Y}; S_1^2, S_2^2; Z, W$ 分别相互独立, 故

$$T = Z \Big/ \sqrt{\dfrac{W}{m+n-2}} \sim t(m+n-2)$$

例 14 设 $\overline{X}_n$ 和 S_n^2 分别是样本 $X_1, \cdots, X_n$ 的样本均值与样本方差. 现又新加第 $n+1$ 个观测量 X_{n+1}. 试证 (1) $\overline{X}_{n+1} = \dfrac{n}{n+1}\overline{X}_n + \dfrac{X_{n+1}}{n+1}$; (2) $S_{n+1}^2 = \dfrac{n-1}{n}S_n^2 + \dfrac{1}{n+1}(X_{n+1} - \overline{X}_n)^2$.

证 (1) 由题设注意到下面的式子变形

$$\overline{X}_{n+1} = \dfrac{1}{n+1}\sum_{i=1}^{n+1} X_i = \dfrac{n}{n+1} \cdot \dfrac{1}{n}\sum_{i=1}^{n} X_i + \dfrac{X_{n+1}}{n+1} = \dfrac{n}{n+1}\overline{X}_n + \dfrac{X_{n+1}}{n+1}$$

(2) $S_{n+1}^2 = \dfrac{1}{n}\sum_{i=1}^{n+1}(X_i - \overline{X}_{n+1})^2 = \dfrac{1}{n}\sum_{i=1}^{n+1}\left(X_i - \dfrac{n}{n+1}\overline{X}_n - \dfrac{X_{n+1}}{n+1}\right)^2 =$

$$\frac{1}{n}\sum_{i=1}^{n}\left[(X_i-\overline{X}_n)+\left(\frac{\overline{X}_n}{n+1}-\frac{X_{n+1}}{n+1}\right)\right]^2+\frac{1}{n}\left(X_{n+1}-\frac{n\overline{X}_n}{n+1}-\frac{X_{n+1}}{n+1}\right)^2=$$

$$\frac{n-1}{n}\cdot\frac{1}{n-1}\sum_{i=1}^{n}(X_i-\overline{X}_n)^2+\frac{2}{n}\cdot\frac{(\overline{X}_n-X_{n+1})\sum_{i=1}^{n}(X_i-\overline{X}_n)}{n+1}+$$

$$\left(\frac{\overline{X}_n-X_{n+1}}{n+1}\right)^2+\frac{n}{(n+1)^2}(\overline{X}_n-X_{n+1})^2=\frac{n-1}{n}S_n^2+\frac{1}{n+1}(\overline{X}_n-X_{n+1})^2$$

注 上面两个结果表明,若样本容量增中一个,其 $n+1$ 个数据构成新样本的均值与方差无须从头算起,而只需依据前 n 个数据求出的均值与方差,根据新的数据便可由以上两式算得.

2. 统计量的数学特征

统计量亦为随机变量,其也有数字特征问题.

例1 设 $X_1,X_2,\cdots,X_n$ 和 $Y_1,Y_2,\cdots,Y_n$ 为正体总体 $N(\mu,\sigma^2)$ 的两个样本,试确定 n 使 $P\{|\overline{X}-\overline{Y}|>\sigma\}=0.01$,这里 $\overline{X},\overline{Y}$ 为两样本均值.

解 由设知 $\overline{X}\sim N\left(\mu,\frac{\sigma^2}{n}\right),\overline{Y}\sim N\left(\mu,\frac{\sigma^2}{n}\right)$,故 $\overline{X}-\overline{Y}\sim N\left(0,\frac{2\sigma^2}{n}\right)$,从而知统计量

$$Z=(\overline{X}-\overline{Y})\Big/\left(\sqrt{\frac{2}{n}}\sigma\right)\sim N(0,1)$$

由

$$P\{|\overline{X}-\overline{Y}|>\sigma\}=P\left\{\left|(\overline{X}-\overline{Y})\Big/\left(\sqrt{\frac{2}{n}}\sigma\right)\right|>\sigma\Big/\left(\sqrt{\frac{2}{n}}\sigma\right)\right\}=P\left\{|Z|>\sqrt{\frac{n}{2}}\right\}=2\left[1-\Phi\left(\sqrt{\frac{n}{2}}\right)\right]=0.1$$

即 $\Phi\left(\sqrt{\frac{n}{2}}\right)=0.95$,查表得 $\sqrt{\frac{n}{2}}=2.58$,则 $n=[13.31]\approx 14$.

例2 设总体 X 服从正态分布 $N(\mu,\sigma^2)(\sigma>0)$,从该总体中抽取简单随机样本 $X_1,X_2,\cdots,X_{2n}(n\geqslant 2)$,其样本均值为 $\overline{X}=\frac{1}{2n}\sum_{i=1}^{2n}X_i$,求统计量

$$Y=\sum_{i=1}^{n}(X_i+X_{n+i}-2\overline{X})^2$$

的数学期望 $E(Y)$.

解1 设 $Z_i=X_i+X_{n+i}$,则 $Z_1,Z_2,\cdots,Z_n$ 可视为来自总体 $N(2\mu,2\sigma^2)$ 的简单随机样本.则样本均值为

$$\overline{Z}=\frac{1}{n}\sum_{i=1}^{n}(X_i+X_{n+i})=\frac{1}{n}\sum_{i=1}^{2n}X_i=2\overline{X}$$

样本方差为

$$S_Z^2=\frac{1}{n-1}\sum_{i=1}^{n}(Z_i+\overline{Z})^2=\frac{1}{n-1}\sum_{i=1}^{n}(X_i+X_{n+i}-2\overline{X})^2=\frac{Y}{n-1}$$

因为 $E(S_Z^2)=2\sigma^2$,所以

$$E(Y)=(n-1)E(S_Z^2)=2(n-1)\sigma^2$$

解2 令 $\overline{X}'=\frac{1}{n}\sum_{i=1}^{n}X_i,\overline{X}''=\frac{1}{n}\sum_{i=1}^{n}X_{n+i}$,则 $2\overline{X}=\overline{X}'+\overline{X}''$,因此

$$E(Y)=E\left[\sum_{i=1}^{n}(X_i+X_{n+i}-2\overline{X})^2\right]=E\left\{\sum_{i=1}^{n}\left[(X_i-\overline{X}')+(X_{n+i}-\overline{X}'')\right]^2\right\}=$$

$$E\left[\sum_{i=1}^{n}(X_i-\overline{X}')^2+2(X_i-\overline{X}')(X_{n+i}-\overline{X}'')+(X_{n+i}-\overline{X}'')^2\right]=$$

$$E\left[\sum_{i=1}^{n}(X_i-\overline{X}')^2\right]+E\left[\sum_{i=1}^{n}(X_{n+i}-\overline{X}'')^2\right]=$$

$$(n-1)\sigma^2 + (n-1)\sigma^2 = 2(n-1)\sigma^2$$

3. 统计量的概率

来看两个关于统计量的概率问题,这方面例子前文已有述,这里不再多谈.

例1 设 $\overline{X}$ 与 $\overline{Y}$ 分别取自正态总体 $N(\mu, \sigma^2)$ 容量为 n 的两个样本 $(X_1, X_2, \cdots, X_n)$ 和 $(Y_1, Y_2, \cdots, Y_n)$. 试确定 n 使得两样本均值之差超过 σ 的概率为 0.01.

解 由题设 $X \sim N(\mu, \sigma^2)$, $Y \sim N(\mu, \sigma^2)$, 故 $\overline{X} \sim (\mu, \frac{\sigma^2}{n})$, $\overline{Y} \sim N(0, \frac{\sigma^2}{n})$. 从而 $\overline{X} - \overline{Y} \sim N(0, \frac{2\sigma^2}{n})$.

由此知统计量 $Z = (\overline{X} - \overline{Y})/(\sqrt{2/n}\sigma) \sim N(0,1)$. 故

$$|\overline{X} - \overline{Y}| > \sigma \iff |(\overline{X} - \overline{Y})/(\sqrt{2/n}\sigma)| > \sigma/(\sqrt{2/n}\sigma) = \sqrt{n/2}$$

这样有

$$P\{|\overline{X} - \overline{Y}| > \sigma\} = P\{|Z| > \sqrt{n/2}\} = 2[1 - \Phi(\sqrt{n/2})] = 0.01$$

查表可得 $n \approx 14$.

例2 设 $(X_1, X_2, \cdots, X_{10})$ 与 $(Y_1, Y_2, \cdots, Y_{15})$ 是分别来自正态总体 $X \sim N(20, 3)$ 的两个独立样本. 求 $|\overline{X} - \overline{Y}| > 0.3$ 的概率.

解 由题设仿上例知 $\overline{X} \sim N(20, \frac{3}{10})$, $\overline{Y}(20, \frac{3}{15})$, 于是 $\overline{X} - \overline{Y} \sim N(0, \frac{1}{2})$.

这样 $\frac{(\overline{X} - \overline{Y})}{\sqrt{1/2}} \sim N(0,1)$. 从而可有

$$|\overline{X} - \overline{Y}| > 0.3 \iff \frac{|\overline{XY}|}{\sqrt{1/2}} > \frac{0.3}{\sqrt{1/2}} = \frac{3\sqrt{2}}{10} \approx 0.4242$$

查表可得

$$P\{|\overline{X} - \overline{Y}| > 0.3\} = P\left\{\frac{|\overline{X} - \overline{Y}|}{\sqrt{1/2}} > 0.4242\right\} = 2[1 - \Phi(0.4242)] \approx 0.6744$$

二、参数估计

常用的(随机变量)统计量的参数估计有两种:极大然估计和矩估计.

极大似然估计是经典又流行的点估计方法(用估计量 $\hat{\theta}$ 代 θ 真值的近似值,相当于用一个点来估计 Q, 故称之为点估计). 其思想是在已经得到试验结果的情况下,去寻找使结果出现可能性最大的 Q 作为其真 θ 的估计.

矩估计也是一种常用的点估计法. 其思想是用相应的样本矩去估计总体矩,用相应的样本矩函数去估计总体矩函数的方法,它不要求总体分布的类型,只要未知参数可表示总体矩的函数即可.

两种参数估计基本步骤如下:

矩估计法 依据矩估计法基本思想求矩估计一般步骤为:

① 从总体矩入手将待估参数 θ 表为总体矩的函数,即 $\theta = g(\alpha_1, \alpha_2, \cdots, \alpha_l; \beta_1, \beta_2, \cdots, \beta_s)$;

② 分别用 A_i, B_j 代 $\alpha_i, \beta_j (1 \leq i \leq l, 1 \leq j \leq s)$;

③ 则 $\hat{\theta} = g(\hat{\alpha}_1, \hat{\alpha}_2, \cdots, \hat{\alpha}_l; \hat{\beta}_1, \hat{\beta}_2, \cdots, \hat{\beta}_s) = g(A_1, A_2, \cdots, A_l; B_1, B_2, \cdots, B_s)$, 即 Q 的矩估计.

最大似然估计 可循下面步骤求解:

① 写出似然函数 $L(x_1, \cdots, x_n; \theta_1, \cdots, \theta_m) = \prod_{i=1}^{n} f(x_i, \theta_1, \cdots, \theta_m)$;

② 将 L 取对数后分别对 θ_i 求偏导数 $\frac{\partial l_n L}{\partial \theta_i} (1 \leq i \leq m)$;

③判断方程或方程组 $\dfrac{\partial L}{\partial \theta_i}=0$ 有解否,若有解,判断其为最大值点后知其为所求最大似然估计;若无解,则考虑 θ_i 的边界点情况.

下面将根据随机变量分布的类型,分别考虑这两种参数估计问题.

(一)矩估计与极大似然估计

1. 离散型及二项分布的两种参数估计

这里所谓离散型是指问题给出的概率分布模式是以离散形式给出,它们的总体分布尚待考查.

例 1 设总体 X 的概率分布为

X	0	1	2	3
p	θ^2	$2\theta(1-\theta)$	θ^2	$1-2\theta$

其中 $\theta\left(0<\theta<\dfrac{1}{2}\right)$ 是未知参数.利用总体 X 的如下样本值:3,1,3,0,3,1,2,3,求 θ 的矩估计值和最大似然估计值.

解 (1)由题设知总体均值为
$$E(X)=0\cdot\theta^2+1\cdot2\theta(1-\theta)+2\theta^2+3(1-2\theta)=3-4\theta$$

且样本均值为
$$\bar{x}=\dfrac{1}{8}(3+1+3+0+3+1+2+3)=2$$

令 $E(X)=\bar{x}$,即 $3-4\theta=2$,解得 θ 的矩估计值为 $\hat{\theta}=\dfrac{1}{4}$.

(2)对于给定的样本值:$X=0$(1个),1(2个),2(1个),3(4个).则 θ 的似然函数为
$$L(\theta)=\theta^2[2\theta(1-\theta)]^2\theta^2(1-2\theta)^4=4\theta^6(1-\theta)^2(1-2\theta)^4$$

两边取对数有
$$\ln L(\theta)=\ln 4+6\ln\theta+2\ln(1-\theta)+4\ln(1-2\theta)$$

令
$$\dfrac{d\ln L(\theta)}{d\theta}=\dfrac{6}{\theta}-\dfrac{2}{1-\theta}-\dfrac{8}{1-2\theta}=\dfrac{6-28\theta+24\theta^2}{\theta(1-\theta)(1-2\theta)}=0$$

解得 $\theta_{1,2}=\dfrac{7\pm\sqrt{13}}{12}$.舍去 $\theta_1=\dfrac{7+\sqrt{13}}{12}$(大于 $\dfrac{1}{2}$,不合题意).

故 θ 的最大似然估计值为 $\hat{\theta}=\dfrac{7-\sqrt{13}}{12}$.

例 2 设总体 X 的概率分布为

X	1	2	3
p	$1-\theta$	$\theta-\theta^2$	θ^2

其中 $\theta(0<\theta<1)$ 未知.以 N_i 表示来自总体 X 的随机样本(样本容量为 n)中等于 i 的个数($i=1,2,3$),试求常数 a_1,a_2,a_3,使 $T=\sum\limits_{i=1}^{3}a_iN_i$ 为 θ 的无偏估计量,并求 T 的方差.

解 注意到 $E(T)=\sum\limits_{i=1}^{3}a_iO=E(N_i)$.由题设可知
$$N_1\sim B(n,1-\theta),\quad N_2\sim B(n,\theta-\theta^2),\quad N_3\sim B(n,\theta^2)$$

所以

$$E(N_1)=n(1-\theta),\quad E(N_2)=n(\theta-\theta^2),\quad E(N_3)=n\theta^2$$

于是要使 $T=\sum_{i=1}^{3}a_iN_i$ 为 θ 为无偏估计量,必有

$$E(T)=\sum_{i=1}^{3}a_iE(N_i)=a_1n(1-\theta)+a_2n(\theta-\theta^2)+a_3n\theta^2=$$
$$n[a_1+(a_2-a_1)\theta+(a_3-a_2)\theta^2]=\theta$$

于是
$$\begin{cases}a_1=0\\a_2-a_1=\dfrac{1}{n}\\a_3-a_2=0\end{cases}\Rightarrow a_1=0,a_2=a_3=\dfrac{1}{n}$$

所以
$$T=\sum_{i=1}^{3}\dfrac{1}{n}N_i=\dfrac{n-N_1}{n}=1-\dfrac{N_1}{n},\quad N_1+N_2+N_3=n$$

故
$$D(T)=D\left(1-\dfrac{N_1}{n}\right)=\dfrac{1}{n^2}D(N_1)=\dfrac{1}{n_2}\cdot n(1-\theta)\theta=\dfrac{(1-\theta)\theta}{n}$$

泊松分布是一种离散分布,也是一种十分重要的分布,关于它的两种参数估计人们非常重视.下面来看它的参数的两种估计.

例 3 试对(1)二项分布 $\mathcal{B}(n,p)$;(2)泊松分布 $\mathcal{P}(\lambda)$;(3)指数分布的 $E(\theta)$ 的总体参数 p,λ,θ 分别作矩法与最大似然法估计,并进行比较,说明它们是否是无偏估计.

解 (1)设总体 $X\sim\mathcal{B}(n,p)$,即
$$P\{X_i=k\}=C_n^k p^k(1-p)^{n-k},\quad i=0,1,\cdots,n$$

这里样本 $X_1,X_2,\cdots,X_{n_1}\sim X$.

①矩估计量:$E(\hat{X})=n\hat{p}=\overline{X}$. 故
$$\hat{p}=\dfrac{1}{n}\overline{X}=\dfrac{1}{n}\left(\dfrac{1}{n_1}\sum_{i=1}^{n_1}X_i\right)$$

②最大似然估计量为

$$L(X_1,\cdots,X_n;p)=\sum_{i=1}^{n_1}C_n^{X_i}p^{X_i}(1-p)^{n-X_i}=\left(\prod_{i=1}^{n_1}C_n^{X_i}\right)p^{\sum_{i=1}^{n_1}X_i}(1-p)^{n_1n-\sum_{i=1}^{n_1}X_i}$$

故
$$\ln L=\sum_{i=1}^{n_1}\ln C_n^{X_i}+\left(\sum_{i=1}^{n_1}C_n^{z_i}\right)\ln p+\left(n_1n-\sum_{i=1}^{n_1}X_i\right)\ln(1-p)$$

由
$$\dfrac{d\ln L}{dp}=\dfrac{\sum_{i=1}^{n_1}X_i}{p}-\left(n_1n-\sum_{i=1}^{n_1}X_i\right)\dfrac{1}{1-p}=0$$

得 $\hat{p}=\dfrac{1}{n}\left(\dfrac{1}{n_1}\sum_{i=1}^{n_1}X_i\right)$. 即矩估计量与最大似然估计量一致.

③由 $E(\hat{\theta})=\dfrac{1}{n}\left(\dfrac{1}{n_1}\sum_{i=1}^{n_1}E(X_i)\right)=\dfrac{1}{n}\cdot\dfrac{1}{n_1}n_1(np)=p$,即矩估计与最大似然估计均是参数 p 的无偏估计.

(2)设总体 $X\sim\mathcal{P}(\lambda)$. 即 $P\{z=k\}=\dfrac{\lambda^k}{k!}e^{-\lambda}(k=0,1,2,\cdots)$,样本 $X_1,\cdots,X_n\sim X$.

① 矩估计量：$E(Z) = \lambda = \overline{X}$，即 $\hat{\lambda} = \overline{X}$.

② 最大似然估计量：由于

$$L(X_1, \cdots, X_n; \lambda) = \prod_{i=1}^{n} \frac{\lambda^{X_i}}{X_i!} e^{-\lambda} = \prod_{i=1}^{n} \frac{1}{X_i!} \lambda^{\sum_{i=1}^{n} X_i} e^{-n\lambda}$$

故

$$\ln L = \sum_{i=1}^{n} \ln \frac{1}{X_i!} + \left(\sum_{i=1}^{n} X_i\right) \ln \lambda - n\lambda$$

又由 $\dfrac{\mathrm{d}\ln L}{\mathrm{d}\lambda} = \dfrac{1}{\lambda} \sum_{i=1}^{n} X_i - n = 0$，得 $\hat{\lambda} = \dfrac{1}{n} \sum_{i=1}^{n} X_i = \overline{X}$. 即矩估计量与最大估计量一致.

③ 由 $E(\hat{\lambda}) = E(\overline{Z}) = \lambda$，即矩估计与最大似然估计均是参数 λ 的无偏估计.

(3) 设总体 $X \sim E(\theta)$，即 X 的密度 $f(x; \theta) = \begin{cases} \theta e^{-\theta x}, & x \geq 0 \\ 0, & x < 0 \end{cases} (\theta > 0)$. 样本 $X_1, X_2, \cdots, X_n \sim X$.

① 矩估计量：$E(Z) = \dfrac{1}{\theta} = \overline{X}$，即 $\hat{\theta} = \dfrac{1}{\overline{X}}$.

② 最大似然估计量：由于

$$L(X_1, \cdots, X_n; \theta) = \prod_{i=1}^{n} \theta e^{-\theta X_i} = \theta^n e^{-\theta \sum_{i=1}^{n} X_i}$$

故

$$\ln L = n\ln\theta - \theta \sum_{i=1}^{n} X_i = 0$$

而由 $\dfrac{\mathrm{d}\ln L}{\mathrm{d}\theta} = \dfrac{n}{\theta} - \sum_{i=1}^{n} X_i = 0$，得 $\hat{\theta} = n / \left(\sum_{i=1}^{n} X_i\right) = \dfrac{1}{\overline{X}}$. 即矩计量与最大似然估计量一致.

③ $E(\hat{\theta}) = E\left(\dfrac{1}{\overline{X}}\right) = \dfrac{1}{E(\overline{X})} = \dfrac{1}{1/\theta} = \theta$.

即矩估计与最大似然估计均是总体参数 θ 的无偏估计.

2. 均匀分布的两种参数估计

以下是几个均匀分布的两种参数估计问题.

例 1 设总体 X 服从区间 $[a, b]$ 上均匀分布（$X \sim U[a, b]$）.试求 a, b 的矩估计量 $\hat{a}$ 与 $\hat{b}$.

解 设 $X_1, \cdots, X_n$ 为来自总体 X 的一个样本，则 $E(Z)$ 与 $D(Z)$ 的矩当估计量分别为

$$E(\hat{Z}) = \overline{X} = \frac{1}{n} \sum_{i=1}^{n} X_i, \quad D(\hat{Z}) = S_n^2 = \frac{1}{n} \sum_{i=1}^{n} (X_i - \overline{X})^2$$

当 $X \sim U[a, b]$ 时，$E(Z) = \dfrac{a+b}{2}, D(Z) = \dfrac{(b-a)^2}{12}$. 于是有关系

$$\begin{cases} E(\hat{Z}) = \dfrac{\hat{a}+\hat{b}}{2} = \overline{X} \\ D(\hat{Z}) = \dfrac{(\hat{b}-\hat{a})^2}{12} = S_n^2 \end{cases}$$

即

$$\begin{cases} \hat{a}+\hat{b} = 2\overline{X} \\ \hat{b}-\hat{a} = 2\sqrt{3} S_n \end{cases}$$

解得 $\hat{a} = \overline{X} - \sqrt{3} S_n, \hat{b} = \overline{X} + \sqrt{3} S_n$.

例2 设总体 $X \sim U[a,b]$,试求参数 a 与 b 的最大似然估计量.

解 由设
$$X \sim f(x;a,b) = \begin{cases} \dfrac{1}{b-a}, & a \leqslant x \leqslant b \\ 0, & \text{其他} \end{cases}$$

设 $X_1,X_2,\cdots,X_n$ 为来自 X 的样本,则似然函数为
$$L(x_1,x_2,\cdots,x_n;a,b) = \begin{cases} \left(\dfrac{1}{b-a}\right)^n, & X_i \in [a,b](i=1,\cdots,n) \\ 0, & \text{其他} \end{cases}$$

请注意,这里 $X_i \in [a,b]$ 表示 X_i 的观测值 $x_i \in [a,b]$. 此时似然函数中不含样本随机变量. 接下来可以这样来分析:

首先应有 $X_i \in [a,b](i=1,2,\cdots,n)$,否则 $L(x_1,\cdots,x_n;a,b)$ 将等于零,故不可能是最大值. 又由 $a \leqslant X_1 < X_2 < \cdots < X_n \leqslant b$. 因此应有 $a \leqslant \min_i\{X_i\} = m$ 与 $b \geqslant \max_i\{X_i\} = M$.

当 $a \leqslant m$ 或 $b \geqslant M$ 时,$\left(\dfrac{1}{b-a}\right)^n \leqslant \left(\dfrac{1}{\mu-m}\right)^n$ 恒成立,即 a 与 b 的最大似然估计量为
$$\hat{a} = \min_i\{X_i\}, \quad \hat{b} = \max_i\{X_i\}$$

例3 设 X 在 $\left[\theta-\dfrac{1}{2},\theta+\dfrac{1}{2}\right]$ 上服从均匀分布. (1)试证 $\hat{\theta}=\overline{X}$ 为 θ 的无偏估计量;(2)试求 θ 的最大似然估计.

解 (1)由设 X 的概率密度为
$$f(x) = \begin{cases} 1, & x \in \left[\theta-\dfrac{1}{2},\theta+\dfrac{1}{2}\right] \\ 0, & \text{其他} \end{cases}$$

则
$$E(X) = \dfrac{1}{2}\left(\theta-\dfrac{1}{2}+\theta+\dfrac{1}{2}\right) = \theta$$

而 $\overline{X}$ 为 $E(X)$ 的无偏估计量,即 $\hat{\theta}=\overline{X}$ 为 θ 的无偏估计量.

(2)设总体 X 的样本为 $X_1,X_2,\cdots,X_n$,得似然函数为
$$L(x_1,x_2,\cdots,x_n;\theta) = \begin{cases} 1, & \theta-\dfrac{1}{2} \leqslant x_i \leqslant \theta+\dfrac{1}{2}(i=1,2,\cdots,n) \\ 0, & \text{其他} \end{cases}$$

可以看出,θ 只需满足
$$\max_i\{x_i\} - \dfrac{1}{2} \leqslant \theta \leqslant \min_i\{x_i\} + \dfrac{1}{2} L(x_1,\cdots,x_n;\theta)$$

即可取到最大值 1.

故 θ 的最大似然估计为区间 $\left[\max_i\{X_i-\dfrac{1}{2}\},\min_i\{X_i+\dfrac{1}{2}\}\right]$ 中任一值.

例4 设总体 X 的概率密度为
$$f(x;\theta) = \begin{cases} \theta, & 0 < x < 1 \\ 1-\theta, & 1 \leqslant x < 2 \\ 0, & \text{其他} \end{cases}$$

其中 θ 是未知参数 $(0 < \theta < 1)$. $X_1,X_2,\cdots,X_n$ 为来自总体 X 的简单随机样本,记 N 为样本值 $x_1,x_2,\cdots,x_n$ 中小于 1 的个数.

(1)求 θ 的矩估计量;

(2) 求 θ 的最大似然估计量.

解 可分别用矩估计法和最大似然估计法计算 θ 的矩估计量和最大似然估计量.

(1) 因为 $E(X) = \int_{-\infty}^{+\infty} x f(x;\theta) \mathrm{d}x = \int_0^1 x\theta \mathrm{d}x + \int_1^2 x(1-\theta)\mathrm{d}x = \frac{3}{2} - \theta$,所以由矩估计法知 θ 的矩计量 $\hat{\theta}$ 应满足 $E(X) = \overline{X} = \left(\frac{1}{n}\sum_{i=1}^{n} X_i\right)$,即 $\frac{3}{2} - \hat{\theta} = \overline{X}$,即 $\hat{\theta} = \frac{3}{2} - \overline{X}$.

(2) 记似然函数为 $L(\theta)$,则

$$L(\theta) = \underbrace{\theta \cdots \theta}_{N\text{个}} \cdot \underbrace{(1-\theta)\cdots(1-\theta)}_{n-N\text{个}} = \theta^N (1-\theta)^{n-N}$$

即

$$\ln L(\theta) = N\ln\theta + (n-N)\ln(1-\theta)$$

由最大似然估计法知 $\frac{\mathrm{d}\ln L(\theta)}{\mathrm{d}\theta} = 0$,即 $\frac{N}{\theta} - \frac{n-N}{1-\theta} = 0$ 的解 $\hat{\theta} = \frac{N}{n}$ 为 θ 的最大似然估计量.

例 5 设 X 服从均匀分布,其密度是

$$f(x;\theta) = \begin{cases} 1, & \theta - \frac{1}{2} < x < \theta + \frac{1}{2} \\ 0, & \text{其他} \end{cases}$$

又 $X_1, \cdots, X_n$ 为来自总体 X 的一个样本.试证:$\frac{1}{2}\left(\max_{1 \leqslant i \leqslant n}\{X_i\} + \min_{1 \leqslant i \leqslant n}\{X_i\}\right)$ 是 θ 的无偏估计量.

证 X 的分布函数 $F(x;\theta) = \begin{cases} 0, & x < \theta - \frac{1}{2} \\ x - \theta + \frac{1}{2}, & \theta - \frac{1}{2} \leqslant x < \theta + \frac{1}{2} \\ 1, & x \geqslant \theta + \frac{1}{2} \end{cases}$,简记为 $F(x)$.

令 $\xi = \max_i\{X_i\}$,则 ξ 的分布函数为

$$F_\xi(y) = \prod_{i=1}^{n} P(X_i \leqslant y) = [F(y)]^n$$

ξ 的密度函数为

$$f(\xi;\theta) = n[F(y)]^{n-1} \cdot F'(y) = \begin{cases} n\left(y - \theta + \frac{1}{2}\right)^{n-1}, & \theta - \frac{1}{2} < y < \theta + \frac{1}{2} \\ 0, & \text{其他} \end{cases}$$

于是

$$E(\xi) = \int_{\theta - \frac{1}{2}}^{\theta + \frac{1}{2}} x \cdot n\left(x - \theta + \frac{1}{2}\right)^{n-1} \mathrm{d}x = \frac{n}{n+1} + \theta - \frac{1}{2}$$

再令 $\eta = \min_i\{X_i\}$,则 η 的分布函数为

$$F_\eta(y) = 1 - \prod_{i=1}^{n} P(x_i > y) = 1 - [1 - F(y)]^n$$

η 的密度函数为

$$f(\eta;\theta) = \begin{cases} n\left(\frac{1}{2} - y + \theta\right)^{n-1}, & \theta - \frac{1}{2} < y < \theta + \frac{1}{2} \\ 0, & \text{其他} \end{cases}$$

于是

$$E(\eta) = \int_{\theta - \frac{1}{2}}^{\theta + \frac{1}{2}} x \cdot n\left(\frac{1}{2} - x + \theta\right)^{n-1} \mathrm{d}x = \theta + \frac{1}{2} - \frac{n}{n+1}$$

故
$$E\left[\frac{1}{2}(\max_i\{X_i\}+\min_i\{X_i\})\right]=\frac{1}{2}[E(\xi)+E(\eta)]=\theta$$

例 6 设随机变量 ξ 服从均匀分布,其密度函数为
$$f(x)=\begin{cases}\dfrac{1}{\theta}, & 0<x\leqslant\theta\\ 0, & \text{其他}\end{cases}$$

试求 θ 的矩估计和极大似然估计,且比较它们均方误差 $E(\hat{\theta}-\theta)^2$ 意义下哪个较好.

解 由题设可有 $E(\xi)=\displaystyle\int_0^\theta x\frac{1}{\theta}\mathrm{d}x=\frac{\theta}{2}$.

用矩估计得 $\bar{\xi}=\dfrac{\theta}{2}$,此时 θ 的矩估计为 $\hat{\theta}_1=2\bar{\xi}$.

设 $\xi_1,\xi_2,\cdots,\xi_n(n\geqslant 2)$ 为来自 ξ 的一个样本,则似然函数为
$$L(x_1,x_2,\cdots,x_n,\theta)=\begin{cases}\dfrac{1}{\theta^n}, & 0<x_i\leqslant\theta,i=1,2,\cdots,n\\ 0, & \text{其他}\end{cases}$$

当 $0<x_1,x_2,\cdots,x_n\leqslant\theta$ 时,有 $0<\max\limits_{1\leqslant i\leqslant n}\{x_i\}=x_{\max}\leqslant\theta$,此时
$$L(x_1,x_2,\cdots,x_n,x_{\max})=\frac{1}{x_{\max}^n}\geqslant\frac{1}{\theta^n}=L(x_1,x_2,\cdots,x_n,\theta)$$

故知 $\hat{\theta}_2=\max\limits_{1\leqslant i\leqslant n}\{\xi_i\}$ 为 θ 的极大似然估计.

又 $E(\hat{\theta}_2)=E(2\bar{\xi})=2E(\bar{\xi})=\theta$,且 $\xi_{\max}=\max\limits_{1\leqslant i\leqslant n}\{\xi_i\}$ 的概率密度为
$$g_n(y)=\begin{cases}n\left(\dfrac{y}{\theta}\right)^{n-1}\dfrac{1}{\theta}, & 0<y\leqslant\theta\\ 0, & \text{其他}\end{cases}$$

则
$$E(\hat{\theta}_2)=E(\xi_{\max})=\int_{-\infty}^{+\infty}xg_n(x)\mathrm{d}x=\int_0^\theta xn\left(\frac{X}{\theta}\right)^{n-1}\frac{1}{\theta}\mathrm{d}x=\frac{n}{n+1}\theta$$

又
$$E(\hat{\theta}_1-\theta)^2=E[\hat{\theta}_1 E(\hat{\theta}_1)]^2=D(\hat{\theta}_1)=D(2\bar{\xi})=4D(\bar{\xi})=\frac{\theta^2}{3n}$$

且
$$E(\xi_{\max}^2)=\int_{-\infty}^{+\infty}x^2 g_n(x)\mathrm{d}x=\int_0^\theta x^2 n\left(\frac{x}{\theta}\right)^{n-1}\frac{1}{\theta}\mathrm{d}x=\frac{n\theta^2}{n+2}$$

有
$$E(\hat{\theta}_2-\theta)^2=E(\xi_{\max}-\theta)^2=E(\xi_{\max}^2)-2\theta E(\xi_{\max})+\theta^2=\frac{n\theta^2}{n+2}-2\theta\frac{n\theta}{n+1}+\theta^2=\frac{2\theta^2}{(n+2)(n+1)}$$

注意到当 $n\geqslant 2$ 时,有
$$E(\hat{\theta}_1-\theta)^2-E(\hat{\theta}_2-\theta)^2=\frac{\theta^2}{3n}-\frac{2\theta^2}{(n+2)(n+1)}=\frac{\theta^2(n-1)(n-2)}{3n(n+2)(n+1)}\geqslant 0$$

故 $E(\hat{\theta}_1-\theta)^2\geqslant E(\hat{\theta}_2-\theta)^2$,即极大似然估计量 $\hat{\theta}_2$ 较矩估计量 $\hat{\theta}_1$ 好.

注 下面的问题只是本例的引申.

设随机变量 ξ 的分布密度为
$$p(x)=\begin{cases}\dfrac{1}{\theta}, & 0<x\leqslant\theta\\ 0, & \text{其他}\end{cases}$$

求参数 θ 的估计 $\hat{\theta}_N$ 使：(1) $E(\hat{\theta}_N) = \theta$；(2) $\lim\limits_{N \to \infty} E(\hat{\theta}_N - \theta)^2 = 0$. 这里 N 表示样本容量.

3. 幂函数形式分布的两种参数估计

下面几则例子的分布函数或概率密度是以幂形式给出的（包括乘积运算），但计算两种参数估计的方法与前面无异（因为最大似然估计涉及对数运算，对数正是将乘积运算转化为和、差运算的工具）.

例 1 设总体 X 的概率密度为

$$f(x) = \begin{cases} \dfrac{6x}{\theta^3}(\theta - x), & 0 < x < \theta \\ 0, & \text{其他} \end{cases}$$

又 $X_1, X_2, \cdots, X_n$ 是取自总体 X 的简单随机样本. (1) 求 θ 的矩估计量 $\hat{\theta}$；(2) 求 $\hat{\theta}$ 的方差 $D(\hat{\theta})$.

解 (1) 由题设有

$$E(X) = \int_{-\infty}^{+\infty} x f(x) \mathrm{d}x = \int_0^\theta \frac{6x}{\theta^3}(\theta - x) \mathrm{d}x = \frac{\theta}{2}$$

记 $\overline{X} = \dfrac{1}{n}\sum\limits_{i=1}^n X_i$，令 $\dfrac{\theta}{2} = \overline{X}$，得 θ 的矩估计量为 $\hat{\theta} = 2\overline{X}$.

(2) 注意到 $D(\hat{\theta}) = D(2\overline{X}) = 4D(\overline{X}) = \dfrac{4}{n}D(X)$，故只需计算 $D(X)$. 由

$$E(X^2) = \int_{-\infty}^{+\infty} x^2 f(x) \mathrm{d}x = \int_0^\theta \frac{6x^2}{\theta^3}(\theta - x) \mathrm{d}x = \frac{6\theta^2}{20}$$

则

$$D(X) = E(X^2) - [E(X)]^2 = \frac{6\theta^2}{20} - \left(\frac{\theta}{2}\right)^2 = \frac{\theta^2}{20}$$

故

$$D(\hat{\theta}) = \frac{4}{n} \cdot \frac{\theta^2}{20} = \frac{\theta^2}{5n}$$

例 2 设总体 x 的概率密度为 $f(x) = \begin{cases} \theta c^\theta x^{-(\theta+1)}, & x > c \\ 0, & x \leq c \end{cases}$，其中 $c > 0, \theta > 1$. 试求 θ 的矩估计量和最大似然估计量.

解 (1) 设 $X_1, X_2, \cdots, X_n$ 为来自总体 X 的样本. 则

$$E(X) = \int_{-\infty}^{+\infty} x f(x) \mathrm{d}x = \int_c^{+\infty} x \theta c^\theta x^{-(\theta+1)} \mathrm{d}x = \int_c^{+\infty} \theta c^\theta x^{-\theta} \mathrm{d}x = \frac{\theta c}{\theta - 1}$$

令 $\dfrac{\theta c}{\theta - 1} = \overline{X}$，得 θ 的矩估计量 $\hat{\theta} = \dfrac{\overline{X}}{\overline{X} - c}$.

(2) 求 θ 的最大似然估计量先建立似然函数

$$L(X_1, \cdots, X_n; \theta) = \prod_{i=1}^n f(X_i, \theta) = \theta^n c^{n\theta} (X_1 \cdot X_2 \cdot \cdots \cdot X_n)^{-(\theta+1)}$$

两边取对数有

$$\ln L = n\ln \theta + n\theta \ln c - (\theta + 1)\sum_{i=1}^n \ln X_i$$

两边对 θ 求导得

$$\frac{\mathrm{d}\ln L}{\mathrm{d}\theta} = \frac{n}{\theta} + n\ln c - \sum_{i=1}^n \ln X_i$$

令 $\dfrac{\mathrm{d}\ln L}{\mathrm{d}\theta} = 0$，即 $\dfrac{n}{\theta} + n\ln c = \sum\limits_{i=1}^n \ln X_i$，从而

$$\hat{\theta} = \frac{n}{\sum_{i=1}^{n} \ln X_i - n\ln c}$$

例 3 设总体 X 的概率密度为 $f(x) = \begin{cases} (\theta+1)x^\theta, & 0 < x < 1 \\ 0, & \text{其他} \end{cases}$,其中 $\theta > -1$ 是未知参数. $X_1, X_2, \cdots, X_n$ 是来自总体 X 的一个容量为 n 的简单随机样本,分别用矩估计法和极大似然估计法求 θ 的估计量.

解 先考虑矩估计法:由设知总体 X 的数学期望为

$$E(X) = \int_{-\infty}^{+\infty} x f(x) dx = \int_0^1 (\theta+1) x^{\theta+1} dx = \frac{\theta+1}{\theta+2}$$

令其等于样本均值 $\overline{X} = \frac{1}{n} \sum_{i=1}^{n} X_i$,即 $\frac{\theta+1}{\theta+2} = \overline{X}$,解得未知参数 θ 的矩估计量为 $\hat{\theta} = \frac{2\overline{X}-1}{1-\overline{X}}$.

再考虑极大似然估计法:设 $x_1, x_2, \cdots, x_n$ 是来自样本 $X_1, X_2, \cdots, X_n$ 的一组观测值,则参数 θ 的似然函数为

$$L(\theta) = \begin{cases} (\theta+1)^n \left[\prod_{i=1}^{n} x_i\right]^\theta, & 0 < x_i < 1 (i=1,2,\cdots,n) \\ 0, & \text{其他} \end{cases}$$

当 $0 < x_i < 1 (i=1,2,\cdots,n)$ 时,恒有 $L(\theta) > 0$,上式两边取对数有

$$\ln L(\theta) = n\ln(\theta+1) + \theta \sum_{i=1}^{n} \ln x_i$$

令 $\frac{d\ln L(\theta)}{d\theta} = \frac{n}{\theta+1} + \sum_{i=1}^{n} \ln x_i = 0$,解得 $\theta = -1 - \frac{n}{\sum_{i=1}^{n} \ln x_i}$.

于是 θ 的极大似然估计量为 $\hat{\theta} = -1 - \frac{n}{\sum_{i=1}^{n} \ln X_i}$.

例 4 设总体 X 的分布函数为

$$F(x;\beta) = \begin{cases} 1 - \frac{1}{x^\beta}, & x > 1 \\ 0, & x \leqslant 1 \end{cases}$$

其中未知参数 $\beta > 1$. 又 $X_1, X_2, \cdots, X_n$ 为来自总体 X 的简单随机样本,求:(1)β 的矩估计量;(2)β 的最大似然估计量.

解 由题设知 X 的概率密度为

$$f(x;\beta) = F'(x;\beta) = \begin{cases} \frac{\beta}{x^{\beta-1}}, & x > 1 \\ 0, & x \leqslant 1 \end{cases}$$

(1)由于

$$E(X) = \int_{-\infty}^{+\infty} x f(x;\beta) dx = \int_1^{+\infty} x \cdot \frac{\beta}{x^{\beta-1}} dx = \frac{\beta}{\beta-1}$$

令 $\overline{X}$ 为样本均值,则由 $\frac{\beta}{\beta-1} = \overline{X}$ 解得 $\beta = \frac{\overline{X}}{\overline{X}-1}$,故参数 β 的矩估计量为 $\hat{\beta} = \frac{\overline{X}}{\overline{X}-1}$.

(2)依题设参数 β 的似然函数为

$$L(\beta) = \prod_{i=1}^{n} f(x_i;\beta) = \begin{cases} \frac{\beta^n}{(x_1 x_2 \cdots x_n)^{\beta+1}}, & x_i > 1 (i=1,2,\cdots,n) \\ 0, & \text{其他} \end{cases}$$

当 $x_i > 1 (i=1,2,\cdots,n)$ 时,$L(\beta) > 0$,上式两边取对数得

$$\ln L(\beta) = n\ln\beta - (\beta+1)\sum_{i=1}^{n}\ln x_i$$

两边再对 β 求导得

$$\frac{\mathrm{d}\ln L(\beta)}{\mathrm{d}\beta} = \frac{n}{\beta} - \sum_{i=1}^{n}\ln x_i$$

令 $\dfrac{\mathrm{d}\ln L(\beta)}{\mathrm{d}\beta} = 0$，可得 $\beta = \dfrac{n}{\sum_{i=1}^{n}\ln x_i}$.

故 β 的最大似然估计量为 $\hat{\beta} = \dfrac{n}{\sum_{i=1}^{n}\ln X_i}$.

与下面的例子类似的命题前面已经见过,再来看例.

例 5 设随机变量 X 的分布函数为

$$F(x;\alpha,\beta) = \begin{cases} 1-\left(\dfrac{\alpha}{x}\right)^{\beta}, & x > \alpha \\ 0, & x \leqslant \alpha \end{cases}$$

其中参数 $\alpha > 0, \beta > 1$. 设 $X_1, X_2, \cdots, X_n$ 为来自总体 X 的简单随机样本. (1)当 $\alpha = 1$ 时,求未知参数 β 的矩估计量;(2)当 $\alpha = 1$ 时,求未知参数 β 的最大似然估计量;(3)当 $\beta = 2$ 时,求未知参数 α 的最大似然估计量.

解 当 $\alpha = 1$ 时, X 的概率密度为

$$f(x;\beta) = \begin{cases} \dfrac{\beta}{x^{\beta+1}}, & x > 1 \\ 0, & x \leqslant 1 \end{cases}$$

(1)由于

$$E(X) = \int_{-\infty}^{+\infty} x f(x;\beta)\mathrm{d}x = \int_{1}^{+\infty}\dfrac{\beta}{x^{\beta+1}}\mathrm{d}x = \dfrac{\beta}{\beta-1}$$

令 $\bar{x}$ 为样本均值,则由 $\dfrac{\beta}{\beta-1} = \bar{x}$ 解得 $\beta = \dfrac{\bar{x}}{\bar{x}-1}$,故参数 β 的矩估计量为 $\hat{\beta} = \dfrac{\bar{X}}{\bar{X}-1}$.

(2)对于总体 X 的样本值 $x_1, x_2, \cdots, x_n$,似然函数为

$$L(\beta) = \prod_{i=1}^{n} f(x_i;\alpha) = \begin{cases} \dfrac{\beta^n}{(x_1 x_2 \cdots x_n)^{\beta+1}}, & x_i > 1 (i=1,2,\cdots,n) \\ 0, & \text{其他} \end{cases}$$

当 $x_i > 1 (i=1,2,\cdots,n)$ 时, $L(\beta) > 0$,两边取对数得

$$\ln L(\beta) = n\ln\beta - (\beta+1)\sum_{i=1}^{n}\ln x_i$$

再对 β 求导数得

$$\frac{\mathrm{d}\ln L(\beta)}{\mathrm{d}\beta} = \frac{n}{\beta} - \sum_{i=1}^{n}\ln x_i$$

令 $\dfrac{\mathrm{d}\ln L(\beta)}{\mathrm{d}\beta} = 0$,解得 $\beta = \dfrac{n}{\sum_{i=1}^{n}\ln x_i}$.

故 β 的最大似然估计量为 $\hat{\beta} = \dfrac{n}{\sum_{i=1}^{n}\ln X_i}$

(3)当 $\beta = 2$ 时, X 的概率密度为

$$f(x;\alpha)=\begin{cases}\dfrac{2\alpha^2}{x^3}, & x>\alpha \\ 0, & x\leqslant\alpha\end{cases}$$

对于总体 X 的样本值 $x_1,x_2,\cdots,x_n$, 似然函数为

$$L(\alpha)=\prod_{i=1}^{n}f(x_i;\alpha)=\begin{cases}\dfrac{2^n\alpha^{2n}}{(x_1x_2\cdots x_n)^3}, & x_i>\alpha(i=1,2,\cdots,n) \\ 0, & \text{其他}\end{cases}$$

当 $x_i>\alpha(i=1,2,\cdots,n)$ 时,$L(\alpha)$ 随 α 单增,因而 α 的最大似然估计值为

$$\hat{\alpha}=\min\{x_1,x_2,\cdots,x_n\}$$

则 α 的最大似然估计量为 $\hat{\alpha}=\min\{X_1,X_2,\cdots,X_n\}$.

4. 正态分布的两种参数估计

以下是关于正态分布的两类参数估计问题.

例 1 设 $X\sim N(\mu,1)$,又 (X_1,X_2) 为来自总体 X 的一个样本,则

$$\hat{\mu}_1=\dfrac{2}{3}X_1+\dfrac{1}{3}X_2, \quad \hat{\mu}_2=\dfrac{1}{4}X_1+\dfrac{3}{4}X_2, \quad \hat{\mu}_3=\dfrac{1}{2}X_1+\dfrac{1}{2}X_2$$

都是 μ 的无偏估计量.试问哪个最有效.

解 由题设知 $E(X_i)=\mu,D(X_i)=1,i=1,2$.则

$$E(\hat{\mu}_1)=E\left(\dfrac{2}{3}X_1+\dfrac{1}{3}X_2\right)=\dfrac{2}{3}E(X_1)+\dfrac{1}{3}E(X_2)=\dfrac{2}{3}\mu+\dfrac{1}{3}\mu=\mu$$

同理 $E(\hat{\mu}_2)=\mu,E(\hat{\mu}_3)=\mu$. 故知 $\hat{\mu}_1,\hat{\mu}_2,\hat{\mu}_3$ 均为 μ 的无偏估计量.

注意到

$$D(\hat{\mu}_1)=D\left(\dfrac{2}{3}X_1+\dfrac{1}{3}X_2\right)=\dfrac{4}{9}D(X_1)+\dfrac{1}{9}D(X_2)=\dfrac{5}{9}$$

同理

$$D(\hat{\mu}_2)=\dfrac{5}{8}, \quad D(\hat{\mu}_3)=\dfrac{1}{2}$$

因 $\dfrac{1}{2}=\min\left\{\dfrac{5}{9},\dfrac{5}{9},\dfrac{1}{2}\right\}$,故 $\hat{\mu}_3$ 最有效.

注 若 $X\sim N(\mu,\sigma^2)$,结论亦然.

例 2 设来自总体 $N(\mu_1,\sigma^2)$,$N(\mu_2,\sigma^2)$ 的两个容量分别为 m 和 n 的独立样本,样本方差分别为 S_1^2,S_2^2. 试证对任意常数 a,b(其中 $a+b=1$)来讲,$Z=aS_1^2+bS_2^2$ 都是 σ^2 的无偏估计,且求 a,b 使 $D(Z)$ 最小.

解 由题设 $E(Z)=E(aS_1^2+bS_2^2)=\sigma^2(a+b)=\sigma^2$, 知 Z 是 σ^2 的无偏估计. 又

$$D(Z)=a^2D(S_1^2)+b^2D(S_2^2)=\dfrac{a^2\cdot 2}{m-1}\sigma^4+\dfrac{b^2\cdot 2}{n-1}\sigma^4=2\sigma^4\left[\dfrac{a^2}{m-1}+\dfrac{(1-a)^2}{n-1}\right]$$

令

$$D'(Z)_a=\left\{2\sigma^4\left[\dfrac{a^2}{m-1}+\dfrac{(1-a)^2}{n-1}\right]\right\}'=2\sigma^4\left[\dfrac{2a}{m-1}-\dfrac{2(1-a)}{n-1}\right]=0$$

得 $a=\dfrac{m-1}{m+n-2}$,进而由 $a+b=1$ 求得 $b=\dfrac{n-1}{m+n-2}$,此时 $D(Z)$ 最小.

例 3 设总体 X 的概率密度为 $f(x)=\begin{cases}\lambda^2xe^{-\lambda x}, & x>0 \\ 0, & \text{其他}\end{cases}$,其中参数 $\lambda(\lambda>0)$ 未知,$X_1,X_2,\cdots,X_n$ 是来自总体 X 的简单随机样本.(1)求参数 λ 的矩估计;(2)求参数 λ 的最大似然估计量.

解 (1)由题设可求得

$$E(X) = \int_0^{+\infty} x\lambda^2 x e^{-\lambda x} dx = -\lambda x^2 e^{-\lambda x}\Big|_0^{+\infty} + 2\lambda \int_0^{+\infty} x e^{-\lambda x} dx =$$
$$-2x e^{-\lambda x}\Big|_0^{+\infty} + 2\int_0^{+\infty} e^{-\lambda x} dx = -\frac{2}{\lambda} e^{-\lambda x}\Big|_0^{+\infty} = \frac{2}{\lambda}$$

令 $E(X) = \overline{X}$,即 $\overline{X} = \frac{2}{\lambda}$,得参数 λ 的矩估计量为 $\lambda_1 = \frac{2}{\overline{X}}$.

(2)设 $x_1, x_2, \cdots, x_n (x_i > 0, i=1,2,L,n)$ 为样本观测值,则似然函数为
$$L(x_1, x_2, \cdots, x_n; \lambda) = \prod_{i=1}^{n} f(x_i; \lambda) = \prod_{i=1}^{n} \lambda^2 x_i e^{-\lambda x_i} = \lambda^{2n} e^{-\lambda \sum_{i=1}^{n} x_i} \prod_{i=1}^{n} x_i$$

于是
$$\ln L(x_1, x_2, \cdots, x_n; \lambda) = \ln(\lambda^{2n} e^{-\lambda \sum_{i=1}^{n} x_i} \prod_{i=1}^{n} x_i) = 2n\ln\lambda + \sum_{i=1}^{n} \ln x_i - \lambda \sum_{i=1}^{n} x_i$$

令 $\frac{d\ln L}{d\lambda} = \frac{2n}{\lambda} - \sum_{i=1}^{n} x_i = 0$,得 $\lambda = \frac{2n}{\sum_{i=1}^{n} x_i}$. 故参数 λ 的最大似然估计量为 $\lambda_2 = \frac{2}{\overline{X}}$.

例 4 设 $X_1, X_2, \cdots, X_n$ 是总体 $N(\mu, \sigma^2)$ 的简单随机样本,记
$$\overline{X} = \frac{1}{n}\sum_{i=1}^{n} X_i, \quad S^2 = \frac{1}{n-1}\sum_{i=1}^{n}(X_i - \overline{X})^2, \quad T = \overline{X}^2 - \frac{1}{n}S^2$$

(1)证明 T 是 μ^2 的无偏估计量;(2)当 $\mu=0, \sigma=1$ 时,求 $D(T)$.

解 (1) $E(T) = E(\overline{X}^2 - \frac{1}{n}S^2) = E(\overline{X}^2) - \frac{1}{n}(S^2) = D(\overline{X}) + E(\overline{X})^2 - \frac{1}{n}E(S^2) = \frac{1}{n}\sigma^2 + \mu^2 - \frac{1}{n}\sigma^2 = \mu^2$.

所以 T 是 μ^2 的无偏估计量.

(2)当 $\mu=0, \sigma=1$ 时,$X \sim N(0,1), \overline{X} \sim N(0, \frac{1}{n}), E(T) = 0$. 由 $\overline{X}^2$ 与 S^2 的独立性有
$$D(T) = D(\overline{X}^2 - \frac{1}{n}S^2) = D(\overline{X}^2) + \frac{1}{n^2}D(S^2) = \frac{1}{n^2}D(\sqrt{n}\overline{X})^2 + \frac{1}{n^2(n-1)^2}D[(n-1)S^2] =$$
$$\frac{2}{n^2} + \frac{1}{n^2(n-1)^2}2(n-1) = \frac{2}{n(n-1)}$$

注 若 $X \sim N(\mu, \sigma^2)$,则
$$E(\overline{X}) = \mu, \quad D(\overline{X}) = \frac{1}{n}\sigma^2, \quad E(S^2) = \sigma^2, \quad D(\frac{n-1}{\sigma^2}S^2) = 2(n-1) \left(\frac{n-1}{\sigma^2}S^2 \sim \chi^2(n-1)\right)$$

例 5 设 $X_1, X_2, \cdots, X_n (n>2)$ 为来自总体 $N(0, \sigma^2)$ 的简单随机样本,其样本均值为 $\overline{X}$,记 $Y_i = X_i - \overline{X}, i=1,2,\cdots,n$.

(1)求 Y_i 的方差 $D(Y_i), i=1,2,\cdots,n$;

(2)求 Y_1 与 Y_n 的协方差 $\text{Cov}(Y_1, Y_n)$;

(3)若 $c(Y_1 + Y_n)^2$ 是 σ^2 的无偏估计量,求常数 c.

解 (1)、(2)可根据方差、协方差的性质和计算公式计算.(3)可根据无偏估计量定义考虑.

对于简单随机样本 $X_1, X_2, \cdots, X_n$ 有 $E(X_i) = E(\overline{X}) = 0$,且 $D(X_i) = \sigma^2$ 及 $\text{Cov}(X_i, X_j) = 0 (i, j = 1, 2, \cdots, n, n \neq j)$. 此外 $D(\overline{X}) = \frac{1}{n}\sigma^2$.

(1)对 $i = 1, 2, \cdots, n$,由题设及方差性质有
$$D(Y_i) = D(X_i - \overline{X}) = D\left(-\frac{1}{n}\sum_{\substack{k=1 \\ k \neq i}}^{n} X_k + \frac{n-1}{n}X_i\right) = \frac{1}{n^2}\sum_{\substack{k=1 \\ k \neq i}}^{n} D(X_k) + \frac{(n-1)^2}{n^2}D(X_i) =$$
$$\frac{n-1}{n^2}\sigma^2 + \frac{(n-1)^2}{n^2}\sigma^2 = \frac{n-1}{n}\sigma^2$$

(2) $\text{Cov}(Y_1, Y_n) = \text{Cov}(X_1 - \overline{X}, X_n - \overline{X}) = \text{Cov}(X_1, X_n) - \text{Cov}(X_1, \overline{X}) - \text{Cov}(X_n, \overline{X}) + \text{Cov}(\overline{X}, \overline{X})$

其中
$$\text{Cov}(X_1, X_n) = 0$$
$$\text{Cov}(X_1, \overline{X}) = \text{Cov}\left(X_1, \frac{1}{n}\sum_{i=1}^{n} X_i\right) = \frac{1}{n}\sum_{i=1}^{n}\text{Cov}(X_1, X_i) =$$
$$\frac{1}{n}\text{Cov}(X_1, X_i) = \frac{1}{n}D(X_1) = \frac{1}{n}\sigma^2$$
$$\text{Cov}(X_n, \overline{X}) = \frac{1}{n}\sigma^2 \text{ (与 Cov}(X_1, \overline{X}) \text{同样计算)}$$
$$\text{Cov}(\overline{X}, \overline{X}) = D(\overline{X}) = \frac{1}{n}\sigma^2$$

故
$$\text{Cov}(Y_1, Y_n) = 0 - \frac{1}{n}\sigma^2 - \frac{1}{n}\sigma^2 + \frac{1}{n}\sigma^2 = -\frac{1}{n}\sigma^2$$

(3) 由题设知
$$E[c(Y_1 + Y_n)^2] = \sigma^2$$

即
$$cE[(Y_1 + Y_n)^2] = \sigma^2 \quad (*)$$

由于 $E(Y_i) = E(X_i - \overline{X}) = EX_i - \overline{EX} = 0$, 所以
$$E[(Y_1 + Y_n)^2] = E(Y_1^2 + Y_n^2 + 2Y_1 Y_n) = 2E(Y_1^2) + 2E(Y_1 Y_n) =$$
$$2\{D(Y_1) + [E(Y_1)]^2\} + 2[\text{Cov}(Y_1, Y_n) + E(Y_1)E(Y_n)] =$$
$$2[D(Y_1) + \text{Cov}(Y_1, Y_n)] =$$
$$2\left(\frac{n-1}{n}\sigma^2 - \frac{1}{n}\sigma^2\right) = \frac{2(n-2)}{n}\sigma^2$$

将上式代入式 (*) 得 $c\frac{2(n-2)}{n}\sigma^2 = \sigma^2$, 因此 $c = \frac{n}{2(n-2)}$.

例 6 若从分布密度为指数分布
$$f(x, \lambda) = \begin{cases} \lambda e^{-\lambda x}, & x > 0 \\ 0, & x < 0 \end{cases} (\lambda \text{ 为未知参数})$$

的总体中抽取一简单样本 $(X_1, X_2, \cdots, X_n)$. (1) 求参数 λ 的最大似然估计量 $\hat{\lambda}$; (2)* 讨论 $\hat{\lambda}$ 是否是 λ 的一致估计, 证明你的结论.

解 (1) λ 的似然函数为
$$L(x_1, x_2, \cdots, x_n; \lambda) = \prod_{i=1}^{n} f(x_i, \lambda) = \begin{cases} \lambda^n e^{-\lambda \sum_{i=1}^{n} x_i}, & x > 0 \\ 0, & \text{其他} \end{cases}$$

当 $x_1, x_2, \cdots, x_n > 0$ 时, 有
$$\ln[L(x_1, x_2, \cdots, x_n; \lambda)] = n\ln \lambda - \lambda \sum_{i=1}^{n} x_i = 0$$

令
$$\frac{\partial \ln[L(x_1, x_2, \cdots, x_n; \lambda)]}{\partial \lambda} = \frac{n}{\lambda} - \sum_{i=1}^{n} x_i = 0$$

得 $\lambda_0 = \frac{1}{\overline{x}}$, 这里 $\overline{x} = \frac{1}{n}\sum_{i=1}^{n} x_i$. 易知 λ_0 满足

$$L(x_1,x_2,\cdots,x_n;\lambda_0)=\max_{\lambda>0}\{L(x_1,x_2,\cdots,x_n;\lambda)\}$$

故 $\hat{\lambda}=\dfrac{1}{\overline{X}}$ 是 λ 的最大似然估计量.

(2)* 因 $X_1,X_2,\cdots,X_n$ 独立同分布,且 $E(x_i)=\dfrac{1}{\lambda}(i=1,2,\cdots,n)$ 存在,由辛钦大数定律知

$$\overline{X}=\frac{1}{n}\sum_{i=1}^{n}X_i\xrightarrow{P}\frac{1}{\lambda},\quad n\to\infty$$

故由

$$\hat{\lambda}=\frac{1}{\overline{X}}=1\Big/\Big(\frac{1}{n}\sum_{i=1}^{n}X_i\Big)\xrightarrow{P}1\Big/\Big(\frac{1}{\lambda}\Big)=\lambda,\quad n\to\infty$$

知 $\hat{\lambda}$ 是 λ 的一致估计量.

注 类似的问题如下(它与上例几乎无异).

问题 设总体 ξ 的密度函数为

$$f(x;\theta)=\begin{cases}\theta x^{\theta-1},&0<x<1,\theta>0\\0,&\text{其他}\end{cases}$$

而 $\xi_1,\xi_2,\cdots,\xi_n$ 为其一个样本,求 θ 的矩估计量和极大似然估计量.

答案 θ 的矩估计量为 $\hat{\theta}=\dfrac{\overline{\xi}}{1-\overline{\xi}}$,其中 $\overline{\xi}=\dfrac{1}{n}\sum_{i=1}^{n}\xi_i$;$\theta$ 的极大似然估计量为 $\hat{\theta}=-n\Big/\sum_{i=1}^{n}\ln\xi_i$.

例 7 设总体 X 的概率密度为

$$p(x;\lambda)=\begin{cases}\lambda\alpha x^{\alpha-1}e^{-\lambda x^{\alpha}},&x>0\\0,&x\leqslant 0\end{cases}$$

其中,$\lambda>0$ 是未知参数;$\alpha>0$ 是已知参数.试根据来自总体 X 的简单随机样本 $X_1,X_2,\cdots,X_n$,求 λ 的最大似然估计量 $\hat{\lambda}$.

解 由题设 X_i 来自总体 X 的简单随机样本,故它们独立同分布且与总体分布相同.知似然函数

$$L(x_1,x_2,\cdots,x_n;\lambda)=\prod_{i=1}^{n}p(x_i,\lambda)=(\lambda\alpha)^n e^{-\lambda\sum_{i=1}^{n}x_i^{\alpha}}\prod_{i=1}^{n}x_i^{\alpha-1}$$

取对数有

$$\ln L=n\ln\lambda+n\ln\alpha-\lambda\sum_{i=1}^{n}x_i^{\alpha}+\sum_{i=1}^{n}\ln x_i^{\alpha-1}$$

令 $\dfrac{\partial\ln L}{\partial\lambda}=\dfrac{n}{\lambda}-\sum_{i=1}^{n}x_i^{\alpha}=0$,由此解得 $\lambda=\dfrac{n}{\sum_{i=1}^{n}x_i^{\alpha}}$,故 λ 的最大似然估计量 $\hat{\lambda}=\dfrac{n}{\sum_{i=1}^{n}X_i^{\alpha}}$.

下面的例子与上例的区别在于:它是从 X 中抽取一个简单随机样本中的最小者去考虑问题,而非考虑样本全体.

例 8 设总体 X 的概率密度为

$$f(x;\theta)=\begin{cases}2e^{-2(x-\theta)},&x>\theta\\0,&x\leqslant\theta\end{cases}$$

其中 $\theta>0$ 是未知参数.从总体 X 中抽取简单随机样本 $X_1,X_2,\cdots,X_n$,记

$$\hat{\theta}=\min\{X_1,X_2,\cdots,X_n\}$$

(1)求总体 X 的分布函数 $F(x)$;(2)求统计量 $\hat{\theta}$ 的分布函数 $F_{\hat{\theta}}(x)$;(3)如果用 $\hat{\theta}$ 作为 θ 的估计量,讨论它是否具有无偏性;(4)求 θ 的最大似然估计值.

解 (1)由题设有

$$F(x)=\int_{-\infty}^{x}f(t;\theta)\mathrm{d}t=\begin{cases}1-\mathrm{e}^{-2(x-\theta)}, & x>\theta\\ 0, & x\leqslant\theta\end{cases}$$

(2) 这样 $\hat{\theta}$ 的分布函数为

$$\begin{aligned}F_{\hat{\theta}}(x)&=P\{\hat{\theta}\leqslant x\}=P\{\min(X_1,X_2,\cdots,X_n)\leqslant x\}=\\ &1-P\{\min(X_1,X_2,\cdots,X_n)>x\}=\\ &1-P\{X_1>x,X_2>x,\cdots,X_n>x\}=\\ &1-[1-F(x)]^n=\begin{cases}1-2\mathrm{e}^{-2n(x-\theta)}, & x>\theta\\ 0, & x\geqslant\theta\end{cases}\end{aligned}$$

(3) 由上知 $\hat{\theta}$ 概率密度为

$$F_{\hat{\theta}}(x)=\frac{\mathrm{d}F_{\hat{\theta}}(x)}{\mathrm{d}x}=\begin{cases}2n\mathrm{e}^{-2n(x-\theta)}, & x>\theta\\ 0, & x\geqslant\theta\end{cases}$$

因为

$$E(\hat{\theta})=\int_{-\infty}^{+\infty}xf_{\hat{\theta}}(x)\mathrm{d}x=\int_{\theta}^{+\infty}2nx\mathrm{e}^{-2n(x-\theta)}\mathrm{d}x=\theta+\frac{1}{2n}\neq\theta$$

所以 $\hat{\theta}$ 作为 θ 的估计量不具有无偏性.

(4) 由题设及指数运算法则知似然函数为

$$L(\theta)=L(x_1,x_2,\cdots,x_n;\theta)=\begin{cases}2\mathrm{e}^{-2\sum_{i=1}^{n}(x_i-\theta)}, & x_i\geqslant\theta(i=1,2,\cdots,n)\\ 0, & \text{其他}\end{cases}$$

当 $x_i\geqslant\theta(i=1,2,\cdots,n)$ 时,$L(\theta)>0$,取对数得

$$\ln L(\theta)=n\ln 2-2\sum_{i=1}^{n}(x-\theta)$$

又因为 $\frac{\mathrm{d}\ln L(\theta)}{\mathrm{d}\theta}=2n>0$,所以 $L(\theta)$ 单调增加. 由于 θ 必须满足 $\theta\leqslant x_i(i=1,2,\cdots,n)$,因此 $\theta\leqslant\min\{x_1,x_2,\cdots,x_n\}$. 如果取 $\theta=\min\{x_1,x_2,\cdots,x_n\}$,这也是 θ 的最大可能取值,从而使 $L(\theta)$ 取最大值. 所以 θ 的最大似然估计值为 $\hat{\theta}=\min\{x_1,x_2,\cdots,x_n\}$.

例 9 设总体 X 服从对数正态分布.即 X 的密度为

$$f(x;\mu,\sigma^2)=\begin{cases}(2\pi\sigma^2)^{-\frac{1}{2}}x^{-1}\exp\left\{-\frac{1}{2\sigma^2}(\ln x-\mu)^2\right\}, & x>0\\ 0, & \text{其他}\end{cases}$$

其中 $-\infty<\mu<+\infty$ 及 $\sigma^2>0$ 是未知参数. $X_1,X_2,\cdots,X_n$ 为 X 的一个样本,试求 μ 与 σ^2 的矩估计.

解 由题设则有

$$E(X)=\int_{-\infty}^{+\infty}f(x;\mu,\sigma^2)\mathrm{d}x=\int_{0}^{+\infty}x(2\pi\sigma^2)^{-\frac{1}{2}}x^{-1}\exp\left[-\frac{1}{2\sigma^2}(\ln x-\mu)^2\right]\mathrm{d}x\xrightarrow{(\diamondsuit\ y=\ln x-\mu)}$$

$$\frac{1}{\sigma\sqrt{2\pi}}\int_{-\infty}^{+\infty}\mathrm{e}^{-\frac{y^2}{2\sigma^2}}\mathrm{e}^{y+\mu}\mathrm{d}y=\frac{\mathrm{e}^{\mu}}{\sigma\sqrt{2\pi}}\int_{-\infty}^{+\infty}\mathrm{e}^{-\frac{1}{2\sigma^2}(y-\sigma^2)^2}\mathrm{d}y=\mathrm{e}^{\frac{1}{2}(\sigma^2+2\mu)}$$

$$E(X^2)=\int_{0}^{+\infty}x^2(2\pi\sigma^2)^{-\frac{1}{2}}x^{-1}\exp\left[-\frac{1}{2\sigma^2}(\ln x-\mu)^2\right]\mathrm{d}x\xrightarrow{(\diamondsuit\ y=\ln x-\mu)}$$

$$\frac{1}{\sigma\sqrt{2\pi}}\int_{-\infty}^{+\infty}\mathrm{e}^{-\frac{y^2}{2\sigma^2}}\mathrm{e}^{2(y+\mu)}\mathrm{d}y=\frac{\mathrm{e}^{2}(\mu^2+\sigma^2)}{\sigma\sqrt{2\pi}}\int_{-\infty}^{+\infty}\mathrm{e}^{-\frac{1}{2\sigma^2}(y-2\sigma^2)^2}\mathrm{d}y=\mathrm{e}^{2(\mu+\sigma^2)}$$

从而有

$$\begin{cases} \overline{X} = \dfrac{1}{n}\sum_{i=1}^{n} X_i = e^{\frac{1}{2}(\sigma^2+2\mu)} \\ \dfrac{1}{n}\sum_{i=1}^{n} X_i^2 = e^{2(\mu+\sigma^2)} \end{cases}$$

解得估计量

$$\hat{\mu} = \ln\dfrac{\sqrt{n}\overline{X}^2}{\sqrt{\sum_{i=1}^{n} X_i^2}}, \quad \hat{\sigma}^2 = \ln\dfrac{\sum_{i=1}^{n} X_i^2}{n\overline{X}}$$

下面再来看一个关于参数估计的期望和方差问题.

例 10 设 $X_1, X_2, \cdots, X_n$ 为来自正态总体 $N(\mu_0, \sigma^2)$ 的简单随机样本,其中 μ_0 已知, σ^2 未知, $\overline{X}$ 和 S^2 分别表示样本均值和样本方差.

(1) 求参数 σ^2 的最大似然估计 $\hat{\sigma}^2$;

(2) 计算 $E(\hat{\sigma}^2)$ 和 $(D\hat{\sigma}^2)$.

解 (1) 设 $x_1, x_2, \cdots, x_n$ 为样本观测值,则似然函数

$$L(\sigma^2) = (2\pi\sigma^2)^{-\frac{n}{2}} \cdot e^{-\frac{1}{2\sigma^2}\sum_{i=1}^{n}(x_i-\mu_0)^2}$$

$$\ln L(\sigma^2) = -\dfrac{n}{2}\ln(2\pi\sigma^2) - \dfrac{1}{2\sigma^2}\sum_{i=1}^{n}(x_i-\mu_0)^2$$

令

$$\dfrac{d\ln L}{d(\sigma^2)} = 0 \Rightarrow -\dfrac{n}{2\sigma^2} + \dfrac{1}{2\sigma^4}\sum_{i=1}^{n}(x_i-\mu_0)^2 = 0$$

从而得 σ^2 的最大似然估计

$$\hat{\sigma}^2 = \dfrac{1}{n}\sum_{i=1}^{n}(X_i-\mu_0)^2$$

(2) **解法 1** 由于

$$\dfrac{n\hat{\sigma}^2}{\sigma^2} = \dfrac{\sum_{i=1}^{n}(X_i-\mu_0)^2}{\sigma^2} \sim \chi^2(n)$$

所以

$$E(\hat{\sigma}^2) = \dfrac{\sigma^2}{n} \cdot n = \sigma^2, \quad D(\hat{\sigma}^2) = \dfrac{\sigma^4}{n^2} \cdot 2n = \dfrac{2}{n}\sigma^4$$

解法 2 $\quad E(\hat{\sigma}^2) = \dfrac{1}{n}\sum_{i=1}^{n} E(X_i-\mu_0)^2 = \dfrac{1}{n}\sum_{i=1}^{n} D(X_i) = \sigma^2$

注意到 $\dfrac{X_i-\mu_0}{\sigma} \sim N(0,1)$,且 $\dfrac{(X_i-\mu_0)^2}{\sigma^2} \sim \chi^2(1)$,则 $D\left[\dfrac{(X_i-\mu_0)^2}{\sigma^2}\right] = 2 \Rightarrow D(X_i-\mu_0)^2 = 2\sigma^4$.

$$D(\hat{\sigma}^2) = \dfrac{1}{n^2}\sum_{i=1}^{n} D(X_i-\mu_0)^2 = \dfrac{1}{n}D(X_1-\mu_0)^2 = \dfrac{\sigma^4}{n}D\left(\dfrac{X_1-\mu_0}{\sigma}\right)^2 = \dfrac{2}{n}\sigma^4$$

最后来看一个应用问题.

例 11 设某种元件的使用寿命 X 的概率密度为

$$f(x;\theta) = \begin{cases} 2e^{-2(x-\theta)}, & x \geq \theta \\ 0, & x < \theta \end{cases}$$

其中 $\theta > 0$ 为未知参数. 又 $x_1, x_2, \cdots, x_n$ 是 X 的一组样本观测值,求参数 θ 的最大似然估计值.

解 由题设及指数运算法则知似然函数为

$$L(\theta) = L(x_1, x_2, \cdots, x_n;\theta) = \begin{cases} 2e^{-2\sum_{i=1}^{n}(x_i-\theta)}, & x_i \geq \theta(i=1,2,\cdots,n) \\ 0, & \text{其他} \end{cases}$$

当 $x_i \geq \theta (i=1,2,\cdots,n)$ 时,$L(\theta)>0$,取对数得

$$\ln L(\theta) = n\ln 2 - 2\sum_{i=1}^{n}(x-\theta)$$

又因为 $\dfrac{\mathrm{d}\ln L(\theta)}{\mathrm{d}\theta} = 2n > 0$,所以 $L(\theta)$ 单调增加.

由于 θ 必须满足 $\theta \leq x_i (i=1,2,\cdots,n)$,因此 $\theta \leq \min\{x_1, x_2, \cdots, x_n\}$. 如果取 $\theta = \min\{x_1, x_2, \cdots, x_n\}$,这也是 θ 的最大可能取值,从而使 $L(\theta)$ 取最大值. 所以 θ 的最大似然估计值为 $\hat{\theta} = \min\{x_1, x_2, \cdots, x_n\}$.

5. 一般分布的两种参数估计

例 1 设总体 $X \sim N(\mu, \sigma^2)$,$X_1, X_2, \cdots, X_n$ 和 $Y_1, Y_2, \cdots, Y_m$ 为来自 X 的两个独立样本. $\overline{X}$ 和 $\overline{Y}$ 分别为其样本均值,S_1^2 和 S_2^2 分别为样本方差. 试证对任意满足 $a+b=1$ 的常数 a 与 b,$aS_1^2 + bS_2^2$ 均是 σ^2 的无偏估计;且当 $a = \dfrac{n-1}{m+n-2}$,$b = \dfrac{m-1}{m+n-2}$ 时是其中最有效估计.

解 由 $E(aS_1^2 + bS_2^2) = aE(S_1^2) + bE(S_2^2) = (a+b)\sigma^2 = \sigma^2$,即知 $aS_1^2 + bS_2^2$ 是 σ^2 的无偏估计. 又

$$\frac{(n-1)S_1^2}{\sigma^2} \sim \chi^2(n-1), \quad \frac{(m-1)S_2^2}{\sigma^2} \sim \chi^2(m-1)$$

从而有

$$D\left[\frac{(n-1)S_1^2}{\sigma^2}\right] = 2(n-1)$$

即

$$\frac{(n-1)^2}{\sigma^4}D(S_1^2) = 2(n-1), \quad D(S_1^2) = \frac{2\sigma^4}{n-1}$$

类似地有 $D(S_2^2) = \dfrac{2\sigma^4}{m-1}$. 所以

$$D(aS_1^2 + bS_2^2) = a^2 \cdot \frac{2\sigma^4}{n-1} + b^2 \cdot \frac{2\sigma^4}{m-1} = 2\left(\frac{a^2}{n-1} + \frac{b^2}{m-1}\right)\sigma^4$$

在 $a+b=1$ 的条件下,仿前例可求得 $a = \dfrac{n-1}{m+n-2}$,$b = \dfrac{m-1}{m+n-2}$.

例 2 设 $X_1, X_2, \cdots, X_n$ 是总体 X 的一个样本,试证:估计量 $\overline{X} = \dfrac{1}{n}\sum_{i=1}^{n}X_i$ 和 $W = \sum_{i=1}^{n}a_iX_i (a_i \geq 0)$($a_i$ 为常数满足 $\sum_{i=1}^{n}a_i = 1$)均为 $E(X)$ 的无偏估计量,且 $\overline{X}$ 的方差不超过 W 的方差.

证 由

$$E(\overline{X}) = \frac{1}{n}\sum_{i=1}^{n}E(X_i) = \frac{1}{n} \cdot n \cdot E(X) = E(X)$$

和

$$E(W) = \sum_{i=1}^{n}a_iE(X_i) = \sum_{i=1}^{n}a_iE(X) = E(X)$$

所以 $\overline{X}$ 与 W 均是 $E(X)$ 的无偏估计. 又

$$D(\overline{X}) = \frac{1}{n^2}\sum_{i=1}^{n}D(X_i) = \frac{1}{n^2}n \cdot D(X) = \frac{1}{n}D(X)$$

且

$$D(W) = \sum_{i=1}^{n}a_i^2 D(X_i) = \left(\sum_{i=1}^{n}a_i^2\right) \cdot D(X)$$

但

$$(n-1)\sum_{i=1}^n a_i^2 \geqslant 2\sum_{1\leqslant i<j\leqslant n} a_i a_j$$

即

$$\sum_{i=1}^n a_i^2 \geqslant \frac{1}{n}\Big(\sum_{i=1}^n a_i^2 + 2\sum_{1\leqslant i<j\leqslant n} a_i a_j\Big)$$

而

$$\sum_{i=1}^n a_i^2 + 2\sum_{1\leqslant i<j\leqslant n} a_i a_j = \Big(\sum_{i=1}^n a_i\Big)^2 = 1$$

故 $\sum_{i=1}^n a_i^2 \geqslant \frac{1}{n}$,即 $D(X) \leqslant D(W)$.

注 对 $E(X)$ 的两个估计量 $\overline{X}$ 与 W 而言,$\overline{X}$ 较以 a_i 为权的样本加权平均更为有效,这充分体现出大数定律的算术平均法则的优越性.

例 3 设总体 X 的期望为 μ,方差为 σ^2. $X_1, \cdots, X_n$ 和 $Y_1, \cdots, Y_n$ 分别是来自 X 的两个独立样本. 记

$$\overline{X} = \frac{1}{n}\sum_{i=1}^n X_i, \quad \overline{Y}_1 = \frac{1}{m}\sum_{i=1}^m Y_i$$

$$S^2 = \frac{1}{n+m-2}\Big[\sum_{i=1}^n (X_i - \overline{X})^2 + \sum_{i=1}^m (Y_i - \overline{Y})^2\Big]$$

(1)试证对任意满足 $a+b=1$ 的常数 a 和 b,$Z = a\overline{X} + b\overline{Y}$ 是 μ 的无偏估计量,并确定 a,b 使 $D(Z)$ 达到最小.

(2)证明:S^2 是 σ^2 的无偏估计量.

解 (1)由 $E(Z) = E(a\overline{X} + b\overline{Y}) = aE(\overline{X}) + bE(\overline{Y}) = a\mu + b\mu = (a+b)\mu = \mu$,故 X 是 μ 的无偏估计量. 又

$$D(X) = a^2 D(\overline{X}) + b^2 D(\overline{Y}) = \frac{a^2 \sigma^2}{n} + \frac{b^2 \sigma^2}{m} = \Big(\frac{a^2}{n} + \frac{b^2}{m}\Big)\sigma^2 \qquad (*)$$

问题化为在 $a+b=1$ 的条件下,求式(*)的最小值问题.

令

$$D(Z) = \Big[\frac{a^2}{n} + \frac{(1-a)^2}{m}\Big]\sigma^2 = f(a)$$

由

$$\frac{\mathrm{d}f(a)}{\mathrm{d}a} = \sigma^2\Big[\frac{2a}{n} - \frac{2(1-a)}{m}\Big] = 0$$

解得 $a = \frac{n}{m+n}$,则 $b = \frac{m}{m+n}$.

(2)注意到

$$E(S^2) = \frac{1}{n+m-2}\Big\{E\Big[\sum_{i=1}^n (X_i - \overline{X})^2\Big] + E\Big[\sum_{i=1}^m (Y_i - \overline{Y})^2\Big]\Big\} =$$

$$\frac{1}{n+m-2}\Big\{(n-1)E\Big[\frac{1}{n-1}\sum_{i=1}^n (X_i - \overline{X})^2\Big] + (m-1)E\Big[\frac{1}{m-1}\sum_{i=1}^m (Y_i - \overline{Y})^2\Big]\Big\} =$$

$$\frac{1}{n+m-2}[(n-1)\sigma^2 + (m-1)\sigma^2] = \sigma^2$$

即 S^2 是 σ^2 的无偏估计量.

例 4 (1)设 $X_1, X_2, \cdots, X_n$ 为总体 X 的一个样本,又 X 的期望 $E(X) = \mu$,试证统计量 $\hat{S}_0^2 = \frac{1}{n}\sum_{i=1}^n (X_i - \mu)^2$ 为总体方差 $D(X) = \sigma^2$ 的无偏估计量.

(2)设 $X_1, \cdots, X_n$ 为来自 $X \sim N(\mu, \sigma^2)$ 的样本,试证 $S_*^2 = \frac{1}{2(n-1)}\sum_{i=1}^{n-1}(X_n - X_i)^2$ 是 σ^2 的无偏估计量.

证 (1) 视 $X_i - \mu (i=1,2,\cdots,n)$ 为来自总体 $X - \mu$ 的样本，则有 $E(X-\mu) = 0$，且 $D(X-\mu) = D(X) = \sigma^2$，亦即 $E(X_i - \mu) = 0, D(X_i - \mu) = \sigma^2$. 于是

$$E(\hat{S}_0^2) = \frac{1}{n}\sum_{i=1}^n E[X_i - \mu - E(z_i - \mu)]^2 = \frac{1}{n}\sum_{i=1}^n D(X_i - \mu) = \frac{1}{n}\sum_{i=1}^n \sigma^2 = \sigma^2$$

(2) 令 $Y_i = X_n - X_i (i=1,2,\cdots,n)$，则 $Y_i \sim N(0, 2\sigma^2)$，从而 $\frac{Y_i}{\sqrt{2}\sigma} \sim N(0,1)$. 于是

$$\sum_{i=1}^{n-1}\left(\frac{Y_i}{\sqrt{2}\sigma}\right)^2 = \sum_{i=1}^{n-1}\frac{Y_i^2}{2\sigma^2} \sim \chi^2(n-1)$$

$$E\left(\sum_{i=1}^n \frac{Y_i^2}{2\sigma^2}\right) = E[\chi^2(n-1)] = n-1$$

故

$$E(S_*^2) = E\left[\frac{1}{2(n-1)}\sum_{i=1}^{n-1}(X_n - X_i)^2\right] = \frac{1}{2(n-1)} \cdot 2\sigma^2 E\left[\sum_{i=1}^{n-1}\frac{(X_n - X_i)^2}{2\sigma^2}\right] =$$

$$\frac{\sigma^2}{n-1} E\left[\sum_{i=1}^{n-1}\frac{Y_i^2}{2\sigma^2}\right] = \frac{\sigma^2}{n-1} \cdot (n-1) = \sigma^2$$

6. 应用问题

最后来看一则应用问题，其实前面已经介绍过类似的例子，这里是想以参数估计角度给出另外一种解法和思考.

例 1 设湖中有 N 条鱼，现捕到 r 条，做上记号后放回湖中. 一段时间后，再从湖中捕到 s 条，其中有 t 条带有先前的标记，试估计湖中的鱼数 N.

解 1 依题意，湖中有标记的鱼与湖中鱼的总数比为 $\frac{r}{N}$. 而在捕到的 s 条鱼中，有 t 条带有标记，其比例为 $\frac{t}{s}$.

由于捕鱼是随机的，即每条鱼被捕到的机会相等. 故可以认为 $\frac{t}{s}$（捕到带标记鱼的频率）与 $\frac{r}{N}$（捕寻带标记鱼的概率）相等. 即有 $\frac{r}{N} = \frac{t}{s}$，解得 $N = \left[\frac{sr}{t}\right]$，这里 $[x]$ 表示不超过 x 的最大整数.

解 2 被捕到的 s 条鱼中，有标记的鱼数为 X，则 X 为一随机变量. X 可能取得值为 $0,1,\cdots,r$. 其分布律为

$$P\{X=i\} = \frac{C_r^i C_{N-r}^{s-i}}{C_N^s}, \quad i=0,1,2,\cdots,r$$

因而捕到的 s 条鱼中出现 t 条有标记的鱼这一事件的概率为

$$L(N) = P\{X=t\} = \frac{C_r^t C_{N-r}^{s-t}}{C_N^s}$$

其中 N 是未知参数.

依据最大似然估计法，取 N 的估计值 $\hat{N}$，使 $L(\hat{N}) = \max_N L(N)$. 为此，考虑

$$\frac{L(N)}{L(N-1)} = \frac{C_r^t C_{N-r}^{s-t}}{C_N^s} \cdot \frac{C_{N-1}^s}{C_r^t C_{N-1-r}^{s-t}} = \frac{C_{N-r}^{s-t} C_{N-1}^s}{C_N^s C_{N-r-1}^{s-t}} =$$

$$\frac{\dfrac{(N-r)!}{(s-t)!(N-r-s+t)!} \cdot \dfrac{(N-1)!}{s!(N-s-1)!}}{\dfrac{N!}{s!(N-s)!} \cdot \dfrac{(N-r-1)!}{(s-t)!(N-r-1-s+t)!}} =$$

$$\frac{(N-r)(N-s)}{N(N-r-s+1)} = \frac{N^2 - Nr - Ns + rs}{N^2 - Nr - Ns + Nt}$$

故当 $rs<Nt$ 时，$\frac{L(N)}{L(N-1)}<1$，$L(N)$ 为 N 的单调减函数；

而当 $rs>Nt$ 时，$\frac{L(N)}{L(N-1)}>1$，$L(N)$ 是 N 的单调增函数.

所以当 $rs=Nt$，即 $N=\frac{rs}{t}$ 时，$L(N)$ 达到最大值. 故 $\hat{N}=\left[\frac{rs}{t}\right]$，这里 $[x]$ 表示不超过 x 的最大整数.

解 3 求 N 的矩估计 $\hat{N}$. 由于 X 服从超几何分布，故 $E(X)=\frac{rs}{N}$，此即捕到 s 条鱼所得有标记鱼数的总体均值.

而现在只捕了一次，出现 t 条有标记的鱼，故总体一阶原点矩应等于样本一阶原点矩，即 $\frac{rs}{N}=t$. 于是有 $\hat{N}=\left[\frac{rs}{t}\right]$，这里 $[x]$ 表示不超过 x 的最大整数.

（二）区间估计

1. 正态总体参数的区间估计

与其他总体相较，正态总体参数的置信区间最为完善，应用最广. 在构造正态总体参数置信区间过程中，t 分布、χ^2 分布、F 分布以及 $N(0,1)$ 均起到重要作用.

此类问题常用两种：

① 直接求未知参数的置信区间（正问题），其可依公式求得；

② 已知置信区间或其长度反求置信区间中的未知量（反问题），如样本容量等. 这其间又分小样本和大样本两种情况考虑.

求未知参数 θ 的置信区间步骤大致为：

① 选取 θ 的一个较优的点估计 $\hat{\theta}$；

② 围绕 $\hat{\theta}$ 寻找一个依赖于样本与 θ 的函数 $U=U(x_1,x_2,\cdots,x_n;\theta)$，其中 U 的分布已知（这类函数又称为本区轴量）；

③ 对给定的置信度 $1-\alpha$ 确定 λ_1,λ_2 使 $P\{\lambda_1<u<\lambda_2\}=1-\alpha$，这一般可选取满足 $P\{u\leqslant\lambda_1\}=P\{u\geqslant\lambda_2\}=\frac{\alpha}{2}$ 的 λ_1 和 λ_2；

④ 利用不等式变形导出套住 θ 的置信区间 $(\underline{\theta},\overline{\theta})$.

例 1 设正态总体 X 的方差 σ^2 已知，试问当抽取样本容量 n 应为多大时，能使总体期望 μ 的置信度为 0.95 的置信区间之长不大于 L？

解 由已知 $X\sim N(\mu,\sigma^2)$，则 $\frac{\overline{X}-\mu}{\sigma/\sqrt{n}}\sim N(0,1)$. 故置信度为 0.95 的置信区间是

$$\left[\overline{x}-1.96\frac{\sigma}{\sqrt{n}},\overline{x}+1.96\frac{\sigma}{\sqrt{n}}\right]$$

该区间的长为 $2\times1.96\frac{\sigma}{\sqrt{n}}=3.92\frac{\sigma}{\sqrt{n}}=S$. 令 $S\leqslant L$，即 $3.92\frac{\sigma}{\sqrt{n}}\leqslant L$，得 $n\geqslant15.37\frac{\sigma^2}{L^2}$.

例 2 假设 $0.50,1.25,0.80,2.00$ 是来自总体 X 的简单随机样本值. 已知 $Y=\ln X$ 服从正态分布 $N(\mu,1)$. (1) 求 X 的数学期望 $E(X)$（记 $E(X)$ 为 b）；(2) 求 μ 的置信度为 0.95 的置信区间；(3) 利用上述结果求 b 的置信度为 0.95 的置信区间.

解 (1) 依题意 Y 的概率密度为 $f(y)=\frac{1}{\sqrt{2\pi}}e^{-\frac{1}{2}(y-\mu)^2}$，故

$$b=E(X)=E(e^Y)=\frac{1}{\sqrt{2\pi}}\int_{-\infty}^{+\infty}e^y e^{-\frac{1}{2}(y-\mu)^2}dy$$

将被积函数的指数变形(便于积分)为
$$y - \frac{1}{2}(y-\mu)^2 = \frac{1}{2}(y-\mu-1)^2 + \mu + \frac{1}{2}$$
因此
$$b = \frac{1}{\sqrt{2\pi}} \int_{-\infty}^{+\infty} e^{-\frac{1}{2}(y-\mu-1)^2} \cdot e^{\mu + \frac{1}{2}} dy = e^{\mu + \frac{1}{2}}$$

(2) 令 $\overline{Y}$ 表示 Y 的样本均值,则 $\overline{Y} \sim N\left(\mu, \frac{1}{4}\right)$,从而 $U = \frac{\overline{Y} - \mu}{1/\sqrt{4}} \sim N(0,1)$.

设 λ 为临界值,则由题设 $P\{|U| < \lambda\} = 0.95$,查表知 $\lambda = 1.96$. 因此
$$|U| = \left|\frac{\overline{Y} - \mu}{1/2}\right| < 1.96$$

又由题设有
$$\overline{Y} = \frac{1}{4}(\ln 0.5 + \ln 1.25 + \ln 0.8 + \ln 2) = \frac{1}{4} \ln 1 = 0$$

将上式代入前式中解得 $-0.98 < \mu < 0.98$,故得所求置信区间为 $(-0.98, 0.98)$.

(3) 由 e^x 的严格单增性和前面的计算结果,有
$$0.95 = P\{-0.98 < \mu < 0.98\} = P\{-0.48 < \mu + 0.5 < 1.48\} = P\{e^{-0.48} < e^{\mu+0.5} < e^{1.48}\}$$

故 b 的置信度为 0.95 的置信区间为 $(e^{0.48}, e^{1.48})$.

注 1 (2) 还可解如:当置信度 $1-\alpha = 0.95, \alpha = 0.05$,标准正态分布的水平为 $\alpha = 0.05$ 的分位数等于 1.96,由 $\overline{Y} \sim N\left(\mu, \frac{1}{4}\right)$,则
$$P\left\{\overline{Y} - 1.96 \cdot \frac{1}{\sqrt{4}} < \mu < \overline{Y} + 1.96 \cdot \frac{1}{\sqrt{4}}\right\} = 0.95$$

其中
$$\overline{Y} = \frac{1}{4}(\ln 0.5 + \ln 1.25 + \ln 0.8 + \ln 2) = \frac{1}{4} \ln 1 = 0$$

于是 $P\{-0.98 < \mu < 0.951\} = 0.95$,从而 $(-0.98, 0.98)$ 为 μ 的置信度为 0.95 的置信区间.

注 2 对于大样本情形,若依赖于样本的函数 U 的分布不确定时,常用其极限分布来构造近似置信区间,但此时样本容量应足够大.

例 3 从正态总体 $N(3.4, 6^2)$ 中抽取容量为 n 的样本,如果要求其样本均值位于区间 $(1.4, 5.4)$ 内的概率不小于 0.95,问样本容量 n 至少应取多大?下表为标准正态分布 $\Phi(x) = \int_{-\infty}^{x} \frac{1}{\sqrt{2\pi}} e^{-\frac{t^2}{2}} dt$ 部分.

x	1.28	1.645	1.96	2.33
$\Phi(x)$	0.900	0.950	0.975	0.990

解 以 $\overline{X}$ 表示该样本均值,则由题设有 $\frac{\overline{X} - 3.4}{6} \sqrt{n} \sim N(0,1)$. 依题意 $P\{1.4 < \overline{X} < 5.4\} \geq 0.95$,注意下面运算、变形. 故
$$P\{1.4 < \overline{X} < 5.4\} = P\{-2 < \overline{X} - 3.4 < 2\} = P\{|\overline{X} - 3.4| < 2\} =$$
$$P\left\{\frac{|\overline{X} - 3.4|}{6} \sqrt{n} < \frac{\sqrt{n}}{3}\right\} = 2\Phi\left(\frac{\sqrt{n}}{3}\right) - 1 \geq 0.95$$

得 $\Phi\left(\frac{\sqrt{n}}{3}\right) - 1 \geq 0.975$,由表有 $\frac{\sqrt{n}}{3} \geq 1.96$,即 $n \geq (1.96 \times 3)^2 \approx 34.57$.

故 n 至少应取 35 时才能使样本均值位于区间 $(1.4, 5.4)$ 内的概率不小于 0.95.

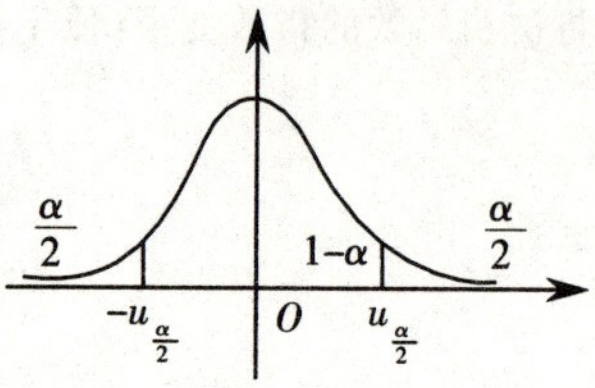

例 4 设总体 $X \sim N(\mu, \sigma^2)$,其中 σ^2 已知. 对给定的置信水平 α (图 5.1),试问当 μ 的置信区间之长 A 缩小到 $\dfrac{1}{k}A(k>1)$ 时,样本容量应相应增加多少?

图 5.1

解 由题意知 $P\left\{\left|\dfrac{\overline{X}-\mu}{\sigma/\sqrt{n}}\right| \leqslant u_{\frac{\alpha}{2}}\right\} = 1-\alpha$,置信区间为 $\left[\overline{X}-u_{\frac{\alpha}{2}}\dfrac{\sigma}{\sqrt{n}}, \overline{X}+u_{\frac{\alpha}{2}}\dfrac{\sigma}{\sqrt{n}}\right]$,其长 $A = 2u_{\frac{\alpha}{2}}\dfrac{\sigma}{\sqrt{n}}$.

它缩小 k 倍后为

$$\frac{1}{k}A = 2u_{\frac{\alpha}{2}} \cdot \frac{1}{k} \cdot \frac{\sigma}{\sqrt{n}} = 2u_{\frac{\alpha}{2}}\frac{\sigma}{\sqrt{k^2 n}} = 2u_{\frac{\alpha}{2}}\frac{\sigma}{\sqrt{n_1}}$$

故样本容量应增到

$$n_1 = k^2 n (k^2 \text{ 为整数}) \text{ 或 } n_1 = [k^2 n] + 1 (k^2 \text{ 非整数})$$

例 5 设 $(X_1, X_2, \cdots, X_n)$ 是来自正体总体 $N(\mu, \sigma^2)$ 的简单随机样本. (1) 写出 μ, σ^2 的无偏估计量 (不用证明); (2) 若 σ^2 未知,试导出 μ 的 $1-\alpha$ 置信度的置信区间.

解 (1) 依据题设及无偏估计量公式有

μ 的无偏估计量

$$\hat{\mu} = \overline{X} = \frac{1}{n}\sum_{i=1}^{n}X_i$$

σ^2 的无偏估计量

$$\hat{\sigma}^2 = S^2 = \frac{1}{n-1}\sum_{i=1}^{n}(X_i-\overline{X})^2$$

(2) 由 $X_i \sim N(\mu, \sigma^2), i=1,2,\cdots,n$. 故

$$\overline{X} \sim N\left(\mu, \frac{\sigma^2}{n}\right), \quad \frac{(\overline{X}-\mu)\sqrt{n}}{\sigma} \sim N(0,1)$$

又 $\dfrac{(n-1)S^2}{\sigma^2} \sim \chi^2(n-1)$,从而

$$t = \frac{(\overline{X}-\mu)\sqrt{n}}{\sigma} \bigg/ \sqrt{\frac{(n-1)S^2}{\sigma^2} \cdot \frac{1}{n-1}} = \frac{(\overline{X}-\mu)\sqrt{n}}{S} \sim t(n-1)$$

由于

$$P\{|t| < t_{\frac{\alpha}{2}}\} = P\left\{\frac{|\overline{X}-\mu|\sqrt{n}}{S} < t_{\frac{\alpha}{2}}\right\} = 1-\alpha$$

其中 $t_{\frac{\alpha}{2}}$ 为 t 分布的双侧分位点,满足 $P\{|t|>t_{\frac{\alpha}{2}}\} = \alpha$. 故

$$P\left\{\overline{X}-t_{\frac{\alpha}{2}}\frac{S}{\sqrt{n}} < \mu < \overline{X}+t_{\frac{\alpha}{2}}\frac{S}{\sqrt{n}}\right\} = 1-\alpha$$

因此在 σ^2 未知时,μ 的 $1-\alpha$ 置信度的置信区间为 $\left(\overline{X}-t_{\frac{\alpha}{2}}\dfrac{S}{\sqrt{n}}, \overline{X}+t_{\frac{\alpha}{2}}\dfrac{S}{\sqrt{n}}\right)$.

注 本例中若 σ^2 已知,μ 未知,则 μ 的 $1-\alpha$ 置信度的置信区间为 $\left(\overline{X}-u_{\frac{\alpha}{2}}\dfrac{\sigma}{\sqrt{n}}, \overline{X}+u_{\frac{\alpha}{2}}\dfrac{\sigma}{\sqrt{n}}\right)$.

又用该区间估计 μ,其成功的概率为 95%,且能以 95% 把握断言以 $\overline{X}$ 代替 μ 的绝对误差小于 $1.96\sigma/\sqrt{n}$. 接着看一个单侧置信区间的例子.

例 6 设 $(x_1, x_2, \cdots, x_n)$ 是来自总体 $X \sim N(\mu, \sigma^2)$ 的一个简样本,且 σ^2 已知 μ 未知,试求 μ 的置信度为 $1-\alpha$ 的单侧置信下、上限.

解 考虑函数 $U=\dfrac{\overline{X}-\mu}{\sigma/\sqrt{n}}$,对于给定的 $1-\alpha$,由 $P\left\{\dfrac{\overline{X}-\mu}{\sigma/\sqrt{n}}<u_\alpha\right\}=1-\alpha$ 可得

$$P\left\{\mu>\overline{X}-\dfrac{u_\alpha\sigma}{\sqrt{n}}\right\}=1-\alpha$$

知 μ 的置信度为 $1-\alpha$ 的单侧置信下限为 $\overline{X}-\dfrac{u_\alpha\sigma}{\sqrt{n}}$. 又由 $P\left\{\dfrac{\overline{X}-\mu}{\sigma/\sqrt{n}}<-u_\alpha\right\}=1-\alpha$ 可得

$$P\left\{\mu>\overline{X}+\dfrac{u_\alpha\sigma}{\sqrt{n}}\right\}=1-\alpha$$

知 μ 的置信度为 $1-\alpha$ 的单侧置信上限为 $\overline{X}+\dfrac{u_\alpha\sigma}{\sqrt{n}}$.

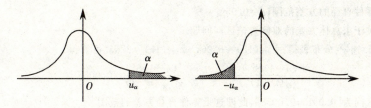

$N(0,1)$ 分布的分位数

图 5.2

2. 应用问题

例 1 重复称一质量为 a 的物体,各次结果相互独立,且均服从 $N(a,0.2^2)$. 则为了使概率 $P\{|\overline{X}-a|<0.1\}\geqslant 0.95$,试求最少应称的次数 n.($\overline{X}$ 为样本均值).

解 由 $P\{|\overline{X}-a|<0.1\}\geqslant 0.95$,知 $P\left\{\left|\dfrac{\overline{X}-a}{0.2/\sqrt{n}}\right|\leqslant\dfrac{0.1}{0.2/\sqrt{n}}\right\}\geqslant 0.95$.

从而应有 $\dfrac{0.1}{0.2/\sqrt{n}}\geqslant 1.96$,即 $n\geqslant 16$. 也就是说最少应称 16 次.

例 2 已知一批产品的长度指标 X 服从 $N(\mu,0.5^2)$,问至少应抽取多大容量的样本,才能使样本均值与总体期望的绝对误差在置信度为 0.95 的条件下不小于 0.1?

解 设样本容量为 n,依题意有

$$P\{|\overline{X}-\mu|<0.1\}\geqslant 0.95$$

即

$$P\left\{\left|\dfrac{\overline{X}-\mu}{0.5/\sqrt{n}}\right|<0.1\cdot\dfrac{\sqrt{n}}{0.5}\right\}\geqslant 0.95$$

即 $2\Phi\left(\dfrac{\sqrt{n}}{5}\right)-1\geqslant 0.95$. 从而 $\Phi\left(\dfrac{\sqrt{n}}{5}\right)\geqslant 0.975$,有 $\dfrac{\sqrt{n}}{5}\geqslant 1.96$,得 $n\geqslant 96.04$.

即 n 至少应为 97.

例 3 为了解某地区居民按户年用于耐用消费品的支出情况,随机调查了 100 户居民,得到平均支出为 1200 元,标准差 800 元. 试以 90% 的置信度估计该项支出的范围和最高消费水平.

解 虽然总体分布未知,但在大样本的情况下,可采用 U 估计法.

对双侧置信区间,由 $\Phi(U_{0.95})=0.95$,查表得 $U_{0.95}=1.64$. 故置信区间为

$$\left[1200-\dfrac{800}{\sqrt{100}}\cdot 1.64,\ 1200+\dfrac{800}{\sqrt{100}}\cdot 1.64\right]$$

即该项支出在 1068.8 元和 1331.2 元之间.

另外,求最高消费水平属于单侧估计,其方法与双侧是一样的.

由 $P\{|U|>U_{1-\alpha}\}=2\alpha$ 得 $1-[2\Phi(U_{1-\alpha})-1]=2\alpha$，即 $\Phi(U_{1-\alpha})=1-\alpha$.

此时可以认为 $\dfrac{\overline{X}-E(X)}{s/\sqrt{n}}\sim N(0,1)$，则单侧置信区间为

$$\left[\overline{X}-\dfrac{s}{\sqrt{n}}U_{1-\alpha},+\infty\right) \text{ 和 } \left(-\infty,\overline{X}+\dfrac{s}{\sqrt{n}}U_{1-\alpha}\right]$$

由 $\Phi(U_{0.9})=0.9$，查表得 $U_{0.9}=1.28$.

于是单侧置信区间的具体值为 $(-\infty,1302.4)$，从而知最高消费水平为 1302.4 元.

例 4 某工厂抽查其外贸出口的一种设备零件的直径，其测量数据（单位:cm）如下：

12.15, 12.12, 12.01, 12.08, 12.09, 12.16, 12.03, 12.01,

12.06, 12.13, 12.07, 12.11, 12.08, 12.01, 12.03, 12.06.

试求这批零件直径的方差范围（$\alpha=0.05$）.

解 这是关于求总体方差的双侧置信区间问题.

题中 $n=16$. 查 χ^2 分布表得 $\chi^2_{0.975}(15)=6.26$，$\chi^2_{0.025}(15)=27.5$. 可算得

$$\dfrac{(n-1)S^2}{\chi^2_{\frac{\alpha}{2}}(n-1)}=0.0013, \quad \dfrac{(n-1)S^2}{\chi^2_{1-\frac{\alpha}{2}}(n-1)}=0.0058$$

故得置信区间为 $[0.0013,0.0058]$，此即这批零件直径方差的范围.

注 如何解正态总体均值已知情况下的方差的统计推断问题，可解下面方法：

1. 单总体

设总体 $X\sim N(\mu,\sigma^2)$（μ 已知），由样本 $X_1,\cdots,X_n$ 构造统计量

$$\dfrac{\sum\limits_{i=1}^{n}(X_i-\mu)^2}{\sigma^2}\sim\chi^2(n)$$

则 σ^2 的置信度为 $1-\alpha$ 的双侧置信区间可记为

$$\left[\dfrac{\sum\limits_{i=1}^{n}(X_i-\mu)^2}{\chi^2_{\frac{\alpha}{2}}(n)},\dfrac{\sum\limits_{i=1}^{n}(X_i-\mu)^2}{\chi^2_{1-\frac{\alpha}{2}}(n)}\right]$$

2. 双总体

设 $X\sim N(\mu_1,\sigma_1^2)$，$Y\sim N(\mu_2,\sigma_2^2)$ 构造统计量

$$\dfrac{\sum\limits_{i=1}^{n}(X_i-\mu_1)^2/n\sigma_1^2}{\sum\limits_{i=1}^{n}(Y_i-\mu_2)^2/m\sigma_2^2}\sim F(n,m)$$

其中 $X_1,\cdots,X_n\sim X$，且 $Y_1,\cdots,Y_m\sim Y$. 则 $\dfrac{\sigma_1^2}{\sigma_2^2}$ 的置信度为 $1-\alpha$ 的置信区间可记为

$$\left[\dfrac{\sum\limits_{i=1}^{n}(X_i-\mu_1)^2/n}{\sum\limits_{i=1}^{m}(Y_i-\mu_1)^2/m}\cdot\dfrac{1}{F_{\frac{\alpha}{2}}(n,m)},\dfrac{\sum\limits_{i=1}^{n}(X_i-\mu_1)^2/n}{\sum\limits_{i=1}^{m}(Y_i-\mu_2)^2/m}\cdot\dfrac{1}{F_{1-\frac{\alpha}{2}}(n,m)}\right]$$

例 5 某车间生产的滚珠直径 X 服从正态分布，其方差为 0.05. 抽查 6 个，量得直径（单位:mm）如下：

14.6, 15.1, 14.9, 14.8, 15.2, 15.1

试求在 $\alpha=0.05$ 的水平下，滚珠平均直径的区间.

解 这是已知正态总体的方差，求期望的置信区间问题，由于 $X\sim N(\mu,\sigma^2)$，此问题的置信区间可记为

$$\left[\overline{X}-\dfrac{\sigma}{\sqrt{n}}u_{\frac{\alpha}{2}},\overline{X}+\dfrac{\sigma}{\sqrt{n}}u_{\frac{\alpha}{2}}\right]$$

经计算 $\bar{x}=15$, $u_{\frac{\alpha}{2}}=u_{0.025}=1.96$. 故 μ 的置信区间是

$$\left[15-\frac{\sqrt{0.05}}{\sqrt{6}}\cdot 1.96, 15+\frac{\sqrt{0.05}}{\sqrt{6}}\cdot 1.96\right]=[14.8, 15.2]$$

例6 设某种国产纺纱的断裂强度 X(单位:g)服从 $N(\mu_1, 2.18^2)$,进口纺纱的断列强度 Y 服从 $N(\mu_2, 1.76^2)$. 现对前者抽取容量为 200 的样本 $X_1, X_2, \cdots, X_{200}$,算得 $\overline{X}=5.32$,对后者抽取容量为 100 的样本 $Y_1, Y_2, \cdots, Y_{100}$,且算得 $\overline{Y}=5.76$,若取 $1-\alpha=0.95$. 试求 $\mu_1-\mu_2$ 的置信区间.

解 这是已知两个正态总体的方差求期望差的区间估计.
由 $\sigma_1^2=2.18^2$, $\sigma_2^2=1.76^2$, $n_1=200$, $n_2=100$ 算得

$$\sqrt{\frac{\sigma_1^2}{n_1}+\frac{\sigma_2^2}{n_2}}=0.234, \quad \bar{x}-\bar{y}=-0.44$$

故

$$\bar{x}-\bar{y}-1.96\sqrt{\frac{\sigma_1^2}{n_1}+\frac{\sigma_2^2}{n_2}}=-0.899, \quad \bar{x}-\bar{y}+1.96\sqrt{\frac{\sigma_1^2}{n_1}+\frac{\sigma_2^2}{n_2}}=-0.019$$

故 $\mu_1-\mu_2$ 的置信度为 0.95 的置信区间为 $[-0.899, 0.019]$.

例7 某大学为了解来自城市的学生(A)与来自农村的学生(B)月平均消费(除伙食住宿费外)水平的差异,各随机调查了 70 人与 60 人,得他们月平均消费分别是 $\bar{x}_A=330$ 元, $\bar{x}_B=256$ 元,又 $S_A^2=1029^2$, $S_B^2=931^2$. 试对来自城市与农村学生的月平均消费之差进行置信度为 0.95 的区间估计(假设学生月消费服从正态分布),并说明估计结果的结论.

解 这是在未知两个正态总体方差的条件下,对两个总体期望差的区间估计问题.
设城市学生的月消费为 X 元,则 $X \sim N(\mu_A, \sigma_A^2)$;农村学生的月消费为 Y 元,则 $Y \sim N(\mu_B, \sigma_B^2)$. 由题设 $n_A=70$, $n_B=60$,又 $\bar{x}_A-\bar{x}_B=330-256=74$(元). 则 $\mu_A-\mu_B$ 的置信度为 95% 的置信区间为

$$\left[\bar{x}_A-\bar{x}_B-1.96\sqrt{\frac{S_A^2}{n_A}+\frac{S_B^2}{n_B}}, \bar{x}_A-\bar{x}_B+1.96\sqrt{\frac{S_A^2}{n_A}+\frac{S_B^2}{n_B}}\right]$$

将前数据代入具体计算后得此区间为 $[63, 85]$.

从以上结果可以得到这样一个结论:即有 95% 的把握确认来自城市学生的月消费额较来自农村学生的月消费额多 63~85 元.

三、假设检验

假设检验常有两类问题,一类涉及正态总体的均值与方差的假设检验(涉及否定或拒绝域和显著水平),它常可根据下面步骤求解:

①依命题要求作出假设;
②选取相应的检验统计量;
③写出拒绝或接受域;
④将题设数据代入统计量进行计算以作出判断.其基本思想是基于小概率原理的反证法.

另一类是关于两类错误判断的命题,这要正确理解两类错误的含义,以作出正确判断.对于前者又区分**单正态总体**和**双正态总体**的参数假设检验,这里仅涉及前者.

例1 某工厂生产的一种铜丝的折断力 X 服从 $N(570, 64)$ 的正态分布.现采取了一种新生产工艺,从铜丝的性能来看,新工艺生产的铜丝折断力的方差没有改变,问新工艺生产的铜丝的平均折断力与原先产品有无明显差异? 设样本值(单位:kg)为 596, 572, 570, 572, 568, 570, 578, 584, 570, 572, 并设 $\alpha=0.05$.

解 这是一个正态总体在已知方差的条件检验期望是否为已知的问题.

设新产品的折断力的平均值（期望）为 μ. 检验程序如下：

① 提出假设 $H_0: \mu = \mu_0 = 570$；

② 确定样本统计量 $U = \dfrac{\overline{X} - \mu_0}{\sigma/\sqrt{n}}$；

③ 由题设知 $U \sim N(0,1)$；

④ 由 $P\{|U| > u_{\frac{\alpha}{2}}\} = \alpha$，查标准正态分布函数表得 $u_{0.05/2} = 1.96$；

⑤ 计算统计量 u 的观测值. $|u| = 2.04 > 1.96$，从而 H_0 不相容. 即新工艺生产的铜丝与原先产品有明显差异.

注 检验的相容性在其他条件均不变的情况下，还取决于检验水平 α 的选择. 在本题中，若取 $\alpha = 0.01$，则可有 $u_{\frac{\alpha}{2}} = u_{0.005} = 2.58$. 即 $P\{|u| > 2.58\} = 0.01$. 而计算结果为 $|u| = 2.04 < 2.58$. 所以 $\alpha = 0.01$ 的小概率事件并未发生，也就是说，不能认为新工艺产品与原产品的折断力有明显差异.

例 2 用一种新仪器间接测量某金属熔液的温度. 测得温度值（单位：℃）如下：1250, 1265, 1245, 1260, 1275, 若已知该金属熔液的真实温度是 1277℃. 试问这种新仪器有无系统偏差？($\alpha = 0.05$)

解 这是一个在未知总体方差的条件下，检验总体期望是否等于已知值的问题.

设 X 为该仪器测量该金属熔液可能测得的温度值，则 $X \sim N(\mu, \sigma^2)$. 检验程序为：

① 提出假设 $H_0: \mu = 1277$；

② 确定统计量 $T = \dfrac{\overline{X} - 1277}{S/\sqrt{5}}$；

③ 由题设知 $T \sim t(4)$；

④ 查 t 分布表 $t_{0.025}(4)$，使 $P\{|T| > t_{0.025}(4)\} = 0.05$，可得 $t_{0.025}(4) = 2.776$.

⑤ 算得 $\overline{X} = 1259, S/\sqrt{5} = 5.339$. 从而 $|T| = 3.371 > 2.776$. 故 H_0 不相容. 即可以认为新仪器有系统偏差.

例 3 在例 1 中，假设了新工艺生产的铜丝折断力（单位：kg）的方差与原铜丝相同. 从抽测的样本值来看，能否支持这一结论？

解 这是检验总体方差是否为已知值的问题.

设新工艺铜丝的折断力 X 服从 $N(\mu, \sigma^2)$. 检验程序如下：

① 提出假设 $H_0: \sigma^2 = 8^2$；

② 确定统计量 $Y = \dfrac{9S^2}{\sigma^2}$；

③ 由上知 $Y \sim \chi^2(9)$；

④ 查 χ^2 分布表可得 $\chi^2_{1-\frac{\alpha}{2}}(n-1)$ 和 $\chi^2_{\frac{\alpha}{2}}(n-1)$. 从而有

$$P\{Y < \chi^2_{1-\frac{\alpha}{2}}(n-1)\} = P\{Y > \chi^2_{\frac{\alpha}{2}}(n-1)\} = \dfrac{\alpha}{2}$$

此题中 $P\{Y < \chi^2_{0.975}(9)\} = P\{Y > \chi^2_{0.025}(9)\} = 0.025$.

⑤ 从 χ^2 分布表查得 $\chi^2_{0.975}(9) = 2.70, \chi^2_{0.025}(9) = 19.0$，经计算 $Y = 10.65$.

据 $P\{2.70 < Y < 19.0\} = 0.95$，故 H_0 是相容的，即可以认为新工艺生产的铜丝折断力的方差仍是 64.

例 4 有一种导线，根据需要其电阻的方差不能大于 0.005^2. 现从这种导线中随机抽测了 9 根，测得样本方差 $S^2 = 0.007^2$. 试问在 $\alpha = 0.05$ 的检验水平下，能否认为这批导线的电阻方差显著偏大？

解 这是一个检验总体方差小于或等于已知值的问题.

设这批导线的电阻 X 服从 $N(\mu, \sigma^2)$. 检验程序如下：

① 提出假设 $H_0: \sigma^2 \leqslant 0.005^2$；

②确定统计量 $W=\dfrac{8S^2}{0.005^2}$;

③查 χ^2 分布表得 $\chi^2_{0.05}(8)=15.5$;

④依据 $P\{W>\chi^2_{0.05}(8)\}\leqslant 0.05$;

⑤计算 $W=15.68$,即 $W>\chi^2_{0.05}(8)$.故 H_0 不相容,导线电阻显著偏大.

例 5 要鉴定一种国内生产的针织品的断裂强度是否已达到国外同种产品的标准.(假定已知它们的方差是一样的),需要对国内、外相同类型产品进行抽样(单位:kg)试验并得出以下数据.

国内:17.7, 20.3, 20.0, 18.8, 19.0, 20.1, 20.2, 19.1

国外:20.5, 18.8, 19.8, 20.9, 21.5, 19.5, 21.0, 21.2

试问能否认为国内生产的针织品的断裂强度指标已达到国外同种产品的标准?($\alpha=0.05$)

解 此问题属于两个正态总体 $X\sim N(\mu_1,\sigma_1^2)$ 和 $Y\sim N(\mu_2,\sigma_2^2)$,虽未知 σ_1^2 和 σ_2^2,但知在 $\sigma_1^2=\sigma_2^2$ 的条件下,检验假设 $H_0=\mu_1=\mu_2$ 的问题.检验程序如下:

①提出假设 $H_0:\mu_1=\mu_2$;

②确定统计量 $T=\dfrac{\overline{X}-\overline{Y}}{\sqrt{s_1^2+s_2^2/n}}$;

③由上知 $T\sim t(2n-2)$;

④查 t 分布表(此时 $n=8$),得 $t_{0.025}(14)=2.145$;

⑤计算 $T=2.161$,依据 $P\{|T|>t_{0.025}\}=0.05$,即可否定假设.亦即国内生产的这种针织品的断裂强度尚未达到国外同种产品的相应指标.

例 6 某机床厂在两台机床加工的同一种零件中,分别抽取若干样品进行测量长度(单位:mm),结果如下.

第一台机床:6.2, 5.7, 6.5, 6.0, 6.3, 5.8, 5.7, 6.0, 6.0, 5.8, 6.0

第二台机床:5.6, 5.9, 5.6, 5.7, 5.8, 6.0, 5.5, 5.7, 5.5

试问在 $\alpha=0.05$ 的检验水平下,这两台机床的加工精度有无显著性差异?

解 设两台机床加工零件的长度分别为 X 与 Y;$X\sim N(\mu_1,\sigma_1^2)$,$Y\sim N(\mu_1,\sigma_2^2)$.这是一个未知 μ_1,μ_2,而检验假设 $H_0:\sigma_1^2=\sigma_2^2$ 的问题.检验程序如下:

①提出假设 $H_0:\sigma_1^2=\sigma_2^2$;

②算得 $S_1^2=0.064$,$S_2^2=0.030$;确定统计是 $F\dfrac{S_1^2}{S_2^2}$;

③由上知 $F\sim F(10,8)$(此处 $n_1=11,n_2=9$);

④依据 $P\{F>F_{0.025}(10,8)\}=0.025$,可查 F 分布表,得 $F(10,8)=4.30$;

⑤计算 $F=2.13<F_{0.025}(10,8)$,故 H_0 相容.

即可认为两台机床加工精度无显著性差异.

例 7 有甲、乙两台机器制造同一型号钢球,现从两台机床制造的钢球中分别抽出8个和9个,并测得其直径(单位:mm)如下.

甲机器:15.0, 14.5, 15.2, 15.2, 14.8, 15.1, 15.2, 14.8

乙机器:15.2, 15.2, 15.0, 14.8, 15.2, 15.0, 14.8, 14.8, 15.2

可否判断乙机器制造的钢球直径的方差不超过甲机器制造的钢球直径的方差?($\alpha=0.05$)

解 若设 X,Y 分别为甲、乙两机器生产钢球的直径,并设 $X\sim N(\mu_1,\sigma_1^2)$ 和 $Y\sim N(\mu_2,\sigma_2^2)$.则本题的目的是检验 $\sigma_1^2\leqslant\sigma_2^2$.

①提出假设 $H_0:\sigma_1^2=\sigma_2^2$;

②确定统计量 $F=\dfrac{S_1^2}{S_2^2}$;

③由题设 $P\{F > F_\alpha(n_1-1, n_2-1)\} \leqslant \alpha$，这里 $n_1=8, n_2=9, \alpha=0.05$；

④查 F 分布表得 $F_{0.05}(7,8)=3.50$；

⑤经计算 $F = \dfrac{S_1^2}{S_2^2} = 3.65$，即 $F > F_{0.05}(7,8)$. 从而假设的 $\sigma_1^2 \leqslant \sigma_2^2$ 被否定.

例 8 设某次考试的考生成绩服从正态分布，从中随机地抽取 36 位考生的成绩，算得平均成绩为 66.5 分，标准差为 15 分. 问在显著性水平 0.05 下，是否可以认为这次考试全体考生的平均成绩为 70 分？并给出检验过程. 下表为 t 分布 $P\{t(n) \leqslant t_p(n)\} = p$ 表.

$t_p(n)$ \\ n \\ p	0.95	0.975
35	1.6896	2.0301
36	1.6883	2.0281

解 ①在显著性水平 $\alpha=0.05$ 下检验假设 $H_0: \mu=70$；$H_1: \mu \neq 70$；

②由题设知统计量及分布应是 $T = \dfrac{\overline{X} - \mu}{S/\sqrt{n}} \sim t(n-1)$；

③设考生成绩为 X，则 $X \sim N(\mu, \sigma^2)$. 又设样本均值和方差分别为 $\overline{X}$ 和 S^2；

④由附表查得临界值 $\lambda = t_{1-\frac{\alpha}{2}}(n-1) = t_{0.975}(35) = 2.0301$，因此拒绝域为

$$|T| = \left| \dfrac{\overline{X} - \mu_0}{S/\sqrt{n}} \right| > \lambda = 2.0301$$

⑤现将 $n=36, \overline{X}=66.5, S=15, \mu_0=70$ 代入上式，有

$$|T| = \dfrac{|66.5 - 70| \sqrt{36}}{15} = 1.4 < 2.0301$$

故接受假设 $H_0: \mu=70$，即在显著性水平 0.05 下，可以认为这次考试全体考生的平均成绩为 70 分. 再来看一个关于两类错误的命题. 其实类似的例子前文已有介绍.

例 9 设 $(x_1, x_2, \cdots, x_n)$ 是来自正态总体 $N(\mu, 4)$ 的一个样本，在显著水平 α 下检验 $H_0: \mu=0$，$H_1: \mu \neq 0$. 现拒绝域 $W = \{(x_1, x_2, \cdots, x_n) \mid \dfrac{\sqrt{n}|\overline{X}|}{2} > u_{\frac{\alpha}{2}}\}$. 当 $\mu=1$ 时，求证第二类错误的概率.

解 第二类错误的概率为 $P\{$接受 $H_0 \mid H_0$ 为假$\} = P\{$样本观测值 $\overline{\in} W \mid \mu=1\}$，令设其为 p.

因为 H_0 不成立时，$\mu=1$，即总体 $X \sim N(1, 4)$，故 $\overline{X} \sim N(1, \dfrac{4}{n})$，从而

$$p = P\{\dfrac{\sqrt{n}|\overline{X}|}{2} \leqslant u_{\frac{\alpha}{2}}\} = P\{|\overline{X}| \leqslant \dfrac{2u_{\frac{\alpha}{2}}}{\sqrt{n}}\} = \Phi(u_{\frac{\alpha}{2}} - \dfrac{\sqrt{n}}{2}) - \Phi(-u_{\frac{\alpha}{2}} - \dfrac{\sqrt{n}}{2}) =$$

$$\Phi(\dfrac{\sqrt{n}}{2} + u_{\frac{\alpha}{2}}) - \Phi(\dfrac{\sqrt{n}}{2} - u_{\frac{\alpha}{2}})$$

显然，当样本容量 n 与显著水平 α 给定时，可查表求出 r 值. 当 n 不大时，p 较大，这即是显著检验中拒绝 H_0 常是可靠的. 另当容量 $n \to \infty$ 时，$p \to 0$，即当样本容量足够大时，两类错误都会较小.

最后来看一则摸球问题，它涉及概率等否问题.

例 10 盒中存在白球和黑球，现做如下试验：用返回式抽取方式从盒中取球，直至取到白球为止，记录已抽取次数，重复执行此试验 100 次，结果如下表

抽取次数	1	2	3	4	$\geqslant 5$
频数	43	31	15	6	5

试问该盒中黑、白球数是否相等.(已知 $\alpha=0.05, \chi^2_{0.05}(4)=9.488$)

解 令随机事件

$$X = \begin{cases} 1, & \text{从盒中任取一球为白球} \\ 0, & \text{从盒中任取一球为黑球} \end{cases}$$

假设 $H_0: F_X(x)=F_0(x), H_1: F_X(x)\neq F_0(x)$,其中 $F_0(x)$ 是 $P\{X=1\}=P\{X=0\}=\dfrac{1}{2}$ 的分布函数.

由题设可列下表.则

k	n_k	p_k	np_k	$(n_k-np_k)/np_k$
1	43	0.5	56	0.98
2	31	0.25	25	1.44
3	15	0.125	12.5	0.5
4	6	0.0625	6.25	0.01
$\geqslant 5$	5	0.0625	6.25	0.25

$$\chi^2 = \sum_{k=1}^{5} \frac{(n_k-np_k)}{np_k} = 3.18.$$

而 $\chi^2_{0.05}(4)=9.488$,且 $\chi^2=3.18<9.488=\chi^2_{0.05}(4)$,故可接受 H_0,即盒中黑球与白球个数相等.

习 题

1. 设总体 $X\sim N(\mu,\sigma^2), X_1, X_2, \cdots, X_n \sim X$. 求 $X_1, X_2, \cdots, X_n$ 的联合概率密度(**注**: $X_1, \cdots, X_n \sim X$ 表示 $X_1, \cdots, X_n$ 是来自总体 X 的一个简单随机样本.以下同).

2. 设总体 X 的概率密度函数为

$$f(x) = \begin{cases} (\theta+1)x^\theta, & 0 \leqslant x \leqslant 1 \\ 0, & \text{其他} \end{cases} \quad (\theta>0)$$

又 $X_1, X_2, \cdots, X_n \sim X$,求 $X_1, X_2, \cdots, X_n$ 的联合概率密度.

3. 设总体为 1000 件产品,其中有 10 件不合格,现对这批产品随机进行 5 次不返回抽样,令

$$X_i = \begin{cases} 1, & \text{第 }i\text{ 次抽到不合格品} \\ 0, & \text{第 }j\text{ 次抽到不合格品} \end{cases} (i=1,2,3,4,5)$$

(1)请问 $X_1, X_2, \cdots, X_n$ 是否为简单随机样本?(2)5 次抽样抽到的不合格品数 Y_5 是否是统计量?(3)求 Y_5 的概率分布.

4. 设总体 X 服从参数为 λ 的泊松分布,$X_1, X_2, \cdots, X_n \sim X$.试求(1)样本均值 $\overline{X}$ 的概率分布;(2)$\overline{X}$ 的期望与分布.

5. 设 X, Y_1 和 Y_2 相互独立,且均服从标准正态分布.试求 $Z=\dfrac{\sqrt{2}X}{\sqrt{Y_1^2+Y_2^2}}$ 的概率分布.

6. 设 X 与 Y 相互独立且均服从标准正态分布,试求 $Z=\dfrac{X^2}{Y^2}$ 的概率分布.

7. 设总体 X 服从 $N(12,4)$,又样本 $X_1, X_2, X_3, X_4, X_5 \sim X$.试求 $P\{\min(X_1, X_2, \cdots, X_5)<10\}$ 和 $P\{\max(X_1, X_2, \cdots, X_5)>15\}$.

8. 设总体 $X\sim N(\mu,\sigma^2), X_1, \cdots, X_n \sim X$.试问欲使样本均值 $\overline{X}$ 满足 $P\{|\overline{X}-\mu|\leqslant 2\}\geqslant 0.95$,则样本容

量 n 至少应多大?

9. 设总体 $X \sim N(\mu, \sigma^2)$,由来自 X 的容量 $n=16$ 的样本得样本标准差 $S=2.4$. 试求使样本均值 $\overline{X}$ 满足 $P\{|\overline{X}-\mu| \leqslant \lambda)\} \geqslant 0.95$ 的最小 λ 值.

10. 设 X_1, X_2, X_3, X_4, X_5 相互独立,且均服从 $N(0, 2^2)$; $Y = aX_1^2 + b(2X_2 + 3X_3)^2 + c(4X_4 + 5X_5)^2$. 问 a, b, c 取何值时 Y 服从 χ^2 分布? 自由度为多少?

11. 设 $X_1, X_2, \cdots, X_8$ 相互独立,且均服从 $N(0, 3^2)$,试求 $Y = \dfrac{X_1 + X_2 + X_3 + X_4}{\sqrt{X_5^2 + X_6^2 + X_7^2 + X_8^2}}$ 的概率分布.

12. 设 $X_1, X_2, \cdots, X_{15}$ 相互独立,且均服从 $N(0, 9)$,求 $Y = \dfrac{1}{2} \cdot \dfrac{X_1^2 + \cdots + X_{10}^2}{X_{11}^2 + \cdots + X_{15}^2}$ 的概率分布.

13. 设 $X_1, X_2, \cdots, X_6 \sim X, X \sim N(0, 2)$ 记 $Y = (X_1 + X_2 + X_3)^2 + (X_4 + X_5 + X_6)^2$ 试求常数 c,使 cY 服从 χ^2 分布.

14. 设 $X_1, X_2, \cdots, X_n \sim N(\mu, \sigma^2)$, $\overline{X}$ 与 S^2 分别是样本均值与样本方差. 试证: $Y = \dfrac{\sqrt{n}(\overline{X} - \mu)}{S}$ 服从自由度为 $n-1$ 的 t 分布.

15. 设总体 $X \sim N(\mu, \sigma^2), X_1, \cdots, X_n, X_{n+1} \sim X$. 试证 $X_{n+1}, \overline{X}$ 和 S^2 相互独立,其中 S^2 为样本方差.

16. 设总体 $X \sim N(\mu, \sigma^2), X_1, \cdots, X_n, X_{n+1} \sim X$. 试证 $Y = \dfrac{X_{n+1} - \overline{X}}{S} \sqrt{\dfrac{n}{n+1}}$ 服从自由度为 $n-1$ 的 t 分布,其中 S^2 为样本方差.

17. 设总体为 X, X 服从正态分布, $X_1, X_2, \cdots, X_9 \sim X$. 记 $Y_1 = \dfrac{1}{6}(X_1 + X_2 + \cdots + X_6), Y_2 = \dfrac{1}{3}(X_7 + X_8 + X_9), S^2 = \dfrac{1}{2} \sum_{i=7}^{9}(X_i - \overline{X})^2, Z = \dfrac{\sqrt{2}(Y_1 - Y_2)}{S}$. 试证 Z 服从自由度为 2 的 t 分布.

18. 设 $X \sim t(n)$. 试证 $Y = X^2 \sim F(1, n)$.

19. 若 $\xi_i (i = 1, 2, 3, 4)$ 相互独立,且均服从 $N(0, 1)$ 分布,又 a, b 为两个正实数,(1)试证 $\dfrac{\xi_1^2 + \xi_2^2}{\xi_3^2 + \xi_4^2} \sim F(2, 2)$;(2)求 $P\{a \sqrt{\xi_1^2 + \xi_2^2} > b \sqrt{\xi_3^2 + \xi_4^2}\}$.

20. 设总体 X 服从参数为 p 的 0-1 分布, $X_1, \cdots, X_n \sim X$. 试求 p 的矩估计量和最大似然估计量.

21. 设总体 X 的分布为: $P\{X = k\} = \dfrac{\theta^k}{k \ln(1-\theta)} (k = 1, 2, \cdots)$. 试求参数 $\theta (0 < \theta < 1)$ 的矩估计量.

22. 设总体 X 服从指数分布,其概率密度为 $f(x) = \begin{cases} \dfrac{1}{\theta} e^{-\frac{x-\mu}{\theta}}, & x > \mu; \\ 0, & x \leqslant \mu. \end{cases}$ 又 $X_1, \cdots, X_n \sim X$. 试求:(1) 未知参数 θ 与 μ 的最大似然估计量;(2) θ 与 μ 的矩估计量.

23. 设 X 为某一总体,已知 $D(X) = \sigma^2, X_1, X_2, \cdots, X_n \sim X$,求 σ^2 和 σ 的矩估计量.

24. 设总体 X 的密度为 $f(x; \theta) = \begin{cases} \dfrac{2}{\theta^2}(\theta - x), & 0 < x < \theta; \\ 0, & 其他. \end{cases}$ 试求 $\theta(\theta > 0)$ 的矩估计量.

25. 设总体 X 的密度为 $f(x; \theta) = \begin{cases} 3\theta x^2 \exp(-\theta x^3), & x > 0; \\ 0, & x \leqslant 0. \end{cases}$ 试求 $\theta(\theta > 0)$ 的最大似然估计量.

26. 设总体 X 的密度为 $f(x; \theta) = \dfrac{1}{2\theta} e^{-\frac{|x|}{\theta}} (-\infty < x < +\infty)$,试求参数 $\theta(\theta > 0)$ 的最大似然估计量.

27. 设总体 X 的分布为: $X \sim \begin{pmatrix} -1 & 0 & 2 \\ 2\theta & \theta & 1-3\theta \end{pmatrix}$,其中 $0 < \theta < \dfrac{1}{3}$. 又 $X_1, \cdots, X_n \sim X$,求参数 θ 的最大似然估计量.

28. 设总体的分布为 $X \sim \begin{pmatrix} 1 & 2 & 3 \\ \theta^2 & 2\theta(1-\theta) & (1-\theta)^2 \end{pmatrix}$,其中 $0<\theta<1$. 又 $X_1,\cdots,X_n \sim X$. 试求(1)参数 θ 的最大似然估计量;(2)θ 的矩估计量.

29. 设 z 的某总体,$E(X)=\mu,D(X)=\sigma^2$,又 $X_1,X_2,\cdots,X_n \sim X$. 试证:(1)样本均值 $\overline{X}$ 是 μ 的无偏估计量;(2)样本方差 S^2 是 σ^2 的无偏估计量.

30. 设总体 X 在 $[\theta,\theta+1]$ 上服从均匀分布,简单样本 $X_1,X_2,\cdots,X_n \sim X$,又 $\overline{X}$ 为样本均值;且 $X° = \min\{X_1,\cdots,X_n\}$. 令 $\hat{\theta}_1 = \overline{X} - \frac{1}{2}$ 和 $\hat{\theta}_{21} = X° - \frac{1}{n+1}$. 试证 $\hat{\theta}_2$ 较 $\hat{\theta}_1$ 更有效.

31. 设总体 X 服从参数为 λ 的泊松分布,S^2 是样本方差. 试证 S^2 是 λ 的无偏估计量.

32. 设总体 X 服从参数为 λ 的泊松分布,$\overline{X}$ 为样本均值,S^2 为样本方差:试证对任意 $\alpha(0 \leqslant \alpha \leqslant 1)$,$T = \alpha\overline{X} + (1-\alpha)S^2$ 是 λ 的无偏估计量.

33. 设总体 X 在 $[0,\theta]$ 上服从均匀分布,$X_1,X_2,X_3,X_4 \sim X$. 试证 $\hat{\theta}_1 = 4\min\{X_1,X_2,X_3,X_4\}$ 和 $\hat{\theta}_2 = \frac{4}{3}\max\{X_1,X_2,X_3,X_4\}$ 均是 θ 的无偏估计量,并指出哪一个更有效.

34. 将某物体重复称重 12 次,得数据如下(单位:g):

$\qquad$ 10.0001, 9.9491, 9.9873, 10.0126, 10.0243, 9.9854
$\qquad$ 9.9959, 10.0193, 10.0044, 9.9949, 9.9716, 10.0019

假设称重结果服从正态分布 $N(\mu,\sigma^2)$,试分别在标准差 σ 已知和未知的条件下,求该物体质量的 0.95 的置信区间.

35. 假定同一物品的重复称重结果服从正态分布,将同一物品称重 12 次,得如下数据:

$\qquad$ 10.0126, 10.0243, 10.0010, 9.9941, 9.9873, 9.9854
$\qquad$ 10.0019, 9.9716, 9.9959, 10.0193, 10.0044, 9.9949

试建立标准差的 0.95 置信区间.

36. 为观察一种药的疗效,测定了 5 名患者服药前后的血清胆固醇含量,得如下数据:

患 者	1	2	3	4	5
服药前	313	255	290	328	281
服药后	301	250	271	320	271

假设化验结果服从正态分布. 试建立服药前后均值差的 0.95 置信区间. 并对所得结果作出解释.

37. 设总体 X 服从 $N(\mu,\sigma^2)$,$X_1,\cdots,X_n \sim X$. $\overline{X}$ 为样本均值,S^2 为样本方差. 在下面情况下试求 μ 的 $1-\alpha$ 置信区间:(1)假设 $\sigma^2 = \sigma_0^2$(已知);(2)σ^2 未知.

38. 设总体 X 服从 $N(\mu,\sigma^2)$,又简单样本 $X_1,X_2,\cdots,X_n \sim X$. 试求标准差 σ 的 $1-\alpha$ 置信区间,其中 $S^2 = \frac{1}{n-1}\sum_{i=1}^{n}(X_i - \overline{X})^2$.

39. 设 X 与 Y 相互独立. $X \sim N(a,\sigma_1^2)$,$Y \sim N(b,\sigma_2^2)$,$X_1,\cdots,X_m \sim X$,$Y_1,\cdots,Y_n \sim Y$,相应的样本均值和样本方差分别为 $\overline{X},\overline{Y}$ 和 S_1^2,S_2^2. 试求在已知 $\sigma_1^2 = \sigma_2^2$ 的条件下,$a-b$ 的 $1-\alpha$ 置信区间.

40. 某区教育局在该区高中随机抽选了 30 名男生,测验 100 m 跑成绩,结果平均为 13.5 s. 标准差为 0.1 s,假设高中男生 100 m 跑成绩服从正态分布. 试建立全区高中男生 100 m 跑成绩的 0.95 置信区间.

41. 已知总体 X 服从正态分布 $N(a,4^2)$,为以 95% 的概率使样本均值 $\overline{X}$ 与总体的期望 a 的绝对偏差不大于 0.4,问至少需要多大的样本容量?

42. 从某地区五年级男生中随机抽选了 25 名,测得平均身高为 150 cm,标准差为 12 cm,设该地区小学五年级男生的身高服从正态分布,试求该地区小学五年级男生平均身高和标准差的 0.95 置信区间.

43. 设总体 $X \sim N(\theta, \theta^2)(\theta > 0), X_1, \cdots, X_n \sim X$. 求 θ 的最大似然估计量.

44. 设总体 $X \sim N(0, \theta^2)(\theta > 0), X_1, \cdots, X_n \sim X$. 求 θ 的最大似然估计量.

45. 对某地区居民随机调查了 100 户,了解他们的用电量,结果发现月平均用电量为 96°,标准差为 24,试求该地区居民用电量的置信度为 0.95 的置信区间.

46. 为了估计每个家庭的月平均收入,抽取一定容量的样本,设样本标准差为 350 元.问为有 95% 的概率使区间长为 360 元,需抽取多少户家庭?

47. 设总体 $X \sim N(a, \sigma_0^2)$,其中 σ_0^2 为已知,$X_1, X_2, \cdots, X_n \sim X$. 设 $\alpha_1 + \alpha_2 = 2\alpha$,考虑 a 的置信度为 $1-(\alpha_1+\alpha_2)/2$ 的置信区间 $\left(\overline{X} - u_{\alpha_1}\dfrac{\sigma_0}{\sqrt{n}}, \overline{X} - u_{\alpha_2}\dfrac{\sigma_0}{\sqrt{n}}\right)$,其中 u_α 是准正态分布水平 α 的双侧分位数.试证当 $\alpha_1 = \alpha_2$ 时置信区间长度最小.

48. 设 $X \sim N(\mu_1, \sigma_1^2), Y \sim N(\mu_2, \sigma_2^2)$,其中 $\mu_i, \sigma_i (i=1,2)$ 未知.又 $X_1, X_2, \cdots, X_n \sim X; Y_1, Y_2, \cdots, Y_n \sim Y$,且它们相互独立.求在置信度为 $1-\alpha$ 下求 $\dfrac{\sigma_1^2}{\sigma_2^2}$ 的置信区间.

49. 若 $X \sim E(\lambda)$(参数为 λ 的指数分布),其密度函数为
$$f(x, \lambda) = \begin{cases} \lambda e^{-\lambda x}, & x \geq 0 \\ 0, & x < 0 \end{cases}$$
其中 $\lambda > 0$ 未知.又 $X_1, X_2, \cdots, X_n \sim X$,求在置信度为 $1-\alpha$ 下 λ 的置信区间.

50. 设 X 为正态总体,$E(X) = \mu, D(X) = \sigma^2, X_1, X_2, \cdots, X_n \sim X$. 试证 $D = \dfrac{1}{2(n-1)} \sum_{i=1}^{n-1}(X_{i+1} - X_i)^2$ 是 σ^2 的无偏估计量.

51. 设总体 $X \sim N(\mu, \sigma^2)$. 其中 μ 已知 $X_1, X_2, \cdots, X_n \sim X$. 则 $\mu^2 + \sigma^2$ 的最大似然估计量是 $\dfrac{1}{n}\sum_{i=1}^n X_i^2$.

52. 设总体 $X \sim N(\mu, \sigma^2)$. $X_1, X_2, \cdots, X_{15} \sim X$. 则 $Y = \dfrac{X_1^2 + X_2^2 + \cdots + X_{10}^2}{X_{11}^2 + X_{12}^2 + \cdots + X_{15}^2}$ 服从 $F(10, 5)$.

53. 在正常情况下,维尼纶纱的纤度 X 服从正态分布,其方差不大于 0.048^2. 某天抽查了 5 根维尼纶纱的纤度. 得如下数据:$1.32, 1.55, 1.36, 1.40, 1.44$. 问这一天维尼纶纱的纤度 X 的方差是否正常 $(\alpha = 0.01)$?

54. 设总体 $X \sim N(\mu, \sigma^2)$,根据来自 X 的容量为 19 的样本,测得样本均值为 10.5,样本方差为 0.22. 试检验假设 $\sigma^2 = 0.18$ 和 $\mu = 10 (\alpha = 0.05)$.

55. 根据设计要求,一种零件内径的标准差不得超过 0.30 mm. 自一批产品中随机抽取了 25 个,测得其内径的标准差为 0.36 mm. 问这是否说明这批零件内径的标准差显著增大了 $(\alpha = 0.05)$?

56. 设每袋奶粉的质量 X 服从正态分布 $N(\mu, \sigma^2)$,质量上控制其期望 $\mu = 0.5$ kg,标准差 $\sigma = 0.015$ kg. 现抽取了 9 袋,测得净重为:$0.479, 0.506, 0.518, 0.511, 0.510, 0.488, 0.515, 0.512$. 试根据抽样结果说明:(1)标准差有无显著变化;(2)每袋平均净重是否符合质量要求?

57. 按质量要求,某种罐头的平均净重是 379 g,现随机抽查了 10 盒,测得数据(单位:g)如下:$370.74, 372.80, 386.43, 393.08, 386.22, 371.93, 367.90, 381.67, 369.21, 398.14$. 设罐头的净重服从正态分布,问能否认为这批罐头的净重符合标准 $(\alpha = 0.05)$?

58. 两家实验室用同一方法对一种钢制品的 8 份试样作含碳量分析得如下数据(%).
　　甲实验室:0.18, 0.12, 0.08, 0.19, 0.13, 0.32, 0.27, 0.22
　　乙实验室:0.11, 0.28, 0.24, 0.31, 0.46, 0.14, 0.34, 0.30
问:(1)两家实验室的分析结果的标准差是否相同?(2)两家实验室的分析结果的平均水平是否相同?

59. 某城市在甲、乙两个居民区分别抽查了 8 户和 10 户的人均月煤气月量 X 与 Y(设 X, Y 均服从

正态分布).得如下数据.

甲:7.68, 6.99, 5.91, 10.13, 6.70, 7.97, 8.62, 6.44

乙:6.14, 5.60, 4.75, 7.98, 6.88, 5.37, 5.43, 6.37, 5.16, 6.57

试问:两区居民户人均月煤气用量是否有显著差异(设两区居民月均煤气用量的方差是相等的. 并设 $\alpha=0.05$)?

60. 两台机床生产同一型号滚珠,设滚珠直径服从正态分布. 从这两台机床生产的滚珠中分别抽取若干滚球. 测得直径(单位:mm)如下.

甲机床:15.2, 14.5, 15.5, 14.8, 15.1, 15.6, 14.7

乙机床:15.2, 15.0, 14.8, 15.2, 15.0, 14.9, 15.1, 14.8, 15.3

问乙机床生产的滚珠直径方差是否比甲机床小($\alpha=0.05$)?

专题 1
概率论与数理统计中的填空题解法

数学中的填空题往往是一类简单计算问题(涉及定义、定理、概念描述者除外),只要概念清楚、方法得当、计算准确,这类问题是不难解答的(相对于大题而言).

"麻雀虽小,五脏俱全",这类问题会涉及数学的方方面面,甚至犄角旮旯——它既是对题目形式上的一种填充,又是对大的综合问题内容上的一种添补,借以(与选择题一道)系统、全面考查考生的数学技能(包括概念理解、知识活用、计算技巧等).换言之,此类问题与综合问题同等重要.

解答它们有时也需要一些技巧,有了方法才能少走或不走弯路,有了技巧,解答才能迅速而准确,方法技巧中最重要的莫过于对数学概念的理解、对解题技巧的把握、对解题方法的选择.

下面介绍概率论与数理统计中这类问题及常用解法.

一、随机事件和概率

(一)随机事件和概率

对于填空题或选择题而言,随机事件概率计算的常用公式有以下几个:

加法公式:$P(A \cup B) = P(A) + P(B) - P(AB)$;当 A,B 不相容时,有 $P(A \cup B) = P(A) + P(B)$.

减法公式:$P(A-B) = P(A) - P(AB)$;当 $B \subset A$ 时,有 $P(A-B) = P(A) - P(B)$.

逆事件公式:$P(\overline{A}) = 1 - P(A)$.

乘法公式:$P(A) = \begin{cases} P(A|B)P(B), & P(B) > 0; \\ P(B|A)P(A), & P(A) > 0. \end{cases}$

全概率公式:若 $B_i (1 \leqslant i \leqslant m)$ 是样本空间的一个划分,且 $P(B_i) > 0 (1 \leqslant i \leqslant m)$,则对任何随机事件 A 总有 $P(A) = \sum_{i=1}^{m} P(A|B_i)P(B_i)$.

题 1 已知随机事件 A 的概率 $P(A) = 0.5$,随机事件 B 的概率 $P(B) = 0.6$ 及条件概率 $P(B|A) = 0.8$,则和事件 $A \cup B$ 的概率 $P(A \cup B) = $ _____.

解 根据加法公式和条件概率公式,有
$$P(A \cup B) = P(A) + P(B) - P(AB) =$$
$$P(A) + P(B) - P(A)P(B|A) =$$
$$0.5 + 0.6 - 0.5 \cdot 0.8 = 0.7$$

题 2 设随机事件 A,B 及其和事件 $A \cup B$ 的概率分别是分别是 $0.4, 0.3$ 和 0.6.若 $\overline{B}$ 表示 B 的对立事件,则 $P(A\overline{B}) = $ _____.

解 由加法公式可有
$$P(AB) = P(A) + P(B) - P(A \cup B) = 0.4 + 0.3 - 0.6 = 0.1$$

又因为 $A = A(B \cup \bar{B}) = AB \cup A\bar{B}$，所以
$$P(A\bar{B}) = P(A) - P(AB) = 0.4 - 0.1 = 0.3$$

题3 如图，设 A, B 为随机事件，$P(A) = 0.7, P(A - B) = 0.3$，则 $P(\overline{AB}) = $ _____.

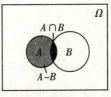

题3图

解 因为 $A = A \cup \Omega = A \cup (B \cup \bar{B}) = AB \cup A\bar{B} = AB \cup (A - B)$，且 $AB(A - B) = ABA\bar{B} = \varnothing$，所以 $P(AB) = P(A) - P(A - B) = 0.7 - 0.3 = 0.4$，故
$$P(\overline{AB}) = 1 - P(AB) = 0.6$$

题4 (1) 已知 $P(A) = P(B) = P(C) = \frac{1}{4}, P(AB) = 0, P(AC) = P(BC) = \frac{1}{16}$，则 A, B, C 全不发生的概率为 _____.

解 事件 A, B, C 全不发生应为 $\overline{ABC}$. 根据摩根（Morgan）定律和加法公式，有
$$P(\overline{ABC}) = P(\overline{A \cup B \cup C}) = 1 - P(A \cup B \cup C) =$$
$$1 - [P(A) + P(B) + P(C) - P(AB) - P(AC) - P(BC) + P(ABC)] =$$
$$1 - \left(\frac{1}{4} + \frac{1}{4} + \frac{1}{4} - 0 - \frac{1}{16} - \frac{1}{16} - 0\right) = \frac{3}{8}$$

注意到 $ABC \subset AB$，从而 $0 \leq P(ABC) \leq P(AB) = 0$，则 $P(ABC) = 0$.

题5 设对于事件 A, B, C，有 $P(A) = P(B) = P(C) = \frac{1}{4}, P(AB) = P(BC) = 0, P(AC) = \frac{1}{8}$，则 A, B, C 3个事件至少出现一个的概率为 _____.

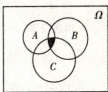

$A \cap B \cap C$
题5图

解 如图，注意到 $A \cap B \cap C \subset A \cap B$，有 $P(ABC) \leq P(AB) = 0$，于是，根据加法公式，所求概率为
$(A \cup B \cup C) = P(A) + P(B) + P(C) - P(AB) - P(AC) - P(BC) + P(ABC) =$
$$\frac{1}{4} + \frac{1}{4} + \frac{1}{4} - 0 - 0 - \frac{1}{8} + 0 = \frac{5}{8}$$

题6 已知 A, B 两个事件满足条件 $P(AB) = P(\overline{AB})$，且 $P(A) = p$，则 $P(B) = $ _____.

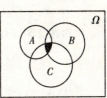

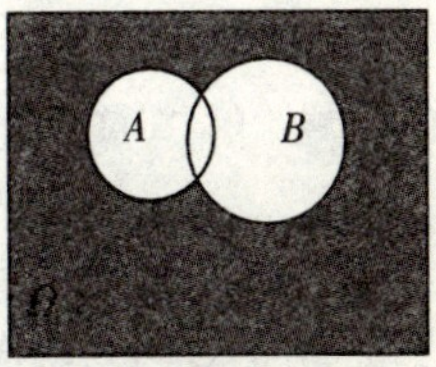

$\overline{A \cup B}$
题6图

解1（特值法）假设 $A \cup B = \Omega$，且 A 和 B 互相独立，如图，则 $\bar{A}$ 和 $\bar{B}$ 也相互独立. 于是由题设等式可得
$$P(A)P(B) = P(\bar{A})P(\bar{B}) = [1 - P(A)][1 - P(B)]$$
由此解得
$$P(B) = 1 - P(A) = 1 - p$$

解2 根据摩根定律和加法公式，有
$$P(AB) = P(\overline{AB}) = P(\overline{A \cup B}) = 1 - P(A \cup B) =$$
$$1 - [P(A) + P(B) - P(AB)] =$$
$$1 - P(A) - P(B) + P(AB)$$

故 $P(B) = 1 - P(A) = 1 - p$.

题7 设 A, B 是任意两个随机事件，则 $P\{(\bar{A} \cup B)(A \cup B)(\bar{A} \cup \bar{B})(A \cup \bar{B})\} = $ _____.

解1 因为
$$(\bar{A} \cup B)(A \cup B) = \bar{A}A \cup \bar{A}B \cup BA \cup BB = \varnothing \cup (\bar{A} \cup A)B \cup B = B$$
且

$$(\overline{A}\cup B)(A\cup \overline{B})=\overline{A}A\cup \overline{A}\overline{B}\cup BA\cup B\overline{B}=\varnothing \cup (\overline{A}\cup A)\overline{B}\cup \overline{B}=\overline{B}$$

所以
$$(\overline{A}\cup B)(A\cup B)(\overline{A}\cup \overline{B})(A\cup \overline{B})=B\overline{B}=\varnothing$$

故
$$P\{(\overline{A}\cup B)(A\cup B)(\overline{A}\cup \overline{B})(A\cup \overline{B})\}=0$$

解 2 由事件运算关系知
$$(\overline{A}\cup B)(A\cup B)(\overline{A}\cup \overline{B})(A\cup \overline{B})=(\overline{A}A\cup AB\cup \overline{A}B\cup B)(\overline{A}\cup \overline{B})(A\cup \overline{B})$$
$$=(AB\cup \overline{A}B\cup B)(\overline{A}\cup \overline{B})(A\cup \overline{B})=$$
$$=B(\overline{A}\cup \overline{B})(A\cup \overline{B})=B\overline{A}(A\cup \overline{B})=$$
$$=B\overline{A}A\cup B\overline{A}\,\overline{B}=\varnothing$$

故所求概率为0.

题 8 设两两相互独立的3事件 A,B,C 满足条件: $ABC=\varnothing$, $P(A)=P(B)=P(C)<\dfrac{1}{2}$, 且已知 $P(A\cup B\cup C)=\dfrac{9}{16}$, 则 $P(A)=$ _____.

解 如图,由加法定理可有
$$P(A\cup B\cup C)=P(A)+P(B)+P(C)-P(AB)-P(AC)-P(BC)+P(ABC)=3P(A)-3P^2(A)$$

又由题设得 $3P(A)-3P^2(A)=\dfrac{9}{16}$, 即

$$P^2(A)-P(A)+\dfrac{3}{16}=0$$

设 $P(A)=x$, 得
$$3x^2-3x+\dfrac{9}{16}=0$$

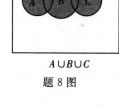

题 8 图

解得 $x_1=\dfrac{1}{4}, x_2=\dfrac{3}{4}\left(>\dfrac{1}{2}\right)$ 舍去, 故 $P(A)=\dfrac{1}{4}$.

题 9 假设 $P(A)=0.4, P(A\cup B)=0.7$, 则(1)若 A 与 B 互不相容,如图,则 $P(B)=$ _____; (2)若 A 与 B 相互独立,则 $P(B)=$ _____.

解 (1)注意到若 A,B 互不相容,则
$$P(B)=P(A\cup B)-P(A)=0.7-0.4=0.3$$

(2)由设 A,B 相互独立,故 $P(AB)=P(A)P(B)$, 则
$$P(A\cup B)=P(A)+P(B)-P(AB)=P(A)+P(B)-P(A)P(B)$$

得

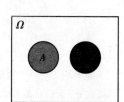

A 与 B 不相容

题 9 图

$$P(B)=\dfrac{P(A\cup B)-P(A)}{1-P(A)}=\dfrac{0.7-0.4}{1-0.4}=0.5$$

题 10 设两个相互独立的事件 A 和 B 都不发生的概率为 $\dfrac{1}{9}$, A 发生 B 不发生的概率与 B 发生 A 不发生的概率相等,则 $P(A)=$ _____.

解 1 如图, 依题设有 $P(\overline{A}\overline{B})=\dfrac{1}{9}$, $P(A\overline{B})=P(\overline{A}B)$, 由
$$P(A\overline{B})=P(A)-P(AB), \quad P(\overline{A}B)=P(B)-P(AB)$$

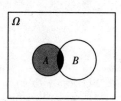

$A\cap B$

题 10 图

有
$$P(A)-P(AB)=P(B)-P(AB)$$

得 $P(A)=P(B)$. 又

$$P(\overline{A}\overline{B})=1-P(\overline{\overline{A}\overline{B}})=1-P(A\cup B)=1-P(A)-P(B)+P(A)P(B)$$

有 $1-2P(A)+P^2(A)=\dfrac{1}{9}$,即

$$[P(A)-1]^2=\dfrac{1}{9}$$

解得 $P(A)-1=-\dfrac{1}{3}$(已舍去$+\dfrac{1}{3}$值),故 $P(A)=\dfrac{2}{3}$.

解 2 依题设 $P(\overline{A}\overline{B})=\dfrac{1}{9}$,且 $P(A\overline{B})=P(\overline{A}B)$.

由于 $A,B,\overline{A},\overline{B}$ 相互独立,因此有

$$P(A)P(\overline{B})=P(\overline{A})P(B)$$

则

$$[1-P(\overline{A})]P(\overline{B})=P(\overline{A})[1-P(\overline{B})]$$

由此知 $P(\overline{A})=P(\overline{B})$.

又 $P(\overline{A})P(\overline{B})=\dfrac{1}{9}$,得 $P^2(\overline{A})=\dfrac{1}{9}$,有 $P(\overline{A})=\pm\dfrac{1}{3}$.

故 $P(A)=1-P(\overline{A})=1-\dfrac{1}{3}=\dfrac{2}{3}$.(已舍去 $P(\overline{A})=-\dfrac{1}{3}$值)

(二)古典概率问题

1. 涉及排列组合的简单概率问题

题 1 将 C,C,E,E,I,N,S 7 个字母随机地排成一行,那么,恰好排成英文单词"SCIENCE"的概率为_____.

解 基本事件总数为 7!,根据乘法原理,有利的基本事件数为

$$C_1^1 \cdot C_2^1 \cdot C_1^1 \cdot C_2^1 \cdot C_1^1 \cdot C_1^1 \cdot C_1^1 = 4$$

因此所求概率为

$$P(A)=\dfrac{C_1^1 \cdot C_2^1 \cdot C_1^1 \cdot C_2^1 \cdot C_1^1 \cdot C_1^1 \cdot C_1^1}{7!}=\dfrac{2\cdot 2}{7\cdot 6\cdot 5\cdot 4\cdot 3\cdot 2\cdot 1}=\dfrac{1}{1260}$$

题 2 袋中有 50 个乒乓球,其中 20 个黄球,30 个白球.今有两人依次随机地从袋中各取一球,取后不放回,则第二个人取得黄球的概率是_____.

解 这类问题如同抓阄,即让 50 人去抓取,每人取黄球的概率均为 $p=\dfrac{20}{50}=\dfrac{2}{5}$.

题 3 从 1,2,3,4 中任取一个数,记为 X,再从 1,2,…,X 中任取一个数,记为 Y,则 $P\{Y=2\}=$_____.

解 由题设及全概率公可有

$$P\{Y=2\}=P\{X=1\}P\{Y=2|X=1\}+P\{X=2\}P\{Y=2|X=2\}+$$
$$P\{X=3\}P\{Y=2|X=3\}+P\{X=4\}P\{Y=2|X=4\}=$$
$$\dfrac{1}{4}\cdot\left(0+\dfrac{1}{2}+\dfrac{1}{3}+\dfrac{1}{4}\right)=\dfrac{13}{48}$$

2. 几何概率问题

题 1 在区间 $(0,1)$ 中随机地取两个数,则事件"两数之和小于 $\dfrac{6}{5}$"的概率为_____.

解 设用 x 和 y 分别表示随机抽取的两个数,则

$$0<x<1,\quad 0<y<1$$

于是 (x,y) 取值的样本空间 Ω 是以 1 为边长的正方形，其面积为 1. 而事件 $A = \left\{ X+Y \leqslant \dfrac{6}{5} \right\}$ 所对应的是右图中阴影部分面积，其为

$$1 - \dfrac{1}{2}\left(\dfrac{4}{5}\right)^2 = \dfrac{17}{25}$$

故所求概率为 $P(A) = P\{x+y \leqslant \dfrac{6}{5}\} = \dfrac{17}{25}$.

下面的问题与上例无异.

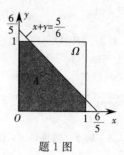

题 1 图

题 2 在区间 $(0,1)$ 内随机地取两个数，则两数之差小于 $\dfrac{1}{2}$ 的概率为 _____.

解 设两数为 X, Y，则它们相互独立，且都在区间 $(0,1)$ 内服从均匀分布，其概率密度分别为

$$f_X(x) = \begin{cases} 1, & x \in (0,1) \\ 0, & \text{其他} \end{cases}, \quad f_Y(y) = \begin{cases} 1, & y \in (0,1) \\ 0, & \text{其他} \end{cases}$$

则

$$P\{|X-Y|<\dfrac{1}{2}\} = P\{|Y-X|<\dfrac{1}{2}\} = \iint\limits_{|y-x|<\frac{1}{2}} f_X(x)f_Y(y)\mathrm{d}x\mathrm{d}y = $$

$$\iint\limits_{D} \mathrm{d}\sigma = 1 - 2S_{\mathrm{I}} = \dfrac{3}{4}$$

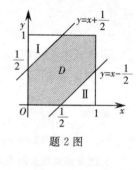

题 2 图

这里 D 为图中网点部分，S_{I} 为 I 的面积（注意到大正方形的面积为 1）.

题 3 随机地向半圆 $0 < y < \sqrt{2ax-x^2}$（a 为正常数）内掷一点，该点落在半圆内任何区域的概率与区域面积成正比，则原点和该点的连线与 Ox 轴的夹角小于 $\dfrac{\pi}{4}$ 的概率 _____.

解 1 由题设半圆面积 $S = \dfrac{1}{2}\pi a^2$. 又 $y < \sqrt{2ax-x^2}$ 与 $0 \leqslant x \leqslant \dfrac{\pi}{4}$ 所围图形面积为 S_1，则

$$S_1 = \int_0^{\frac{\pi}{4}} \mathrm{d}\theta \int_0^{2a\cos\theta} \rho \mathrm{d}\rho = \int_0^{\frac{\pi}{4}} \dfrac{1}{2}\rho^2 \Big|_0^{2a\cos\theta} \mathrm{d}\theta = \dfrac{1}{2}\int_0^{\frac{\pi}{4}} 4a^2\cos^2\theta \mathrm{d}\theta = $$

$$a^2\int_0^{\frac{\pi}{4}} (1+\cos 2\theta)\mathrm{d}\theta = a^2(1+\cos 2\theta)\Big|_0^{\frac{\pi}{4}} = a^2\left(\dfrac{\pi}{4}+\dfrac{1}{2}\right)$$

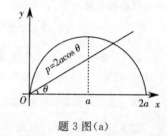

题 3 图(a)

所求概率 $p = \dfrac{S_1}{S} = \dfrac{2}{\pi a^2} \cdot a^2\left(\dfrac{\pi}{4}+\dfrac{1}{2}\right) = \dfrac{1}{2}+\dfrac{1}{\pi}$.

解 2 设用 X 和 Y 分别表示随机投点的横坐标和纵坐标. 于是投点 (X,Y) 的样本空间 Ω 是圆心位于 $(a,0)$、半径为 a 的上半圆（右图），其面积为 $S(\Omega) = \dfrac{1}{2}\pi a^2$.

而所求事件 A 是右图中阴影部分，其面积为

$$S(A) = \dfrac{1}{2}a^2 + \dfrac{1}{4}\pi a^2$$

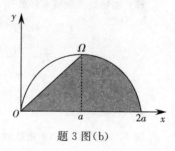

题 3 图(b)

从而所求事件概率为 $P(A) = \dfrac{S(A)}{S(\Omega)} = \dfrac{\dfrac{1}{2}a^2+\dfrac{\pi}{4}a^2}{\dfrac{1}{2}\pi a^2} = \dfrac{1}{2}+\dfrac{1}{\pi}$.

（三）条件概率问题

题1 一批产品共有10个正品和2个次品，任意抽取两次，每次抽一个，抽后不再放回，则第二次抽出的是次品的概率为_____.

解1 仿前面问题解法知：抽到次品的概率与抽取的次序无关，均为 $p=\dfrac{2}{12}=\dfrac{1}{6}$.

解2 今视产品各不相同. 这样，"任意抽取两次"所形成的样本空间中基本事件的总数应是 A_{12}^2. 而"第二次抽出的是次品"所含基本事件个数可如下考虑：第二次抽取是次品，共有两种情况；而第一次抽取由其余 $A_{11}^1=11$ 个产品中的某个.

因此所求概率为 $p=\dfrac{2A_{11}^1}{A_{12}^2}=\dfrac{1}{6}$.

解3 设 $A_i=\{$第 i 次抽出次品$\}(i=1,2)$. 产品分为正品和次品实际上是对样本空间的一种划分. 根据全概率公式有

$$P(A_2)=P(A_1)P(A_2|A_1)+P(\overline{A_1})P(A_2|\overline{A_1})=\dfrac{2}{12}\cdot\dfrac{1}{11}+\dfrac{10}{12}\cdot\dfrac{2}{11}=\dfrac{1}{6}$$

题2 设工厂A和工厂B的次品率分别为1%和2%，现从由A和B的产品分别占60%和40%的一批产品中随机抽取一件，发现是次品，则该次品属A生产的概率是_____.

解 设 $A=\{$工厂A的产品$\}$，$B=\{$工厂B的产品$\}$，$C=\{$产品是次品$\}$. 根据贝叶斯公式，所求概率为

$$P(A|C)=\dfrac{P(A)P(C|A)}{P(A)P(C|A)+P(B)P(C|B)}=\dfrac{0.6\cdot 0.01}{0.6\cdot 0.01+0.4\cdot 0.02}=\dfrac{3}{7}$$

题3 假设一批产品中一、二、三等品各占60%，30%，10%，从中随意取出一件，结果不是三等品，则取到的是一等品的概率为_____.

解 设 $A_i=\{$取出的产品为第 i 等品$\}$，$i=1,2,3$. 由题意知，A_1,A_2,A_3 互不相容. 因此所求概率为

$$P(A_1|\overline{A_3})=\dfrac{P(A_1\overline{A_3})}{P(\overline{A_3})}=\dfrac{P(A_1)}{1-P(A_3)}=\dfrac{0.6}{1-0.1}=\dfrac{2}{3}$$

题4 （1）一实习生用同一台机器接连独立地制造了3个同种零件，第 i 个零件为不合格品的概率为 $P_i=\dfrac{1}{i+1}(i=1,2,3)$，以 X 表示3个零件中合格品个数，则 $P\{X=2\}=$ _____.

解 设 $A_i=\{$第 i 个零件是合格品$\}$，则

$$P(\overline{A_i})=\dfrac{1}{i+1},\quad P(A_i)=1-\dfrac{1}{i+1}=\dfrac{i}{i+1}$$

这样有

$$P\{X=2\}=P(\overline{A_1}A_2A_3)+P(A_1\overline{A_2}A_3)+P(A_1A_2\overline{A_3})=$$
$$P(\overline{A_1})P(A_2)P(A_3)+P(A_1)P(\overline{A_2})P(A_3)+P(A_1)P(A_2)P(\overline{A_3})=$$
$$\dfrac{1}{2}\cdot\dfrac{2}{3}\cdot\dfrac{3}{4}+\dfrac{1}{2}\cdot\dfrac{1}{3}\cdot\dfrac{1}{4}+\dfrac{1}{2}\cdot\dfrac{2}{3}\cdot\dfrac{1}{4}=\dfrac{11}{24}$$

题5 设10件产品中有4件不合格品，从中任取两件，已知两件中有一件是不合格品，则另一件也是不合格品的概率为_____.

解 设 $A=\{$两件中有一件是不合格品$\}$，$B=\{$另一件也是不合格品$\}$，则所求概率为

$$P(B|A)=\dfrac{P(AB)}{P(A)}$$

事件 AB 表示任取两件全是不合格品，因此有

$$P(AB)=\dfrac{C_4^2}{C_{10}^2}=\dfrac{2}{15}$$

又 $\overline{A}$ 表示两件全是合格品，则

$$P(A) = 1 - P(\bar{A}) = 1 - \frac{C_6^2}{C_{10}^2} = \frac{2}{3}$$

故所求概率为

$$P(B|A) = \left(\frac{2}{15}\right) \bigg/ \left(\frac{2}{3}\right) = \frac{1}{5}$$

题 6 3 个箱子,第 1 个箱子中有 4 个黑球和 1 个白球;第 2 个箱子中有 3 个黑球和 3 个白球;第 3 个箱子有 3 个黑球和 5 个白球. 现随机地取一个箱子,再从这个箱子中取出 1 个球,这个球为白球的概率为_____. 已知取出的球是白球,此球属于第 2 个箱子的概率为_____.

解 1 设 $A = \{\text{取到白球}\}$, $\bar{A} = \{\text{取到黑球}\}$; $H_i = \{\text{恰取到第 } i \text{ 箱}\}$, 其中 $i = 1, 2, 3$. 则

$$P(H_1) = P(H_2) = P(H_3) = \frac{1}{3}$$

且

$$P(A|H_1) = \frac{1}{5}, \quad P(H_2|A) = \frac{3}{6} = \frac{1}{2}, \quad P(A|H_3) = \frac{5}{8}$$

有

$$P(A) = \frac{1}{3}\left(\frac{1}{5} + \frac{1}{2} + \frac{5}{8}\right) = \frac{53}{120}$$

故

$$P(H_2|A) = \frac{P(H_2)P(A|H_2)}{P(A)} = \left(\frac{1}{3} \cdot \frac{1}{2}\right) \bigg/ \left(\frac{53}{120}\right) = \frac{20}{53}$$

解 2 考虑如下两步:(1)任取 1 个箱子;(2)从箱子中取到 1 个白球. 取任一箱子的概率为 $\frac{1}{3}$,从第一、二、三箱子中任取一球为白球的概率分别为 $\frac{1}{5}, \frac{1}{2}, \frac{5}{8}$. 故

$$P\{\text{取到白球}\} = \frac{1}{3}\left(\frac{1}{5} + \frac{1}{2} + \frac{5}{8}\right) = \frac{53}{120}$$

取出的白球是从第 2 箱中取出的概率为

$$\left(\frac{1}{3} \cdot \frac{1}{2}\right) \bigg/ \left(\frac{53}{120}\right) = \frac{20}{53}$$

题 7 甲、乙两人独立地对同一目标射击一次,其命中率分别为 0.6 和 0.5. 现已知目标被命中,则它是甲射中的概率为_____.

解 设 $A = \{\text{甲命中目标}\}$, $B = \{\text{乙命中目标}\}$, 则 $\{\text{目标被命中}\} = A \cup B$. 由题设 A, B 的独立性知

$$P(A \cup B) = P(A) + P(B) - P(AB) = P(A) + P(B) - P(A)P(B) = 0.8$$

故所求概率为

$$P[A|(A \cup B)] = \frac{P[A \cap (A \cup B)]}{P(A \cup B)} = \frac{P(A)}{P(A \cup B)} = \frac{0.6}{0.8} = 0.75$$

(四) 伯努利概型

题 1 设在一次试验中,事件 A 发生的概率为 p. 现进行 n 次独立试验,则 A 至少发生一次的概率为_____;而事件 A 至多发生一次的概率为_____.

解 设 $X = \{\text{在 } n \text{ 次独立试验中事件 } A \text{ 发生的次数}\}$, 则 $X \sim \mathscr{B}(n, p)$.

(1) A 至少发生一次的概率为

$$P\{X \geqslant 1\} = 1 - P\{X = 0\} = 1 - (1-p)^n$$

(2) A 至多发生一次的概率为

$$P\{X \leqslant 1\} = P\{X = 0\} + P\{X = 1\} = (1-p)^n + np(1-p)^{n-1}$$

题 2 设 3 次独立试验中,事件 A 出现的概率相等. 若已知 A 至少出现一次的概率等于 $\frac{19}{27}$,则事件 A 在一次试验中出现的概率为_____.

解 设 $P(A)=p,X=\{$在 3 次独立试验中事件 A 出现的次数$\}$,则 $X\sim\mathscr{B}(3,p)$. 依题意有 $P\{X\geqslant 1\}=\frac{19}{27}$,即 $1-P\{X=0\}=\frac{19}{27}$,则 $1-(1-p)^n=\frac{19}{27}$,得 $p=\frac{1}{3}$.

题 3 一射手对同一目标独立地进行 4 次射击,若至少命中一次的概率为 $\frac{80}{81}$,则该射手的命中率为_____.

解 设命中率为 p,又设 X 为命中次数,则 $X\sim\mathscr{B}(4,p)$. 依题意有
$$\frac{80}{81}=P\{X\geqslant 1\}=1-P\{X=0\}=1-(1-p)^4$$
解得 $p=\frac{2}{3}$.

题 4 设随机变量 X 的概率密度为
$$f(x)=\begin{cases}2x, & 0<x<1\\0, & \text{其他}\end{cases}$$
以 Y 表示对 X 的 3 次独立重复观察中事件 $\{X\leqslant\frac{1}{2}\}$ 出现的次数,则 $P\{Y=2\}=$_____.

解 设 $A=\{X\leqslant\frac{1}{2}\}$,则
$$P(A)=P\{X\leqslant\frac{1}{2}\}=\int_0^{\frac{1}{2}}2x\mathrm{d}x=\frac{1}{4}$$
这样
$$Y\sim\mathscr{B}(3,P(A))=\mathscr{B}\left(3,\frac{1}{4}\right)$$
故
$$P\{Y=2\}=\mathrm{C}_3^2\left(\frac{1}{4}\right)^2\cdot\left(\frac{3}{4}\right)=\frac{9}{64}$$

题 5 设随机变量 X 服从参数为 $(2,p)$ 的二项分布,随机变量 Y 服从参数为 $(3,p)$ 的二项分布. 若 $P\{X\geqslant 1\}=\frac{5}{9}$,则 $P\{Y\geqslant 1\}=$_____.

解 设事件不发生的概率 $q=1-p$,依题意 $\frac{5}{9}=P\{X\geqslant 1\}=1-P\{X=0\}$,由 $P\{X=0\}=\mathrm{C}_2^0 p^0 q^2=q^2=\frac{4}{9}$,得 $q=\frac{2}{3}$. 知 $p=\frac{1}{3}$. 故
$$P\{Y\geqslant 1\}=1-P\{Y=0\}=1-\mathrm{C}_3^0 p^0 q^3=1-q^3=1-\left(\frac{2}{3}\right)^3=\frac{19}{27}$$

注 由 $q=\frac{2}{3}$ 可求得 $p=\frac{1}{3}$,由此知 Y 服从参数为 $\left(3,\frac{1}{3}\right)$ 的二项分布,亦可求 $P\{Y\geqslant 1\}$.

二、随机变量及分布

(一)离散型随机变量的分布问题

题 1 (1)设随机变量 X 的分布函数为
$$F(x)=P\{X\leqslant x\}=\begin{cases}0, & x<-1\\0.4, & -1\leqslant x<1\\0.8, & 1\leqslant x<3\\1, & x\geqslant 3\end{cases}$$

则 X 的概率分布为_____.

解 由 $P\{X=x_0\}=F(x_0)-F(x_0-0)$ 可算得
$$P\{X=-1\}=0.4-0=0.4, \quad P\{X=1\}=0.8-0.4=0.4$$
且 $P\{X=3\}=1-0.8=0.2$. 则 X 的概率分布如下表所示：

x	-1	1	3
$P\{X=x\}$	0.4	0.4	0.2

题 2 设相互独立的两个随机变量 X,Y 具有同一分布律，且 X 的分布律如下表所示：

X	0	1
p	1/2	1/2

则随机变量 $Z=\max\{X,Y\}$ 的分布律为_____.

解 由 X 和 Y 的独立性，利用公式 $P\{X=x_i,Y=y_i\}=P\{X=x_i\}P\{Y=y_i\}$，可得 (X,Y) 的联合分布如下表所示：

Y \ X	0	1
0	1/4	1/4
1	1/4	1/4

由此可得下表：

p_{ij}	(X,Y)	$Z=\max\{X,Y\}$
1/4	(0,0)	0
1/4	(0,1)	1
1/4	(1,0)	1
1/4	(1,1)	1

故所求的分布律如下：

$Z=\max(X,Y)$	0	1
p	1/4	3/4

（二）连续型随机变量的分布问题

1. 求分布函数和概率密度问题

题 1 (1) 已知随机变量 X 的概率密度函数 $f(x)=\dfrac{1}{2}\mathrm{e}^{-|x|}$，其中 $-\infty<x<+\infty$，则 X 的分布函数 $F(x)=$_____.

解 由题知 X 的概率密度函数为 $f(x)=\begin{cases}\dfrac{1}{2}\mathrm{e}^{x}, & x<0 \\ \dfrac{1}{2}\mathrm{e}^{-x}, & x\geqslant 0\end{cases}$，则当 $x<0$ 时，有
$$F(x)=P\{X\leqslant x\}=\int_{-\infty}^{x}\dfrac{1}{2}\mathrm{e}^{t}\mathrm{d}t=\dfrac{1}{2}\mathrm{e}^{x}$$

当 $x\geqslant 0$ 时，有

$$F(x) = \int_{-\infty}^{0} \frac{1}{2} e^t dt + \int_{0}^{x} \frac{1}{2} e^{-t} dt = 1 - \frac{1}{2} e^{-x}$$

故

$$F(x) = \begin{cases} \dfrac{1}{2} e^x, & x \leqslant 0 \\ 1 - \dfrac{1}{2} e^{-x}, & x > 0 \end{cases}$$

题 2 设平面区域 D 由曲线 $y = \dfrac{1}{x}$ 及直线 $y = 1, x = e^2$ 所围成,二维随机变量 (X,Y) 在区域 D 上服从均匀分布,则 (X,Y) 关于 X 的边缘密度在 $x = 2$ 处的值为_____.

解 区域 D 的面积为

$$S = \int_{1}^{e^2} \frac{1}{x} dx = \ln x \Big|_{1}^{e^2} = 2$$

又 (X,Y) 的联合概率密度为

$$f(x,y) = \begin{cases} \dfrac{1}{2}, & x \in D \\ 0, & \text{其他} \end{cases}$$

则关于 X 的边缘概率密度为

$$f_X(x) = \int_{\frac{1}{x}}^{1} \frac{1}{2} dy = \frac{1}{2x}$$

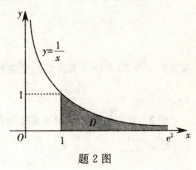

题 2 图

故所求边缘概率密度为 $f_X(2) = \dfrac{1}{4}$.

注 计算边缘概率密度为 $f_X(x) = \int_{-\infty}^{+\infty} f(x,y) dy$ 时,积分不是在 Oy 轴上进行,而是在通过点 $(x,0)$ 且与 Oy 轴平行的直线上进行;对于 $f_Y(y) = \int_{-\infty}^{+\infty} f(x,y) dx$ 也有同样的说法.

2. 随机变量函数的分布问题

在计算一维或二维连续型随机变量函数的概率密度时,一般总是先根据分布函数的定义算出分布函数,然后再通过求导得到概率密度. 分布函数的一般计算法如下:

(1) 设连续型随机变量 X 的概率密度为 $f(x), y = g(x)$ 是已知连续函数,则随机变量函数 $Y = g(X)$ 的分布函数为

$$F_Y(y) = P\{Y \leqslant y\} = P\{g(X) \leqslant y\} = \int_{g(x) \leqslant y} f(x) dx$$

(2) 设二维连续型随机变量 (X,Y) 的概率密度为 $f(x,y), z = g(x,y)$ 是已知连续函数,则随机变量函数 $Z = g(X,Y)$ 的分布函数为

$$F_Z(z) = P\{Z \leqslant x\} = P\{g(X,Y) \leqslant z\} = \iint_{g(x,y) \leqslant x} f(x) dx dy$$

题 1 设随机变量 X 服从 $(0,2)$ 上的均匀分布,则随机变量 $Y = X^2$ 在 $(0,4)$ 内概率分布密度 $f_Y(y) = $_____.

解 1(直接法) X 的密度函数为

$$f_X(x) = \begin{cases} \dfrac{1}{2}, & 0 < x < 2 \\ 0, & \text{其他} \end{cases}$$

则当 $0 < y < 4$ 时,Y 的分布函数为

$$F_Y(y) = P\{Y \leqslant y\} = P\{X^2 \leqslant y\} = P\{X \leqslant \sqrt{y}\} = \int_{0}^{\sqrt{y}} \frac{1}{2} dx = \frac{\sqrt{y}}{2}$$

故 Y 的概率密度为
$$f_Y(y) = \frac{d}{dy}F_Y(y) = \frac{1}{4\sqrt{y}}$$

解2（公式法） 设 $y=g(x)=x^2$. 则当 $x\in(0,2)$ 时，其反函数为 $x=\sqrt{y}$，$y\in(0,4)$. 故
$$f_Y(y) = f_X(\sqrt{y}) \cdot |(\sqrt{y})'| = \frac{1}{2\sqrt{y}} \cdot f_X(\sqrt{y}) = \frac{1}{4\sqrt{y}}$$

（三）随机变量的概率

题1 若随机变量 X 在 $(1,6)$ 上服从均匀分布，则方程 $x^2+Xx+1=0$ 有实根的概率为 _____.

解 X 的分布密度为
$$f(x) = \begin{cases} \dfrac{1}{5}, & 1 \leq x \leq 6 \\ 0, & \text{其他} \end{cases}$$

又方程 $x^2+Xx+1=0$ 有实根的充要条件是判别式 $\Delta = X^2 - 4 \geq 0$，即 $|X| \geq 2$，从而
$$P\{|X| \geq 2\} = P\{X \leq -2 \text{ 或 } X \geq 2\} = \int_2^6 \frac{1}{5} dx = \frac{4}{5} = 0.8$$

题2 设随机变量 X 服从正态分布 $N(\mu, a^2)$ $(a>0)$，且二次方程 $y^2+4y+X=0$ 无实根的概率为 $\dfrac{1}{2}$，则 $\mu=$ _____.

解 由设知 $X \sim N(\mu, a^2)$，又 $P\{X > \mu\} = \dfrac{1}{2}$.

一元二次方程无实根其判别式 $\Delta = 16 - 4X < 0$，得 $X > 4$，则由题设 $P\{X>4\} = \dfrac{1}{2}$.

由题设 $P\{X>\mu\} = \dfrac{1}{2}$，与 $P\{X>4\} = \dfrac{1}{2}$ 比较，得知 $\mu=4$.

题3 设随机变量 X 服从参数为 1 的泊松分布，则 $P\{X=E(X^2)\} =$ _____.

解 参数为 1 的泊松分布的概率密度为 $P\{X=k\} = \dfrac{e^{-1}}{k!}$，这样
$$E(X^2) = D(X) + [E(X)]^2 = 1 + 1 = 2$$

因而
$$P\{X = E(X^2)\} = P\{x = 2\} = \frac{e^{-1}}{2} = \frac{1}{2e}$$

题4 设随机变量 X 的分布函数为
$$F(x) = \begin{cases} 0, & x < 0 \\ A\sin x, & 0 \leq x \leq \dfrac{\pi}{2} \\ 1, & x > \dfrac{\pi}{2} \end{cases}$$

则参数 $A=$ _____，$P\{|X| < \dfrac{\pi}{6}\} =$ _____.

解 由 $F(x)$ 的右连续性知 $F\left(\dfrac{\pi}{2}+0\right) = F\left(\dfrac{\pi}{2}\right)$，即 $1 = A\sin\dfrac{\pi}{2}$，得 $A=1$. 则
$$P\left\{|X| < \frac{\pi}{6}\right\} = P\left\{-\frac{\pi}{6} < X < \frac{\pi}{6}\right\} = P\left\{-\frac{\pi}{6} < X \leq \frac{\pi}{6}\right\} - P\left\{X = \frac{\pi}{6}\right\} =$$
$$F\left(\frac{\pi}{6}\right) - F\left(-\frac{\pi}{6}\right) - 0 = \sin\frac{\pi}{6} - 0 = \frac{1}{2}$$

题 5 设二维随机变量 (X,Y) 的概率密度为

$$f(x,y)=\begin{cases} 6x, & 0\leqslant x\leqslant y\leqslant 1 \\ 0, & \text{其他} \end{cases}$$

则 $P\{X+Y\leqslant 1\}=$ _____.

解 由题设及概率公式有

$$P\{X+Y\leqslant 1\}=\iint_{x+y\leqslant 1}f(x,y)\mathrm{d}x\mathrm{d}y=\int_0^{\frac{1}{2}}\mathrm{d}x\int_x^{1-x}6x\mathrm{d}y=\int_0^{\frac{1}{2}}(6x-12x^2)\mathrm{d}x=\frac{1}{4}$$

题 6 被随机变量 X 的概率密度为

$$f(x)=\begin{cases} \dfrac{1}{3}, & x\in[0,1] \\ \dfrac{2}{9}, & x\in[3,6] \\ 0, & \text{其他} \end{cases}$$

若 k 使得 $P\{X\geqslant k\}=\dfrac{2}{3}$,则 k 的取值范围是 _____.

解 1 利用下图可以看出

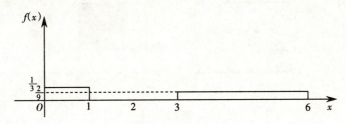

题 6 图

$$P\{X\geqslant k\}=\frac{2}{3}\iff 1-P\{X<k\}=\frac{2}{3}$$

得 $P\{X<k\}=\dfrac{1}{3}$. 显然,当 $1\leqslant k\leqslant 3$ 时,$P\{X<k\}=\dfrac{1}{3}$ 成立.

解 2 对于 k 分段讨论:

当 $k<0$ 时,$P\{x\geqslant k\}=\int_0^1\dfrac{1}{3}\mathrm{d}x+\int_3^6\dfrac{2}{9}\mathrm{d}x=1$. 故知 $k\geqslant 0$.

当 $0\leqslant k<1$ 时,$P\{X\geqslant k\}=\int_k^1\dfrac{1}{3}\mathrm{d}x+\int_3^6\dfrac{2}{9}\mathrm{d}x=\dfrac{1}{3}(1-k)+\dfrac{2}{3}>\dfrac{2}{3}$. 故知 $k\geqslant 1$.

当 $1\leqslant k\leqslant 3$ 时,$P\{X\geqslant k\}=\int_3^6\dfrac{2}{9}\mathrm{d}x=\dfrac{2}{3}$.

当 $k>3$ 时,容易验证 $P\{X\geqslant k\}<\dfrac{2}{3}$.

故 k 的取值范围为闭区间 $[1,3]$.

题 7 设随机变量 X,Y 相互独立,且服从在区间 $[0,3]$ 上的均匀分布,则 $P\{\max(X,Y)\leqslant 1\}=$ _____,$P\{\min(X,Y)\leqslant 1\}=$ _____.

解 1 由题设知 X,Y 的概率密度分别为

$$f_X(x)=\begin{cases}\dfrac{1}{3}, & x\in[0,3] \\ 0, & \text{其他}\end{cases}, \quad f_Y(y)=\begin{cases}\dfrac{1}{3}, & x\in[0,3] \\ 0, & \text{其他}\end{cases}$$

则

$$P\{\max(X,Y)\} = P\{X\leqslant 1, Y\leqslant 1\} = P\{X\leqslant 1\}P\{Y\leqslant 1\} = \int_0^1 \frac{1}{3}dx \int_0^1 \frac{1}{3}dy = \frac{1}{9}$$

此外

$$P\{\min(X,Y)\} = 1-P\{\min(X,Y)>1\} = 1-P\{X>1, Y>1\} =$$
$$1-P\{X>1\}P\{Y>1\} = 1-\int_1^3 \frac{1}{3}dx \int_1^3 \frac{1}{3}dy = \frac{5}{9}$$

解 2 用几何方法来解.从图(a)中可以看出:$\max\{x,y\}\leqslant 1$ 的点在网点区域 D_1,从而从图形面积考虑有(D 为大正方形区域)

$$P\{\max(X,Y)\leqslant 1\} = \frac{S_{D_1}}{S_D} = \frac{1}{9}$$

这里 S_{D_1}, S_D 分别为相应图形面积.

又从图(b)可以看出 $\min\{x,y\}>1$ 的点在网点区域 D_2,从而仿上有

$$P\{\min(X,Y)\leqslant 1\} = 1-\frac{S_{D_2}}{S_D} = 1-\frac{4}{9} = \frac{5}{9}$$

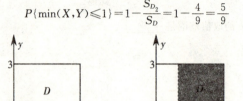

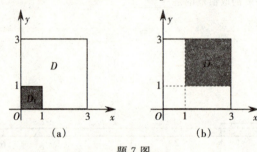

题 7 图

题 8 设 X 和 Y 为两个随机变量,且 $P\{X\geqslant 0, Y\geqslant 0\}=\frac{3}{7}$,$P\{X\geqslant 0\}=P\{Y\geqslant 0\}=\frac{4}{7}$,则 $P\{\max(X,Y)\geqslant 0\}=$ _____.

解 注意到 $\max(X,Y)\geqslant 0$ 系指 X 和 Y 中至少有一个不小于 0.

设事件 $A=\{X\geqslant 0\}, B=\{Y\geqslant 0\}$,则事件 $\{\max(X,Y)\geqslant 0\}=A\cup B$,且事件 $\{X\geqslant 0, Y\geqslant 0\}=A\cap B$. 故

$$P\{\max(X,Y)\geqslant 0\} = P(A+B) = P(A)+P(B)-P(AB) =$$
$$P\{X\geqslant 0\}+P\{Y\geqslant 0\}-P\{X\geqslant 0, Y\geqslant 0\} = \frac{4}{7}+\frac{4}{7}-\frac{3}{7} = \frac{5}{7}$$

三、随机变量的数学特征

(一)求数学期望问题

题 1 已知离散型随机变量 X 服从参数为 2 的泊松分布,即 $P\{X=k\}=\frac{2^k}{k!}e^{-2}$,其中 $k=0,1,2,\cdots$,则随机变量 $Z=3X-2$ 的数学期望 $E(Z)=$ _____.

解 因为若 $X\sim\pi(\lambda)$,则 $E(X)=\lambda$,知 $E(X)=2$. 由数学期望性质有

$$E(Z) = E(3X-2) = 3E(X)-2 = 4$$

注 对于泊松分布的数字特征请记:$X\sim\mathscr{P}(\lambda)$,则

$$P\{X=k\} = \frac{\lambda^k}{k!}e^{-\lambda}, \quad k=0,1,2,\cdots$$

且 $E(X)=D(X)=\lambda$.

题 2 设随机变量 X 服从参数为 1 的指数分布,则数学期望 $E(X+e^{-2X})=$ _____.

解 由题设 X 的分布密度 $f_X(x)=\begin{cases} e^{-x}, & x\geqslant 0 \\ 0, & x<0 \end{cases}$. 又 $E(x)=1$,则

$$E(e^{-2X})=\int_{-\infty}^{+\infty}f_X(x)e^{-2x}dx=\int_0^{+\infty}e^{-x}e^{-2x}dx=\int_0^{+\infty}e^{-3x}dx=\frac{1}{3}e^{-3x}\Big|_{+\infty}^{0}=\frac{1}{3}$$

故

$$E(X+e^{-2X})=E(X)+E(e^{-2x})=1+\frac{1}{3}=\frac{4}{3}$$

题 3 (1)设 X 表示 10 次独立重复射击命中目标的次数,每次射中目标的概率 0.4,则 X^2 的数学期望 $E(X^2)=$ _____.

解 由题设 $X\sim\mathcal{B}(10,0.4)$,则 $E(X)=10\cdot 0.4=4$, $D(X)=10\cdot 0.4\cdot 0.6=2.4$,故

$$E(X^2)=[E(X)]^2+D(X)=4^2+2.4=18.4$$

注 公式 $D(X)=E(X^2)-[E(X)]^2$ 的逆用,在前文已遇到过,在涉及求 $E(X^2)$ 之类的问题时应考虑此公式,特别是知道 $X\sim\mathcal{B}(n,p)$ 之后.

题 4 设随机变量 $X_{ij}(i,j=1,2,\cdots,n;n\geqslant 2)$ 独立同分布,且 $E(X_{ij})=2$,则行列式

$$Y=\begin{vmatrix} X_{11} & X_{12} & \cdots & X_{1n} \\ X_{21} & X_{22} & \cdots & X_{2n} \\ \vdots & \vdots & & \vdots \\ X_{n1} & X_{n2} & \cdots & X_{nn} \end{vmatrix}$$

的数学期望 $E(Y)=$ _____.

解 根据数学期望的运算性质和 X_{ij} 的相互独立的题设,再注意到行列式的展开表达式可有

$$E(Y)=\begin{vmatrix} E(X_{11}) & E(X_{12}) & \cdots & E(X_{1n}) \\ E(X_{21}) & E(X_{22}) & \cdots & E(X_{2n}) \\ \vdots & \vdots & & \vdots \\ E(X_{n1}) & E(X_{n2}) & \cdots & E(X_{nn}) \end{vmatrix}=\begin{vmatrix} 2 & 2 & \cdots & 2 \\ 2 & 2 & \cdots & 2 \\ \vdots & \vdots & & \vdots \\ 2 & 2 & \cdots & 2 \end{vmatrix}=0$$

注意到 $Y=\sum_{j_1j_2\cdots j_n}(-1)^{\tau(j_1,j_2,\cdots,j_n)}a_{1j_1}a_{2j_2}\cdots a_{nj_n}$ 及数学期望 $E(\xi+\eta)=E(\xi)+E(\eta)$,又若 ξ,η 独立,则 $E(\xi\eta)=E(\xi)E(\eta)$.

下面的问题是随机变量数字特征的反问题,已知期望求参数.

题 5 设随机变量 X 服从参数为 λ 的泊松分布 $\pi(\lambda)$,且已知 $E[(X-1)(X-2)]=1$,则 $\lambda=$ _____.

解 因 $X\sim\pi(\lambda)$,知 $E(X)=\lambda, D(X)=\lambda$. 则

$$E(X^2)=D(X)+[E(X)]^2=\lambda+\lambda^2$$

又由题设

$$1=E[(X-1)(X-2)]=E(X^2)-3E(X)+2=(\lambda+\lambda^2)-3\lambda+2=\lambda^2-2\lambda+2$$

由此得 $\lambda^2-2\lambda+1=0$,即 $(\lambda-1)^2=0$,于是 $\lambda=1$.

题 6 设随机变量 X 和 Y 的相关系数为 0.5,又 $E(X)=E(Y)=0$, $E(X^2)=E(Y^2)=2$,则 $E[(X+Y)^2]=$ _____.

解 由题设可有

$$E[(X+Y)^2]=E(X^2)+2E(XY)+E(Y^2)=4+2[\text{Cov}(X,Y)+E(X)E(Y)]=$$
$$4+2\rho_{XY}\sqrt{D(X)}\sqrt{D(Y)}=4+2\cdot 0.5\cdot 2=6$$

这里又是将公式 $\text{Cov}(X,Y)=E(X,Y)-E(X)E(Y)$ 和 $\rho_{XY}=\dfrac{\text{Cov}(X,Y)}{\sqrt{D(X)}\sqrt{D(Y)}}$ 逆向使用.

题 7 设 ξ,η 是两个相互独立且均服从正态分布 $N(0,\sigma^2)$ 的随机变量,其中 $\sigma=\dfrac{1}{\sqrt{2}}$. 则随机变量 $|\xi-\eta|$ 的数学期望 $E(|\xi-\eta|)=$ _____.

解 令 $Z=\xi-\eta$,由 ξ,η 的独立性知 $Z=\xi-\eta\sim N(0,1)$,故

$$E(|\xi-\eta|)=E(|Z|)=\int_{-\infty}^{+\infty}|z|\cdot\frac{1}{\sqrt{2\pi}}\mathrm{e}^{-\frac{z^2}{2}}\mathrm{d}z=\sqrt{\frac{2}{\pi}}\int_{0}^{+\infty}z\mathrm{e}^{-\frac{z^2}{2}}\mathrm{d}z=\sqrt{\frac{2}{\pi}}\left(-\mathrm{e}^{-\frac{z^2}{2}}\right)\Big|_{0}^{+\infty}=\sqrt{\frac{2}{\pi}}$$

(二)求方差问题

解这类问题应记住方差的基本性质:设 X,Y 是随机变量,则

① $D(c)=0$(c 是常数);
② $D(cX)=c^2D(X)$(c,b 是常数);
③ $D(cX+b)=c^2D(X)$(c,b 是常数);
④ $D(X+Y)=D(X)+D(Y)+2\mathrm{Cov}(X,Y)$,特别当 X,Y 相互独立时有 $D(X+Y)=D(X)+D(Y)$;
⑤ $D(X)=E(X^2)-[E(X)]^2$.

题 1 设随机变量 X_1,X_2,X_3 相互独立,其中 X_1 在 $[0,6]$ 上服从均匀分布,X_2 服从正态分布 $N(0,2^2)$,X_3 服从参数为 3 的泊松分布,记 $Y=X_1-2X_2+3X_3$,则 $D(Y)=$ _____.

解 由 X_1,X_2,X_3 相互独立,有

$$D(Y)=D(X_1-2X_2+3X_3)=D(X_1)+4D(X_2)+9D(X_3)$$

又 X_1 在 $[0,6]$ 上服从均匀分布,则

$$D(X_1)=\frac{(6-0)^2}{12}=3$$

因 $X_2\sim N(0,2^2)$,则 $D(X_2)=4$;又 $X_3\sim\pi(\lambda)=\pi(3)$,则 $D(X_3)=\lambda=3$. 代入上式,故

$$D(Y)=3+4\cdot4+9\cdot3=46$$

题 2 (1) 设 X 是一个随机变量,其概率密度为

$$f(x)=\begin{cases}1+x,&-1\leqslant x\leqslant 0\\1-x,&0<x\leqslant 1\\0,&\text{其他}\end{cases}$$

则方差 $D(X)=$ _____.

解 1 (1) 由

$$E(X)=\int_{-\infty}^{+\infty}xf(x)\mathrm{d}x=\int_{-1}^{0}x(1+x)\mathrm{d}x+\int_{0}^{1}x(1-x)\mathrm{d}x=0$$

故

$$D(X)=\int_{-\infty}^{+\infty}[x-E(X)]^2f(x)\mathrm{d}x=\int_{-1}^{0}x^2(1+x)\mathrm{d}x+\int_{0}^{1}x^2(1-x)\mathrm{d}x=\frac{1}{6}$$

解 2 由设可验证 $f(x)$ 是偶函数,则 $xf(x)$ 是奇函数,故

$$E(X)=\int_{-\infty}^{+\infty}xf(x)\mathrm{d}x=0$$

又

$$E(X^2)=\int_{-\infty}^{+\infty}x^2f(x)\mathrm{d}x=2\int_{0}^{1}x^2(1-x)\mathrm{d}x=\frac{1}{6}$$

故

$$D(X)=E(X^2)-[E(X)]^2=\frac{1}{6}$$

题 3 设某试验一次成功的概率为 p,今进行 100 次独立重复试验,当 $p=$ _____ 时,成功次数的标准差的值最大,其最大值为 _____.

解 设 X 表示试验成功的次数,则 $X \sim \mathcal{B}(100, p)$. 其方差为 $D(X) = 100p(1-p)$.

令 $\varphi(p) = 100p(1-p)$,对 $\varphi(p)$ 微导且令其等于 0 有 $\varphi'(p) = 100 - 200p = 0$,得 $p = \dfrac{1}{2}$.

又 $\varphi''\left(\dfrac{1}{2}\right) < 0$,知 $\varphi_{\max}(p) = \left(\dfrac{1}{2}\right) < 0$,从而 $\varphi_{\max}(p) = \varphi\left(\dfrac{1}{2}\right)$,故标准差的最大值为

$$\sqrt{D(X)} = \sqrt{100 \cdot \dfrac{1}{2}\left(1 - \dfrac{1}{2}\right)} = 5$$

题 4 已知连续随机变量 X 的概率密度函数为 $f(x) = \dfrac{1}{\sqrt{\pi}} \mathrm{e}^{-x^2 + 2x - 1}$,则 X 的数学期望为 _____;X 的方差为 _____.

解 将 $f(x)$ 变形,改写为正态分布概率密度函数的一般形式有

$$f(x) = \dfrac{1}{\sqrt{\pi}} \mathrm{e}^{-x^2 + 2x - 1} = \dfrac{1}{\sqrt{2\pi} \cdot \sqrt{\dfrac{1}{2}}} \mathrm{e}^{-\dfrac{(x-1)^2}{2\left(\sqrt{\dfrac{1}{2}}\right)^2}} \text{ 或 } \dfrac{1}{\sqrt{2\pi} \cdot \sqrt{\dfrac{1}{2}}} \exp\left[-\dfrac{(x-1)^2}{2\left(\sqrt{\dfrac{1}{2}}\right)^2}\right]$$

由此知, X 服从正态分布 $N\left(1, \dfrac{1}{2}\right)$,故 $E(X) = 1$,且 $D(X) = \dfrac{1}{2}$.

例 5 设随机变量 X 在区间 $[-1, 2]$ 上服从均匀分布;随机变量为

$$Y = \begin{cases} 1, & X > 0 \\ 0, & X = 0 \\ -1, & X < 0 \end{cases}$$

则方差 $D(Y) = $ _____.

解 由题设知 X 的分布密度

$$f(x) = \begin{cases} \dfrac{1}{3}, & x \in [-1, 2] \\ 0, & \text{其他} \end{cases}$$

当 $x < 0$ 时, $P\{X < 0\} = \displaystyle\int_{-1}^{0} \dfrac{1}{3} \mathrm{d}x = \dfrac{1}{3}$;当 $x = 0$ 时, $P\{X = 0\} = 0$;当 $x > 0$ 时, $P\{X > 0\} = \displaystyle\int_{0}^{2} \dfrac{1}{3} \mathrm{d}x = \dfrac{2}{3}$.

则随机变量 Y 和 $Z = Y^2$ 有下面分布律:

y	-1	0	1
$P\{Y = y\}$	$\dfrac{1}{3}$	0	$\dfrac{2}{3}$

y^2	0	1
$P\{Z = y^2\}$	0	1

从而 $E(Y) = -\dfrac{1}{3} + \dfrac{2}{3} = \dfrac{1}{3}$, $E(Y^2) = 1$,故 $D(Y) = E(Y^2) - [E(Y)]^2 = 1 - \left(\dfrac{1}{3}\right)^2 = 1 - \dfrac{1}{9} = \dfrac{8}{9}$.

(三) 求协方差问题

对于协方差问题,应记住协方差的基本性质:设 X, Y, Z 是随机变量,则

① $\mathrm{Cov}(X, Y) = \mathrm{Cov}(Y, X)$;

② $\mathrm{Cov}(aX, bY) = ab\mathrm{Cov}(X, Y)$ (a, b 是常数);

③ $\mathrm{Cov}(X, Y + b) = \mathrm{Cov}(X, Y)$ (b 是常数);

④ $\mathrm{Cov}(X, Y + Z) = \mathrm{Cov}(X, Y) + \mathrm{Cov}(X, Z)$;

⑤ $\mathrm{Cov}(X, Y) = E(XY) - E(X) \cdot E(Y)$.

题 1 设随机变量 X 和 Y 的联合概率分布如下:

概率 Y	-1	0	1
X			
0	0.07	0.18	0.15
1	0.08	0.32	0.20

则 X^2 和 Y^2 的协方差 $\text{Cov}(X^2,Y^2)=$ _____.

解 由题设有
$$E(X^2Y^2)=1^2\cdot(-1)^2\cdot 0.08+1^2\cdot 1^2\cdot 0.20=0.28$$

且 X 和 X^2 的边缘分布分别为
$$X\sim\begin{pmatrix}0 & 1\\ 0.4 & 0.6\end{pmatrix},\quad X^2\sim\begin{pmatrix}0 & 1\\ 0.4 & 0.6\end{pmatrix}$$

又 Y 和 Y^2 的边缘分布分别为
$$Y\sim\begin{pmatrix}-1 & 0 & 1\\ 0.15 & 0.5 & 0.35\end{pmatrix},\quad Y^2\sim\begin{pmatrix}0 & 1\\ 0.5 & 0.5\end{pmatrix}$$

故 $E(X^2)=0.6$,$E(Y^2)=0.5$,且
$$\text{Cov}(X^2,Y^2)=E(X^2Y^2)-E(X^2)E(X^2)=0.28-0.30=-0.02$$

题 2 设随变量 X 和 Y 的联合概率分布如下表:

概率 Y	-1	0	1
X			
0	0.07	0.18	0.15
1	0.08	0.32	0.20

则 X 和 Y 的相关系数 $\rho=$ _____.

解 由题设有 $\rho=\dfrac{\text{Cov}(X,Y)}{\sqrt{D(X)}\sqrt{D(Y)}}=\dfrac{E(XY)-E(X)E(Y)}{\sqrt{D(X)}\sqrt{D(Y)}}=0$.

题 3 设随机变量 X 和 Y 的相关系数 0.9,若 $Z=X-0.4$,则 Y 与 Z 的相关系数为 _____.

解 由随机变量的协方差和数学期望性质有
$$\text{Cov}(Y,Z)=\text{Cov}(Y,X-0.4)=E[Y(X-0.4)]-E(Y)E(X-0.4)=$$
$$E(XY)-0.4E(Y)-E(Y)E(X)+0.4E(Y)=$$
$$E(XY)-E(X)E(Y)=\text{Cov}(X,Y)$$

又由题设可有 $D(Z)=D(X)$. 于是
$$\rho_{XY}=\dfrac{\text{Cov}(Y,Z)}{\sqrt{D(Y)}\sqrt{D(Z)}}=\dfrac{\text{Cov}(X,Y)}{\sqrt{D(X)}\sqrt{D(Y)}}=0.9$$

(四) 涉及数字特征的随机变量的概率及分布

题 1 设随机变量 X 服从参数为 λ 的指数分布,则 $P\{X>\sqrt{D(X)}\}=$ _____.

解 由题设知 $D(X)=\dfrac{1}{\lambda^2}$,则 X 的分布函数为
$$F(x)=\begin{cases}1-e^{-\lambda x}, & x>0\\ 0, & x\leqslant 0\end{cases}$$

故
$$P\{X>\sqrt{D(X)}\}=P\left\{X>\dfrac{1}{\lambda}\right\}=\int_{\frac{1}{\lambda}}^{+\infty}\lambda e^{-\lambda x}dx=-e^{-\lambda x}\Big|_{\frac{1}{\lambda}}^{+\infty}=\dfrac{1}{e}$$

题 2 若随机变量 X 服从均值为 2、方差为 a^2 的正态分布,且 $P\{2<X<4\}=0.3$,则 $P\{Z<0\}=$ _____.

解 1 由题设知 $X \sim N(2, a^2)$,这样可有

$$P\{2<X<4\} = P\left\{\frac{2-2}{a}<\frac{X-2}{a}<\frac{4-2}{a}\right\} = P\left\{0<\frac{X-2}{a}<\frac{2}{a}\right\} = \Phi\left(\frac{2}{a}\right) - \Phi(0) = \Phi\left(\frac{2}{a}\right) - 0.5$$

又由 $P\{2<X<4\}=0.3$,则 $\Phi\left(\frac{2}{a}\right)=0.8$. 故

$$P\{X<0\} = P\left\{\frac{X-2}{a}<\frac{0-2}{a}\right\} = \Phi\left(-\frac{2}{a}\right) = 1-\Phi\left(\frac{2}{a}\right) = 1-0.8 = 0.2$$

解 2 注意到题设,正态分布图形关于直线 $x=2$ 对称,知 $x=0$ 的对称点是 $x=4$,则

$$P\{X<0\} = P\{X>4\} = P\{X>2\} - P\{2<X<4\} - P\{X=4\} = 0.5 - 0.3 - 0 = 0.2$$

题 3 设随机变量 X 服从均值(期望)为 10,均方差为 0.02 的正态分布. 已知

$$\Phi(x) = \int_{-\infty}^{x} \frac{1}{\sqrt{2\pi}} e^{-\frac{u^2}{2}} du$$

且 $\Phi(2.5)=0.99938$,则 X 落在区间 $(9.95, 10.05)$ 内的概率为 _____.

解 由题设 $X \sim N(10, 0.02^2)$ 故所求概率

$$P\{9.95<X<10.05\} = P\left\{\frac{9.95-10}{0.02}<\frac{X-10}{0.02}<\frac{10.05-100}{0.02}\right\} =$$

$$\Phi\left(\frac{10.05-10}{0.02}\right) - \Phi\left(\frac{9.95-10}{0.02}\right) =$$

$$\Phi(2.5) - \Phi(-2.5) = \Phi(2.5) -$$

$$[1-\Phi(2.5)] = 2\Phi(2.5) - 1 = 0.9876$$

四、大数定律和中心极限定理

(一)涉及切比雪夫不等式问题

题 1 设随机变量 X 的数学期望 $E(X)=\mu$,方差 $D(X)=\sigma^2$,则由切比雪夫不等式,有 $P\{|X-\mu| \geqslant 3\sigma\} \leqslant$ _____.

解 根据切比雪夫不等式,有 $P\{|X-\mu| \geqslant \varepsilon\} \leqslant \frac{\sigma^2}{\varepsilon^2}$,取 $\varepsilon=3\sigma$,得 $\frac{\sigma^2}{\varepsilon^2} = \frac{\sigma^2}{3^2\sigma^2} = \frac{1}{9}$,即

$$P\{|X-\mu| \geqslant 3\sigma\} \leqslant \frac{1}{9}$$

题 2 设随机变量 X 的方差为 $D(X)=2$,则根据切比雪夫不等式有估计 $P\{|X-E(X)| \geqslant 2\} \leqslant$ _____.

解 由切比雪夫不等式,有 $P\{|X-E(X)| \geqslant \varepsilon\} \leqslant \frac{\sigma^2}{\varepsilon^2}$,又知 $\varepsilon=2$,且 $\sigma^2=2$,从而 $\frac{\sigma^2}{\varepsilon^2} = \frac{2}{2^2} = \frac{1}{2}$,即

$$P\{|x-E(X)| \geqslant 2\} \leqslant \frac{1}{2}$$

题 3 设随机变量 X 和 Y 的数学期望分别为 -2 和 2,方差分别为 1 和 4,而相关系数为 -0.5,则根据切比雪夫不等式 $P\{|X+Y| \geqslant 6\} \leqslant$ _____.

解 设 $Z=X+Y$,则

$$E(Z) = E(X+Y) = E(X) + E(Y) = 0$$

且

$$D(Z) = D(X) + D(Y) + 2\rho_{XY}\sqrt{D(X)}\sqrt{D(Y)} = 1 + 4 - 2 = 3$$

由切比雪夫不等式可有

$$P\{|X+Y| \geqslant 6\} = P\{|Z-0| \geqslant 6\} \leqslant \frac{D(Z)}{6^2} = \frac{1}{12}$$

(二)依概率收敛问题

题1 设总体 X 服从参数为2的指数分布,$X_1,X_2,\cdots,X_n$ 为来自总体 X 的简单随机样本,则当 $n\to\infty$ 时,$Y_n=\dfrac{1}{n}\sum_{i=1}^{n}X_i^2$ 依概率收敛于_____.

解 由题设 $X_1^2,X_2^2,\cdots,X_n^2$ 满足大数定律的条件,又

$$E(X_i^2)=D(X_i)+[E(X_i)]^2=\frac{1}{4}+\left(\frac{1}{2}\right)^2=\frac{1}{2},\quad i=1,2,\cdots,n$$

因此根据大数定律有 $Y_n=\dfrac{1}{n}\sum_{i=1}^{n}X_i^2$ 依概率收敛于 $\dfrac{1}{n}\sum_{i=1}^{n}E(X_i^2)=\dfrac{1}{2}$.

五、数理统计

(一)统计量的分布

题1 已知随机变量 $X\sim N(-3,1)$,$Y\sim N(2,1)$,X,Y 相互独立,设随机变量 $Z=X-2Y+7$,则 $Z\sim$ _____.

解 相互独立的正态随机变量的线性组合仍然服从正态分布,注意到数学期望和方差性质有

$$E(Z)=E(X)-2E(Y)+7=-3-2\cdot 2+7=0$$
$$D(Z)=D(X)+(-2)^2D(Y)=1+4\cdot 1=5$$

故 $Z\sim N(0,5)$.

题2 设随机变量 X 和 Y 相互独立且都服从正态分布 $N(0,3^2)$,而 $X_1,X_2,\cdots,X_9$ 和 $Y_1,Y_2,\cdots,Y_9$ 分别是两个来自总体 X 与 Y 的简单随机样本,则统计量

$$U=\frac{X_1+X_2+\cdots+X_9}{\sqrt{Y_1^2+Y_2^2+\cdots+Y_9^2}}$$

服从_____分布,参数为_____.

解 由题设知 $X\sim N(0,3^2)$,$Y\sim N(0,3^2)$,有 $\sum_{i=1}^{9}X_i\sim N(0,9^2)$,令 $\overline{X}=\dfrac{1}{9}\sum_{i=1}^{9}X_i$,则 $\overline{X}\sim N(0,1)$. 又 $\dfrac{Y_i}{3}\sim N(0,1)(i=1,2,\cdots,9)$,再令 $\overline{Y}=\sum_{i=1}^{9}\left(\dfrac{Y_i}{2}\right)^2$,则 $\overline{Y}\sim\chi^2(9)$. 于是

$$U=\frac{\sum_{i=1}^{9}X_i}{\sqrt{\sum_{i=1}^{9}Y_i^2}}=\frac{\dfrac{1}{9}\sum_{i=1}^{9}X_i}{\sqrt{\dfrac{1}{9}\sum_{i=1}^{9}\left(\dfrac{Y_i}{3}\right)^2}}=\frac{\overline{X}}{\overline{Y}/\sqrt{9}}\sim t(9)$$

即参数为9的 t 分布.

题3 设总体 X 服从正态分布 $N(0,2^2)$,而 $X_1,X_2,\cdots,X_{15}$ 是来自总体 X 的简单随机样本,则随机变量 $Y=\dfrac{X_1^2+X_2^2+\cdots+X_{10}^2}{2(X_{11}^2+X_{12}^2+\cdots+X_{15}^2)}$ 服从_____分布,参数为_____.

解 由题设 $X_i\sim N(0,2^2)$,$i=1,2,\cdots,15$. 则

$$Y_1=\left(\frac{X_1}{2}\right)^2+\cdots+\left(\frac{X_{10}}{2}\right)^2\sim\chi^2(10),\quad Y_2=\left(\frac{X_{11}}{2}\right)^2+\cdots+\left(\frac{X_{15}}{2}\right)^2\sim\chi^2(5)$$

故 $\dfrac{Y_1/10}{Y_2/5}\sim F(10,5)$,即

$$Y=\frac{X_1^2+X_2^2+\cdots+X_{10}^2}{2(X_{11}^2+X_{12}^2+\cdots+X_{15}^2)}=\frac{Y_1/10}{Y_2/5}\sim F(10,5)$$

题4 设 X_1,X_2,X_3,X_4 是来自正态总体 $N(0,2^2)$ 的简单随机样本,又若 $X=a(X_1-2X_2)^2+b(3X_3-4X_4)^2$,则当 $a=$_____,$b=$_____时,统计量 X 服从 χ^2 分布,其自由度为_____.

解 1 由 χ^2 分布的定义，若 $Y_1, Y_2, \cdots, Y_n$ 服从标准正态分布，则 $Y = Y_1^2 + Y_2^2 + \cdots + Y_n^2$ 服从自由度为 n 的 χ^2 分布.

由题设知 $X = a(X_1 - 2X_2)^2 + b(3X_3 - 4X_4)^2$ 服从自由度为 $n = 2$ 的 χ^2 分布，且
$$\sqrt{a}(X_1 - 2X_2) \sim N(0,1), \quad \sqrt{b}(3X_3 - 4X_4) \sim N(0,1)$$

则 $D[\sqrt{a}(X_1 - 2X_2)] = aD(X_1) + 4aD(X_2) = 5aD(X_1) = 5a \cdot 2^2 = 1$，得 $a = \dfrac{1}{20}$.

又 $D[\sqrt{b}(3X_3 - 4X_4)] = 9bD(X_3) + 16bD(X_4) = 25bD(X_3) = 25b \cdot 2^2 = 1$，得 $b = \dfrac{1}{100}$.

解 2 设 $Y_1 = X_1 - 2X_2, Y_2 = 3X_3 - 4X_4$. 由数学期望和方差的性质，得
$$E(Y_1) = E(Y_2) = 0, \quad D(Y_1) = 20, \quad D(Y_2) = 100$$

因此可有 $Y_1 \sim N(0, 20), Y_2 \sim N(0, 100)$.

从而 $\dfrac{Y_1}{\sqrt{20}} \sim N(0,1), \dfrac{Y_2}{\sqrt{100}} \sim N(0,1)$，且 $Z = \dfrac{Y_1^2}{20} + \dfrac{Y_2^2}{100} \sim \chi^2(2)$.

上式与 $X = aY_1^2 + bY_2^2 \sim \chi^2(n)$ 比较，得 $a = \dfrac{1}{20}, b = \dfrac{1}{100}$，且自由度为 $n = 2$.

题 5 设 $X_1, \cdots, X_n$ 是来自正态总体 $N(\mu, a^2)$ 的简单随机样本，其中参数 μ 和 a 未知，记
$$\overline{X} = \frac{1}{n} \sum_{i=1}^{n} X_i, \quad Q^2 = \sum_{i=1}^{n} (X_i - \overline{X})^2$$

则假设 $H_0: \mu = 0$ 的 t 检验使用统计量 $t = $ _____.

解 由题设知统计量及分布为 $t = \dfrac{\overline{X} - \mu}{S/\sqrt{n}} \sim t(n-1)$，这里 $\mu = 0$.

因 $Q^2 = \sum_{i=1}^{n} (X_i - \overline{X})^2$，得 $S^2 = \dfrac{1}{n-1} \sum_{i=1}^{n} (X_i - \overline{X})^2 = \dfrac{1}{n-1} Q^2$，有 $S = \dfrac{1}{\sqrt{n-1}} Q$.

将假设 $\mu = 0$ 代入 $t = \dfrac{\overline{X} - \mu}{S/\sqrt{n}}$ 中得 $t = \dfrac{\overline{X}}{S/\sqrt{n}} = \dfrac{\overline{X}}{Q} \sqrt{n(n-1)}$.

（二）统计量的数学特征和样本容量

题 1 设整体 X 服从正态分布 $N(\mu, \sigma^2)$，总体 Y 服从正态分布 $N(\mu, \sigma^2)$，又 $X_1, X_2, \cdots, X_n$ 和 $Y_1, Y_2, \cdots, Y_n$ 是两个分别来自总体 X 和 Y 的简单随机样本，则数学期望 $E\left[\dfrac{\sum_{i=1}^{n_1}(X_i - \overline{X})^2 + \sum_{j=1}^{n_2}(Y_j - \overline{Y})^2}{n_1 + n_2 - 2}\right] = $ _____.

解 由题设知 $E\left[\dfrac{1}{n_1 - 1} \sum_{i=1}^{n_1} (X_i - \overline{X})^2\right] = \sigma^2$，且 $E\left[\dfrac{1}{n_2 - 1} \sum_{i=1}^{n_2} (Y_j - \overline{Y})^2\right] = \sigma^2$，从而
$$E\left[\dfrac{\sum_{i=1}^{n_1}(X_i - \overline{X})^2 + \sum_{j=1}^{n_2}(Y_j - \overline{Y})^2}{n_1 + n_2 - 2}\right] = \dfrac{(n_1 - 1)\sigma^2 + (n_2 - 1)\sigma^2}{n_1 + n_2 - 2} = \sigma^2$$

题 2 设随机变量 X 的概率分布为 $P\{X = k\} = \dfrac{c}{k!} (k = 0, 1, 2, \cdots)$，则 $E(X^2) = $ _____.

解 注意到 $\sum_{k=0}^{\infty} P\{X = k\} = 1$，即 $\sum_{k=0}^{\infty} \dfrac{c}{k!} = ce = 1$，从而 $c = e^{-1}$.

知 X 服从参数为 1 的泊松分布，故 $E(X^2) = D(X) + [E(X)]^2 = 1 + 1 = 2$.

注 设总体 X 的数学期望为 μ，方差为 σ^2，则来自 X 的简单随机样本 $X_1, X_2, \cdots, X_n$ 的均值 $\overline{X} = \dfrac{1}{n} \sum_{i=1}^{n} X_i$，有 $E(\overline{X}) = \mu, D(\overline{X}) = \dfrac{\sigma^2}{n}$.

题 3 设 $X_1, X_2, \cdots, X_n$ 为来自总体 $X \sim N(\mu, \sigma)$ 的简单随机样本,其中 $\sigma > 0$. 统计量 $T = \frac{1}{n} \sum_{i=1}^{n} X_i^2$,则 $E(T) = $ _____.

解 由题设知 $X_1, X_2, \cdots, X_n$ 独立同分布,则

$$E(T) = E\left(\frac{1}{n}\sum_{i=1}^{n} X_i^2\right) = \frac{1}{n}\sum_{i=1}^{n} E(X_i^2) = \frac{1}{n}\sum_{i=1}^{n}\{D(X_i) + [E(X_i)]^2\} = \frac{1}{n}\sum_{i=1}^{n}(\sigma^2 + \mu^2) = \sigma^2 + \mu^2$$

注意到 $D(X) = E(X^2) - [E(X)]^2$ 的事实.

题 4 设总体 X 的概率密度为 $f(x) = \frac{1}{2}e^{-|x|}$ $(-\infty < x < +\infty)$,又 $X_1, X_2, \cdots, X_n$ 为总体的一个简单随机样本,其方差为 S^2,则 $E(S^2) = $ _____.

解 因 $E(X) = \int_{-\infty}^{+\infty} xf(x)\mathrm{d}x = \int_{-\infty}^{+\infty} \frac{1}{2}e^{-|x|}x\mathrm{d}x = 0$(注意到 $x(x)$ 为奇函数).

又

$$E(X^2) = \int_{-\infty}^{+\infty} x^2 f(x)\mathrm{d}x = \int_{-\infty}^{+\infty} \frac{1}{2}e^{-|x|}x^2\mathrm{d}x = \int_0^{+\infty} x^2 e^{-x}\mathrm{d}x = E(T^2) = D(T) + [E(T)]^2 = 2$$

这里 $T \sim E(1)$ 即参数为 1 的指数分布. 从而 $D(X) = E(X^2) - [E(X)]^2 = 2$.

由于样本方差 S^2 是总体 X 方差 $D(X)$ 的无偏估计,故 $E(S^2) = D(X) = 2$.

注 若设总体 X 的数学期望为 μ,方差为 σ^2,$X_1, X_2, \cdots, X_n$ 是 X 的一个简单随机样本,则样本均值 $\overline{X} = \frac{1}{n}\sum_{i=1}^{n}(X_i - \overline{X})^2$ 是 σ^2 的无偏估计量.

题 5 (1)在天平上重复称量一重为 a 的物品,假设各次称量结果相互独立且同服从正态分布 $N(a, 0.2^2)$,若以 $\overline{X}_n$ 次称量结果的算术平均值,则为使 $P\{|\overline{X}_n - a| < 0.1\} \geqslant 0.95$,$n$ 的最小值应不小于自然数 _____.

解 由 $\frac{\overline{X} - a}{\sigma/\sqrt{n}} \sim N(0, 1)$,则 $P\{|\overline{X}_n - a| < 0.1\} \geqslant 0.95$,即 $P\left\{\frac{\overline{X}_n - a}{0.2/\sqrt{n}} < \frac{0.1}{0.2/\sqrt{n}}\right\} \geqslant 0.95$,有 $\frac{0.1}{0.2/\sqrt{n}} > 1.96$,则 $\sqrt{n} > 3.92$,即 $n > 15.3664$. 故所求的自然数是 16.

(三) 参数估计

1. 矩估计问题

题 1 设总体 X 的概率密度为 $f(x; \theta) = \begin{cases} e^{-(x-\theta)}, & x \geqslant \theta \\ 0, & x < \theta \end{cases}$,而 $X_1, X_2, \cdots, X_n$ 是来自总体 X 的简单随机样本,则未知参数 θ 的矩估计量为 _____.

解 由题设及数学期望公式有

$$E(X) = \int_\theta^{+\infty} x e^{-(x-\theta)}\mathrm{d}x = -\int_\theta^{+\infty} x \mathrm{d}e^{-(x-\theta)} = -xe^{-(x-\theta)}\Big|_\theta^{+\infty} + \int_\theta^{+\infty} e^{-(x-\theta)}\mathrm{d}x = \theta + 1$$

而 $\theta + 1 = \overline{X} = \frac{1}{n}\sum_{i=1}^{n} X_i$,故所求 θ 的矩估计量为 $\frac{1}{n}\sum_{i=1}^{n} X_i - 1$.

题 2 设 $X_1, X_2, \cdots, X_m$ 为来自二项分布总体 $B(n, p)$ 的简单随机样本,$\overline{X}$ 和 S^2 分别为样本的均值和方差,若 $\overline{X} + kS^2$ 为 np^2 的无偏估计量,则 $k = $ _____.

解 由题设知 $E(\overline{X}) = np$,$E(S^2) = np(1-p)$,若 $\overline{X} + kS^2$ 为 np^2 的无偏估计量,则

$$E(\overline{X} + kS^2) np^2$$

即

$$E(\overline{X}) + E(kS^2) = np^2$$

于是 $np + knp(1-p) = np^2$,得 $k = -1$.

注 1 前注文已述无论总体 X 服从何种分布,只要样本 $X_1, X_2, \cdots, X_n$ 来自 X,且 $E(X) = \mu$, $D(X) = \sigma^2$,则 $E(\overline{X}) = \mu, D(\overline{X}) = \dfrac{\sigma^2}{n}$. 且 $E(S^2) = \sigma^2$,其中 $S^2 = \dfrac{1}{n-1} \sum\limits_{i=1}^{n} (X_i - \overline{X})$.

注 2 在题设条件下,若设 $T = \overline{X} - S^2$,可求
$$E(T) = E(\overline{X} - S^2) = E(\overline{X}) - E(S^2) = np - [np(1-p)] = np^2$$

2. 区间估计

题 1 设总体 X 的方差为 1,根据来自 X 的容量为 100 的简单随机样本,测得样本均值为 5,则 X 的数学期望的置信度近似等于 0.95 的置信区间为_____.

解 由题设统计量及分布为 $U = \dfrac{\overline{X} - \mu}{\sigma / \sqrt{n}} \sim N(0,1)$. 又显著性水平为 $\alpha = 1 - 0.95 = 0.05$. 从而临界值 λ 满足 $\Phi(\lambda) = 1 - \dfrac{\alpha}{2} = 0.975$. 查表得 $\lambda = 1.96$. 故
$$|U| = \left| \dfrac{\overline{X} - \mu}{\sigma / \sqrt{n}} \right| = \left| \dfrac{5 - \mu}{1 / \sqrt{100}} \right| < 1.96$$

解得 $4.804 < \mu < 5.196$,由此得置信区间为 $(4.804, 5.196)$.

题 2 设由来自正态总体 $X \sim N(\mu, 0.9^2)$ 容量为 9 的简单随机样本得样本均值 $\overline{X} = 5$,则未知参数 μ 的置信度为 0.95 的置信区间是_____.

解 因题设统计量
$$|U| = \left| \dfrac{\overline{X} - \mu}{\sigma / \sqrt{n}} \right| = \left| \dfrac{5 - \mu}{1 / \sqrt{100}} \right| < 1.96$$

又 $Z_{\frac{\alpha}{2}} = 1.96$,有 $-1.96 < \dfrac{5 - \mu}{0.3} < 1.96$,得 $4.412 < \mu < 5.558$. 故所求置信区间为 $(4.412, 5.588)$.

题 3 已知一批零件的长度 X(单位:cm) 服从正态分布 $N(\mu, 1)$,从中随机地抽取 16 个零件,得到长度的平均值为 40 cm,则 μ 的置信度为 0.95 的置信区间是_____.

注 标准正态分布函数值 $\Phi(1.96) = 0.975, \Phi(1.645) = 0.95$.

解 由题设 $1 - \alpha = 0.95$,则有 $\alpha = 0.05$. 查标准正态分布表知 $\mu_{\frac{\alpha}{2}} = 1.96$. 又题设 $n = 16, \overline{X} = 40$,因此据 $P \left\{ \dfrac{|\overline{X} - \mu|}{1 / \sqrt{n}} < 1.96 \right\} = 0.95$,有 $P \left\{ \dfrac{|40 - \mu|}{1 / \sqrt{16}} < 1.96 \right\} = 0.95$,即 $P\{39.51 < \mu < 40.49\} = 0.95$,

故 μ 的置信度为 0.95 的置信区间是 $(39.51, 40.49)$.

专题 2
概率论与数理统计中选择题解法

如填空题一样,选择题是当今各类考试中的重要题型,由于其概念性强,形式灵活,加之陷阱很多,往往使不少应试者感到茫然,不知所措.其实解选择题有许多"绝招"——特殊技巧,这一点在"线性代数解题方法与技巧"中已有介绍.归纳起来大致有以下几种方法:

(1) **直接推理或计算法**;
(2) **排除法**(逐个除去不合题设的选择支);
(3) **特值法**(用特殊值代入题设,因一般结论成立,必有特殊值结论亦成立;反之,特殊值不成立的,一般结论亦不真);
(4) **逆推法**(从结论逆推至题设);
(5) **图解法**(借助图形,帮助分析、思考);
(6) **综合法**(综合以上几种同时使用).

至于何种问题需要选用何种方法,这主要看你对问题的理解以及题目本身的特点而定.多看、常练则是解答此类问题不可少的"法宝",当然还需要概念清楚,定理(公式)使用灵活,计算简便快捷.

还要说明一点,对于单选问题(4 个选择仅有一个正确),当你有足够理由否定了其中 3 个选项后,一般不必再考虑乃至证明余下选项(也是要选的)的正确性,这一点拟题本身已有考虑.

一、随机事件和概率

(一) 随机事件及其概率

1. 随机事件关系及运算

题 1 以 A 表示事件{甲种产品畅销,乙种产品滞销},则其对立事件 $\overline{A}$ 为 ( )

(A){甲种产品滞销,乙种产品畅销}　　(B){甲、乙两种产品均畅销}

(C){甲种产品滞销}　　　　　　　　　(D){甲种产品滞销或乙种产品畅销}

解(直接推理法) 设 A_1 表示{甲产品畅销},A_2 表示{乙产品畅销},则 $A = A_1 \overline{A_2}$.

由摩根定律知 $\overline{A} = \overline{A_1 \overline{A_2}} = \overline{A_1} \cup A_2 = \overline{A_1} \cup A_2$.

故选(D).

题 2 对于任意两事件 A 和 B,与 $A \cup B = B$ 不等价的是 ( )

(A) $A \subset B$　　(B) $\overline{B} \subset \overline{A}$　　(C) $\overline{A}B = \varnothing$　　(D) $A\overline{B} = \varnothing$

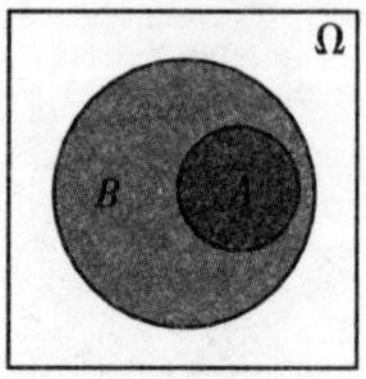

解 1(图解法) 由图容易观察出:选项(A)、(B)、(C)均与条件 $A \cup B = B$ 等价.而当 $A \neq B$ 时,由 $A \cup B = B$ 推导不出选项(D).

题 2 图(a)

换言之，$A \cup B = B$ 与 $\overline{A}B = \varnothing$ 不等价. 故选(D).

解2(特殊值法) 取 $A = \varnothing, B = \Omega$（必然事件），显然选项(A)、(B)、(C)成立，而选项(D)不成立，故选(D).

注 对于事件来讲是如此，但对于事件概率来讲则不然，换言之，若 $P(A \cup B) = P(B)$，不一定有 $A \subset B$.

比如 $A = A_1 \cup A_2$（如图），其中 A_2 是一个点，若 $P(A_2) = 0$（连续型随机变量即如此），$P(A \cup B) = P(B)$，因为 $A_2 \overline{\in} B$，所以 $A \not\subset B$.

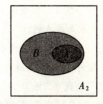

题2图(b)

题3 对于任意两事件 A 和 B ( )
(A)若 $AB \neq \varnothing$，则 A, B 一定独立 (B)若 $AB \neq \varnothing$，则 A, B 有可能独立
(C)若 $AB = \varnothing$，则 A, B 一定独立 (D)若 $AB = \varnothing$，则 A, B 一定不独立

解(排除法) 若 $AB \neq \varnothing$，推不出 $P(AB) = P(A)P(B)$，因此推不出 A, B 一定独立，排除(A)；若 $AB = \varnothing$，有 $P(AB) = 0$，但 $P(A)P(B)$ 是否为零不确定，则(C)、(D)不一定成立. 故选(B).

其实随机事件的关系与运算常常与随机事件的概率有关联，上面例子中已经看到了这一点.

题4 若两事件 A 和 B 同时出现的概率 $P(AB) = 0$，则 ( )
(A)A 和 B 不相容（相斥） (B)AB 是不可能事件
(C)AB 未必是不可能事件 (D)$P(A) = 0$ 或 $P(B) = 0$

解1(特值法) 若事件 $A \cap B$ 恰好是某连续型随机变量 X 在某一点 x_0 处的取值，例如取事件 $A = \{X \leqslant x_0\}, B = \{X \geqslant x_0\}$. 则 $P(AB) = P\{X = x_0\} = 0$，但事件 $AB = \{X = x_0\}$ 非不可能事件. 故选(C).

解2(图解法) 利用文氏图考虑. 从下面诸图可得选项(A)、(B)、(D)不成立.

下面诸图事件 A, B 皆满足 $P(AB) = 0$.

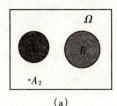

(a)   (b)   (c)

题4图

如图(a)，选项(A)不成立. $A = A_1 \cup A_2, AB$ 不互斥；如图(b)，选项(B)不成立；$A = A_1 \cup A_2, AB = A_2$；如图(c)，选项(D)不成立. $P(A) \neq 0$ 且 $P(B) \neq 0$.

注 事实上，选项(A)、(B)、(D)都是 $P(AB) = 0$ 的充分条件，但不必要.

下面的例子是由事件概率去推断事件关系的例子.

题5 设 A 和 B 是任意两个概率不为零的不相容事件，则下列结论中肯定正确的是
(A)$\overline{A}$ 和 $\overline{B}$ 不相容 (B)$\overline{A}$ 与 $\overline{B}$ 相容
(C)$P(AB) = P(A)P(B)$ (D)$P(A - B) = P(A)$

解(直接推理法) 由题设知 $AB = \varnothing$. 又 $A\overline{B} \cup AB = A$，知
$$P(A - B) = P(A\overline{B}) = P(A) - P(AB) = P(A)$$
故选(D).

题6 假设事件 A 和 B 满足 $P(A|B) = 1$，则 ( )
(A)A 是必然事件 (B)$P(B|\overline{A}) = 0$ (C)$A \subset B$ (D)$P(A) = P(AB)$

解(直接推理法) 由题设 $P(B|A) = 1$，有 $\dfrac{P(AB)}{P(A)} = 1$，即 $P(AB) = P(A)$. 故

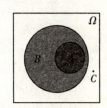

题6图

选(D).

注1 由题设 $P(B|A)=1$,则 $P(A)-P(AB)=0$.从而 $P(\overline{AB})=0$ 换言之,在题设条件下 $P(\overline{AB})=0$ 也是成立的.

注2 在题设条件下,$A\subset B$ 不成立的例子可见题6图(前文已述),事件 A 除了圆内部分还加上圆 B 外一点 C,对连续型概率分布而言,$P(C)=0$.

题7 设 $0<P(A)<1$ 且 $0<P(B)<1$,又 $P(A|B)+P(\overline{A}|\overline{B})=1$,则 ( )

(A)事件 A 和 B 互不相容   (B)事件 A 和 B 互相对立

(C)事件 A 和 B 互不独立   (D)事件 A 和 B 相互独立

解1(特殊值法) 设随机变量 X 在 $[0,1]$ 上服从均匀分布.取 $A=\{\frac{1}{4}\leqslant X\leqslant \frac{3}{4}\}$,$B=\{0\leqslant X\leqslant \frac{1}{2}\}$.

容易验证,其符合题设,此时 $P(A|B)=P(\overline{A}|\overline{B})=\frac{1}{2}$.排除(A)和(B).又因为 $P(AB)=P\{\frac{1}{4}\leqslant X\leqslant \frac{1}{2}\}=\frac{1}{4}$,$P(A)P(B)=\frac{1}{2}\cdot\frac{1}{2}=\frac{1}{4}$,所以 $P(AB)=P(A)P(B)$.故选(D).

解2(直接计算法) 由题设 $P(A|B)+P(\overline{A}|\overline{B})=1$,有

$$P(A|B)=1-P(\overline{A}|\overline{B})=P(A|\overline{B})$$

这样

$$\frac{P(AB)}{P(B)}=\frac{P(A\overline{B})}{P(\overline{B})}=\frac{P(\overline{B}|A)P(A)}{1-P(B)}=\frac{[1-P(B|A)]P(A)}{1-P(B)}=\frac{P(A)-P(AB)}{1-P(B)}$$

由此解得 $P(AB)=P(A)P(B)$.故选(D).

2. 随机事件的概率

下面例子涉及随机事件的概率计算或由事件概率推断其关系.

题1 若 $P(A)=a$,$P(B)=b$,$P(A+B)=c$,则 $P(A\overline{B})$ 为 ( )

(A)$a-b$ (B)$c-b$ (C)$a(1-b)$ (D)$a(1-c)$

解(直接推理法) 由等式

$$P(A\overline{B})=P(A)-P(AB), \quad P(A\bigcup B)=P(A)+P(B)-P(AB)$$

故

$$P(A\overline{B})=P(A\bigcup B)-P(B)=c-b$$

故选(B).

题2 对于任意两事件 A 和 B,有 $P(A-B)=$ ( )

(A)$P(A)-P(B)$ (A)$P(A)-P(B)+P(AB)$

(C)$P(A)-P(AB)$ (D)$P(A)+P(\overline{B})-P(A\overline{B})$

解(直接推理) 由于以下3式成立

$$A=A(B\bigcup\overline{B})=AB\bigcup A\overline{B}, \quad (AB)(A\overline{B})=AABB=\varnothing, \quad A\overline{B}=A-B$$

则

$$P(A)=P(AB)+P(A\overline{B})$$

即

$$P(A-B)=P(A\overline{B})=P(A)-P(AB)$$

故选(C).

题3 设 A,B 为两随机事件,且 $B\subset A$,则下列式子中正确的是 ( )

(A)$P(A\bigcup B)=P(A)$ (B)$P(AB)=P(A)$

(C)$P(B|A)=P(B)$ (D)$P(B-A)=P(B)-P(A)$

解(直接推理法) 因为 $B\subset A$,所以 $B=AB$,且

$$A \cup B = A \cup AB = A(\Omega \cup B) = A\Omega = A$$

于是 $P(A \cup B) = P(A)$. 故选(A).

题4 若 A,B 是两个互斥事件,且 $P(A)>0, P(B)>0$. 则结论正确的是 ( )

(A) $P(B|A) > 0$ (B) $P(A|B) = P(A)$ (C) $P(A|B) = 0$ (D) $P(AB) = P(A)P(B)$

解(直接推理法) 因 A,B 互斥,即 $A \cap B = \varnothing$,故 $P(AB) = 0$.

又 $P(A) > 0$,且 $P(B) > 0$,由 $P(A|B) = \dfrac{P(AB)}{P(B)}$ 知 $P(A|B) \geqslant 0$. 故选(C).

题5 设随机事件 A 与事件 B 互不相容,则 ( )

(A) $P(\overline{AB}) = 0$ (B) $P(AB) = P(A)P(B)$

(C) $P(A) = 1 - P(B)$ (D) $P(\overline{A} \cup \overline{B}) = 1$

解(直接推理法) 由题设知 $P(AB) = 0$,从而 $P(\overline{AB}) = 1$. 即 $P(\overline{AB}) = P(\overline{A} \cup \overline{B}) = 1$. 故选(D).

题6 设 A,B 为随机事件,且 $P(B) > 0$, $P(A|B) = 1$. 则必有 ( )

(A) $P(A \cup B) > P(A)$ (B) $P(A \cup B) > P(B)$

(C) $P(A \cup B) = P(A)$ (D) $P(A \cup B) = P(B)$

解(直接推理法) 由题设及事件概率公式有

$$P(A \cup B) = P(A) + P(B) - P(AB) = P(A) + P(B) - P(A|B)P(B) = P(A) + P(B) - P(B) = P(A)$$

这里 $P(AB) = P(A|B)P(B) = P(B)$ 是利用了题设.

故选(C).

题7 设当事件 A 与 B 同时发生时,事件 C 必发生,则 ( )

(A) $P(C) \leqslant P(A) + P(B) - 1$ (B) $P(C) \geqslant P(A) + P(B) - 1$

(C) $P(C) = P(AB)$ (D) $P(C) = P(A \cup B)$

解1(直接计算法) 由 $C \supset AB$ 和加法公式,得

$$P(C) \geqslant P(AB) = P(A) + P(B) - P(A \cup B) \geqslant P(A) + P(B) - 1$$

故选(B).

解2(特殊值法) 取 $A = B = \varnothing$, $C = \Omega$. 显然 $AB \subset C$. 将其代入四个选项中所得的结果分别是

(A) $1 \leqslant -1$ (B) $1 \geqslant -1$ (C) $1 = 0$ (D) $1 = 0$

显然只有(B)正确. 故选(B).

题8 已知 $0 < P(B) < 1$,且 $P\{(A_1 \cup A_2)|B\} = P(A_1|B) + P(A_2|B)$,则下列选项成立的是 ( )

(A) $P[(A_1 \cup A_2)|\overline{B}] = P(A_1|\overline{B}) + P(A_2|\overline{B})$ (B) $P(A_1B \cup A_2B) = P(A_1B) + P(A_2B)$

(C) $P(A_1 \cup A_2) = P(A_1|B) + P(A_2|B)$ (D) $P(B) = P(A_1)P(B|A_1) + P(A_2)P(B|A_2)$

解(直接推理法) 将题设等式两边乘以 $P(B)$,得

$$P[(A_1 \cup A_2)|B]P(B) = P(A_1|B)P(B) + P(A_2|B)P(B)$$

由乘法公式知,此式恰是选项(B).

题9 设 A,B 是两个随机事件,且 $0 < P(A) < 1$ 及 $P(B) > 0$,同时 $P(B|A) = P(B|\overline{A})$,则必有 ( )

(A) $P(A|B) = P(\overline{A}|B)$ (B) $P(A|B) \neq P(\overline{A}|B)$

(C) $P(AB) = P(A)P(B)$ (D) $P(AB) \neq P(A)P(B)$

解1(直接推理法) 由 $P(B|A) = P(B|\overline{A})$,有 $\dfrac{P(AB)}{P(A)} = \dfrac{P(\overline{A}B)}{P(\overline{A})}$,则

$$\dfrac{P(AB)}{P(A)} = \dfrac{P(\overline{A}|B)P(B)}{1 - P(A)} = \dfrac{[1 - P(A|B)]P(B)}{1 - P(A)} = \dfrac{P(B) - P(AB)}{1 - P(A)}$$

解得 $P(AB) = P(A)P(B)$. 故选(C).

解2(特值法) 今设随机变量 X 在 $[0,1]$ 上服从均匀分布. 取

$$A=\left\{0\leqslant X\leqslant\frac{1}{2}\right\}, \quad B=\left\{\frac{1}{4}\leqslant X\leqslant\frac{3}{4}\right\}$$

则有 $P(B|A)=P(B|\overline{A})=\frac{1}{2}$.

此时 $P(A|B)=P(\overline{A}|B)=\frac{1}{2}$,且 $P(AB)=P(A)P(B)=\frac{1}{2}$,于是可排除选项(B)和(D).

再取 $A=\{0\leqslant X\leqslant\frac{1}{3}\},B=\{\frac{1}{6}\leqslant X\leqslant\frac{2}{3}\}$,则有 $P(B|A)=P(B|\overline{A})=\frac{1}{2}$,此时 $P(A|B)=\frac{1}{3}$,而 $P(\overline{A}|B)=\frac{2}{3}$,可排除选项(A).

故选(C).

题 10 设 A,B 为任意两个事件,且 $A\subset B,P(B)>0$ 则下列选项必然成立的是 ( )

(A) $P(A)<P(A|B)$ (B) $P(A)\leqslant P(A|B)$

(C) $P(A)>P(A|B)$ (D) $P(A)\geqslant P(A|B)$

解1(直接推理法) 因 $A\subset B$,则 $A\cap B=A$,且 $P(AB)=P(A)$.

因而 $P(A|B)=\frac{P(AB)}{P(B)}=\frac{P(A)}{P(B)}\geqslant P(A)$(由 $0<P(B)\leqslant 1$),即 $P(A)\leqslant P(A|B)$.

故选(B).

解2(直接推理法) 由 $A\subset B$ 得 $A=AB$.于是 $P(A)=P(AB)=P(B)P(A|B)\leqslant P(A|B)$.

故选(B).

题 11 设 A,B,C 是 3 个相互独立的随机事件,且 $0<P(C)<1$.则在下列给定的 4 对事件中不相互独立的是 ( )

(A) $\overline{A\cup B}$ 与 C (B) $\overline{AC}$ 与 $\overline{C}$ (C) $\overline{A-B}$ 与 $\overline{C}$ (D) $\overline{AB}$ 与 $\overline{C}$

解(排除法) 由事件 A,B,C 相互独立可知,事件 A 与 B 的和、差、积(或其逆)与事件 C 或 $\overline{C}$ 也相互独立.因此选项(A)、(C)和(D)被排除.故选(B).

注 关于上述其余 3 选项中事件独立性可证明如:

选项(A): $P(\overline{A\cup B}C)=P(\overline{AB}C)=P(\overline{A})P(\overline{B})P(C)=P(\overline{AB})P(C)=P(\overline{A\cup B})P(C)$,表明 $\overline{A\cup B}$ 与 C 相互独立.

选项(C): $P\{(A-B)C\}=P(A\overline{B}C)=P(A)P(\overline{B})P(C)=P(A\overline{B})P(C)=P(A-B)P(C)$,表明 $A-B$ 与 C 相互独立,因此 $\overline{A-B}$ 与 $\overline{C}$ 相互独立.

选项(D)类似地可证 $\overline{AB}$ 与 $\overline{C}$ 相互独立.

此外,严格地讲题设还应加条件 $AC\neq\varnothing$,否则 $\overline{AC}=\Omega$,则 $\overline{AC}$ 与 $\overline{C}$ 也相互独立.

题 12 设 A,B,C 3 个事件两两独立,则 A,B,C 相互独立的充分必要条件是 ( )

(A) A 与 BC 独立   (B) AB 与 $A\cup C$ 独立

(C) AB 与 AC 独立   (D) $A\cup B$ 与 $A\cup C$ 独立

解(直接推理法) 由题设 A,B,C 3 个事件两两独立,则 $P(ABC)=P(A)P(B)P(C)$.又由 $P(BC)=P(B)P(C)$ 得知

$$P(ABC)=P(A)P(B)P(C)\Longleftrightarrow P(ABC)=P(A)P(BC)$$

故选(A).

注 由题设 A,B,C 两两独立,能肯定成立的结论只有选项(A).

3. 简单的应用问题

题 1 某人向同一目标独立重复射击,每次射击击中目标的概率为 $p(0<p<1)$.则此人第 4 次射击时恰好第 2 次击中目标的概率为 ( )

(A)$3p(1-p)^2$　　　　(B)$6p(1-p)^2$　　　　(C)$3p^2(1-p)$　　　　(D)$6p^2(1-p)$

解（直接计算法）　此人 3 次射击击中目标的概率为 $C_3^1 p(1-p)^2$，则第 4 次射击恰好第 2 次击中目标的概率为 $p C_3^1 p(1-p)^2 = C_3^1 p^2(1-p) = 3p^2(1-p)$.

故选(C).

注　在题设条件下，首次击中目标为第 3 次射击的概率（由贝叶斯公式）为
$$\frac{(1-p)^2 p^2}{3 p^2 (1-p)^2} = \frac{1}{3}$$

题 2　将一枚均匀硬币独立地掷两次，今引进事件：$A_1 = \{$掷第一次出现正面$\}$，$A_2 = \{$掷第二次出现正面$\}$，$A_3 = \{$正、反面各出现一次$\}$，$A_4 = \{$正面出现两次$\}$，则事件　　　　　　（　　）

(A)A_1, A_2, A_3 相互独立　　　　　　(B)A_2, A_3, A_4 相互独立
(C)A_1, A_2, A_3 两两独立　　　　　　(D)A_2, A_3, A_4 两两独立

解（直接计算法）　由题设有 $P(A_1) = \frac{1}{2}, P(A_2) = \frac{1}{2}, P(A_3) = \frac{1}{2}, P(A_4) = \frac{1}{4}$. 且 $P(A_1 A_2) = \frac{1}{4}$，$P(A_1 A_3) = \frac{1}{4}, P(A_2 A_3) = \frac{1}{4}, P(A_2 A_4) = \frac{1}{4}$ 及 $P(A_1 A_2 A_3) = P(\emptyset) = 0$，这样可有

$$P(A_1 A_2) = P(A_1) P(A_2), \quad P(A_1 A_3) = P(A_1) P(A_3), \quad P(A_2 A_3) = P(A_2) P(A_3)$$

及

$$P(A_1 A_2 A_3) \neq P(A_1) P(A_2) P(A_3), \quad P(A_2 A_4) \neq P(A_2) P(A_4)$$

故 A_1, A_2, A_3 两两独立但不相互独立；A_2, A_3, A_4 不两两独立，更不相互独立. 故选(C).

下面也是一则应用题，它涉及电炉温控器的温控问题.

题 3　在电炉上安装了 4 个温控器，其显示温度的误差是随机的. 在使用过程中，只要有两个温控器显示的温度不低于临界温度 t_0，电炉就断电，以 E 表示事件"电炉断电"，而 $T_{(1)} \leqslant T_{(2)} \leqslant T_{(3)} \leqslant T_{(4)}$ 为 4 个温控器显示的按递增顺序排列的温度值，则事件 $E =$　　　　　　（　　）

(A)$\{T_{(1)} \geqslant t_0\}$　　(B)$\{T_{(2)} \geqslant t_0\}$　　(C)$\{T_{(3)} \geqslant t_0\}$　　(D)$\{T_{(4)} \geqslant t_0\}$

解（直接推理法）　当事件 $\{T_{(3)} \geqslant t_0\}$ 和 $\{T_{(4)} \geqslant t_0\}$ 发生时事件 E 发生.
又因为事件 $\{T_{(3)} \geqslant t_0\}$ 发生时事件 $\{T_{(4)} \geqslant t_0\}$ 必发生，故选(C).

二、随机变量及其分布

(一) 随机变量的分布函数问题

1. 一元的情形

题 1　设随机变量 X 的密度函数为 $\varphi(x)$，且 $\varphi(-x) = \varphi(x)$，$F(x)$ 是 X 的分布函数，则对任意实数 a，有　　　　　　（　　）

(A)$F(-a) = 1 - \int_0^a \varphi(x) \mathrm{d}x$　　　　(B)$F(-a) = \frac{1}{2} - \int_0^a \varphi(x) \mathrm{d}x$
(C)$F(-a) = F(a)$　　　　　　　　　　(D)$F(-a) = 2F(a) - 1$

解 1（特值法）　令 $a = 0$，则选项(A)和(D)均为 $F(0) = 1$，而真值 $F(0) = \frac{1}{2}$. 因此排除了(A)和(D).
再令 $a = +\infty$，则选项(C)成为 $F(-\infty) = F(+\infty)$，这显然不真. 因此可排除(C).
故选(B).

解 2（直接计算法）　由 $\varphi(-x) = \varphi(x)$ 知 $\varphi(x)$ 为偶函数，则

$$\int_{-\infty}^0 \varphi(x) \mathrm{d}x = \int_0^{-\infty} \varphi(x) \mathrm{d}x = \frac{1}{2}$$

且

$$\int_0^{-a}\varphi(x)\mathrm{d}x \xrightarrow{x=-t} -\int_0^a \varphi(-t)\mathrm{d}t = -\int_0^a \varphi(t)\mathrm{d}t = -\int_0^a \varphi(x)\mathrm{d}x$$

于是
$$F(-a) = \int_{-\infty}^{-a}\varphi(x)\mathrm{d}x = \int_{-\infty}^{0}\varphi(x)\mathrm{d}x + \int_0^{-a}\varphi(x)\mathrm{d}x = \frac{1}{2} - \int_0^a \varphi(x)\mathrm{d}x$$

故选(B).

2. 多元的情形

题1 设 $F_1(x)$ 与 $F_2(x)$ 分别为随机变量 X_1 和 X_2 的分布函数,为使 $F(x)=aF_1(x)-bF_2(x)$ 是某一随机变量的分布函数,在下列给出的各组数值中应取 ( )

(A)$a=\dfrac{3}{5}, b=-\dfrac{2}{5}$ (B)$a=\dfrac{2}{3}, b=-\dfrac{2}{3}$ (C)$a=-\dfrac{1}{2}, b=\dfrac{3}{2}$ (D)$a=\dfrac{1}{2}, b=-\dfrac{3}{2}$

解(直接计算法) 由设 $F_1(x)$ 与 $F_2(x)$ 均为分布函数,则 $F_1(+\infty)=F_2(+\infty)=1$.

因为 $F(x)$ 为某一随机变量的分布函数,则有 $F(+\infty)=a-b=1$.

经验算知(A)正确. 故选(A).

题2 设 X_1 和 X_2 是任意两个相互独立的连续型随机变量,它们的概率密度分别为 $f_1(x)$ 和 $f_2(x)$,分布函数分别为 $F_1(x)$ 和 $F_2(x)$,则 ( )

(A)$f_1(x)+f_2(x)$ 必为某一随机变量的概率密度

(B)$F_1(x)F_2(x)$ 必为某一随机变量的分布函数

(C)$F_1(x)+F_2(x)$ 必为某一随机变量的分布函数

(D)$f_1(x)f_2(x)$ 必为某一随机变量的概率密度

解(特值法) 今设 $X_i \sim U(0,2)(i=1,2)$,即服从 $(0,2)$ 上的均匀分布,且相互独立,则其概率密度及分布函数分别为

$$f_i(x)=\begin{cases}\dfrac{1}{2}, & 0\leqslant x\leqslant 2 \\ 0, & \text{其他}\end{cases}, \quad F_i(x)=\begin{cases}0, & x<0 \\ x, & 0\leqslant x<2 \\ 1, & x\geqslant 2\end{cases} \quad (i=1,2)$$

容易验证选项(A)、(C)、(D)均不真,只有(B)正确. 故选(B).

注 顺便指出:选项(B)的正确性可证如:由 X_1, X_2 的独立性有
$$F_1(x)F_2(x) = P\{X_1\leqslant x\}P\{X_2\leqslant x\} = P\{X_1\leqslant x, X_2\leqslant x\}$$

注意到取 $X=\max(X_1,X_2)$,并由于 $P\{X_1\leqslant x, X_2\leqslant x\}=P\{\max(X_1,X_2)\leqslant x\}$,可知 $F_1(x)F_2(x)$ 必为随机变量 X 的分布函数,即 $F_X(x)=P\{X\leqslant x\}$.

题3 设二维随机变量 (X,Y) 的概率分布如下表:

P	X	0	1
Y			
0		0.4	a
1		b	0.1

已知随机事件 $\{X=0\}$ 与 $\{X+Y=1\}$ 相互独立,则

(A)$a=0.2, b=0.3$ (B)$a=0.4, b=0.1$
(C)$a=0.3, b=0.2$ (D)$a=0.1, b=0.4$

解(直接计算法) 由题设知 $a+b=0.5$,又事件 $\{X=0\}$ 与 $\{X+Y=1\}$ 相互独立,于是有
$$P\{X=0, X+Y=1\} = P\{X=0\}P\{X+Y=1\}$$

即 $a=(0.4+a)(a+b)$,又 $a+b=0.5$,可解得 $a=0.4, b=0.1$. 故应选(B).

题4 设随机变量是 X 与 Y 相互独立,且 $X\sim N(0,1)$,即服从标准正态分布,Y 的概率分布为

$P\{Y=0\}=P\{Y=1\}=\frac{1}{2}$. 设 $F_Z(z)$ 为随机变量 $Z=XY$ 的分布函数,则 $F_Z(z)$ 的间断点个数为 ( )

(A)0   (B)1   (C)2   (D)3

解(直接推理法) 先来考虑 $F_Z(z)$ 的表达式,由题设有

$$F_Z(z)=P\{Z<z\}=P\{XY<z\}=P\{XY<z|Y=0\}$$

$$P\{Y=0\}+P\{XY<z|Y=1\}P\{Y=1\}=\frac{1}{2}P\{XY<z|Y=0\}+\frac{1}{2}P\{XY<z|Y=1\}$$

考虑到 X 与 Y 的独立性,可有 $P(A|B)=P(A)$,则

$$F_Z(z)=\frac{1}{2}P\{0<z\}+\frac{1}{2}P\{X<z\}$$

当 $z\leqslant 0$ 时,$F_Z(z)=\frac{1}{2}P\{X<z\}=\frac{1}{2}\Phi_Z(z)$;

当 $z>0$ 时,$F_Z(z)=\frac{1}{2}+\frac{1}{2}P\{X<z\}=\frac{1}{2}+\frac{1}{2}\Phi_Z(z)$.

于是 $\lim\limits_{z\to 0^-}F_Z(z)=\frac{1}{4}$,又 $\lim\limits_{z\to 0^+}F_Z(z)=\frac{3}{4}$,故 $z=0$ 为 $F_Z(z)$ 的唯一间断点. 或由 $\Phi_Z(0)\neq 0$,直接看出 $F_Z(z)$ 在 $x=0$ 间断. 故选(B).

题 5 假设随机变量 X 服从指数分布,则随机变量 $Y=\min\{X,2\}$ 的分布函数 ( )

(A)是连续函数   (B)至少有两个间断点   (C)是阶梯函数   (D)恰好有一个间断点

解1(直接计算法) 如图,由题设 $f_X(x)=\begin{cases}\lambda e^{-\lambda x}, & x>0\\ 0, & x\geqslant 0\end{cases}$ $(\lambda>0)$. $Y=\min\{X,2\}=\begin{cases}Y=X, & X<2\\ Y=2, & X\geqslant 2\end{cases}$

① 当 $0\leqslant y<2$ 时,$F_Y(y)=P\{Y<y\}=P\{\min(X,2)<y\}=$
$P\{x<y\}=\int_0^y \lambda e^{-\lambda x}dx=e^{-\lambda x}\big|_0^y=1-e^{-\lambda y}$;

② 当 $y<0$ 时,$F_Y(y)=P(X<y)=P(x<y)=0$;

③ 当 $y\geqslant 2$ 时,$F_Y(y)=P\{Y<y\}=P\{\min\{X,2\}<y\}=P\{2<y\}=P(\Omega)=1.$

故选(D).

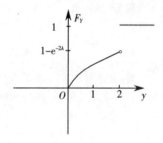

题 5 图

解2(用排除法) 由题设知,当 $Y<2$ 时,Y 是与 X 同为指数分布,排除(C).

当 $Y=2$ 时(注意 $Y=\min\{X,2\}\leqslant 2$,即 Y 的取值不可能大于 2),Y 转化为离散随机变量,故 Y 的分布函数有一个间断点,因此只有(D)正确.

注 关于解 1 还可解释如下(与解 1 过程无大异):

设 X 的分布函数为 $F(x)$,Y 的分布函数为 $G(y)$. 则

$$F(x)=\begin{cases}1-e^{-\lambda x}, & 0<x<2\\ 0, & x\leqslant 0\end{cases}$$

$$G(y)=P\{Y\leqslant y\}=P\{\min(X,2)\leqslant y\}$$

(1)当 $y<2$ 时,有 $X<2$,因此 $Y=\min\{X,2\}=X$,表明 Y 与 X 具有相同的分布,即服从参数为 λ 的指数分布,其分布函数为

$$G(y)=\begin{cases}1-e^{-\lambda x}, & 0<y<2\\ 0, & y\leqslant 0\end{cases}$$

(2)当 $y\geqslant 2$ 且 $X\geqslant 2$ 时,$Y=\min\{X,2\}=2$;当 $y\geqslant 2$ 且 $X<2$ 时,有 $Y=\min(X,2)=X<2\leqslant y$. 两种情况下都有 $G(y)=P\{Y\leqslant y\}=P\{2\leqslant y\}=1$.

综上,$Y=\min\{X,2\}$ 的分布函数为

$$G(y)=\begin{cases}0, & y\leqslant 0\\ 1-e^{-\lambda x}, & 0<y<2\\ 1, & y\geqslant 2\end{cases}$$

故 $G(y)$ 仅在 $x=2$ 处有一个间断点. 应选(D).

简言之,无妨设 X 服从参数为 λ 的指数分布,其分布函数

$$G(x)=\begin{cases}1-e^{-\lambda x}, & x\geqslant 0\\ 0, & x<0\end{cases}$$

其在 $(-\infty,+\infty)$ 上连续. 又记 $F(y)$ 为 Y 的分布函数,则

$$F(y)=P\{Y\leqslant y\}=P\{\min(X,z)\leqslant y\}$$

当 $y<2$ 时,$P\{\min(X,2)\leqslant y\}=P\{X\leqslant y\}=G(y)$;当 $y\geqslant 2$ 时,$P\{\min(X,2)\leqslant y\}=P\{\Omega\}=1$. 故

$$F(y)=\begin{cases}G(y), & y<2\\ 1, & y\geqslant 2\end{cases}$$

又 $\lim_{y\to 2^-}F(y)=\lim_{y\to 2^-}(1-e^{-\lambda y})=1-e^{-2\lambda}\neq 1=F(2)$,知 $F(y)$ 在 $y=2$ 处有一间断点.

题 6 设随机变量是 X,Y 独立同分布,又 X 的分布函数为 $F(X)$,且 $Z=\max\{X,Y\}$ 的分布函数为 ( )

(A)$F^2(z)$ (B)$F(x)F(y)$ (C)$1-[1-F(x)]^2$ (D)$[1-F(x)][1-F(x)]$

解(直接推理法) 由题设及分布函数定义有

$$P\{Z<z\}=P\{\max(X,Y)<z\}=P\{X<z,Y<z\}=P\{X<z\}P\{Y<z\}=F^2(z)$$

故选(A).

题 7 若随机变量 (X,Y) 服从二维正态分布,且 X 与 Y 不相关,又 $f_X(x)$,$f_Y(y)$ 分别为 X,Y 的概率密度,则在 $Y=y$ 条件下,X 的概率密度 $f_{X|Y}(x|y)$ 为 ( )

(A)$f_X(x)$ (B)$f_Y(y)$ (C)$f_X(x)f_Y(y)$ (D)$\dfrac{f_X(x)}{f_Y(y)}$

解(直接推理法) 由题设 (X,Y) 服从二维正态分布,且不相关,故知它们相互独立.

从而 $f_{X|Y}(x|y)=f_X(x)$. 故选(A).

注 对普通随机变量 X,Y 而言,若 $D(X),D(Y)$ 大于 0,则它们相互独立必不相关;反之不一定成立.

(二)随机变量的概率问题

题 1 设随机变量 $X_i \sim \begin{pmatrix} -1 & 0 & 1 \\ \frac{1}{4} & \frac{1}{2} & \frac{1}{4} \end{pmatrix}$ $(i=1,2)$,并且满足 $P\{X_1 X_2=0\}=1$,那么 $P\{X_1=X_2\}$ 等于 ( )

(A)0 (B)$\dfrac{1}{4}$ (C)$\dfrac{1}{2}$ (D)1

解 1(直接计算法) 因 $P\{X_1 X_2=0\}=1$,有 $P\{X_1 X_2\neq 0\}=0$. 因此 X_1 和 X_2 的联合分布律为:

X_1 \ X_2	-1	0	1	Σ
-1	0	p_{12}	0	$\frac{1}{4}$
0	p_{21}	p_{22}	p_{23}	$\frac{1}{2}$
1	0	p_{32}	0	$\frac{1}{4}$
Σ	$\frac{1}{4}$	$\frac{1}{2}$	$\frac{1}{4}$	1

由上表有 $p_{21}=\frac{1}{4}, p_{12}=\frac{1}{4}, p_{23}=\frac{1}{4}, p_{21}+p_{22}+p_{23}=\frac{1}{2}$,得 $p_{22}=0$.

可知 $P\{X_1=X_2\}=p_{11}+p_{22}+p_{33}=0$. 故选(A).

解2(直接计算法) 由 $P\{X_1X_2=0\}=1$ 知 $P\{X_1X_2\neq 0\}=0$. 下面分 4 种情况考虑
$$P\{X_1=-1,X_2=-1\}=0, \quad P\{X_1=1,X_2=-1\}=0$$
$$P\{X_1=-1,X_2=1\}=0, \quad P\{X_1=1,X_2=1\}=0$$

于是,余下的 5 种情况的概率可利用边缘分布律及其性质求出,见下表:

X_1 \ X_2	-1	0	1	$\sum$
-1	0	$\frac{1}{4}$	0	$\frac{1}{4}$
0	$\frac{1}{4}$	0	$\frac{1}{4}$	$\frac{1}{2}$
1	0	$\frac{1}{4}$	0	$\frac{1}{4}$
$\sum$	$\frac{1}{4}$	$\frac{1}{2}$	$\frac{1}{4}$	1

由上表知 $X_1=X_2$ 有 3 种情况,每种情况的概率均为 0. 因此 $P\{X_1=X_2\}=0$. 故选(A).

题 2 设随机变量 X 和 Y 相互独立,其概率分布见下表:

m	-1	1
$P\{X=m\}$	$\frac{1}{2}$	$\frac{1}{2}$

m	-1	1
$P\{Y=m\}$	$\frac{1}{2}$	$\frac{1}{2}$

则下列式子正确的是 ( )

(A) $X=Y$ (B) $P\{X=Y\}=0$ (C) $P\{X=Y\}=\frac{1}{2}$ (D) $P\{X=Y\}=1$

解1(排除法) 因为 X 和 Y 可以取不同的值,所以排除(A)和(D). 又因为 X 和 Y 也可以取相同的值,所以排除(B). 故选(C). 事实上
$$P\{X=Y\}=P\{X=-1,Y=-1\}+P\{X=1,Y=1\}=$$
$$P\{X=-1\}P\{Y=-1\}+P\{X=1\}P\{Y=1\}=\frac{1}{2}$$

解2(直接计算法) 由设 X 和 Y 互相独立,有 X,Y 的联合分布见下表:

X \ Y	-1	1
-1	$\frac{1}{4}$	$\frac{1}{4}$
1	$\frac{1}{4}$	$\frac{1}{4}$

则 $P\{X=Y\}=P\{X=-1,Y=-1\}+P\{X=1,Y=1\}=\frac{1}{4}+\frac{1}{4}=\frac{1}{2}$. 故选(C).

题 3 设随机变量 X 与 Y 相互独立且同分布
$$P\{X=-1\}=P\{Y=-1\}=\frac{1}{2}, \quad P\{X=1\}=P\{Y=1\}=\frac{1}{2}$$

则下列各式中成立的是 ( )

(A) $P\{X=Y\}=\frac{1}{2}$ (B) $P\{X=Y\}=1$ (C) $P\{X+Y=0\}=\frac{1}{4}$ (D) $P\{XY=1\}=\frac{1}{4}$

解(直接计算法) 由设有 X,Y 的概率分布为

x	-1	1
$P\{X=x\}$	$\dfrac{1}{2}$	$\dfrac{1}{2}$

y	-1	1
$P\{Y=y\}$	$\dfrac{1}{2}$	$\dfrac{1}{2}$

又 X 与 Y 相互独立有 X,Y 的联合分布见下表：

X \ Y	-1	1
-1	$\dfrac{1}{4}$	$\dfrac{1}{4}$
1	$\dfrac{1}{4}$	$\dfrac{1}{4}$

$$P\{X=Y\}=P\{(X=-1,Y=-1)\cup(X=1,Y=1)\}=$$
$$P\{X=-1,Y=-1\}+P\{X=1,Y=1\}=\frac{1}{4}+\frac{1}{4}=\frac{1}{2}$$

故选（A）.

题 4 设随机变量 Z 的分布函数为

$$F(x)=\begin{cases}0, & x<0\\ \dfrac{1}{2}, & 0\leqslant x<1\\ 1-e^{-x}, & x\geqslant 1\end{cases}$$

则 $P\{Z=1\}=$ （ ）

(A) 0   (B) $\dfrac{1}{2}$ (C) $\dfrac{1}{2}-e^{-1}$ (D) $1-e^{-1}$

解（直接计算法） 因分布函数 $F(x)$ 在 $x=1$ 处不连续，故考虑

$$P\{Z=1\}=F(1)-F(1-0)=1-e^{-1}-\frac{1}{2}=\frac{1}{2}-e^{-1}$$

故选（C）.

三、随机变量的数字特征

（一）随机变量的数字特征

题 1 设两个相互独立的随机变量 X 和 Y 的方差分别为 4 和 2，则随机变量 $3X-2Y$ 的方差是 （ ）

(A) 8   (B) 16   (C) 28   (D) 44

解（直接推理法） 由题设 $D(X)=4,D(Y)=2$. 又 X,Y 相互独立，结合方差性质则有

$$D(3X-2Y)=3^2D(X)+(-2)^2D(Y)=9\cdot4+4\cdot2=44$$

故选（D）.

题 2 设 X 是一随机变量，且 $E(X)=\mu,D(X)=\sigma^2(\mu,\sigma>0$ 常数），则对任意常数 c，必有

(A) $E(X-c)^2=E(X^2)-c^2$ (B) $E(X-c)^2=E(X-\mu)^2$
(C) $E(X-c)^2\leqslant E(X-\mu)^2$ (D) $E(X-c)^2\geqslant E(X-\mu)^2$

解 1（直接推理法） 由题设条件及方差的性质可知（D）成立.

解 2（直接推理法） 由 $E(X-c)^2=E(X^2-2cX+c^2)=E(X^2)-2\mu c+c^2$ 可知，对于任意常数 c，选项（A）不真. 余下比较 $E(X-c)^2$ 与 $E(X-\mu)^2$ 的大小. 注意题设有

$$E(X-c)^2-E(X-\mu)^2=E(X^2)-2\mu c+c^2-[E(X^2)-\mu^2]=\mu^2-2\mu c+c^2=(\mu-c)^2\geqslant 0$$

故选(D).

(二)随机变量的独立与相关

题1 设二维随机变量(X,Y)服从二维正态分布,则随机变量$\xi=X+Y$与$\eta=X-Y$不相关的充分必要条件为 ( )

(A)$E(X)=E(Y)$ (B)$E(X^2)-[E(X)]^2=E(Y^2)-[E(Y)]^2$
(C)$E(X^2)=E(Y^2)$ (D)$E(X^2)+[E(X)]^2=E(Y^2)+[E(Y)]^2$

解(直接推理法) 根据:ξ和η不相关$\Leftrightarrow \mathrm{Cov}(\xi,\eta)=0$,有
$$0=\mathrm{Cov}(\xi,\eta)=\mathrm{Cov}(X+Y,X-Y)=\mathrm{Cov}(X,X)-\mathrm{Cov}(Y,Y)$$
于是$D(X)=D(Y)$,即$E(X^2)-[E(X)]^2=E(Y^2)-[E(Y)]^2$.故选(B).

题2 对于任意两个随变量X和Y,若$E(XY)=E(X)E(Y)$,则 ( )

(A)$D(XY)=D(X)D(Y)$ (B)$D(X+Y)=D(X)+D(Y)$
(C)X和Y独立 (D)X和Y不独立

解(直接推理法) 由随机变量数学期望和方差性质有
$$D(X+Y)=D(X)+D(Y)+2[E(XY)-E(X)E(Y)]=D(X)+D(Y)$$
故选(B).

题3 设随机变量X和Y都服从正态分布,且它们不相关,则 ( )

(A)X与Y一定独立 (B)(X,Y)服从二维正态分布
(C)X与Y未必独立 (D)$X+Y$服从一维正态分布

解(排除法) 当(X,Y)服从二维正态分布时:X与Y不相关$\Leftrightarrow X$与Y独立. 但题设仅知X和Y服从正态分布,且由它们不相关推不出它们一定独立,排除(A); 若X和Y都服从正态分布且相互独立,则(X,Y)服从二维正态分布,但题设无X,Y独立的条件,可排除(B); 同样要求当X与Y相互独立时,才能推出$X+Y$服从一维正态分布,可排除(D).故选(C).

题4 设随机变量X和Y独立同分布,记$U=X-Y,V=X+Y$,则随机变量U与V必然 ( )

(A)不独立 (B)独立 (C)相关系数不为零 (D)相关系数为零

解(排除法) 因为随机变量独立可推出它们相关系数为零,但反之不真.即随机变量不相关可以独立,也可以不独立.故可排除选项(B).

又当X与Y均为正态随机变量时,U与V也无论为正态随机变量,这时由于它们不相关,可推知U与V独立,故也排除了(A).注意到由
$$\mathrm{Cov}(U,V)=E(UV)-E(U)E(V)=E(X^2-Y^2)-E(X-Y)E(X+Y)=$$
$$E(X^2)-E(Y^2)-[E(X)]^2+[E(Y)]^2=D(X)-D(Y)=0$$
知U,V相关系数为零.故选(D).

题5 设随机变量X和Y的方差存在且不为0,则$D(X+Y)=D(X)+D(Y)$是X和Y ( )

(A)不相关的充分条件,但不是必要条件 (B)独立的必要条件,但不充分条件
(C)不相关的充分必要条件 (D)独立的充分必要条件

解1(直接推理法) X,Y不相关的5个等价条件为:
(1)$\rho(X,Y)=0$; (2)$\mathrm{Cov}(X,Y)=0$;
(3)$E(XY)=E(X)E(Y)$; (4)$D(X+Y)=D(X)+D(Y)$;
(5)$D(X-Y)=D(X)+D(Y)$;
故选(C).

解2(直接推理法) 因为

$$D(X+Y)=D(X)+D(Y)-2\text{Cov}(X,Y)=D(X)+D(Y)+2\rho_{XY}\sqrt{D(X)D(Y)}$$

这里 ρ_{XY} 是 X,Y 的相关系数. 从而

$$D(X+Y)=D(X)+D(Y) \Longleftrightarrow \text{Cov}(X,Y)=0 \Longleftrightarrow \rho_{XY}=0 \Longleftrightarrow X \text{ 和 } Y \text{ 不相关}$$

故选(C).

题6 设随机变量 $X_1,X_2,\cdots,X_n(n>1)$ 独立同分布,且其方差 $\sigma^2>0$. 令 $Y=\dfrac{1}{n}\sum\limits_{i=1}^{n}X_i$,则 ( )

(A) $\text{Cov}(X_1,Y)=\dfrac{\sigma^2}{n}$ (B) $\text{Cov}(X_1,Y)=\sigma^2$

(C) $D(X_1+Y)=(n+2)\dfrac{\sigma^2}{n}$ (D) $D(X_1-Y)=(n+1)\dfrac{\sigma^2}{n}$

解(直接计算法) 由 $\text{Cov}(X_1,Y)=\text{Cov}\left(X_1,\dfrac{1}{n}\sum\limits_{i=1}^{n}X_i\right)=\dfrac{1}{n}\text{Cov}(X_1,X_1)+\dfrac{1}{n}\sum\limits_{i=1}^{n}\text{Cov}(X_i,X_1)$,

由题设 $X_1,X_2,\cdots,X_n$ 相互独立,故

$$\text{Cov}(X_i,X_1)=0, \quad i=2,3,\cdots,n$$

因而 $\text{Cov}(X_1,Y)=\dfrac{1}{n}\text{Cov}(X_1,X_1)=\dfrac{1}{n}D(X_1)=\dfrac{\sigma^2}{n}$. 故选(A).

注 随机变量 $X_1 \pm Y$ 的方差亦可算得

$$D(X_1 \pm Y)=D\left(X_1 \pm \dfrac{1}{n}\sum\limits_{i=1}^{n}X_i\right)=D\left(\dfrac{n \pm 1}{n}X_1 \pm \dfrac{1}{n}\sum\limits_{i=1}^{n}X_i\right)=\dfrac{(n \pm 1)^2}{n^2}\sigma^2 \pm \dfrac{n-1}{n^2}\sigma^2$$

则

$$D(X_1+Y)=\dfrac{(n+3)\sigma^2}{n}, \quad D(X_1-Y)=(n-1)\dfrac{\sigma^2}{n}$$

(三)二项分布中的问题

题1 已知随机变量 X 服从二项分布,且 $E(X)=2.4, D(X)=1.44$,则二项分布的参数 n,p 的值为 ( )

(A) $n=4, p=0.6$ (B) $n=6, p=0.4$ (C) $n=8, p=0.3$ (D) $n=24, p=0.1$

解(直接计算法) 据题设及二项分布性质知 $E(X)=np, D(X)=np(1-p)$,再由题设可有

$$np=2.4, \quad np(1-p)=1.44$$

解得 $n=6, p=0.4$. 故选(B).

题2 将一枚硬币重复掷 n 次,以 X 和 Y 分别表示正面向上和反面向上的次数,则 X 和 Y 的相关系数等于 ( )

(A) -1 (B) 0 (C) $\dfrac{1}{2}$ (D) 1

解1(直接计算法) 根据定理:相关系数

$$\rho_{XY}=\begin{cases}-1, & a<0 \\ 1, & a>0\end{cases} \Longleftrightarrow P\{Y=aX+b\}=1$$

再由题设 $Y=n-X$ 知 $\rho_{XY}=1$. 故选(A).

解2(直接推理法) 由题设知 $X \sim \mathscr{B}(n,p), Y \sim \mathscr{B}(n,q), p+q=1$,且 $Y=n-X$. 则有

$$E(X)=np, \quad E(Y)=nq, \quad D(X)=npq, \quad D(Y)=npq$$

$$\text{Cov}(X,Y)=E(XY)-E(X)E(Y)=E[X(n-X)]-(np)(nq)=E(nX)-E(X^2)-n^2pq=$$
$$n^2p-\{D(X)+[E(X)]^2\}-n^2pq=n^2p-npq-n^2p^2-n^2pq=$$
$$n^2p(1-q)-npq-n^2p^2=-npq$$

知 $\rho_{XY}=\dfrac{\text{Cov}(X,Y)}{\sqrt{D(X)}\sqrt{D(Y)}}=\dfrac{-npq}{npq}=-1$.

故选(A).

(四)正态分布问题

题1 随机变量 X 与 Y 均服从正态分布,且 $X \sim N(\mu, 4^2)$, $Y \sim N(\mu, 5^2)$;又 $p_1 = P\{X \leqslant \mu - 4\}$, $p_2 = P\{X \leqslant \mu + 5\}$,则下列结论正确的是 ( )

(A)对任何实数 μ,都有 $p_1 = p_2$ (B)对任何实数 μ,都有 $p_1 < p_2$
(C)只对 μ 的个别值,才有 $p_1 = p_2$ (D)对任何实数 μ,都有 $p_1 > p_2$

解(直接计算法) 设 $\Phi(x)$ 表示标准正态分布 $N(0,1)$ 的分布函数,则有

$$p_1 = P\left\{\frac{X-\mu}{4} \leqslant -1\right\} = \Phi(-1)$$

$$p_2 = P\left\{\frac{Y-\mu}{5} \geqslant 1\right\} = 1 - P\left\{\frac{Y-\mu}{5} < 1\right\} = 1 - \Phi(1)$$

由 $\Phi(-1) = 1 - \Phi(1)$,则 $p_1 = p_2$. 故选(A).

下面是一则涉及概率的正态分布数学期望和方差问题.

题2 设随机变量 X 服从正态分布 $N(\mu_1, \sigma_1^2)$,且 Y 服从正态分布 $N(\mu_2, \sigma_2^2)$,又 $P\{|X-\mu_1|<1\} > P\{|Y-\mu_2|<1\}$,则必有 ( )

(A)$\sigma_1 < \sigma_2$ (B)$\sigma_1 > \sigma_2$ (C)$\mu_1 < \mu_2$ (D)$\mu_1 > \mu_2$

解(直接计算法) 记 $Z_1 = \frac{X-\mu_1}{\sigma_1}$, $Z_2 = \frac{X-\mu_2}{\sigma_2}$,则 $Z_1 \sim N(0,1)$,且 $Z_2 \sim N(0,1)$. 这样

$$P\{|X-\mu_1|<1\} = P\left\{|Z_1|<\frac{1}{\sigma_1}\right\}$$

$$P\{|X-\mu_2|<1\} = P\left\{|Z_2|<\frac{1}{\sigma_2}\right\}$$

这样由题设知 $\frac{1}{\sigma_1} > \frac{1}{\sigma_2}$ 即 $\sigma_1 < \sigma_2$. 故选(A).

题3 若随机变量 X 的分布函数为 $F(X) = 0.3\Phi(x) + 0.7\Phi\left(\frac{x-1}{2}\right)$,其中 $\Phi(x)$ 为标准正态分布的分布函数,则 $E(x) =$ ( )

(A)0 (B)0.3 (C)0.7 (D)1

解(直接计算法) 由题设可知 X 的密度函数为

$f(x) = 0.3\varphi(x) + 0.35\varphi\left(\frac{x-1}{2}\right)$,其中 $\varphi(x)$ 为标准正态分布的密度函数. 则

$$E(x) = 0.3\int_{-\infty}^{+\infty} x\varphi(x)dx + 0.35\int_{-\infty}^{+\infty} x\varphi\left(\frac{x-1}{2}\right)dx = 0 + 0.7\int_{-\infty}^{+\infty}\left(\frac{x-1}{2} + \frac{1}{2}\right)\varphi\left(\frac{x-1}{2}\right)dx =$$

$$0.7\int_{-\infty}^{+\infty}\varphi\left(\frac{x-1}{2}\right)d\left(\frac{x-1}{2}\right) = 0.7$$

注意到 $\int_{-\infty}^{+\infty}\varphi(x)dx = 1$, $\int_{-\infty}^{+\infty} x\varphi(x)dx = 0$. 故选(C).

题4 设随机变量 X 服从正态分布 $N(\mu, \sigma^2)$,则随 σ 的增大,概率 $P\{|X-\mu|<\sigma\}$ ( )

(A)单调增大 (B)单调减少 (C)保持不变 (D)增减不定

解(直接计算法) 注意到下面的式子

$$P\{|X-\mu|<\sigma\} = P\{-\sigma < X-\mu < \sigma\} = P\left\{-1 < \frac{X-\mu}{\sigma} < 1\right\} = \Phi(1) - \Phi(-1)$$

其中,$\Phi(x)$ 表示 $N(0,1)$ 的分布函数,可知 $P\{|X-\mu|<\sigma\}$ 的值与 σ 无关.

故选(C).

题5 设两个相互独立的随机变量 X 和 Y 分别服从正态分布 $N(0,1)$ 和 $N(1,1)$,则下列结论正确

的是 ( )

(A) $P\{X+Y\leqslant 0\}=\dfrac{1}{2}$ (B) $P\{X+Y\leqslant 1\}=\dfrac{1}{2}$

(C) $P\{X-Y\leqslant 0\}=\dfrac{1}{2}$ (D) $P\{X-Y\leqslant 1\}=\dfrac{1}{2}$

解(直接计算法) 由题设知 $X\sim N(0,1), Y\sim N(1,1)$,且 X 与 Y 互相独立,有

$$Z_1=X+Y\sim N(1,2),\quad Z_2=X-Y\sim N(-1,2)$$

又若 $Z\sim N(\mu,\sigma^2)$,则必有 $P\{Z\leqslant\mu\}=\dfrac{1}{2}$,即 $P\{Z=X+Y\leqslant 1\}=\dfrac{1}{2}$. 故选(B).

下面的命题与上例无异,解法稍有区别.

题 6 设随机变量 $X\sim N(0,1)$,且 $Y\sim N(1,4)$,且 X,Y 的相关系数 $\rho_{XY}=1$,则 ( )

(A) $P\{Y=-2X-1\}=1$ (B) $P\{Y=2X-1\}=1$

(C) $P\{Y=-2X+1\}=1$ (D) $P\{Y=2X+1\}=1$

解(直接计算法) 由题设及随机变量相关系数公式知

$$\rho_{XY}=\dfrac{E(X)E(Y)-E(XY)}{\sqrt{D(X)D(Y)}}=1$$

X,Y 正相关,可排除(A)、(C)选项. 再将(B)、(D)代入上式可知(D)真.

此外还可由题设 $Y\sim N(1,4)$,知 $\dfrac{Y-1}{2}\sim N(0,1)$ 即知 $P\left\{X=\dfrac{Y-1}{2}\right\}=P\{Y=2X+1\}=1$.

故选(D).

题 7 设 $f_1(x)$ 是标准正态分布的概率密度函数,$f_2(x)$ 是 $[-1,3]$ 上的均匀分布的概率密度,且

$$f(x)=\begin{cases} af_1(x), & x\leqslant 0 \\ bf_2(x), & x>0 \end{cases} \quad (a>0,b>0)$$

为概率密度,则 a,b 应满足 ( )

(A) $2a+3b=4$ (B) $3a+2b=4$ (C) $a+b=1$ (D) $a+b=2$

解(直接计算法) 由设及 $\int_{-\infty}^{+\infty}f(x)\mathrm{d}x=1$ 可有

$$1=\int_{-\infty}^{+\infty}f(x)\mathrm{d}x=\int_{-\infty}^{0}af_1(x)\mathrm{d}x+\int_{0}^{+\infty}bf(x)\mathrm{d}x=\dfrac{1}{2}a+b\int_{0}^{3}f_2(x)\mathrm{d}x=\dfrac{1}{2}a+\dfrac{3}{4}b$$

知 $2a+3b=4$,故选(A).

四、大数定律和中心极限定理

题 1 设随机变量 $X_1,X_2,\cdots,X_n$ 相互独立,$S_n=X_1+X_2+\cdots+X_n$,则根据列维-林德伯格中心极限定理,当 n 充分大时,S_n 近似服从正态分布,只要 $X_1,X_2,\cdots,X_n$ ( )

(A) 有相同的数学期望   (B) 有相同的方差

(C) 服从同一指数分布   (D) 服从同一离散型分布

解(排除法) 由列维-林德伯格中心极限定理成立的条件之一是,$X_1,X_2,\cdots,X_n$ 具有相同的、有限的数学期望和非零方差,而选项(A)、(B)和(D)都未能全面指出这些条件,皆应否定. 故选(C).

题 2 设 $X_1,X_2,\cdots,X_n,\cdots$ 为独立同分布的随机变量序列,且均服从参数为 $\lambda(\lambda>1)$ 的指数分布,记 $\Phi(x)$ 为标准正态分布函数,则 ( )

(A) $\lim\limits_{x\to\infty}P\left\{\dfrac{\sum_{i=1}^{n}X_i-n\lambda}{\lambda\sqrt{n}}\leqslant x\right\}=\Phi(x)$ (B) $\lim\limits_{x\to\infty}P\left\{\dfrac{\sum_{i=1}^{n}X_i-n\lambda}{\sqrt{n\lambda}}\leqslant x\right\}=\Phi(x)$

(C) $\lim\limits_{x\to\infty}P\left\{\dfrac{\lambda\sum\limits_{i=1}^{n}X_i-n}{\sqrt{n}}\leqslant x\right\}=\Phi(x)$ (D) $\lim\limits_{x\to\infty}P\left\{\dfrac{\sum\limits_{i=1}^{n}X_i-\lambda}{\lambda\sqrt{n}}\leqslant x\right\}=\Phi(x)$

解（直接计算法） 由题设 $P(X_i)=\dfrac{1}{\lambda}$，$D(X_i)=\dfrac{1}{\lambda^2}$，其中 $i=1,2,\cdots,n$，于是

$$E\left(\sum_{i=1}^{n}X_i\right)=\dfrac{n}{\lambda},\quad D\left(\sum_{i=1}^{n}X_i\right)=\dfrac{n}{\lambda^2}$$

根据中心极限定理，知

$$\dfrac{\sum\limits_{i=1}^{n}X_i-\dfrac{n}{\lambda}}{\sqrt{\dfrac{n}{\lambda^2}}}=\dfrac{\lambda\sum\limits_{i=1}^{n}X_i-n}{\sqrt{n}}$$

其极限分布服从标准正态分布，故选(C).

五、数理统计

（一）统计量的数字特征

题 1 设 n 个随机变量 $X_1,X_2,\cdots,X_n$ 独立同分布，且

$$D(X_1)=\sigma^2,\quad \overline{X}=\dfrac{1}{n}\sum_{i=1}^{n}X_i,\quad S^2=\dfrac{1}{n-1}\sum_{i=1}^{n}(X_i-\overline{X})^2$$

则 (　　)

(A) S 是 σ 的无偏估计量　　　　　　(B) S 是 σ 的最大似然估计量

(C) S 是 σ 的相合估计量（即一致估计量）　(D) S 是 $\overline{X}$ 相互独立

解（直接计算法） 考虑选项(C)：设 X 表示总体，由切比雪夫大数定律有，任给 $\varepsilon>0$，有

$$\lim_{n\to\infty}P\left\{\left|\dfrac{1}{n}\sum_{i=1}^{n}X_i-E(X)\right|<\varepsilon\right\}=1 \qquad (*)$$

换句话说，$\overline{X}=\dfrac{1}{n}\sum\limits_{i=1}^{n}X_i$ 依概率收敛于 $E(X)$，说明 $\overline{X}$ 是 $E(X)$ 的一致估计量.

在式（*）中，分别用 X_i^2 和 X^2 替换 X_i 和 X，有：任意给 $\varepsilon>0$，有

$$\lim_{n\to\infty}P\left\{\left|\dfrac{1}{n}\sum_{i=1}^{n}X_i^2-E(X^2)\right|<\varepsilon\right\}=1$$

即 $\dfrac{1}{n}\sum\limits_{i=1}^{n}X_i^2$ 依概率收敛于 $E(X^2)$. 因此二阶中心矩

$$M^2=\dfrac{1}{n}\sum_{i=1}^{n}(X_i-\overline{X})^2=\dfrac{1}{n}\sum_{i=1}^{n}X_i^2-\overline{X}^2$$

依概率收敛到 $E(X^2)-[E(X)]^2=\sigma^2$.

故 $S^2=\dfrac{n}{n-1}M^2$ 依概率收敛到 σ^2. 显然，S 依概率收敛到 σ，故 S 是 σ 的一致估计量. 故选(C).

注 顺便一提，选项(A)、(B)和(D)不成立的理由如下：

由于 $E(S^2)=\sigma^2$，表明 S^2 是 σ^2 的无偏估计. 但一般 $E(S)\neq\sigma$. 因此选项(A)不真.

由于二阶中心矩 $M^2=\dfrac{1}{n}\sum\limits_{i=1}^{n}(X_i-\overline{X})^2$ 是 σ^2 的最大似然估计，因此 $S^2=\dfrac{n}{n-1}M^2$ 不是 σ^2 的最大似然估计，从而 S 也不可能是 σ 的最大似然估计. 故选项(B)不真.

当总体 X 为正态分布时，可以证明 S 与 $\overline{X}$ 相互独立，但对于任意总体，论断不正确. 故选项(D)不真.

题 2 设随机变量 $X_1,X_2,\cdots,X_n(n>1)$ 独立同分布，且其方差为 $\sigma^2>0$，令 $Y=\dfrac{1}{n}\sum\limits_{i=1}^{n}X_i$，则 (　　)

(A) $\mathrm{Cov}(X_1,Y)=\dfrac{\sigma^2}{n}$ \hspace{2em} (B) $\mathrm{Cov}(X_1,Y)=\sigma^2$

(C) $D(X_1+Y)=\dfrac{n+2}{n}\sigma^2$ \hspace{2em} (D) $D(X_1-Y)=\dfrac{n+1}{n}\sigma^2$

解（直接计算法） 由题设 X_i 相互独立 $(i=1,2,\cdots,n)$ 有 $\mathrm{Cov}(X_1,X_i)=0(i=2,3,\cdots,n)$. 则

$$\mathrm{Cov}(X_1,Y)=\mathrm{Cov}\left(X_1,\frac{1}{n}\sum_{i=1}^n X_i\right)=\frac{1}{n}\mathrm{Cov}(X_1,X_1)+\frac{1}{n}\sum_{i=2}^n\mathrm{Cov}(X_1,X_i)=\frac{1}{n}D(X_1)=\frac{\sigma^2}{n}$$

故选(A).

注 注意到

$$D(X_1+Y)=D\left(\frac{1+n}{n}X_1+\frac{1}{n}\sum_{i=2}^n X_i\right)=\frac{(1+n)^2}{n^2}\sigma^2+\frac{n-1}{n^2}\sigma^2=\frac{n+3}{n}\sigma^2$$

同理 $D(X_1-Y)=\dfrac{n-2}{n}\sigma^2$，知选项(C)、(D)不真.

（二）统计量的分布

题1 设 $X_1,X_2,\cdots,X_n$ 是来自正态总体 $N(\mu,\sigma^2)$ 的简单随机样本，$\overline{X}$ 是样本均值，记

$$S_1^2=\frac{1}{n-1}\sum_{i=1}^n(X_i-\overline{X})^2, \quad S_2^2=\frac{1}{n-1}\sum_{i=1}^n(X_i-\overline{X})^2$$

$$S_3^2=\frac{1}{n-1}\sum_{i=1}^n(X_i-\mu)^2, \quad S_4^2=\frac{1}{n}\sum_{i=1}^n(X_i-\mu)^2$$

则服从自由度为 $n-1$ 的 t 分布的随机变量是 \hspace{4em} ( )

(A) $t=\dfrac{\overline{X}-\mu}{S_1/\sqrt{n-1}}$ \hspace{1em} (B) $t=\dfrac{\overline{X}-\mu}{S_2/\sqrt{n-1}}$ \hspace{1em} (C) $t=\dfrac{\overline{X}-\mu}{S_3/\sqrt{n}}$ \hspace{1em} (D) $t=\dfrac{\overline{X}-\mu}{S_4/\sqrt{n}}$

解（直接计算法） 由题设知 $\xi=\dfrac{\overline{X}-\mu}{\sigma/\sqrt{n}}\sim N(0,1)$，$\eta=\dfrac{(n-1)S_1^2}{\sigma^2}\sim\chi^2(n-1)$，则 $\dfrac{\xi}{\sqrt{\eta/(n-1)}}\sim t(n-1)$. 将 ξ 和 η 表达式代入，得 $\dfrac{\overline{X}-\mu}{S_1/\sqrt{n}}\sim t(n-1)$.

注意到 $\dfrac{S_1}{\sqrt{n}}=\dfrac{S_2}{\sqrt{n-1}}$，得 $\dfrac{\overline{X}-\mu}{S_2/\sqrt{n-1}}\sim t(n-1)$. 故选(B).

题2 设随机变量 $X\sim t(n)(n>1)$，$Y=\dfrac{1}{X^2}$，则 \hspace{4em} ( )

(A) $Y\sim\chi^2(n)$ \hspace{1em} (B) $Y\sim\chi^2(n-1)$ \hspace{1em} (C) $Y\sim F(n,1)$ \hspace{1em} (D) $Y\sim F(1,n)$

解（直接计算法） 由题设知 $X=\dfrac{U}{\sqrt{V/n}}$，其中 $U\sim N(0,1)$，$V\sim\chi^2(n)$，于是

$$Y=\frac{1}{X^2}=1\Big/\left(\frac{U}{\sqrt{V/n}}\right)^2=\frac{V/n}{U^2}=\frac{V/n}{U^2/1}$$

这里 $U^2\sim\chi^2(1)$，根据 F 分布的定义知 $Y=\dfrac{1}{X^2}\sim F(n,1)$. 故选(C).

题3 设随机变量 X 和 Y 都服从标准正态分布，则 \hspace{4em} ( )

(A) $X+Y$ 服从正态分布 \hspace{2em} (B) X^2+Y^2 服从 χ^2 分布

(C) X^2 和 Y^2 都服从 χ^2 分布 \hspace{2em} (D) X^2/Y^2 服从 F 分布

解（排除法） 注意到 X 和 Y 之间无相互独立的假设，则选项(A)、(B)、(D)都不真. 故选(C).

题4 设 $X_1,X_2,\cdots,X_n(n\geqslant 2)$ 为来自正态总体 $N(0,1)$ 的简单随机样本，$\overline{X}$ 为样本均值，S^2 为样本方差，则

(A)$n\overline{X}\sim N(0,1)$ (B)$nS^2\sim\chi^2(n)$ (C)$\dfrac{(n-1)\overline{X}}{S}\sim t(n-1)$ (D)$\dfrac{(n-1)X_1^2}{\sum\limits_{i=2}^{n}X_i^2}\sim F(1,n-1)$

解（排除法） 由正态总体抽样分布的性质知 $\dfrac{\overline{X}-0}{1/\sqrt{n}}=\sqrt{n}\,\overline{X}\sim N(0,1)$，可排除选项(A)；又 $\dfrac{\overline{X}-0}{S/\sqrt{n}}=\dfrac{\sqrt{n}\,\overline{X}}{S}\sim t(n-1)$，可排除选项(C)；而 $\dfrac{(n-1)S^2}{1^2}=(n-1)S^2\sim\chi^2(n-1)$，但由此不能断定选项(B)正确；因为 $X_1^2\sim\chi^2(1)$，又 $\sum\limits_{i=2}^{n}X_i^2\sim\chi^2(n-1)$，且 $X_1^2\sim\chi^2(1)$ 与 $\chi^2(n-1)$ 相互独立，于是

$$\dfrac{X_1^2/1}{\sum\limits_{i=2}^{n}X_i^2\Big/(n-1)}=\dfrac{(n-1)X_1^2}{\sum\limits_{i=2}^{n}X_i^2}\sim F(1,n-1)$$

故选(D)。

题5 设随机变量 X 服从标准正态分布 $N(0,1)$，对给定的 $\alpha(0<\alpha<1)$ 数 u_α 满足 $P\{X>u_\alpha\}=\alpha$，若 $P\{|X|<x\}=\alpha$，则 $x=$ ( )

(A)$u_{\frac{\alpha}{2}}$ (B)$u_{1-\frac{\alpha}{2}}$ (C)$u_{\frac{1-\alpha}{2}}$ (D)$u_{1-\alpha}$

解（直接计算法） 由标准正态分布概率密度对称性知 $P(X<-u_\alpha)=\alpha$，则

$$1-\alpha=1-P\{|X|<x\}=P\{|X|\geq x\}=P\{X\geq x\}+P\{X\leq -x\}=2P\{X\geq x\}$$

即 $P\{X\geq x\}=\dfrac{1-\alpha}{2}$，依定义有 $x=u_{\frac{1-\alpha}{2}}$。故选(C)。

（三）区间估计

题1 有一批零件的长度服从正态分布 $N(\mu,\sigma^2)$，其中 μ,σ 未知。现从中随机抽取 16 个零件，测得样本均值 $\overline{x}=20\text{ cm}$，样本标准差 $S=1\text{ cm}$，则 μ 的置信度为 0.90 的置信区间是 ( )

(A)$(20-t_{0.05}(16)/4,20+t_{0.05}(16)/4)$ (B)$(20-t_{0.1}(16)/4,20+t_{0.1}(16)/4)$
(C)$(20-t_{0.05}(15)/4,20+t_{0.05}(15)/4)$ (D)$(20-t_{0.1}(15)/4,20+t_{0.1}(15)/4)$

解（直接计算法） 考虑用正态总体 $N(\mu,\sigma^2)$ 在 σ 未知时参数 μ 的置信区间公式。当置信度为 $1-\alpha$ 时置信区间是

$$(\overline{x}-St_{\frac{\alpha}{2}}(n-1)/\sqrt{n},\overline{x}+St_{\frac{\alpha}{2}}(n-1)/\sqrt{n})$$

其中 $t_{\frac{\alpha}{2}}(n-1)$ 是自由度 $n-1$ 的 t 分布的上 $\dfrac{\alpha}{2}$ 分位数。

故 μ 的置信度 $0.90=1-0.10$ 的置信区间为 $(20-t_{0.05}(15)/4,20+t_{0.05}(15)/4)$。故选(C)。

注 当 σ 已知时，μ 的置信度为 $1-\alpha$ 的置信区间为

$$(\overline{x}-\sigma z_{\frac{\alpha}{2}}/\sqrt{n},\overline{x}+\sigma z_{\frac{\alpha}{2}}/\sqrt{n})$$

其中，$z_{\frac{\alpha}{2}}$ 是标准正态分布 $N(0,1)$ 的上 $\dfrac{\alpha}{2}$ 分位数。

专题 3

概率论与数理统计中的反例

教育学家曾说过:"例子比定理更重要."作为推翻命题的反例(只需一个)就更加重要了.反例不仅可以纠正人们对数学概念理解的错觉与偏颇,还能开动人们的脑筋去思索、去寻觅,这对全面深入地理解数学命题和概念无疑是有益和重要的,在概率论与数理统计中,这一点尤显突出.

一个反例的发现,并非轻而易举之事,它往往会花费一个人乃至一批人长时间大量的工作,然而这种例子一旦发现,概念或命题或被否定、或被修正,从而使它们更加完善、更加纯真而无瑕疵.

不过这里的所谓反例,比通常意义上的反例概念稍宽,对于一些不能成立的结论的例子也算在了其中.

一、事件及其概率

(一)事件及运算

1. 从 $A-B=C$,不一定能推出 $A=B\cup C$

解 当 $A-B=C$ 时,有 $A\subset B\cup C$. 反例如:令
$$A=\{1,2,3,4,5\}, \quad B=\{1,3,5,7\}$$
则 $C=A-B=\{2,4\}$. 但 $B\cup C=\{1,2,3,4,5,7\}$,知 $A\subset B\cup C$,但 $A\neq B\cup C$. 仅当 $B\subset A$ 时,有 $A=B\cup C$.

2. 从 $A=B\cup C$,不一定能推出 $A-B=C$

解 当 $A=B\cup C$ 时,不一定有 $A-B=C$. 仅当 $B\subset A,C\subset A$ 且 $B\cap C\neq\varnothing$ 时,才有 $A-B=C$. 反例如:令
$$A=\{1,2,3,4,5,6\}, \quad B=\{1,2,3\}, \quad C=\{2,4,5,6\}$$
则 $B\cup C=\{1,2,3,4,5,6\}=A$. 但 $A-B=\{4,5,6\}$,知 $A-B\neq C$.

3. 对事件 A,B,C 来讲,$AB(C\cup B)=ABC$ 不一定成立

解 对事件 A,B,C 来讲,当 $AB\subset C$ 时,有 $ABC=AB(C\cup B)$. 一般不真. 反例可见:令
$$A=\{1,2,6,7\}, \quad B=\{2,3,4,7\}, \quad C=\{4,5,6,7\}$$
则 $ABC=\{7\}$,$AB=\{2,7\}$,$C\cup B=\{2,3,4,5,6,7\}$. 从而 $AB(C\cup B)=\{2,7\}\neq ABC$.

4. 对事件 A,B,C 来讲,$A\cup(B-C)=(A\cup B)-C$ 不一定成立

解 若 $AC=\varnothing$,则 $A\cup(B-C)=(A\cup B)-C$,但一般情形不真. 反例可见:令
$$A=\{1,2,6,7\}, \quad B=\{2,3,4,7\}, \quad C=\{4,5,6,7\}$$
则 $(A\cup B)-C=\{1,2,3\}$,$A\cup(B-C)=\{1,2,3,5,6,7\}$,它们不等.

5. 事件 $(A-B)+B=A-(B-B)=A$ 不真

解 从文氏图(图1)可以看出这一点

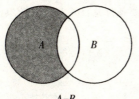

图1

显然差事件运算不适合结律.

（二）事件的概率

1. 若事件 A,B 满足 $A \subset B$,则 $P(A) \leqslant P(B)$,但反之不一定真

解 设 $P(A)=0.3, P(B)=0.35, P(A \cup B)=0.35$.此时 $A \subset B$ 不真.

事实上,由
$$P(A \cup B) = P(A) + P(B) - P(AB)$$

及前设知 $P(AB)=0.3$,于是
$$P(A-BA) = P(A) - P(BA) = 0$$

但这并不意味着 $A-B \cap A = \varnothing$.

注 设 $P(A)=0.30, P(A \cup B)=0.35, P(B)=0.05$,亦有 $P(AB)=0$.

此亦不一定有 $A \cap B = \varnothing$,故得不出 A, B 互斥.换言之,若 $P(AB)=0$,不一定有 A, B 互斥.

2. 概率为 0 的事件并非不可能事件,概率为 1 的事件并非必然事件

解 如设 $\Omega = \{(x,y) | 0 \leqslant x, y \leqslant 1\}, A = \{x=y | 0 \leqslant x, y \leqslant 1\}$.显然 $P(A)=0$,但 A 可能发生.又连续型随机变量在个别点取值的概率为 0,但其并非不可能发生.

再如:甲、乙两人轮流投一骰子,规定先掷出 6 点者为胜.

令 $A_k = \{$第 k 次掷时首次出现 6 点$\}$,其中 $k=1,2,\cdots$,易知
$$P(A_k) = \frac{1}{6}\left(\frac{5}{6}\right)^{k-1}, \quad k=1,2,3,\cdots$$

再令 $A = \{$有一方取胜$\}, B = \{$和局$\}$.

显然 A 不是必然事件,B 不是不可能事件,但
$$P(A) = P\left(\bigcup_{k=1}^{\infty} A_k\right) = \sum_{k=1}^{\infty} P(A_k) = \sum_{k=1}^{\infty} \frac{1}{6}\left(\frac{5}{6}\right)^{k-1} = 1$$

但
$$P(B) = 1 - P(A) = 0$$

3. 贝特朗悖论

在概率的发展史上,不少数学家曾对几何概率的客观性与合理性表示过怀疑,其中最有代表性的是法国数学家贝特朗.他在 1887 年出版的《概率论教程》一书中,构造了一系列几何概型的例子,下面介绍其中最典型的一个例子,这个例子后来被称为贝特朗悖论.

贝特朗悖论 在半径为 R 的圆内任作一弦 AB,问其长度超过内接等边三角形边长的概率等于多少.

贝特朗给出了 3 种不同解法,得到了 3 个不同的答案.

解 1 因为弦长 $\overline{AB}$ 只跟它与圆心的距离有关,并且弦长 $\overline{AB}$ 大于圆内接等边三角形边长 $\sqrt{3}R$ 的充要条件是:弦 $\overline{AB}$ 的中点 C 落在 EF 上见图 2(a),所以所求的概率为
$$p = \frac{\overline{EF}}{\text{直径} \overline{GH} \text{之长}} = \frac{R}{2R} = \frac{1}{2}$$

解 2 任何弦 AB 都交圆周两点,考虑到对称性,先固定其中一点 A 于圆周上,以此点为顶点作一

等边三角形 ADE. 显然, $\overline{AB} > \sqrt{3}R$ (内接等边三角形边长)的充要条件是：$B \in \overset{\frown}{DE}$, 见图 2(b), 所以要求的概率为

$$p = \frac{\overset{\frown}{DE} \text{之长度}}{\text{圆周长度}} = \frac{1}{3}$$

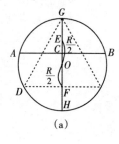
(a)
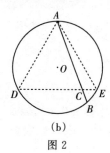
(b)
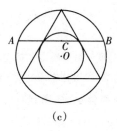
(c)

图 2

解 3 弦 AB 的长度被它的中点 C 的位置唯一确定, 并且 $\overline{AB} > \sqrt{3}R$ (内接等边三角形边长)的充要条件是：弦的中点 $C \in$ 半径为 $\frac{R}{2}$ 的同心圆, 见图 2(c), 所以要求的概率为

$$p = \frac{\pi\left(\frac{R}{2}\right)^2}{\pi R^2} = \frac{1}{4}$$

同一个问题有 3 种不同答案, 其原因是对问题中的"任作一弦"没有给出确切的定义所致.

(三) 事件的独立性、相容性

1. 事件 A, B 相互独立, 且 B, C 相互独立, 但 A, C 不一定相互独立

解 取 $B = \Omega$, 且 A, C 互不独立. 显然 A, B 和 B, C 分别相互独立.

2. 事件 A, B 独立相互, 且 $C \subset A, D \subset B$, 则事件 C, D 不一定相互独立

解 取 $A = \Omega$, 再取 B, C 互不独立. 且令 $D = B$, 显然 A, B 相互独立, 且 $C \subset A, D \subset B$, 但 C 与 $D = B$ 不相互独立.

3. 事件两两独立, 但不一定整体独立

解 例如：4 张卡片上分别记有 112, 121, 222, 211.

定义 ξ_i 为所取卡片上第 i 位数字($i = 1, 2, 3$)的事件. 由等可能性

$$P\{\xi_i = 1\} = \frac{1}{2}, \quad i = 1, 2, 3$$

$$P\{(\xi_i = 1) \cap (\xi_j = 1)\} = \frac{1}{4}, \quad i \neq j; i, j = 1, 2, 3$$

故知 ξ_i 与 ξ_j 两两独立. 但

$$P\{(\xi_1 = 1) \cap (\xi_2 = 1) \cap (\xi_3 = 1)\} = 0, \quad P\{\xi_1 = 1\}P\{\xi_2 = 1\}P\{\xi_3 = 1\} = \frac{1}{8} \neq 0$$

故 ξ_1, ξ_2, ξ_3 不相互独立.

4. 若 $P(ABC) = P(A)P(B)P(C)$, 但 A, B, C 不一定两两独立

解 见例：设正八面体, 其中第 1, 2, 3, 4 面染红色；第 1, 2, 3, 5 面染蓝色；第 1, 6, 7, 8 面染黄色. 现以 A, B, C 分别表示投一次正八面体底面出现红、蓝、黄色的事件, 则

$$P(A) = P(B) = P(C) = \frac{1}{2}, \quad P(ABC) = \frac{1}{8} = P(A)P(B)P(C)$$

但 $P(AB) = \frac{3}{8}, P(A)P(B) = \frac{1}{4}$, 知 $P(AB) \neq P(A)P(B)$, 即知 A, B, C 不两两独立.

5. 若 A,B 为两独立事件,且 $P(A)>0, P(B)>0$,则 $A \cap B \neq \varnothing$ 成立

事实上,由 A,B 的独立性知 $P(AB)=P(A)P(B)$, $P(A)>0$, $P(B)>0$, 则 $P(AB)>0$. 但若 $P(A)>0, P(B)=0$(或 $P(A)=0, P(B)>0$), 此时在题设条件下 $A \cap B \neq \varnothing$ 可能成立.

6. 若事件 A,B 相互独立,且 B,C 相互独立,则 A,C 不一定相互独立

解 见例:将一颗均匀的骰子连投两次,且令事件
$A=\{$第1次出现1点$\}$, $B=\{$第2次出现奇数点$\}$, $C=\{$第1次出现3点$\}$, 则

$$P(A)=\frac{1}{6}, \quad P(B)=\frac{1}{2}, \quad P(C)=\frac{1}{6}, \quad P(AB)=\frac{1}{12}, \quad P(BC)=\frac{1}{12}, \quad P(AC)=0$$

故 $P(AB)=P(A)P(B)$, $P(BC)=P(B)P(C)$. 但 $P(AC) \neq P(A)P(C)$.

即事件 A,B 相互独立, B,C 相互独立,但 A,C 不相互独立.

二、随机变量的分布

1. 单调不减的函数不一定是分布函数

解 见例:若 $F(x)$ 为

$$F(x)=\begin{cases} -1, & x \leqslant -\frac{\pi}{2} \\ \sin x, & -\frac{\pi}{2} < x \leqslant \frac{\pi}{2} \\ 1, & x > \frac{\pi}{2} \end{cases}$$

显然 $F(x)$ 单调不减且连续,但 $F(-\infty)=-1 \neq 0$,故其不是分布函数.

2. 若随机变量 ξ, η 满足 $P\{\xi \neq \eta\}=0$,称 ξ, η 几乎相等. 几乎相等的随机变量有相同的分布,但反之不一定成立

解 设 $\xi \sim N(0,1)$,且令 $\eta=-\xi$, $\eta \sim N(0,1)$. 但 $P\{\xi \neq \eta\}=P\{\xi \neq -\xi\}=1$.

3. 连续型随机变量的函数不一定是连续型随机变量

解 见例:设 $\xi \sim N(0,1)$,它是连续型随机变量,又设 $\eta=\operatorname{sgn} \xi$,则 η 可能取值为 $-1, 0, 1$,

$$\eta=\operatorname{sgn} \xi=\begin{cases} -1, & \xi<0 \\ 0, & \xi=0 \\ 1, & \xi>0 \end{cases}$$

它是离散型随机变量.

4. 分布函数并非或离散或连续

解 见例:若分布函数的 $F(x)$

$$F(x)=\begin{cases} 0, & x \leqslant 0 \\ \frac{1}{2}(1+x), & 0 < x \leqslant 1 \\ 1, & x>1 \end{cases}$$

$F(x)$ 是一个分布函数,但 $F(x)$ 的值(分布)不集中在一可列集或有穷集上,也非连续函数.

5. 边缘分布与联合分布并非一定同类型

解 见例:(1)设随机变量 (ξ, η) 的联合密度函数为

$$f(x,y)=\begin{cases} \frac{1}{4}[1+xy(x^2+y^2)], & |x| \leqslant 1, |y| \leqslant 1 \\ 0, & \text{其他} \end{cases}$$

则 ξ, η 的边缘密度函数

$$f_\xi(x) = \frac{1}{2}, \quad |x| \leqslant 1$$

$$f_\eta(y) = \frac{1}{2}, \quad |y| \leqslant 1$$

显然它们与其联合分布不属同一类型.

或(2)若(ξ,η)服从圆$S = \{(x,y) \mid x^2 + y^2 \leqslant R^2\}$上的均匀分布,其联合密度函数

$$f(x,y) = \begin{cases} \dfrac{1}{\pi R^2}, & (x,y) \in S \\ 0, & \text{其他} \end{cases}$$

而ξ,η的密度函数分别为

$$f_\xi(x) = \begin{cases} \dfrac{2\sqrt{R^2 - x^2}}{\pi R^2}, & |x| \leqslant R \\ 0, & \text{其他} \end{cases}$$

$$f_\eta(y) = \begin{cases} \dfrac{2\sqrt{R^2 - y^2}}{\pi R^2}, & |y| \leqslant R \\ 0, & \text{其他} \end{cases}$$

它们均非均匀分布.

注 若(ξ,η)服从$D = \{(x,y) \mid a \leqslant x \leqslant b, c \leqslant y \leqslant d\}$上的均匀分布,则$\xi,\eta$的密度函数为

$$f_\xi(x) = \begin{cases} \dfrac{1}{b-a}, & a \leqslant x \leqslant b \\ 0, & \text{其他} \end{cases}$$

$$f_\eta(y) = \begin{cases} \dfrac{1}{d-c}, & c \leqslant y \leqslant d \\ 0, & \text{其他} \end{cases}$$

知ξ服从$[a,b]$上的均匀分布,η服从$[c,d]$上的均匀分布.

6. 由随机变量(ξ,η)的联合分布$f(x,y)$可以求得它们的边缘分布,但反之不一定可行

解 请看反例:若3球放入3盒中,这时样本空间有$3^3 = 27$个点.令ξ表示放3球时被装进的盒子数,η_i表示第i个盒中球的个数$(i=1,2,3)$.且每个样本点皆赋值$p = \dfrac{1}{27}$. 考虑(ξ,η)的联合分布可由下表给出:

		η_i				ξ的分布
		0	1	2	3	
	1	$2p$	0	0	p	$3p = \dfrac{1}{9}$
ξ	2	$6p$	$6p$	$6p$	0	$18p = \dfrac{2}{3}$
	3	0	$6p$	0	0	$6p = \dfrac{2}{9}$
η_i的分布		$8p$	$12p$	$6p$	p	

显然因ξ,η不相互独立而无法求出其联合分布.

7. 边缘分布相同不一定是同一二维分布

解 见例:若函数

$$f(x,y) = \begin{cases} x + y, & 0 \leqslant x, y \leqslant 1 \\ 0, & \text{其他} \end{cases}$$

$$g(x,y) = \begin{cases} \left(\dfrac{1}{2}+x\right)\left(\dfrac{1}{2}+y\right), & 0 \leqslant x, y \leqslant 1 \\ 0, & \text{其他} \end{cases}$$

由 $\left(\dfrac{1}{2}+x\right)\left(\dfrac{1}{2}+y\right) = x+y$ 仅有根 $x=\dfrac{1}{2}, y=\dfrac{1}{2}$,在 $0 \leqslant x \leqslant 1, 0 \leqslant y \leqslant 1$ 中,仅当在两直线 $x=\dfrac{1}{2}$ 及 $y=\dfrac{1}{2}$ 上,才有 $f(x,y)=g(x,y)$,故它们不恒等.

但它们的边缘分布函数却相等,请见

$$\int_{-\infty}^{+\infty} f(x,y)\mathrm{d}y = \int_0^1 (x+y)\mathrm{d}y = \dfrac{1}{2}+x = \int_0^1 \left(\dfrac{1}{2}+x\right)\left(\dfrac{1}{2}+y\right)\mathrm{d}y = \int_{-\infty}^{+\infty} g(x,y)\mathrm{d}y$$

$$\int_{-\infty}^{+\infty} f(x,y)\mathrm{d}x = \int_0^1 (x+y)\mathrm{d}x = \dfrac{1}{2}+y = \int_0^1 \left(\dfrac{1}{2}+x\right)\left(\dfrac{1}{2}+y\right)\mathrm{d}x = \int_{-\infty}^{+\infty} g(x,y)\mathrm{d}x$$

又如:袋中有 2 只白球和 3 只黑球.现进行两次摸取,每次摸一只.令 ξ 表示第一次摸到白球的次数, η 为第二次摸到白球的次数.

(1)如有放回,则 (ξ,η) 的联合分布及边缘分布见下表:

		ξ		$p_{i\cdot}$
		0	1	
η	0	$\dfrac{3}{5} \cdot \dfrac{3}{5}$	$\dfrac{2}{5} \cdot \dfrac{3}{5}$	$\dfrac{3}{5}$
	1	$\dfrac{3}{5} \cdot \dfrac{2}{5}$	$\dfrac{2}{5} \cdot \dfrac{2}{5}$	$\dfrac{2}{5}$
$p_{\cdot j}$		$\dfrac{3}{5}$	$\dfrac{2}{5}$	

(2)如无放回,则 (ξ,η) 的联合分布及边缘分布见下表:

		ξ		$p_{i\cdot}$
		0	1	
η	0	$\dfrac{3}{5} \cdot \dfrac{2}{4}$	$\dfrac{2}{5} \cdot \dfrac{3}{4}$	$\dfrac{3}{5}$
	1	$\dfrac{3}{5} \cdot \dfrac{2}{4}$	$\dfrac{2}{5} \cdot \dfrac{1}{4}$	$\dfrac{2}{5}$
$p_{\cdot j}$		$\dfrac{3}{5}$	$\dfrac{2}{5}$	

两种情况联合分布不同,但边缘分布相同.

8. 两分布函数之和不一定是分布函数

解 比如下面两函数

$$F_1(x) = \begin{cases} 0, & x<0 \\ 1, & x \geqslant 0 \end{cases}, \quad F_2(x) = \begin{cases} 0, & x<0 \\ x, & 0 \leqslant x < 1 \\ 1, & x \geqslant 1 \end{cases}$$

它们都是分布函数,但

$$F(x) = F_1(x) + F_2(x) = \begin{cases} 0, & x<0 \\ 1+x, & 0 \leqslant x < 1 \\ 2, & x \geqslant 1 \end{cases}$$

都不是分布函数.

注 假设随机变量 ξ, η 相互独立,则

① 若 $\xi \sim N(\mu_1, \sigma_1^2), \eta \sim N(\mu_2, \sigma_2^2)$,则 $\xi+\eta \sim N(\mu_1+\mu_2, \sigma_1^2 \sigma_2^2)$;

② 若 $\xi \sim \mathscr{P}(\lambda_1), \eta \sim \mathscr{P}(\lambda_2)$, 则 $\xi + \eta \sim \mathscr{P}(\lambda_1 + \lambda_2)$;

③ 若 $\xi \sim \chi^2(n_1), \eta \sim \chi^2(n_2)$, 则 $\xi + \eta \sim \chi^2(n_1 + n_2)$.

9. 独立同分布的随机变量和不一定是同分布

解 例如:设相互独立的随机变量 ξ, η 均服从 (a,b) 上的均匀分布,其密度函数均为

$$f_\xi(x) = f_\eta(x) = \begin{cases} \dfrac{1}{b-a}, & a < x < b \\ 0, & \text{其他} \end{cases}$$

而 $\xi + \eta$ 的密度函数为

$$f_{\xi+\eta}(x) = \int_{-\infty}^{+\infty} f_\xi(y) f_\eta(x-y) \mathrm{d}y = \begin{cases} \dfrac{x-2a}{(b-a)^2}, & 2a < x \leqslant a+b \\ \dfrac{2b-x}{(b-a)^2}, & a+b < x \leqslant 2b \\ 0, & x \leqslant 2a \text{ 或 } x > 2b \end{cases}$$

故 $\xi + \eta$ 不服从均匀分布.

三、随机变量的数学特征

1. 设随机变量 ξ, η 相互独立,且 $E(\xi), E(\eta)$ 存在,则 $E(\xi\eta) = E(\xi)E(\eta)$,但反之不真

解 见反例:(1) 设 (ξ, η) 的联合密度函数为

$$f(x) = \begin{cases} \dfrac{1}{4}[1 + xy(x^2 - y^2)], & |x| \leqslant 1, |y| \leqslant 1 \\ 0, & \text{其他} \end{cases}$$

而

$$f_\xi(x) = \begin{cases} \dfrac{1}{2}, & |x| \leqslant 1 \\ 0, & \text{其他} \end{cases}$$

及

$$f_\eta(y) = \begin{cases} \dfrac{1}{2}, & |y| \leqslant 1 \\ 0, & \text{其他} \end{cases}$$

则 $E(\xi) = E(\eta) = 0$,但

$$E(\xi\eta) = \dfrac{1}{4}\int_{-1}^{1}\int_{-1}^{1} xy[1 + xy(x^2 - y^2)] \mathrm{d}x\mathrm{d}y = 0$$

故 $E(\xi\eta) = E(\xi)E(\eta)$.

但当 $0 < |x| \leqslant 1, 0 < |y| \leqslant 1, y \neq \pm x$ 时,$f(xy) \neq f_\xi(x) f_\eta(y)$. 即 ξ, η 不相互独立.

(2) 设 (ξ, η) 的联合分布见下表:

		η			$p_{i\cdot}$
		-1	0	1	
ξ	-1	$\dfrac{1}{27}$	$\dfrac{7}{27}$	$\dfrac{1}{27}$	$\dfrac{9}{27} = \dfrac{1}{3}$
	0	$\dfrac{7}{27}$	$\dfrac{1}{27}$	$\dfrac{1}{27}$	$\dfrac{9}{27} = \dfrac{1}{3}$
	1	$\dfrac{2}{27}$	$\dfrac{5}{27}$	$\dfrac{2}{27}$	$\dfrac{9}{27} = \dfrac{1}{3}$
$p_{\cdot j}$		$\dfrac{10}{27}$	$\dfrac{13}{27}$	$\dfrac{4}{27}$	$\dfrac{9}{27} = \dfrac{1}{3}$

但 $E(\xi)=0, E(\eta)=-\dfrac{2}{9}$,且 $E(\xi\eta)=0$,有 $E(\xi\eta)=E(\xi)E(\eta)$,但注意到

$$P\{\xi=-1,\eta=-1\}=\dfrac{1}{27}\neq P\{\xi=-1\}P\{\eta=-1\}=\dfrac{9}{27}\cdot\dfrac{10}{27}=\dfrac{10}{81}$$

注1 若 ξ,η 不相互独立,则 $E(\xi,\eta)=E(\xi)E(\eta)$ 不一定真,ξ 是掷一均匀骰子所得点数,则 $E(\xi)=\dfrac{7}{2}$.

但 $E(\xi\xi)=E(\xi^2)=(1+2^2+3^2+4^2+5^2+6^2)\dfrac{1}{6}=\dfrac{91}{6}$,故 $E(\xi^2)\neq E(\xi)E(\xi)$.

注2 算式 $E(\xi\eta)E(\xi)E(\eta)\Longleftrightarrow \rho_{\xi\eta}=0$.

2. 等式 $E[g(\xi)]=g[E(\xi)]$ 不一定成立

解 设 ξ 等可能地取 $-1,0,1,2$ 随机变量,定义

$$g(x)=x^3-x,\quad x=-1,0,1,2$$

则 $g(\xi)$ 取值为 0 或 6.而 $P\{g(\xi)=0\}=\dfrac{3}{4}$,$P\{g(\xi)=6\}=\dfrac{1}{4}$.故 $E\{g(\xi)\}=\dfrac{3}{2}$.

但 $E(\xi)=\dfrac{1}{2}$,故 $g[E(\xi)]=\left(\dfrac{1}{2}\right)^3-\dfrac{1}{2}=-\dfrac{3}{8}$,知 $E\{g(\xi)\}\neq g\{E(\xi)\}$.

3. 随机变量数学期望不存在*

设随机变量 X 的分布律为 $P\{X=(-1)^{n+1}n\}=\dfrac{1}{n(n+1)}$,其中 $n=1,2,3,\cdots$,则 $E(X)$ 不存在.

解 由题设 X 取可列个值 $x_n(n=1,2,3,\cdots)$ 只有当 $\sum\limits_{n=1}^{\infty}x_n P\{X=x_n\}$ 绝对收敛时,X 的数学期望才有定义.

注意到 $\sum\limits_{n=1}^{\infty}x_n P\{X=x_n\}=\sum\limits_{n=1}^{\infty}\dfrac{(-1)^{n+1}n}{n(n+1)}=\sum\limits_{n=1}^{\infty}(-1)^{n+1}\dfrac{1}{n+1}$ 收敛,但不绝对收敛,故 X 的数学期望不存在.

4. 存在(1)不相关亦不独立的随机变量;(2)不相关但相互独立的随机变量

解 (1)设随机变量 ξ,η 的联合分布律见下表:

		η	
	-1	0	1
ξ -1	$\dfrac{1}{8}$	$\dfrac{1}{8}$	$\dfrac{1}{8}$
ξ 0	$\dfrac{1}{8}$	0	$\dfrac{1}{8}$
ξ 1	$\dfrac{1}{8}$	$\dfrac{1}{8}$	$\dfrac{1}{8}$

容易验证 ξ,η 既不相关即 $\mathrm{Cov}(\xi,\eta)\neq 0$,也不相互独立.

(2)设 ξ,η 皆取 $0,1$ 的随机变量,且

$$P(\xi=0)=p_1,\quad P(\xi=1)=1-p_1=q_1$$
$$P(\eta=0)=p_2,\quad P(\eta=1)=1-p_2=q_2$$

今假定它们不相关,即 $\mathrm{Cov}(\xi,\eta)=0$,于是

$$\mathrm{Cov}(\xi,\eta)=E(\xi\eta)-E(\xi)E(\eta)=0\Rightarrow E(\xi\eta)=E(\xi)E(\eta)$$

从而 $P\{\xi=1,\eta=1\}=P(\xi=1)P(\eta=1)$,又

$$P(\xi=0,\eta=0)=P(\eta=1)-P(\xi=1,\eta=1)=q_2-q_1q_2=p_1q_2=P(\xi=0)P(\eta=1)$$

类似地有

$$P(\xi=1,\eta=0)=P(\xi=1)P(\eta=0)$$
$$P(\xi=0,\eta=0)=P(\xi=0)P(\eta=0)$$

从而知 ξ,η 相互独立.

5. 若 $D(\xi),D(\eta)$ 存在，则 $D(\xi+\eta)$ 亦存在，但反之则不然

解 见例：设 ξ 为一离散型随机变量，其概率分布为

$$P\{\xi=n\}=\frac{6}{\pi^2}\cdot\frac{1}{k^2},\quad k=1,2,3,\cdots$$

又设 $\eta=-\xi$，则 $D(\xi+\eta)=D(\xi-\xi)=0$，但

$$\sum_{k=1}^{\infty}\frac{6}{\pi^2}\cdot\frac{1}{k^2}=\frac{6}{\pi^2}\sum_{k=1}^{\infty}k=+\infty$$

知 $E(\xi)$ 不存在，从而 $D(\xi)$ 不存在.

四、大数定律和中心极限定理

1. 随机变量依概率收敛，但其本身不收敛

解 见例：设随机变量序列 $\{\xi_n\}$ 概率分布为

$$\begin{bmatrix}\frac{1}{n} & n+1 \\ 1-\frac{1}{n} & \frac{1}{n}\end{bmatrix},\quad n=1,2,3,\cdots$$

显然 $\xi_n\xrightarrow{P}\xi(p)$，事实上对任意 $\varepsilon>0$ 有

$$\lim_{n\to\infty}P\{|\xi_n|>\varepsilon\}=\lim_{n\to\infty}P\{\xi_n=n+1\}=\lim_{n\to\infty}\frac{1}{n}=0$$

但由设 $P\{\xi=n+1\}=\frac{1}{n}$ 知, ξ_n 可无限增大，即 $\lim_{n\to\infty}\xi_n=\infty$. 知 ξ_n 不收敛.

2. 随机变量依概率收敛，但其数学期望和方差均不收敛

解1 见例：设 ξ_n 和 ξ 的分布列分别为

$$\{\xi_n\}:\begin{bmatrix}n^2 & 0 \\ \frac{1}{n} & 1-\frac{1}{n}\end{bmatrix},n=1,2,3,\cdots;\quad\{\xi\}:\begin{pmatrix}0\\1\end{pmatrix}$$

则对 $0<\xi<1$，当 $n\to\infty$ 时，有

$$P\{|\xi_n-\xi|\geqslant\varepsilon\}=P\{|\xi_n|\geqslant\varepsilon\}=P\{\xi_n=n^2\}=\frac{1}{n}\to 0, n\to\infty$$

故 $\xi_n\xrightarrow{P}\xi$，又

$$E(\xi_n)=n^2\cdot\frac{1}{n}+0\cdot\left(1-\frac{1}{n}\right)=n\to\infty, n\to\infty$$

且

$$D(\xi_n)=(n^2-n)^2\frac{1}{n}+(0-n)^2\left(1-\frac{1}{n}\right)=n^2(n-1)\to\infty,\quad n\to\infty$$

但 $E(\xi)=0$，且 $D(\xi)=0$. 故 $\lim_{n\to\infty}E(\xi_n)\neq E(\xi)$，$\lim_{n\to\infty}D(\xi_n)\neq D(\xi)$.

解2 由设 ξ_n 的分布函数

$$F_n(x)=\begin{cases}0, & x\leqslant 0 \\ 1-\frac{1}{n}, & 0<x\leqslant n \\ 1, & n>x\end{cases}$$

即当 $x \leqslant 0, F_n(x) = 0, x > 0$ 时, $\lim_{n \to \infty} F_n(x) = 1$, 故 $F_n(x)$ 收敛的两点分布为

$$F(x) = \begin{cases} 0, & x \leqslant 0 \\ 1, & x > 0 \end{cases}$$

即 $\{\xi_n\} \xrightarrow{P} \xi$, 但 $E(\xi) = 0, E(|\xi_n|) = 1$, 对于方差可类似考虑.

3. 切比雪夫不等式失效的例子

解 见例:若随机变量是 ξ 的分布密度为

$$f_\xi(x) = \begin{cases} \dfrac{1}{2\sqrt{3}}, & -\sqrt{3} \leqslant x \leqslant \sqrt{3} \\ 0, & 其他 \end{cases}$$

此时 $E(\xi) = 0, D(\xi) = 1$. 由切比雪夫不等式有

$$P\{|\xi - E(\xi)| \geqslant \varepsilon\} \leqslant \frac{D(\xi)}{\varepsilon^2} = \frac{1}{\varepsilon^2}$$

但若直接计算

$$P\{|\xi - E(\xi)| \geqslant \varepsilon\} = 1 - P\{|\xi - E(\xi)| < \varepsilon\} = 1 - P\{-\varepsilon < \xi < \varepsilon\} = 1 - \frac{\varepsilon}{\sqrt{3}}$$

4.* 马尔可夫条件成立,但切比雪夫大数定律不成立

解 切比雪夫大数定律是马尔可夫大数定律的特殊情形,这只须注意到

$$D\left(\sum_{k=1}^\infty \xi_k\right) \leqslant nc$$

即可,但仍有马尔可夫条件成立,但切比雪夫大数定律不成立的例子,请见:

设 $\xi_1, \xi_2, \cdots$ 是独立的随机变量序列,且

$$P\{\xi_n = \pm \sqrt{\ln n}\} = \frac{1}{2}, \quad n = 1, 2, \cdots$$

则 $E(\xi_n) = 0, D(\xi_n) = \ln n$. 且

$$D\left(\sum_{k=1}^n \xi_k\right) = \sum_{k=1}^n \ln k \leqslant n \ln n$$

故 $\dfrac{1}{n^2} D\left(\sum_{k=1}^n \xi_k\right) \leqslant \dfrac{\ln n}{n} \to 0 (n \to \infty)$.

从而 $\xi_1, \xi_2, \cdots$ 满足马尔可夫条件,但由 $D(\xi_k) = \ln k$, 其不小于某一有限数 c, 故其不满足切比雪夫大数定律.

5. 存在不服从中心极限定理的随机变量序列

解 见例:设 $\{\xi_n\}$ 为相互独立的随机变量序列,且

$$P\{\xi_k = \pm 2^k\} = 2^{-(k+1)}, \quad P\{\xi_k = 0\} = 1 - 2^{-k}$$

其不满足林德伯格条件,故不服从中心极限定理.

五、数理统计

1. (1)矩估计;(2)极大似然估计;(3)一致估计不唯一(可有几种不同估计)

解 (1)见例:设母体 $X \sim \mathscr{P}(\lambda)$, 则 $E(X) = D(X) = \lambda$.

故 $\overline{X}$ 和 S_n^2 都是 λ 的矩估计($\overline{X}$ 是 λ 的一致最小方差无偏估计, S_n^2 不是).

(2)设随机变量 X 的概率密度函数为

$$f(x, \theta) = \begin{cases} 1, & \theta \leqslant x \leqslant \theta + 1 \\ 0, & 其他 \end{cases}$$

则 θ 的极大似然估计可有以下几种.

① $\hat{\theta}_L = \min\limits_{1\leq i\leq n} X_i = X_{(1)}$.

因为 $0 \leq x_{(n)} - x_{(1)} \leq 1$, 故 $x_{(1)} \leq x_{(n)} \leq x_{(1)} + 1$. 当取 $x_{(1)}$ 为 θ 的估计时,$\hat{\theta} = X_{(1)}$ 满足
$$\hat{\theta} = X_{(1)} \leq X_{(n)} \leq \hat{\theta} + 1$$

其中 $x_{(1)} = \min\limits_{1\leq i\leq n} x_i, x_{(n)} = \min\limits_{1\leq i\leq n} x_i$, 故 $\hat{\theta}_L = X_{(1)}$.

② $\hat{\theta}_L = X_{(n)} - 1$.

因 $x_{(n)} - 1 \leq x_{(1)} \leq x_{(n)} = (x_{(n)} - 1) - 1$, 所以取 θ 估计值为 $x_{(n)} - 1$ 时, $\hat{\theta} = X_{(n)} - 1$ 满足
$$\hat{\theta} = x_{(1)} \leq x_{(n)} \leq \hat{\theta} + 1$$

因此 $\hat{\theta}_L = X_{(n)} - 1$.

此外, θ 还有别的极大似然估计.

(3) 若 $T_n(x_1, x_2, \cdots, x_n)$ 是未知参数 θ 的一致估计, $\{c_n\}, \{d_n\}$ 是两个常数列,且满足
$$\lim_{n\to\infty} c_n = 0, \quad \lim_{n\to\infty} d_n = 1$$

则 $T_n + c_n$ 和 $d_n T_n$ 都是 θ 的一致估计.

2. 无偏是估计量的一个优良性质,但有时无偏估计并不合理

解 设 X_1 是从母体 X 中抽取的一个容量为 1 的样本, $X \sim \mathscr{P}(\lambda)(\lambda > 0)$, 则 $T(X_1) = (-2)^{X_1}$ 是 $g(\lambda) = e^{-3\lambda}$ 的一个无偏估计. 事实上

$$E_\lambda[T(X_1)] = \sum_{k=0}^\infty (-2)^k \frac{\lambda^k}{k!} e^{-\lambda} = e^{-\lambda} \sum_{k=0}^\infty \frac{(-2\lambda)^k}{k!} = e^{-3\lambda}$$

但当 X_1 取奇数时, $(-2)^{X_1} < 0$, 而 $e^{-3\lambda} > 0$, 故该估计有明显弊病.

3. 极大似然估计未必是有效估计

解 该母体 X 具有概率密度
$$f(x;\alpha) = \begin{cases} \alpha e^{-\alpha x}, & x > 0 \\ 0, & x \leq 0 \end{cases}$$

容易验证 $\hat{\alpha} = \dfrac{1}{\bar{X}}$ 是 α 的极大似然估计,但不是无偏估计,当然无有效性.

考虑似然函数
$$L(\alpha; x_1, x_2, \cdots, x_n) = \begin{cases} \alpha^n e^{-\alpha \sum\limits_{i=1}^n x_i}, & x_1 > 0 \\ 0, & \text{其他} \end{cases}$$

而
$$\ln L(\alpha; x_1, x_2, \cdots, x_n) = n\ln\alpha - \alpha \sum_{i=1}^n x_i$$

考虑偏导数 $\quad \dfrac{\partial \ln L}{\partial \alpha} = \dfrac{n}{\alpha} - \sum\limits_{i=1}^n x_i = 0, \quad \alpha = \dfrac{1}{\bar{x}}$

又 $\dfrac{\partial^2 \ln L}{\partial \alpha^2} = -\dfrac{n}{\alpha^2} < 0$, 则 $\hat{\alpha}_L = \dfrac{1}{\bar{X}}$ 是 α 的极大似然条件. 但 $E(\hat{\alpha}_L) \neq \alpha$, 知 $\hat{\alpha}_L$ 不是 α 的无偏估计.

事实上 $\Gamma-$ 分布的可加性知 $\sum\limits_{i=1}^n X_i$ 的概率密度为
$$f(x) = \begin{cases} \dfrac{\alpha^n}{\Gamma(n)} x^{n-1} e^{-\alpha x}, & x > 0 \\ 0, & x \leq 0 \end{cases}$$

同时考虑
$$E(\hat{\alpha}_L) = E\left(\frac{n}{\sum\limits_{i=1}^n x_i}\right) = \frac{n\alpha^n}{\Gamma(n)} \int_0^{+\infty} \frac{1}{x} x^{n-1} e^{-\alpha x} dx = \frac{n\alpha^n}{\Gamma(n)} \int_0^{+\infty} t^{n-2} e^{-t} dt = \frac{n\alpha}{\Gamma(\alpha)} \Gamma(n-1) = \frac{n}{n-1}\alpha$$

编辑手记

在大陆颇有争议的作家林语堂先生对读书曾有一番妙论,他说:"读书必以气质相近,而凡人读书必找一位同调的先贤,一位气质与你相近的作家,作为老师,这是所谓读书必须得力一家.因为气质性灵相近,所以乐此不疲,流连忘返,流连忘返,始可深入,深入后,如受春风化雨之赐,欣欣向荣,学业大进."

虽林氏所论指向文学,但笔者认为所论对数学亦然.笔者自认与吴先生是气质相近之人.吴先生早年毕业于南开大学数学系,一直在高校从事基础数学的教学工作.在承担大量教学工作的同时,几十年利用业余时间坚持为青年学子写作着实令人钦佩.

美国前总统卡特主政时期手下有一位干将就是他的国家安全顾问布热津斯基.卡特下台后曾说:"我想,如果我过去再多听布热津斯基的话,我这个总统会做得更好……"布热津斯基从政前曾在哈佛大学和哥伦比亚大学从事学术研究.他对自己从政的解释是:"我不敢想象自己穿一件穿了25年的花呢上衣坐在大学教员公用室里,预备反反复复讲了120次的课,说说别的学人的闲话,倒不如拿出我多多少少的才能,用真正有效的方法去影响世事.我觉得这才是最大心愿."

一个数学工作者在大学很容易沦为一个教书匠,想成为一个数学畅销书作者必须耗费超出常人想象的努力.吴先生常年身居斗室,超负荷劳作,颈椎病时常发作,但他一直坚持.

清华大学教育基金会理事长贺美英教授曾经听杨绛先生说起,钱钟书先生写的外文读书笔记有178本34000多页,中文笔记和外文笔记差不多,还有23本读书心得.天才如钱钟书,成功都非仅靠天资,况常人乎.在吴先生家笔者看到了很多的有关中等及高等数学藏书及吴先生多年笔耕的成果.所以当有读者希望我在书前、书后写一点文字东西时,我想到了世界管理学大师德鲁克评价乔布斯的一句话:"怀疑史蒂夫·乔布斯就是怀疑成功."套用一下,笔者想告诉读者:"放弃了吴先生的《吴振奎高等数学解题真经》,你可能就会放弃考研的成功."

刘培杰
2011.12 于哈工大

参考文献

[1] 杨宗磐. 概率论入门[M]. 北京:科学出版社,1981.
[2] 费史 M. 概率论与数理统计[M]. 王福保,译. 上海:上海科学技术出版社,1962.
[3] 洛易甫 M. 概率论(上册)[M]. 梁文骐,译. 北京:科学出版社,1966.
[4] 钟开莱. 初等概率论(附随机过程)[M]. 魏宗舒,译. 北京:人民教育出版社,1980.
[5] 王梓坤. 概率论基础及其应用[M]. 北京:科学出版社,1976.
[6] 复旦大学数学系. 概率论[M]. 北京:人民教育出版社,1979.
[7] 周概容. 概率论与数理统计[M]. 北京:高等教育出版社,1984.
[8] 安德罗哈耶夫 X M. 概率论习题集[M]. 高尚华,译. 沈阳:辽宁教育出版社,1987.
[9] 陈文灯,袁一圃,俞远洪. 高等数学复习指导(上、下册)[M]. 北京:北京理工大学出版社,1992.
[10] 吴振奎. 高等数学复习及试题选讲[M]. 沈阳:辽宁科学技术出版社,1982.
[11] 吴振奎. 数学方法选讲[M]. 沈阳:辽宁教育出版社,1985.
[12] 陈俊雅,王秀英. 概率论与数理统计中的反例[M]. 天津:天津科学技术出版社,1993.
[13] 梅夏尔金 Л Д. 概率论习题集[M]. 盛骤,译. 北京:高等教育出版社,1984.
[14] 邹铣,陈强. 1978~1983全国招考研究生高等数学试题选解[M]. 长沙:湖南科学技术出版社1983.
[15] 拉森 L C. 美国大学生数学竞赛例题选讲[M]. 潘正义,译. 北京:科学出版社,2003.
[16] 德苏泽 P,席尔瓦 J. 伯克利数学问题集[M]. 包雪松,林应举,译. 北京:科学出版社,2003.
[17] 吴振奎,吴旻. 数学中的美[M]. 上海:上海教育出版社,2002.
[18] 吴振奎,吴旻. 数学的创造[M]. 上海:上海教育出版社,2003.
[19] 李心灿. 大学生数学竞赛试题研究生入学数学考试难题解析选编[M]. 北京:高等教育出版社,2002.
[20] 刘培杰数学工作室. 历届PTN美国大学生数学竞赛试题集[M]. 哈尔滨:哈尔滨工业大学出版社,2009.
[21] 陈俊雅,魏文元. 全国硕士研究生入学试题——概率论与数理统计(1980~1984)[M]. 天津:天津科学技术出版社,1986.
[22] 张朝今. 概率中的反例[M]. 西安:陕西人民出版社,1984.
[23] 龙永红. 概率论与数理统计[M]. 北京:高等教育出版社,2001.

哈尔滨工业大学出版社刘培杰数学工作室
已出版(即将出版)图书目录

书　名	出版时间	定　价	编号
新编中学数学解题方法全书(高中版)上卷	2007—09	38.00	7
新编中学数学解题方法全书(高中版)中卷	2007—09	48.00	8
新编中学数学解题方法全书(高中版)下卷(一)	2007—09	42.00	17
新编中学数学解题方法全书(高中版)下卷(二)	2007—09	38.00	18
新编中学数学解题方法全书(高中版)下卷(三)	2010—06	58.00	73
新编中学数学解题方法全书(初中版)上卷	2008—01	28.00	29
新编中学数学解题方法全书(初中版)中卷	2010—07	38.00	75
新编平面解析几何解题方法全书(专题讲座卷)	2010—01	18.00	61
数学眼光透视	2008—01	38.00	24
数学思想领悟	2008—01	38.00	25
数学应用展观	2008—01	38.00	26
数学建模导引	2008—01	28.00	23
数学方法溯源	2008—01	38.00	27
数学史话览胜	2008—01	28.00	28
从毕达哥拉斯到怀尔斯	2007—10	48.00	9
从迪利克雷到维斯卡尔迪	2008—01	48.00	21
从哥德巴赫到陈景润	2008—05	98.00	35
从庞加莱到佩雷尔曼	2011—08	138.00	136
从比勃巴赫到德·布朗斯	即将出版		
数学解题中的物理方法	2011—06	28.00	114
数学解题的特殊方法	2011—06	48.00	115
中学数学计算技巧	2012—01	48.00	116
中学数学证明方法	2012—01	58.00	117
数学奥林匹克与数学文化(第一辑)	2006—05	48.00	4
数学奥林匹克与数学文化(第二辑)(竞赛卷)	2008—01	48.00	19
数学奥林匹克与数学文化(第二辑)(文化卷)	2008—07	58.00	36
数学奥林匹克与数学文化(第三辑)(竞赛卷)	2010—01	48.00	59
数学奥林匹克与数学文化(第四辑)(竞赛卷)	2011—08	58.00	87

哈尔滨工业大学出版社刘培杰数学工作室
已出版(即将出版)图书目录

书　名	出版时间	定价	编号
想越吉米多维奇——数列的极限	2009-11	48.00	58
初等数论难题集(第一卷)	2009-05	68.00	44
谈谈素数	2011-03	18.00	91
平方和	2011-03	18.00	92
整数论	2011	18.00	93
克数数论	2011-03	48.00	94
超越数论基础	2011-03	28.00	96
数论初等教程	2011-03	18.00	98
超越数	2011-03	18.00	109
三角和方法	2011-03	18.00	112
谈谈不定方程	2011-05	28.00	119
整数论	2011-05	38.00	120
初等数论100例	2011-05	18.00	122
算术探索	2011-12	158.00	148
初等数论(Ⅰ)	2012-01	18.00	156
初等数论(Ⅱ)	2012-01	18.00	157
初等数论(Ⅲ)	2012-01	28.00	158
同余理论	2012-01		163

哈尔滨工业大学出版社刘培杰数学工作室
已出版(即将出版)图书目录

书　　名	出版时间	定　价	编号
历届 IMO 试题集(1959—2005)	2006—05	58.00	5
历届 CMO 试题集	2008—09	28.00	40
历届国际大学生数学竞赛试题集(1994—2010)	2012—01	28.00	143
全国大学生数学夏令营数学竞赛试题及解答	2007—03	28.00	15
历届美国大学生数学竞赛试题集	2009—03	88.00	43
前苏联大学生数学竞赛试题集	2011—09	68.00	128
整函数	2012—1		161
俄罗斯函数问题集	2011—03	38.00	103
俄罗斯组合分析问题集	2011—01	48.00	79
博弈论精粹	2008—03	58.00	30
多项式和无理数	2008—01	68.00	22
模糊数据统计学	2008—03	48.00	31
受控理论与解析不等式	2012—02		165
解析不等式新论	2009—06	68.00	48
反问题的计算方法及应用	2011—11	28.00	147
建立不等式的方法	2011—03	98.00	104
数学奥林匹克不等式研究	2009—08	68.00	56
不等式研究(第二辑)	2011—12	68.00	153
初等数学研究(Ⅰ)	2008—09	68.00	37
初等数学研究(Ⅱ)(上、下)	2009—05	118.00	46,47
中国初等数学研究　2009卷(第1辑)	2009—05	20.00	45
中国初等数学研究　2010卷(第2辑)	2010—05	30.00	68
中国初等数学研究　2011卷(第3辑)	2011—07	60.00	127
数阵及其应用	2012—01		164
不等式的秘密(上卷)	2012—01	28.00	154
初等不等式的证明方法	2010—06	38.00	123
数学奥林匹克不等式散论	2010—06	38.00	124
数学奥林匹克不等式欣赏	2011—09	38.00	138
数学奥林匹克超级题库(初中卷上)	2010—01	58.00	66
数学奥林匹克不等式证明方法和技巧(上、下)	2011—08	158.00	134,135

哈尔滨工业大学出版社刘培杰数学工作室
已出版(即将出版)图书目录

书 名	出版时间	定 价	编号
500个最新世界著名数学智力趣题	2008—06	48.00	3
400个最新世界著名数学最值问题	2008—09	48.00	36
500个世界著名数学征解问题	2009—06	48.00	52
400个中国最佳初等数学征解老问题	2010—01	48.00	60
500个俄罗斯数学经典老题	2011—01	28.00	81
数学 我爱你	2008—01	28.00	20
精神的圣徒 别样的人生——60位中国数学家成长的历程	2008—09	48.00	39
数学史概论	2009—06	78.00	50
斐波那契数列	2010—02	28.00	65
数学拼盘和斐波那契魔方	2010—07	38.00	72
斐波那契数列欣赏	2011—01	28.00	160
数学的创造	2011—02	48.00	85
数学中的美	2011—02	38.00	84
最新全国及各省市高考数学试卷解法研究及点拨评析	2009—02	38.00	41
高考数学的理论与实践	2009—08	38.00	53
中考数学专题总复习	2007—04	28.00	6
向量法巧解数学高考题	2009—08	28.00	54
新编中学数学解题方法全书(高考复习卷)	2010—01	48.00	67
新编中学数学解题方法全书(高考真题卷)	2010—01	38.00	62
新编中学数学解题方法全书(高考精华卷)	2011—03	68.00	118
高考数学核心题型解题方法与技巧	2010—01	28.00	86
数学解题——靠数学思想给力(上)	2011—07	38.00	131
数学解题——靠数学思想给力(中)	2011—07	48.00	132
数学解题——靠数学思想给力(下)	2011—07	38.00	133
2011年全国及各省市高考数学试题审题要津与解法研究	2011—10	48.00	139
新课标高考数学——五年试题分章详解(2007～2011)(上、下)	2011—10	78.00	140,141
30分钟拿下高考数学选择题、填空题	2012—01	48.00	146
高考数学压轴题解题诀窍(上)	2012—01		166
高考数学压轴题解题诀窍(下)	2012—01		167
300个日本高考数学题	2012—02		142

哈尔滨工业大学出版社刘培杰数学工作室
已出版（即将出版）图书目录

书　名	出版时间	定　价	编号
中等数学英语阅读文选	2006—12	38.00	13
统计学专业英语	2007—03	28.00	16
方程式论	2011—03	38.00	105
初级方程式论	2011—03	28.00	106
Galois 理论	2011—03	18.00	107
代数方程的根式解及伽罗瓦理论	2011—03	28.00	108
线性偏微分方程讲义	2011—03	18.00	110
N 体问题的周期解	2011—03	28.00	111
代数方程式论	2011—05	28.00	121
动力系统的不变量与函数方程	2011—07	48.00	137
闵嗣鹤文集	2011—03	98.00	102
吴从炘数学活动三十年(1951~1980)	2010—07	99.00	32
吴振奎高等数学解题真经(概率统计卷)	2012—01	38.00	149
吴振奎高等数学解题真经(微积分卷)	2012—01	68.00	150
吴振奎高等数学解题真经(线性代数卷)	2012—01	58.00	151
钱昌本教你快乐学数学(上)	2011—12	48.00	155

联系地址：哈尔滨市南岗区复华四道街 10 号　哈尔滨工业大学出版社刘培杰数学工作室
网　　址：http://lpj.hit.edu.cn/
邮　　编：150006
联系电话：0451—86281378　　13904613167
E-mail:lpj1378@yahoo.com.cn